南昌大学客赣方言与语言应用研究中心资助

# 汉语句式问题探索

## ——汉语句式国际学术研讨会论文集

徐阳春　刘小川 ◎ 主编

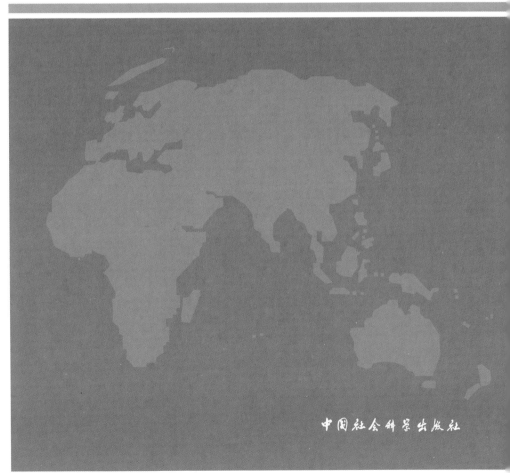

中国社会科学出版社

**图书在版编目（CIP）数据**

汉语句式问题探索：汉语句式国际学术研讨会论文集 / 徐阳春，刘小川主编 .
—北京：中国社会科学出版社，2016.10
ISBN 978 - 7 - 5161 - 9046 - 3

Ⅰ.①汉…　Ⅱ.①徐…②刘…　Ⅲ.①汉语 – 句法 – 国际学术会议 – 文集
Ⅳ.①H146.3 – 53

中国版本图书馆 CIP 数据核字（2016）第 237607 号

| | | |
|---|---|---|
| 出 版 人 | 赵剑英 |
| 责任编辑 | 任 明 |
| 特约编辑 | 李晓丽 |
| 责任校对 | 李 莉 |
| 责任印制 | 何 艳 |

| | | |
|---|---|---|
| 出　　版 | 中国社会科学出版社 |
| 社　　址 | 北京鼓楼西大街甲 158 号 |
| 邮　　编 | 100720 |
| 网　　址 | http：//www. csspw. cn |
| 发 行 部 | 010 – 84083685 |
| 门 市 部 | 010 – 84029450 |
| 经　　销 | 新华书店及其他书店 |

| | | |
|---|---|---|
| 印刷装订 | 北京市兴怀印刷厂 |
| 版　　次 | 2016 年 10 月第 1 版 |
| 印　　次 | 2016 年 10 月第 1 次印刷 |

| | | |
|---|---|---|
| 开　　本 | 710×1000　1/16 |
| 印　　张 | 41 |
| 插　　页 | 2 |
| 字　　数 | 732 千字 |
| 定　　价 | 98.00 元 |

# 《江西方言、文学与区域文化研究丛书》
# 序

南昌大学客赣方言与语言应用研究中心于 2002 年整合学科力量组建而成，2003 年批准为江西省普通高校人文社会科学重点研究基地。2006 年，通过省教育厅的首轮评审验收。2010 年，遴选进入"优秀重点研究基地"行列。

作为学校内独立建制的实体研究单位，南昌大学客赣方言与语言应用研究中心一直以其所凝练的学科方向参与并承担南昌大学国家"211 工程"重点学科的建设任务。2003 年，"客赣方言研究"列为南昌大学国家"211 工程"第二期建设重点项目"赣学"的子项目之一。2008 年，"赣学"重点项目第三期建设启动，根据"赣学"学科的发展构想和所依托的学科力量情况，本研究中心所承担的研究方向拓展为"江西方言、文学与区域文化"，再次确定纳入南昌大学国家"211 工程""赣学"重点项目的子项目之列。

已经获得国家立项批准的"赣学"重点项目的《"211 工程"三期重点学科建设项目申报书》关于"江西方言、文学与区域文化"方向有如下表述：

> 本方向包括方言与区域文化、文学与区域文化两个方面的研究。
>
> 江西方言与区域文化研究是在"十五"项目赣客方言研究基础上的拓展。从时间和空间上，由研究赣客方言的现状拓展到对赣客方言历史开展研究，由研究江西省境内的赣客方言拓展到对由江西向省境外发展的赣客方言开展研究，同时也对文化生存状态融入赣地主流文化的江西省境内的其他方言开展研究。从研究对象和研究方法上，由单纯研究赣客方言拓展到对与方言密切联系的经济社会和文化相结合开展研究，由主要采用描写语言学方法拓展到与社会语言学方法相结合开展研究。
>
> 江西文学与区域文化的研究，立足于江西历史上颇具特色的地域性

文学流派、文艺形式、家族文学研究，将其置于区域社会文化变迁的大背景下进行探讨，把文献整理与区域文化相结合，从大量的史料中梳理、提炼带规律性的理论观点，立足江西区域特色，坚持考证求实的学风，开拓视野，力求创新。

围绕上述目标，近年来我们所着力开展研究的项目主要有：赣客方言单点的深入研究，赣客方言的地理语言学研究，近代江西赣客方言史研究、近代赣客方言历史文献资料整理，江西畲族语言研究、江西闽方言研究、江西吴方言研究、江西徽州方言研究，江西省境内社区语言状况调查研究、江西省境内普通话现状调查研究，江西诗派与区域文化研究，宋以来江西家族文化研究，明清江西文人别集文献研究，江西地方戏曲（赣剧、采茶戏、傩戏等）的全方位和新角度（如舞台音韵）研究等。

在国家"211 工程"第二期建设阶段，本研究中心曾组织编纂出版了《客赣方言研究系列丛书》（一套 12 种，中国社会科学出版社出版）。进入第三期建设阶段以来，我们继续以"凝聚力量、锻炼队伍、多出成果、提高水平"为宗旨，组织本研究中心的专职和兼职研究人员，以项目组队伍，以项目促成果，从上述研究项目成果中择优编成本研究中心所组织编写的第二套系列研究丛书《江西方言、文学与区域文化研究丛书》。这套丛书的编纂出版，体现了各位著者的辛勤劳动，得到了中国社会科学出版社的大力支持，也得到了江西省高校人文社会科学重点研究基地和南昌大学国家"211工程"重点学科"赣学"的基金资助，我们在此表示衷心的感谢。

胡松柏

2011 年 10 月 6 日

# 序

　　"句式"，在汉语语法学术领域里是一个耳熟能评的常见的语法术语。据我调查，这个术语最早见于 1921 年陈望道《〈标准国语文法〉和疑问句式》一文。该文提到"句式"，讨论了几种"表示疑问"的句式。① 此后的90 多年来，"句式"这个术语在语法学界就逐渐使用开来。我国各个时期的一些著名的语法专家和著名的语法论著（包括重要的语法教材）也都提到"句式"这个术语，有的还对"句式"这个术语进行了阐释，有的提炼和归纳了汉语的一些"常用句式"或"特殊句式"。② 在汉语语法研究中更广泛地流传开来是在 1979 年以后。据不完全统计，从 1979 年至今，研究汉语某个特定句式的论文，已经发表的就有 5000 余篇；有关句式的专著，已经出版的有 34 部。③ 2000 年至今，研究生（包括硕士生和博士生）以汉语语法里的句式作为研究课题的学位论文已经有 400 多篇。上述统计不一定很全面，但已经充分表明"句式"这个术语在汉语语法学界已经使用得非常普遍。

　　句子是语言表达思想的基本结构单位，也是言语交际的基本运用单位。语法里最重要的语法单位是句子。句子可以说是语法学研究的基点对象。如果着眼于语法单位，以句子为对象为纲为重点构建汉语语法体系可以说是抓

---

　　① 陈望道：《〈标准国语文法〉和疑问句式》，《民国日报》副刊《觉悟》1921 年 4 月 16 日。

　　② 关于我国句式研究的历史，我在《关于句式问题》（《语文研究》2010 年第 4 期）一文里有较详细的论述（总结了句式研究的四个阶段，还介绍了一些著名语法学家对汉语句式的研究情况），请参看。

　　③ 这些专著研究句式的内容：有研究现代汉语或古代汉语"常用句式"的，有研究现代汉语或古代汉语"特殊句式"的，有研究现代汉语"复句句式"的，有研究某些方言语法里的句式的，有研究某些名著语法里的句式的，有研究"同义句式"的，有研究"句式的选择和运用"的，有研究现代汉语句式与语篇（或篇章）的关系的，有研究汉语句式教学的，有研究儿童句式习得或第二语言学习者句式习得的，等等。

住了汉语语法的根本和关键。① 从这个意义上说，语法学可以说是研究句子的"句法—语义"结构规则和语用表达功能的一门学科。

具体的句子都有句式，或说都从属于一定的抽象的句式；句式都是同类句子语法结构格式的抽象的集合，所以研究句子就不能不研究句子的语法结构格式——句式。句子是无限的，但句式是有限的。吕叔湘（1979）指出，"怎样用有限的格式去说明繁简多方、变化无穷的语句，这应该是语法分析的最终目的，也应该是对于学习的人更为有用的工作"。② 研究句式，不仅有理论意义，能丰富语法学理论；而且也有实用价值，有助于用有限的句式去分析和说明无限的句子，从而有利于汉语句子的教学（包括对外汉语语法教学）。如果能构建汉语的句式体系，对研究机器的自动翻译等应用研究也会有所裨益。③

汉语的句式研究已经成为当前语法研究的重要课题和热点，我国学界几十年来研究句式的论著越来越多也说明了这点。值得指出的是：语言学界还曾经举行研究句式的专门研讨会。如 2011 年 8 月 19 日至 8 月 21 日，北京语言大学主办了"句式研究与教学专题研讨会"，这个会议的研讨成果已经出版了《汉语句式研究与教学专题论文集》（陈忠编，北京语言大学出版社 2013 年 5 月）。2013 年 5 月 11 日至 5 月 14 日，南昌大学主办了"句式研究学术研讨会"，这个会议的研讨成果，就是摆在我面前的这本《汉语句式问题探索》（徐阳春、刘小川主编，将于今年在中国社会科学出版社出版）。

《汉语句式问题探索》这本书内容非常丰富。概括起来，有如下几类文章：一是涉及句式理论的，二是专论汉语的特定句式的，三是讨论少数民族或某些方言里的句式的，四是讨论和句式有关的汉语里某些特定短语的"语式"（短语的语法结构格式）或构式的。在这四个部分中，专论汉语的特定句式（包括某些特定的单句句式、特定的复句句式等）的内容的文章占了本书的绝大多数，它们是论文集的主体部分；而其他几个部分相对较少

---

① 语素、词、短语等语法单位都是为构造句子服务的，从这个意义上，说语法是"句本位"（句子本位）也未尝不可（句子本位）。

② 吕叔湘：《汉语语法分析问题》，商务印书馆 1979 年版，第 108 页。

③ 本书作者之一陆俭明也说："句式那样的句子分类……有助于语言教学，有助于语言研究，特别有助于语言或方言的对比研究。"参看本书陆俭明《句类、句型、句模、句式、表达格式与构式》一文的论述。本书另一位作者也认为，研究句式并建构汉语句式系统，"不仅有助于强化对汉语句子系统完整性、科学性和系统性的认识，而且对汉语句法教学，包括国际汉语教学都有着重要意义"。参看本书邵敬敏《建构汉语句式系统的价值与意义》一文的论述。

一些。

这是一本关于句式问题的内容丰富、精彩纷呈的论文集。从本书收入的文章里，可以看到绝大部分都是专门研究"句式"的（有的文章尽管标题没有用"句式"这个词，但在论述中也谈到了"句式"）；少数文章虽然不是专门研究句式的，但是与句式研究也有一定的关系。从这些文章里，可以看到大家本着求真务实的精神认真严肃地思考并探索涉及句式的各种问题，大家畅所欲言，各抒己见，呈现出了学术研讨的好风气。虽然有对句式的不同理解，但学术讨论里的争议是完全正常的；也可以看到大家用各种不同的理论和方法来细致地研究汉语各种特定句式所得出的新鲜观点或通过某种句式的研究上升到某种理论，这都是很难能可贵的。可以说这本论文集是百花齐放，为汉语的句式研究做出了一定的贡献。

纵观汉语句式的研究，虽然几十年来取得了不少成绩，但也应该看到还存在不少问题，如：句式的含义究竟是什么？句式如何命名？汉语特定句式应该如何描写？如何解释？如何构建汉语的句式系统？等等。还有，研究汉语特定句式的文章虽有相当数量，但汉语中还有许多特定句式没有得到深入的、充分的研究，有些句式虽有一定的研究，也还不够深入细致。"路漫漫其修远兮。"学者们对句式的研究和求索还有漫长的路要走。这本文集可以说是句式求索道路上的一个木刻的路程碑，或许能作为后继求索者的借镜之助。

为了更好地深入研究句式，我在这里借此机会提出一些想法，供句式研究者参考：

## （一）关于"句式"的含义

虽然90多年来学者们比较重视汉语的句式研究，特别是1978年以来，"句式"这个术语已在语法论著里得到广泛的运用，但遗憾的是很长一段时间以来人们没有给出严格的定义。20世纪80年代以后有些学者给句式下过定义或做过解释，但大家对句式的含义存在着分歧，不同的学者有不同的见解。学术上不同的观点是难免的，也是完全正常的；但不同的理解会对具体句式的研究以及构建汉语句式系统产生不同的结果。所谓"名不正，言不顺"，如果能对句式的含义有科学的、准确的定义，必将促进人们对汉语句式的更深入的研究和构建科学的汉语句式系统。当然，在短时间内不能指望大家会对句式有什么"共识"，人们仍然可以按照各自对"句式"这个术语的理解对汉语特定的具体的句式进行研究；但如果能从学术角度做点深入的宏观的讨论，总是会对句式研究，特别是构建句式系统有益处的。①

### （二）句式与句型、句模、句类的关系

句子可以从各个不同角度进行抽象分类，如从句法角度可抽象出"句型"（句子的句法结构格局），从语义角度可抽象出"句模"（句子的语义结构模式），从语用角度可抽象出"句类"（句子的"语气"类，即交际功能类）。句式本质上也是句子的一种抽象类型，那么它跟"句型""句模""句类"究竟是怎样的关系？说明与句式的含义时，如何厘清句式与句型、句模以及句类的关系和界限看来还是有必要的。

### （三）句式的范围问题

汉语里的具体句子是无限的。是一部分句子有句式还是各种句子都有句式？或者说，是不是所有句子都能抽象出句式？现在学界存在着两种不同的意见：一种认为语言里并不是各种句子都有句式，只有部分句子（有某种特征的）才有句式；另一种认为语言里凡是句子都有其句式，不存在没有句式的句子。比如以下面三个句子为代表：① 张三批评了李四。②张三把李四批评了。③李四被张三批评了。这三个句子代表着三种类型，有些学者认为以②③为代表的句子有句式（即"把"字句句式、"被"字句句式），以①为代表的句子没有句式（因为没有某种特征）；有些学者则认为①②③三种句子各自代表着三种不同的句式。究竟怎样理解更为接近实际？②

### （四）句式和构式的关系

近年来，有些学者借鉴国外构式语法理论研究汉语的句式。引入构式语法理论来研究汉语句式及其句式意义，加强了句式形成机制的解释性研究，这使汉语句式研究有了新的思路和新的开拓，给汉语句式研究注入了新的活力。构式语法认为构式是形式和意义的匹配体，构式具有整体意义，各种语法单位都存在着"构式"。这就涉及句式和构式的关系。毫无疑问："构式"不等于"句式"；但构式和句式是否是不相容的？能否说句式本身也是一种构式，它只是"句子的构式"或"句子层面的构式"（即语法单位句子的

---

① 语言学里很多术语跟句式一样，现在都未取得共识，这在学术研究过程中是正常的。

② 又如还可思考"我看过这个电影了、我这个电影看过了、这个电影我看过了"这三个句子有没有句式？

构式)？

## （五） 句式的描写与解释

句式是形式和意义的匹配体，要理解句式的形式和意义，就要把句式的描写和解释结合起来。这事说说简单，做起来可并不容易。比如该怎样进行句式的形式描写？是单凭词类序列形式还是单凭"特征词"（或特征字）形式还是综合各种可能存在的形式？该怎样进行句式的意义描写或描述？句式里包含哪些意义？是否只是指句式所反映的整体意义？句式的整体意义与句式内部语义结构的意义是何种关系？句式的整体意义与句式内部成分的意义之间的关系究竟是怎样的？对某种句式的成立的理据或形成机制如何解释？是否仅仅是源于认知"完形"？跟说话者表达的主观立场、态度、情感有没有关系？这方面也值得进一步研讨。句式研究中，目前较多文章对同形句式的分化以及同义句式的变换等问题分析得比较详细，但对句式内部的句法结构和语义结构间的对应关系以及句式整体形式和整体意义的匹配问题似乎研究得还不够系统和深入，能否在这方面也下点功夫？

## （六） 句式的命名

现在人们对句式的命名多是随心所欲，各式各样。出现这样的情形也不奇怪，这是因为：第一，人们对句式是什么本身认识不一样；第二，给句式以简洁的命名主要是为了方便，命名带有主观性和多样性也就很自然地随宜采用。这个问题当然可以讨论，事实上对某些句式的命名大家似乎已有共识，如关于用特征词（或特征字）命名的句式（"把"字句式、"被"字句式、"比"字句式之类）；有些句式有不同命名的（如"他喝酒喝醉了"之类的重复同一动词构成的句式，有的叫"重动句"，有的叫"复动句"，有的叫"动词拷贝句"等），如果经过讨论取得一致当然最好；但现在看来，目前相当多的句式在命名问题上可能一时无法统一，只要不影响对特定句式的研究，暂时不统一是否也没有多大关系？

## （七） 如何构建汉语的句式系统

如果承认汉语里的句子存在着句式，当然就有一个关于构建汉语句式系统的问题。关于构建汉语句式系统的重要性问题，本书作者之一邵敬敏还专门写了《建构汉语句式系统的价值与意义》一文，论述了"建构汉语句式系统"的价值和意义，并指出"汉语句式系统的构建，无疑将会使汉语句式的研究更为细致深入，不仅宏观的类型区分，而且具体的句式特色，方方面面都会激发出研究的热情"①。要构建汉语句式系统，就要研究汉语的句式究竟有多少？具体有哪些（包括单句句式和复句句式）？是构建所有句子的句式系统还是构建一部分句式的系统？如果认为所有句子都有句式，那么，在构建句式系统时，还得思考：如何区分一般句式和特殊句式？如何区分原型句式（也称"基础句式"）和衍生句式（也称"派生句式"）？如何区分基本句式和非基本句式？如何区分常用句式和非常用句式？如何处理上位句式和下位句式？如何处理所谓的"常式"和"变式"？如何处理同义句式（同义不同形的句式）和同形句式（同形不同义的句式)？

### （八）句式教学

如果承认汉语的句子存在着句式和句式系统，那么语法教学里就涉及如何进行句式教学的问题。事实上，国内很多教材里都已经有关于句式教学的内容，很多文章讨论句式教学问题，2011 年在北京还专门举办过"句式研究与教学专题研讨会"。由于教学对象的不同（如对内的大学汉语教学和对外的汉语教学就不一样），句式教学会有所差异。就国内的高等学校的汉语语法教学而言，该怎样讲汉语的句式？要不要讲汉语的基本句式系统？重点该讲哪些句式？就对外汉语语法教学而言，该怎样讲汉语的句式？在不同的阶段怎样根据不同的需要分别讲不同的句式？总之，在语法教学里怎样根据不同的教学的需求和不同的对象来进行句式教学也是一个值得深入研究的问题。

### （九）各种特定句式的研究

研究汉语特定句式的文章虽然有相当数量，但汉语中还有许多特定句式没有得到深入、充分的研究。汉语的特定句式（包括单句句式、复句句式，还包括大大小小的不同层级的句式）究竟有多少现在还是一个未知数。这方面也许有大量的新课题需要去深入挖掘和逐个探索的。对特定句式的研究，现在大家比较重视描写或描述它的形式和意义，分析某个特定句式与其他相关句式的关系，有些文章也注意解释特定句式的形成机制；但是对特定句式的语用价值及其在话语、篇章、语境中适用性的研究还相当薄弱；但从使用句式的角度看，句式的应用与话语、篇章、语境有密切的关系，所以是

---

① 参看本书邵敬敏《建构汉语句式系统的价值与意义》一文的论述。

需要加强这方面的研究的。

## （十）理论和事实

要把宏观研究和微观研究结合起来，要把理论研究和事实的研究结合起来。句式理论的研究和句式事实的调查都应当重视，不可偏废。但是，事实毕竟是第一手材料，是基础性的研究工作，所以对语法研究者来说，当前的重点还是应该放在事实的调查研究上，大家可以根据自己对句式的理解来研究汉语里的某些特定句式的事实。但是理论毕竟是研究的灵魂，任何事实的研究如果没有正确理论的指导，往往会迷失方向，再加上句式理论的研究方面目前相对滞后，所以句式理论的研究也应得到充分的重视。对于理论有兴趣的学者，可以加强这方面的研究，争取在句式理论的研究上有所突破。如果研究得好，必将能促进事实的研究和汉语句式系统构建工作。

句式研究方兴未艾。长江后浪推前浪，愿《汉语句式问题探索》在句式研究的长河中能激起浪花，推波助澜。只要研究者们共同努力，相信汉语语法学未来在句式研究方面定会取得更多的成就。

是为序。

范 晓

2015 年 2 月于上海文化佳苑寓所

# 目　录

# 句类、句型、句模、句式、表达格式与构式

## ——兼说"构式－语块"分析法[*]

陆俭明

## 一 有关各种句子分类的名词术语辨识

研究语法，主要就是研究句子的构成规则与使用规则。我们听到、看到的是一个个具体的句子，成千上万，而从理论上说是无穷的。没有分类就没有科学。要研究句子，不能不给句子分分类。可是该怎么对句子分类呢？在学界对句子有不同角度的分类，有不同的命名。

在印欧语系的传统研究中，对句子一般有这样几种分类法：

甲、根据句子（一）是否只包含主谓格式，（二）包含多少个主谓格式，（三）所包含的多个主谓格式彼此是处于互相包含的状态还是处于通过连接成分组合在一起的状态，将句子分为以下三类：

简单句——一个句子就是一个主谓格式。

复杂句——由主谓格式充任句子成分的句子，如包含主语从句、宾语从句、表语从句、定语从句或状语从句的句子。

复合句——通过连接成分将多个主谓格式组合在一起的句子，就是我们一般所说的复句。

乙、根据用途和语气，将句子分为：

叙述句；

疑问句；

祈使句；

* 本文曾在 2013 年 5 月 10—13 日举行的"汉语句式研究学术研讨会"（南昌大学）上宣读，现成文时作了较大的修改，并得到 2013 年度教育部人文社科重点研究基地重大项目"现代汉语构式知识库建设及其应用研究"（项目编号：13JJD740001）的资助。

感叹句。

丙、根据句子成分组合方式将句子分类，常见的分为五种句型：

A. $S + V_i$；

B. $S + V + P_{[表语]}$；

C. $S + V_t + O$；

D. $S + V_t + O + C_{[补足语]}$；

E. $S + V_t + O_1 + O_2$。

（S 代表句子主语；V 代表谓语动词；P 代表表语，如英语"to be"或"to become"后面的名词性成分；O 代表宾语；C 代表补足语，下同）

丁、根据语态，将句子分为主动句和被动句。

戊、从类型学的角度，或根据句首成分的性质，将句子分为主语句和主题句；或根据语序，将句子分为 SVO 句和 SOV 句，等等。

以上是国外语法学中常见的对句子的分类。甲种分类属于从结构层面对句子先作总体分类；乙、丙、丁三种分类实际是对简单句又作不同层面的分类；戊种分类则是就多种语言比较而得的。

汉语语法研究是在参考印欧语系语法或以印欧语系语法学理论为指导的情况下逐步发展起来的。因此，从 20 世纪 20 年代以来的黎锦熙（1924）、吕叔湘（1942）、王力（1943、1945）、高名凯（1948）这四大家看，对句子最早基本上是模仿西方的分类法来进行分类的，不过也有所不同。①

––––––––––––––––––

① 在甲种分类层面上，将复杂句改称为"包孕句"，用来专指主谓格式作句子成分的句子。不太注重从句型的角度给句子分类。而在按用途和语气分类上，除黎锦熙先生外，似更注重作谓语的词性。请看黎、王、吕、高四大家各自的句子分类。

黎锦熙：

决定句（用来表完结语气、限制语意、警确语态的句子叫做决定句）；

商榷句（用来表商度语气的句子叫做商榷句）；

疑问句（用来表然否或助抉择、寻求疑问的句子叫做疑问句）；

惊叹句（用来助惊叹的情态的句子叫做惊叹句）。

王　力：

叙述句（用来叙述一个事件者叫做叙述句；以动词为谓词）；

描写句（用来描写人物的德性者叫做描写句；以形容词为谓词）；

判断句（用来断定主语所指的是什么或属于什么种类者叫做判断句；以名词为谓词）。

吕叔湘：

叙事句（叙述事情的句子叫叙事句；以动词为谓语）；

在当代，大陆的现代汉语语法论著中，对句子也有各种分类法。

首先从结构上将句子分为单句和复句，只是取消了"包孕句"的说法，因为汉语的主谓格式与其他类型的句法格式，如述宾格式、述补格式、"定－中"偏正格式和"状－中"偏正格式等，处于同等地位，因此并不将包孕句看作是一种特殊的句子。而对单句的分类，一般使用"句类""句型""句模""句式"等概念。在这方面，范晓（1995、2009、2013）作了较为全面的综合论述。

所谓"句类"，是指按用途和语气给句子所分的类，"是句子的表达功能或语用价值的类别"（范晓，1995），一般分为陈述句、祈使句、疑问句、感叹句，后来又新增表达呼唤或应答的"呼应句"。

所谓"句型"，是根据句子成分的组合情况给句子所分的类，"是句子的句法结构模型式"（范晓，1995）。譬如单句可以分为主谓句和非主谓句，主谓句又可以分为动词谓语句、形容词谓语句、名词谓语句、主谓谓语句等；动词谓语句又可以分为 SV、SVO、SOV、SVRO、SVOR 等等，非主谓句也还可以细分为各个不同的小类（R 代表补语）。

所谓"句模"，是根据句子内部语义结构模式的不同给句子所分的类，"是句子的语义结构模式"（范晓，1995）。譬如分为：施－动、施－动－受、施－状－动、施－状－动－受、受－动、受－施－动、施－动－受$_1$－受$_2$，等等（"施"代表行为动作的施事，"动"代表动词所表示的行为动作，"受"代表行为动作的受事，下同）。

关于"句式"，学界没有一个一致的准确的说法，目前学界对句式有不同角度的认定。有的是从形式角度认定的，即从词类序列认定的，如："NP$_L$ + V + 着 + NP"句式（山上架着炮）、"NP 了"句式（大姑娘了｜春天了）等。有的是从标志字认定的，如一般所说的"把"字句式、"被"字

----

表态句（纪述事物的性质或状态的句子叫表态句；主要以形容词为谓语）；

判断句（解释事物的含义或判辨事物的异同的句子叫判断句；主要以"（是）/不是 + 名词语"为谓语）；

有无句（表明事物有无的句子叫有无句；谓语动词为"有/无"）。

高名凯：

动句/叙述句（以具有动词功能的词为谓语或谓语的主要成分的句子是动句）；

形容句/描写句（以具有形容词功能的词为谓语或谓语的主要成分的句子是形容句）；

名句/说明句（以具有名词功能的词为谓语或谓语的主要成分的句子是名句）。

以上是 20 世纪 20 至 40 年代汉语语法学界对汉语句子所作的分类。

句式、"连"字句式、"比"字句式等。有的是从语意上认定的，如存现句式、比较句式、供用句式等。

随着认知语言学的引入，有学者又从概念结构、语义功能，或者说从"认知－语义－句法"框架的角度，将句子分为"事件句""关系句""性状句""判断句"。

事件句关注动作的传递性，具体说关注某行为动作如何从动作源头（一般为施动者）自主地传递到受动者。事件句主要分三大类：不及物事件句、单及物事件句、双及物事件句。

关系句集中关注实体之间在空间、数量等方面的静态关系，诸如存现关系、伴随关系、等价关系、数量关系、分配关系等。

最近，泉州师范学院谢英教授出版了一本专著《现代汉语表达格式研究》。他将句法格式、修辞格式、固定或半固定格式等统称为"表达格式"（谢英，2012）。

20世纪末21世纪初，"构式"（construction）理论引入汉语研究。张伯江的《现代汉语的双及物结构式》（1999）和《论"把"字句的句式语义》（2000），以及沈家煊的《句式和配价》（2000），是最早将构式理论引入汉语语法研究的三篇文章。构式，就句法平面说，它不同于句式。构式是指有特定句法形式、有特定语法意义，而其句法形式和语法意义都不能从构式内部各成分、也不能从其他构式所推知的一个语块链。随着构式研究的深入，刘大为（2012）提出"修辞构式"的概念，认为构式先有修辞构式，然后稳定为语法构式。修辞构式具有偶发性、临时性的特点；语法构式则具有一定的稳固性。修辞构式是语法构式的前身，语法构式是由修辞构式逐渐发展、固定而成。

总之，目前语法学界对句子有种种分类法，有种种称呼。

## 二　评判句子分类价值的依据

如何评价上述对句子的种种不同分类？大家可以去思考，去评论。这里需要指出的是，分类本身不是目的。分类的目的是为了更好地开展研究。对汉语句子所作的分类如何，得看能否有效地为以下几方面服务：

一是能否有助于解读句子，特别是解释句子所表示的语法意义。

二是能否有助于解释人的语言习得，包括儿童语言习得和成人的外语或第二语言习得。

三是能否有助于不同语言或不同方言之间的对比研究。

四是能否有助于语言运用和语言教学，特别是汉语作为外语或作为第二语言的教学。

就上述四个方面来看，目前对句子所作出的种种分类，功效不一。

句类那样的句子分类，即将句子分为陈述句、祈使句、疑问句、感叹句、呼应句等，这种分类有用。这种分类有助于语言运用，有助于语言教学，有助于语言或方言的对比研究。

句式那样的句子分类，不管是从形式上认定的、从标志字认定的还是从语意上认定的，都有用。有助于语言教学，有助于语言研究，特别有助于语言或方言的对比研究。

句型和句模那样的句子分类，即前者从句法上的"主－谓－宾"角度给句子所分的类，后者从语义上的"施－动－受"角度给句子所分的类，对语言或方言比较研究而言，有用；对语言教学与语言习得来说，按说也会有用，但由于受传统句法分析观念和思路的束缚，目前这样的分类在语言教学中有一定局限。这里所说的传统的句法分析观念与思路，是指句法上"主－谓－宾"、语义上"施－动－受"这样的分析思路。一直以来我们都是按照这一传统的句法分析思路来分析句子的。例如：

> （1）张三　　　　喝　　咖啡。
> 　　　主语　　　谓语　宾语　……传统的句子成分分析
> 　　　施事　　　动作　受事　……句子的语义分析
> 　　　<u>主</u>　　　<u>谓</u>　　　　.
> 　　　　　　　述　宾　……结构主义的层次分析

结构主义的层次分析只是增添了语言结构的层次观念，句法上"主－谓－宾"、语义上"施－动－受"这样的分析思路依旧保留着。这种从古希腊传下来的分析思路是符合语言事实的，是科学的，因此能一直沿用至今。但是，语言是复杂的，传统的句法分析思路不能解释所有的句法现象。它适用于诸如行为事件结构、事物性状结构等；而有许多句子结构，没法用这种思路去解读。最典型的是下面两组句子：

> （2）a. 那个人吃了一锅饭。
> 　　　b. 十个人吃了一锅饭。

按传统的分析法无论从句型或句模角度看，a 和 b 是一样的。请看：

　　a. 那个<u>人</u><u>吃了</u>　<u>一锅饭</u>
　　b. <u>十个人</u><u>吃了</u>　<u>一锅饭</u>
　　　　主　　谓　　　宾…………句型相同
　　　　施　　动　　　受…………句模相同
　　　<u>主</u>　　　<u>谓</u>　　　.
　　　　　<u>述</u>　　<u>宾</u>　.

很明显，句型都是"主－谓－宾"，句模都是"施－动－受"。但是，这种分析与分类，事实上只适用于 a 句，不适用于 b 句，更无助于解释这两个句子的实际差异——b 句，主宾换位之后所得 c 句能成立，请看：

　　b. 十个人吃了一锅饭。
　　　　　　↓
　　c. 一锅饭吃了十个人。

而 a 句，主宾换位之后所得 d 句不成立，请看：

　　a. 那个人吃了一锅饭。
　　　　　　↕
　　d. ＊一锅饭吃了那个人。

这为什么？如何解释这一现象？

事实上，从概念结构角度看，a 句属于行为事件概念结构，b 句是个同形结构（换个角度说，是歧义结构）——既可以看作行为事件概念结构，也可以看作数量关系概念结构。行为事件概念结构，投射到语言，可形成"主－谓－宾"句型、"施－动－受"句模；而数量关系概念结构，投射到语言，如果也因为句中有动词所以也将它归入"主－谓－宾"句型、"施－动－受"句模，则毫无意义——无助于解读句子的意思，更无法解释为什么那 b 句主宾换位后的 c 句能成立。事实上，b 句也好，c 句也好，内部语义结构关系都是：

**容纳量－容纳方式－被容纳量**

如果考虑到由 b 句和 c 句衍生的句子：

(3) $b_1$. 十个人吃了一锅饭。

　　　$b_2$. 十个人能吃一锅饭。

　　　$b_3$. 十个人吃不了一锅饭。

(4) $c_1$. 一锅饭吃了十个人。

　　　$c_2$. 一锅饭能吃十个人。

　　　$c_3$. 一锅饭吃不了十个人。

那么这类句子所表示的语法意义都是：

**X 量　容纳了/能容纳/不能容纳　Y 量**

（X 量指动词前那数量成分所表示的数量，Y 量指的是动词后那数量成分所表示的数量）。先看例（3）b 句，其中的 $b_1$ 句是说"十个人的饭量容纳了一锅饭的饭量"，$b_2$ 句是说"十个人的饭量能容纳一锅饭的饭量"，$b_3$ 句是说"十个人的饭量不能容纳一锅饭的饭量"——b 句的"X 量"是指"十个人的饭量"（居动词前），"Y 量"是指"一锅饭的饭量"（居动词后）。再看例（4）c 句，其中 $c_1$ 句是说"一锅饭的饭量容纳了十个人的饭量"，$c_2$ 句是说"一锅饭的饭量能容纳十个人的饭量"，$c_3$ 句是说"一锅饭的饭量不能容纳十个人的饭量"——c 句的"X 量"是指"一锅饭的饭量"（居动词前），"Y 量"是指"十个人的饭量"（居动词后）。

这里必须注意的是，作为数量关系结构的例（3）b 句、例（4）c 句内部的语义配置（或说语义结构关系）表面看好像是：

**b. 施事 – 动作 – 受事**

**c. 受事 – 动作 – 施事**

其实，在这种句法格式之中，所突显的是下面这样的语义配置（或说语义结构关系）：

**容纳量 – 容纳方式 – 被容纳量**

显然，按传统的句法上"主 – 谓 – 宾"、语义上"施 – 动 – 受"的分析思路，无法解读 a 可和 b 句的差异，也无法解释 b 句和 c 句在所表语法意义上的一致性。

鉴于上述情况，引进了"构式"（construction）这一概念。构式，有助于语言习得研究，有助于语言教学。

至于从"认知 – 语义 – 句法"框架的角度，将句子分为"事件句""关

系句""性状句"等，这有用，特别是对语法研究有用。上面我们指出，例
（2）a 句"那个人吃了一锅饭"属于事件句，b 句"十个人吃了一锅饭"
属于数量关系句，就是从"认知－语义－句法"框架的角度说的。而这种
区分对语法研究有用。

谢英（2012）的"表达格式"之说应该说是一种新的说法，但这只是
为了某种需要所作的一种概括的说法。

这里我要强调的是，无论从语法研究角度说，也无论从语法教学角度
说，无论从语言习得研究说，引进"构式"（construction）这一概念，十分
有必要。

## 三　关于构式理论和语块理论

构式这个概念是由菲尔墨（Charles J. Fillmore）在框架语义学的基础上
形成并提出来的，由哥尔德博格（A. E. Goldberg，1995）论述成为系统的理
论。构式理论的核心观点是：

> C is a CONSTRUCTION iff$_{def}$ C is a form-meaning pair $<F_i, S_i>$ such
> that some aspect of $F_i$ or some aspect $S_i$ is not strictly predictable from C's
> component parts or from other previously established constructions. （Gold-
> berg, 1995, P.4；中译本吴海波，2007 年，第 4 页）
>
> ［假如说，C 是一个构式，当且仅当 C 是一个形式（Fi）和意义
> （Si）的对应体，而无论是形式或意义的某些特征，都不能完全从 C 这
> 个构式的组成成分或另外的先前已有的构式推知。］

哥尔德博格的上述论断是要人们认识到，构式是语言中形式与意义的对
应体；更要人们了解到，每个构式都能表示独特的语法意义，而这种独特的
语法意义不能从其构成成分和已有的构式所推知。

对于哥尔德博格（A. E. Goldberg，1995）的构式理论，我们提出两点修
正意见：

第一点，哥尔德博格（A. E. Goldberg，1995）认为，凡是形式和意义的
对应体就都可以看作构式。于是，她所说的构式，包括了从复句到语素的不
同单位。（Goldberg，1995、2003、2006）按照这种看法，语言成了一个由
长度不等、复杂程度不等的一个个构式所组成的清单。这与她自己在 Gold-

berg（1995）第三章 3.1 谈到"语言组织的相关心理原则"时所提出的"最大经济性原则"完全矛盾。将一个个语素、词、成语、短语结构都看成了构式，按此推断，那么一个个具体的句子也该看作是构式，这一来构式的数量还小得了吗？可以说是无穷！这能符合"最大经济性原则"吗？再说，构式范围如此之宽必将造成构式形式不同质。我们将构式只限于句法平面抽象的构式。如"$NP_L + V$ 着 + NP"这样的表示存在的构式（实例如"门口坐着两个孩子""墙上挂着一幅画"等）。

第二点，光讲构式不行或者说不够，构式理论得与语块理论（chunk theory）结合，形成"构式 - 语块"分析法（陆俭明，2009a、2009b、2010a、2010b）。

语块理论是由缪勒（Miller，1956）的短时记忆理论演化而来的。国内外二语教学界和自然语言处理与研究学界已经广泛使用这种理论来为教学、为自然语言处理服务。我国目前对"语块"这一术语的理解与使用，更多的还是从词汇角度来考虑的，其含义大致相当于英语里的 formulaic language。本文所使用的"语块""组块"术语，其含义分别相当于英语的 chunk 和 chunking。语块理论的核心内容是，根据心理实验所提供的数据，大脑运用语言进行编码也好，解码也好，能容纳的离散块的最大限度是七块左右（即 ± 7），关注范围是四块左右（即 ± 4）；这样，一个经过组块（chunking）而成的语句表面看是由若干个语素或者说由若干个词组合成的，实际的组成单位是语块（chunk）。语块是"人类信息处理能力的实际运用单位"（陆丙甫，2008）。

引入语块理论并与构式理论相结合后，我们可以将构式看作是一个语块链，将语块视为构式的构成单位（陆俭明，2010a，2010b；苏丹洁，2010）。从"构式 - 语块"分析思路来看，上面第二节里所举的例（3）"十个人吃了一锅饭"和例（4）"一锅饭吃了十个人"实际是属于句法平面的同一种构式——数量关系构式，具体说是"容纳量与被容纳量"关系的构式。这种构式，按构式理论作如下分析：

**数量关系构式**

| | | | |
|---|---|---|---|
| **数量名语块** | **——动词语块——** | **数量名语块** | 【从词类系列角度说】 |
| $NPq_1$ | V 了/能 V / V 不了 | $NPq_2$ | 【用符号表示】 |
| **容纳量** | **容纳方式** | **被容纳量** | 【从语义关系角度说】 |
| 十个人 | 吃了/能吃/吃不了 | 一锅饭 | |
| 一锅饭 | 吃了/能吃/吃不了 | 十个人 | |

就这种构式来说，用句法上"主－谓－宾"、语义上"施－动－受"这样的分析思路来分析，显然没什么用处，不能真正解读句子的意思。我们认为，在句子研究或句法教学中，引进"构式""语块"这样的术语及其所代表的概念，是十分必要的。

## 四　每个语言所具有的构式

要运用"构式－语块"句法分析法，必然要考虑汉语中"存在多少构式""具体存在哪些构式"的问题。

每个语言所具有的构式不完全相同。具体到某个语言，其内部可能存在的构式，大概都会有下面所说的三大类：

甲、为人类语言所共有的构式。例如：

张三－吃了－三个苹果。【表事件的构式】

张三－给李四－一件毛衣。【表"给予"义的双及物构式】

张三－是－电机工程师。【表判断的构式】

各个语言所共有的构式，在语序上可能会有差异。譬如，有的语言，宾语成分处于动词之后，如汉语、英语等；有的语言，宾语成分处于动词之前，如日语、韩语等。这种差异可以视为参数的差异。

乙、某概念框架乃至在语言中的语义框架，全人类都有，但投射到各个具体的语言，所形成的构式并不相同。以"存在"概念结构为例——

**汉语：**

$NP_L$－有－NP。如：桌上有一本书 | 床上有病人。

$NP_L$－V 着－NP。如：桌上放着一本书 | 床上躺着病人。

……

**英语：**

There-be-NP-there. e. g. There is a book there.

There-be-NP-PP. e. g. There is a book on the table.

丙、为某个语言所特有的，但非熟语的构式。例如：

**汉语：**

$QP_1$－V 了/能 V/V 不了－$QP_2$。如：

十个人吃了/能吃/吃不了一锅饭。

一锅饭吃了｜能吃/吃不了十个人。

NPs – 把 NP-VP。如：

张三把帽子挂在衣帽架上。

张三把衣服洗干净了。

**英语：**

Every one-can't be-NP.

Every one can't be a professor.

丁、为某个语言所特有的、类似熟语且能类推的固定构式。例如：

a. …爱 V – 不 V。如：（你）爱吃不吃｜他呀，老是爱理不理的。

b. X 是 X – Y 是 Y。如：昨天是昨天，今天是今天｜她是她，你是你。

c. …V1 多少 – V2 多少。如：要多少拿多少。

d. …别 – NN – 的。如：别经理经理的。｜别狗子狗子的。

e. VOV 的。如：睡觉睡的。｜看电视看的。｜开夜车开的。

至于每一类，在某个语言里，譬如说在现代汉语里到底有多少种构式，这需作深入、具体地调查研究，才能知道。

# 五　关于"构式 – 语块"句法分析法

"构式 – 语块"句法分析法，是整合了构式理论、语块理论并以"实词间语义关系多重性"理论为理论依据而形成的一种句法分析法。关于"构式 – 语块"句法分析法，要有以下几点认识：

一、构式是形式和意义的对应体（pair，匹配/结合体），是语言句法层面的基本单位。

二、构式本身能表示独立的语法意义，称之为"构式义"。一个构式之所以区别于另一个构式，其本质在于二者的构式义不同。

三、构式义来自认知域的意象图式。具体说，"每一个构式都是某个具体语言之中所存在的、由以该语言为母语的人在认知域中所形成的意象图式投射到人类语言里所形成的语义框架在该语言中所具体呈现的、表达人对客观世界某一方面认识的句法形式"。（陆俭明，2009）

四、构式，无论是形式或意义，都不能完全从构式的组成成分或另外的先前已有的构式推知。这就是著名的"不可预测性"（unpredictability）说。

五、某种构式是某个语言所专属的，但可以进行跨语言比较。

六、构式的构成单位是语块，每个构式都是一个语块链。

七、构式与句式不同：句式具有多义性，构式具有单义性。

八、构式内部的层次构造不一定与结构主义的 IC 分析一致。这可能有三种情况。

（一）一致。如：

（1）我的弟弟－工作了。
（2）他－黄头发。
（3）他们住的房子－十分宽敞。

都只包含两个语块——按结构主义的层次分析理论是进行二分，按构式语法理论（CG）分为两个语块，所以实际都二分。

（二）不一致。如：

（4）台上 | 坐着 || 主席团。　　　　　　　[ IC ]
　　　台上—坐着—主席团。　　　　　　　　[ CG ]
（5）你 | 把书 || 放 ||| 在 |||| 书架上。　[ IC ]
　　　你—把书—放在书架上。　　　　　　　[ CG ]

都包含三个语块，按结构主义的层次分析理论得层层二分，按构式语法理论均进行三分。

（三）不分析。如：

（6）睡觉睡的 | 游泳游的
（7）问来问去 | 考虑来考虑去

只包含一个语块。层次分析目前对这些结构还不知怎么分析，构式语法理论将它们看作由一个语块构成的构式。

朱德熙先生（1982）指出："所有自然语言的语法构造都是有层次的，层次性是语言的本质属性之一。"这是真理。但是，语法构造的层次具体是怎么样的？IC 理论和 CG 理论有明显分歧。孰是孰非？是否可以认为视角不同，可以允许有不同的切分？

运用"构式－语块"分析法，要求对所分析的构式作如下几方面的具体研究与分析：

a. 该构式表示什么样的独特的语法意义？

b. 该构式内部，其语义配置具体是怎么样的？

c. 该构式可以分析为几个语块？

d. 一个构式，具体是如何选择所需要的词项的？同一个词为什么能出现在不同性质的构式内？

e. 一个构式，它在什么样的语义背景下使用，换句话说，使用该构式的语义背景如何？

我们认为，在句子研究中，引进"构式"这一术语及其所代表的概念，是十分必要的。我们已经在语言教学中运用"构式语块分析法"获得了成效。（陆俭明，2010、2011a、2011b；苏丹洁，2010、2011）

关于"构式－语块"句法分析法，还需要特别说明如下：

句子的组成单位是语块，这在陆丙甫（1981、1985、1986、1993、2008）、史有为（1984）和鲁川（2005）的论著中已包含这一思想；不是什么句子都可以按照"主－谓－宾"思路来分析，这在陆丙甫（2008）和陆丙甫、蔡振光（2009）的文章中也已含有这一思想。我提出的"构式－语块"句法研究思路跟他们不同的是，我是在强调要重视词语间语义关系的多重性这一前提下，强调运用构式语法理论，强调将构式理论与语块理论结合运用，从而明确提出我们的语法研究不能囿于句法上的"主－谓－宾"、语义上的"施－动－受"这一传统的句法研究思路。

我们不是要全盘否定传统的语法分析法，只是不能囿于传统的句法分析思路。因此，"构式－语块"句法分析法可以说只是对传统句法分析法的一种补充。

# 参考文献

范　晓　1995　《句模、句型和句类》，《语法研究和探索》（7），商务印书馆。

范　晓　2009　《汉语句子的多角度研究》，商务印书馆。

范　晓　2013　《关于句式的几点思考》，《汉语学习》第4期。

高名凯　1948　《中国语法论》，商务印书馆。

黎锦熙　1924　《新著国语文法》，商务印书馆。

刘大为　2012　《从语法构式到修辞构式（上/下）》，《当代修辞学》第3—4期。

鲁　川　2005　《"预想论"：现代汉语顺序的认知研究》，《世界汉语
　　　　　　　　教学》第 1 期。

陆丙甫　1981　《主干成分分析法》，《语文研究》第 1 期。

陆丙甫　1985　《流程切分和板块组合》，《语文研究》第 1 期。

陆丙甫　1986　《语句理解的同部组块过程及其数量描述》，《中国语
　　　　　　　　文》第 2 期。

陆丙甫　1993　《核心推导语法》，上海教育出版社。

陆丙甫　2008　《直系成分分析法——论结构分析中确保成分完整性的
　　　　　　　　问题》，《中国语文》第 2 期。

陆丙甫　蔡振光　2009　《"组块"与语言结构难度》，《中国语文》第
　　　　　　　　1 期。

陆俭明　2009　《构式语块汉语教学·多位视野下的汉语教学》，《第七
　　　　　　　　届国际汉语教学学术研讨会论文集》（蔡昌卓主编），
　　　　　　　　广西师范大学出版社。

陆俭明　2010a　《从构式看语块》，《中国语言学》（第四辑），商务印
　　　　　　　　书馆。

陆俭明　2010b　《"构式－语块"句法分析法——一种汉语句法研究
　　　　　　　　的新思路》，《汉语语法语义研究新探索（2000—
　　　　　　　　2010）演讲集》（陆俭明著），商务印书馆。

陆俭明　2011a　《构式语法理论与汉语研究》，《在探索中前进——21
　　　　　　　　世纪现代汉语本体研究和应用研究（当代中国文学学
　　　　　　　　家文库陆俭明卷）》，北京师范大学出版社。

陆俭明　2011b　《再论构式语块分析法》，《语言研究》第 31 卷。

吕叔湘　1942　《中国文法要略（上卷/中卷、下卷)》，商务印书馆。

王　力　1943　《中国现代语法》，商务印书馆。

王　力　1945　《中国语法理论》，商务印书馆。

沈家煊　2000　《句式和配价》，《中国语文》第 4 期。

史有为　1984　《语言的多重性与层—核分析法》，《汉语析句方法讨论
　　　　　　　　集》（徐枢编），上海教育出版社。

苏丹洁　2010　《试析"构式－语块"教学法》，《汉语学习》第 2 期。

苏丹洁　2011　《构式语块教学法的实质——以兼语句教学及实验为
　　　　　　　　例》，《语言教学与研究》第 2 期。

谢　英　2012　《现代汉语表达格式研究》，厦门大学出版社。

张伯江　1999　《现代汉语的双及物结构式》,《中国语文》第 3 期。

张伯江　2000　《论"把"字句的句式语义》,《语言研究》第 1 期。

朱德熙　1982　《语法分析和语法体系》,《中国语文》第 1 期。

Goldberg, Adele E. 1995. *Construction*: *A Construction Grammar Approach to Argument Structure*. Chicago: The University Chicago Press.

Goldberg, A. E. 2003. *Construction*: *A new theoretical Approach to language*,《外国语》第 3 期。

Goldberg, A. E. 2006. *Constructions at Work*: *The Nature of Generalization in Language*. Oxford: Oxford University Press.

Miller, G. . A. 1956. The Magical Number Seven, Pluse or Minus Two. *The Psycological Review*: 63.

（陆俭明　北京大学中文系）

# 句式研究的几点思考

范　晓

**提要**　本文认为：句式是句子的语法结构格式。句式最重要的本质特点是"抽象性"，研究句式要从句例（具象句）里舍去思想内容以及一切带有个性的、非本质性的特征而抽取出一般的、共性的、本质性的特征的语法结构格式。可从三种不同视角来描述句式：表示句干的句式、表示语气的句式、表示完整句（句干＋语气）的句式。句式是"句型－句模－句类"的综合体，句型、句模、句类是从句式里分析抽象出来三个平面（句法、语义、语用）的类型。句式既有形式又有意义，句式的形式和意义是表里关系、匹配关系，句式是形式和意义的统一体或匹配体。本文还论述了句式的层级性以及句式与外部世界的关系以及运用句式理论来析句和造句等问题。

**关键词**　句式　句例　句式形式　句式意义　句式的层级性

## 前言

　　句式研究是语法研究中的重大课题之一，这是因为句子是语言的基本运用单位，而任何合乎语法的句子都是按照特定的句式构造而成的，也都代表着或从属于某种句式；所以，对句式进行理论研究并且对汉语语法里的各种句式进行专题性的研究，进而构建汉语的句式系统，既有理论意义（有助于语法理论的发展），也有实用价值（可解释为什么语义结构相同却要用不同句式，有助于析句和造句，还有助于对外汉语教学、翻译等）。我国语言学界对"句式"问题一向比较重视，粗略调查结果：从1921年至今已有数百篇论文谈到句式，还有些有关句式的专著（教材或专著里出现"句式"这个术语的则更多了）。但总的来说，无论是句式的理论研究还是汉语句式的专题研究学界都还做得很不够，而构建汉语的句式系统更是一个艰巨的任务，所以句式研究这个课题是很值得下大力气深入研究的。

句式有简单的也有复杂的，为便于理解，本文主要讨论简单句式，举例尽量用简单句及其句式。为行文简洁方便，有些场合把名词记作"N"，名词性词语记作 NP，动词记作"V"（其中及物动词记作 Vt，不及物动词记作 Vi），动词性词语记作 VP，形容词记作 A，主语记作"主"（或 S），宾语记作"宾"（或 O），补语记作"补"（R），主谓短语记作 SP，施事记作"施"，系事记作"系"，起事记作"起"，与事记作"与"，受事记作"受"，成事记作"成"，位事记作"位"，止事记作"止"，把动词所联系的强制性语义成分（动元）所指概称为"名物"（包括"人""物""事"）。

# 一　句式的含义

"句式"这个术语在我国的语法论著里已经得到广泛的运用，但对句式的含义有着不同的见解：有的认为词类序列格式就是句式，有的认为句型（句子的句法结构格局）就是句式，有的认为句模（句子的语义结构模式）就是句式，有的认为带有特征词或其他特定形式作为标志的句子就是句式，有的认为表示某种特定表达用途或语用意义的句子就是句式等。①

学界对句式的不同见解可以在句式的表述或命名上反映出来：有称"名$_1$＋动$_1$＋名$_1$＋名$_2$""名$_1$＋是＋名$_2$的名$_3$"等为句式的，有称"主动宾"或"S＋V＋O$_1$＋O$_2$""S＋V＋R＋O"等为句式的，有称"施动受""施动与受"等为句式的，有称"把字句""被字句""比字句""得字句""使字句"等为句式的，有称"越 X，越 Y""因为 X，所以 Y""比 N 还 N""一 X 就 Y"等为句式的，有称"疑问句""祈使句""描写句""存在句""被动句"等为句式的，有把代表句（某种句例）称为句式的（如"他的老师当得好"句式、"他要求我与你见面"句式、"我唱个歌儿给你听"句式等）。还有一些其他命名的句式，如"连谓句式""兼语句式""双及物句式""领主属宾句句式""可逆句句式"等等，不一一列举。

有学者看到人们对句式存在不同见解，以至在句式描述、命名上多种多

---

① 关于我国语言学界研究句式的概况以及人们对句式含义的不同理解的详情，可参看范晓《关于句式问题》，《语文研究》2010 年第 4 期。

样，就认为句式这个术语具有"多义性"，乃至主张取消句式这个术语。本文认为：由于句式的理论不同、语法体系不同、观察角度不同，不同学者就会对句式有不同的识解，这是学术研究中的正常现象，不应把不同的见解看做"多义"；句式本身是客观存在的，是取消不了的。对一个术语产生的不同理解是学术研究里经常出现和不可避免的现象，如果把对某个术语的不同见解看做"多义"，那语言学里术语的"多义"又何止于句式。正因为在句式问题上有不同见解，就需要互相切磋讨论，在理论上尽可能增进共识；即使不能在句式理论上取得一致意见，即使句式的描述或命名带有主观性和多样性，也没有关系，更不必强求统一；学者们可根据各自的句式理论或理解来对特定句式进行定名和描述，并各显神通对汉语各种句式进行专题考察研究，相信一定会从不同的角度取得成果，从而丰富并发展汉语的句式的研究。

对句式含义的不同的理解会对特定句式的研究产生不同的描写和解释，所以对句式的含义作出明确的说明，应该是研究句式的前提。

本文对句式有独立的见解，对句式的简明定义是：句式是句子的语法结构格式。这个定义包含着四层意思：

一是句式是一种"格式"。所谓"格式"，意思是指"一定的规格样式"（《现代汉语词典》）。一定的规格样式一般都有其一定的形式和一定的意义。

二是句式是一种"结构格式"，这意味着这种格式是属于"结构"的，它存在于两个或两个以上成分组成的结构体的"结构"里。结构格式也可以简称"构式"。

三是句式是一种"语法结构格式"。这意味着它不是任何领域（比如"语音、词汇、修辞、篇章、逻辑"等）的结构体的结构格式，而是特指"语法"单位结构体的结构格式，即这种结构格式（构式）是属于语法范畴的。

四是句式是"句子的语法结构格式"。语法单位（包括短语、句子、词等）都是结构体，也就都有其结构格式。但句式不是泛指任何语法单位结构体的结构格式，而是特指"句子的"语法结构格式（或说"句子层面的语法构式"）；那种非句子层面的结构格式（如短语的结构格式、复合词的结构格式）不能称作句式。据此，应该把句子语法结构格式和短语的语法结构格式区别开来，笔者把前者称为"句式"，把后者称为"语式"。① 有学者把"构式语法"所说的"构式"（construction）翻译为"句式"，其实构式语法所说的"构式"（construction）范围很广（包括句子、短语、词、

---

① 关于语式，可参看范晓《试论语式》，《河南大学学报》2012 年第 6 期。

语素等），所以那种所谓"构式"并不等于"句式"。

## 二　句式的本质特点

### （一）句式的抽象性

句式最重要的本质特点是"抽象性"。句式来源于"具象性"的句例，它是从大量的语法格式带有共性的句例里概括抽象出来的句子的语法结构格式。所以，"句式是句子的抽象的语法结构格式"。研究句式，一定要区别"句例"和"句式"。句例是指包含具体词语并表达具体思想内容的特定的句子（也可称为"具象句"或"具体句"①）。请看下面两组句子：

（1）张三看过这本书吗？/李四喝过这种酒吗？

（2）张三送给李四礼物了。/公司发给他三个月的工资了。

这两组句子就是具象句，即"句例"。语法研究者研究句子，要探究句子的结构及其功能的规律，就得以具象句为基点对象，经过理性思维，从具象句里舍去概念、思想内容以及一切其他个性的非本质的特征而抽取出一般的、共同的、本质特征，即抽象出句子的语法结构格式——"句式"。如上述两组句例就可以抽象描述出（3）（4）两个"句式"：

（3）"N1（主语/施事）＋Vt（述语/动作核）＋N2（宾语/受事）＋吗"句式

（4）"N1（主语/施事）＋'Vt（述语/动作核）＋给'＋N2（宾语/与事）＋N3（宾语/受事）＋了"句式

这两个句式只存在着一个词类序列和特证词为形式所表现的词类间的句法、语义关系以及句子的某种语用意义的抽象的语法结构格式，而不存在具象性的词语和它所表达的概念以及词语组合所表达的思想内容。

任何句例都从属于一定的抽象的句式，不存在没有句式的句例。任何句

---

① 笔者过去把"具象句"称作"具体句"，并把它分为孤立句和语境句两类。参看范晓《语境句和孤立句》，《语言文字学研究》，中国社会科学出版社2005年版。

式都是从具象的句例里抽象出来的，不存在没有句例的句式。句式不是只存在于某个独一无二的句例里，它必然是许多含有不同思想内容的句例的相同语法配置组合格式的类聚或集合，所以由一定形式显示的表示一定语法意义的抽象的句式，其内部词类不仅具有组合性，也具有类聚性，同一句式的各个句例里的同一位置上的词语具有替换关系。句例是语法学研究句式的资料，从具象的句例里通过抽象得到的句式的描写和相应的说明或解释是语法研究得出的科学性成果，并可以根据句式的理论和总结出的各种句式来指导解析具象句或生成具象句。

句例是抽象句式的具象实例，所以句例不等于句式。虽然句例和句式是两个不同的术语，但是为了某种需要，也可以用某个典型的句例作为代表来命名某种特定的句式，比如《"他的老师当得好"句式的形成机制》《"我是昨天买的票"句式》《"我唱个歌儿给你听"及相关句式》等论文里的"他的老师当得好""我是昨天买的票""我唱个歌儿给你听"等典型句例就分别代表着"$N_{(施事)}$＋的＋$N_{(受事)}$＋V 得＋A""$N_{(施事)}$＋是＋$N_{(时间)}$＋V＋的＋$N_{(受事)}$""$N_{(施事)}$＋Vt1＋$N_{(受事)}$＋给＋$N_{(与事)}$＋Vt2"等句式。

## （二）句式和句例的区别

句式和句例虽有联系，但有本质的区别。概括地说，它们的区别主要表现在：

第一，形态不同。句例的形态是具象的，句式的形态是抽象的。具象句含有表示概念的具体词语和一定的思想内容；而句式不含表示概念的具体词语和思想内容，它只含有词类序列或特征词等形式所表现一定语法意义的抽象的语法结构格式。

第二，数量不同。句式是从大量的句例里概括抽象出来的，所以从数量上看，一种语言里的抽象的句式是有限的，但根据句式规则自造的句例以及出现在话语语境里的句例是无穷无尽的。句例有两种：孤立的句例（称为"孤立句"）和语境里的句例（称为"语境句"），前者指脱离语境的自造的句例，后者指出现在话语语境里的句例。[①] 孤立句和语境句可以同用一种句

---

① 有的论著把"语境句"称为"言语的句子"，笔者认为这个术语不太确切：一则"言语"有不同的理解，二则不能概括"孤立句"。详参范晓《语言、言语和话语》，《汉语学习》1994 年第 2 期；《关于语言、言语及其相关问题的思考》，《长江学术》2005 年第 8 辑（收入李宇明等编《言语与言语学研究》，崇文书局 2005 年版）。

式，以"是字句"句式做个比较：

（5）课堂讲课时的"是"字句举例：<u>今天是星期日</u>。

（6）2013 年 5 月 12 日，<u>这天是星期日</u>，汉语句式研究学术研讨会在南昌大学开幕。

（5）（6）同属"N1（主语/起事）＋是＋N2（宾语/止事）"（"是字句"句式）。（5）是孤立句（不是话语语境里的），语法举例时任意造出的这个"今天是星期日"，讲课时在"是"的两头可以换上不同的时间词语都能成立，如也可说"今天是星期五"或"明天是星期二"等等；（6）是在语境里出现的句子，是个语境句，就不能任意更改。

第三，评判标准不同。评判句式能不能成立的标准是讲"合格性"（符合或不符合句子的句法结构规则和语义结构规则），凡符合特定句式的词类序列的组合规则的都是合格的，反之是不合格的。比较：

（7）N1（名词/主语/受事）＋Vt（述语/动作核）＋N2（名词/宾语/受事）（"饭吃人了/马骑人了"之类）

（8）NP1（［指］数量短语/主语/受事）＋Vt（述语/动作核）＋NP2（数量短语/宾语/受事）（"这一锅饭吃五个人/一匹马骑了两个人"之类）

（7）的词类排列是"受动施"语序，这在汉语里显然不合语义结构规则，因此是不合格的；（8）里的"受动施"语序却是合格的，但有条件限制：这种句式里的 NP1 必须是个"数量名"或"指量名"（或"指数量名"）构成的名词性短语，NP2 必须是个"数量名"短语，这个句式的句式义表达"供动"义（一定数量的受事供一定数量的施事使用某动作）。[①]

评判具象句（句例）能不能成立的标准不仅要讲其句式的"合格性"，更要讲其内容的"真实性"（真假或对错，即表意上是否符合客观事实）。比较：

（9）Furiously sleep ideas green colorless［"狂怒地睡觉念头绿色的

---

① 参看范晓《施事宾语句》，《世界汉语教学》1989 年第 1 期。

无色的。"（乔姆斯基例）／"所有的死都石头了。"（邢公畹
例）〕

（10）Colorless green ideas sleep furiously〔"无色的绿色的念头在狂
怒地睡觉。"（乔姆斯基例）／"所有的石头都死了。"（邢公
畹例）〕

（9）里的具象句内部词语的词类序列不符合句式的句法结合规则和语
义搭配规则，也就不能成立；（10）里的具象句内部词语的句式内词类序列
符合句法结合规则，也符合语义搭配规则，从句式的角度说是成立的，但作
为具象句表意而言，在孤立的、静态的情况下是不能成立的。又如：

（11）鲸鱼是哺乳动物。／华盛顿是美国的首都。
（12）鲸鱼是鱼。／纽约是美国的首都。

（11）（12）的具象句都属于"N$_{1（主语/起事）}$＋是＋N$_{2（宾语/止事）}$"句式，从
句式角度看都是合格的：符合词语的句法结合规则，也符合词语的语义搭配
规则。但进入该句式的具体词语组成的具象句从思想内容角度分析就有个
"真假"的问题：（11）所表思想为"真"（符合客观实际），（12）所表思
想为"假"（不符合客观实际）。

评判语境里具象句能不能成立的标准要讲"合用性"（是否适用于某语
境）。有些孤立句不能成立，但在语境里却可成立；有些孤立句能成立，但
在语境里却不能成立。[①] 所以在评判语境句的能否成立时，必须要讲语用上
的"合用性"。从"合用"角度分析，语境里的具象句有个"好坏"的问
题：在语境里"合用"的，是属于用得"好"的具象句；在语境里"不合
用"的，则是用得"不好"的具象句。可见，作为句例的孤立句和语境句
能否成立的评判标准有所差别：孤立句能否成立，评判的主要标准是讲句式
规则的"合格性"和兼顾表意的"真实性"，语境句能否成立，评判的主要

---

① 如"太阳从西边出来"不符合"真实性"，作为孤立句不能成立；但如果出现在"公鸡生
蛋，除非太阳从西边出来"这样的语境里，它是能成立的。又如"北方能大量种水稻吗？"作为孤
立句是成立的，但出现在内容为反驳某些人认为北方不能大量种水稻的看法的文章语境里作为标题
句，就有问题。

标准是要看在语境里是否"合用"。①

# 三　三种视角和三个平面

## （一）　三种不同视角的句式

语言表达思想的功能和传递信息的功能（即交际功能）主要是通过具象句来实现的。一个完整的具象句一般由两个部分组成：一是"句干"，二是"语气"。句干是句子的主干，是一个句子除去语气的那个主体部分，主要表达句子的基本信息；②语气是附加在句干上的语法成分，主要用来表达句子的交际用途和在人际间传递句干所表达的信息。③例如：

（13）你喝酒吗？／她吃晚饭吗？
（14）他喝酒了。／她吃晚饭了。

上面两组句子划横线的部分是句干，打黑点的部分是语气。绝大多数句干由两个或两个以上的实词（有的还有虚词）互相结合组成一个词类序列体。④没有句干，语气无从依托；没有语气，句干就不能发挥表达思想、传

---

① 关于孤立句和语境句能不能成立的评判标准，详见范晓《关于句子合语法和不合语法问题》（《中国语文》1993 年第 5 期）和《语境句和孤立句》（《语言文字学研究》，中国社会科学出版社 2005 年版）。

② "句干"这个术语是笔者在《略说句系学》（《汉语学习》1999 年第 6 期）里提出的。这里所说的"句子的主干"（句干），跟中心词分析法所说的句子的"主干"是不同的：本文所说的"句子的主干"是指句子去掉语气之外的部分；而中心词分析法把"句干"分为"主干"和"枝叶"，"主干"指句干里的主要成分（主语、谓语、宾语），"枝叶"指句干里的附加成分（定语、状语、宾语、补语）。关于句子的"主干、枝叶"分析（参看黄伯荣、廖序东主编《现代汉语》下册，甘肃人民出版社 1981 年版，第 369 页）。

③ 语气传递信息有两种目的：一是使信息储存，通常通过陈述语气句和感叹语气句来表达；一是使信息反馈，通常通过询问和祈使语气来表达。参看张斌《汉语语法研究》，商务印书馆 1989 年版，第 71—72 页。

④ 在特定的语境里也有某些"独词句"句干。独词句表面上由一个实词组成，如"蛇！""火！""立正！"等。那是一种"特表句"，可根据语境分析出语义结构和句式的语用功能。参看陈望道《中国文法革新丛》，商务印书馆 1987 年版，第 327—330 页；《文法简论》，上海教育出版社 1978 年版，第 96—97 页。

递信息的人际功能；两者缺一，都不能成为表达一个完整思想的句子。由此可见，句干和语气都是完整句不可或缺的两个互相依赖的组成部分。

从目前学界所谈到的句式来看，存在着根据不同视觉从具象句里抽象出句式的情形。归纳起来，主要有三种不同视角来描述和研究句式：

第一种，表示句干的句式，可简称为"句干句式"。这是着眼于句干角度抽象来描述并研究句式，即从具象句的句干里抽象出由词类序列或特征词等形式表示的句式，如（13）（14）的句例可抽象出由词类序列显示的"主动宾－施动受"组成的"N$_{(主语/施事)}$ + Vt$_{(述语/动作核)}$ + N$_{(宾语/受事)}$"句干句式，这句式的整体表达功能意义为"施事发出动作施加于受事"。

第二种，表示语气的句式，可简称为"语气句式"。这是从语气角度抽象来描述并研究句式，即从附着在句干上的语气词或句调（也称"语调"）显示的表示语气的句式，如上面（13）的句例可抽象出由特征词"吗"及其相应的句调组成的"吗"字句句式，这句式表达的功能意义为"疑问"；（14）的句例可抽象出由特征词"了"及其相应的句调组成的"了"字句句式，这句式表达的功能意义为"陈述"。

第三种，表示完整句（"句干＋语气"）的句式，可称为"完整句句式"。这是着眼于句子的全局来描述并研究句式，即从完整句的角度来抽象出的"句干＋语气成分"表示的句式，如（13）的句例抽象出的完整句句式可描述为"N$_{(主语/施事)}$ + Vt$_{(述语/动作核)}$ + N$_{(宾语/受事)}$ + 吗"，其整体的独立的表达功能意义可表述为"询问施事是否发出动作施加于受事"；（14）的句例抽象出的完整句句式可描述为"N$_{(主语/施事)}$ + Vt$_{(述语/动作核)}$ + N$_{(宾语/受事)}$ + 了"，整体的独立的表达功能意义可表述为"陈述施事发出动作施加于受事"。相对于"具象句"而言，完整句句式也可以说是"抽象句"，或者说是抽象句的样式或样本。[①]

## （二）句式的"三个平面"

语法研究要重视句子所包含的"句法、语义、语用"三个平面，这三个平面可以从完整句句式的解构分析得到证明。

---

① 笔者以前在文章里曾提出"句样"（或"句位"）这个术语，相当于基本的或基干的"完整句句式"。关于"句样"（或"句位"），参看范晓《句型、句模和句类》，《语法研究和探索》（7），商务印书馆1995年版；另可参看《汉语的句位和句系》（《汉语句子的多角度研究》第十七章，商务印书馆2009年版）。

句式的句法平面表现在：句干句式内部的实词词类所表的句法成分之间的句法关系及其所构成的句法结构，句式的基本句法结构格局就是"句型"。

句式的语义平面表现在：句干句式内部的实词词类所表的语义成分之间的语义关系及其所构成语义结构，句式里由动核结构①组成的基本语义模式就是"句模"。

句式的语用平面表现在句式有语用意义。语用意义的类型就是"句类"。句式的语用意义可以体现在两个方面：一是语气句式所表达的交际功能意义；二是"句型－句模"结合体所表达的句干句式的整体的独立的功能意义。

概言之，完整句句式着眼于"综合"，句式可以说是"句型－句模－句类"三位一体的结合体或综合体。而对句式的三个平面的解构则着眼于"分析"，句型、句模、句类是从综合性的句式里分解出来的句法、语义、语用方面的抽象类型。在研究各个特定的句式时，要立足于把句式看作三个平面"综合体"，既应抽象出各特定句式的三个平面，考察研究各种特定句式的句法结构特点、语义结构特点、语用功能意义，又应把三个平面互相结合并综合起来，才能完整地认识各特定句式的全貌。

## 四 句式的形式和意义

句式既有形式又有意义，是形式和意义的统一或匹配。所以句式是由一定语法形式显示的表示一定语法意义的句子的结构格式，具体可表述为：句式是由词类序列、特定词语（包括特定词和特定短语②）、固定格式、句调等形式显示的包含句法结构和语义结构以及具有语用功能的句子的结构格式。句式的形式和句式的意义是表里关系，即表层（浅层、面层）和里层（深层、底层）的关系。句式里的形式和意义互相联系、对应匹配，一定的

---

① 关于动核结构，可参看范晓《动词的"价"分类》，《语法研究和探索》（5），语文出版社1991年版；《动词的配价与句子的生成》，《汉语学习》1996年第1期；《论"动核结构"》，《语言研究集刊》第八辑，上海辞书出版社2011年版。

② 由于单音节的"特定词"在汉语书面语里通常由一个"字"表示，所以人们常把"特定词"称为"特定字"，如"把字句"句式、"被字句"句式、"比字句"句式等。特定短语是指构成句式的某些特定的短语，如"在＋NP构成的句式"的"在＋NP"短语、"连动句式"的"连动短语"等便是。

句式意义需要一定的句式形式来显现，一定的形式也总是表示着一定的意义。句式里没有无形式的意义，也没有无意义的形式。句式作为一个语法范畴，是形式和意义的统一体、匹配体。

## （一）句式的意义和句式的形式

句式的意义指句式形式所表示的语法意义。由于句式有句法、语义、语用三个平面，所以句式的意义也可以分出三种。第一种，句法平面所表示的意义，即句干句式内部句法成分之间的关系意义，如"主述宾、主述补"等。第二种，语义平面句模所表示的意义，即句干句式内部语义成分之间的关系意义，如"施动、施动受、系动、'施动受＋系动'"等。第三种，语用平面所表示的意义，可简称为"句式义"，它表现在两方面：一是语气句式的交际功能意义（交际用途，如"陈述、疑问、祈使、感叹"等）；二是句干句式整体独立的表达功能意义，如"$N_{1(主语/施事)}$ ＋ $Vt_{(述语/动作核)}$ ＋ $N_{2(宾语/与事)}$ ＋ $N_{3(宾语/受事)}$"句式（"我给他一本书""他送我一支笔"之类）的整体独立的表达功能意义是：表达"施事（动作发出者）发出某种'给予'性动作使受事（名物）由施事向与事（动作的参与者）转移"；又如"$NP_{(处所)}$ ＋V着＋$NP_{(名物)}$"句式（"台上坐着主席团""墙上挂着一幅画"之类）的整体独立的表达功能意义是：表达"某处以某种方式存在着某名物"。[①] 此外，句干句式里某些形式所表示的某种表达意图（"态度、目的、语气"的选择）和表达视角（"主动、被动、主题、述题"的选择）以及感情色彩（"喜怒、褒贬"之类）和口气（"委婉、强调"之类）等等也是一种语用意义。

句式形式是指表现上述各种句式意义的形式，主要指词类、词类排序、特定词语、层次分合、固定格式、语音节律（包括重音、停顿、句调）、变换形式等。

## （二）句式形式表达意义举例

一定的句式形式，可以表示一定的语法意义。句式形式表达句式意义的

---

① 朱德熙（1986）讨论"NP＋［Vf着］＋N"句式时，提出应区别"低层次"语义和"高层次"语义，指出"及物性关系（施事、受事、与事等）"是"低层次上的关系"，而"表示存在方式"则是"高层次上的关系"。他所说的"高层次"语义，实质上是指句干句式的整体的独立的语用功能意义。

情况相当复杂，既有"一对一"（一种形式表达一种意义）的情形，也有
"一对多"（一种形式表达多种意义或一种意义有多种形式表达）的情形，
这里不做全面论述，只是举例性的做些说明，以便于理解形式和意义之间的
密切关系。

1. 词类形式。词类是词的抽象的句法分类，如动词、名词以及它们的
次类等。句式里词类的不同，会表现某种不同的句式意义。例如：

（15）"N1（指人名词）+Vt（动作动词）+N2（指物名词）"句
式（"张三喝白兰地了吗？/李四吃晚饭了吗？"之类）

（16）"N1（指人名词）+Vt（关系动词）+N2（指物名词）"句
式（"张三是老师吗？/李四是学生吗？"之类）

这两个句干句式的句法平面都表"主述宾"意义，但由于句式里动词
Vt 和名词 N₂ 的次类差异，它们在语义平面和语用平面表义就有差别：（15）
语义平面的句模为"施动受"意义；语用平面句式义为"施事发出动作施
加于受事"。（16）语义平面的句模为"起动止"意义；语用平面句式义为
"断定起事（某人）属于止事（某类人）"。

2. 词类次序排列形式。相同词类的排列次序不同，会表示不同的句式
意义。例如：

（17）"N（指人）+N（指物）+Vt（动作动词）"句式（"张三
白兰地喝了吗？/李四晚饭吃了吗？"之类）

（18）"N（指物）+N（指人）+Vt（动作动词）"句式（"白兰
地张三喝了吗？/晚饭李四吃了吗？"之类）

（15）（17）（18）三个句干句式里实词的词类形式相同；但它们在句干
中排列次序不同，意味着句法成分的次序和语义成分的次序的不同，这导致
语用平面句式义出现一定的差异：（15）句式义是表达"施事发出动作施
于特定的受事"，（17）的句式义是表达"施事对特定受事发出某种动作"，
（18）的句式义是表达"对于特定受事施事施加以某种动作"。

3. 特征词形式。特征词有的是虚词，有的是实词。虚词作为特征词，
主要是用来表达语用意义，如：句式的动词后面出现特征词"了""着"
"过"，它们分别表示动作的"完成""持续""经历"这样的动作实时的动

态意义；又如及物动作动词作谓语中心时前面的名词上附加特征词"把""被"，它们分别表示"处置态""被动态"意义（句态也是属于语用意义①）；再如句式末尾出现特征词"了""吗""啊"，它们分别表示"陈述""疑问""感叹"这样的语气意义。特征词如果是实词，则用来表示语义结构里的某种意义，如：特征词"是"构成"是"字句式，一般用来表达"断定"（判断＋肯定）这样的语用意义。

4. 层次分合形式。词类形式相同且词类序列接连形式相同的句式，如果语法结构的层次不同，也能表示不同的意义。例如：

（19）"N 1（指人名词）＋ Vt1（动作动词）＋ N2（指人名词）＋ Vt2（动作动词）＋ N 3（指物名词）"句式

这样的词类序列形式的句干句式，是一个"同形异构"句式，根据其层次分合形式，可分化出两种不同的句式。比较（‖号表示层次分隔）：

（19a）"N 1（主语/施事）＋VP（述语）［Vt1（述语/动作核）＋N2（宾语/受事）］＋‖VP（补语）［Vt2（述语/动作核）＋ N 3（宾语/受事）］"句式（"张三邀请李四‖吃螃蟹。/王五派遣赵六‖参加会议。"）

（19b）"N 1（主语/施事）＋Vt1（述语/动作核）＋‖SP（宾语）［N2（主语/施事）＋ Vt2（述语/动作核）＋ N 3（宾语/受事）］"句式（"张三禁止‖李四吃螃蟹。/王五主张‖赵六参加会议。"）

（19a）（19b）的句干句式表面上都属于（19），即词类形式相同，词类排列次序的接连形式相同；但如果考虑到层次形式的差别，那它们就是不同的句干句式，其表达的意义也就不完全一样：前者句法平面表"主述（动

---

① 句态（也称"语态"）也是语用意义，指通过一定的句式来表达说话者处理主体或客体与动作的关系的一种态势。由于处理主体或客体与动作关系的策略不同，表达时就会选择不同句态意义的句式。参看范晓、张豫峰等《语法理论纲要》第五篇第五章。

宾短语作述语）补"意义,① 语义平面为"施动受 + ［施］动受"意义,
语用平面的句式义是表达"施事发出某种使令性动作施加于某受事促使其
干某事";后者句法平面表"主述宾（主谓短语作宾语）"意义,语义平面
为"施动受（施动受）"意义,语用平面句式义是"施事发出某种态度性的动作
行为干预某个事件"。

5. 固定格式形式。句式里的固定格式本身就是一种形式,也能表示某
种句式义,比如:"N + '一 X 就 Y'"形式（"张三一喝酒就醉/李四一吃
饭就肚子痛"之类）,表达的句干句式义为"施事发出一个动作或事件后接
着必产生某种情况（动作、情状或事件）";"因为 X,所以 Y"形式（"因
为天下大雨,所以我不去"之类）,表达"原因－结果"关系的句式义（因
为发生了某个事件,结果就产生另一个事件）。又如:"如果 X,就 Y"形
式（"如果天下大雨,我就不去"之类）表达"假设"关系的句式义;
"N + '越 X 越 Y'"形式（"他越说越快"之类）表达条件畸变关系的句式
义（X 是畸变的条件,Y 是畸变的结果）。

6. 语音节律形式（包括停顿、重音或轻声、句调等）,也可表示某种句
式意义。

有些句式词类形式相同且词类序列接连形式相同,如果内部语音停顿不
同,会反映出句法结构和语义结构的层次分合形式的不同,表达的句式意义
也就会不同。比如,上面（19）的"$N_1$（指人名词） + $Vt_1$（动作动词）
+ $N_2$（指人名词） + $Vt_2$（动作动词） + $N_3$（指物名词）"句式,根据层
次分合不同分化出两种不同的句式。如果从语音停顿形式着眼,层次分隔之
处,语音一定有较大的停顿。可见层次分合形式实际上与语音停顿有密切的
关系。又如"N + V + 起来"（"他站起来了""他笑起来了"之类）这样的
句干句式,"起来"若是非轻声,句式义为"施事发出动作并让自身向上移
动";"起来"若是轻声,句式义为"施事发出动作并表示动作的开始和继
续"。再如,语音中的句调差别可表达不同的语气意义,如汉语里降调可表
示陈述功能意义,升调可表示询问功能意义,加速降调可表示祈使功能意
义,夸张降调可表示感叹功能意义等。

7. 变换形式。这是一种广义的形式,借此可检验句式表面形式相同但
却有不同句式义的句式。有些句式表面形式相同,通过变换可分化出不同意

① 一般语法论著把这种句式的句型分析为"兼语句",笔者则分析为"主述（动宾）补"句。
参看范晓《汉语句子的多角度研究》,商务印书馆 2009 年版,第 197 页。

义。请看下面的（20）。

> （20）"N1（主语/施事）＋VP（述语）［Vt（述语/动作核）＋ti
> （补语/性状核）］＋N2（宾语/受事）"句式

这个句式可以举两组实例：

> （20a）我们打败敌人了。/他喝完酒了。
> （20b）我们打胜敌人了。/他喝醉酒了。

（20a）（20b）句干的词类接连序列形式相同，而且它们在句法平面都是"主述宾"（述补短语作述语）句型。在语义平面都是"施动受＋系动"句模，但系事所指不同：前者的系事指宾语所表的名物，也就是性状补语在语义上指向受事名物；后者的系事指主语所表的名物，也就是性状补语在语义上指向施事名物。由于系事所指不同，导致在语用平面两者句式义不一样：前者的句式义是"施事发出动作施加于受事致使受事产生某种性状"，后者的句式义是"施事发出动作施加于受事致使施事自身产生某种性状"。从变换形式上看，它们的变换式不同：（20a）可变换成"把"字句式和"被"字句式，（20b）则不能做这样的变换。由于变换形式不同，反过来也显现出它们的意义差别。这种句式怎么处理，可以有三个方案：一是孤立地看，是个歧义（或多义）句式，但通过变换可分化出不同句式义；根据句式义不同，而把它们看做不同的句式。二是对它们的语用平面的句式义做进一步的概括，则看作为一个"同一的"特定句式，可概括表述为："施事发出动作施加于受事致使受事或施事产生某种性状。"三是看作为不同层级的句式，即（20）句式为上位句式，（20a）（20b）为（20）的下位句式。究竟怎样处理为妥，值得进一步思考。

## 五　句式的层级性

句式有层级上下之别，或者说有上位句式和下位句式之分，上位有共性，下位有个性。概括性较大的句式属于层级较高的上位句式，在上位句式里下分的较小的句式，属于层级较低的下位句式，这就表现为句式的层级性。朱德熙（1979）指出：有些句式"用大类来表示时是同形的，换成用小类来表示就变成不同形的了"。事实的确如此，大类就是上位层级，是外延大的形式（相当于逻辑学里的"属"）；小类就是下位层级，是外延小的形式（相当于逻辑学里的"种"）。上位层级的句式可分化出下位层级的句式。

一个句式的结构和语法意义，主要由两方面因素相互作用的结果。这两方面的因素是：一为句式中述语动词的性质，二为句式中与动词所联系的作主宾语的名词的语义身份。句式的层级性跟动词性质类别的层级性以及名词的语义身份的层级性形成的句式层级性等有密切的关系。动词的大类是上位层级，次类（动词下位有及物动词和不及物动词之分，有动作动词、性状动词、关系动词之分、有一价动词、二价动词、三价动词之分等）是下位层级；动词类别的层级性必然会影响到句式的层级性，名词作语义结构里动词所联系的主事（动词所联系的主体）或客事（动词所联系的客体），[①] 是属于语义成分层级的上位，主事的下位有施事、系事、起事等，客事的下位有受事、成事、使事、位事、止事等，这种语义身份的层级性必然也会影响到句式的上下层级。设（21）为上位句式。

(21) N1（主语/主事）＋V（述语）＋N2（客事宾语）

这是一个由"名词(主语/主事)＋动词(述语)＋名词(客事宾语)"构成的句式。这个句式句法上属于"主述宾"句型。这个上位的句干句式统辖的下位的句干句式很多，例如：

(21a) "N1（主语/施事）＋Vt（述语/动作核）＋N2（宾语/受事）"句式（"哥哥打排球。/弟弟踢足球。"）

(21b) "N1（主语/施事）＋Vt（述语/动作核）＋N2（宾语/成事）"句式（"哥哥造大桥。/弟弟掘水井。"）

(21c) "N1（主语/领事）＋Vi（述语/性状核）＋N2（宾语/属事兼系事）"句式（"他丢失手表了。/她失去母亲了"）

(21d) "N1（主语/施事）＋Vt（述语/趋向核）＋N2（宾语/位事）"句式（"小王进入教室了。/小李上图书馆了。"）

(21e) "N1（主语/起事）＋Vt（述语/关系核）＋N2（宾语/止

---

① 关于"主事、客事"，参看范晓《说语义成分》，《汉语学习》2003 年第 1 期。

事)"句式（"小张是浙江人。/老李是工程师。"）

（21a）是一个由"名词<sub>（主语/施事）</sub>＋及物动作动词<sub>（述语/动作核）</sub>＋名词<sub>（宾语/受事）</sub>"构成的句干句式，这个句式句法上属于"主述宾"句型，语义上属于"施动受"句模，句式义为"施事发出某种动作施加于某名物"；（21b）是一个由"名词<sub>（主语/施事）</sub>＋及物动作动词<sub>（述语/动作核）</sub>＋名词<sub>（宾语/成事）</sub>"构成的句干句式，这个句式句法上属于"主述宾"句型，语义上属于"施动成"句模，句式义为"施事发出某种动作制造某物"；（21c）是一个由"名词<sub>（主语/领事）</sub>＋不及物性状动词<sub>（述语/性状核）</sub>＋名词<sub>（宾语/属事兼系事）</sub>"构成的句干句式，这个句式句法上属于"主述宾"句型，语义上属于"领属－系动"句模，句式义为"领事失去了某名物"；（21d）是一个由"名词<sub>（主语/施事）</sub>＋及物趋向动词<sub>（述语/趋向核）</sub>＋名词<sub>（宾语/位事）</sub>"构成的句干句式，这个句式句法上属于"主述宾"句型，语义上属于"施动位"句模，句式义为"施事发出某种趋向性动作定位于某位置（多指处所）"；（21e）是一个由"名词<sub>（主语/起事）</sub>＋及物关系动词<sub>（述语/关系核）</sub>＋名词<sub>（宾语/止事）</sub>"构成的句干句式，这个句式句法上属于"主述宾"句型，语义上属于"起动止"句模，句式义为"断定起事名物与止事名物的关系"。从上面分析看出："N1<sub>（主语/主事）</sub>＋V<sub>（述语）</sub>＋N2<sub>（客事宾语）</sub>"上位句式分出的五个下位句式，是受到动词次类和名词的语义身份的影响分出来的，如句式里作述语动词的有的是及物动词，有的是不及物动词；有的是动作动词，有的是性状动词，有的是关系动词。相应的作主语或宾语的名词的语义身份也有差别：作主语的名词有的表施事，有的表起事，有的表领事；作宾语的名词有的表受事，有的表成事，有的表位事，有的表止事，有的表"属事兼系事"等。

特征词构成的句式也有层级性，比如"被"字句，它的上位句式统称为"被"字句式，但这"总式"里面还可分出若干"分式"就属于下位句式：

（22a）N（主语/受事）＋"被被动＋N施事"（状语）＋Vt（谓语/动作核）（"张三被李四批评了。/那苹果被小王吃了。"）

（22b）N（主语/受事）＋"被被动＋N施事"（状语）＋Vt（述语/动作核）＋Vi（结果补语/性状核）（"老虎被武松打死了。/大树被台风刮倒了。"）

（22c）N（主语/受事）＋"被被动＋N施事"（状语）＋"Vt

（述语/动作核）＋给"＋N（宾语/与事）（"那本书被他送给小李了。/那房子被她租给商家了。"）

（22d）N（主语/受事）＋"被被动＋N施事"（状语）＋"Vt（述语/动作核）＋Vt（定位核）"N（宾语/位事）（"那沙发被他搬到卧室里了。/那几盆花被她扔在垃圾箱里了。"）

上面四个句式从特征词形式上说，都是属于"被"字句句式，它们共有的语用功能意义是表示"被动义"（句态）。但是这上位"总式"下面的四种下位"分式"表示着不完全相同的句式义：（22a）表达"受事被动地接受施事发出某个动作"，（22b）表达"受事被动地接受施事发出某个动作而致使自身产生某种结果"，（22c）表达"受事被动地接受施事发出某个动作致使自身给予与事"，（22d）表达"受事被动地接受施事发出某个动作致使自身转移到或定位于位事"。

# 六　余论

## （一）语言的句式与外部世界的关系

从哲学角度而言，存在着三个世界：现实世界、思维（包括认知）世界、语言世界。这三个世界各具有相对的独立性，但又有密切的联系。着眼于现实世界与思维世界的关系，则前者是第一性的，后者是第二性的；着眼于思维世界与语言世界的关系，则前者是第一性的，后者是第二性的。语言表达思维，思维投射于语言，所以语言世界的句式义（特别是表达思维的基本的句干句式义）跟思维世界的逻辑结构和认知框架是直接关系;① 语言世界的句式义跟现实世界的事实或事件的联系是通过思维世界的逻辑结构或

---

① 有些学者提到了句式或句子与思维逻辑的密切关系（如周礼全（《形式逻辑和自然语言》，《周礼全全集》，中国社会科学出版社）、王维贤（《逻辑与语法》，《语法研究入门》，商务印书馆）；有些学者在讨论复句句式时"重视逻辑基础的考察"，指出复句句式的内部关系"都是抽象的'逻辑–语法'关系"（邢福义《汉语复句研究》序，商务印书馆2001年版，第28页）；有些学者强调句式义"跟心理上的'完形'感知一致，都受一些基本认知原则的支配"、"是人类认知对现实的反映"，"句式是一个完整的认知图式"（参看沈家煊《"在"字句和"给"字句》，《中国语文》1999年第2期）；张伯江（《现代汉语的双及物结构式》，《中国语文》1999年第3期；《论"把"字句的句式语义》，《语言研究》2000年第1期）。

认知框架的中介才发生联系的，所以是间接关系。

正因为语言和外部世界有联系，所以当探索句式意义的来源或理据时，就不可避免地会涉及句式的外部世界。作为中介的思维不是天赋的，而是人脑对客观现实的反映，但思维不是客观事实的复制，而是客观事实的主观能动的反映或印记。逻辑结构或认知框架是人脑对现实事件的反映，句式及其句式义则是对思维逻辑或认知框架的反映，可说是"反映的反映"。然而"反映"不等于对"反映体"的复制，思维逻辑或认知框架不是现实的复制品，句式及其句式义也不是逻辑结构或认知框架的复制品。① 如果考虑到句式的语用意义来源自表达意图，则更不能把逻辑结构或认知框架看做句式义的唯一来源。②

### （二）具象句的分析和生成

理论的研究在于应用，语法研究各种句式的意义和形式，目的是为了在实际应用中更好地分析或生成动态的具象句。

先说具象句的分析。分析具象句就是"析句"，即对具象句进行解析。析句的程序是从形式出发去发现并解析形式背后意义的解码程序，即从表层的句法结构到里层的语义结构的程序。析句的基本原理可以概括为：从一个具象句显性的外在的形式入手，确定该具象句属于何种句式，然后就可分析其句法平面的句型意义和语义平面的句模意义以及语用平面的句式义（包括句干句式和语气句式的表达功能意义），再结合该句子里词的意义，就能理解该句子表达的思想。

再说具象句的生成。生成具象句就是"造句"，即对具象句进行建构。造句的程序是从意义出发去建构并寻找形式的编码程序，即从里层的语义结构到表层句法结构的生成程序。造句的基本原理可以概括为：从动核结构入手，③ 根据客观事实所反映的思维结构或认知框架选择适当的词语并运用语法规则来对动核结构进行布局，建构表里相依的"句型－句模"结合

---

① 参看范晓《论句式义的分析策略》，《汉语学报》2013 年第 1 期。

② 同样的客观事实或思维选择何种句式来表达，不仅决定于思维，更重要的是决定于特定语境的特定表达需求。参看范晓《关于句式义的成因》，《汉语学习》2010 年第 4 期。

③ 动核结构是句子最基本的语义结构，是造句的基石，在造句中有着举足轻重的地位和作用，造句时一定要紧紧抓住动核结构。名核结构虽然也参与造句，但是只能放到动核结构里才能发挥作用。可见造句时"动核结构"和"名核结构"的地位是不相等的。参看范晓《动词的配价与句子的生成》，《汉语学习》1996 年 1 期；范晓《论动核结构》，《语言研究集刊》第八辑，上海辞书出版社 2011 年版。

体——句干，并加上一定的语用成分（包括句干内的情态成分和句干外的语气成分），选择符合表达需要的特定的句式及其形式，才能造出一个表达思想的并适用于交际的完整的具象句。

# 参考文献

范　晓　1989　《语法研究中意义和形式相结合的原则》，《语法研究和探索》第 4 期。

范　晓　胡裕树　1992　《有关语法研究三个平面的几个问题》，《中国语文》第 4 期。

范　晓　1993　《关于句子合语法和不合语法问题》，《中国语文》第 5 期。

范　晓　1996　《三个平面的语法观》，北京语言学院出版社。

范　晓　2003　《说语义成分》，《汉语学习》第 1 期。

范　晓　张豫峰等　2003　《语法理论纲要》，上海译文出版社。

范　晓　2009　《汉语句子的多角度研究》，商务印书馆。

范　晓　2010　《关于句式问题》，《语文研究》第 4 期。

范　晓　2010　《试论句式意义》，《汉语学报》第 3 期。

范　晓　2010　《关于句式义的成因》，《汉语学习》第 4 期。

范　晓　2010　《句式研究中要重视的几个问题》，《语言研究集刊》。

范　晓　2011　《语法的句式和修辞的关系》，《当代修辞学》第 1 期。

范　晓　2011　《句式的应用价值初探》，《汉语学习》第 5 期。

范　晓　2012　《论句式义的分析策略》，《汉语学报》第 1 期。

范　晓　2012　《略论句干及其句式》，《山西大学学报》第 3 期。

范　晓　2013　《论语序对句式的影响》，《汉语学报》第 1 期。

陆俭明　2004　《"句式语法"理论与汉语研究》，《中国语文》第 5 期。

沈家煊　1999　《"在"字句和"给"字句》，《中国语文》第 2 期。

沈家煊　2000　《句式与和配价》，《中国语文》第 4 期。

邢福义　1985　《"越 X，越 Y"句式》，《中国语文》第 3 期。

邢福义　1995　《汉语复句研究》，商务印书馆。

张伯江　2000　《论"把"字句的句式语义》，《语言研究》第 2 期。

张伯江　2009　《从施受关系到句式语义》，商务印书馆。

张先亮 范晓等 2008 《汉语句式在篇章中的适用性研究》，中国社会科学出版社。

张先亮 范晓等 2010 《现代汉语存在句研究》，中国社会科学出版社。

赵金铭 1993 《同义句式说略》，《世界汉语教学》第 1 期。

朱德熙 1979 《与动词"给"相关的句法问题》，《方言》第 2 期。

朱德熙 1981 《在黑板上写字及其相关句式》，《语言教学与研究》第 1 期。

朱德熙 1982 《语法答问》，商务印书馆。

朱德熙 1986 《变换分析中的平行性原则》，《中国语文》第 2 期。

Goldberg 2007 《构式——论元结构的构式语法研究》（吴海波译），北京大学出版社 1995 年版，2007 年译。

（范晓 复旦大学中文系）

# 景颇语"存变句式"的性质及其
# 在句式中的地位

戴庆厦

**提要** 景颇语属汉藏语系藏缅语族景颇语支，与汉语、藏语等有亲缘关系。景颇语的句式与亲属语言相比，既有共性又有个性，可以通过与亲属语言比较加深对句式的认识。

"存变句式"是景颇语一个重要的、使用频率很高的句式，而且是有系统的语法标记和结构特点。本文以景颇语的"存变句式"为例，分析景颇语存变句式的性质及其在句式中的地位。共分四部分：一、存变句式的语法意义。认为存在式是表示"存在"的意义，传达的信息是告诉别人存在一件什么事；变化式是表示"变化"的意义，传达发生了一件什么事，做了一件什么事。二、分析存变句式的语法标记和结构特点。主要有三种形态变换形式：变换声母、变换声调、加不加弱化音节前缀。三、论述存在式和变化式句法功能的差异，及与体词、貌词的结合关系。四、论述存变句式句式的性质、地位，并反观汉语。

**关键词** 景颇语 存变句式 性质 地位

景颇语句式中有一种表示存在式和变化式对立的句式（简称"存变句式"）。这类句式使用频率高，表达的意义丰富多样，而且还有一整套严整的语法标志和结构特点，是一个凸显的语法范畴。

由于存变句式是景颇语的一个重要的、使用频率很高的句式，而且与其他句式（或句类）有着密切的制约关系，所以弄清存变句式的语法意义与语法形式，对于景颇语句式或句类的研究是很有必要的。本文试图在过去认识的基础上，进一步探讨"存变句式"的语法意义和语法形式，以及它与其他句式的关系，并反观汉语的特点。

# 一　存变句式的语法意义

20 世纪 50 年代由中国科学院语言研究所出版的《景颇语语法纲要》，把存在式和变化式的对立视为未完成体和完成体的区别。[1] 但后来我们发现其本质的区别不是未完成和完成，而是存在和变化的区别。于是，在 1992 年笔者与徐悉艰合著的《景颇语语法》一书中，提出存在式和变化式的框架。[2] 时过 20 年，现在看来当年提出的存在式和变化式的见解还是对的，只不过笔者当时的认识比较肤浅。今日看来，有进行深入、系统分析的必要。

什么是"存变句式"？从认知的角度说，人类表达思想，总要告诉别人存在一件什么事，或一件事发生了什么变化，这种需要就决定了在语言里必然会出现表示存在和变化的"存变句式"。但这种句式在不同语言里，所包含的语义内容以及语法形式会存在不同程度的差异。在景颇语里，"存变句式"是一种系统的、有形态标记和结构特点的、包含丰富语义特点的、使用频率很高的句式。

景颇语的句型可以从不同的角度、不同的层次进行分类。若从语气大类上分，有叙述句、疑问式、测度式、惊讶式、命令句、商量句六种句式。存在式和变化式的对立，在前四种句类中都有，而在后两种句类中没有。存在式是表示存在的意义，传达的信息是告诉别人存在什么事，谓语说明主语有什么动作行为，有什么性质状态；变化式是表示变化的意义，谓语说明动作行为或性质状态的变化，或发生了什么事，做了什么事。比较下列几组对立的例句：

(1a)　ma³¹kʒai³¹　tʃe̠³³　ai³³.　　孩子很懂事。
　　　孩子很　　懂（尾）

(1b)　ma³¹kʒai³¹tʃe̠³³　sai³³.　　孩子很懂事了。
　　　孩子很　　懂（尾）

(2a)　naŋ³³　tʃo̠m⁵⁵ko³¹ʃã³¹ku̠t³¹　n³¹tai³³.　　你倒是努力的。
　　　你　倒是　努力　　（尾）

---

[1] 该书由中国科学院少数民族语言研究所编，1959 年由科学出版社出版。

[2] 该书 1992 年由中央民族学院出版社出版。

(2b)　naŋ³³ tʃɔm⁵⁵ko³¹ʃǎ³¹kut̚³¹ sin³³tai³³　　　你倒是努力了。

　　　　你　倒是　　努力　（尾）

(3a)　naŋ³³ pha³³po²³¹wa³³mjit³¹ ŋa³¹n³¹ni⁵¹?　　你在想什么？

　　　　你　什么（语）想　在（句）

(3b)　naŋ³³ pha³³po²³¹wa³³mjit³¹ sǎ⁵⁵ni⁵¹?　　　你想了什么？

　　　　你　什么　（语）想　在（句）

　　例（1a）表达事件的存在，告诉听者"孩子很懂事"这件事；而例1b是表达事件的变化，告诉听者"孩子很懂事了"，也就是"从不懂事到懂事了"。在语法标志上，例（1a）在句尾（谓语）之后加句尾词 ai³³ 表示，而（1b）是在句尾加句尾词 sai³³ 表示。ai³³ 和 sai³³ 之间有形态变化。例（2a）也是表达事件的存在，告诉听者"你倒是努力的"这件事；而例（2b）是表达事件的变化，告诉听者"你倒是努力了"这个变化，也就是"从不努力到努力了"。在语法标志上，例（2a）在句尾（谓语）之后加句尾词 n³¹tai³³ 表示，而（2b）是在句尾加句尾词 sin³³tai³³ 表示。n³¹tai³³ 和 sin³³tai³³ 之间也是有形态变化。例（3a）和（3b）也是这样。

　　为什么说这种区别不是完成体和未完成体的对立呢？这是因为，存在式和变化式各自都还分完成体和未完成体，所以用完成体和未完成体不能划清存在式和变化式的界限，也就是说，不能体现其本质的区别。比如：

(4a)　ʃi³³ ʃat³¹ʃa⁵⁵ ŋa³¹ ai³³.　　　他正在吃饭。

　　　　他饭　吃　正在（尾）

(4b)　ʃi³³ ʃat³¹ nau³¹ʃa⁵⁵khʒu⁵⁵ai³³.　　　他饭吃太饱。

　　　　他饭　太　吃　饱（饱）

(5a)　ʃi³³ lai³¹ka̠³³ thi⁵⁵ sai³³.　　　他读书了。

　　　　他　书　读（尾）

(5b)　ʃi³³ lai³¹ka̠³³ thi⁵⁵ wa³¹ sai³³.　　　他开始读书了。

　　　　他书　读（貌）（尾）

　　例（4a）和（4b）都是存在式。但（4a）是未完成体，说的是"饭正在吃"，是进行体存在式；而（4b）是完成体，说的是"饭已经吃太饱"，其语义就含有"完成"义，是完成体存在式。例（5a）和（5b）都是变化式，（4a）"读书了"，是完成体变化式，说的是"以前没读，现在读了"；

而（5b）是未完成体变化式，说的是"读书正处于开始的阶段"。

## 二 存变句式的语法形式

景颇语存在式和变化式的对立，主要是通过句尾词（出现在句尾的助词）的形态变化体现的，是有语法标志的。

景颇语句尾词中表示"存变句式"的有 294 个，大多是存在式和变化式两两配对的，通过形态变化表示。但也有少数是只有存在式没有变化式，或只有变化式没有存在式。存在式和变化式对立的形态变化主要使用以下四种手段：

（一）变换声母：有两种变换形式

1. 零声母与声母的变换。零声母表示存在式，有声母的表示变化式。

例如：$ai^{33}$ 和 $sai^{33}$ 一对，都用在叙述句里，表示主语是第三人称单数，前者是存在式，后者是变化式。二者是零声母和 s 声母的变换。例句：

nam$^{31}$si$^{31}$khʒat$^{31}$wa$^{31}$ŋa$^{31}$ai$^{33}$. 果子掉下来。

果子　　掉　（貌）　在（尾）

nam$^{31}$si$^{31}$khʒat$^{31}$wa$^{31}$sai$^{33}$. 果子掉下来了。

果子　　掉　（貌）（尾）

其他又如：

u$^{731}$ni$^{51}$ 和 nu$^{255}$ni$^{51}$：用在疑问句里，表示主语是第三人称单数，宾语是第三人称或非人称。前者是存在式，后者是变化式。通过零声母和 n 声母的变换表示。

a$^{731}$toŋ$^{33}$ 和 să$^{255}$toŋ$^{33}$：用在测度句里，表示主语是第一人称单数。前者是存在式，后者是变化式。通过零声母和 s 声母的变换表示。

2. 不同声母的变换。

we$^{731}$ai$^{33}$ 和 se$^{255}$ai$^{33}$：用在叙述句里，表示主语是第一人称，宾语是第三人称单数或非人称。前者是存在式，后者是变化式。二者通过声母 w 和 s 的变换表示。例如：

ʃi$^{33}$sa$^{33}$san$^{55}$n$^{31}$na$^{55}$lă$^{55}$khoŋ$^{51}$la̠ŋ$^{31}$tsu̠n$^{33}$tan$^{55}$wĕ$^{731}$ai$^{33}$. 因为他来问，

所以我告诉他两次。

他 来 问 因为 两　　次 告诉　　（尾）

sǎ³¹ poi⁵⁵ tha²³¹ mǎ³¹ ʒa²⁵⁵ toŋ³¹ ta⁵⁵ se²⁵⁵ ai³³. 我搁在桌子上了。

桌子　（方）搁　　下（貌）（尾）

其他又如：mu²³¹ai³³ 和 mǎ⁵⁵nu²⁵⁵ai³³。二者都用在叙述句里，表示主语是第三人称复数，宾语是第三人称或非人称。前者是存在式，后者是变化式。二者通过声母 m 和 n 的变换表示。

## （二）变换声调

用不同的声调表示二者的对立。如 nu²³¹ai³³ 和 nu²⁵⁵ai³³：用在叙述句里，表示主语是第三人称单数，宾语是第三人称。前者是存在式；后者是变化式。二者通过 31 调和 55 调的变换表示。例句：

ŋai³³ nau³³ ʃi³³ phe²⁵⁵ kʒai³¹ kǎ³¹ ʒum³³ nu²³¹ai³³. 我弟弟对他帮助很大。

我弟弟 他（宾）很　帮助　　（尾）

ʃi³³ ko³¹ lǎ⁵⁵ khoŋ⁵¹ laŋ³¹ sa³³ kǎ³¹ lo³³ nu²⁵⁵ai³³. 他去做了两次。

他（话）两　　次 去 做　（尾）

其他又如：li²³¹ai³³ 和 li²⁵⁵ai³³：用在第一人称做物主主语或物主宾语的叙述句里。前者是存在句，后者是变化句。二者通过 31 调和 55 调的变换表示。

## （三）加不加弱化音节前缀

不加弱化音节前缀的是存在式，加弱化音节前缀的是变化式。如 n³¹ŋai³³ 和 sǎ³³ŋai³³：用在叙述句里，表示主语是第一人称单数。前者是叙述式，后者是变化式。例句：

ŋai³³ mǎ³¹ sum³³ laŋ³¹ sa³³ ju³³ n³¹ ŋai³³. 我去过三次。

我 三　　次 去过（尾）

ŋai³³ mǎ³¹ sum³³ laŋ³¹ sa³³ ju³³ sǎ³³ ŋai³³. 我去过三次了。

我 三　　次 去过（尾）

其他又如：

ma²³¹ai³³和mǎ³³sai³³：用在叙述句里，表示主语是第三人称复数。前者是存在式，后者是变化式。

lu²³¹ai³³和sǎ⁵⁵lu²⁵⁵ai³³：用在叙述句里，表示主语是第三人称单数做物主主语或物主宾语。前者是存在式，后者是变化式。

## 三　存在式和变化式句法功能差异

景颇语的"存变句式"是通过句尾词的形态变化区分存在式和变化式的。但还受动词的语义特点影响或与不同的体、貌词结合，表达各种不同的体、貌意义。

1. 存在式和变化式各有自己使用的动词或体貌助词。如：谓语是，ŋa³¹ "在"、to̲³³ "在"，或谓语补语是语法化了的，ŋa³¹ "在，正在"、to̲³³ "在"的句子，一般是存在句。这种句子表达的"体"，可以是完成体，也可以是未完成体。谓语是，ŋa³¹ "在"、to̲³³ "在"的如：

ʃi³³n⁵⁵to̲⁵¹ŋa³¹ai³³.　　　他在家。

他家　在（尾）

nu̲⁵¹n⁵⁵ŋa³¹n³¹ni⁵¹?　　　妈妈在吗？

妈妈不　在（尾）

na²⁵⁵n³¹thu³³n³³tai³³ko̲²⁵⁵to̲³³ai³³. 你的刀在这里。

你的刀　　这里　　在（尾）

谓语补语是动词ŋa³¹ "在、正在"、to̲³³ "在"的如：

mǎ³¹ʒaŋ³³thu³¹wa³¹ŋa³¹ai³³.　　　正在下雨。

雨　　　下（貌）在（尾）

tʃoŋ³¹ma³¹ni³³joŋ³¹tʃǎ³¹tha²³¹ŋa³¹ma²³¹ai³³. 学生们都在聊天。

学生　们　都　聊天　（在）（尾）

naŋ³³pha³³po²³¹wa³³mjit³¹khom³³ŋa³¹n³¹ni⁵¹? 你反复地在想什么？

你　什么　（语）想（貌）（貌）（尾）

khau³³na³¹kǎ³¹lau³¹paŋ³³wa³¹ŋa³¹ma²³¹ai³³. 他们开始犁水田了。

水田　　犁　　　（貌）（貌）在（尾）

naŋ³³ja⁷⁵⁵pha³³kǎ³¹lo³³ŋa³¹n³¹ni⁵¹？你现在在做什么？

你　现在　　什么　做（貌）（尾）

如果形容词谓语后加 ŋa³¹ "在，正在"，表示状态的存在。例如：

nau³³a⁷³¹pǎ³³loŋ³³tsom³³tik³¹ŋa³¹ai³³.　　　弟弟的衣服漂亮极了。

弟弟的　衣服　漂亮　极在（尾）

ʃi³³kʒai³¹ʃǎ³¹kut³¹ŋa³¹ai³³.　　他很努力。

他　很努力　在（尾）

tai³¹niŋ³³na⁵⁵mam³³ko³¹kǎ³¹tʃa³³tik³¹ŋa³¹ai³³.　　　今年的谷子好极了。

今年　的　谷子（话）好（貌）在（尾）

ʃi³³nan⁵⁵the³³phe⁷⁵⁵la³¹to³³ŋa³¹ai³³.　　他正在等你们。

他　你们（宾）等（貌）（貌）（尾）

naŋ³³pha³³ʒai³¹mau³³to³³ŋa³¹n³¹tai³³.　　你为什么在发呆？

你　　为什么发呆（貌）（貌）（尾）

na⁷⁵⁵n³¹thu³³n³³tai³³ko⁷⁵⁵to³³ŋa³¹ai³³.　　你的刀在这里。

你的刀　这里　在（貌）（尾）

2. 如果貌词是 mat³¹ "表示动作行为的终结或性质状态的变化是由事物自身完成的"、kau⁵⁵ "表示动作行为的终结是由外力促成的"，则多出现在变化式中。例如：

ʃan⁵⁵the³³joŋ³¹n⁵⁵ta⁵¹te⁷³¹wa³¹mat³¹mǎ³³sai³³.　　他们大家都回家了。

他们　　大家家里回（貌）（尾）

ŋai³³khai⁵⁵ai³³kǎ⁵⁵wa⁵⁵si³³mat³¹sai³³.　　我种的竹子死了。

我　种的竹子　死（貌）（尾）

ʃi³³phe⁷⁵⁵mo³³to³³woi³³ʃǎ³¹tʃon³¹mat³¹wa³¹mǎ³³sai³³.他们用汽车把他带走了。

他（宾）汽车　带领　使乘（貌）（貌）（尾）

ŋje⁷⁵⁵a⁷³¹poŋ³³tin³³ʃǎ³¹mat³¹kau⁵⁵sa³¹li⁷⁵⁵ai³³.　　我把钢笔丢失了。

我的　的　钢笔　丢失（貌）（尾）

ŋa³³e³¹mam³³ʃa⁵⁵kau⁵⁵sai³³.　　牛把谷子吃掉了。

牛（宾）谷子　　吃（貌）（尾）

a$^{31}$mu$^{55}$n$^{33}$tai$^{33}$ʃi$^{33}$phe$^{255}$kʒai$^{31}$pa$^{55}$kau$^{55}$nu$^{255}$ai$^{33}$. 这件事太劳累他了。

事　　这　　他（宾）很　　累（貌）（尾）

3. 如果貌词是 wa$^{31}$ 表示动作逐渐进行，则多出现在变化句式中。例如：

ʃi$^{33}$tsun$^{33}$ai$^{33}$ka$^{31}$tik$^{31}$wa$^{31}$sai$^{33}$.　　他说的话实现了。

他 说 的话 到头（貌）（尾）

nam$^{31}$si$^{31}$khʒat$^{31}$wa$^{31}$sai$^{33}$.　　果子掉下来了。

果子　　掉（貌）（尾）

ʃi$^{33}$sa$^{33}$wa$^{31}$sai$^{33}$.　　他去了。

他 去（貌）（尾）

ʃi$^{33}$ʃǎ$^{31}$kut$^{31}$wa$^{31}$sai$^{33}$.　　他努力了。

他 努力（貌）（尾）

4. 如果貌词是表示 ton$^{31}$，"表示动作行为结果的放置"、thum$^{31}$"表示动作行为的结果已达到极端"、thum$^{31}$"完、尽"，也多用变化式。

ma$^{31}$phe$^{255}$ʒi$^{33}$tsun$^{33}$ton$^{31}$sǎ$^{55}$ni$^{51}$?　　你告诉孩子了吗？

孩子（宾）可说　（貌）（尾）

ʃi$^{33}$phe$^{255}$tsun$^{33}$ton$^{31}$sǎ$^{55}$ni$^{51}$?　　你告诉他了吗？

他（宾）说（貌）（尾）

ʃa$^{33}$ta$^{33}$pan$^{33}$kʒai$^{55}$khai$^{55}$ton$^{31}$se$^{255}$ai$^{33}$.　　我种了很多向日葵。

向日葵　　很　　种（貌）（尾）

ʃan$^{55}$the$^{33}$a$^{731}$mu$^{55}$ʃi$^{33}$khʒai$^{33}$ʃa$^{31}$kǎ$^{31}$lo$^{33}$ton$^{31}$nu$^{255}$ai$^{33}$. 他们的活儿，他独自做完了。

他们　　的 活儿他 独自 只 做（貌）（尾）

lu$^{731}$ʃa$^{55}$thum$^{31}$sai$^{33}$.　　粮吃完了。

粮食　　完（尾）

ti$^{731}$tha$^{731}$na$^{55}$ʃat$^{31}$ʃa$^{55}$thum$^{31}$sai$^{33}$.　　锅里的饭吃光了。

锅里 的 饭 吃（貌）（尾）

ŋje$^{255}$a$^{731}$sa$^{33}$pja$^{33}$laŋ$^{33}$thum$^{31}$sai$^{33}$　　我的肥皂用完了。

我的 的　　肥皂 用（貌）（尾）

∫i³³ tsuṇ³³ thum³¹ sai³³　　他说到头了。

他　说（貌）（尾）

5. 但就多数情况而言，两种句式都可以加不同的"貌"，表示不同的语法意义。如：谓语后加表示未来时"愿望"的 na³³"将要"、sǎ³³ na³³"就要"（由 na³³ 与前缀 sǎ³³"立即"组成），可以用存在式，表示将要进行的存在，也可用变化式，表示将要出现的变化。

存在式：

∫an⁵⁵ the³³ phot⁵⁵ te²³¹ sa³³ mu³¹ na³³ ma²³¹ ai³³.　　他们明天早上很可能会见到。

他们　　明早　　去 见（貌）（尾）

变化式：

ja²⁵⁵ the³³ ko³¹ an⁵⁵ the³³ ka⁵⁵ e³³ mam³³ tan³¹ paŋ³³ wa³¹ na³³ mǎ³³ sai³³.

最近（话）我们　地方处　稻子　割（貌）（貌）将要（尾）

最近我们那里要割稻子了。

∫an⁵⁵ the³³ t∫e³³ na³³ mǎ³³ sai³³.　　他们很可能知道了。

他们 知道（貌）（尾）

又如：谓语后若有表示"经历体"的 ju³³"过"，可以用存在式，表示经历或未经历的存在，也可用变化式，表示经历过的变化。

存在式：

ŋai³³ kǎ³¹ loi⁵⁵ muŋ³¹ n³³ phum³³ ju³³ n³¹ ŋai³³.　　我什么时候也没胖过。

我 什么时候 也　没　胖（貌）（尾）

an⁵⁵ the³³ ka⁵⁵ e³¹ ko³¹ n⁵⁵ kǎ³¹ ∫uŋ³³ ju³³ ai³³.　　我们那个地方，没有冷过。

我们　地方 处（话）没冷（貌）（尾）

变化式：

pe$^{31}$kjin$^{33}$lǎ$^{55}$khoŋ$^{51}$laŋ$^{31}$tu$^{31}$ju$^{33}$ni$^{?55}$ai$^{33}$.　　我到过北京两次了。

北京　　二　　次　　到（貌）（尾）

n$^{33}$tai$^{33}$tat$^{33}$ʃin$^{31}$ʒi$^{33}$ju$^{33}$ju$^{33}$sǎ$^{55}$ni$^{33}$?　　这个电影你看过了吗？

这　　电影（语）看（貌）（尾）

## 四　存变句式的性质、地位并反观汉语

景颇语句型的分类是有层次的。在大类上，先是根据不同的语气分为叙述句、疑问式、测度式、惊讶式、命令句、商量句六种句型；然后再从存在和变化的意义分为存在句和变化句两种句型；至于体、貌、态等意义，这是存变句式下的句子类型。景颇语存变句式在句型分类上属于中间层次，即第二层次。这与汉语的句型分类不同。

汉语句型的分类，由于汉语具有强分析性的特点，所以学者们习惯从不同角度进行不同的分类。如从语气角度分出叙述句、疑问式、祈使句、命令句等"句类"，从结构角度分出把字句、被字句、存现句、单句、复句等"句式"，于是区分了"句类"和"句式"的不同概念。但景颇语的特点不同。景颇语虽然也属于以分析性为主的语言，但黏着性和曲折性的特点较丰富，句型的构成大多有形态标志和其他各种结构特点，而且语法意义和结构特征往往融合在一起，难以分割。比如，叙述句、疑问式、测度式、惊讶式、命令句、商量句六种句型，在句尾词的词根上各有自己的形态标志，而且有人称、数、式的形态变化。以第二人称单数为例，叙述句是 n$^{31}$tai$^{33}$、疑问句是 n$^{31}$ni$^{51}$、测度句是 n$^{31}$toŋ$^{33}$、惊讶句是 n$^{31}$kha$^{33}$、命令句是 u$^{231}$、商量句是 nit$^{55}$ka$^{231}$，其他的人称、数还有别的变化。更重要的是，景颇语的语气标志、存变标志、体标记都融合在一个不能分割的句尾词上。由此看来，景颇语的句型不能像汉语一样分别从语气或结构的角度进行切分，而应当是把语法意义和语法标志结合在一起，区分出不同的层次。

与汉语比较，景颇语的存在式相当于汉语"……的"或"是……的"的句型，变化式式相当于汉语的句型"……了"。汉语南方方言（如闽南话等）的"有＋V"式，相当于景颇语的存在句；"V＋了"式，相当于景颇语的变化句。汉语不像景颇语那样有形态标记，而是使用不同的句块来表示不同的句型。以闽语仙游话与景颇语对照为例：

闽语仙游话　　　　　　　　　　　　景颇语

i$^{54}$wu$^{31}$zuo$^{51}$　　　伊有做。　　　ʃi$^{33}$kǎ$^{31}$lo$^{33}$ai$^{33}$　　　他做的。

伊有做　　　　　　　　　　　　　他做（尾）

i$^{54}$zuo$^{51}$leu$^{33}$　　　伊做了。　　　ʃi$^{33}$kǎ$^{31}$lo$^{33}$sai$^{33}$　　　他做了。

伊做了　　　　　　　　　　　　　他做（尾）

　　这里存在一个值得思考的问题：汉藏语系的不同语言由于分析性强弱不同、形态变化多少不同，会使得在句型的分类上出现不同的标准和结果。但非汉语的句型研究，过去过多地模仿汉语的句型分类，出现"削足适履"的现象。所以，如何根据自己语言的特点进行句型分类，是今后要努力去解决的问题。

## 参考文献

戴庆厦　2012　《景颇语参考语法》，中国社会科学出版社。

范　晓　1998　《汉语的句子类型》，书海出版社。

范　晓　2009　《汉语句子的多角度研究》，商务印书馆。

邵敬敏等　2003　《汉语语法专题研究》，广西师范大学出版社。

吴福祥　张谊生　2011　《语法化与语法研究》，商务印书馆。

邢福义　2002　《汉语语法三百问》，商务印书馆。

徐悉艰等　1983　《景汉词典》，云南民族出版社。

（戴庆厦　云南师范大学汉藏语研究院
中央民族大学中国少数民族语言文学学院）

# 建构汉语句式系统的价值与意义<sup>*</sup>

## 邵敬敏　王玲玲

**提要**　本文指出句式是一个跟句型、句类并行的独立的开放式的句子系统，有它自身的特殊价值。本文就句型、句类与句式的关系、句式的内涵与外延、句式各类型的特点，以及句式教学的重点进行论证。建构汉语句式系统，不仅有助于强化对汉语句子系统完整性、科学性和系统性的认识，而且对汉语句法教学，包括国际汉语教学都有着重要意义。

**关键词**　句式系统　局部特点　特殊形式　标记特定　语义范畴

作为汉语句子系统，现代汉语句法学通常只讲句型与句类。前者是指"句子的结构类型"，例如"主谓句、非主谓句"，等等。后者是指"句子的语气类型"，一般分为"陈述句、疑问句、祈使句和感叹句"四大类。这两类的争议不大，至于句式，长期以来只是个比较随意的说法，没有科学的定义，也没有严格的界定，常常和句型混淆在一起，或者作为句型的补充而略作介绍，或多或少，或详或略。

本文认为汉语的句式也是一个系统，一个开放式的系统，有它自身的特殊价值，是跟句型、句类并行的另外一个独立的句子系统。本文的目的就在于为这一严格意义的句式系统进行必要的论证，指出建构汉语句式系统的价值与意义，并且对其内部小类的特点进行阐述。这不仅有助于强化对汉语句子系统完整性、科学性和系统性的认识，而且对汉语句法教学，包括国际汉语教学都有着重要意义。

---

\* 本文在"汉语句式学术研讨会"（南昌，2013 年 5 月）大会上宣读。

# 一　"句式"语法地位的历史提升

　　汉语传统语法早期比较重视词法，对句法分析极为有限，这显然是受到欧美语法历来就重词法轻句法这一传统的影响。例如《马氏文通》一共十章，前面九章都属于词法，只有最后一章才简述句法。黎锦熙的《国语文法》句法部分也有点像强弩之末，只是分析其句子成分以及跟词类的对应关系。一直到 20 世纪 50 年代"中学教学语法暂拟系统"的句法还仅仅停留在句法的六大成分分析上。

　　20 世纪 80—90 年代随着汉语语法研究的深入，在句子成分分析的基础上，开始区分"句型"与"句类"，但是"句式"还没有正式予以命名。当时国内最有影响的两本现代汉语教材分别是胡裕树主编的《现代汉语》（1979 年修订二版，重订本第五版，上海教育出版社 1995 年版）与黄伯荣、廖序东主编的《现代汉语》（1980 年第一版，增订第一版，高等教育出版社 1991 年版）。

　　胡本在当时语法研究理论方面是走在全国有关教材最前列的，该教材首先提出了句型，并且阐述了有关句型的鉴定标准和区分方法，在"句子和句子分析（下）"一节中重点讨论了动词性谓语，包括动宾谓语、动补谓语、连动谓语和兼语谓语四种。在这个章节里，作为"动词性谓语句中的两种比较特殊的句式"还特别分析了"把"字句和"被"字句。在书的附注里，编者特地对"句型"和"句式"进行了辨析和解释，编者指出："句型是以语言中全体句子作对象加以归纳的结果……句式是以语言中部分句子为对象加以描述的结果。"可见，胡本虽然在句型之外，特别提出了"句式"这一重要概念，但是其认识还只是涉及分析句子的对象区是"全体"与"部分"，并没有触及句型与句式的本质的差异，尤其是没有明确指出这"部分句子"何以成为句式描述对象的标准或理由。而且实际上也只是分析了"把"字句和"被"字句两种句式。此外，胡本的另一贡献是特别提出了"句类"系统。早期的黄本则既无句型，也无句类，只有句子成分分析法。可见，"句式"的地位即使在这两部当时影响最大的教材里，也是无足轻重的。

　　黄本的"增订三版"（高等教育出版社 2002 年版，2007 年增订四版，2011 年增订五版）开始引进"句型"概念，但基本上是仿照胡本，后来才增添了"句类"，此外，还重点介绍"几种动词谓语句"，包括"把"字句、"被"字句、连谓句、兼语句、双宾句和存现句六种，但是仍然归属于"句型"之下。其"增订四版"发生了较大的变化，原"几种动词谓语句"改名为"几种常用句式"，内容基本不变。这说明作者的认识悄悄地发生了微妙的变化，开始认识到句式不同于句型和句类，但是必须指出：尽管列出了"常用句式"的标题，但是显然还没有给"句式"一个独立的语法地位，只是为它开了个后门。

在整个 20 世纪里，从研究层面看，句式的研究日新月异，取得了许多成果，但是在教材体现的语法体系里，句式基本上是没有地位的，多数只是列举，是个可有可无的"附属品"。这可能是因为当时的语法体系深受结构主义语法理论的影响，比较重视结构形式，而对句子的语义、功能不太重视，或者说很不重视。这一境况一直到邵敬敏主编的《现代汉语通论》（上海教育出版社 2001 年版，2007 年第二版）问世，才得以改善。该教材第一次把句式单独列为一个系统，第一次把句式跟句型、句类并列为句子的三个最重要的类型系统，形成三足鼎立的格局，并且明确提出句式的定义以及鉴别句式的标准。这三者的区分在于：

句型系统，即按照句子的结构模式划分出来的类型系统。

句式系统，即按照句子的局部特点划分出来的类型系统。

句类系统，即按照句子的语气功能划分出来的类型系统。

21 世纪前十年出版的现代汉语教材中，邢福义、汪国胜主编的《现代汉语》（华中师范大学出版社 2003 年版）走的还是黄、廖本的路子，单句的类型尽管也分为句型与句类，但是并非重点，重点是句子成分的分析以及特定句式。特定句式除了"把"字句、"被"字句、连动句、兼语句、双宾句以及存现句之外，另外增加了"主谓谓语句"，一共是 7 种。可惜的是仅仅列举，对"句式"也没做任何理论阐述，其句法地位无从了解，也没有能够显示出邢福义一贯倡导的"小句中枢"的语法思想。

兰宾汉、邢向东主编的《现代汉语》（中华书局 2006 年版）则全面接受了邵本的理念，采取句型、句式、句类三分天下的格局，并且对句式的定义也认同于邵本："依据句子的局部特征归纳出来的句子类型"，其内部三类也同于邵本。

可见，汉语句式的认识在历史上经历了三个阶段，从漠视，到斜视，再到正视。句式的语法地位已经到了必须"重视"并且给以正名的第四个新阶段。

# 二　句型、句类与句式的关系

句型以及句类，经过长期的研究，已经有其特定的含义，尽管其内涵还是可以讨论的，但是，通常人们一般并不怀疑其存在的必然性。但是句式则一直处于地位不明的尴尬境地。其原因可能有三个：

第一，句式的名称用得比较滥。只要是一个句子，就可以称之为某某句式。长期以来没有明确的定义，外延和内涵都不太清晰。尤其是内涵比较含混，没有必要的论证，也缺乏科学的定义。换而言之，地位比较尴尬。

第二，句式和句型存在着交叉的地方。比如主谓谓语句、双宾句、连动句和兼语句。都是动词谓语句的重要下位句型，可是一提到句式，它们似乎也应该是。那么，句型跟句式的界限又在哪里呢？句型里已经论及，还有必要在句式部分阐述吗？可见是界限不清，身份比较含糊。

第三，通常人们比较关注的句式，似乎只有"把"字句、"被"字句，最多再加上存现句等少数几个。哪些算是句式，哪些不算，可能会有无穷无尽的争论。如果就这么有限的几个句式，值不值得单独列出一个"句式"？而且还要建立句式系统，有没有这个必要？有没有这个价值？可见成员不明，价值不够清楚。

根据我们多年来进行汉语语法教学的实践，加上汉语国际教学的需求。我们觉得，句式教学的重要性绝对不亚于句型和句类，从语言应用角度而言，甚至超过了前两者。

句子实际上不仅仅属于句法范畴，还应该属于语用范畴。句子的定义是："前后都有停顿，带有一定的语调，表示相对完整的意义，人们用来进行交际的基本语言单位"，可见它的本质属性是"人们用来进行交际的基本语言单位"，换言之，从内部结构来分析，句子是语法学研究的对象，但是从句子的使用角度来看，句子应该也是语用学研究的对象。

我们以往的语法教学过分偏重于建立语法体系，分析各种语法单位，但是对语言的运用，以及各个层次语言单位的作用，明显重视不够。最早的教材，更是偏重于句子成分的划分，在词语、短语部分详尽备至，一到句子层面，就成了强弩之末。比如朱德熙先生的《语法讲义》，无疑是一部极为精彩的语法书，对词类划分的研究以及短语分析达到前所未有的高度。但是，该书由于奉行"短语本位"，基本上放弃了对句子的分析，不能不让人感到惋惜。

在句子层面，句型只是句子的结构模式类型，对象包括所有的句子，换言之，每个句子都归属于某个句型，没有句型类别的句子是没有的。句型对句子的构造和生成无疑是重要的，不可替代的；但是也正因为如此，句型对句子的使用特性来说，对其功能的挖掘来说，其重要性就大为降低。通常在讨论句型时，是不考虑句类的。换言之，目前的句型是建立在陈述句研究的基础上的。对疑问句、祈使句和感叹句会在句型上引起任何的变化，至今也没有人专门讨论这一课题。

句类是句子的语气类型，基本上属于句子的语用层面。所以也有人认为句类是句子的功能类型。句类的对象也是全体句子，没有一个句子不属于某个特定句类的。没有句类的句子只是一个抽象的理论上的句子，不是一个现实意义上的句子。句类的语气是研究的重点，我们在进行句型分析时，其实有个没有证明的前提，那就是假设所有的句子都是陈述句，至于对疑问句、感叹句以及祈使句的结构分析，也只是近些年来才出现的变化。

句式从句子使用功能角度来看，其实才是最重要的，因为越是有特点的句式，它的作用就越鲜明，它的使用频率就越高，在汉语句式系统中的位置也就越发重要。句式特别能够体现汉语句子的特色，凸显汉语的特点。换言之，汉语句式才是汉语句子的精华，才是汉语句法特点的主要载体，也是汉语语法研究与学习的热点、难点和亮点。

## 三　句式的内涵与外延

我们给"句式"下的定义是：根据句子的局部特点划分出来的句子类型。所谓局部特点，即指具有鲜明的特色，易于辨认，使用频率高，在汉语实际运用中占据比较重要的位置。句式，正因为具有上述特点，可以从两个层面切入：一是完全从句法形式入手，看是否具有特殊句法标志，包括词语标记或者结构标记。二是从语义范畴入手，看显示某类特定语义范畴的句式，或者某种语义角色占据了特别的句法位置。当然，如果既具有特殊的语法形式，又具有特别的语法意义，那就是典型的汉语句式。这两个层面还可以细化为四个角度：

（一）特殊词语类

是以句中出现某个"特殊词语"为标记，这在形式上最容易识别，而且在语义功能方面也有自己的特色。可见，特定标记、高频使用以及特殊语

义是它的三大特点。所谓的"特殊词语",通常有两类:

1. 是介词命名的,这类最突出。例如:"把"字句、"被"字句、"对"字句、"给"字句、"让"字句、"比"字句、"为"字句、"从"字句、"在"字句、"为"字句等;汉语虚词的重要性是不言而喻的,而且介词往往是引进动作的有关论元,所以几乎每个常用介词都因为其常用而且作用显著而被命名为"X字句"。

2. 是动词命名的,这些动词非常重要、特别而且常用,例如:"有"字句、"是"字句、"来"字句、"进行"句、"加以"句等。这类句式并不多,主要是因为动词本身就是语法研究的重点,往往结合句子进行研究,以句式单独命名的迫切性不是太强。

## (二) 特殊结构类

是以谓语部分的"特殊结构"为标志,在形式上有显著的标志,在功能上也有独到之处。这一类实际上跟句型有一定的交叉,要注意的是,句型是对所有的句子而言,换言之,每一个句子,从结构模式考虑,它必定属于某个句型。但是普通的句型,尽管可能出现的频率也很高,却因为普普通通,其他语言也都有这样的品种,显得很一般,人们很容易理解,所以不必专门介绍。而有少数句型,例如主谓谓语句、连动句、兼语句、双宾句、重动句等,颇有汉语特色,需要专门分析。虽然这些句子在句型系统中会提及,但是在那里无法详细而深入的介绍,只有在句式部分才有可能进行专门的介绍。两者的句法地位是完全不相等的。

## (三) 特殊语义类

是以句子的特殊语义范畴为标志,比如存现句、比较句、被动句、否定句、肯定句、估测句等。不过语义范畴涉及的面相当宽泛,无法全部在句式里讨论,所以一般只是就比较重要、比较特殊的语义范畴命名的句式展开。

## (四) 特殊角色类

用语义角色在特定的句法位置出现来命名的,例如:受事主语句、工具主语句、施事宾语句等。

建立独立的句式系统,确实存在一定的困难,首先就在于句式往往无法穷尽,大家对句式的内涵外延看法不一致,有的范围宽,有的范围窄。因此,我们需要解决几个问题:

　　1. 句型和句式会发生部分交叉关系。比如"双宾句""主谓谓语句""连动句""兼语句"等是句型的一种，可是它们也是一种句式。那么句型跟句式是否重复了呢？再说，为什么动宾句、动补句，就不能入围句式系统了呢？我们认为，句型与句式两者的关系，实际上是观察的角度不同。句型只看句法结构关系，句式则主要从在句子的局部特点出发看其语义及功能。换言之，动宾句、动补句等是常规句，就不必专门提出来讨论，但是施事宾语句、"得"字动补句就属于句式讨论的范围了。可见，常规句与特殊句是区别句型与句式的重要标准。

　　2. 句式内部类型也可能发生某些交叉。例如"被字句"，是指用介词"被"显示被动语义的句子。而"被动句"的内涵则要宽泛得多，包括由介词"被"以及表示被动义的"叫、让、给"的介词构成的句子，甚至包括受事主语句，例如"饭吃了"。再如"比字句"是由介词"比"引进比较对象的句子。而"比较句"则可能包括平比句、差比句以及不如句。例如："他好过我""苛政猛于虎""他跟我一样""他还不如我呢"。这样，我们就需要把"比"字句和比较句区分开来。

　　3. 句类和句式也有交叉，比如反问句，是疑问句的一种，但不是一般的疑问句，所以也叫做反问句式。再如感叹句里的"好……！"（例如"好聪明的孩子！"）也是一种特殊的句式，从这个意义讲，句式应该是一个开放式的系统。

　　因此，我们主张，汉语的句式系统是个开放的系统，其内涵可以因为实际需要有一定的弹性、一定的宽容度、一定的多元性，不必强求一致。事实上，最重要的一些句式，大家的看法基本上是一致的。作为研究体系和教学体系，或者根据实际需求，句式的内涵完全可以有多有少。句式系统的建立是对汉语句型系统、句类系统的重要修补和拓展，将有助于我们加强对句子功能和重要性的认识。

# 四　句式内部类型的特点

　　句式，简而言之，就是高频使用的有自身特点的句子格式。它跟一般句型的本质区别就在于三点：第一，句型是针对所有的句子而言，句式则只是针对有特色的句子而言。第二，句型只涉及句子的结构方式，句式则重点讨论句子意义以及功能。第三，句型只是从句子结构入手，句式则除了特殊结构之外，还涉及特殊词语、特殊语义，这些显然都是句型无法顾及的。

那么为什么我们主张在句型和句类之外，还要建立句式系统呢？关键是句式在现代汉语里具有不可替代的重要作用。

（一）功能作用显著、强大，是最能够体现汉语特点的句子类型，不仅常用，而且具有特定的语法意义和表达功能。总之，在现代汉语的句子类型中，有特殊地位，是我们学习和使用的重点，必须予以特别关注。甚至可以这样断言，不了解、没掌握这些句式，就不可能真正学到汉语的精髓。比如"把"字句就很有特色，是汉语研究和教学无法回避的课题。仅仅一个"把"字句，就有多少文章在研究！我们的认识也在不断深化。从最早的表示"处置义"到"致使义"，现在我们感到实际上是话语焦点的标记，其作用是把跟动词有关的论元中说话者最关注的对象用这个"把"提取出来加以凸显。例如：

①他把糖吃完了。（最关注的是受事"糖"）
②他把牙吃坏了。（最关注的是吃糖的工具"牙"）
③他把钱吃光了。（最关注的是买糖的资金"钱"）
④他把肚子吃坏了。（最关注的是受影响的直接对象"肚子"）
⑤他把老婆吃没了。（最关注的是受影响的间接对象"老婆"）

可见，在"吃糖"这一动作行为中，涉及的论元很多，只有受事在"把"之后出现才表示处置意义，其他的主要是致使意义。不论哪一种论元，只有说话者关注了，才有可能提取出来放置在"把"之后。

（二）句式的结构比较特别，这是其他语言里没有的或者很少的；或者功能复杂，往往表达多重语法意义。所以导致掌握难度很大，一不小心就可能用错。显然，这是我们学习的重点和难点。所以需要特别加强有关的分析和学习。比如主谓谓语句，内部就有好几种小类型：

1. 大主语是谓语动词的受事：苹果他吃了。
2. 大小主语之间有领属关系：你身体不错。
3. 大主语是整个谓语关涉的对象：中药我很有研究。
4. 大主语是表示周遍性的疑问代词：什么你们也不懂。
这些都是很有特色的，是其他语言没有的句子类型。

（三）由于使用频繁，功能复杂，重要的句式除了基本格式之外，还有不少变式。掌握这些变式也是非常关键的。例如"被"字句，除了介词"被"，还有"给、叫（教）、让"。"被"跟"给"的搭配，"被"与"把"

的搭配。相当复杂多变。例如：

　　①他被教练给批评了。
　　②他被老鹰把牙齿啄坏了。

从句式的特点来看，要特别考虑其中三个因素：

1. 特殊性。所谓特殊，是对外语，或者外族语来说的。比如主谓宾句，几乎所有的语言都有，那就没有特殊性了；而"主谓谓语句""把字句"则是汉语特有的。

2. 特色性。在汉语众多句子里，应该具有某种特色，具有某种比较有意思的功能，表达上凸显自己的亮点，比如"被字句""存现句"。

3. 常用性。必须是高频率使用，在汉语句子系统中占据重要地位，因越是经常使用，就越是具有比较重要的价值。

可见，由于句式比较集中地体现了现代汉语句子的结构特点以及语义表达上的特色。从而大大提高了句式的句法地位，而不再仅仅是句型的一个附属部分，或者补充说明的附加内容。

# 五　句式教学的原则与重点

句式是个相对开放的系统。语法教学中，句式到底需要介绍几种，完全看教学的需求。换言之，不必硬性规定固定的数目，采取弹性的开放的态度可能是比较合适的。首先考虑的是三个基本要素：重要性、特殊性与高频性。通常比较大家比较认同的，也可以说最重要的是：把字句、被字句、主谓谓语句、双宾句、存现句。其次还有比字句、"得"字补语句、连动句、兼语句、否定句、使动句，等等。至于句式究竟是多讲还是少讲，其实关键还是看需求，看讲授的对象，看应用性，不必也不能一刀切。

我们建议，在教学中，对句型部分，着重介绍生成的原则与方法、宏观的把握。而句式部分，则着重句式的具体类型，以及主要句式的描述、微观的把握。这样句型与句式两个就能够起到相辅相成、相得益彰的作用。句类则重点介绍疑问句、祈使句和感叹句。

汉语句式系统的构建，无疑将会推动汉语句式的研究更为细致深入，不仅宏观的类型区分，而且具体的句式特色，方方面面都会激发出研究的热情。构建汉语句式系统，任重而道远。我们盼望今后教材以及教学过程中加强探索这方面的经验体会，在实践中寻找句式系统最佳的定性与定位。

# 参考文献

胡裕树　1979　《现代汉语》，上海教育出版社 1979 年修订二版，1995 年重订本第五版。

邵敬敏　2001　《现代汉语通论》，上海教育出版社 2001 年版，2007 年第二版。

邢福义　汪国胜　2003　《现代汉语》。

兰宾汉　邢向东　2006　《现代汉语》。

黄伯荣　廖序东　1991　《现代汉语》，高等教育出版社 1991 年增订第一版，1997 年增订二版，2002 年增订三版，2007 年增订四版，2011 年增订五版。

（邵敬敏　暨南大学文学院中文系
王玲玲　香港岭南大学语言中心）

# 什么不是句型？

## ——兼议"句型"可能的未来

### 史有为

## 一 "句型"的简单回顾

回顾1：英语

《现代语言学词典》（英语1978年初版/1997年四版/2000年中译本）"pattern 型式"条指出：

> 一般含义是"单位的系统配列"，语言学和语音学使用这一术语并无特殊含义，但在某些场合附带有一定的理论含义。例如，在语言教学中，型式练习（pattern drills）或"结构练习"是指用替换框架的方法练习某一结构。（第260页）

这说明，"句型"原先在美国的语言学里并无特别重要的地位，因为它缺乏理论含义。只是为（例如）教学练习方便而采用的一个教学用语。这也道出了句型的前世今生，原来它可能是语言教学而来的概念。在初期并未深入开挖，因此导致该词典如此清淡的释义。

回顾2：德语

《语言学词典》（德语1983年初版/1990年二版/2003年中译本）"Satzbauplan 句型"条指出：

> 删去句子结构中所有不必要的成分而获得句子基本结构模式，再根据形式、功能和语义标准进行分析所获得的句子模式。大量并存的概念

名称反映了丰富多彩的研究传统，以 L. Weisgerber 为开端的德语语言学对句型的研究尤为突出。他们的研究基于一种假设，即德语根据动词配价，给母语使用者规定了"德语句子基本形式的总量"（从略）或者说"有限的抽象句型"构成了一切可能的具体句子的基础（从略）。（第462—463页）

该词典还对现今的句型作了简单评论，指出："关于句子的形式和分类还没有一致的意见"，而且指出还存在"以转换语法观点所进行的句型分类"。[①] 这段简明的释义告诉我们：①德语比较重视句型及其理论，因此已经出现了研究传统。②句型是有限的抽象格式，甚至可以限量。③句型可能并不限于句子成分所构成的结构格式，还应该有动词配价（即语义格及其可带类型与数量）参与。④句型是一种假说。这②③两点已经超出一般格式的概念，而具有理论价值。

回顾3：汉语

中国的句型研究，可能更受美国语言学的影响。1993年中国的《语言学百科词典》，"句型"条的解释是：

> 句子的结构型式。从析句中加以归纳，依据句子组成成分的功能类别、序列安排、配置方式、构造格局等结构因素加以确定。……这是句子的抽象模式，并非任何一个具体的句子。确定句型一般要舍弃超层次成分，……句型一般先分为单句与复句，然后再对它们作下位划分，如单句又可以分为主谓句与非主谓句，而主谓句又可再分为不同的类型，等等。这样就可以求得一个句型系统。（第132页）

除了已知的结构、构造外，这里可以发现：①是句子的抽象模式，并非任何一个具体的句子。②确定句型一般要舍弃超层次成分，即舍弃语气成分。这大概是首次涉及"不是句型"。③句型一般先分为单句与复句。这三个观点都具有理论意义，有的成立，有的也许不能成立，但都可以进一步

---

① 该词典 Satzmodus/Satzart（第464页）翻译为"句式"，但所指为语用功能，即语气类型，如陈述句、疑问句、祈使句。同时 Modus（第342—343页）也译为"句式"，指一种主观态度，如直陈式、虚拟式、命令式。

议论。

### 回顾 4：中国

（1）根据笔者的经验和感受，句型的确开始于教学。什么时候开始被什么语言学家重视的呢？不知道，不清楚。也许就是在中国，被中国的语言学家重视了。吕叔湘先生（1979）在为《现代汉语八百词》所写的"现代汉语语法要点"中首次列出了"动词谓语句式表"，虽未指出什么理论含义，仅是格式的形象表示，但却极大地促进了句型研究。此后，1985 年 11 月召开了首次"句型或动词学术讨论会"（厦门），一大批句型研究成果集中地出现了，有些论文已开始向理论方向提取其含义。例如笔者最早研究了"哪儿上的"所体现的句型（1982），笔者的《句型的要素、变体和价值》（1987）提出了句型要素、句型变体和句型价值，提出可能存在句型要素的四个层面：句法，句法语义，句法语音，句法语用。李临定（1986）为此专门撰写了《现代汉语句型》一书。现在看来，那时的句型/句式研究还停留在静态平面上，并未深入到认知层面和动态机制层面。但句型已经从并无多少理论含义提升到具有一定理论含义的阶段，也就增强了假说性。

（2）朱德熙先生（1962）的《句法结构》深化了对句法结构的理解。这些结构大部分即句子格式。朱先生从结构的"层次"论述"狭义同构"，又进到"广义同构"，再到"异类同构"和"同型结构"，一层层把结构包括大部分句子格式论证得使人叹服，从而深化了对单一的静态结构或句子格式的理解。不仅如此，文章还用"变换"（transformation）来指出两种相关狭义同构语法形式之间的关系，从而更深化了对结构或即大部分句子格式的理解。这在中国是第一次。经过语言学研究沉寂的"文革"十年，朱先生又再次（1978）拿起这个课题，提出"潜在的结构关系"，将间接成分之间的语义关系，即施受关系作为衡量结构同一性的考虑范围，进一步深化了句法结构理论，而这也恰恰是句子格式或句型的理论基础之一。朱先生（1986）在《变换分析中的平行性原则》中则明确了不同句型/句式之间的变换关系。他界定说："变换可以理解为存在于两种结构不同的句式之间的依存关系。"例如：

黑板上写着字 → 字写在黑板上

这些都并非乔姆斯基的转换，而是实实在在摸得到的现实存在，但又确确实实超越了结构研究的传统思路。对我们今天深入思考或研究句型具有非常重要的作用。

## 二 句型是一种假说

### (一) 句型与句式

有多种句型界定。一种比较中庸的界定是：句型是句子的结构格式的类（type）抽象或类概括。句型有不同层级，也有人将高层级的具有统摄更多格式的称作句型，底层级的小格式称为句式。有人则将按句子的局部特点抽象出来的格式作为句式。实际上就是句式为句型的下位类型。但这种区分是很难的，没有明确的标准。许多人在觉得没有把握确定该格式是否属于统率程度较高时，则使用"句式"，避免被质疑。似乎将句型认定为更有概括力和理论性的，而句式是更贴近使用的或不那么理论性的。有的学者则以"句式"一统天下，大小通吃。

其实，除了所谓"句类"按语气划分，与句型或句式的标准完全不同外，句型和句式二者并无本质上的不同。因此，以句型或句式"包打天下"都可以。它们都可以对应英语 pattern 或 sentence pattern。如果句式要对应 sentential form，那也不能改变其与句型相同的本质。

本文以"句型"出题，为的是与笔者过往的论述衔接，这纯属个人习惯。

### (二) 句型是心理的

所有的句子格式都是心理的。在真实语言中，实际看到的都不是格式或框架，而是言语或具体句子。从认知与生成角度看，句型或句式在人的心理中是必须存在的，否则就无法解释何以生成如此多的具体句子会有同样的结构。但我们现在又无法从大脑中取出这样的心理的句型控制机制或句型表达物。而且，我们又发现使用这样的句型去教学又免不了出现病句或不合格句，我们还常常对此还在句型理论上解释不了。因此，心理又决定句型还只是个假说，这个假说又需要进一步完善。

语法学家研究句子，自然就会对句子加以抽象化，从什么是句子，到句子形式格局的不同层级的抽象，更加强了这一假说性质。

### （三）句型是实用的

句型概念最初可能来自第二语言教学。当然语言学家研究句子也会产生这一概念。但真正让句型研究热起来的还是语言教学。设计各种不同的句子格式，进行替换练习。《现代语言学词典》"pattern 型式"条下指出，"在语言教学中，型式练习（pattern drills）或'结构练习'是指用替换框架的方法练习某一结构"。该术语"并无特殊含义，但在某些场合附带有一定的理论含义"。这说明，句型原本就是个实用性术语，并无太多理论价值，只是在语言教学研究的过程中才逐渐提升其理论含义。因此，在我们作理论探索时，决不能忘记最初的实用起点。

从人工智能角度去看，句型的实用性就非常明显。这种应用提出的是一种初级概念的句型，是操作层面上的，要求有极强的可操作性。

教学和人工智能是我们的两个研究起点又是两个研究的终点。我们必须紧紧、时时记住并想起它们，让句型这一假说更完善、更实用。

### （四）句型属于语言层次

一个具体句子必然属于某个句型，但根据这个具体句子的组织结构所得到格式并不就是句型。因为句型是语言的，并非言语的。正如同词类是语言的，并非言语的。是语言的，就需要根据多个言语句子实例来归纳、抽象其构造。只有语言的才具有更广更大的控制力，才具有更强的解释功能。

语言层次的"句"如何具体理解？那就得假设：这是抽象的，即形式类成分参与的；这是有限的，只有有限控制言语表层无限的句子，句型才有价值；这是核心的，即为必要成分参与的，等等。然而，我们见到的全部都是具体的句子，即言语。我们看不见语言，更看不见语言的句型。因此而言，句型也只是一种假说。

### （五）句型属于句法层次

句型属于句法，这似乎是废话，然而这却是最重要的不能废弃的废话。既然如此，那首先要确定的是哪些属于句法。单句属于句法，小句属于句法，词组属于句法。单词成句属于句法吗？不是，因为它缺少必要的句法结构。汉语复句属于句法吗？大有问题，它的结构超出了两个小句。

（六）句型是不是多元句法因素的汇聚？

句法因素有广狭二义。句法成分或形式类成分及其结构形式或语序即为狭义句法因素。制约具体语词代入某句法结构各形式类位置的因素，即为广义句法因素。后者，包括狭义句法因素，此外还有句法语义成分及其配置，有句法语用成分及其配置，句法语音成分及其配置。句法语义成分至少有句法语义特征，有语义角色（所谓语义格）。句法语用成分至少有话题和说明，有句法焦点。句法语音有句间停顿和句内必要停顿，有必要韵律模式。从实用角度看，只有广义的句法因素才能更好地控制语句生成，才能正确解码接收的语句，在语境配合下正确理解听到的语句，才是最能实用的。

各种句法因素的重要性是不同的，往往随着句型层级的提高，也即适应面、涵盖面的扩大，而逐渐减少。

# 三 非句型初析

## （一）什么是非句型

非句型就是"并非句型的东西"，是本文为了称说方便而使用的用语，并非术语。非句型概念的建立是为了更深入地认识句型。

非句型应限于结构范围。不属于结构范围的，例如语气类别，当然不在非句型讨论范围。

既然句型是句法的，是语言的，是心理的，是实用的。那不属于句法的，不属于语言的，不能在心理上证实存在的，不能实用的就不是句型，或即非完整的句型。这样看来，属于非句型大概有这么几个方面：不属于句法结构范畴的格式分类；言语表层句子格式；不能在验证实验中较完善再现合格句子的格式。

## （二）非句型之一：单句的复句的区分

英语就结构来看，可以有简单句、复杂句、复合句三种最顶级的句型，而简单句下则以围绕动词的不同句法成分的分布确定不同的句型，共有五种句型。汉语与英语的区别是带根本性的，汉语的句型或句式限于单句，或限于"小句"。朱德熙先生的句法架构仅限于单句，就是因为先生认为超出单句的复句，已经不属于句法。笔者可以从另一角度解释：汉语的复句是属于语篇法则范畴。汉语没有英语的复杂句。英语只有复合句才勉强相当于汉语的部分复句。相似的成分类别在不同的语言体系中，却已经处于不同价值的位置，因此也就有不同的价值。汉语的复句，是汉语语篇的最小组合单位，它受语篇法则的控制。因此，汉语单句与复句是分属句法和语篇法则两个范畴的。只有单句或可分列的小句（所谓分句）才属于句型抽象范围。

### （三）非句型之二：言语表层格式

言语表层内的是现实所有的句子。如果仅凭单一的这些句子在各个句法位置作类抽象获得的格式，其假说性较弱，控制力仅限于该句。这样得到的格式可能符合语言的深层句型，但理论上却不是句型。因为它不是由众多句子对比抽象而得，也就并未跳出言语范畴。就单句而言，可以有下列这些非句型的格式。

（1）半路中断的合格或不合格的形式。因为这不可能是完整的句子格式。例如：

> 我说……
> 你小子……！
> 瞧把他打得（……）！

（2）句法进入词结构内的形式。因为这种可分裂词是属于表层的，不能据此来确定深层的、心理层面的句型。例如：

> 你学什么习？（电视剧《大家庭》）
> 我难什么受啊！（电视剧《李春天的春天》）
> 我就奇了怪了！
> 我跟麦子磨着合。（电视剧《先结婚后恋爱》）
> 我就是辞一职。

（3）在语境中省略，承前承境省略主要句法成分的格式。因为这同样只是根据语境的表层应对变化，并非理想中的标准。例如：

> 说了。（问：这些话你说了没有？）
> 我。（问：外面谁呀？）

今天。（问：哪天去的？）

毛病啊！（如：在对方发生一些奇怪动作时）

哪儿上的车。（如：在公交车上遇见熟人）

（4）含有插入语的形式。因为这只是根据语境的表层临时应对，并非理想中的标准。例如：

你他妈这两天去哪儿啦？

你这两天他妈去哪儿啦？

白总啊，这个事啊，忒他妈多！（电视剧《新编辑部故事》）

这件事，啊，我们一定要，这个这个，严厉处置。

（5）句中、句末有语气词。因为这是句子在语用驱动下的各种表层变化，并非必要成分。它们属于句类所管辖。例如：

老李在写什么呢？

你讨厌他吗？

我呢，现在还不想要孩子。

（6）后附可能为前句近义成分的追补。这是一种颇难处理的表层形式，是补足还是追补，或是延续？总之，如果根据这样的后加形式，标准的句子格式就再也不可能建立。

（6a）后附成分与前句缺失成分相同者。例如：

（你）去王府井了你？

想死姐姐了这回。（电视剧《李春天的春天》）

耽误事这不是？

快来吧你就。

旧情难忘呢还。（电视剧《大过年》）

我找流氓导演去了我可。（电视剧《时尚女编辑》）

这么早，我还睡不睡呀我跟小米？（电视剧《金太狼的幸福生活》）

（6b）后附非前句缺失的含指示性成分。例如：

他跑哪儿去了这是！（电视剧《青春期碰上更年期》）

你们这不是一伙强盗吗这是（电视剧《北京青年》）

这哪儿跟哪儿啊这是（电视剧《毕有财》）

这是怎么讲的这个（电视剧《丈母娘来了》）

（6c）后附内容为前句内容的另一类补充。例如：

撒气来了回来又（电视剧《媳妇的美好宣言》）

去你的吧你！（电视剧《幸福来敲门》）

小心我掐死你我！（电视剧《师傅》）

（6d）后附成分是前句部分成分的重复。例如：

你去哪儿你？！

我查什么呀我查！（电视剧《咱们结婚吧》）

你说什么了你说？

（6e）后置并最终有语气词。例如：

干吗这是啊（电视剧《悬崖》）

喝多了你呀！（电视剧《丑角爸爸》）

我夸了吗我呀？（电视剧《再婚进行时》）

什么东西你呀！（电视剧《渗透》）

早啊您呐。

（7）加入跨界词类成分的形式。这是词类摇摆的问题，不能在句法或句型中处理。例如：

上次黄牛了。（张艾嘉致夏台凤信）

潜规则了很多人。

再次被幸福了。

他非常的美国味。

（8）受到语用扰动而发生句法成分移动的格式。其中最重要的是宾语前移。多数人的心理会觉得这只是句子格式在使用时的应对变动，不是另一句型。例如：

> 红楼梦我看了十几遍。
> 这种礼物他肯定看不上。
> 他婚已经结过了。

（9）根据主要句法成分齐全的单一句子的格式。似乎这已经是成分齐全的句子，据此提取的格式应该属于句型。但这仅仅是根据一个句子的提取，没有经过更多句子的证实或概括，在科学研究方法上是有问题的，因而在结果上也是不能成立的。例如：

> 我今天又打碎了一个花瓶。

（10）高端控制小句出现后置的格式。这就是所谓的"超层次"成分，也是一种外加形式，并非句型所有。例如：

> 他自己都不感兴趣了我觉得。
> 这件事我认为不会影响双方的关系，我认为。
> 你吃饱了没事干吧我说！

（11）含前附或后附叹词、称呼的格式。这前后是两个小句，已涉及语篇，不在句型中讨论。例如：

> 哎呦，把我折腾坏了。
> 小心汽车，啊。
> 开慢点儿，啊。
> 谢谢，啊。
> 老张，你怎么啦？
> 等我一等，老张！

由此抽象出的格式无不具有一定的假说性。我们的研究不缺乏这样的

# 四　句型与句子中间的过渡层次

## （一）如何处理多种异体？

承认句型储存于心理中，就必须解决如何实现为非句型的句子。我们首先遇到的是有各种相同位序，可以被解释为异体的句子。在语境对应下，这些句子有的是非必要成分的空缺（用 Ø 表示），例如：

"我正 $Ø_a$ 看 $Ø_b$ 红楼梦呢。"

有的是时体标记的增加，例如：

"我正看着红楼梦呢。"

有的是必要句法成分的省略或形式类省略，例如：

"$Ø_1$ 正看红楼梦呢。"
"$Ø_1$ 正看 $Ø_2$ 呢。"
"我正看着 $Ø_2 Ø_3$。"

有的是必要句法成分的移动，例如：

"红楼梦我正看着呢。"
"红楼梦 $Ø_1$ 正看呢我。"

如此等等。以上这些句子显然可以聚合在一起，被归纳或抽象为句型。然而，我们不明白的是：如何能将该句型实现为这些具体句子呢？是通过什么机制一个句型得以分化成这多个形式的呢？人们在接收时又怎么能补齐这些空缺或省略的成分，从而可以按照一个完整句型去理解它们呢？也即在言语层面上可以理解成：

"我正细细地看着新出版的红楼梦呢。"

## (二) 两种过渡层设计

这就不得不假设在句型与句子之间存在一个"中间过渡层"。如果能建立这一过渡层,句型的实用性将大为加强。

中间过渡层当然也不是句型,但却是动态句型的一个必要组成环节。中间过渡层具有较强的假说性。相对于表层的格式和底层的句型,中间过渡层更具挑战性。

可以有两种假设。一种假设是将上述种种异体综合为一个格式,就可能成为类似下面的形式:

（名$_1$ + ［停顿/语气成分/插入语］） + 动 + （名$_2$ ＜可移动词前＞） + ［语气成分］ + ［短片］ + 语气・句调

这还不是包括所有可能变化,还不是最复杂的形式。这样复杂的格式显然不符合人的心理承受,但可能适合于计算机。适合于人的心理应该是怎么样的呢? 如何才能让人的心理容易承受,容易操作?

另一种假设是:为了便于操作,以上的句子可以在静态基本格式基础上实行动态提取。每一个集合可以分离成若干类变化规则或动态格式:

（1）扩展规则,也即一种动态扩展格式。以必要句法成分或形式类的配列为基础,在语境条件对应下容许扩展成更大、成分更多的规则。最主要的扩展是定语、状语、句首状语、句末成分。但某些句型,定语或状语也可能是必要成分。例如"他王府井下的车"。

（2）空缺规则,也即一种动态空缺格式。以必要句法成分或形式类的配列为基础,在语境条件对应下容许某些成分空缺或省略。以不同语境条件对应不同的空缺。

（3）移动规则,也即一种动态移动格式。以必要句法成分或形式类的配列为基础,在语境条件对应下容许某些成分移动至句首或另一位置。

（4）插入规则,也即一种动态插入格式。以必要句法成分或形式类的配列为基础,在语境条件对应下容许某些非句法成分插入某些句法成分之间的位置。

（5）后附规则,也即一种动态后附追补格式。以必要句法成分或形式类的配列为基础,在语境条件对应下,更在语者方言・个性条件下容许后附某些与前段句相关的短语片。

（6）韵律规则，也即一种动态韵律格式。以必要句法成分或形式类的配列为基础，在语境条件对应下容许更改原有的韵律模式，包括重音和句调。

这些规则或动态格式的进一步发展，将引进其他的制约或影响因素，如语篇、修辞。

将一个中间层分离成六项，是为了更灵活而有效地控制语句转换，为了可以得到更具通用性的规则或格式，为了可以控制更多的格式集合，适合更多句型转换为言语层句子。

这些动态格式是句型转换为表层时的中间过渡层。没有它们便不能很好地解释所构拟句型与现实句型之间的差异。没有它们也就无法实现人工智能工程。

第二语言教学中必须分阶段适当地加入这些变异功能，至于如何表达、如何教学，则是另一个需要研究的课题。

# 五　余言：句型的未来

句型是由语言教学开始提出的。在语言教学中就发现句型替换练习有很大的局限性。这种局限性使我们思考，我们必须突破原有的句型框架，让句型真正成为有实用性的手段。目前语言学正朝着多层面、多因素综合处理的方向发展，朝着体现人的主体因素的方向发展。这正是语言学跳出象牙塔，面向实用的方向。本文的处理正是为了这一目的，让句型与多因素联系，让句型从静态变成动态，让句型在多因素控制下实现核心命题义相同的不同句子间的变换/转换，让句型得以与人工智能工程相联系，成为真正有用的一环。当然，句型并不能独自挑起人工智能的大梁，还需要有词汇语法和词汇库、知识库等的支持，但句型无疑是设计的重要机制之一。我们希望，在多角度机制综合作用下，可以实现人工智能的理想，从而验证句型假说。语言教学则是另一种努力方向：必须把人与语境的因素考虑进去，从而实现在最容易理解与接受的前提下，体现于教材，体现于课堂。对于我们来说，这个目标更富于戏剧性，也会更吸引研究者。本文只是对此的一个提示，一个简单设想，真刀真枪更寄希望于后来者。

# 参考文献

李临定 1986 《现代汉语句型》，商务印书馆。

吕叔湘 1979 《现代汉语语法要点·动词谓语句式表》，《现代汉语八百词》，商务印书馆。

史有为 1987 《句型的要素、变体和价值》，《句型和动词》，语文出版社。收入笔者《呼唤柔性——汉语语法探异》，海南出版社。

史有为 1982 《说"哪儿上的"及其"的"》，《语言研究》第 1 期。

史有为 1986a 《紧缩句句型三种》，《汉语研究》第 1 辑，南开大学出版社。

史有为 1986b 《包装义动词及其有关句型》，《语言教学与研究》第 4 期。

朱德熙 1962 《句法结构》，《中国语文》第 8、9 期合刊。

朱德熙 1978 《关于语法分析》，《外国语教学》第 1 期。

朱德熙 1986 《变换分析中的平行性原则》，《中国语文》第 2 期。

戴维·克里斯特尔 1978 年初版/1997 年四版/2002 年中译本 《现代语言学词典》（沈家煊译），商务印书馆。

哈杜默德·布斯曼 1983 年初版/1990 年二版/2003 年中译本 《语言学词典》（陈慧瑛等编译），商务印书馆。

戚雨村 董达武等 1993 《语言学百科词典》，上海辞书出版社。

（史有为 日本明海大学）

# 汉语句式的跨语言观

## ——"把"字句与逆被动态关系商榷

### 张伯江

**提要** 本文针对叶狂、潘海华（2012）试图证明把字句是平行于作格语言逆被动句的说法提出事实和理论两方面不同的意见。首先用事实说明汉语的"把"字句不一定是针对宾语的一种句法操作，然后分别从句法成分和论元角色两个角度论证"把"字的宾语也不一定是句法降级，从参与者、影响性、有定性等几个方面论证了"把"字句的高及物性。此后，文章在吕叔湘（1987）的基础上提出进一步的证据论述汉语不是作格语言，讨论了受格与作格选择的话语功能动因，揭示了被动式与逆被动在各自所处的语法系统中分别是一种什么性质的语法过程。与被动态和逆被动态进行全方位比较，汉语"把"字句各方面的句法语义特征都与这两种语法过程渺不相涉。通过汉语"把"字句的实际运用统计观察，得出"把"字句在汉语中系统性价值的结论。

**关键词** "把"字句 逆被动 作格的话语动因

汉语"把"字句一直受到研究者的重视，自 20 世纪 40 年代以来，各种角度的研究成果层出不穷，基本都是在最初的研究结论（王力，1943，1944；吕叔湘，1948）基础上不断补正，对这一句式的句法语义特征的认识日益丰满。最近我们看到叶狂、潘海华（2012）的文章，第一次把汉语"把"字句全面比附于其他语言的一个常见句式，该文作者力图挑战"把"字句为汉语特有的成说，试图证明"把字句是平行于作格语言逆动句（antipassive）的一种句式，属于语态（voice）现象，可以归入跨语言共性行列"。我们认为，这个新看法的提出，不仅涉及如何认识汉语"把"字句相关的句法事实问题，更涉及如何系统地认识一个句式在本族语言中的地位以及句子表达功能的跨语言比较的理论问题。

本文首先讨论汉语"把"字句的事实认定问题，然后讨论逆被动所牵涉到的汉语与作格语言的功能异同问题。

# 一　汉语的"把"字句是不是针对宾语的一种句法操作

叶、潘文所有讨论的出发点是，认为"把"字句是"作用于及物句论元结构的宾语"的一种句法操作。什么是及物句论元结构的宾语？叶、潘文没有正面给出定义。在一个题注中，作者谈及受格语言与作格语言的 A、O 和 S 三个成分时，说"汉语没有格标记，只能从语序和位置上观察"，这个说法，与国内通行的以朱德熙（1982）为代表的语法体系宾语定义是一致的。在这样的语法体系里，"把"字的作用能否看成是针对宾语的句法操作呢？我们注意到，朱德熙（1982）曾明确地说："过去有的语法著作认为'把'字的作用在于把动词后头的宾语提前，……这种说法是有困难的，因为大量的'把'字句是不能还原成'主—动—宾'句式的。"他举出的例子有：

(1) 把换洗衣服包了个包袱。
(2) 把壁炉生上火。
(3) 把铁块儿变成金子。
(4) 把所有的东西都搬到新房子里去。
(5) 把大门贴上封条。
(6) 把画挂在墙上。
(7) 把话说得婉转些。
(8) 把一个南京城走了大半个。

事实上，汉语"把"字句的研究，如果从王力（1943）算起，至少也已有了 70 年的历史。从吕叔湘（1948）起，就对"提宾"的说法表示了质疑，提出很多"把"字宾语难以还原为其后动词的宾语的例子，如："把细磁碗盏和银镶的杯盘逐件看了一遍。"吕叔湘（1965）进一步提出了多种不可"改成中性句"的"把"字句例子：

(9) 炸弹把教室楼炸坏了一个角。
(10) 他随手把这本杂志翻了几页。

（11）我已经把这段唱词录下音来。

（12）请你今天就把这个报告起个草。

（13）我已经把大门上了闩。

（14）咱们一定要把这个工作搞出个名堂来。

（15）把这块地分成三小块。

（16）不能把节约叫做小气。

这些例子共同的特点在于，句子里动词的后面都有一个宾语，如果把"把"字的宾语"还原"到动词之后，没有合理的句法位置。

句法理论上，自从 Thompson（1973）起直至 Huang et al.（2008）都曾想过各种办法解释这些例子，用所谓"外宾语"（受影响者）和"内宾语"（句法上的受事宾语）给不同的名词以句法安置，这是面对现成"把"字句的格局做出的解释，仍然无法证明"操作宾语"的句法过程。

以上事实数十年来得到汉语语法学界的共同认可，无须赘言。我们重新引述在这里，主要还是想强调，说"把"字句是针对宾语的句法操作，会遇到巨大的困难。除了以上事实外，我们进一步看到，有些例子里，与其说"把"字的句法变化是针对宾语的操作，毋宁说是针对主语：

（17）把你懒的横针不拈，竖线不动。（《红楼梦》）

（18）把你怕成那样？（引自詹开第，1983）

（19）真把老太太乐坏了。（引自詹开第，1983）

有的是针对领有者：

（20）他不服从命令，所以把他免了职。

（21）我把论文拟好了提纲。

（22）我把牛仔裤剪去裤脚。

我们注意到有的句法学派处理上述部分事实的时候采用"小句（small clause）分析"的办法，如"炸弹把教室楼炸坏了一个角"这个例子，可以先把"教室楼坏一个角"分析为结果小句，然后让其中的小句主语提升为主动词"炸"的宾语，最后用"把"提升。即便如此，上面举出的很多例子，也很难推断出所谓"结果小句"是什么。如：

(11') ＊这段唱词下音来 （＜我已经把这段唱词录下音来）

(12') ＊这个报告一个草 （＜请你今天就把这个报告起个草）

(14') ＊这个工作出个名堂来 （＜咱们一定要把这个工作搞出个
名堂来）

(16') ＊节约做小气 （＜不能把节约叫做小气）

(22') ＊牛仔裤去裤脚 （＜我把牛仔裤剪去裤脚）

　　形态语言里判断一种句法操作是不是针对宾语的，大多有明确的形式标
记可循；汉语尽管没有明确的宾语标记可以作为辨识依据，但是，如果断言
某种句法成分是宾语句法操作的后果，那就至少应该能够给出操作过程的令
人信服的展示。以上的讨论显示，不论按照传统语法"还原"为宾语常规
句法位置的要求，还是按形式句法小句分析法来推导，都无证明汉语"把"
字句是针对宾语的一种系统性的句法操作。这说明，所谓"把"字句"作
用于及物句论元结构的宾语"的说法，作为一种论证的前提，就是要面临
很大困难的。

## 二　"把"字的宾语究竟是句法提升还是句法降级

　　叶、潘文另一个基本点是："把"字的作用是使其后宾语实现句法降
级："把字句的句法派生……就是对动词的直接宾语进行降级或隐现操作，
使其成为间接宾语。"这个问题的关键点是叶、潘文把汉语"把"字视同英
语里那样的介词。汉语介词语法上的虚化并不像英语那么彻底，"把"字区
别于一般介词的个性更鲜明些（如我们可以说"把不把我放在心里"），因
此，是不是一旦做了"把"字的宾语就像英语里做介词宾语那样降级了，
需要从更广的视野，综合考虑系统性的汉语事实，才能得出全面的认识。这
一部分，我们将从句法成分的性质和论元角色角度分别摆一摆有关的事实。

### （一）从句法成分看提升还是降级

　　说"把"字的作用是使其后的角色由原来的直接宾语而降级为低于直
接宾语的句法成分，也会遇到困难。且不说有相当多的学者已经把"把"
字后的成分看成次话题（次话题与直接宾语句法地位孰高孰低还未有定
论），就拿下边的事实来看：

（23）剥了橘子皮／把橘子剥了皮。

（24）教练调整了林书豪场上位置／教练把林书豪调整了场上位置。

（25）他们终于找出了问题症结／他们终于把问题找出了症结。

一般认为，右边的把字句是由左边的定中结构分裂生成。不管"把"后的"橘子""林书豪""问题"定性为什么，至少是独立的论元成分，而相应的非"把"字句里的"橘子""林书豪""问题"都是定语。从依附性的定语变成独立的论元成分，句法地位获得了提升，而不是降低。

## （二）从论元角色看

"把"字句的"操作宾语"和"句法降级"观是相关联的。当我们看到"把"字操作的对象并不限于宾语、"把"字的性质也并不简单等同于普通介词的时候，我们会看到汉语"把"字作用的另外一些重要事实。论元角色就是不容忽视的方面。语法理论中一直有"论元层级"和"论元选择次序"的说法，尽管理论细节尚有分歧（见徐烈炯、沈阳，1998），有些基本倾向是有共识的，如施事最高，受事、客体其次，其他角色低于这几个。"把"字的宾语是什么角色呢？过去一般认为是受事，徐烈炯（2000）对这一角色做了更为细致的辨析，主张定名为"置事"（Disposed-of）。这个角色与通常所说的"受事"（Affected，Patient）和"客体"（Theme）部分重叠。照徐的文义理解，置事的论元等级地位应该高于工具、处所和受使等角色。那么，我们看看以下现象：

（26）把手捂在耳朵上。（引自马真，1985）

（27）把刀砍在了自己左手的大拇指上。（同上）

（28）何必把火烧到你身上去。（同上）

以上这几个例子，可以说是工具成分做了"把"的宾语。

（29）把一个红碗两个黑碗上贴了名字。（引自詹开第，1983）

（30）这地方人起乳名，常把前边加个"小"字。（同上）

（31）把牌子上写个数目。（同上）

以上这几个例子，可以说是处所成分做了"把"的宾语。

（32）把红鱼要一点不差的朝着他。

（33）山东话亮响而缠绵，把"腿儿"等字带上嘟噜。

（34）把壶嘴挨在唇边。

以上这几个例子，可以说是受使（causee）成分做了"把"的宾语。

"工具""处所"和"受使"角色不仅句法上很难做宾语、总是实现为旁语，其论元角色身份也都是明显低于"置事"的角色。这些较低的角色，经过"把"字的处理，成为了置事，如果仅仅看作旁语之间的句法转换，就会忽略了"把"字使它们论元角色大幅提升的语法事实。

### （三）从及物性关系看

叶、潘文说："我们知道，宾语如果由旁格来实现，就意味着动词失去了直接宾语，就是去及物化，失去及物性，当然更不会有高及物性了。前面已经证明，把字句的把后 NP，都是来自动词后的宾语论元，说明动词已经失去宾语，去及物化了。"我们前边已经说明，"把"字作为一种句法操作，既不总是针对宾语，也不一定是句法角色的降级，那么这是不是像叶、潘文所说的"去及物化"，也就大可怀疑了。

及物性概念，涉及多项句法语义参数，如动词编码几个参与者、完全影响还是部分影响、"把"字宾语是有定还是无定的等等（参看 Hopper & Thompson，1980）。这里我们简单讨论几个主要参项。

1. 动词编码有几个参与者？

谈及逆被动现象，所有句法论著都认同的一个看法是，逆被动句比起相应的常规句式，减少了一个主要论元角色，原来的及物句变成了不及物句，也就是说，相对于常规句子里动词编码两个参与者，逆被动句的动词只编码一个参与者。汉语的"把"字句也是这样的语法过程吗？前面的讨论已经显示，语言事实很难支持汉语"把"字是使常规宾语降级的说法，现在我们进一步要说明的是，"把"字的作用不仅不是降级，它的作用要重要得多，它至少是编码了动词的一个主要参与者。

许多语法研究论著在讨论到英语句子"loaded the hay…"的时候，习惯于用汉语把字句来对译：

（35）a. I loaded the hay onto the truck. 我把干草装卡车了。

　　　b. I loaded the truck with the hay. 我把卡车装了干草了。

讨论这一对例子都是为了说明 a 句里完全受影响的是 the hay/干草，b 句里完全受影响的是 the truck/卡车。值得注意的是，英语的句法策略是，让完全受影响的做直接宾语，不完全受影响的使用介词，标记为旁语；汉语则使用"把"字来标记完全受影响者。值得注意的是，英语的上述策略，只有在两个相关的名词都是有定形式时有明显的对比，如果 hay 是不带定冠词的光杆形式，也不一定有完全受影响的意义；汉语则不管名词是定指形式的（那些干草/那辆卡车）还是光杆形式的（干草/卡车），"把"字赋予的完全受影响义同样明显。据李思旭（2012）对世界上属于不同语系的 20 几种语言的调查，都是让不完全受影响的那个角色受贬抑——或用介词标记为旁语，或用格标记等其他手段。没有在完全受影响角色上加介词而不完全受影响角色不加标记的。

这个事实说明，首先，汉语"把"不是标记旁语的介词；其次，"把"在汉语里有更重要的句法作用，它是使完全受影响的成分得到语法编码的一种手段。

这样看来，"把"字不仅没有使动词减少了一个论元角色，反而更明确地标明了句子里受影响性最强的那个角色。

另外，叶、潘文强调使用"把"的句子"动词已经失去宾语，去及物化了"，"把橘子剥了皮"这样的句子，不仅没有失去宾语，而且，使得"剥了橘子皮"这样的单及物格式变成了双及物关系，不能算作去及物化，反而是增强了及物性。

大量事实证明，"把"字的宾语不仅不能省去不说（比较，"被"字的宾语常常可以省略），而且负载着重要的句法和语义负担：语义上，它体现了更彻底的受影响性；句法上，它常常是体现为完成体。

2. 完全影响和部分影响

Hopper & Thompson（1980）指出：在作格语言中逆被动结构常用于表达部分意义，该功能在作格语言的主要群体中都存在，包括澳大利亚语言、波利尼西亚语言、爱斯基摩语言及高加索语言。在汤加语中允许出现在作格小句中的动词在小句为作格时带完全 O，当小句为逆被动结构时带部分 O：

(36) a. Na'e kai-i'a  e  ika'e  he tamasi' i.
     PAST eat-TRANS ABS DEF fish ERG the boy
     "The boy ate the fish. "
     b. Na'e kai 'a  e  tamasi'i 'i  he  ika.

PAST eat ABS DEF boy      OBL the fish

"The boy ate some of the fish. "

    关于汉语"把"字句体现的"完全影响性",张伯江（2000）有过讨论,举的例证是:

    (37) a. 他把酒喝了。

           b. 他喝了酒。

    可以看出,与上面汤加语的例子比照的话,"把"字句恰恰不是相当于逆被动式。

    我们关于"完全影响"的说法曾经受到这样的质疑:"但是有一些把字句动词后可以带吕叔湘（1948）所说的'偏称宾语',如'把一盏酒淹一半在阶基上','怎肯把军情泄露了一些儿',淹的显然不是全部的酒,泄漏的也不是全部军情。"（沈家煊,2002）这并不能说明"把"字编码的不是完全受影响的角色,否则为什么不说"把一盏酒的一半淹在阶基上""把一些儿军情泄露了"呢? 再看如下对比:

    (1') a. 炸弹把教室楼炸坏了一个角。

          b. ? 炸弹把教室楼的一个角炸坏了。

          c. * 炸弹把一个角炸坏了教室楼。

    (2') a. 他随手把这本杂志翻了几页。

          b. ? 他随手把这本杂志的几页翻了。

          c. * 他随手把几页翻了这本杂志。

    (3') a. 我已经把这段唱词录下音来。

          b. ? 我已经把这段唱词的音录下来。

          c. * 我已经把这段音录下唱词来。

    (4') a. 请你今天就把这个报告起个草。

          b. ? 请你今天就把这个报告的草起了。

          c. * 请你今天就把草起个报告。

    (5') a. 我已经把大门上了闩。

          b. ? 我已经把大门的闩上了。

          c. * 我已经把闩上了大门。

　　　　(6')　a. 把这块地分成三小块。

　　　　　　　b. ? 把这块地的三小块分成了。

　　　　　　　c. * 把三小块分成这块地。

　　以上对比清楚显示的事实是："把"字并不用于编码部分受影响的成分。

　　3. "把"字宾语的有定性和无定性

　　叶、潘文为了附会逆被动态句子里被降级宾语的无定性，提出了汉语"把"字所带宾语也可以是无定性的事实："把后 NP 通常为有定早已为学界共识，把后 NP 为无定的情况也有，宋玉柱（1981）、王还（1985）、陶红印、张伯江（2000）、Jiang et al.（1997）等都有这方面的论述，不再重复。另外，我们也注意到把后 NP 的有定性没有主语的有定性强。如'人没了'可以，'（一）个人没了'不好，但'把个人没了'却可以。同样，'凤姐病了'不好，'把个凤姐病了'很好，似乎比'把凤姐病了'还要好一些。这些差别和逆动式的旁格宾语通常是无定可能有一定的关系。"事实上，陶红印、张伯江（2000）通过大量实例观察，明确得出结论是："第一，各类无定把字格式在现代汉语中都是受限的，数量上远远少于近代汉语。第二，'把个 + 不及物动词'在近代汉语晚期为一常见格式，其功用是描写外在事物导致人物的心理情绪的变化。现代汉语中'把个 + 不及物动词'的格式基本上不存在。……在这样的句子的基础上讨论把字句的理论问题不能不说是十分危险的。"

　　汉语"把"字宾语以有定形式为压倒优势的事实是无法否定的。也就是说，逆被动句里那个降级的宾语以无定身份为绝对主流，汉语把字句里"把"的宾语以有定身份为绝对主流。这是明显的对立。

　　4. 及物性：句法观还是语义观？

　　汉语"把"字句的高及物性本是多数学者共同认可的事实，我们提出上述三点进一步的论证，为的是更充分地用汉语的句法事实说明："把"字的使用，不仅不是降低及物性关系的句法手段，反而是增强及物性关系的手段。叶、潘文在讨论 Hopper & Thompson 的例子："a. I drank up the milk."和："b. I drank some of the milk."对比时不承认 a 句及物性高于 b 句，认为："如果我们只从句法上观察动词，就会发现 a 句中的 drink 其实是不及物的，因为其后带介词 up，b 句的 drink 则是及物的。"这样的判断显然违背了 Hopper & Thompson 所说"及物性"的原意，拿汉语事实来看，如果说

"我爬山了"及物性高于"我爬上山了""我推门了"高于"我推开门了",其不符合"及物性"的一般理解,是显而易见的。

## 三 作格语言的语法标记理据以及语法过程的目的

### (一) 汉语是作格语言吗?

所谓逆被动现象,一般认为是作格语言的主要句法操作,人们称之为"逆被动"就是因为它在作格语言里的地位大致相当于受格语言里的被动式。"作–通格语言"和"主–受格语言"(以下简称为作格语言和受格语言,译名据吕叔湘,1987)是人类语言的两个主要大类。一般说来,受格语言大多有被动化的句法手段,作格语言则大多有逆被动化句法手段。如果汉语在系统上属于作格语言,那么存在逆被动句法手段才比较自然。

汉语不是作格语言,至少有以下句法证据:

第一,受格语言与作格语言最主要的语法区别,"主要是看二成分句里的名词向三成分句里的主语看齐,还是向那里的宾语看齐"(吕叔湘,1987),即,单论元句中的唯一论元(S),在受格语言里是与双论元句的施事论元(A)取得一致,在作格语言里则是与受事论元(P)取得一致。吕叔湘(1987)明确地给予了辨析,他明确地否认了汉语动词倾向于进入作格语言那种句法格局里的可能。

他指出,除非是古汉语遗留的"使动用法",现代汉语的不及物动词句"他立在树底下""他坐在床上""我饿了"都不采取"树底下立着他""在床上坐着他""饿了我"的说法。

第二,在吕先生论证的基础上,我们可以提供些进一步的句法证据,论证汉语的非作格性。从语法关系上说,受格语言最主要体现的是主格(包括 A 和 S)和受格(P)的对立,作格语言则主要体现的是通格(包括 P 和 S)与作格(A)的对立。和绝大多数受格语言一样,汉语是以主格语为句法主导的,而不是像作格语言那样的以通格语为句法主导。(Palmer, 1994. Chpt. 4)

所谓"句法主导",可以清楚地显现在如下句法事实中。

其一,在并置的连续小句之间,两个同指的主格语,不管是 A 还是 S,后面小句的可以省略:

(38) a. 宝玉$_S$没趣。宝玉$_A$只得又来找黛玉$_P$。

　　　b. 宝玉$_S$没趣，［宝玉$_A$］只得又来找黛玉$_P$。

(39) a. 宝玉$_S$没趣。黛玉又来找宝玉$_P$。

　　　b. ＊宝玉$_S$没趣，黛玉$_A$又来找［宝玉$_P$］。

(40) a. 宝玉$_A$来找黛玉$_P$，黛玉$_S$没在。

　　　b. ＊宝玉$_A$来找黛玉$_P$，［黛玉$_S$］又没在。

　　（38b）句成立，表明汉语里 S 与 A 在句法身份上具有一致性，"宝玉$_S$"和"宝玉$_A$"可以实现同指，因此可以实现句法省略。（39b）句不成立，是因为两个小句的主语不同指，处于宾语位置的"宝玉$_P$"由于与同指的"宝玉$_S$"句法身份相对立，不能实现句法省略；（40b）句不成立，也是因为两个小句的主语不同指。需要特别指出的是，以上加星号的这两个句子，如果放在作格语言里，恰恰是合法的。这是因为作格语言一方面 S 和 P 标记为同一种句法角色——通格语，另一方面以通格语为主要句法角色，所以当 S 与 P 为同样位置并且同指时，就可以实现同指省略。

　　其二，在主句及其包孕的小句之间，也存在着 A 与 A 同指（或 S 与 A 同指）时从句里的主格语隐含的现象（例 42 也可以看做主句及其目的从句，这里姑且也跟包孕小句一起讨论；关于省略和隐含的差异，参看吕叔湘，1979）：

(41) a. 宝玉$_A$打算［宝玉$_A$］叫上黛玉$_P$。

　　　b. ＊宝玉$_A$打算黛玉$_A$叫上［宝玉$_P$］。

(42) a. 宝玉$_S$闪开［宝玉$_A$］好让着黛玉$_P$。

　　　b. ＊宝玉$_S$闪开黛玉$_A$好让着［宝玉$_P$］。

　　同样的道理，受格语言里指同的主格语之间可以实现句法同指隐含，作格语言里，则是像（41b）和（42b）那样，指同的通格语之间可以实现句法同指隐含。

　　以上这些句法证据的存在，正如吕叔湘（1987）所说："这就很难把汉语推向作格语言的一边了。"

## （二）受格选择与作格选择的话语动因

　　研究指出，世界上的人们之所以倾向于选择这两种语法角色排列形式，有其深刻的话语功能动因。Du Bois（1985，1987）对此有很好的解释。句法形式往往是语用功能凝结的历史结果，"主语—谓语"这种句法关系，就是语用功能"话题—说明"关系固定化的结果。在及物动词句里，A 常常被选作句法上的主语，同时它也是语用上的话题，V + P 是语用上的说明；在不及物动词句里，S 就是话题，V 是说明，把 S 视同为及物动词句里的 A，即处理为句法上的主语，是为了体现 S 与 A 在语用上相同的话题身份。这就是很多语言选择受格系统的原因。

那么，另外一些语言选择作格系统是什么原因呢？难道说这些语言的人们不遵从"话题—说明"这个语用原则么？研究发现，是另外的语用原则在这些语言中起了关键的作用，那就是在句子里如何处理新信息的一条重要原则。一般来说，一个句子只引进一个新信息成分，及物动词句的 A 偏向于是个已知的信息成分，新信息成分放在 P 的位置上；不及物动词句新信息则是在 S 的位置上。这样看来，S 跟 P 在新信息这一点上性质相同，句法上作相同的处理，可以让这种信息分布格局有利于听话人自然地接受新信息。这是以通格为主导的作格系统形成的语用原因。可以这么说，受格系统的形成，是"话题—说明"这条语用原则在与新信息处理原则的竞争中取得了胜利，而作格系统的形成，则是后者战胜了前者。

这样的话语动因，也是理解这两大类语言基本句法格局的根本点。

## （三）递被动是一种什么性质的语法过程

受格语言以"话题—说明"原则为主导，无标记句式体现这一原则，语法变化也体现这一原则。受格语言最常见的语法过程是被动化，被动化就是将非施事成分话题化的一种语法操作。如英语：

（43）a. We stole two Ming vases yesterday.

　　　b. Two Ming vases were stolen（by us）yesterday.

同时，也是将原话题成分降为非话题成分的操作，如威尔士语：

（44）a. Can-odd　y　côr　neithiwr.

　　　sing-PAST the choir last. night

　　　"The choir sang last night. "

　　　b. Can-wyd　　（gan y　côr）　neithiwr.

sing-PAST. PASSIVE by 　the choir last. night

作格语言以报道新信息原则为主导，无标记句式体现这一原则，语法变化也体现这一原则。作格语言最常见的语法过程是逆被动化，逆被动化就是将非受事成分焦点化的一种语法操作。如：

(45) a.　［ngumai　　　　yabu-nggu　　　　bura-n］　　［Øi banaga-nyu］
　　　　　 father：ABSO　mother-ERGA　　　see-PAST　　［　］S return-PAST
　　　　"Mother（A）saw father（O）and［he］（S）returned."
　　 b.　［yabui　　　bural-nga-nyu　　　　　　　nguma-gu］　　［Øi　banaga-nyu］
　　　　　 mother：ABSS see-ANTIPASSIVE-PAST father-DATIVE　　［　］S return-PAST
　　　　"Mother（S）saw father and（S）returned."

普遍的语法调查表明，在主/受格语言里，宾格比主格更常见带有特殊的句法标记；在作/通格语言里，作格比通格更常见带有特殊的句法标记。这说明，主/受格语言里主格更基本、更重要，作/通格语言里通格更基本、更重要。明确地说是：

**主/受格语言：**

S + A = Subject NPs，主语与谓语的关系是主要语法关系

**作/通格语言：**

S + O = Absolutive NPs，通格语与谓语的关系是主要语法关系

有了这样的系统性认识之后，再回过头来看"作格性的 A→通格性的 S"的问题，就可以明白，这其实是一种句法提升，而不是句法降级了。系统地看，主/受格语言的被动态和作/通格语言的逆被动态这两个句法过程有很强的平行性：

**主/受格语言：**

主格 A→旁格（或删除）：句法降级，减少了一个主要语法关系

受格→主语 S：句法提升，新创了一个主要语法关系

**作/通格语言：**

通格 P→旁格（或删除）：句法降级，减少了一个主要语法关系

作格→通格 S：句法提升，新创了一个主要语法关系

我们对这两种类型做了个简单清楚的对比，并不意味着世界上的语言都可以简单归入这两种类型。事实上，纯粹的受格语言和纯粹的作格语言都不

是很多，绝大多数语言都或多或少是混合型的。重要的是，混合的方式及其动因，正式基于上述话语原因的。如澳大利亚的 Dyirbal 语就是一种混合型的语言，但仔细观察就会发现，两种类型不是无规律混合的，明显的倾向性是：主语话题性强的（如人称代词）选用受格格局，新信息特征突出时选用作格格局（Du Bois，1985，1987）。恰恰证明了两种类型话语基础的普遍性。汉语总体上呈现受格语言的特征，有没有一定程度的作格性？即使有，是不是明显地体现了作格格局的话语动因？而"把"字句的使用场合是不是恰恰对应于体现这种话语功能的场合？我们的回答都是否定的。

## 四　把字句：句法操作还是语用操作？

### （一）把字句系统上无涉逆被动

根据上一节得出的对被动态和逆被动态的系统性认识，我们可以拿汉语把字句来做一个简单的比较：

（46）

|  | 被动态 | 逆被动态 | 把字句 |
|---|---|---|---|
| 主要语法角色：降级（或删除） | + | + | - |
| 次要语法角色：提升 | + | + | （-） |
| 谓语：去及物化 | + | + | （-） |
| 语义：低影响性 | + | + | - |

这个表格的内容详述如下：

被动态：施事成分降级为介词的宾语，成为旁语，或删除；受事成分提升为主语；谓语从及物性结构变为不及物性的；句子语义降低影响性。

逆被动态：受事成分降级为介词的宾语，成为旁语，或删除；施事成分提升为通格语；谓语从及物性结构变为不及物性的；句子语义降低影响性。

"把"字句：施事成分保持原来的句法地位，既没有降级也没有提升；受事成分得到一定程度的提升，用"把"标记出来；部分谓语从及物性结构变为不及物性的；句子语义增强影响性。

值得讨论的是"把"字句里的施事角色。上文我们说"施事成分保持原来的句法地位，既没有降级也没有提升"，这是因为没有观察到明显的句法证据。

但是我们注意到把字句在实际运用中经常施事从缺的现象（见郭圣林，2004）：

**"把"字句主语隐含与否在不同语体中的分布**

|  | 文艺语体 | 科技语体 | 政论语体 | 事务语体 |
|---|---|---|---|---|
| 主语隐含句 | 72 | 175 | 202 | 12 |
| 非主语隐含句 | 1540 | 60 | 666 | 3 |
| 隐含非隐含比数 | 0.047 | 4.25 | 0.303 | 4 |

我们知道，逆被动态的一个主要特点是：原来的双论元句经逆被动过程变为单论元句，施事成分变成句子的唯一论元。反观汉语"把"字句，如果按叶、潘文的观点，"把"字把原来的受事角色降级为旁语，那么"把"字句中的施事成分就成了单论元句的唯一论元，它就是不可或缺的了，这样的话，当施事从缺的时候，整个句子的结构如何看待呢？逆被动化最关键的一点就是新的句法关系的创生，主语从缺的"把"字句，除了使一个句法角色"降级"以外，新创的句法关系是什么呢？

如果按我们的解释，"把"字标记了一个重要的角色，施事从缺的"把"字句就是以"把"字宾语为主要角色（即次话题）的单论元句。

这就可以明确得出结论：汉语"把"字句与逆被动句本质上是不同的。

## （二）把字句的句法动因和语义动因

把字句形成的句法和语义动因是什么？20世纪中叶，以吕叔湘先生"谓语复杂性"的说法最具代表性。这是一种结构角度的解释。近年来延续这一说法的有张敏（2010）的"动后限制"说以及张伯江（2011）的"句末焦点竞争"说。都没有明确说过把字句是一种经历了句法操作的语法过程。

从语义角度的解释，有薛凤生（1989）、张伯江（2000）的"完全影响"说。这是侧重于对"把"字标记受影响者这一事实的解释。

从篇章角度观察，把字句有强烈的依赖上文的倾向（张伯江、方梅，1996，第一章），以下是郭圣林（2004）的一个统计：

**把字宾语与上文的联系情况**

| 与上文联系紧密的 | 与上文联系不明的 |
|---|---|
| 小说 169 / 69.8% | 73 / 30.2% |
| 散文 209 / 87.8% | 29 / 12.2% |

| 与上文联系紧密的 | 与上文联系不明的 |
| --- | --- |
| 诗歌 97／82.9% | 20／17.1% |
| 戏剧 81／83.5% | 16／16.5% |
| 总计 556／80% | 138／20% |

总计 80% 的依赖上文现象，足以说明"把"字句是一种极度依赖篇章的句式。

把字句的上述特点造成两方面的句法后果。

第一个是，"把"字句难以实现关系化，例如：

（47）完成了任务的工人们

　　　＊把任务完成了的工人们

（48）攻下主峰的突击队

　　　＊把主峰攻下的突击队

石毓智（2000）报告了他对《编辑部的故事》的一项统计："把"字句出现在句子平面是 370 例，出现在从句平面的只有 4 例。

考察过"把"字句的篇章属性后，这个现象就不难解释了：强烈依赖上文语篇的把字句，当然很难独立地出现在从句里。

第二个句法后果是，"把"字后的宾语不能省略：

（49）我把屋子收拾好了

　　　＊我把收拾好了

（50）这件事你别把它放在心上

　　　＊这件事你别把放在心上

叶、潘文强调"把"字的作用是使宾语降级，这是比附逆被动态往往用一个介词使句中的受事成分实现句法降级的，而那些真正具有逆被动态的语言里受事不仅降级为旁语且往往能省略，就像被动态里被动标记往往能使被其操作的施事省略一样。汉语"被"字后的施事常常可以省略，确实是汉语被字句对应于其他语言被动式的一个特征；而把字句"把"后宾语绝对不可省，不仅说明"把"字的作用不是让谁降级，而正如我们上面强调的，"把"字特别强调它所标记的那个宾语。

## 五 结语："把"字句的价值与句式的跨语言比较问题

什么样的句式可以进行跨语言的比较？应该是在各自的语法系统中具有相当地位的。逆被动句在一般语法理论看，是与被动句相当的一种句式，是一种句法变换式。汉语里与被动/逆被动相当的可以说是被字句，无论从句中各个角色的价值看还是从语法过程看都是如此。

汉语的"被"字句是明显含有被动化过程的。早期的形式句法简单地把句首主语看成宾语移位造成的，新近有代表性的处理办法尽管不再认为主语是从宾语移位而来，仍然强制性地假定宾语移走，只不过是通过一个空算子移位实现的（详见 Huang et al. , 2008，§4. 1. 2）。这个方案仍然体现了我们上面描述的"施事成分降级，受事成分提升，及物句不及物化"的总体特征。与此同时，句法学者也观察到："'把'字结构的推导方式与'被'字结构不同"，"'把'不指派任何论旨角色：'把'字句的主语和'把'后NP都没从'把'那里获得论旨角色。'把'字结构不涉及算子移位"（同上，§5. 1—5. 3）。这说明他们也观察到"把"字句并不强制性地使施事和受事提升或降级。

以上是形式句法的理论假设。下面我们试图从功能语法的角度对"把"字句和"被"字句的实质差异做出解释。以下是引自郭圣林（2004）的一项统计（表中数字为每万字把/被句数）：

|  | 文艺语体 | 科技语体 | 事务语体 | 政论语体 |
| --- | --- | --- | --- | --- |
| 被字句 | 9. 69 | 4. 84 | 2. 43 | 4. 78 |
| 把字句 | 13. 66 | 12. 36 | 0. 36 | 7. 82 |

这个统计说明，"把"字句对语体选择的倾向性是很强的，这种倾向就是由沈家煊（2002）所论证的"把"字句的主观性语义决定的。相比之下，"被"字句的倾向性就不那么悬殊，在不同语体里显示出一定的普适性（石毓智，2000 也对"被"字句出现在主句/从句里的情况做了统计，是 49/11，也与"把"字句的 370/4 形成鲜明对比）。这说明，"被"字句是汉语里比较正常的句法现象，而"把"字句则是语用特征鲜明的一种句式。

叶、潘文提出的把字句跨语言观，引发我们对句式研究跨语言观察方法的思考。我们觉得，Croft（2001）的几句话值得深思："是否存在一种普遍的、揭示语言共性的方法，可以证明个别语言中句法范畴与句法关系的存在？""在某种意义上，不存在普遍语法。也就是说，没有普适性的句法模板，也没有普遍的句法范畴、关系或构式。""语言共性不存在于句法结构中，而是在语义结构、象征结构中，即从语言功能到语言形式的映射中。"

"把"字句已有的多项研究表明，它是汉语语法系统中一种偏重主观化表达、具有特殊语用价值的句式，不与一般语法理论中所谓"句法过程"相关。它是与汉语注重主观性表达、注重话题结构、不重论元结构的总体语法特征相适应的。其他语言里有没有相应的句式可做对比，在对汉语之外某种语言做全面、系统的形式和语义、语用观察之前，目前我们还难以得出结论。

# 参考文献

郭圣林　2004　《现代汉语若干句式的语篇考察》，复旦大学博士论文。

李思旭　2012　《"完全受影响"和"部分受影响"编码方式的类型学研究》，《外国语》第 4 期，第 12—23 页。

吕叔湘　1948　《把字用法的研究》，《汉语语法论文集》（增订本），商务印书馆 1984 年版，第 176—199 页。

吕叔湘　1965　《被字句、把字句动词带宾语》，同上，第 200—209 页。

吕叔湘　1987　《说"胜"和"败"》，《中国语文》第 1 期，第 1—5 页。

吕叔湘　1979　《汉语语法分析问题》，商务印书馆。

马　真　1985　《"把"字句补议》，陆俭明、马真《现代汉语虚词散论》，北京大学出版社，第 200—211 页。

薛凤生　1989　《"把"字句和"被"字句的结构意义——真的表示"处置"和"被动"？》，《功能主义与汉语语法》（中译本），北京语言学院出版社 1994 年版，第 34—59 页。

石毓智　2000　《汉语的有标记和无标记语法结构》，《语法研究和探索（十）》，商务印书馆，第 19—30 页。

宋玉柱　1989　《从"把谁都不看在眼里"谈起》，《中国语文天地》第 1 期。

陶红印　张伯江　《2000 无定式把字句在近、现代汉语中的地位问题及其理论意义》，《中国语文》第 5 期，第 433—446 页。

王　力　1943　《中国现代语法》，商务印书馆 1985 年版。

王　力　1944　《中国语法理论》，中华书局 1955 年版。

徐烈炯　2000　《题元的用处》，侯精一、施关淦主编《〈马氏文通〉与汉语语法学》，商务印书馆，第 425—440 页。

徐烈炯　沈　阳　1998　《题元理论与汉语配价问题》，《当代语言学》第 3 期，第 1—21 页。

叶　狂　潘海华　2012a　《逆动态的跨语言研究》，《现代外语》第 3 期，第 221—229 页。

叶　狂　潘海华　2012b　《把字句的跨语言视角》，《语言科学》第 6 期，第 604—620 页。

詹开第　1983　《把字句谓语中动作的方向》，《中国语文》第 2 期，第 93—96 页。

张伯江　2000　《论"把"字句的句式语义》，《语言研究》第 1 期，第 28—40 页。

张伯江　2011　《汉语的句法结构和语用结构》，《汉语学习》第 2 期，第 3—12 页。

张伯江　方　梅　1996　《汉语功能语法研究》，江西教育出版社。

张　敏　2010　《The Postverbal Constraint as a Geographical Continuum.》［"动后限制"的区域推移及其实质］. Paper presented at the International Symposium for Comparative and Typological Research on Languages of China, May 08—09, HKUST.

朱德熙　1982　《语法讲义》，商务印书馆。

Croft，William. 2001. *Radical Construction Grammar：Syntactic Theory in Typological Perspective.* Oxford and New York：OxfordUniversity Press.

Du Bois. 1985. *Competing motivations.* In John Haiman（Ed.），Iconicity in Syntax. Amsterdam：Benjamins.

Du Bois，John W. 1987. *The discourse basis of ergativity.* Language. 63. 4：805—855.

Hopper, Paul J. & Sandra A. Thompson. 1980. *Transitivity in Grammar and Discourse.* Language 56. 2：251—299.

Huang, C. J. James, Li, Y. H. Audrey and Li, Yafei, 2008. *The Syntax of Chinese*, CambridgeUniversity Press.

Palmer, Frank R. 1994. *Grammatical Roles and Relations*, CambridgeUniversity Press.

Thompson, Sandra A. 1973. *Transitivity and some problems with the Ba construction in Mandarin Chinese.* Journal of Chinese Linguistics 1：208—221.

（张伯江　中国社会科学院语言研究所）

# 基于变换的"把"字句的分类研究和语言建模[*]

王璐璐　袁毓林

**提要**　本文以不同句式之间的变换关系分析为手段，来揭示"把"字句内部在结构形式和语义表达上的差异，从而为"把"字句的计算处理提供数据模型。我们认为，不同结构形式的"把"字句具有不同的变换式分布，也有着不同的语义解释。通过对"把"字句跟其他句式的变换关系的详细考察，我们得到了具有不同句式变换分布的"把"字句小类，并将每一小类"把"字句的句式意义形式化为具体的句法语义特征。正是在这个句式分类体系与句法语义特征矩阵的基础上，我们建立了"把"字句的语言模型和计算模型，初步实现了一个汉语"把"字句的自动释义与句式变换程序。

**关键词**　"把"字句　变换分析　句式分类　句式意义　句法语义特征

## 一　研究背景

相较于英语等印欧语言，"把"字句是汉语中一种较有代表性的特殊句式。正是由于"把"字句的特殊性，这类模式化的翻译在基于统计的机器翻译系统中，翻译的准确率并不高（王海峰，2011）。相应地，很多翻译系统对"把"字句要进行特殊的调序处理，即将"把"字句转换为主动宾句式，以最大程度地跟英文句子的语序相匹配，从而提高翻译的准确率。例

---

　　* 本课题的研究得到国家社科基金重大招标项目（12&ZD175 和 12&ZD227）的资助，谨此致以诚挚的谢意。

如，将"老干部把经验传授给新干部"这句话转换为符合英语主动宾语序的"老干部传授经验给新干部"。这样，就可以有效地降低翻译的难度，从而提高翻译的准确率。

除了不同语言间的语序差异造成的困难之外，王璐璐（2013）指出，翻译系统对"把"字句的翻译处理还有一点不足，即"把"字句基本句式意义的缺失，如处置义和影响义都无法在译文中找到对应。对于"把"字句的这种语法意义的研究，语言学方面的著述十分丰富，讨论也非常热烈。较有代表性的有处置说（王力，1985/1943）和致使说（郭锐，2003；叶向阳，2004）。对于这两类观点，支持与反对者均有。可以肯定的是，这些讨论反应了一个事实："把"字句的句式意义较为复杂、难以概括。正是由于"把"字句句式意义的复杂性，加大了翻译系统处理"把"字句的难度。为了降低翻译系统的难度，我们采取模式匹配的思想来对"把"字句进行分类，从而将整个"把"字句的复杂句式构造和意义具体化为不同类别的"把"字句小类的构造和意义，并力求每一小类"把"字句在句法结构与语义关系上相对单纯。这样，设想机器要理解一个"把"字句，我们并不是直接做句法语义分析，而是将理解的过程处理为分类的过程，将无限的语言实例（token）对应到有限的语言类型（type）上面（王璐璐，2013）。

为了分出在形式和意义上都有操作依据的"把"字句的类别，我们采用语言分析中最为严格的方法——变换分析法。所谓变换关系，是指一个句法结构可以变换成另一个句法结构，其中主要是同一深层结构的不同表层结构之间的变易置换关系（袁毓林，1989：7）。受到结构主义的分布理论的启发，语言研究中常使用变换分析方法来判别句法结构中某些成分的次范畴特征及其对整个句法结构和语义解释的影响。其中，较有代表性的有 Levin（1993）和 Levin and Rappaport（1995）。他们利用句式间的变换关系对英语动词，尤其是非宾格动词进行了全面的考察。

Levin（1993）指出，动词的句法行为（syntactic behavior）与它们的意义紧密相关，而且根据相同句法行为所得到的动词的分类也会显示出相同的语义组成成分。Levin 详细考察了 3200 个英语动词，并定义了 200 个动词语义类。其中，属于不同语义小类的动词，在相关句法构造及其变换（alternation）方面有一定区别；反过来，不同的变换关系也反映了动词之间不同的意义差别。例如，动词"break""cut""hit"以及"touch"都是及物动词，带有主语和宾语两个论元。但是它们在句式中有不同的分布情况，如下表所示：

**表 1**　　　　　　　　　　　**四类动词在句式中的变换情况**

|  | touch | hit | cut | break |
|---|---|---|---|---|
| 意动句 | − | + | + | − |
| 整体 - 部分领属句 | + | + | + | − |
| 中动句 | − | − | + | + |

　　如上表所示，这四类动词有着不同的句式变换分布。具有相同的句式变换表示着它们之间有着某些共同的语义属性，而具有不同的句式变换表明了他们之间有着某些语义差异。首先，根据整体 - 部分领属升级的变换关系，"touch""hit"与"cut"不同于"break"。区别的原因在于它们是否表示在真实世界中有接触这种意义。"break"只表示单纯的状态变化（change of state），并不具有接触的含义。也就是说，只有具有接触义的动词才能用在整体 - 部分领属升级的变换式中。接着，我们进一步区分"touch""hit"与"cut"。根据 Guerssel et al. （1985），能够进入意动变换式的动词既有运动义（motion）也有接触义（contact）。"hit"和"cut"两者都有，而"touch"不具有运动义，所以不能用于意动。另外，"cut"和"break"都有中动式的变换式，而"touch"和"hit"没有。因为中动变换中的动词都是能够产生状态变化类动词，而"hit"和"touch"不是状态变化类动词。综合来看，这四组动词的语义区别是："touch"类动词表示单纯的接触，"hit"类动词表示通过运动而发生接触，"cut"类动词表示通过移动某物造成接触使得物体的状态发生变化，"break"类动词表示单纯的状态变换。

　　由此可见，动词的句法行为与动词的语义之间具有密切的关系。属于不同语义小类的动词，在相关句法构造及其句式变换方面一定有不同的表现；而且，不同的句式变换关系也反映了动词之间意义的差别。Levin （1993）这套基于变换系统的词汇语义类理论假设，对英语动词的分类研究影响深远，有许多自然语言的应用系统也采用了这种词汇语义类的分类体系。①

　　基于以上应用背景，我们假设：不同结构形式的"把"字句有不同的语义解释，不同语义解释的"把"字句有不同的变换式；我们可以通过这种变换关系的同异来把握各种"把"字句从结构形式到语义解释上的差异，并循此发现造成这种差异的原因和制约因素，从而为"把"字句的计算处

---

　　① 详见《词汇语义标注的基础声明》*EAGLES LE3 - 4244：Preliminary Recommendations on Lexical Semantic Encoding*（1999：36—53）。

理提供可靠的语言模型。

# 二 前人的研究和方法论简述

实际上，在"把"字句的相关研究中，变换分析的方法是普遍采用的一种方法，句式之间的变换关系也被当作句法生成方式的重要证据。吕叔湘（1965）早就提出需要"全面考察一下'被'字句和'把'字句以及不用'被'也不用'把'的句式互相转换的范围和条件"。常见的对比研究有"把"字句与主动宾句、受事主语句以及"被"字句的变换分析。

"把"字句和主动宾句式的转换关系促使许多学者相信提宾说（如黎锦熙，1924；吕叔湘，1948a、1948b；王力，1980/1958；李临定，1994 等），即"把"字句由主动宾句式变换而来。王力（1980/1958）曾明确指出："处置式是用一个介词性的'把'字将宾语提到动词的前面，主要表示一种有目的的行为，一种处置。"对于"把"字句与主动宾句式的转换关系，傅雨贤（1981）做了详细的考察。他发现，"把"字句能否转换成普通的主动宾句，关键在于动词谓语后边是否存在一种非人称名词的宾语。如果动词谓语后边没有非人称名词宾语的句子，不管谓语形式如何，一般都可以直接转换为主动宾句。如果动词谓语后边存在有另一个非人称名词的宾语的话，则不能转换为主动宾句。例如①：

（1）a. 他们把侵略军打败了～他们打败了侵略军

　　b. 他把墙壁挖了个洞～ ＊他挖了个洞墙壁

此外，如果"把"所引介的名词并不是句子里谓语动词可以直接支配的对象，也不能转换为主动宾句。例如：

（2）a. 他把脸背着我～ ＊他背着我脸

　　b. 你把眼睛盯住他～ ＊你盯住他眼睛

　　c. 我们把枪口对着敌人～ ＊我们对着敌人枪口

再有，如果动词后边的介词动作意味不强，也不能转换为主动宾句。最

---

① 例句（1）和（2）选自傅雨贤（1981）。

后，一些特殊的谓语，如"进行、加以、作"等动词，"结合、统一、对立、割裂"等动词，还有双音节、多音节词根带"化"的动词所在的"把"字句，也不能转换为主动宾句。傅雨贤（1981）注意到这些制约变换的因素大多在于结构形式与具体的谓语动词，但是他并没有从语义差别上给出细致的解释。

除了提宾说以外，较有代表性的还有"把"字插入说，即认为"把"字句是在受事主语句的受事宾语之前插入"把"而造成的。朱德熙（1982）指出，其实跟"把"字句关系最密切的不是"主－动－宾"句式，而是受事主语句。因为绝大部分"把"字句去掉"把"字以后剩下的部分仍旧站得住，而这剩下的部分正是受事主语句。如下所示：

（3）a. 把衣服都洗干净了～衣服都（被妈妈）洗干净了

b. 把嗓子都喊哑了～嗓子都（被我）喊哑了

c. 把大门贴上封条～大门（被他）贴上封条

d. 把粮食往南边运～粮食（被官兵）往南边运

在上面的例子中，受事主语句还可以还原出"被"字和动作的施事。这说明，受事主语句和"被"字句也有密切的关系。另外，施春宏（2010）指出，受事主语句还和施事话题句与受事话题句有紧密的联系，当这两种话题句中的施事省略的时候，他们跟受事主语在形式上就没什么区别了。如下所示：

（4）a. 妈妈衣服洗干净了/衣服妈妈洗干净了～衣服洗干净了

b. 官兵粮食往南边运/粮食官兵往南边运～粮食往南边运

据此，施春宏（2010）认为，受事主语句的分布比施事话题句、受事话题句要广，因此标记度比它们低。这说明受事主语句是使用较为广泛的句型。而且，在我们统计的 500 个"把"字句中，能够变换为受事主语句的"把"字句有 351 个，占总数的 72%。而不能变换为受事主语句的"把"字句只有 137 个，占总数的 28%。相比较而言，能变换为主动宾句的"把"字句有 225 个，占 45%，略少于受事主语句。这个数据也符合朱德熙先生的观点。但是，我们仍然不能据此确定"把"字句全部来源于受事主语句，因为也有很多"把"字句不能变换为受事主语句。例如[①]：

  （5）a. 把成绩单看了一眼～＊成绩单看了一眼
　　　b. 把他恨透了～　＊他恨透了

　　此外，很多学者（如 Chao，1968；王力，1985/1943；Aowyah，1989；易绵竹，1992；张伯江，2001；邵敬敏、赵春利，2005 等）还从"把"字句和"被"字句之间的句式变换关系来探讨"把"字句和"被"字句的共性与差异。王力（1985/1943：89—90）指出："被动式和处置式的形式虽不同，而其所叙行为的性质却大致相同。譬如一件事，在主事者一方面看来是一种处置，在受事者一方面看来往往就是一种不如意或不企望的事。"而且，"多数被动式是可以改为处置式的。被动句若要转成主动句，也是变为处置式较为适宜"。另外，处置式的"把"字和被动式的"被"字后都不能用否定语，如"我们把他不欺负"和"我们被人不欺负"都是不能说的。Chao（1968）也发现了被动句和处置句之间的关系，他提出"这种被字结构通常只限于'处置式'动词，用'被'的动词跟用'把'的动词，差不多同类"。按照这个思路，邓思颖（2010：194）认为在句法层面能够推导出汉语被动句的不是主动式，而是处置句。

　　除了这些共性之外，更多的文献指出了"把"字句和"被"字句的不同之处。从句式形成的历史来看，一般认为"被"字句要早于"把"字句出现（如王力，1985/1943；蒋绍愚，1994）。根据统计，"被"字句进入从句的几率比"把"字句高很多（石毓智，2000）。再有，王还（1957：12）和张伯江（2001：522）都指出，"把"字句能用的动词比"被"字句中的动词受到更多的限制，如"得到、遇到、发现、知道"等能用于"被"字句，但不能用于"把"字句。如下所示：

  （6）a. ＊敌人把侦察员发现了。～侦察员被敌人发现了。
　　　b. ＊我把那个消息知道了。～那个消息被我知道了。

　　对于上面两组例句的差别，张伯江（2001：522）是这样解释的："发现、知道"这样的动词所表示的行为并不直接对目标物造成影响，不能出

---

① 例句（5）选自翁珊珊（2012）。

现在"把"字句里是合乎情理的。而它们能出现在"被"字句里，是因为"被"字句的影响性可以不是针对"被"前主语的，而是针对当事人的。而"把"字句的影响力仅限于"把"后宾语本身。此外，张伯江（2000：8）指出，"把"字句的主语可以是直接使因，也可以是间接使因。对应于"被"字句所引介的对象而言，就只能是直接使因，不能是间接使因；在句法表层上，间接使因表现为谓词性结构，如下所示：

(7) a. 我跟你下棋把手都下臭了。

　　b. * 我手都被跟你下棋下臭了。

　　c. 我手都被你下臭了。

邵敬敏、赵春利（2005：18）认为，"把"与"被"的作用都是提醒听话者注意动作所影响的对象及其方向；具体来说，是动作行为的逆方向使用对标记对象的影响。作为前置标记的"把"凸显的是动作在逆方向上对事物的主动性影响，而作为后置标记的"被"凸显的是动作在逆方向上对事物的被动性影响。

由此可见，"把"字句与"被"字句虽然有一定的相关性，但是句式之间的变换要受到一定的限制。这些限制体现在句中的谓语动词、标记词前后成分的性质等。

以上文献是分别从"把"字句与主动宾句式、受事主语句，以及"被"字句之间的关系来揭示"把"字句的复杂性的。近年来，也有学者从句式群的角度，来综合考察与"把"字句密切相关的几类句式的特点。例如，施春宏（2010：301）以致使性句式群为观察角度，分析了"把"字句、主动宾句、"被"字句以及受事主语句之间的语法意义关系。他认为，与"把"字句同属致使性句式群的有致使性主动宾句，致使性动词拷贝句、"被"字句（包括致事隐含的"被"字句）和受事主语句。这几个句式的共性意义都表示致使性的语义关系，但是他们的意义并不完全相同。比如说，"把"字句凸显致使的结果，而"被"字句凸显受使的结果。正是由于这些句式在表达意义上的细微差别，使得我们可以把测试一个句子是否能变换为这几个句式，作为区分不同类型"把"字句的标准。

实际上，与前文介绍的 Levin 的观点类似的是，"把"字句与其他句式的变换关系反映的正是句式内部动词小类的差异。比如，邵敬敏（1986：199）详细考察了变换成"把"字句的条件限制，并发现句式变换的差异往往表现为词的内部小类，特别是动词内部小类的不同，以及词与词之间隐性语法关系的不同。

借鉴前辈和时贤的相关研究，吸收 Levin（1993）关于动词的语义类与句式变换之间有内在关系的思想；我们假设："把"字句作为一种复杂的句式，其内部有着不同的语义解释；并且，不同语义解释的"把"字句对应于不同的句法变换式矩阵（朱德熙，1986）。通过考察"把"字句与其他句式之间的变换关系，我们可以对"把"字句进行可操作的形式化分类；从而揭示每一小类的"把"字句从结构形式到语义解释上存在的差异。在这种形式化分类的基础上，我们可以进一步探究造成这种差异的原因和制约因素。

## 三　基于变换的"把"字句的形式分析

吕叔湘（1942：35）将"把"字句分为三个部分：起词——（把）止词——动词。之后的研究大多也采用这种三分法，如"A 把 B + VP"（薛凤生，1987：5）、"（A）把/将 B – VP"（崔希亮，1995：13）、"（…）+把 + NP + VP"（詹卫东，2004：3）等。我们也将"把"字句分成"把"前成分，"把"后成分和谓语部分这三块，并将之符号化为"S1：（X + ）把 – Y + VP"。其中，X 可以是谓语动词的论元成分，也可以是附加成分，还可以不出现。Y 是必有成分，一般是谓语动词的论元成分。VP 部分最为复杂，它可以由述体结构①、状中结构、述宾结构、以及述补结构等构成。例如：

> (8) a. 他把房子卖了 → ［他］X + ［把房子］把 – Y + ［卖了］VP
>
> b. 官兵把粮食往南边运→ ［官兵］X + ［把粮食］把 – Y + ［往南边运］VP
>
> c. 他把房子卖给小王了 → ［他］X + ［把房子］把 – Y ［卖给小王了］VP
>
> d. 他把皮肤晒得黝黑 → ［他］X + ［把皮肤］把 – Y ［晒得黝黑］VP

---

① 述体结构是指述语带体标记的结构，如"他把房子卖了"等。

接着，我们来具体考察"把"字句和其他句式之间的变换关系，进而区分出不同类型的"把"字句。我们以"把"字句能否变换为主动宾句式为起点，依次判别它与"被"字句、受事主语句、动词拷贝句、"使"字句等的变换情况。如下所示：

【1】S1 是否可以变换为主动宾句式 S2：（X +）VP + Y？

【1a】是，转到【2】。如：他把房子卖给小王了 → 他卖给小王房子了

【1b】否，转到【11】。如：炸弹把教堂炸坏了一个角 → ＊炸弹炸坏了一个角教堂

【2】S1 是否可以变换为"被"字句 S3：Y + 被 – X + VP？

【2a】是，转到【3】。如：他把房子卖给小王了 → 房子被他卖给小王了

【2b】否，转到【9】。如：去年又把老伴儿死了 → ＊去年老伴儿又被死了

【3】S1 是否可以变换为动词拷贝句 S4：X + V1 + Y + VP2？

【3a】是，转到【4】。如：他把房子卖给小王了 → 他卖房子卖给小王了

【3b】否，转到【6】。如：他把房子卖了 → ＊他卖房子卖了

【4】S1 是否可以在主动宾变换句的 NP2 前加上定指标记形成定指变换句 S5：X + VP + Det – Y？

【4a】是，转到【5】。如：他把房子卖给小王了 → 他卖给小王房子了 → 他卖给小王那座房子了

【4b】否。如：他把手套丢了一只 → 他丢了一只手套 → ＊他丢了一只那双手套

【5】S1 是否可以删除介词"把"变换为受事主语句 S6：（X +）Y + VP？

【5a】是。如：他把房子卖给小王了 → 他房子卖给小王了

【5b】否。如：他把皮球拍了一下 → ＊他皮球拍了一下

【6】S1 的 VP 后是否可以加上形容词形成 S7：（X +）把 – Y + VP + A？

【6a】是，转到【7】。如：他把房子卖了 → 他把房子卖便宜了

【6b】否，转到【8】。如：他把这本书拿出来了 → ＊他把这本书拿出来整齐了

【7】S1 是否可以在根动词前插入"给"字形成 S8：NP1 + 把 – Y + 给 + VP？

【7a】是。如：他把房子卖了 → 他把房子给卖了

【7b】否。如：官兵把粮食往南边运 → *官兵把粮食给往南边运

【8】S1 是否可以在根动词前插入表示位置关系的介词结构形成 S9：X + 把 − Y + PP + VP？

【8a】是。如：他把这本书拿出来了 → 他把这本书从包里拿出来了

【8b】否。如：他把杯子打破了 → *他把杯子从屋里打破了

【9】S1 是否可以删除介词"把"变换为受事（或经事）主语句 S6：（X +）Y + VP？

【9a】是。如：去年又把老伴儿死了 → 去年老伴儿死了

【9b】否，转到【10】。如：他把桌子抹抹 → *他桌子抹抹

【10】S2 是否可以在主动式的谓语和宾语间插入"了"形成 S9：（X +）V 了 V + NP2？

【10a】是。如：他把桌子抹抹 → 他抹抹桌子 → 他抹了抹桌子

【10b】否。如：他把头一抬 → 他一抬头 → *他一抬了头

【11】S1 是否可以变换为"被"字句 S3：Y + 被 − X + VP？

【11a】是，转到【12】。如：炸弹把教堂炸坏了一个角 → 教堂被炸弹炸坏了一个角

【11b】否，转到【33】。如：你们千万不要把风声闹大了 → *风声千万不要被你们闹大了

【12】S1 是否可以删除介词"把"变换为受事主语句 S6：（X +）Y + VP？

【12a】是，转到【13】。如：炸弹把教堂炸坏了一个角 → 教堂炸坏了一个角

【12b】否，转到【26】。如：把单位当作自己家→ *单位当作自己家

【13】S1 的 VP 前是否有副词"都"，即属于句式 S10：（X +）把 Y + 都 + VP？

【13a】是。如：他把酒都喝了 → ［他］X + ［把酒］把 − Y + 都 + ［喝了］VP

【13b】否，转到【14】。如：炸弹把教堂炸坏了一个角 → ［炸弹］X ［把教堂］把 − Y ［炸坏了］VP2 ［一个角］NP

【14】S1 的 VP 后是否有动词"去""来"等，即 S11：（X +）把 − Y + VP + V？

【14a】是。如：彼得把那几张照片寄回家去了 → ［彼得］X ［把那几

张照片］把 – Y［寄回家］VP［去］V 了

【14b】否，转到【15】。如：炸弹把教堂炸坏了一个角 →［炸弹］NP1［把教堂］把 – NP2［炸坏了］VP2［一个角］NP3

【15】S1 的 VP 是否是述宾结构"VP + NP"，即 S12：（X +）把 – Y + VP2 + NP？

【15a】是，转到【16】。如：炸弹把教堂炸坏了一个角 →［炸弹］NP1［把教堂］把 – NP2［炸坏了］VP2［一个角］NP3

【15b】否，转到【21】。如：他把皮肤晒得黝黑 →［他］NP1［把皮肤］把 – NP2［晒得黝黑］VP

【16】是否可以将 S1 的 Y 和 NP 用"的"字连接形成 S13a：（X +）把 – Y 的 NP + VP2 或 S13b：（X +）VP2 + Y 的 NP 或 S13c：Y 的 NP + 被 X + VP2？

【16a】是。如：炸弹把教堂炸坏了一个角 → 炸弹把教堂的一个角炸坏了 → 炸弹炸坏了教堂的一个角 → 教堂的一个角被炸弹炸坏了

【16b】否，转到【17】。如：把面揉了馒头 → *把面的馒头揉了 → *揉了面的馒头 → *面的馒头被揉了

【17】是否可以将 S1 的"把"字变换为其他介词，即 S14：（X +）P – Y + VP2 + NP？

【17a】是，转到【18】。如：把面揉了馒头 → 用面揉了馒头

【17b】否，转到【20】。如：把荒山变成了树林 → *用/在荒山变成了树林

【18】是否可以在 S1 的 NP 之前插入修饰有指名词的数量短语，即 S15：（X +）把 – Y + VP2 + QP + NP？

【18a】是，转到【19】。如：把面揉了馒头 → 把面揉了两个馒头

【18b】否。如：把壁炉生了火 → *把壁炉生了两堆火

【19】是否可以将 S1 的"把"字变换为介词"在"，即 S16：（X +）在 – Y + VP？

【19a】是。如：他把火里加了一点油 → 他在火里加了一点油

【19b】否。如：把面揉了馒头 → *在面揉了馒头

【20】是否可以把 S1 还原为 S17：X + V1 + Y + V2 + NP？

【20a】是，如：把荒山变成了树林 → 变荒山成了树林

【20b】否，如：他把计算机用于教学 → *用计算机于教学

【21】S1 的 VP 是否是述补结构（"得"字补语）S18：（X +）把 – Y +

V 得 AP？

【21a】是，转到【22】。如：他把皮肤晒得黝黑 → ［他］X ［把皮肤］把 – Y ［晒得］V 得 ［黝黑］AP

【21b】否，转到【23】。如：把唯心主义发展到了顶峰 → ［把唯心主义］把 – Y ［发展到了］VP ［顶峰］SP

【22】是否可以在 S1 的 X 和 Y 之间加入助词"的"变换成 S19：X 的 Y + VP？

【22a】是。如：他把皮肤晒得黝黑 → 他的皮肤晒得黝黑

【22b】否。如：他们把这件事做得很漂亮 → ＊他们的这件事做得很漂亮

【23】S1 是否可以变换为使动式 S20：（X + ）使 – Y + VP？

【23a】是，转到【24】。如：把唯心主义发展到了顶峰 → 使唯心主义发展到了顶峰

【23b】否。如：把画儿挂在了墙上 → ＊使画儿挂在了墙上

【24】S1 的 VP 是否有介词"到"作补语？

【24a】是。如：把唯心主义发展到了顶峰 → ［把唯心主义］把 – NP2 ［发展到了］V – 到了 ［顶峰］NP3

【24b】否，转到【25】。如：把简单的问题复杂化了 → ［把简单的问题］把 – Y ［复杂化了］VP

【25】S1 的 VP（X – 化）是否可以变换为搞/弄 + X？

【25a】是。如：把简单的问题复杂化了 → 把简单的问题搞复杂了

【25b】否。如：把思想和行动结合起来了 → ＊把思想和行动搞结合起来了

【26】S1 的 VP 是否为述宾结构，即 S12：（X + ）把 – Y + VP + NP？

【26a】是，转到【27】。如：把单位当作自己家 → ［把单位］把 – Y ［当作］VP ［自己家］NP

【26b】否，转到【29】。如：他们把这件事想得很悲观→ ［他们］X ［把这件事］把 – Y ［想得］VP ［很悲观］C

【27】S1 的宾语是否为体词性宾语"NP"？

【27a】是，转到【28】。如：把单位当作自己家→ ［把单位］把 – Y ［当作］VP ［自己家］NP

【27b】否。如：把他打了个落花流水→ ［把他］把 – Y ［打了］VP1 ［个］Q ［落花流水］VP2

【28】S1 的 VP 后是否可以加"一样"？

【28a】是。如：把单位当作自己家→把单位当作自己家一样

【28b】否。如：孩子把他咬了两道牙印儿 → *孩子把他咬了两道牙印儿一样

【29】S1 的 VP 是否为述补结构"VP＋C"？

【29a】是，转到【30】。如：他们把这件事想得很悲观→［他们］X ［把这件事］把－Y［想得］VP［很悲观］C

【29b】否，转到【31】。如：把书扔到了山下→［把书］把－Y［扔到了］VP［山下］NP

【30】S1 的 VP 是否包括"得"字补语，即 S18：（X＋）把－Y＋V 得 AP

【30a】是。如：他们把这件事想得很悲观 → ［他们］X［把这件事］把－Y［想得］V 得［很悲观］AP

【30b】否。如：父母把我抚养大了→［父母］X［把我］把－Y［抚养］V［大了］C

【31】S1 的 VP 是否包含介词？

【31a】是。如：把书扔到了山下→［把书］把－Y［扔到了］V－Prep［山下］NP

【31b】否，转到【32】。如：把群众的意见加以整理→［把群众的意见］把－Y［加以］FV［整理］NV

【32】S1 的 VP 是否为形式动词＋名动词"FV＋NV"，即 S20：（X＋）把－Y＋VP（FV＋NV)？

【32a】是。如：把群众的意见加以整理→［把群众的意见］把－Y［加以］FV［整理］NV

【32b】否。如：把这些事情置之度外了→［把这些事情］把－Y［置之度外了］VP

【33】S1 是否可以将"把"字变换为"将"字？

【33a】是。如：你们千万不要把风声闹大了 → 你们千万不要将风声闹大了。

【33b】否，转到【34】。如：我们把枪口对着敌人 → *我们将枪口对着敌人

【34】S1 是否可以将"把"字替换为介词"用"？

【34a】是。如：我们把枪口对着敌人 → 我们用枪口对着敌人

【34b】否。如：这盆水煮鱼把他吃得满头大汗 → ＊这盆水煮鱼用他吃得满头大汗

综上所述，根据"把"字句与有关句式的变换关系，我们可以在操作上将"把"字句分为 37 个有形式依据的小类。

## 四　"把"字句变换关系的约束条件分析

在每一小类"把"字句中，谓语部分（VP）在其结构类型和语义特征以及所带论元成分的语义角色和语义特征等方面都不尽相同。据此，我们可以得出这样的推论："把"字句类型的多样性是与"把"字句中 VP 的复杂性密切相关的。具体来看，影响句子类型的决定性因素主要在于 VP 的结构类型、论元结构、论元之间的语义关系以及谓词核心和所带论元成分的语义特征。

除此之外，一些外围的特征也会影响句子的类型，如"把"字前的情态动词"要"、VP 前的焦点敏感算子"都"、"把"后名词为疑问代词"谁"、"把"和"被"共现等。这些外围特征往往会超越 VP 的句法语义特征成为决定句子类别的关键性特征。也就是说，谓语动词前的修饰成分也会对句式之间的变换关系起到一定的限制作用。傅雨贤（1981：39）指出，动词谓语前边带有"都""全""互相"等状语的"把"字句，不能直接转换为主动宾句式。如下例所示：

(9) a. 他们把学生都赶走了 ~ ＊他们都赶走了学生
　　 b. 我把他们全叫来了 ~ ＊我全叫来了他们
　　 c. 政府把工农兵和革命文艺互相隔绝了 ~ ＊政府互相隔绝了
　　　　工农兵和革命文艺

对于这类现象的解释，尤其是关于用"全/都"对"把"字句进行的测试，很多学者都提出了自己的意见。傅雨贤认为，因为这些附加在谓语前边的状语副词跟"把"字后的宾语在意念上存在着一种互应的连锁关系，对处置的对象具有表示强调的意味，转换为普通的主、谓、宾句后，它就没有存在的必要，所以念起来就感到很不顺口了。这个解释揭示了"把"字句的特殊性，但是不够明确。张伯江（2001：1）利用"全/都，一些"来测试，并明确指出，"把"字句带有一种"完全"的意义，如下

所示：

　　（10）　a. ＊他全/都喝了酒～他把酒全/都喝了
　　　　　　b. 他喝了一些酒～　＊他把一些酒喝了

　　通过以上两组例句的对比，我们可以看出，"全/都"表示"酒"受到动作的完全处置，而"一些"并不是完全的处置，前者用于"把"字句，后者用于主动宾句式。张伯江从"把"所介宾语和动词所带宾语的"量"的差别发现了这两种区别，并提出"把"所介宾语是完全受到影响的，并且整个"把"字句具有"完全"的意义。这个观点是很有道理的。但是，我们认为，仅从"全/都"的测试来说明"把"字句具有"完全"义，还不够有说服力，因为"全/都"本身就具有固定的词汇意义。根据吕叔湘（1980：177），"都"表示总括全部。除问话以外，所总括的对象必须放在"都"前；也可以说"全/都"，总括的意思更明显。蒋严（1998）、袁毓林（2005a、2005b、2007）认为"都"只与其前面的成分有语义关联。熊仲儒（2008）则认为"都"受到焦点的影响也可以右向语义关联。我们不讨论"都"的语义关联方向，只是从另一个角度来看"都"在"把"字句的应用。如果从信息结构的角度来考虑，"都"所关联的是其前面的成分，所以（10a）是不合格的，因为"他"是单数，如果换成"他们"，即"他们都喝了酒"，这个句子就是合格的了。相应地，在"把"字句中，"都"所关联的是"把"后的名词性成分。按照张伯江（2001）的观点，这说明了"把"后宾语完全受到影响。这也说明了"把"后宾语是句子的信息焦点。而在主动宾句式中，"都"所关联的是主语成分，并不是与"把"字句对应的动词后的宾语成分，二者关联的成分并不相同，自然不能相互转换。所以说，这类句子的转换能力还是与词汇"都"本身的用法有很大的关系，并不足以证明是句式的语义所决定的。

　　接下来，（9c）中的"互相"表示甲对乙和乙对甲进行相同的动作或具有相同的关系，其本身的用法要求关涉的两个对象在副词之前。所以说，当两个对象出现在副词之后的动词谓语后的宾语位置时，就是不合格的句子了。

　　实际上，并不是所有的状语性修饰成分都会起到限制的作用，如下所示：

(11) 官兵把粮食快速地往南边运～官兵快速地往南边运粮食

上面的例句中，介词结构也可以算作状语成分，而"快速地"是方式状语；但是，这类结构并不限制句式的转换关系。所以说，我们要对傅雨贤（1981）的观点进行修订。严格来说，如果"把"字句中动词谓语前边有"全""都""互相"等限制语义关联的词汇时，这类"把"字句不能转换为主动宾句式。在计算系统中，我们只需要对这类词汇进行标记，就可以区分出来。当然，前提还是需要在实际语料中调查和统计出这类词汇的实际使用情况。

另外，如果"把"字后面带任指性疑问代词"什么"或泛指代词"任何"，它们一般也与"都"字共现。如下所示：

(12) a. 她把什么都准备好了～*她都准备好了什么～? 什么都被她准备好了～她什么都准备好了～什么她都准备好了

b. 他想把肚子里的什么话都说出来～ *他想都说出来肚子里的什么话～肚子里的什么话都被她说出来～肚子里的什么都说出来了

c. 老陈把什么都送给了你～*老陈都送给你了什么～? 什么都被老陈送给你了～老陈什么都送给了你～什么老陈都送给你了

(12a－c）中，虽然"什么"可以还原到主动宾句式的宾语位置，但是意义发生了改变："把"字句中的"什么"表示"一切"，是任指性代词；而主动宾句式中的"什么"表示疑问，是普通的疑问词。对于这类句子，我们还是以"都"字为主要的区别性特征。

对于上述的外围特征，我们暂不详细分析它们对句式变换关系产生影响的原因。在计算分析中，我们只需提取这几个关键词（"要""都""谁""被"等），从而达到识别的目的。我们将重点放在不受这些外围特征影响的句子。这样，我们主要考察其余 33 个小类的"把"字句。参照 Levin（1993）关于动词分类的思想，我们需要探讨不同小类"把"字句在形式和意义上的共性和个性。综合来看，这些"把"字句在句法结构、谓语类型、论元的语义角色以及语义特征等方面各有异同。我们通过矩阵的方式把它们列表如下：

**表 2**           **"把"字句的类型与句法语义特征矩阵列表**

| 类别 | "把"字句的句法框架 | 论元的语义角色① | 谓词的语义特征② | 论元的语义特征 | 例句 | 类例③ |
|---|---|---|---|---|---|---|
| (1) | (X +) 把 + Y.object + VP + NP3 | X = A, Y = P, NP3 = D | V = Alter Possesion/ Alter Knowledge | NP3 = Animal Human | 他把房子卖给小王了。/不是我把消息告诉小刘的。 | 24 |
| (2) | (X +) 把 + Y.object + VP + QP [M + VC]④ | X = A, Y = P | | | 他把皮球拍了一下。 | 3 |
| (3) | (X +) 把 + Y.object + VP + QP/MP | X = A, Y = P | | | 他把手套丢了一只。/把产值提高了百分之二十。 | 2 |
| (4) | (X +) 把 + Y.object + VP [V (+ 了)] | X = A, Y = P | | | 他把房子卖了。 | 12 |
| (5) | (X +) 把 + Y.object + VP [V + DV]⑤ | X = A, Y = P | | | 他把这本书拿出来了。 | 79 |
| (6) | (X +) 把 + Y.object + VP [V + A/V] | X = A, Y = P | | | 他把杯子打破了。/秘书把文件打印完了。 | 40 + 6 |
| (7) | 把 + Y.subject + VP [V + 了] | Y = EX | | | 去年又把老伴儿死了。 | 0 |
| (8) | (X +) 把 + Y.object + VP [V (+ 一/了) + V] | X = A, Y = P | | | 他把桌子抹抹。 | 1 |
| (9) | (X +) 把 + Y.object + VP [一 + V] | X = A, Y = P | | | 他把头一抬。 | 0 |
| (10) | (X +) 把 + Y.object + VP + NP3 | X = A, Y = P, NP3 = RE | | NP3 = part | 炸弹把教堂炸坏了一个角。 | 0 |
| (11) | (X +) 把 + Y.object + VP + NP3 | X = A, Y = MA, NP3 = R | | | 把面揉了馒头。/把工资抽了烟。 | 0 |

① 该表格中的语义角色参考了袁毓林（2002）定义的语义角色体系。其中，A 为施事、P 为受事、D 为与事、R 为结果、L 为地点、RA 为范围、MA 为材料、RE 为系事。

② 谓词的语义特征和论元的语义特征参考了"知网"中的语义类。

③ 统计总数为 486 句。

④ VC 为动量词、M 为数词、QP 是数量短语、MP 是数词短语。

⑤ DV 为趋向动词。

续表

| 类别 | "把"字句的句法框架 | 论元的语义角色① | 谓词的语义特征② | 论元的语义特征 | 例句 | 类例③ |
|---|---|---|---|---|---|---|
| (12) | （X ＋）把＋Y.object ＋ VP ＋ NP3 | X = A，Y = L/RA，NP3 = R | | | 把壁炉生了火。/把每个人排一下队。 | 0 + 2 |
| (13) | （X ＋）把＋Y.subject ＋ VP ＋ NP3 | X = A，Y = L，NP3 = P | | | 他把火里加了一点油。 | 0 |
| (14) | （X ＋）把＋Y.object ＋ VP ＋ NP3 | X = A，Y = P，NP3 = R | V = become | | 把荒山变成了树林。 | 37 |
| (15) | （X ＋）把＋Y.object ＋ VP［V＋得］＋AP④ | X = A，Y = P | | | 他把皮肤晒得黝黑。 | 12 |
| (16) | （X ＋）把＋Y.object ＋ VP［V＋得］＋AP⑤ | X = A，Y = P | | | 他们把这件事做得很漂亮。 | 4 |
| (17) | （X ＋）把＋Y.object ＋ VP［V＋到］＋SP | X = A，Y = P，SP = L | V = Alter State/Volition | | 把德国古典哲学的唯心主义发展到顶峰。 | 12 |
| (18) | （X ＋）把＋Y.object ＋ VP［V＋化］ | X = A，Y = P | | | 把简单的问题复杂化。 | 3 |
| (19) | （X ＋）把＋Y.object⑥ ＋ VP［V＋DV］ | X = A，Y = P | | | 把思想和行动结合起来了。 | 2 |
| (20) | （X ＋）把＋Y.object ＋ VP［V＋在］＋SP | X = A，Y = P，SP = L | | | 把画儿挂在了墙上。 | 54 |
| (21) | （X ＋）把＋Y.object ＋ VP ＋ NP3 | X = A，Y = P，NP3 = RE | V = RegardAs | | 把单位当作自己家。 | 99 |
| (22) | （X ＋）把＋Y.object ＋ VP ＋ NP3 | X = A，Y = P，NP3 = R | | Y = Animal Human | 孩子把他咬了两道牙印儿。 | 0 |

---

① 该表格中的语义角色参考了袁毓林（2002）定义的语义角色体系。其中，A 为施事、P 为受事、D 为与事、R 为结果、L 为地点、RA 为范围、MA 为材料、RE 为系事。

② 谓词的语义特征和论元的语义特征参考了"知网"中的语义类。

③ 统计总数为 486 句。

④ AP 指向 Y。

⑤ AP 指向 V。

⑥ Y 一般是联合结构。

续表

| 类别 | "把"字句的句法框架 | 论元的语义角色① | 谓词的语义特征② | 论元的语义特征 | 例句 | 类例③ |
|---|---|---|---|---|---|---|
| (23) | （X＋）把＋Y.object＋VP1＋个＋VP2④ | X＝A，Y＝P | | | 把他打了个落花流水。 | 0 |
| (24) | （X＋）把＋Y.object＋VP［V＋得］＋AP⑤ | X＝A，Y＝TA | | | 他们把这件事想得很悲观。 | 0 |
| (25) | （X＋）把＋Y.object＋VP［V＋到/上/回］＋SP | X＝A，Y＝P，SP＝L | | | 把书扔到了山下。/他把牛奶倒进茶里。 | 58 |
| (26) | （X＋）把＋Y.object＋VP［FV＋NV］ | X＝A，Y＝P | | | 把群众的意见加以整理。 | 11 |
| (27) | （X＋）把＋Y.object＋VP［IDIOM］ | X＝A，Y＝TA | | | 把这些事情置之度外。 | 14 |
| (28) | （X＋）把＋Y.subject＋VP［V＋着/V］＋NP3 | X＝A，Y＝M，NP3＝RE | | | 我们把枪口对着敌人。 | 1 |
| (29) | （X＋）把＋Y.subject＋VP［V＋A/V；V＋得＋AP］ | X＝CAU，Y＝A | | | 这盆水煮鱼把他吃得满头大汗。/这些衣服把我洗累了。 | 0 |
| (30) | （X＋）把＋Y.object＋AD/PP＋VP［V］ | X＝A，Y＝P | | | 官兵把粮食往南边运。/把这些新的语言现象广为推介。 | 1＋3 |
| (32) | （X＋）把＋Y.object＋VP＋SP/NP3＋DV/V | X＝A，Y＝P，NP3＝L/D | | | 彼得把那几张照片寄回家去了。/他把财产委托给他的朋友看管。 | / |
| (33) | （X＋）把＋Y.object＋VP［V＋于］＋NP3 | X＝A，Y＝P，NP3＝TA | | | 他把计算机用于教学。 | 2 |
| (34) | （X＋）把＋Y.object＋VP［V＋A/V］⑥ | X＝A，Y＝P | | Y＝Animal Human | 父母把我抚养大了。/列强把世界瓜分完毕了。 | 1＋2 |

① 该表格中的语义角色参考了袁毓林（2002）定义的语义角色体系。其中，A 为施事、P 为受事、D 为与事、R 为结果、L 为地点、RA 为范围、MA 为材料、RE 为系事。

② 谓词的语义特征和论元的语义特征参考了"知网"中的语义类。

③ 统计总数为 486 句。

④ VP1 一般是动词加"了"，VP2 一般是成语。

⑤ AP 直接指向 Y（如：这件事很悲观），间接指向 X（如：他们很悲观）。

⑥ V＋A/V＞＝3 个音节。

上表中，不同类别的"把"字句的句法框架揭示出很多重要的信息。其中，Y的句法地位是宾语还是主语是较为重要的一个方面。类7、13、28、29都是为主语的类别，他们与其他类别具有较大的差异性。其他类别的"Y"都可以看作是谓语动词的宾语，而这几类却是主语。我们将有关例子列在下面：

(13) a. 把老伴儿死了 ~ 死了老伴儿 ~ *老伴儿被死了 ~ 老伴儿死了

b. 我们把火里加了一点油 ~ *我们加了火里一点油 ~ 火里被我们加了一点油~（我们）火里加了一点油

c. 我们把枪口对着敌人 ~ *我们对着敌人枪口 ~ *枪口被我们对着敌人 ~（我们）枪口对着敌人

d. 这盆水煮鱼把我们吃得满头大汗 ~ *这盆水煮鱼吃得满头大汗我们/这盆水煮鱼吃得我们头大汗 ~ *我们被这盆水煮鱼吃得满头大汗 ~（这盆水煮鱼）我们吃得满头大汗

以上例句分别对应于类7、类13、类28和类29。从上面的变换式来看，这几类句子中的Y不是谓语动词所带的宾语成分，因为他们不能变换为主动宾句式。其中，(13a)看似可以变换为主动宾句式，但是"死"是非宾语动词，"老伴儿"虽然在"死"的后面，但是它并不是动词真正的宾语。这四类句子也不能变换为严格意义上的"被"字句。例(13b)虽然可以变换为"被"字句，但是"火里"是处所词，并不是通常意义上的受到影响的事物。相比而言，其他类别的"把"字句要么可以变换为主动宾句（如类1、4等），要么可以变换为"被"字句（如类10、17等）。也就是说，这些句子中的"把"后宾语都可以看作是动词所带的宾语。这样，我们还将"把"字句归并为两大类：一类是"把"后名词为动词的宾语的"把"字句S1：（X）+把+O+VP；另一类是"把"后名词为动词的主语的"把"字句S2：（X）+把+S+VP。由此可见，根据不同的分类标准，我们可以将"把"字句分为颗粒度不同的类别体系。

# 五　结语

　　综上所述，我们根据"把"字句和主动宾句、"被"字句、"使"字句等句式的变换关系得到了具有不同句法语义表现的"把"字句小类。这些类别说明了"把"字句语义的复杂性，也从事实上说明了单用一种语法关系来解释这 37 个小类难免有些捉襟见肘。当然，这并不是说"把"字句一定只有这 37 种句法类型及其语义解释。这是因为我们的分类体系是采用二分法，难免会因为一个条件的差异而将一些在其他条件下有共同点的"把"字句分成不同的类别。比如，类 8 和类 26 都是表示动作处置的结果被隐含。例如，"把桌子抹抹"的隐含的结果可以是"桌子干净了"，"把群众的意见加以整理"的结果可以是"群众的意见整理清楚了"。但是，根据它们与主动宾句式的变换关系，它们被分入两个不同的小类。所以说，这 37 个小类是从"把"字句内部的结构关系区分出的基本类别，各个小类的"把"字句在语义解释上仍存在归并的可能性。为了全面掌握每一小类"把"字句的语义解释，我们还有必要考察每一小类"把"字句中谓词的次范畴特征，以及它们与句式意义之间的互动关系。

　　正是在上述分类结果和句法语义特征刻画的基础上，我们建立了"把"字句的语言模型和计算模型，初步实现了一个"把"字句的自动释义与句式变换程序。该程序主要包括"把"字句的框架识别、自动分类、自动释义和句式变换。其中，基于完全句法分析的方法对 NP2 识别的召回率达到 96.03%、准确率达到 92.44%，而基于完全句法分析的"把"字句自动分类的准确率是 61.79%。① 最后，在自动识别与自动分类的基础上，我们根据释义模板和变换模板，设计和实现了一个"把"字句的自动释义与句式变换的程序。当输入端输入一个"把"字句，我们在输出端可以给出该句的释义结果和相应类别的变换式。这些自动生成的释义小句和变换句式，可以为机器翻译等应用系统提供参考。

---

　　① 　该实验结果是在把 37 小类"把"字句归并成八大类的标准下，基于句法框架的分类结果，详见王璐璐（2013：120）。

# 参考文献

崔希亮　1995　《"把"字句的若干句法语义问题》，《世界汉语教学》
　　　　　　　第 3 期。

邓思颖　2010　《形式汉语句法学》，上海教育出版社。

傅雨贤　1981　《"把"字句与"主谓宾"句的转换及其条件》，《语言
　　　　　　　教学与研究》第 1 期，第 27—44 页。

郭　锐　2003　《"把"字句的语义构造和论元结构》，《语言学论丛》
　　　　　　　第 28 辑，商务印书馆。

蒋绍愚　1994　《近代汉语研究概况》，北京大学出版社。

蒋　严　1998　《语用推理与"都"的句法/语义特征》，《现代外语》
　　　　　　　第 1 期。

黎锦熙　1924　《新著国语文法》，商务印书馆。

李临定　1994　《动词的宾语和结构的宾语》，《李临定自选集》，大象
　　　　　　　出版社。

吕叔湘　1942　《中国文法要略》，商务印书馆。

吕叔湘　1948a　《把字用法的研究》，《汉语语法论文集》（增订本），
　　　　　　　商务印书馆，第 176—199 页。

吕叔湘　1948b　《被字句把字句动词带宾语》，《汉语语法论文集》
　　　　　　　（增订本），商务印书馆，第 200—210 页。

吕叔湘　1965　《被字句、把字句动词带宾语》，《中国语文》第 4 期。

吕叔湘（主编）　1980　《现代汉语八百词》，商务印书馆。

邵敬敏　1986　《把字句及其变换句式》，《研究生论文选集·语言文字
　　　　　　　分册》，江苏古籍出版社。

邵敬敏　2006　《"把字句""被字句"的认知解释》，《汉语被动表述
　　　　　　　问题研究新拓展》，华中师范大学出版社。

邵敬敏　赵春利　2005　《"致使把字句"和"省隐被字句"及其语用
　　　　　　　解释》，《汉语学习》第 4 期，第 11—18 页。

施春宏　2010　《从句式群看"把"字句及相关句式的语法意义》，
　　　　　　　《世界汉语教学》第 3 期，第 291—309 页。

石毓智　2000　《语法的认知语义基础》，江西教育出版社。

王　还　1957　《"把"字句和"被"字句》，新知识出版社，12。

王　力　1985/1943　《中国现代语法》，《王力文集》第二卷，山东教育出版社。

王　力　1980/1958　《汉语史稿》，中华书局。

王海峰　2011　《互联网机器翻译》，《中文信息学报》第 6 期。

王璐璐　2013　《基于变换的"把"字句自动释义研究》，北京大学博士论文。

王璐璐　孙薇薇　袁毓林　2014　《"把"字句的自动释义与句式变换研究》，将刊《计算机工程与应用》。

翁珊珊　2012　《现代汉语非典型把字句研究》，北京大学博士论文。

熊仲儒　2008　《"都"的右向语义关联》，《现代外语》第 1 期。

薛凤生　1987　《试论"把"字句的语义特性》，《语言教学与研究》第 1 期。

叶向阳　2004　《"把"字句的致使性解释》，《世界汉语教学》第 2 期。

易绵竹　1992　《汉语"把"字句和"被"字句新探》，《求是学刊》第 4 期。

袁毓林　1989　《论变换分析方法》，《汉语学习》第 1 期，第 7—13 页。

袁毓林　2002　《论元角色的层级体系和语义特征》，《世界汉语教学》第 3 期。

袁毓林　2005a　《"都"的语义功能和关联方向新解》，《中国语文》第 2 期。

袁毓林　2005b　《试析"连"字句的信息结构特点——兼论"都"右向约束功能的形成机制》，《语言科学》第 2 期。

袁毓林　2007a　《语义角色的精细等级及其在信息处理中的应用》，《中文信息学报》第 21 卷第 4 期。

袁毓林　2007b　《论"都"的隐性否定和极项允准功能》，《中国语文》第 4 期。

詹卫东　2004a　《广义配价模式与汉语"把"字句的句法语义规则》，《语言学论丛》第 29 辑，商务印书馆，第 314—333 页。

詹卫东　2004b　《论元结构与句式变换》，《中国语文》第 3 期，第 209—221 页。

张伯江　2000　《论"把"字句的句式语义》，《语言研究》第1期。

张伯江　2001　《被字句和把字句的对称与不对称》，《中国语文》第6期，第519—576页。

朱德熙　1982　《语法讲义》，商务印书馆。

朱德熙　1986　《变换分析中的平行性原则》，《中国语文》第2期。

Aowyah　1989　《现代汉语中的"把"字结构和"被"字结构》（卫志强译），《国外语言学》第4期。

Chao，Y. R. 1968. *A Grammar of Spoken Chinese*，Berkeley and Los Angeles：University of California Press.

Levin，B. 1993. *English Verb Classes and Alternations*：*A Preliminary Investigation*，University of Chicago Press，Chicago，IL.

Levin，B and Malka Rappaport Hovav，1995. *Unaccusativity*：*At the Syntax-Lexical Semantics Interface*，The MIT Press.

Guerssel，M.，Hale K.，Laughren M.，Levin B. Eagle J. White，1985. *A Cross Linguistic Study of Transitive Alternations*，*Papers from the Parasession on Causatives and Agentivity*，Chicago Linguistic Society，48—63.

（王璐璐　北京大学

袁毓林　北京大学）

# 隐性语义等级序列的激活机制
# 及其语篇整合效应

## 吴为善

**提要** "顺序范畴"是汉语中典型的句法语义范畴,"顺序"可以分为两类:一类是显性的顺序,指语言符号编码的顺序(即"语序");另一类是隐性的顺序,指某个名词性词语蕴含的、在特定构式中可能被激活的语义等级序列。本文探讨的是这后一种顺序范畴的表现,以现代汉语"都 NP 了"句式与否定性"连"字句为例,探讨其中 NP 的隐性语义等级序列的激活机制及其语篇整合效应,并指出此类现象在汉语中具有普适性。

**关键词** 顺序范畴 图形 – 背景 量级模型 激活 预设

非形态语言以语序和虚词为主要语法手段,由某种语法结构形式产生的语法意义就叫做"句法范畴",准确地说是"句法语义范畴"。近些年来,汉语研究中的一个热点就是对此类句法语义范畴的探索。[①] 其中"顺序范畴"(sequence category)就是一个典型的语义范畴。

从目前国内的相关研究成果来看,笔者认为顺序范畴表现出来的"顺序"应该分为两类。一类是显性的顺序,指语言符号编码的顺序(即"语序")。比如戴浩一(1988)提出的"时间顺序原则",在无时间标记的表述中语序依据客观事件发生的时间顺序排列;又如袁毓林(1999)讨论的多项定语的排列语序,与定语本身语义范畴对立项的多少相关。此类顺序是句法临摹的结果,体现了语言编码的象似性原则。另一类是隐性的顺序,指某个名词性词

---

① 按照陆俭明、沈阳(2003:357)的概括,汉语中已经引起关注并产生了研究成果的重要句法语义范畴包括"时间范畴""空间范畴""数量范畴""领属范畴""自主范畴""动态范畴""顺序范畴""持续范畴""趋向范畴""指示范畴""情态范畴""体貌范畴""程度范畴"等等,而且事实上汉语中还可以根据语法意义的特征和表现归纳出更多的句法语义范畴。

语在特定构式中可能被"激活"（activation）的语义等级序列。此类语义等级序列是隐含的，它的激活不仅依赖于编码形式的"触发"（即特定句法、语义、语用的综合作用力），更体现了话语社团的规约性认知，在听话人的"解码"过程中具有关键性、普适性的作用。问题在于此类隐性的语义等级序列在特定的构式中是如何被激活的，必须要有一个令人信服的解释。本文探讨的是这后一种顺序范畴的表现，以现代汉语"都 NP 了"与"连 NP 都/也 VP<sub>（否定）</sub>"两类句式作为示例，探讨其中 NP 隐性语义等级序列的激活机制及其语篇整合效应。

# 一　"都 NP 了"句式与语义等级序列

（一）"都 NP 了"句式是现代汉语中常见的口语表达式，吕叔湘主编的《现代汉语八百词》（增订本 1999：178）在"都"的释义中专门立了项，认为该句式中的"都"表已经，句末常用"了"。最早发现并讨论此类句式的是邢福义（1984），他将此类句式概括为"名词语 ＋ 了"，并对该句式进行了较为充分的描写。其实"名词语 ＋ 了"句式并不同质，有两种类型，值得甄别。例如：

（1）大姑娘了，懂规矩了。
（2）都大姑娘了，还这么不懂规矩。

上述例（1）前边不能出现"都"，后续句是肯定形式，也不能出现"还"；例（2）前边有"都"，后续句是带"还"的否定形式。在笔者看来，从话语功能来分析，两者都表达了说话人对话语主体 NP 的某种状态的评述：但例（1）"大姑娘了懂规矩"符合说话人的预期，所以后续句采用肯定形式；而例（2）"大姑娘了还不懂规矩"与说话人的预期相悖，所以后续句采用带"还"的否定形式。如果说例（1）的评述体现了说话人的"正预期"的语用心理，那么例（2）的评述体现了说话人的"反预期"的语用心理。本文讨论的是这后一种情形，下面笔者从构式语法的角度对此类句式加以重新审视，具体讨论该句式的"构件"、整体构式义及其话语功能。

（二）该句式的句法形式应该码化为"都 NP 了"，基本框架是"都……了"。其中"都"一般轻读，是个语气副词，主要表达说话人始料未及的语气（在口语中可以隐去，如例4）；"了"是传递新信息的句末语气词，属于"了₂",表达说话人对已然变化的事实的重新确认。"都 NP 了"一般不独立成句,是个"依附小句",后边有主句衔接、呼应。① 例如:

（3）都局长了,还这么不检点。
（4）（都）老夫老妻了,还闹什么别扭啊。

上述例句表明,"都 NP 了"体现了说话人始料未及的语用心理,即话语主体 NP 实际出现的状态与说话人的心理预期不符,因此该句式的构式义表达了说话人的一种反预期的主观评述。即说话人有这样一个预设:具备某种身份的人应该怎样而事实上不是这样。在语篇衔接上,"都 NP 了"后边有理据性说明的主句,是表意的重心。如例（3）说话人确认话语主体是"局长"了,按照规约性认知担任了这个职务的人处事不该这么"不检点";例（4）说话人确认话语主体是"老夫老妻"了,按照规约性认知到这个年纪是不该"闹别扭"的。从说话人对话语"情景"（scene）的"识解"（construal）来看,② 说话人是以"都 NP 了"确认的事实作为"参照",对 NP 呈现的反预期状态"出乎意料",因而有感而发。说话人的评述体现了负面价值取向,因此后续主句的命题通常是否定的,包括形式否定（出现否定词,如例3）或语义否定（表达否定义,如例4）,但一般都带有语气副词"还",本质上属于语用否定,而非严格意义上的逻辑否定。

（三）该句式框架中插入的名词语 NP 是重要"构件",邢福义（1984）发现能进入该句式的名词必须具有［＋顺序］的语义特征。例如:

---

① 方梅（2013）借鉴国外理论,从语篇衔接的角度提出了"自立小句"（independent clause）与"依附小句"（dependent clause）的区别。前者在句法上可以独立进入语篇,而后者在句法上不能独立进入语篇。由于汉语没有明显的限定动词与非限定动词的形态屈折,依附性小句表现为两种基本类型:（1）关联词语标记型,通过关联词语实现的依附性关系。（2）无关联词语标记型,通过句法范畴特征实现的依附关系。本文讨论的"都 NP 了"是个依附性小句,属于（2）类中"非谓特征小句"类型。

② Goldberg 在 1995 的专著《构式:论元结构的构式语法研究》中（p. 6）开宗明义说明:本书所采用的语义研究方法强调 Langacker（1987）所提倡的以讲话者为中心的对情境（scene）的"识解"（construal）。笔者的理解是面对特定的客观情景,说话人会基于发话动因在可能的诸多表达式中选择最佳形式,来准确地表情达意,因此每一种构式都有其独特的"语境适切度",以实施某种话语功能。

　　a. 都中学生了，……　　都大学生了，……　　都研究生了，……

　　b. 都连长了，……　　　都营长了，……　　　都团长了，……

　　c. 都科长了，……　　　都处长了，……　　　都局长了，……

　　d. 都大姑娘了，……　　都妈妈了，……　　　都老太太了，……

实际语料显示，该类句式中的名词绝大多数凸显的是指人的身份，自身形成一种语义等级序列。① 如上例中 a 行的名词体现的是学业阶段序列；b 行的名词体现的是军队领导序列；c 行的名词体现的是行政级别序列；d 行的名词体现的是基于生活形态的社会角色序列。

这种由预设及其构式义产生的对于 NP 的制约就形成了"准入条件"，显然不是所有名词都能进入这一句法格式的，下列各组名词都不能进入"都 NP 了"句式。例如：

　　a. *都苹果了，……　　*都教室了，……　　*都宠物了，……

　　b. *都农民了，……　　*都居民了，……　　*都公民了，……

　　c. ? 都小孩了，……　　? 都小兵了，……　　? 都小科员了，……

上例中 a 组都是普通物质名词，是一个个各自离散的类指范畴的"集合"，单词本身不构成语义等级序列，自然不能进入该构式。b 组都是指人身份的名词，有可能进入该句式，但这些指人身份的名词具有泛义性，单词本身也不构成语义等级序列，所以一般也不能进入该句式。c 组也都是指人身份的名词，而且单词本身能构成语义等级序列，如"小孩→ 青年人→ 中年人→ 老年人"，它们具备进入该句式的条件；但"小孩"等名词处于这个语义等级序列的初始端（最低等级），凡处在语义等级序列初始端的名词无法与后续主句 S 所陈述的偏离状态形成"落差"，无法表达特定的话语功

---

① 按照邢福义（1984）的描写，"名词语 ＋ 了"句式中的名词也可能是时间词（如"春天了／ 夏天了／ 秋天了／ 冬天了"），还可能是处所词（如"天津了／ 徐州了／ 南京了／ 上海了"）。笔者认为前者主要表述对时令节气的主观感受，后者主要表述对空间移位的主观感受，两者对语境的依赖性比较大，因此是非典型形式。名词表示人的类指身份在使用频率中占优势，所以本文主要讨论此类典型用例。

能，因而也不能进入该句式。

（四）值得解释的是，为什么进入该句式的 NP 会具有［＋顺序］的语义特征并能让听话人领悟到呢？就语用心理来分析，基于生活经验在我们心目中都积淀了一些规约性的共识，即具有某类身份的人必须表现出与此相匹配的某种状态，而某人应该表现出来的状态却随着某种级差而具有可变性，这样就会形成某种匹配序列的"清单"，不同级差的人表现出相应的不同级差的状态。这种规约性的共识形成了一种心理预设，一旦话语主体的行为或状态偏离了应有的匹配系列，违反了我们的心理预期，说话人就以"都 NP 了"确认的事实作为"参照"，表达对 NP 行为状态的质疑，而特定句式"都 NP 了"及其后续句就是用来有效实施此类话语功能的句法形式。这种语用心理可以从两方面得到证明：

其一，语料显示"都 NP 了"的后续主句 S 可能是一个差比句。例如：

（5）都博士生了，还不如一个硕士生。
（6）都三个孩子的妈妈了，还比不上人家一个闺女。
（7）都成年人了，比小孩还任性。
（8）都老兵了，比新兵还胆小。

上述例子中"都 NP 了"的后续主句 S 都是一个差比句，差比句中也出现了一个 NP，两个 NP 之间具有显性的"级差"，属于同一个语义等级序列。如例（5）的"硕士生→博士生"，例（6）的"闺女→妈妈"，例（7）的"小孩→成年人"，例（8）的"新兵→老兵"。这种语篇中两个句式的衔接，典型地反映出"都 NP 了"中 NP 位置在线激活隐含的语义等级序列的语用心理。

其二，"都 NP 了"中被激活的 NP 的语义等级序列，其认知基础涉及与后续主句 S 陈述的状态之间的匹配关系。这种匹配关系越合理，句子越容易接受，否则句子的可接受度就会有问题。例如：

a. 都妈妈了，还不会带孩子。
b.？都大姑娘了，还不会带孩子。
c.？？都小姑娘了，还不会带孩子。

上例中 a 句是可以接受的，作为妈妈应该具有带孩子的能力，而事实上不会带孩子，所以值得质疑；b 句的接受度就很差，因为大姑娘尚未婚嫁，没有育儿经验，不会带孩子很正常，两者的匹配性不尽合理；c 句难以接受，因为小姑娘与带孩子似乎没有关联，两者不具备匹配性。上述句子在句法、语义上都没有问题，是语用层面不合适，属于语用失当现象。可见"都 NP 了"句式中 NP 激活语义等级序列的机制，在于 NP 的身份与后续主句 S 陈述的状态之间的匹配关系，两者的合理性与句子的合格度成正比，而是否合理取决于我们的认知规约性。

（五）综上所述，"都 NP 了"在实际使用中与后续主句的语篇整合为如下模式：

　　　都 NP 了，还 ＋ 否定性 VP

该语篇衔接模式是说话人出于语用驱动而产生的"编码"结果，诱发了听话人的"解码"言语行为，其中 NP 代表的某一语义等级序列的激活，首先是句式的编码形式（即句法、语义、语用形式）的"触发"效应，概括起来可以细分为三点。下面我们以上述 a 句为例加以说明：其一，先行小句中表示新信息出现的句法标记"了₂"暗示前边的 NP（即依然成为"妈妈"的身份）可能代表了一个语义序列；其二，后续主句中的 VP 在语义上提示了 VP 与 NP 匹配系列的行为类范畴（即"妈妈"与"会带孩子"的匹配关系）；其三，先行小句中的"都"和后续主句中带否定义的"还"这些语用标记明示了句子的语用预设（即某类人应该会干某类事而事实上不是这样）。值得说明的是，我们之所以把这些过程看作是"触发"，那是因为"触发"不等于"激活"，这就好比开关和通电的关系，打开开关未必亮灯，因为亮灯的前提是必须通电。而所谓"通电"就是我们心目中积淀的某些规约性共识的"激活"，即听话人需要依据"默认"的 NP 与应有状态之间匹配系列的"清单"来判定两者之间是否偏离，从而准确把握话语的准确意思。仍以上述 a 句为例，听话人经过与心目中"默认"的 NP 与应有状态之间匹配系列的"清单"的判定，认同作为妈妈应该会带孩子的事实，从而理解了说话人的发话诱因，准确解读了说话人的话语义。只不过上述这两个环节的过程是瞬间发生的，就好比开关一开灯就亮了。①

# 二 否定性"连"句与语义等级序列

（一）汉语"连"字句是学界研究得比较充分的句式，指具有强调义的"连 NP 都/也 VP"句式。例如：

（9）老王连老鼠肉都敢吃。

（10）老王连石狮子也举得起来。

语料显示，多数"连"字句中 NP 的语义角色是"受事"（见上例），本文即以此类典型用例作为示例考察。经众多学者研究（如白梅丽，1981；周小兵，1990；崔希亮，1990、1993；刘丹青、徐烈炯，1998；徐烈炯，2002；蔡维天，2004；袁毓林，2006a、2006b），学界对"连"字句的句法构造、句式意义、预设、蕴涵、会话含义、关联作用等都有了较为深入的解析，并达成了较为一致的认识，刘丹青（2005）对此有较为全面的概括，在此不再赘述。②

（二）与本文考察有关的主要有两点结论，下面分别加以讨论：

其一，刘丹青从构式语法的角度对汉语"连"字句的语用功能进行了

---

① 原文在审稿过程中，审稿专家指出，句子中特定位置上的 NP 的语义等级序列的被激活，应该是一个句法、语义、语用综合作用的结果。而原文 3.4 用"量级模型"来说明这种激活机制，并没有真正解释这一问题，因为量级模型所刻画的是一个认知结果，或者说是对存在于我们头脑中的百科知识或"规约性认知"的描述。我们认为审稿专家的意见是中肯的。为此我们在说明听话人解读"都 NP 了"句式时，将"激活"机制分解为"触发"和"激活"两个环节，前者主要是语言编码形式（句法、语义、语用形式）的直接触发，并具体分析了触发过程的三个要点。同时，在本文 2.4 中说明听话人解读否定性"连"字句时，也做了类似的分析。对于审稿专家提出的中肯意见，作者表示真诚的感谢。

② 刘丹青（2005）对汉语"连"字句特点的概括包括：（1）构式中的 NP 体现了可能性的低端，同时又是词汇义的高端；（2）"连"字句都包含一个说话人的主观预设，句子的强调意味就是由预设中的"极不可能真"和断言中的"事实为真"之强烈反差造成的；（3）句子的言外含意是其他对象（在可能性等级尺度中高于 NP 的成员）更会是 VP/AP 了；（4）处在等级尺度中的其他成员也可以显性地出现在上下文中；（5）"连 NP"的话题性多于焦点性；（6）"连"所标记的成分在语类上以名词为主，但也可以是动词或小句，从语义角色来看可以是施事、受事等核心论元或时间语等外围题元。

较为精准的概括，他认为"连"字句蕴含了说话人的主观预设（presupposition），即进入该句式的 NP 处在一个可能性（可预期性）等级尺度（scale）的低端，比起该尺度中的其他成员来说是最不可能实施 VP 的行为；而句式的字面义（断言 assertion）所讲的事实却是这一可能性最低的行为倒（出乎意料地）为真，句子的强调意味就是由预设中的"极不可能真"和断言中的"事实为真"之强烈反差造成的。比如例（9）说话人的预设是"老鼠肉"为设定的食物集合中最不可能被吃的，而字面义是"老王"却（出乎意料地）敢吃老鼠肉。例（10）说话人的预设是"石狮子"为设定的物体集合中最不可能被举起的，而字面义是"老王"却（出乎意料地）举得起来。

其二，刘丹青指出可能性的低端很可能正是词汇义的高端，如例（10）"石狮子"是物体重量的高端，"举起石狮子"是可能性的低端。所以周小兵（1990）将"连"字句中的 NP 称为"分级语义系列"的"顶端"。语料表明处在"分级语义系列"等级尺度中的其他成员也可以显性出现在上下文中。如例（9）的扩展形式：

（11）老王敢吃猫肉、敢吃蛇肉，连老鼠肉都敢吃。

（12）老王连老鼠肉都敢吃，还有什么肉不敢吃。

上面的实例说明，汉语"连"字句中的 NP 同样隐含着一个语义等级序列，例（11）中"猫肉 → 蛇肉 → 老鼠肉"形成可能性食物的语义等级系列，而例（12）则用疑问代词"什么"的任指用法（任何肉）概括了可能性食物这个语义等级系列中的所有成员。

（三）值得注意的是，学界考察的"连"字句以肯定形式为常（见上例），笔者在考察语言事实之后发现，在实际使用中大量"连"字句表现为否定形式（包括出现否定词或表达否定义）。也就是说，具有同样意义的是进入该句式的 NP 处在一个可能性（可预期性）等级尺度（scale）的高端，比起该尺度中的其他成员来说是最有可能实施 VP 的行为；而句式的字面义（断言 assertion）所讲的事实却是这最有可能的行为倒（出乎意料地）为非真，句子的强调意味就是由预设中的"极可能真"和断言中的"事实非真"之强烈反差造成的。例如：

（13）老王连县城都没去过。

（14）老王连一尺来宽的沟也不敢跳。

　　上述例（13）说话人的预设是"县城"为设定的城镇集合中最可能去过的，而字面义是"老王"却（出乎意料地）没去过。同样道理，可能性的高端很可能正是词汇义的低端，如例（14）"一尺来宽的沟"是跳跃宽度的低端，"跳一尺来宽的沟"是可能性的高端。语料表明处在"分级语义系列"等级尺度中的其他成员也可以显性出现在上下文中。如例（13）的扩展形式：

　　（15）老王没去过北京，没去过省城，连县城都没去过。
　　（16）老王连县城都没去过，还能去过什么地方呢。

　　上述例（15）的"都城（北京）→ 省城→ 县城"形成城镇规模的语义等级系列，而例（16）则用疑问代词"什么"的任指用法（任何地方）概括了城镇这个语义等级系列中的所有成员。
　　可见"连"字句的语义、语用功能与肯定否定具有反向共变关系，对于此类现象，沈家煊（1999：101）借鉴 Fauconnier（1975）提出的"量级"（scale）概念，阐述了一条可以推导出周遍义的认知原则。① 演绎到本文讨论的"连"字句，可能性的低端很可能正是词汇义的高端，而可能性的高端很可能正是词汇义的低端；对一个可能性低端的肯定意味着对全量的

---

　　① 沈家煊（1999）借鉴 Fauconnier（1975）提出的"量级"（scale）概念，阐述了一条认知原则，图示如下：

$$\left. \begin{array}{l} \text{m（最轻）} \\ x_2 \\ x_1 \\ \text{M（最重）} \end{array} \right.$$

在这个重量等级上，人们根据对客观世界的认识形成一种"常规推理"：在 $X_1$ 比 $X_2$ 重的情形下，如果某人能举起 $X_1$，那么在不需要其他信息的情形下就可以得知，他也能举起 $X_2$。这不是逻辑上的蕴含关系，因为完全有可能 $X_2$ 比 $X_1$ 轻，但 $X_2$ 反而比 $X_1$ 难举起（由于形状、大小、先举后举等原因）。这只是人们根据经验建立的一种"常规"而已，它跟人的认知能力和认知特点密切相关。运用这种"常规"可以推导出周遍义：对一个极大量 M 的肯定意味着对全量的肯定，对一个极小量 m 的否定意味着对全量的否定。袁毓林（2006）也曾借鉴该语用尺度（pragmatic scale）直接解释了"连"字句的反预期语用表达效应。

肯定，对一个可能性高端的否定意味着对全量的否定。笔者认为，正是这种说话人的预设同事实状态的强烈反差，诱导了说话人的发话动因，而汉语"连"字句就是基于这样一种语用心理而选择的表达式。

（四）那么否定性"连"字句与肯定性"连"字句的区别究竟在哪里呢？笔者认为主要是语用心理的差异。肯定性"连"字句的主观评述倾向于积极义（至少不含消极义，如例9、10），而否定性"连"字句的主观评述通常是消极义（如例13、14）。日常生活经验告诉我们，对他人的褒扬是人们所期待的，即使话语与事实的可能有偏离，听话人也往往采取容忍态度；而对他人的贬斥是人们所不期待的，听话人对话语评述的理据性比较敏感，因此说话人对话语评述的理据性特别关注，会尽可能地采用语言手段提升话语的说服力，这可以说是人之常情。也就是说，交际中听话人对话语与事实偏离的"容忍度"，与话语命题的肯定或否定成反比关系，这是肯定或否定差异在语用心理上的反映。

这种语用心理在否定性"连"字句中的表现，集中在对话语主体 X（施事／主语）的身份的确认，这也是学界以往关注不够的，即主语（施事）这个位置成分的选择性和准入条件。尤其当表述的命题超出了日常生活的范畴，这种选择性和准入条件就会凸显出来。例如：

（17）一个哲学教授连《易经》都没读过。
（18）一个县长连最近的乡镇也没去过。
（19）一个跳水运动员连一米跳台也不敢跳。
（20）一个老股民连逆向操作都不懂。

上述"连"字句都是否定形式，对 X 的准入在句法、语义及语用上具有特定的条件限制：其一，句中的 X 从通常的定指成分变成了类指成分（句法形式是"一个 + 通指类名"），凸显了某类人的特定"身份"；其二，句中与 X 这个特定身份相匹配的特定状态被否定了，即 X 应该具备实施 VP 的能力，而事实上却（出乎意料地）不能实施 VP。如例（17）中的 X 是"哲学教授"，却没读过体现中国传统哲学精髓的《易经》；例（18）中的 X 是"县长"，却没去过辖区内最近的乡镇。例（19）中的 X 是"跳水运动员"，却不敢跳一米跳台；例（20）的 X 是"老股民"，却不懂逆向操作的基本道理。也就是说，对进入上述"连"字句的 X 的"身份"是有限制的，对说话人来说，必须将句子中 NP 所带代表的某一语义等级"项"构成的

VP 与 X 的特定身份相匹配，并加以否定（违反了规约性常理），话语才能被听话人所接受。

（五）可事实上从话语功能来分析，"连"字句的主语应该是定指的，说话人正是针对某个确定的人的行为状态的"偏离"有感而发而加以评述的。因此在实际运用中，为了满足确定 X 身份这个条件，"连"字句中 X 的部分往往被扩展成一个先行小句（依附小句）。例如：

> （17'）他还是个哲学教授呢，连《易经》都没读过。
> （18'）尽管老张是县长，连最近的乡镇也没去过。
> （19'）说起来她也是个跳水运动员，连一米跳台也不敢跳。
> （20'）老爸是老股民了，连逆向操作都不懂。

上述扩展的实例中，"他""老张""她""老爸"都是定指成分，由于前一小句确认了他们的类指身份，就顺理成章地与"连"字句在语篇中实现了有效衔接，整合成如下表达格式：

NP$_{(定指)}$ + V$_{(系动)}$ + NP$_{(类指)}$，连 NP 都/也 + 否定性 VP。

该语篇衔接模式也是说话人出于语用驱动而产生的"编码"结果，诱发了听话人的"解码"言语行为，从中可以窥见听话人对否定性"连"字句的"解码"过程也具有与"都 NP 了"类似的"触发"机制。下面我们以上述句（17'）为例加以说明：其一，后续主句中特定介词"连"字暗示后边的 NP（即"《易经》"）可能代表了一个潜在的语义序列，同时先行小句中"X 是 Y"判断句式也暗示话语主体（即"他／哲学教授"）可能代表了一个潜在的语义序列；其二，后续主句中的 VP + NP 构成的事件类（行为 + 受事）在语义上提示了与话语主体的匹配关系的行为类范畴（即"哲学教授"与"读《易经》"的匹配关系）；其三，后续主句中"连……都/也 + 否定"这些语用标记明示了句子的语用预设（即某类人应该会干某类事而事实上不是这样）。在这些编码形式"触发"的基础上，听话人经过与心目中"默认"的 NP 与应有状态之间匹配系列的"清单"的判定，认同作为哲学教授应该研读过《易经》，从而理解了说话人的发话诱因，准确解读了说话人的话语义。

# 三　量级模型配置与语篇整合效应

（一）"焦点—背景"（Figure-Ground）理论是认知语言学中以凸显原则（Prominence）为基础的一种理论，究其渊源来自完形心理学（Gastle）的研究。Talmy（2000）对焦点和背景的考察是在概念结构系统的"注意观"（attention）框架内进行的，而 Langacker（1987）把焦点和背景归结为人类认知建构活动，把它们放在"视角"（perspective）这个理论框架内进行考察。他们都强调焦点和背景关系不仅可以在单句中体现一种空间位置关系，而且能扩展到其他抽象领域，通过复句的主句和从句的形式表达出来，这与人类从具体到抽象的认知顺序是一致的。认知语言学家认为，在概念化过程中从句中的事件往往是主句事件的"参照点"，所以从句对应的是"背景"，主句对应的是"焦点"。借鉴该理论可以用来解释以下语篇整合效应。

（二）根据上文分析，出于某种特定的语用驱动，"都 NP 了"在实际使用中与后续主句的语篇整合为如下模式：

都 NP 了，S̲

该语篇衔接模式的语义整合条件表明：先行小句中 NP 代表的某一语义等级序列中的某个特定身份，要求后续主句 S 否定一个与 NP 特定身份相匹配的特定状态。而同理，出于某种特定的语用驱动，否定性"连"字句在实际使用中与先行小句的语篇整合为如下模式：

S̲，连 NP 都/也 ＋ 否定性 VP

该语篇衔接模式的语义整合条件表明：后续主句（否定性"连"字句）中 NP 所代表的某一语义等级"项"构成的 VP 命题，要求先行小句 S 确认一个与之相匹配的特定身份 NP，而后续主句的命题却是被否定的。

在这种构式义及其话语功能的制约下，上述两个语篇整合模式就有可能互相套嵌，合二为一，编码为极强的反预期表达式："都 NP 了，连 NP 都/也 VP$_{(否定)}$"。于是在实际语料中，我们发现了不少这样的语篇整合用例。例如：

（21）（老王）都这把年纪了，连县城都没去过。

（22）（小王）都大小伙子了，连一尺来宽的沟也不敢跳。

（23）（他）都哲学教授了，连《易经》都没读过。

（24）（老张）都县长了，连最近的乡镇也没去过。

（25）（她）都跳水运动员了，连一米跳台也不敢跳。

（26）（老爸）都老股民了，连逆向操作都不懂。

（三）我们发现此类整合句式的表达效果非常强烈，两个句式本身都含有一种反预期的语用预设。"都 NP 了"句式表达的是某个特定身份应有的状态与实际状态之间的强烈反差导致的"出乎意料"，否定性"连"字句表达了预设中的"极可能真"和断言中的"事实非真"之强烈反差导致的"出乎意料"。两者都有极强的话语表达功能，就好比"强强联手"，产生了更强烈的表达功能。试比较下面的情景：

a. 小丽风风火火地闯进家门，一头撞到了娘身上，娘一把抓住她，嗔怪道："瞧你这德行，都大姑娘了，还这么冒冒失失的"。

b. 见客人邀请，闺女也就不客气了，一屁股坐到了客人边上，老爸忙责备说："快过来！都大姑娘了，还这么不懂规矩"。

c. 老张头踱到村头，远远看到姑娘们都在河里洗澡，又笑又闹的，不免生气了，自言自语地骂起来"这成何体统，都大姑娘了，连起码的礼数都不顾"。

上述 a 句的后续主句用了否定义词语"冒冒失失的"，实施的言语行为是"嗔怪"；b 句的后续主句用了否定命题"这么不懂规矩"，话语主体实施的言语行为是"责备"；c 句的后续主句用了否定性"连"字句"连起码的礼数都不顾"，话语主体实施的言语行为是"骂"。从语用表达的力度来分析，显然形成了 c > b > a 的等级序列，表明说话人对话语主体 NP 与应有行为状态之间的偏离有不同程度的"识解"，而其中"都 NP 了，连 NP 都/也 VP$_{(否定)}$"是语用表达力度最高的整合模式。

（四）我们在上文分别分析了听话人在解读"都 NP 了"和否定性"连"字句过程中，句子编码形式（句法、语义、语用形式）的"触发"机制，并指出"触发"不等于"激活"，因为听话人需要依据"默认"的 NP 与应有状态之间匹配系列的"清单"来判定两者之间是否偏离。那么我们需要进一步解释的是，在说话人和听话人心目中共享的、关于某类 NP 与应有状态之间匹配系列的"清单"的认知基础又是什么？

为了说明这个认知基础，我们不得不借鉴国外学者提出的"量级模型"（scalar model）理论来加以解释。记得为了说明汉语中与副词"还"相关的两个句式，沈家煊（2001）曾借鉴 Fillmore、Kay & O'Conner（1988）和 Kay（1990）提出的"量级模型"理论进行了精辟的解释。笔者认为这个"量级模型"同样可以用来解释本文所探讨的隐性语义等级序列被激活的认知基础，下面我们选取不同学历阶段学生与相应的写作能力之间的匹配性为例，设定如下匹配关系（→ 表示可匹配性）：

A 大学生 →D 专业论文
B 中学生→ E 命题作文
C 小学生→ F 简单短文

上述关系排列组合的 9 种状态可以构成如下矩阵图：

|  | A 大学生 | B 中学生 | C 小学生 |
|---|---|---|---|
| D 简单短文 | X | X | 0 |
| E 命题作文 | X | 0 | y |
| F 专业论文 | 0 | Y | Y |

在上述语篇整合模式中，后续主句（否定性"连"字句）的命题是否定的。上述矩阵图表明当命题是否定时，依据规约性认知会出现三种情况：（1）0 线状态（三个 0 的位置）的判定是"不合常理"，依次为 AF（大学生不会写专业论文）、BE（中学生不会写命题作文）、CD（小学生不会写简单短文）；（2）X 区状态（X 及两个 x 位置）的判定是"出乎意料"（其中 X 程度强于 x），依次为 AD（大学生不会写简单短文）、AE（大学生不会写命题作文）、BD（中学生不会写简单短文）；（3）Y 区状态（Y 及两个 y 位置）的判定是"不言而喻"（其中 Y 程度强于 y），依次为 CF（小学生不会写专业论文）、CE（小学生不会写命题作文）、BF（中学生不会写专业论文）。从语用心理来分析：当状态"不言而喻"时，自然不值得说（除非有特殊语境支撑），不然听话人就难以接受或莫名其妙；当状态"不合常理"时，说话人就有了发话动因，用以表明自己的

主观评述；当状态"出乎意料"时，说话人的发话动因更强，信息量也最大。例如：

> （27）?? 孩子都小学生了，连专业论文都不会写。（Y 区 CF 状态）
> （28）? 老张儿子都中学生了，连命题作文都不会写。（0 线 BE 状态）
> （29）他都大学生了，连简单短文都不会写，真不可思议。（X 区 AD 状态）

例（27）是"不言而喻"的，小学生与写专业论文几乎没有联系，两者之间没有匹配性，不存在合理的发话动因，因而是难以接受的；例（28）是"不合常理"的，中学生与会写命题作文有匹配性，所以可能被接受；例（29）是"出乎意料"的，说话人觉得不可思议，因此发话动因最强，可接受度也最高。而这一切评价的取向是基于我们日常生活的经验积累，是语言社团规约性认知的结果，成为我们心目中"默认"的衡量某类 NP 与应有状态之间匹配系列的"清单"，作为话语解读时的依据。

# 四　余论

本文所讨论的是在特定构式义及其话语功能的制约下，特定位置上 NP 蕴含的语义等级序列的激活机制，以及这种激活机制对话语解码过程的重要作用。其实语言事实表明，这种现象归根结底是反预期语用心理的驱动，在话语解码过程中具有普适性。事实表明：凡是具有反预期语用义的表达式中，都会出现某个位置的 NP 隐含的语义等级序列在解码过程中被激活，以保障话语交际功能的有效实施。下面一些构式具有类似的特征：

> a. 还 NP 呢，也不 VP（例如：还哥哥呢，也不让着点妹妹！）
> b. 才 NP 呢，就 VP 啦（例如：才小媳妇呢，就想当家啦！）
> c. 大 NP（时）的 + VP（否定）（例如：大清早的吵什么？）

上述实例中 a 式中的"哥哥"隐含了长幼的序列，b 式中的"小媳妇"隐含了基于生活形态的角色序列，c 式中"清早"隐含了时间序列。这些

NP 隐含的语义等级序列在话语解码过程中都会被激活，而 NP 激活的某个语义等级序列中的某个特定成员，都与句式所陈述的行为或状态具有不匹配的"级差"。如 a 句作为"哥哥"却"不让妹妹"，b 句只是"小媳妇"却"想当家"，c 句"大清早"却"吵吵闹闹"。正是实际情景与这种人们规约性认知所设定的匹配系列的"清单"发生了偏差，才诱发了说话人的主观评述，同时也是听话人理解话语的机制，是特定话语社团语用心理的集中体现。

## 参考文献

白梅丽（Marie-Claude Paris） 1981 《汉语普通话中的"连……也/都"》，《中国语文》第 3 期。

蔡维天 2004 《谈"只"与"连"的形式语义》，《中国语文》第 2 期。

崔希亮 1990 《试论关联形式"连……也/都"的多重语言信息》，《世界汉语教学》第 3 期。

崔希亮 1993 《汉语"连"字句的语用分析》，《中国语文》第 2 期。

戴浩一 1988 《时间顺序和汉语的语序》，《国外语言学》第 1 期。

方 梅 2013 《依附小句关联模式——无关联词语复句的衔接方式》，《汉语句式理论学术研讨会报告》（南昌）。

刘丹青 徐烈炯 1998 《话题与背景、焦点及汉语"连"字句》，《中国语文》第 5 期。

刘丹青 2005 《作为典型构式句的非典型"连"字句》，《语言教学与研究》第 4 期。

陆俭明 沈 阳 2003 《汉语和汉语研究十五讲》，北京大学出版社。

吕叔湘 1999 《现代汉语八百词》（增订本），商务印书馆。

沈家煊 1999 《不对称和标记论》，江西教育出版社。

沈家煊 2001 《跟副词"还"有关的两个句式》，《中国语文》第 6 期。

邢福义 1984 《说"NP 了"句式》，《语文研究》第 3 期。

徐烈炯 2002 《汉语是话语概念结构化语言吗?》，《中国语文》第 4 期。

袁毓林 1999 《定语顺序的认知理解及其理论蕴含》，《中国社会科学》第 2 期。

袁毓林　2006a　《论"连"字句的主观化表达功能——兼论几种相关
　　　　　　　的"反预期"和"解 – 反预期"格式》,《中国语学》
　　　　　　　第 253 号。

袁毓林　2006b　《试析"连"字句的信息结构特点——兼论"都"右
　　　　　　　向约束功能的形成机制》,《语言科学》第 2 期。

张　斌　1998　《汉语语法学》,上海教育出版社。

周小兵　1990　《汉语"连"字句》,《中国语文》第 4 期。

Fauconnier, Gilles. 1975. *Polarity and the scale principle*. In GrossmanR., et
　　　al. ed., *CLS 11*, Chicago: Chicago linguistic Society, 188—199.

Goldberg, Adele E. 1995. Constructions: *A Construction Grammar approach
　　　to Argument Structure*. Chicago: University of Chicago Press. (吴海
　　　波中译本,北京大学出版社 2007 年版)

Langacke, Ronald W. 1987. *Foundations of Cognitive Grammar*: Theoretical
　　　Prerequisites. Vol. I. Stanford: Stanford University Press.

Talmy, Leonard. 2000. *Toward a Cognitive Semantics*. Concept Structuring
　　　Systems. Cambridge, MA: MIT Press.

（吴为善　上海师范大学）

# 名词性独语句式的特点及语用价值研究

陈昌来

**提要** 名词性独语句式是汉语语篇中一种有自身特点的名词性非主谓句，本文归纳了名词性独语句式的句法特点，重点分析了其独特的语用价值和使用语境。

**关键词** 非主谓句　名词性独语句式　语用价值　语境

## 引言

名词性独语句式是指由一个名词或以名词为中心的偏正结构单独构成的句子（下面简称独语句式或独语句）。它是汉语的一种句型，具有一般句子的功能和特点，能表达相对完整的意义，完成人们的交际任务。而且由于独语句本身的特点，在一定的场合还有其他句式不可比拟的表达作用，在口语交际中使用频繁。

从结构上讲，独语句是非主谓句的一个下位句型，分不出主语或谓语；在言语使用中，不仅有单句形式，也可作为复句的分句。从语气和功能上，独语句也可分为陈述句、疑问句、祈使句、感叹句。

过去对此类句，或讨论其界说、定义，或从修辞上把独语句连用归为"列锦""缀名"格，也有讨论连用独语句之间的语义关系以及独语句的类别、能否作复句的分句等问题。本文将主要从语用的角度讨论其特点、语用价值以及与语境的关系等问题。

## 一 独语句的特点

（一）独语句作为单句或分句，与主谓句相比，总的来说有个显著特点，就是简短，或一个名词，或是一个名词性短语，因而独语句多简洁、明快。如："早晨，校园，读书声。""多好的人呀！""崇山。峻岭。苍鹰。"很少的语词就能表达一个相对完整的意思，完成交际任务。

（二）独语句如此简短，由一个名词或名词性词组构成，那么它能否构成命题表示判断呢？一般来说，除了疑问句、祈使句和部分由感叹词构成的感叹句外，单句多能表示判断。在形式逻辑上，判断要有主项和谓项，作为判断的句子形式的命题有主词和谓词。独语句分不出主语和谓语，从命题上讲分不出主词和谓词，那么，独语句是不是就不能构成表示判断的命题了呢？显然不是。虽然，命题是判断的句子形式，但命题又不等于判断，命题中有所谓"一部分的命题"（主词或谓词缺少）。只有一部分的命题同样是一种表示判断的句子形式，独语句正是这其中的一种，而且这种命题经过命题的改造可以补出主词或谓词。如"敌机！"有补主词或谓词两种改造方式，在不同语境下，就能表示两种判断：甲，这架飞机是敌机！（补主词）乙，敌机来了！（补谓词），经过命题的改造，就可以成为有主项和谓项的判断了，可见独语句是隐含主词或谓词的命题句子，因而它也同样能表示判断。

但正因为独语句构成"一部分的命题"，就与一般主谓句式表示的判断不同，它表示的是一个直指性的判断。独语句也往往用于直指的场合，如北京车站上写着"北京站"，这是一个独语句，表示这儿就是"北京站"，它整个句子有称谓作用，所称谓的主体就是这个词语直接联系的事物本身，同样，这个独语句也表明这样一个判断"这儿是北京站"，被判断的主体就是这个语词的所指对象。独语句这个特点，我们就叫做独语句的判断直指性和独特的表述性。可见独语句与其所表达的对象是直接联系的。独语句这个特点，在日常口语交际中，比如当面介绍一系列物品时，就更明显了。

独语句这个特点很重要，它使独语句在言语运用中占有一定的地位，它决定了独语句使用的环境——直指的场合（包括想象中的），决定了独语句的语用价值。独语句用一个简短的词语，对事物有所判定，因而这个句子所含的信息量相应地增大。语言用来传递信息，要求用最少的信息载体（语词）传递最大可能的信息量，以求经济的目的。独语句在一定语境的运用，就能满足这种要求。

（三）独语句的运用，不仅要有特定的语境，而且在这种语境中对表达的对象也有一定的选择。直指场合，所见之人、事物很多，可供直指判断的对象也不少，但独语句总是表达那些对说者、听者有影响的事物或人，或表达有代表性的对象。当人们走路，前面的人发现一条可怕的蛇，就会惊叫：

"蛇！"；当一个人弥留之际，突然想到孩子，就会说："孩子，我的孩子！"；当一个人踩到另一个人的脚时，被踩的人会惊叫："脚，脚！"独语句总是表达这类对人有影响、有代表性的人或物，因而独语句的运用能吸引人的注意力，有时给人突兀的感觉。

如苏辛群《月到中秋》（《当代》1985 年第 1 期）中的孟春青和"他"走在山道上，忽然，孟脚下的一块石头下塌，情况危急，请看作者写道：

> 他一个箭步窜过来，一把抓住她的胳膊，狠命地拖住。
> 滚石。惊雀。峭壁。深渊。

后面这四个独语句所表达的是那一刹那间对人最有影响，给人印象最深的事物、现象。

再如，史铁生《我遥远的清平湾》（《青年文学》1983 年第 1 期）写作者对过去生活的追忆，用三个独语句咏叹其印象最深的人或事物：

> 哦，我的白老汉，我的牛群，我的遥远的清平湾……

独语句在描写景物时，也选择有代表性的景物，简单几语构成一幅画面，如描写一个黄昏的闹市：

> 夕阳。人海。车流。红绿灯。

这些都是此时此地有代表性的景物。

可见，在一定的语境中，独语句对其表达对象有一定的选择性，传递有代表性的信息内容。这就是独语句的选择性。

（四）上面说过，独语句不仅能自成单句，也可以作分句组成复句，也可以连用。独语句的叠用，形式上较整齐，或全为一个名词，或全为名词性词组，格式基本相同，有时，名词性词组中还会有相同的词语出现，因而叠用独语句很容易形成修辞上的排比格，具有排比句的修辞特色——"壮文势，广文义"。从形式上说，叠用的独语句也有一种均衡美。如陈祖德《超越自我》（《当代》1985 年第 5 期）：

> 我们的效率！

> 我们的时间!
>
> 我们的习惯!
>
> 我们的观念!
>
> 我们那被耽搁、被扼杀的一切啊!
>
> 我们那荒唐的、动乱的过去……

再如王蒙《风筝飘带》(《北京优秀短篇小说选》):

> 飞呀,飞呀,一道道的山,一道道的河,一行行的青松,一群群的马,一盘盘的炒疙瘩。这真有趣?……! 梦醒了,天还没亮。

(五)独语句看不出主语和谓语,叠用时也极少用关联词语串联,也无其他过渡联结词语,就一些名词或名词性词组连用,因而其叠用时,语势上的跳脱感很强。比如:"啊!童年。少年。青年。老年。人生就这样走过来了。""蓝天,白云,草原,羊群。"再如巴金《春天里的秋天》中的一段:

> 淡白色的果肉,褐色的核,青黄色的皮,两个人的眼睛,各种题目的谈话。于是我们就成了爱侣了。

这段话如果脱离话境或上下文简直叫人难以理解。但在一定的语境中,这种形式上的跳脱,通过联想、想象的补充,在语意上就是连贯的了,并且具有特殊的表达效果。

可见,如果把句子分为具体的句子和抽象的句子或者语境句和孤立句,那么名词性独语句就属于具体的句子或者语境句;如果一般的句子由旧信息和新信息两部分组成,那么名词性独语句就只有新信息(焦点);如果一般的句子由指称(主题、话题)和陈述(述题)两部分组成,那么名词性短语句就是只有指称没有陈述的句子,或者说陈述隐含在直指性的指称中了,或者陈述成为指称的一部分(如"多好的小伙子啊!"陈述部分"多好"作定语,包含在名词性短语中)。

## 二　独语句的运用及语用价值

(一)在日常生活中,我们随处可以见到使用独语句的地方,机关、学校、商店、地方等的名称，商品、证件、街道、人以及书报、物品等名称，如此等等使用独语句的地方就太多了。这是因为独语句形式上简洁，又有判断的直指性，用于名称有很大的优越性，使名称与所称谓的对象直接联系起来，简洁而又起标名作用。因而名称、标牌多使用这一句式。

人们的日常对话、交际中，使用独语句也很频繁，问答、称呼、要求、介绍、感叹等多使用独语句。口语中频繁使用独语句，是与口语交际的语境有直接关系的。口语交际中。语境本身提供了大量信息，一方面语境为听者提供了解释功能，把共知信息（过剩信息）排除或隐含，用独语句表达必要信息（新信息或焦点）。语境已经提供的双方共知信息，说者就不必再讲出来，听者根据已知信息和语境就可以推断出来并能补充和理解。比如在商店，售货员问顾客："你要买什么？"顾客只需说："嗯，笔记本、软面抄，哦，练习本也可以。"售货员就能理解并满足顾客的要求。再如病人喊："快！水！糖！"他人就能明白病人的要求，给他送上水和糖。

下面主要谈谈文学作品中的独语句的使用情况。

（二）由于独语句表示直指性判断，用于直指性场合，与其表达对象有直接联系，而且独语句的语词多表达具体的对象，与具体可感的对象相联系，因而独语句这种句式与形象思维有直接联系，宜于表达形象思维。文学作品中使用独语句也给人对所称谓的对象以直指可感的形象性，可以说是表达形象思维的一种最直接、较简明的语言形式，其在描写环境、刻画人物形象方面有独特的美学价值。也正因为此，独语句一般罕见于议论、说明文体中。这是从词语与所称谓对象的关系角度来说明独语句这一语言形式与形象的关系的。如果从意象、意象的组合、形象等与语句形式的关系角度来看，独语句与意象、形象也有密切的关系。

一个描写情物的词语，就是一个贮存的表象，而巩固在词里的表象如果组合在一定的情景中，表现了特定的对象，就成了意象。意象单位就是由主象和谓象构成的一个感觉上的整体，如"细雨""老树""春花"等。为了表现想象中或现实中一幅复杂的画面，需要大量的意象。由于语言符号的线条性，我们不能把对象完整地移到符号系列中去，只能从完整的形象中择取若干主要部分，并从中分离出主要特征、状态加以表现，没有表现的部分则需欣赏者的想象去补充。在文学作品中，用一个一个单个的意象，按一定的语言手段（组合方式）组织起来，就会构成一完整的文学形象来。在意象的各种组合方式中，有一种是并列法，它们构成静止的或连续的场景。回过头来，我们发现每一个写景或刻画人物的独语句，正是一个意象单位（这类独语句多是名词性偏正结构，有主象和谓象）；而几个独语句连用又正是几个意象单位的并列组合，这就构成了一个形象整体（画面）；并且独语句又总是选择典型的、有代表性的、能体现使用者此情此感的景物来表现，于是这个由几个独语句组成的画面就由几个有代表性的景物和空白组成（中国古代美学向来讲究虚实的配合，以虚称实，虚实相间）。这样构成的画面既具体突出，又能给人以联想、想象，使欣赏者有再创造的余地。一个个看上去孤立的、零碎的语词（意象单位），经过并列组合，在各意象单位之间的互相制约下，就与特定的情景相联系，从而构成一个完整的形象，以描写环境（构成意境）、刻画人物，它可以完全不需要其他非意象语词。"杏花，春雨，江南"，这一简单的组合，就构成了一个意境深远的画面，把江南特有的春景描写得多么令人神往。

这方面最典型的例子莫过于元人马致远的小令《天净沙·秋思》了。"枯藤老树昏鸦，小桥流水人家，古道西风瘦马。夕阳西下，断肠人在天涯。"一连用了九个独语句，直指作者所见有代表性的景物，构成九个意象，从不同的角度创造了一个典型的、立体感很强的画面，体现了作者的内心情绪，塑造了一个虚实相间、情景交融的意境。

描写一个复杂的环境，既可以从容地渲染、铺陈，也可用几个独语句，选择有代表性的景物，构成一个立体画面。如张辛群《月到中秋》写黄昏的闹市：

> 黄昏。闹市。车流。人海。

多么简洁生动，有立体感和新鲜感，给人以想象和再创造的余地。巴金《春天里的秋天》：

> 漆黑的天，明亮的星的网，白的星，绿的星，红的星。
> 静的街市，清冷的路灯，稀少的行人。

几个独语句渲染出一种凄清的环境氛围，体现了作者苦闷、悲凉的心境。曲波《山呼海啸》：

> 蔚蓝的晴空，火红的晚霞，雪白的大地，苍绿的山林，炊烟袅袅的小燕林，上坡上蠕动着的牛羊群，江山秀丽多姿。

这个画面色彩鲜明，动静结合，每个独语句所描写的景物，都栩栩如生，如在眼前。

独语句用来刻画人物形象，也是抓住主要特征，直指描写，给人很深的印象。茹志鹃《百合花》："这媳妇长得很好看，高高的鼻梁，弯弯的眉，额前一溜蓬蓬的刘海。"前面是一个主谓句，总体描写，后面抓住鼻梁、眉、刘海等特征，用直指性的独语句来描写，分承上句，从而构成这个媳妇"好看"的具体形象来。

可见，单个的独语句具有判断的直指性，与表达对象直接联系；而连用时，用于写景和刻画人物，又多全是意象的组合，因此其与形象思维关系密切，其在描写环境、刻画人物上有很大的美学价值，各种文学样式中都有使用。

（三）前面说过，独语句叠用，语势上有跳脱感，而当我们心情激动、紧张时，或在梦境、幻想、思索冥想时，思绪也不会是连贯的，也有跳跃性，人们在想的时候，也多用跳跃式内部语言，表达最主要的信息。可见，叠用时语势上有跳脱感的独语句正与人思想时的跳跃性相适切，也与人们激动、紧张时的心情一致。这说明独语句可以用来反映人的思维的跳跃性，表述这种跳跃性的独语句连用，给人很强的动态感和思想的过程感。如巴金《雨》：

> 吴仁民不回答，却继续自语道：熊智君，细长的背影，下垂的黑发，凄哀的面貌……肺病……

前面几个独语句是写熊智君的面貌，而后面又突然冒出"肺病"来，跳跃性很强。

苏辛群《月到中秋》：

> 走了，他走了。是那样的突然和无声无息。
> 冷嘲和热讽。无情的咒骂。疑惑的眼神。真诚的感叹。热烈的赞扬。一切都置诸脑后……

这组独语句，表达作者内心对过去发生的种种事件的追忆，这种回忆，在心情激动时，是复杂而迅速、跃动的，而独语句叠用形式本身的跳脱感正好表达了这种心情，不至显到舒缓。再如徐星《无主题变奏》（《小说选刊》

1985 年第 10 期)：

> 我就喜欢又有意境又疯狂，又成熟又带些小女子气的姑娘。我甚至想到了一个温暖的归宿，一个各种气氛都浓浓的小窝——
> 良宵美景，万家灯火……
> 一张大大的书桌，墨色的台布，桌子上一大堆书……
> 我们各坐一边……
> 月下的花园，格里格、卡夫卡什么的……

这是对想象中的情景的描写，思绪跳跃多变，情景亦随之变化，与独语句的跳脱性相吻合。

巴金《春天里的秋天》中有一大段独语句群。"我"带着一种变幻莫测、悸动不安的心情来看电影，电影情节也变幻多端，与"我"的心情相结合，作者就用一群独语句叙写了一个变幻多端的电影情节过程，并从中体现"我"的情绪，给人急速、跃动、变换的感觉。若用其他句式叙述，可能会很长，也会失去这种感觉。请看（转抄有省略）：

> 青春，热情，明月夜，深切的爱，一对青年男女，另一个少年，三角的恋爱，不体谅的父母，金钱……热带的长岁月。
> 没有父母的少女，酗酒病狂的兄弟，纯洁的初恋，信托的心，白首的约，不辞的别……兄弟的死，终身的遗恨
> 久别后的重逢，另一个女人，新婚的妻子，重燃的激情，匆匆的别，病，玫瑰花，医院中的会晤，爱情的自由，三角的恋爱，偕逃的计划，牺牲的决心，覆车的死，
> ——许多的人在叹气，电灯亮了，蓝色布幕拉起来了……

这种语势跳脱的独语句连用可以反映人们思维活动的跳跃，在一定的语境下，能做到形式和内容的统一，因而在意识流小说中使用独语句式很多，王蒙《春之声》（《人民文学》1985 年第 5 期）中就有不少，如：

> （这不是法兰克福的孩子们吗？）男孩子和女孩子，黄眼睛和蓝眼睛，追逐着的，奔跑着的……那友爱的动人的呐喊。那红的和白的玫瑰。那紫罗兰和蓝蓝的毋忘我。

自由市场。百货公司。香港电子石英表，豫剧片《卷席筒》，羊肉泡馍。醪糟蛋花。三接头皮鞋。三片瓦的帽子……

（四）当某个事物，或某个人突然出现，或在你脑中突然闪现，给你强烈的刺激和影响时，你会对此做出反应，而表达这个反应的句子，多简洁直接，因为此时你的反应是迅速的，一闪而过的，不可能慢慢地思考和组织语句。因而在表达此时大脑对事物反应的句子中，独语句就有优越性，用一个表示直指性判断的句子，迅速地表达出这个被判断的主体，传出信息。

比如在激烈的战斗中，突然敌机飞来，首先看到的战士会惊叫"敌机！敌机！"向战友传出新的情况，引起注意。人们在海中遇险，生命危险，突然发现远处有条船，就会惊叫"看！船！一只船！"绝不会这样组织句子："喂，你们看哪，前面有一只船哩。"再如张承志《春天》（《北京文学》1983 年第 6 期）：

我要正好套你一只耳朵半边脸。就在这时，他听见一声可怕的马嘶。安巴·乌兰！他吓得哆嗦了一下，同时猛地竖起马杆。

这是突然发出的，并对"他"有强烈影响的马嘶声在其脑中的反映，"他"迅速作出判断——这是安巴·乌兰的嘶叫。

郑义《老井》（《当代》1985 年 2 期）：

他觉得是哪儿不对，使劲想着……旺泉！旺泉！旺泉！！！

"他"掉下井，死在旦夕，但此时脑中突然想到、闪现出在井底的情人——旺泉。

小说《闪闪的红星》中的潘冬子偶然听到别人说起胡汉三来，迅速在脑中闪现胡汉三来："啊？胡团长！柳溪的老太爷！烧伤后遗症！"

（五）独语句由于其经济性，在直指的场合，介绍、列举事物、对象时使用较多，还需辅以手势。文学作品中，也常用独语句来介绍、列举。如苏辛群《月到中秋》中介绍家庭摆设：

宽敞的客厅。天蓝色的地毯。雅致的一套高级沙发。日本索尼收录机。日本三洋彩色电视机。日本精工电子表……美国电子琴。空调设备……。总之，八十年代初期家庭现代化设备可以说所差无几了。

崔京生《红的雪》（《收获》1984 年第 2 期）列举食品：

> 白切鸡，卤兔肉，酱猪肝，炸小排骨，火腿拼盘……熟食柜里再有几样肖若君还会添上几样。

（六）感叹句表达情感，或赞或怨，或喜或怒。感叹句的句式多简短，并直接抒发对人或物或行为的感受，感叹也多用于直指场合，要有感而发，与被感叹的对象直接联系。在文学作品中，被感叹的对象一般是上、下文描写过，叙述过，或如在作者眼前，或读者已知道的。因而很多感叹句采取独语句形式。这种表感叹的独语句，不仅表达情感，而且表达一个直指性判断，独语句语词所表达的对象就是被咏叹的事物的本身。如老舍《方珍珠》：

> 顶好的人！顶有本事的人！

焦祖尧《跋涉者》（《当代》1983 年第 2 期）：

> 我睁开眼来。车窗外，是银装素裹的世界。
> 啊！一片洁白的世界！一尘不染的世界！

再如鲁迅《杂感》：

> 不可救药的民族中，一定有许多英雄，专向孩子们瞪眼。这些孱头们！

（七）剧本的场、幕、景的开头，其他文艺作品的开头也多用独语句表示时间和地点，一些文艺作品中间也间或使用。这是因为独语句有判断的直指性，能起直接表示时间地点的作用，并且形式简短。

电影文学剧本《乡音》几乎每场都用一个独语句来点明这场戏发生的地点，如："河滩。""余家门前。""余家堂屋。"等。

　　李淮《黄河东流去》一章的开头有："公元一千九百三十八年的夏天，一个大雾的早晨。"也是两个独语句。

　　上面我们分析讨论了独语句的特点及其运用的诸方面和语用效果。这些效果是不是其他句式的运用就达不到呢？当然不是。其他句式在写景、抒情、刻画等方面也能收到很好效果。这个问题，我们不能孤立地去阐述。任何表达手段首先必须适合题旨和情境，然后才能谈表达效用。

　　我们知道，语言分析一般要在句法、语义、语用三个平面上进行。语用学研究符号与使用者的关系，语用学告诉我们，语言使用与语境有密切的关系。语境对语言形式的选择，对信息的传递和接收、理解都有制约作用。相同语言形式用于不同语境会有不同的表达效果，不同的语境对语言形式也有选择性。

　　从上面分析可看出，独语句的使用，要在直指性的场合（包括想象中的和意念中的），就是说，独语句的语词是与其表达对象直接联系的。在文学作品中，无论用独语句进行描写、抒情、列举，还是用来反映突然出现的事物，这些被描写、感叹、列举、陈述的对象，都在上、下文中出现，或者就在作者眼前，为其直接感受到；即使用来表现幻境、梦境、想象的境界，独语句也同假想、想象的对象直接联系。

　　可见，如果把句子相对分成自足句和非自足句两种，那么名词性独语句就是典型的非自足句，无论使用或理解都与特定语境——直指的场合（包括想象中的）相联系。正是这种语境才决定独语句的特点和语用价值。

# 参考文献

陈昌来　2000　《现代汉语句子》，华东师范大学出版社。

陈建民　1984　《汉语口语》，北京出版社。

陈望道　1932/1954　《修辞学发凡》，新文艺出版社。

陈宗明　1979　《现代汉语逻辑初探》，生活·读书·新知三联书店。

范　晓　1996　《三个平面的语法观》，北京语言学院出版社。

范　晓　2005　《语境句和孤立句》，《语言文字学研究》，中国社会科学出版社。

范　晓　张豫峰等　2008　《语法理论纲要》（修订版），上海译文出版社。

胡　附　文　炼　1982　《句子分析漫谈》，《中国语文》第 3 期。

李宇明　1987　《Np 场景描写句》，《徐州师范学院学报》第 1 期。

刘月华　1990　《句子的用途》，人民教育出版社。

沈家煊　2001　《语言的"主观性"和"主观化"》，《外语教学与研究》第 4 期。

史锡尧　1986　《论名词性独语句》，《语文论丛》（二），外语教学与研究出版社。

吴为章　1994　《关于句子的功能分类》，《语言教学与研究》第 1 期。

詹开第　1984　《谈口语里的一种句式》，《汉语学习》第 1 期。

张　斌　1989　《句子种种》，《汉语语法研究》，商务印书馆。

（陈昌来　上海师范大学）

# 及物动作动词构成的句干句式

## 范　晓

**提要**　句干句式（即"句干的句式"）是指句干的语法结构格式，它是由一定的语法形式显示的包含句法结构、语义结构以及句式义（句式自身独立的、整体的语用表达功能意义）的抽象结构格式，是句型、句模和句式义的综合体。句干句式都由动词为核心组成的动核结构通过一定的句法布局生成，所以动词是构成句干句式的关键，可以以动词为纲来构建一种语言的句式系统。全面系统地构建现代汉语的句式系统，是一个很艰巨的任务。本文重点勾画并扼要描述现代汉语及物动作动词构成的单句主述句的一些主要的基干句式，旨在为构建现代汉语句式系统提供样板，以期起"举一反三"之效。

**关键词**　及物动作动词　句干句式　句式义

## 前言

　　句干是句子的主干，[①] 是一个句子除去表达句子交际用途的语气（通常用语气词、句调、句末标点符号等表达）的那个主体部分，也就是句子里去掉语气以后的词类序列组合体。具体句子的句干主要用来表达思维内容。句干所表达的抽象的语法结构格式，称为句干句式，它是由一定的语法形式

---

　　① "句干"这个术语是笔者在《略说句系学》（《汉语学习》1999 年第 6 期）一文里提出的，在 2012 年又做了专门论述（《略论句干及其句式》，《山西大学学报》2012 年第 3 期）。这里所说的"句子的主干"（句干）跟中心词分析法所说的句子的"主干"是不同的：本文指句子去掉句末语气之外的部分，而后者则是在句干里再分出"主干"（指句干里的主要成分，如主语、谓语、宾语）和"枝叶"（指句干里的附加成分，如定语、状语、宾语、补语）。后者可参看黄伯荣、廖序东主编《现代汉语》下册，甘肃人民出版社 1981 年版，第 369 页。

（包括词类序列、特定词、固定格式等）显示的包含句法结构、语义结构以及句式义（句式自身整体的、独立的语用表达功能意义）的抽象结构格式，是句型、句模和句式义的综合体。句干句式可分为基干句式和扩展句式。基干句式是指句干里最基本的成分所构成的句式；扩展句式是指基本句式里增添了附加性的成分而扩展了信息量的句式。① 基干句式可以分为常规句式（原型句式和衍生句式）、超常句式，衍生句式和超常句式都是在原型句式的基础上根据表达需要演化、生发出来的。② 句式系统具有层级性，即使同样是基干句式，也还有上位句式和下位句式之别，即上位句式里还可以分出下位的句式。③ 基干句式都由基干动核结构通过一定的句法布局形成一定的句模生成的，扩展句式是在基干句式基础上增添某些附加信息生成的。④

现代汉语的句子绝大多数是"主题 – 述题"构成的"主述句"（也称"主题句"）。在"主题 – 述题"句里，主题（Topic，也称"话题"）是句子所述说的对象，是述说的着眼点、起点；述题（Comment）是句子所述说的部分，即对主题加以述说。⑤ "主题 – 述题"结构存在于句干里，所以句干句式与"主题 – 述题"结构的关系非常密切。

动词"是句子的中心、核心、重心，别的成分都跟它挂钩，被它吸住"，⑥ 汉语的句干句式都由广义动词（也称"谓词"，包括动词和形容词）

---

① 关于"句干""句式""句干句式""基干句干句式""扩展句干句式"等，可参看范晓《略论句干及其句式》（《山西大学学报》2012 年第 3 期）、《关于句式问题》（《语文研究》2010 第 4 期）、《试论句式意义》（《汉语学报》2010 年第 3 期）。

② 参看范晓《论语序对句式的影响》，《汉语学报》2013 年第 1 期。

③ 关于句式系统具有层级性的观点，参看范晓《句式研究中要重视的几个问题》，《语言研究集刊》第七辑，上海辞书出版社 2010 年版。

④ 关于"动核结构""句模"，可参看范晓《动词的"价"分类》（《语法研究和探索》五，中国语文杂志社 1991 年版）、《论动核结构》（《语言研究集刊》，上海辞书出版社 2011 年版）、《句型、句模和句类》（《语法研究和探索》(7) 北京商务印书馆 1995 年版），以及范晓、朱晓亚《论句模研究的方法》（《徐州师范大学学报》1999 年第 4 期）和朱晓亚《现代汉语句模研究》（北京大学出版社 2001 年版）。关于"句子生成"，可参看范晓《动词的配价与句子的生成》（《汉语学习》1996 年第 1 期）、《汉语句子的多角度研究》第 18 章。

⑤ 主题与主语分属于语用和句法，出现于句首的主语同时也是主题（即主语和主题重合），但主题不一定都是主语。述题的述说可分为叙述、描记、解释、评议等。参看范晓《句型、句模和句类》（《语法研究和探索》7，商务印书馆 1995 年版）、《汉语句子的多角度研究》第十六章（商务印书馆 2009 年版）。

⑥ 吕叔湘《句型和动词学术讨论会开幕词》，《句型和动词》，语文出版社 1987 年版，第 1 页。

为核心构成的动核结构（也可称"谓核结构"）通过一定的句法布局生成，基干句式由基干动核结构通过一定的句法布局生成，扩展句式由扩展动核结构通过一定的句法布局生成。可见，谓词（广义动词）是构成句干句式的关键，可拿句子里的谓词为纲来构建一种语言的句干句式系统。

任何句子都从属于一定的句式，没有句式的句子是不存在的；而任何句式也总是许多句子的共性语法结构格式的抽象集合。① 汉语句子的句干句式的集合能形成汉语的句干句式系统。现代汉语的单句的句干绝大多数是"主述句"，所以可拿"主述句"里述题中的核心谓词为纲、以谓词为中心构建的词类序列为目，来提纲挈领地构建"主述句"（单句）句干的句式系统。

构建现代汉语的句式系统，不仅具有理论意义（有助于深化语法理论），而且具有实用价值（有助于汉语语法教学和语言对比研究以及自然语言的计算机处理）。本文根据"三维语法"（三个平面）的理论，选择一些现代汉语不同"价"类（配价类型）的及物动作动词构成的叙述句（事件句）的"主题–述题"句干里的一些主要的、实用的基干句式，从静态角度勾画并扼要地描述它们的句型、句模和句式义，揭示这些句干句式的"使用价值"，② 试图为构建现代汉语句式系统提供一个样板，以期起"举一反三"之效。③ 本文对汉语及物动作动词构成的句干句式的概括比较粗略，某些句式的描述也不尽完善，但对汉语语法教学（包括对外汉语教学）也许还是有参考价值的。

为方便起见，本文行文中有时用符号代替某些术语：施事记作"施"，系事记作"系"，起事记作"起"，与事记作"与"，受事记作"受"，止事记作

---

① 有些学者认为句式是以语言中部分句子为对象加以描述的结果，即具有某种特点或特征的句子才有句式。那就是说汉语里有的句子有句式，有的句子没有句式。这在理论上说不通，因为凡句子都有句式，没有无句式的句子。更何况，何谓"部分句子"？哪些属于"特点或特征"的句子？也是见仁见智的。即使归纳部分句子建构汉语的句式系统，充其量也只是"部分句式"或"特殊句式"的汇集。

② 句式具有"语用价值"，包含句式的"使用价值"和句式的"应用价值"。"使用价值"指静态句式自身固有的某种语用表达功能意义。句式话语语境的适用性、选择性就是句式的"应用价值"（也可称为"适用价值"或"交际价值"）。参看范晓《句式研究中要重视的几个问题》（《语言研究集刊》第七辑，上海辞书出版社2010年版）、《语法的句式和修辞的关系》（《当代修辞学》2011年第1期）、《句式的应用价值初探》（《汉语学习》2011年第5期）。

③ 要全面系统地构建汉语的句式系统，必须对各种动词构成的各种句干句式作全面深入的研究并加以描述，这是一个很大的工程。本文只是勾画描述出由及物动作动词构成的单句里的叙述性主述句的主要的基干句式（非主述句、复句以及扩展句式、超常句式等暂不讨论）。在参考这些句式对不同的教学对象进行句式教学时，可进一步补充、细化、修正。

"止"，领事记作"领"，属事记作"属"，主语记作"主"，宾语记作"宾"，补语记作"补"，状语记作"状"，状语所限饰的中心语记作"心"，名词记作"名"或"N"，名词性词语记作"NP"，谓词（包括动词、形容词）记作"W"，谓词性词语（包括谓词和谓词性短语）记作"WP"，谓词里的动词记作"动"或"V"（其中的及物动词记作"Vt"，不及物动词记作"Vi"），动词性词语记作"VP"，介词记作"介"，主谓短语（或"小句"）记作"SW"。

# 一　二价及物动作动词构成的单动核结构生成的句式

二价及物动作动词为"主述句"里述题中的核心谓词（通常是主谓句里的谓语中心词）构成的单动核结构（一个动核结构）通过特定句法布局形成"句型－句模"结合体生成的基干句式很多。下面略举一些：

## （一）"主动宾－施动受"语序构成的句式

二价及物动作动词构成的"主动宾－施动受"（前一个"动"是指动词或"动语"，后一个"动"是指"动作核"，下均同）语序排列的句式（一般记作"SVO"）为汉语的"原型句式"。[①] 这种句式属于"主动宾"（动宾短语作谓语的"主谓句"）句型、"施动受"句模，概括的句式义是"叙述施事发出动作行为施加于某受事"。根据受事词语的差别，可下分为三式：

1. "$N_{施主}+Vt_{动作核}+N_{受宾}$"句式

指由"名词$_{施事主语}$+二价及物动作动词$_{动作核}$+名词性词语$_{受事宾语}$"构成的句式。实例：

> 张三批评李四（了）。/你喝过茅台酒（吗）？/我看过这本书（了）。

---

① 大多数学者认为现代汉语属于 SVO 型的语言，理由是：第一，上古汉语是"SVO"语序（管燮初《殷墟甲骨刻辞的语法研究》有考证），现代汉语和古汉语一脉相承，都是 SVO 语序（参看王力《汉语史稿》中册，科学出版社 1958 年版，第 357 页）；第二，从说汉语的儿童语言的发展来看，实验表明对句子的加工策略是以 SVO 语序为其主要类型的（参看李宇明《儿童语言的发展》，华中师范大学出版社 1995 年版，第 147—157 页）；第三，用统计学的方法检验，也证明现代汉语属于 SVO 语序类型。（参看曹聪孙《语言类型学与汉语的 SVO 和 SOV 之争》，《天津师大学报》1996 年第 2 期）。还有一些其他的理由，参看汤廷池《关于汉语的语序类型》，载《汉语词法句法论集》，台湾学生书局 1988 年版。

这种句式的句式义是"叙述施事发出动作行为施加于某受事"。常用于这种句式的动词主要是动作性较强的及物动词。

2. "$N_{施主} + Vt_{动作核} + VP_{受宾}$"句式

指由"名词$_{施事主语}$ + 二价及物动作动词$_{动作核}$ + 谓词性词语$_{受事宾语}$"构成的句式。实例：

> 我喜欢踢足球。/她爱热闹。/曹明德渴望出国留学。

这种句式的句式义是"叙述施事发出某种意欲性的动作行为涉及某动作或某事"。用于这种句式的主要是表示心理动作的及物动词（如"喜欢、爱、渴望"之类）。

3. "$N_{主施} + Vt_{动作核} + SW_{受宾}$"句式

指由"名词$_{施事主语}$ + 二价及物动作动词$_{动作核}$ + 主谓短语或小句$_{受事宾语}$"构成的句式。实例：

> 我们知道他是大学生。/我看见她在洗衣服。/她记得他说过这话。

这种句式的句式义是"叙述施事发出动作行为涉及某事件或某命题"。常用于这句式的动词主要是表示感知、言语的及物动词（如：知道、认为、觉得、说、听说、希望、期待、猜测、记得、建议、声明"之类）。

## （二）"主宾动 – 施受动"语序构成的句式

这是变更原型句式（"主动宾 – 施动受"句式）的语序而形成的衍生句式。可下分为：

1. "$N_{施主} + N_{受宾（定指）} + Vt_{动作核}$"句式

指由"名词$_{施事主语}$ + 名词$_{受事宾语（定指）}$ + 二价及物动作动词$_{动作核}$"构成的句式，一般称为"宾置动前句"，[①] 宾语在指称上是"有定"（定指）的。

---

① 宾语一般在动词之后，这是普遍的看法。但在宾语能否前置的问题上，存在着不同的意见：第一种，认为宾语不能置于动词之前；第二种，认为宾语不仅可以置于动词之前，而且还可以置于主语之前（句首）；第三种，认为宾语在一定条件下可以置于动词之前，但绝不能置于动词前面的主语之前（句首）。本文采用第二种意见。

实例：

　　张三早饭吃过（了）。/我这本书看过（了）。/他这个故事听过
（了）。

这种句式属于"主宾动"（宾置动前的动宾短语作谓语的主谓句）句型、
"施受动"句模，句式义是"叙述施事对定指性受事发出某种动作"；宾语
通常表"物"，表"人"受到限制①，在上下文里往往用于对比（如"我这
本书看过了，那本书还没看"）的表达需要。二价及物动作动词大多能组成
这样的句式。

　　2. "N$_{施主}$ + N$_{受宾（周遍性）}$ + Vt$_{动作核}$"句式

　　指由"名词$_{施事主语}$ + 名词$_{受事宾语（周遍性）}$ + 二价及物动作动词$_{动作核}$"构成的
句式。这种句式的特点是宾语在指称上具有"周遍性"：或是"任指"（也
称"遍指"，所指对象为任何事物），或是"通指"（所指对象为整个一类
事物）。这种句式属于"主宾动"（宾语前置的动宾短语作谓语的主谓句）
句型、"施受动"句模，句式义是"叙述施事对周遍性（任指或通指）的受
事发出或不/没发出某种动作"。这种宾语前置具有强制性，不能移到动词
之后，所以一般不能变换成"主动宾 – 施动受"句式。根据充当周遍性宾
语的情形，再可下分为三式：

　　（1）"N$_{施主}$ + N$_{（疑问代名词）受宾（遍指）}$ + 都/也 + ［不/没］ + Vt$_{动作核}$"句式

　　指由"名词$_{施事主语}$ + 疑问代名词$_{受事宾语（遍指）}$ + 都/也 + 不/没 + 二价及物动
作动词$_{动作核}$"构成的句式。这种"宾置动前"句式里的遍指宾语由疑问代
词（或是"疑问代词 + 名词"）充当，后边有副词"都/也"与之呼应。
实例：

　　他谁都没理睬。/我哪种饮料也不喝/他什么电影都不看

　　（2）"N$_{施主}$ + （一 + 量 + N）$_{受宾（遍指）}$ + 也/都 + 不/没 + Vt$_{动作核}$"句式

　　指由"名词$_{施事主语}$ + '一 + 量词 + 名词'$_{受事宾语（遍指）}$ + 都/也 + 不/没 + 二

---

　　① "表人宾语"置于动词之前，有时会说不通，如"张三批评了李四"可说，但"张三李四
批评了"不通。

价及物动作动词<sub>动作核</sub>"构成的句式。这种"宾置动前"句式的遍指宾语由数量名短语（一＋量词＋名词）充当，一般用于否定句，动词前有"不/没（没有）"表示否定，副词"都"或"也"与之呼应。实例：

> 他一句话也没说。/我一个字都不识。/他一个人都不理睬。

（3）"N<sub>施主</sub>＋N<sub>受宾（通指）</sub>＋也＋不/没＋Vt<sub>动作核</sub>"句式

指由"名词<sub>施事主语</sub>＋名词<sub>受事宾语（通指）</sub>＋也＋［不/没］＋二价及物动作动词<sub>动作核</sub>"构成的句式。这种"宾置动前"句式里的通指宾语由表通指的名词充当，副词"也"与之呼应，常出现于某些对称格式的复句里。

> 她饭也不吃，觉也不睡，身体要垮的。/他大事也管，小事也管，样样事都管。

3. "N<sub>受事宾语</sub>＋N<sub>施事主语</sub>＋Vt<sub>动作核</sub>"句式

指由"名词<sub>受事宾语</sub>＋名词<sub>施事主语</sub>＋二价及物动作动词<sub>动作核</sub>"语序构成的句式。这是因为宾语主题化的需要而"'宾踞句首'"。[①] 这种句式属于"宾主动"（宾踞句首的主谓句）句型、"受施动"句模。二价及物动作动词大多能组成这样的句式。根据宾语的指称性质，再可下分为两式：

（1）"N<sub>受宾（有定）</sub>＋N<sub>施主</sub>＋Vt<sub>动作核</sub>"句式

指由"名词<sub>受事宾语（定指）</sub>＋名词<sub>施事主语</sub>＋二价及物动作动词<sub>动作核</sub>"构成的句式。这种句式的特点是句首的宾语在指称上一般是有定的。实例：

> 这种酒我喝过（了）。/这本书我看过（了）。/这个问题我们研究过（了）。

这种句式的句式义是"叙述对于某种有定性的受事，施事对其发出动作"；句首宾语在上下文里往往用于对比（如"这本书我看过，那本书我没看过"）的表达需要。

---

① 有些语法书把在句首的受事名词分析为主语，把这种句子分析为"主谓谓语句"，这是受结构主义理论的影响，如果结合语义和语用，句首的受事名词应分析为主题，受事名词置于句首乃是主题化的需要，传统语法有"宾踞句首"之说，还是有道理的。

（2）"N$_{受宾（周遍性）}$ + N$_{施主}$ + Vt$_{动作核}$" 句式

指由 "名词$_{受事宾语（遍指）}$ + 名词$_{施事主语}$ + 二价及物动作动词$_{动作核}$" 构成的句式。这种句式的特点是句首的宾语主题化，它在指称上具有周遍性（由表周遍性的名词性词语充当），副词 "都/也" 与之呼应。实例：

> 什么话他都不说。/哪种饮料我都不喝。/什么事他都不知道
> 饭她也不吃，觉她也不睡，身体垮了。/大事他也管，小事他也管，
> 样样事他都管。

这种句式的句式义是 "叙述对于某种周遍性（遍指或通指）的受事施事对其发出或不/没发出某种动作"。

（三）"N$_{施主}$ + '把 + N$_{受宾}$'$_{（状语）}$ + Vt$_{动作核（中心语）}$" 句式

指由 "名词$_{施事主语}$ + '把 + 名词$_{受事宾语}$'$_{（状语）}$ + 二价及物动作动词$_{动作核（中心语）}$" 语序并有介词 "把" 构成的句式（"把" 字句式的一种）。这种句式表 "处置态"，句中介词 "把" 所带的受事宾语在指称上一般是 "有定"（定指）的。实例：

> 张三把李四批评（了）。/他把那东西扔（了）。/你把这苹果吃
> （了）！

这种句式属于 "主'把宾'动" 句型（或称 "主状心" 句型："把 + 名词" 作状语、动词作中心语所构成的状心短语作谓语的主谓句）、"施把受动" 句模，句式义是 "叙述施事处置定指性受事以某种动作"。

（四）"N$_{受主}$ + '被 + N$_{施宾}$'$_{（状语）}$ + Vt$_{动作核（中心语）}$" 句式

指由 "名词$_{受事主语}$ + '被 + 名词$_{施事宾语}$'$_{（状语）}$ + 二价及物动作动词$_{动作核（中心语）}$" 语序并有介词 "被" 构成的句式（"被" 字句式的一种）。这种句式表 "被动态"，句中受事主语和介词 "被" 所带的施事宾语一般是 "有定" 的。实例：

> 李四被张三批评（了）。/那东西被他扔（了）。/这苹果被虫蛀

（了）。

这种句式属于"主'被宾'动"句型（或称"主状心"句型："被＋名词"作状语、动词作中心语所构成的状心短语作谓语的主谓句）、"受被施动"句模，句式义是"叙述受事被动地受到施事施加以某种动作"。

（五）"NP[指/数量名]受事宾语 ＋ Vt动作核 ＋ NP[数量名]施事主语" 句式

指由"名词短语[指/数量名]受事主语 ＋ 二价及物动作动词动作核 ＋ 名词性短语[数量名]施事宾语"语序构成的句式，特点是：作主语和宾语的 NP 是"数量名"或"指量名"短语。实例：

> 这锅饭吃了 10 个人。/这匹马骑了两个人。/一件衣服穿了三代人。

这种句式属于"主动宾"（动宾短语作谓语的主谓句）句型、"受动施"句模，句式义是"叙述受事（特定数量的物）'供'（或"让"）施事（一定数量的人）使用（实施某种动作）"。这种句式能变换成"NP[指/数量名]受事主语 ＋ '供/让＋NP[数量名]施事宾语'（状语）＋ Vt动作核" 句式，如"这锅饭吃了 10 个人→这锅饭供 10 个人吃了"。①

## 二　二价及物动作动词和其他动词构成的多动核结构生成的句式

二价及物动作动词为"主述句"里述题中的核心谓词（通常是主谓句里的谓语中心词）跟另外谓词构成的多动核结构（两个或两个以上的动核结构）通过特定句法布局形成"句型－句模"结合体生成的基干句式也很多，下面略举一些：

（一）"N施主 ＋ Vt动作核 ＋ W结果补语 ＋ N受宾" 句式

指由"名词施事主语 ＋ 二价及物动作动词动作核 ＋ 谓词结果补语 ＋ 名词受事宾语"

① 这种句子表达"NP（受事）供/让 NP（施事）V"的意思，称为"供动句"或"供让句"，参看范晓《汉语句子的多角度研究》，商务印书馆 2009 年版，第 255—257 页。

语序构成的句式，其中谓语动词和补语之间具有"动结"（动作 - 结果）关系（一般称为"动结式"）。这种句式属于"主动补宾"（动补短语为动语带宾语所构成的动宾短语作谓语的主谓句）句型、"施动受 + 系动"句模，概括的句式义是"叙述施事发出某种动作施加于受事致使受事或施事名物产生某种结果"。这种句模由两个动核结构串套整合（如"我们打敌人 + 敌人败"、"我们打敌人 + 我们胜"之类）构成，根据补语的语义指向不同而分析出的句式义差别，可下分为两式。

1. "$N_{施主}$ + $Vt_{动作核}$ + $W_{补语(指向受事)}$ + $N_{受宾}$"句式

指由"名词$_{施主}$ + '二价及物动作动词$_{动作核}$ + 谓词（不及物状态动词或形容词）$_{结果补语(指向受事)}$' + $N_{受事宾语}$"构成的句式。实例：

我们打败了敌人。／孩子踢破了皮球。／她撕坏了衣服。

这种句式的宾语名词所表语义身份属于受事和系事"兼格"（如"我们打败了敌人"里"敌人"兼做"打"的受事和"败"的系事），[①] 句式义是"叙述施事发出某种动作施加于受事致使受事名物产生某种结果"。作补语的是不及物状态动词（"败、伤、醉"之类）或形容词（"坏、破、痛"之类）。这种句式的句子可以变换成"把"字句和"被"字句，如"我们打败了敌人→我们把敌人打败了→敌人被我们打败了"。

2. "$N_{施主}$ + $Vt_{动作核}$ + $W_{补语(指向施事)}$ + $N_{受宾}$"句式

指由"名词$_{施主}$ + '二价及物动作动词$_{动作核}$ + 谓词（不及物状态动词或形容词）$_{结果补语(指向施事)}$' + $N_{受事宾语}$"构成的句式。实例：

我们打胜了敌人。／他吃饱了饭。／我喝醉了酒。

这种句式的宾语名词所表语义身份属于受事和系事"兼格"（如"我们打胜了敌人"里"我们"兼做"打"的施事和"胜"的系事），句式义是"叙述施事发出某种动作施加于受事引起施事自身产生某种结果"。作补语的通

---

① 关于句子里名词的"兼格"的理论，可参看范晓《论名词在语义平面的"兼格"》（《语法研究和探索》（10），商务印书馆 2002 年版）、《汉语句子的多角度研究》第六章兼语句（商务印书馆 2009 年版）。

常是不及物状态动词（"胜、醉、伤"之类）或形容词（"坏、饱、痛"之类）。[①] 这种句式的句子不能变换成"把"字句和"被"字句。

（二）"$N_{施主}$ + '把 + $N_{受宾}$'$_{（状语）}$ + '$Vt_{动作核}$ + $WP_{结果补语}$'$_{（中心语）}$"句式

指由"名词$_{施事主语}$ + '把 + $N_{受事宾语}$'$_{（状语）}$ + '二价及物动作动词$_{动作核}$ + 谓词性词语$_{结果补语}$'$_{（中心语）}$"语序并有介词"把"构成的句式（"把"字句式的一种），句中动词和补语之间也具有"动结"（动作－结果）关系，句中"把"所带的受事宾语一般是"有定"的。实例：

> 他把皮球踢破（了）。/汽车把护栏撞坏（了）。/战士们把敌人打败（了）。

这种句式属于"主'把宾'动补"句型（或称"主状心"句型："把 + 名词"作状语、动补短语作中心语所构成的状心短语作谓语的主谓句）、"施动受 + 系动"（由两个动核结构串套整合组成，如"他踢皮球 + 皮球破"）句模，句式义是"叙述施事处置受事以动作而致使该受事产生某种结果"。作结果补语的通常是不及物状态动词（"败、伤、哑、醉"之类）或形容词（"坏、破、痛、干净"之类）。

（三）"$N_{受主（定指）}$ + '被 + $N_{施宾}$'$_{（状语）}$ + '$Vt_{动作核}$ + $WP_{结果补语}$'$_{（中心语）}$"句式

指由"名词$_{受事主语}$ + '被 + 名词$_{施事宾语}$'$_{（状语）}$ + '二价及物动作动词$_{动作核}$ + 谓词性词语$_{结果补语}$'$_{（中心语）}$"语序并有介词"被"构成的句式（"被"字句式的一种），句中受事主语和"被"所带的施事宾语一般是"有定"的。实例：

> 皮球被他踢破（了）。/护栏被汽车撞坏（了）。/敌人被战士们打败（了）。

---

① 某些及物词（如"会、懂"等）有时也能出现在这种句式里作补语，如"他听懂了我的话"。

这种句式属于"主'被宾'动补"句型（或称"主状心"句型："被+名词"作状语、动补短语作中心语所构成的状心短语作谓语的主谓句）、"受施动+系动"句模（由两个动核结构串套整合组成，如"他踢皮球+皮球破"），句式义是"叙述受事被动地受到施事施加以某种动作而致使该受事产生某种结果"。作结果补语的通常是不及物状态动词（"败、伤、哑、醉"之类）或形容词（"坏、破、痛、干净"之类）。

（四）"N$_{施主}$ + '把 + N$_{受宾}$'$_{(状语)}$ + 'Vt$_{动作核}$ + 得 + WP$_{情状补语}$'$_{(中心语)}$"句式

指由"名词$_{施事主语}$ + '把 + N$_{受事宾语}$'$_{(状语)}$ + '二价及物动作动词$_{动作核}$ + 得 + 谓词性词语$_{情状补语}$'$_{(中心语)}$"语序并有两个特征词（介词"把"和助词"得"）构成的句式（"把"字句式的一种，也是"得"字句式的一种），句中"得"后补语表示动作的"情状"，句中"把"所带的受事宾语一般是"有定"的。实例：

　　她把那房间收拾得干干净净。/我们把敌人打得大败。/他把那衣服撕得稀巴烂。

这种句式属于"主'把宾''动得'补"句型（或称"主状心"句型："把+名词"作状语、"动得补"式的动补短语作中心语所构成的状心短语作谓语的主谓句）句型、"施动受+系动"（由两个动核结构串套整合组成，如"他收拾房间+房间干干净净"）句模，句式义是"叙述施事处置受事以动作而使得该受事产生或呈现某种情状"。作情状补语的通常是不及物状态动词（"受伤、失败"之类）、状态形容词（"稀巴烂、烂糟糟"之类）、形容词重叠形式（"干干净净、破破烂烂"之类）以及形容词性短语（"大败、很干净"之类）。

（五）"N$_{受主(定指)}$ + '被 + N$_{施宾}$'$_{(状语)}$ + 'Vt$_{动作核}$ + 得 + WP$_{情状补语}$'$_{(中心语)}$"句式

指由"名词$_{受事主语}$ + '被 + 名词$_{施事宾语}$'$_{(状语)}$ + '二价及物动作动词$_{动作核}$ + 得 + 谓词性词语$_{情状补语}$'$_{(中心语)}$"语序并有两个特征词（介词"被"和助词"得"）构成的句式（"被"字句式的一种，也是"得"字句式的一种），句中受事主语和"被"所带的施事宾语一般是"有定"的。实例：

> 那房间被她收拾得干干净净。／敌人被我们打得大败。／那衣服被他撕得稀巴烂。

这种句式属于"主'被宾''动得'补"句型（或称"主状心"句型："被+名词"作状语、"动得补"式的动补短语作中心语所构成的状心短语作谓语的主谓句）句型、"受施动+系动"句模（由两个动核结构串套整合组成，如"他收拾房间+房间干干净净"），句式义是"叙述受事被动地受到施事施加以某种动作而使得该受事产生或呈现某种情状"。作情状补语的通常是不及物状态动词（"受伤、失败"之类）、状态形容词（"稀巴烂、烂糟糟"之类）、形容词重叠形式（"干干净净、破破烂烂"之类）以及形容词性短语（"大败、很干净"之类）。

（六）"$N_{施主}$ + '$Vt_{动作核}$ + $N_{受宾}$' + '$Vt_{动作核}$ + $WP_{结果补语}$'"句式

指由"名词$_{施事主语}$ + '二价及物动作动词$_{动作核}$ + 名词$_{受事宾语}$' + '二价及物动作动词$_{动作核}$ + 谓词性词语$_{（结果补语）}$'"语序构成的句式，句中两个 Vt 为相同的动词，中隔宾语，重复出现，一般称为"复动句"或"重动句"。这种句式属于"主'动宾－动补'"（动宾短语作动语、动补短语作补语所构成的动补短语作谓语的主谓句）句型、"施动受+系状"（由两个动核结构串套整合组成，如"他喝酒喝干了"里的"他喝酒+酒干"）句模，概括句式义是"叙述施事发出某种动作施加于受事致使受事或施事或动产生或显现某种结果"。用于这种句式的重复动词主要是动作性较强的及物动作动词（如"吃、看、说、写、喝、砍、割、洗"之类）。作补语的谓词通常是形容词（"累、胖"之类）或不及物状态动词（"醉、伤"之类）。[①] 根据句式里结果补语的语义指向不同分析出的句式义差别，再可下分为三式。

1. "$N_{施主}$ + $Vt_{动作核}$ + $N_{受宾}$ + $Vt_{动作核}$ + $WP_{补语指向受事}$"句式

指补语指向受事的句式。实例：

---

① 某些不及物的双音节"离合动词"也可通过拆离语素推导构成这样的句式，如"我睡觉睡晚了／小赵跳舞跳累了"之类，这是前一动语素"及物化"、后一动语素"宾语化"或"名物化"构成的句式，其后的补语表动作的结果。

老汪喝酒喝干（了）。/她剪纸剪坏（了）。/他挂画挂歪（了）。

这种句式的句式义是"叙述施事发出某种动作涉及受事而引起受事产生某种结果"。这种句式可以变换称"把"字句式，如"老汪喝酒喝干（了）→老汪把酒喝干（了）"。

2. "N$_{施主}$ + Vt$_{动作核}$ + N$_{受宾}$ + Vt$_{动作核}$ + WP$_{补语指向施事}$" 句式

指补语指向施事的句式。实例：

老汪喝酒喝醉（了）。/他吃玉米吃胖（了）。/我挂画挂累（了）。

这种句式的句式义是"叙述施事发出某种动作涉及受事而引起施事自身产生某种结果"。

3. "N$_{施主}$ + Vt$_{动作核}$ + N$_{受宾}$ + Vt$_{动作核}$ + WP$_{补语指向动作[的速度]}$" 句式

指补语指向动作（速度）的句式。实例：

老汪喝酒喝快（了）。/他骑车骑慢（了）。/我挂画挂快（了）。

这种句式的句式义是"叙述施事发出某种动涉及受事并引起动作（速度）显现某种结果"。

（七）"N$_{施主}$ + 'Vt$_{动作核}$ + N$_{受宾}$' + 'Vt$_{动作核}$ + 得 + WP$_{情状补语}$'" 句式

指由"名词$_{施事主语}$ + 二价及物动作动词$_{动作核}$ + 名词$_{受事宾语}$ + 二价及物动作动词$_{动作核}$ + 得 + 谓词性词语$_{情状补语}$"语序和结构助词"得"构成的句式。它是复动句式，也是"得"字句式的一种。"得"后的补语表示动作引起的"情状"。这种句式属于"主'动宾－动得补'"（动宾短语作动语、'动得补'式的动补短语作补语所构成的动补短语作谓语的主谓句）句型①、"施动受＋系"（由两个动核结构串套整合组成）句模，概括的句式义是"叙述施事发出某种动涉及受事而使得受事或施事或动作（速度）显现某种情

---

① 这种句式的句型分析有不同看法，有的认为是"连动句"，有的认为是"主状心"句，有的认为是"主谓谓语句"，笔者认为应分析为"主述补"句型。参看范晓《复动 V 得句》（《语言教学与研究》1993 年第 4 期）、《汉语句子的多角度研究》第六章（商务印书馆 2009 年版）。

状"。用于这种句式的重复动词主要是动作性较强的及物动作动词（如"吃、喝、踢、割、骑"之类），作补语的谓词通常是"程度副词＋形容词"组成的形容词性短语（如"很大、飞快"之类）以及表示情状义的固定短语（如"酩酊大醉、龙飞凤舞、伤筋动骨、落花流水、一无是处"之类）。① 根据情状补语的语义指向不同而分析出的句式义差别，这种句式可再下分为三式。

1. "N$_{施主}$ + Vt$_{动作核}$ + N$_{受宾}$ + Vt$_{动作核}$ + 得 + WP$_{补语指向受事}$" 句式

指补语指向受事的句式，实例：

老汪喝酒喝得一点不剩。／他挂画挂得歪歪斜斜。／她剪纸剪得支离破碎。

这种句式的句式义是"叙述施事发出某种动涉及受事而使得受事显现某种情状"。这种句式可以变换称"把"字句式，如"老汪喝酒喝得一点不剩→老汪把酒喝得一点不剩"。

2. "N$_{施主}$ + Vt$_{动作核}$ + N$_{受宾}$ + Vt$_{动作核}$ + 得 + WP$_{补语指向施事}$" 句式

指补语指向施事的句式，实例：

老汪喝酒喝得酩酊大醉。／小张踢球踢的很累很累。／他割麦割得腰酸背痛。

这种句式的句式义是"叙述施事发出某种动作涉及受事而使得施事自身显现某种情状"。

3. "N$_{施主}$ + Vt$_{动作核}$ + N$_{受宾}$ + Vt$_{动作核}$ + 得 WP$_{补语指向动作[的速度]}$" 句式

指补语指向动作（速度）的句式，实例：

老汪喝酒喝得太猛（了）。／小张骑车骑得飞快。／他挂画挂得很慢很慢。

① 某些不及物的双音节"离合动词"也可通过拆离语素推导构成这样的句式，如"我吃亏吃得很多/她洗澡洗得很累"之类，这是前一动语素"及物化"、后一动语素"宾语化"或"名物化"构成的句式，"得"后的补语表情状。

这种句式的句式义是"说明施事发出某种动作涉及受事使得动作（速度）显现某种情状"。

（八）"N<sub>施主</sub> + 'Vt<sub>动作核</sub> + V<sub>趋向补语</sub>' + N<sub>受宾</sub>"句式

指由"名词<sub>施事主语</sub> + 二价及物动作动词<sub>动作核</sub> + 趋向动词<sub>趋向补语</sub> + 名词<sub>受事宾语</sub>"语序构成的句式，句中动词和补语之间具有"动趋"（动作 – 趋向）关系，一般称之为"动趋式"。实例：

> 他领进来了一个人。/肖章娶回来一个好媳妇。/他搬出来一张桌子。

这种句式属于"主动补宾"（动补短语为动语带宾语所构成的动补短语作谓语的主谓句）句型、"施动受 + 施动"（由两个动核结构串套整合组成，如"他领人 + 人进来"）句模，句式义是"叙述施事施加动作于受事致使受事名物产生某种趋向"。这种句式通常能变换成"把"字句式，如"他领进来了一个人。→他把一个人领了进来"。

（九）"N<sub>施主</sub> + Vt<sub>动作核</sub> + N<sub>受宾</sub> + WP<sub>原因补语</sub>"句式

指由"名词<sub>施事主语</sub> + 及物动作动词<sub>动作核</sub> + 名词<sub>受事宾语</sub> + 谓词性词语<sub>原因补语</sub>"语序构成的句式。这种句式属于"主动宾补"（动宾短语作动语语再带补语的主谓句）句型、"施动受 + 系状"或"施动受 + 施动"（由两个动核结构串套整合组成）句模（Vt 后的名词"兼格"：既表 Vt 的受事，又表后面 WP 中 V 的系事或施事），概括的句式义是"叙述施事发出某种心理的或褒贬的动作行为涉及受事，原因是受事名物具有某种属性、品行或实现某种事件"。根据谓语动词的性质不同而分析出的句式义差异，可下分为两式。

1. "N<sub>施主</sub> + Vt<sub>(心理类)动作核</sub> + N<sub>受宾</sub> + WP<sub>原因补语</sub>"句式

指由"名词<sub>施事主语</sub> + 及物动作动词<sub>(心理类)动作核</sub> + 名词<sub>受事宾语</sub> + 谓词性词语<sub>原因补语</sub>"语序构成的句式。实例：

> 我喜欢他聪明。/她嫌人家穷。/我们讨厌他乱说话。

这种句式的句式义是"叙述施事发出某种心理动作行为涉及受事，原因是受事名物具有某种属性或品行"（即"因受事名物的某种属性或品行而使施事发出某种心理动作及于该受事名物"）。常用于这种句式的心理动词有"喜欢、爱、羡慕、钦佩、佩服、气、痛恨、害怕、讨厌、嫌、厌恶、原谅、怜悯"之类。充当原因补语的是形容词性词语或动词性词语。

2. "N$_{施主}$ + Vt$_{(褒贬类)动作核}$ + N$_{受宾}$ + WP$_{原因补语}$" 句式

指由"名词$_{施事主语}$ + 及物动作动词$_{(褒贬类)动作核}$ + 名词$_{受事宾语}$ + 谓词性词语$_{原因补语}$"语序构成的句式。实例：

> 病人赞扬医生医术精湛。／我们祝贺他得了冠军。／大家责怪他玩忽职守。

这种句式的句式义是"叙述施事发出某种褒贬性的动作行为施加于某受事，原因是受事名物具有某种品行或实现了某种事件"（即"因受事名物具有某种品行或实现了某种事件而使施事发出褒贬性的动作行为及于该受事名物"）。常用于这种句式的主要是表示褒贬义的动词，如"表扬、称赞、夸、恭喜、感谢、祝、祝贺、埋怨、谴责、责怪、责备、斥责、控告"之类。这种句式里充当原因宾语的主要是动词性词语（但也有形容词性词语）。

（十）"N$_{施主}$ + VP1 + VP2 + …" 句式

指由"名词$_{施事主语}$"后面连续带上两个或两个以上的动词性词语构成的句式。这种句子一般称为"连动句"。由于"名词$_{施事主语}$"后 VP 的数量以及性质不同，所以句模也有差异，也就会影响句式义的差异。"连动"句式比较复杂，这里不再细分，仅举"N$_{施主}$ + VP1（Vt$_{动作核}$ + N$_{受宾}$） + VP2（Vt$_{动作核}$ + N$_{受宾}$） + VP3（Vt$_{动作核}$ + N$_{受宾}$）"语序构成的句式。实例：

> 老人拄着拐杖提着篮子拾垃圾。／他披上衣服抓住电话机打电话。

这种句式是"名词$_{施事主语}$"后出现 3 个 VP 的连动句式，它属于"主'动宾''动宾''动宾'"（连动短语作谓语的主谓句）句型、"施动受 + 施动受 + 施动受"（由三个动核结构组成，如"老人拄拐杖 + 老人提篮子 + 老人买菜"）句模，句式义是"叙述施事按时间顺序连续发出互相联系的不同的动作分别施加于不同的受事"。

## 三 三价及物动作动词构成的单动核结构生成的句式

三价及物动作动词为"主述句"里述题中的核心谓词（通常是主谓句里的谓语中心词）跟另外谓词构成的单动核结构（一个动核结构）通过特定句法布局形成"句型－句模"结合体生成的基干句式也不少，下面略举一些：

（一）"$N_{施主}$＋$Vt_{动作核（交接类）}$＋$N_{与宾}$＋$N_{受宾}$"句式

指由"名词$_{施事主语}$＋三价及物动作动词$_{动作核（交接类）}$＋名词$_{与事宾语}$＋名词$_{受事宾语}$"语序构成的句式。概括的句式义是"叙述一个交接行为或事件：或是施事把受事交给邻体（与事）；或是施事从邻体（与事）那里接得受事"。这种句式里决定 $N_{受宾}$ 转移方向（外向或内向）的，是动词的语义特征。[①] 根据动词的语义性质可下分为表示"交类"（外向）句式和"接类"（内向）句式。

1. "$N_{施主}$＋$Vt_{（交类）动作核}$＋$N_{与宾}$＋$N_{受宾}$"句式

指由"名词$_{施事主语}$＋三价及物动作动词$_{（交类）动作核}$＋名词$_{与事宾语}$＋名词$_{受事宾语}$"语序构成的原型句式。实例：

他送给我一份礼物。／太太给了他四天的工钱。／我寄给她一个包裹。

这种句式属于"主动宾宾"（动词带双宾语构成的主谓句）句型、"施动与受"句模，句式义是"叙述施事交给（给予）与事以受事"。及物的、外向的"交"类（即"给予"类）三价动词（如"给、交、送、赠、赠送、献、赐、赏、教、寄、赏赐"之类。"交"类三价动词常以"V给"形式出现，如"呈给、献给、交给、送给、赐给、教给"之类）通常用于这

---

① 参看范晓《交接动词及其构成的句式》，《语言教学和研究》1986 年第 3 期；《汉语句子的多角度研究》第四章交接句，商务印书馆 2009 年版。

种句式。① 这种句式可根据其出现介词的情形和语序变化生成为以下衍生句式：

（1）"N$_{施主}$ ＋ '把 ＋N$_{受宾}$' $_{（状语）}$ ＋ 'Vt$_{（交类）动作核}$ ＋ N$_{与宾}$' $_{（中心语）}$" 句式

这是"把"字句式的一种。实例：

我把那礼物送给了老王。／太太已经把工钱发给他（了）。／我把包裹寄给她（了）。

这种句式属于"主'把宾'动宾"句型（双宾语中的受事宾语用"把"引出置于动词之前。也称"主状心"句型："把 ＋宾"作状语、动宾短语作中心语所构成的状心短语作谓语的主谓句）、"施把受动与"句模，句式义是"叙述施事发出动作处置受事交给（给予）与事"。

（2）"N$_{受宾}$ ＋N$_{施主}$ ＋Vt$_{（交类）动作核}$ ＋ N$_{与宾}$" 句式

这是受事宾语主题化的句式。实例：

这本书我送给你。／那辆车我已卖给人家（了）。／那包裹我已寄给老王（了）。

这种句式属于"宾主动宾"（双宾语中受事宾语置于句首的动词带双宾语构成的主谓句）句型、"受施动与"句模，句式义是"叙述某个定指的受事由施事交给（给予）与事"。

2. "N$_{施主}$ ＋Vt$_{（接类）动作核}$ ＋ N$_{与宾}$ ＋N$_{受宾}$" 句式

指由"名词$_{施事主语}$ ＋ 三价及物动作动词$_{（接类）动作核}$ ＋ 名词$_{与事宾语}$ ＋ 名词$_{受事宾语}$"语序构成的原型句式。实例：

我收受他一份礼物。／小偷偷了老张一只鸡。／我收到他一封快信。

这种句式属于"主动宾宾"（动词带双宾语构成的主谓句）句型、"施动与受"句模，句式义是"叙述施事接得（获取）与事所领有的受事"。及

---

① "交"类动词是一种"外向动词"，表现为"外向"的"交"（给予）过程，即受事由施事向外转移到与事（受事由施事转移至与事），构成"外向"性的动词带双宾语的句式。

物的、内向的"接"类（即"受取"类）三价动词（如"收、受、接、接收、接受、接得、受取、讨还、抢、骗、缴获、偷、窃取、骗取"之类）常用于这种句式。[①] 这种句式可以变化生成为以下衍生句式：

（1）"$N_{施主}$ + '介$_{(向/从)}$ + $N_{与宾}$'$_{(状语)}$ + '$Vt_{(接类)动作核}$ + $N_{受宾}$'$_{(中心语)}$" 句式

这是介词"从/向 + 名"作状语的一种句式。实例：

> 小贩从顾客那里骗得很多钱。/他向我索要礼物。/我军从敌人那里缴获了大炮。

这种句式属于"主'介宾'动宾"句型（双宾语中的受事宾语用"从/向"之类介词引出置于动词之前。也称"主状心"句型："介 + 宾"作状语、动宾短语作中心语所构成的状心短语作谓语的主谓句）句型、"施与动受"句模，句式义是"叙述施事从与事处接得（获取）与事所领有的受事"。

（2）"$N_{施主}$ + $Vt_{(接类)动作核}$ + NP（$N_{领}$ + 的 + $N_{属}$）$_{受宾}$"句式

这是原来的双宾语转化为"领属性"名词短语，如"我接受了他一份礼物"变换成"我接受了他的一份礼物"。这是一种定心短语（"他的一份礼物"是个内部具有领属关系的定心短语，）作宾语的句式。实例：

> 海关罚没收了他的走私物。/他收到了我的礼物。/小偷偷了老张的一只鸡。

这种句式属于"主动宾"（动宾短语作谓语的主谓句）句型（单宾句型）、"施动受"句模，句式义是"叙述施事接得（获取）受事（某领事的所属者）"。

3."交接"兼向动词的歧义句式

值得注意的是：还有一类"借"类动词（如"借、租、赁、捐"之

---

① "接"类动词是一种"内向动词"，表现为"内向"的"接"（受取）过程，即受事由与事向内转移到施事（受事由与事转移至施事），构成"内向"性的动词带双宾语的句式。

类），可称作"兼向动词"，这类动词作谓语动词组成的孤立句①的句式是有歧义的，它表现为既可以有"交"类动词的特点，表达"外向"的"交"（给予）过程；也可以有"接"类动词的特点，表达"内向"的"接"（受取）过程。实例：

> 他借我 200 元钱。/小文租我一间房子。/他们捐我们多少钱。

离开了语境孤立地分析上面的实例，既可以分析为表示"交类"（外向）的句式，也可以分析为表示"接类"（内向）的句式。即"借"类动词作"交"类外向用法时，可在动词后带上"给"，可以构成"交"类动词的双宾句式；作"接"类内向用法时，可在动词后带上"到""得"等，可以构成"接"类动词的双宾句式。"借"动词构成的双宾句式的歧义或多义在动态的语境句里是可以消除的。

（二）"$N_{施主}$ + '介$_{(跟/与/同)}$ + $N_{与宾}$' + Vt$_{(互向类)动作核}$ + $N_{受宾}$" 句式

指由"名词$_{施事主语}$ + '介词$_{(跟/与/同)}$ + 名词$_{与事宾语}$' + 三价及物互向动作动词$_{动作核}$ + 名词$_{受事宾语}$"语序并出现介词（"与、跟、同"之类）后面带与事的句式（可以称为"'互向'双宾动词句"）。实例：

> 我跟他商量出书的事情。/周昌与汉高祖争论一件事。/他同郭沫若商榷诗词艺术。

这种句式属于"主'介宾'动宾"句型（双宾语中的受事宾语用"与/跟 + 同"之类介词引出置于动词之前。也称"主状心"句型："介词 + 名词"作状语、动宾短语为中心语所构成的状心短语作谓语的主谓句）、"施与动受"句模，句式义是"叙述施事跟与事共同发出互向性的动作涉及受事"。这种句式里的谓语动词是及物的"互向"（相互）类三价动词（如"商量、商讨、商议、商榷、讨论、争论、协商、协调"之类）。如果谓语动词前的两个名词由复数人称代词替代或构成复指短语，则可以变换成这样

---

① 关于孤立句和语境句，可参看范晓《语境句和孤立句》，《语言文字学研究》，中国社会科学出版社 2005 年版。

的句式："NP$_{(复数人称代词或名词短语)施主}$ + Vt$_{(互向类)动作核}$ + NP$_{受宾}$"句式。① 比较：

我跟他商量出书的事情。→我们商量出书的事情。→我们两人商量出书的事情。

他同郭沫若商榷诗词艺术。→他们商榷诗词艺术。→他们俩商榷诗词艺术。

"NP$_{(复数人称代词或名词短语)施主}$ + Vt$_{(互向类)动作核}$ + NP$_{受宾}$"这种句式属于"主动宾"句型、"施动受"句模，句式义是"叙述施事（"两个或两个以上的人"）发出互向性的动作涉及某受事"。

（三）"N$_{施主}$ + Vt$_{动作核}$ + N$_{受宾}$ + VP$_{补语}$"句式

指由"名词$_{施事主语}$ + 三价及物动作动词$_{动作核}$ + 名词$_{受事宾语}$ + 动词性词语$_{补语}$"语序构成的句式。根据三价动词的类别和句中补语②的意义差别，再可下分为三式：

1. "N$_{施主}$ + Vt$_{动作核(使为类)}$ + N$_{受宾}$ + VP$_{目的补语}$"句式

指由"名词$_{施事主语}$ + 三价及物动作动词$_{动作核(使为类)}$ + 名词$_{受事宾语}$ + 动词性词语$_{目的补语}$"语序构成的句式。这种句式里动作支配受事使之"有所干"（"干某事"），补语由谓词性词语（通常是谓词性短语）充当，表示谓语动词所表示的动作的"目的"。这种句式属于"主动宾补"（动宾短语为动语带补语所构成的动补短语作谓语的主谓句）句型、"施动受动"句模（宾语的语义身份兼格：既是前边谓语动词的受事，又是后边动词的施事），概括的句式义是"叙述施事发出某种动作施加于受事，使其干某事（即动作支配受事并让其实施或从事某事）。根据动词的性质，这种句式可以下分为五式。

（1）"N$_{主施}$ + Vt$_{(使令类)动作核}$ + N$_{受宾}$ + VP$_{目的补语}$"句式

这是一种"使令性"动作动词作谓语动词的句式。实例：

---

① 在这种句式里，施事由复数人称代名词（如"我们、他们、你们"等）或由数字2以上的"数〔量〕名"短语（如"两人、几个人"等）或复指短语（如"他们两人"）充当，互向动词前通常还加有表状语的词语"一起、共同、互相"等。

② 这种句式里的动词是三价动词，补语是谓语动词所联系的不可缺少的动元（强制性语义成分）。参看徐峰《汉语配价分析与实践》，学林出版社2004年版，第174页。

团长命令大家停止前进。／总部派遣小张去海外工作。／头儿驱使他干坏事。

这种句式的句式义是"叙述施事发出使令性的动作而致使受事干某事（实施或从事某事）"。常用于这种句式的"使令动词"有"致使、指使、迫使、驱使、命令、勒令、警告、派、派遣、打发、劝、催、催促、逼、逼迫、强迫"之类。

（2）"N<sub>主施</sub>＋Vt<sub>（指引类）动作核</sub>＋N<sub>受宾</sub>＋VP<sub>目的补语</sub>"句式

这是一种"指引性"动作动词作谓语动词的句式。实例：

老师指引着我们进入知识殿堂。／他启发我思考问题。／母亲鼓励我用功读书。

这种句式的句式义是"叙述施事发出指引性的动作而致使受事干某事（实施或从事某事）"。常用于这种句式的"指引动词"主要有"指引、引导、吸引、启发、培养、指导、教导、鼓舞、鼓励、动员、鼓动"之类。

（3）"N<sub>施主</sub>＋Vt<sub>（表态类）动作核</sub>＋N<sub>受宾</sub>＋WP<sub>原因宾语</sub>"句式

这是一种"表态性"动作动词作谓语动词的句式。实例：

老王支持儿子到贫困地区工作。／我们拥护他担任领导。／大家反对企业雇佣童工。

这种句式的句式义是"叙述施事发出表态性的动作行为支持或反对受事干某事（实施或从事某事）"。常用于这种句式的"表态动词"主要有"支持、反对、拥护、赞成、抗议"之类。

（4）"N<sub>主施</sub>＋Vt<sub>（期求类）动作核</sub>＋N<sub>受宾</sub>＋VP<sub>目的补语</sub>"句式

这是一种"期求性"动作动词作谓语动词的句式，实例：

父母要求孩子用功读书。／她请求学校让她到边疆工作。／我拜托你为我办件事。

这种句式的句式义是"叙述施事发出'期求'性动作而致使受事干某事（实施或从事某事）"，常用于这种句式的"期求动词"主要有"期望、邀请、求、要求、请求、恳求、委托、拜托、叮嘱、吩咐、提醒、动员"之类。

（5）"N$_{主施}$ + Vt$_{（陪同类）动作核}$ + N$_{受宾}$ + VP$_{目的补语}$"句式

这是一种"陪同性"动作动词作谓语动词的句式，实例：

> 我陪你看试验田去/雷锋扶着老人上了车/他率领队伍继续前进

这种句式的句式义是"叙述施事发出陪同性的动作进而施事和受事共同干某事（实施或从事某事）"。用于这种句式的"陪同动词"主要有"陪、陪同、陪送、护送、扶、搀、搀扶、带领、率领、帮助、协助"之类。这种句式里的谓语动词和补语里的动词往往是共一施事，如"我陪你看试验田去"里，"我"是动词"陪"的施事，又是动词"看"的施事，所以在谓语动词前往往出现"一同""一起""一块儿"等词语，如"我陪你一起看试验田去"。①

2. "N$_{施主}$ + Vt$_{（推选类）动作核}$ + N$_{受宾}$ + VP（V$_{担当类}$ + N$_{止宾}$）$_{职务补语}$"句式

指由"名词$_{施事主语}$ + 及物动作动词$_{（推选类）动作核}$ + 名词$_{受事宾语}$ + 动词性短语（V$_{担当类}$ + N$_{止宾}$）$_{职务补语}$"语序构成的句式。这种句式里动作支配受事使之"有所担当"（"担当某职"），谓语动词后的补语 VP 通常是由"担当"类动词（"当、做、作、任、担任"等）加上名词构成的动宾短语充当的，表示担当某种职务或职称。实例：

> 大家选我当代表。/代表会议选举他做主席。/组织上提拔他担任局长。

这种句式属于"主动宾补"（动宾短语为动语带补语所构成的动补短语作谓语的主谓句）句型、"施动受动"句模（宾语的语义身份兼格：既是前边谓语动词的受事，又是后边动词的施事），句式义是"叙述施事发出某种动作使受事担当某职"。用于这种句式的是"推选类"动词，如"选、选举、推举、提拔、挑选、选拔、选聘、评选、荐、推荐、推举"之类。这种句式一般可以变换成"N$_{施主}$ + '把'$_{受宾}$ + Vt$_{（担当类）动作核}$ + VP（V + N$_{受宾}$）$_{职务补语}$"这样的"把"字句式。如"大家选我当代表→大家把我选作代表"。

---

① "陪同动词"在一定的语境里也可以构成类似于表示"指引"目的的句式，如"我扶你躺一躺"之类，即施事发出动作帮助受事实施或从事某事。

3. "N$_{施主}$ + Vt$_{(称认类)动作核}$ + N$_{受宾}$ + VP（关系动词 + N$_{止宾}$）$_{称谓补语}$" 句式

指由"名词$_{施事主语}$ + 及物动作动词$_{(称认类)动作核}$ + 名词$_{受事宾语}$ + 动词性短语（V$_{关系动词}$ + N$_{止宾}$）$_{称谓补语}$"语序构成的句式。这种句式里动作支配受事使之"有所称谓"（即"受事'是/为'某称谓"），补语 VP 通常是由"关系"类动词（"是、为"等）加上名词构成的动宾短语充当，表示动作的"称谓或称呼"。实例：

人们称他为"及时雨"。／大家都说他是傻子。／老王认小李为干儿子。

这种句式属于"主动宾补"（动宾短语为动语带补语所构成的动补短语作谓语的主谓句）句型、"施动受起"句模（宾语的语义身份兼格：既是前边谓语动词的起事，又是后边动词的止事），句式义是"叙述施事称认受事为某种称谓（名称）"。用于这种句式的谓语动词是"称认类"（称呼、认定）动词，如"称、称呼、简称、俗称、叫、说、骂、认、追认、封、授予"之类。这种句式一般可以变换成"N$_{施主}$ + 把 + N$_{受宾}$ + Vt$_{(称认类)动作核}$ + （V$_{是类}$ + N$_{止宾}$）$_{称谓补语}$"这样的"把"字句式。如"人们称他为'及时雨'→大家把他称为'及时雨'"。这种句式有时可省略或隐含补语中的关系动词"是、为"等，构成"N$_{施主}$ + Vt$_{(称认类)动作核}$ + N$_{受宾}$ + VP（V$_{是类}$ + N$_{止宾}$）$_{称谓补语}$"句式，如："人们称他为'及时雨'→人们称他'及时雨'。"[①]

## 四　三价动作动词构成的多动核结构生成的句式

三价及物动作动词为"主述句"里述题中的核心谓词（通常是主谓句里的谓语中心词）跟另外谓词构成的多动核结构（两个或两个以上的动核结构）通过特定句法布局形成"句型－句模"结合体生成的基干句式也有一些，略举两种句式进行描述。

（一）"N$_{施主}$ + Vt$_{(交类)动作核}$ + N$_{与宾}$ + N$_{受宾}$ + Vt$_{(二价动作动词)补语}$"句式

指由"名词$_{施事主语}$ + 三价及物动作动词$_{(交类)动作核}$ + 名词$_{与事宾语}$ + 二价及物

---

①　省略补语中关系动词"为/是"的句式（如"人们称他'及时雨'"之类），表面上变成为"双宾句式"，从语义角度分析，实际上两个宾语之间隐含着一个关系动核。

动作动词<sub>补语</sub>"语序构成的句式。实例：

> 他给他们茴香豆吃。/姥姥给我粥吃。/我送你个东西看看。

这种句式属于"主'动宾宾'补"（带双宾语的动宾短语为动语和它的补语所构成的动补短语作谓语的主谓句）句型、"施动与受动"句模（由两个动核结构串套整合组成，如"他给他们茴香豆＋他们吃茴香豆"，其中二价动核联系的施事和受事隐含），句式义是"叙述施事发出动作给予与事以受事并让与事发出某种支配该受事的动作"。

（二）"$N_{1施主} + Vt_{1动作核} + N_{2受宾} + Vt_{2（交类）动作核} + N_{3与宾} + Vt_{3补语}$"句式

指由"名词<sub>施事主语</sub>＋二价及物动作动词<sub>动作核</sub>＋名词<sub>受事</sub>＋三价及物动作动词<sub>(交类)动作核</sub>＋名词<sub>与事宾语</sub>＋二价及物动作动词<sub>补语</sub>"语序构成的句式。实例：

> 我唱个歌儿给你听。/他买了个玩具送给孩子玩。/他倒了杯茶给我喝。

这种句式属于"主'动宾''动宾补'"（这是个动补短语作谓语的主谓句，层次较多：第一层次为主谓结构，"$N_1$"为主语，"$Vt_1 + N_2 + Vt_2 + N_3 + Vt_3$"为谓语；第二层次为动补结构，"$Vt_1 + N$"为动语，"$Vt_2 + N + Vt_3$"为补语；第三层次的"$Vt_2 + N + Vt_3$"为动补结构，"$Vt_2 + N$"为动语，"$Vt_3$"为补语；第四层次"$Vt_2 + N$"为动宾结构）句型、"施动受动与动"（由三个动核结构组成，如"我唱歌＋我给您歌儿＋你听歌儿"）句模，句式义是"叙述施事发出动作支配受事，并把受事给予与事让其实施某种动作或事件"；受事宾语后通常有"给、让"等词，在一定的语境里可省略这类词（如"我唱歌个儿他听/你倒杯茶他喝"）。

## 参考文献

曹聪孙　1996　《语言类型学与汉语的 SVO 和 SOV 之争》，《天津师大学报》第 2 期。

曹聪孙　1991　《动词的"价"分类》，《语法研究和探索》（五），中国语文杂志社、语文出版社。

曹聪孙　1995　《句型、句模和句类》，《语法研究和探索》（7），商务印书馆。

曹聪孙　1996　《动词的配价与句子的生成》，《汉语学习》第 1 期。

曹聪孙　1999　《略说句系学》，《汉语学习》第 6 期。

曹聪孙　2002　《论名词在语义平面的"兼格"》，《语法研究和探索》（10），商务印书馆。

范　晓　张豫峰等　2003　《语法理论纲要》，上海译文出版社。

范　晓　2009　《汉语句子的多角度研究》，商务印书馆。

范　晓　2010　《试论句式意义》，《汉语学报》第 3 期。

范　晓　2010　《关于句式问题》，《语文研究》第 4 期。

范　晓　2010　《关于句式义的成因》，《汉语学习》第 4 期。

范　晓　2010　《句式研究中要重视的几个问题》，《语言研究集刊》第七辑，上海辞书出版社。

范　晓　2011　《语法的句式和修辞的关系》，《当代修辞学》第 1 期。

范　晓　2011　《论动核结构》，《语言研究集刊》，上海辞书出版社。

范　晓　2011　《句式的应用价值初探》，《汉语学习》第 5 期。

范　晓　2012　《论句式义的分析策略》，《汉语学报》第 1 期。

范　晓　2012　《略论句干及其句式》，《山西大学学报》第 3 期。

范　晓　2013　《论语序对句式的影响》，《汉语学报》第 1 期。

李宇明　1995　《儿童语言的发展》，华中师范大学出版社。

吕叔湘　1987　《句型和动词学术讨论会开幕词》，《句型和动词》，语文出版社。

汤廷池　1988　《关于汉语的语序类型》，载《汉语词法句法论集》，台湾学生书局。

王　力　1958　《汉语史稿》中册，科学出版社。

徐　峰　2004　《汉语配价分析与实践》，学林出版社。

朱晓亚　2001　《现代汉语句模研究》，北京大学出版社。

（范晓　复旦大学）

# 包含副词"也"的并列复句句式及其他

## 马 真

## 一 引言

关于副词"也",我曾写过一篇文章,题目是"说'也'",发表在 1982 年《中国语文》第 4 期上。在那篇文章里,我用大量事实,分析说明各种复句中的副词"也",不管出现在并列复句、递进复句还是转折复句、条件复句、假设复句中,它的基本意义是"表示类同"。现代汉语中还有另外一个"也",表示委婉语气,但它是由表示类同的"也"经虚化(用现在的话来说就是"语法化")而成的。最后我指出,"在虚词研究中切忌将含有某个虚词的某种句子格式所表示的语法意义硬归到格式中所包含的这个虚词身上去"。这篇文章得到了学界的普遍肯定。

最近我对副词"也"的用法又进行了一些新的探究。前年我在美国访问,有个美国孩子在向我们介绍他的朋友佩雷斯时,说了这么一个用"也"的并列复句,引起了我的注意:

(1')  *佩雷斯是我很要好的朋友,他是犹太人,从小生活在纽约,很喜欢学习中文,除了母语,现在他会说中文,也会说一口流利的英语。

我总觉得这个句子有点别扭。别扭在哪里呢? 觉得最后两个小句的次序好像应该倒一下,应说成:

(1)  佩雷斯……,除了母语,现在他会说一口流利的英语,也会说中文。

这个句子引发我思考这样一个问题：用了"也"的并列复句，如果有A、B两项，那么该哪一项在前？

如果不好好思索，可能就会这样回答：那就要看说话人着意要说"谁跟谁类同"，如果是要说B跟A类同，那么A在前，B在后；如果是要说A跟B类同，那么B在前，A在后。例如：

（2）他吃了个面包，我也吃了个面包。

（3）我吃了个面包，他也吃了个面包。

例（2）是要说"我"跟"他"类同，例（3）是要说"他"跟"我"类同。情况就那么简单吗？例（1）偏误的事实说明不会那么简单。根据语料，经研究发现，包含"也"的并列复句，从形式上来看，有两大类型，一类是只在并列各项的最后一项用"也"；另一类是并列各项每项都用"也"。下面分别说明。

## 二　只在并列各项最后一项用"也"

只在并列各项最后一项用"也"的并列复句，具体还可分两种情况。

第一种情况：A和B在语义上不分主次，孰前孰后，确实完全取决于语境，就看说话人是要说"谁跟谁类同"。如上一节所举的例（2）、例（3）就是。好多例子属于这一大类。这里不再举例赘述。

第二种情况：A和B在语义上不平等，孰前孰后有讲究。具体可以细分为以下几种情况：

（一）A和B在语义上有主次之分，主者在前，次者在后。例如：

（4）水库可以用来灌溉、发电，也可以用来养鱼。①

（5）李学群是中文系的研究生，也在经济系听些课。

水库的主要功能是灌溉、发电，而不是养鱼；中文系的研究生主修的当然是中文系的课程，而经济系听课只是辅修的。所以例（4）—（5）绝不能采用下列说法：

---

① 例（4）及下文所用的未注明出处的例句，均为自省所造，但经咨询多人而定。

（4'）＊水库可以用来养鱼，也可以用来灌溉、发电。
（5'）＊中文系研究生李学群在经济系听些课，也在中文系上课。

上一节所举的例（1）偏误句，就属于这一小类。
（二）A 和 B 在时间上有先后之分，先者在前，后者在后。例如：

（6）第一批出发的已到达指定地点，第二批出发的也到达指定地点了。
（7）今年老大上大学，明年老二也要上大学了。
（8）今年大海哥参军了，我长大后也要参军。

例（6）—（8）A 和 B 存在着明显的时间先后顺序，所以不采用下面的说法：

（6'）＊第二批出发的已到达指定地点，第一批出发的也到达指定地点了。
（7'）＊明年老二要上大学了，今年老大也上大学。
（8'）＊我长大后要参军，今年大海哥也参军了。

（三）在表达仿照关系的复句中，总是被仿照者 A 在前，仿照者 B 在后。例如：

（9）他们都喝咖啡，那我跟他们一样，也来一杯咖啡。
（10）你先跟我学，我怎么做，你也怎么做。
（11）参观回来，他们就模仿祁连大队，也建起了草莓种植大棚。

（四）A 和 B 如果在情理上隐含因果关系，那么表示"因"的 A 在前，表示"果"的 B 在后。例如：

（12）爸爸经过一年治疗，病好了，人也变得有精神了。
（13）到了下午，风停了，浪也小了。

例（12）在"病好了"和"有精神了"之间，例（13）在"风停"和"浪小"之间，都含有因果关系，所以不采用下面的说法：

（12'）＊爸爸经过一年治疗，人变得有精神了，病也好了。

（13'）＊到了下午，浪小了，风也停了。

（五）A 和 B 具有量级关系，表示类同关系时遵循"递减"准则（张斌，2001；王伟，2006），量级高的 A 在前，量级低的 B 在后。例如：

（14）这么难的问题小孩儿不知道，科学家也不知道。

（15）这么容易的问题，别说一般人能回答出来，小孩儿也能回答出来。

就对客观现象或问题的认识或解释这一点来说，"孩子"与"科学家"之间就存在着量级关系。例（14）对于难的问题，就"不知道"而言，小孩儿与科学家呈现"递减"的量级关系——小孩儿量级高，在前；科学家量级低，在后。例（15）对于容易的问题，就"能回答出来"而言，一般人（"一般人"总是指成人）与小孩儿呈现"递减"的量级关系——一般人量级高，在前；小孩儿量级低，在后。这两个例子都不能说成：

（14'）＊这么难的问题科学家不知道，小孩儿也不知道。

（15'）＊这么容易的问题，别说小孩儿能回答出来，一般人也能回答出来。

下面是同类的例子：

（16）挂得太高了，个子矮的够不着，个子高的也够不着。

（17）这个洞太小了，大个子钻不进去，小个子也钻不进去。

这种并列复句在实际话语交际中更常见的是采用表示"极性强调"的、体现量级序位关系的"连"字句（张谊生，2005；张旺熹，2009）来表达，说成：

（18）这么难的问题连科学家也不知道。

（19）这问题容易，连小孩儿也回答得出来。

（20）挂得太高了，连个子高的也够不着。

（21）这个洞太小了，连小个子也钻不进去。

# 三　并列各项都用"也"

每一个并列项都用"也"，最常见的还是只包含两项的，但也有包含三项、四项甚至更多项的。例如：

（22）他最初也很沮丧，也很难过，但音乐使他开始了新的人生。（北京大学中国语言学研究中心语料库，新华社 2004 年新闻稿）

（23）这里花儿还是美丽地开着，蜻蜓蝴蝶还是妖俏地飞着；也不刮大风，也不下雪，河里也不结冰。（老舍《小坡的生日》）

（24）何以度心眼，一声阿弥陀，行也阿弥陀，住也阿弥陀，坐也阿弥陀，卧也阿弥陀，……。（北京大学中国语言学研究中心语料库，《佛法概要》）

（25）这样的时候，似乎可以说我让那东西移了情了。山也移情，水也移情，晴空也移情，田畴也移情，飞鸟也移情，游鱼也移情，一切景物融合成一个整体而移我们的情的时候，……（叶圣陶《良辰入奇怀》）

下面以只包含两个并列项的并列复句为代表来加以分析说明，所得结论也适用于包含多项的。

我们所说的并列两项都用"也"的并列复句句式是这样一种复句句式——前后分句用"也"，而且彼此互相呼应，以凸显前后分句之间的类同关系。所以，需要注意的是：在复句里，前后分句都用"也"不见得就一定是我们这里所说的前后两项都用"也"的并列复句。例如：

（26）我爹在村里什么团体也不参加，谁也管不着他的事，光凭我一个人怎么争取得了他？（赵树理《三里湾》）

（27）男队的实力……。我们女子的实力也很强，也要多得金牌。

（北京大学中国语言学研究中心语料库，新华社 2004 年新闻稿）

（28）何科长说："我们家乡的地名可没有……唔！也不少，也不少！"（赵树理《三里湾》）

上面所举的几个例子前后虽是并列关系，但都不属于我们要说的"A…也…，B…也…"并列复句句式，它们句中前后的"也"没有呼应关系，并不凸显前后分句之间的类同性。如例（26）的"什么团体也不参加，谁也管不着他的事"，是两个周遍性主语句的并列；例（27）的"我们女子的实力也很强"和"也要多得金牌"也都分别跟"男队……"具有类同性，而不是显示"我们女子的实力也很强"和"也要多得金牌"这二者之间相类同；至于例（28）的"也不少，也不少"根本就不能看作复句，是一种叠用现象——"也不少"的叠用。

总之，我们这里所说的并列两项都用"也"的并列复句句式，前后两个分句之间不仅有并列关系，而且前后分句之间彼此具有类同性。具体又可分两种情况：

一种情况，A 项和 B 项在语义上无先后主次之分，孰前孰后，取决于语境，就看说话人是要说"谁跟谁类同"。例如：

（29）他最初也很沮丧，也很难过，但音乐使他开始了新的人生。（北京大学中国语言学研究中心语料库，新华社 2004 年新闻稿）

（30）要说居住，这里比城里不知好多少倍。这里天也特别蓝，空气也特别清新，让人觉得特舒服。

例（29）、（30）也可以说成：

（29'）他最初也很难过，也很沮丧，但音乐使他开始了新的人生。

（30'）要说居住，这里比城里不知好多少倍。这里空气也特别清新，天也特别蓝，让人觉得特舒服。

大量的是属于这一类。

另一种情况是，A 项和 B 项在语义上有先后主次之分。这种主次之分大致可分为：

（一）肯定与否定并举，肯定项在前，否定项在后。例如：

> （31）未确定结果前还得找工作，遇到满意的单位签也不是，不签
> 也不是，这种两难境地深深折磨着许多毕业生。（北京大学
> 中国语言学研究中心语料库，新华社 2004 年新闻稿）
>
> （32）天赐怕也不是，不怕也不是，一会儿以为老师是怪物，一会
> 儿……。（老舍《牛天赐传》）
>
> （33）及至见了他，她的勇气又消散了，笑也不是，不笑也不是，
> 无聊的，敷衍的，跟他说几句极平常，不着边际的话。（老
> 舍《蜕》）
>
> （34）你们认罪也死，不认罪也死，何苦多饶一面呢？（老舍《四
> 世同堂》）
>
> （35）杜亦甫莫名其妙的在后面跟着，跑也不好，不跑也不好，十
> 分的不好过。（老舍《杀狗》）

（二）含有指示代词，近指"这 -"与远指"那 -"并举，那么近指
"这 -"在前，远指"那 -"在后。例如：

> （36）那塔砖放在自己的家中，凡事都必平安，如意，逢凶化吉，
> 于是这个也挖，那个也挖，挖之久久，便倒了。　（鲁迅
> 《坟》）
>
> （37）到了店里，满眼是五颜六色的丝巾，这条也好看，那条也漂
> 亮她不知挑选哪一条好了。
>
> （38）只见他在墙上摸来摸去，一会儿又这里也敲敲，那里也敲
> 敲，好像在找什么东西。
>
> （39）就是插队，这儿也插队，那儿也插队，有的是一中的，有的
> 是就咱们这左近的，……（北京大学中国语言学研究中心语
> 料库，口语，1982 年北京话调查资料）

（三）有些成为习惯性的说法，如"旱涝"不说"涝旱"，"远近"不
说"近远"，"东西"不说"西东"，"好歹"不说"歹好"，"书报"不说
"报书"，等等。如果二者对举时，就按习惯分列前后。例如：

（40）我自己的那几亩旱也不收，涝也不收。（老舍《四世同堂》）

（41）车轮磁拉磁拉的响，喇叭也有仆仆的，有的吧吧的乱叫。远处也是车，近处也是车，……。（老舍《二马》）

（42）东也闹兵，西也闹兵，谁敢走啊！（老舍《骆驼祥子》）

（43）好也不行，歹也不行，这条路上只有死亡，而且说不定哪时就来到，自己一点也不晓得。（老舍《骆驼祥子》）

（44）回家以后，他躺了三天三夜，茶也不思，饭也不想！（老舍《四世同堂》）

（45）同久病初愈的患者一样，日日但伸展了四肢，躺在藤椅子上，书也懒得读，报也不愿看。（郁达夫《灯蛾埋葬之夜》）

（四）按时间先后排列。例如：

（46）我们与友人定约会的时候，若说随便什么时间，早晨也好，晚上也可以，反正我一天不出门，你哪时来也可以。（老舍《四位先生》）

（47）一天老是，三顿就那个，早上也那个，中午也那个，晚上也是那，你还甭去排队，……（北京大学中国语言学研究中心语料库，口语，1982 年北京话调查资料）

（48）当那次会议的精神一传达，凤阳县小岗村的农民伤心地说："早也盼，晚也盼，盼来了两个'不许干'！"（北京大学中国语言学研究中心语料库，《中国农民调查》）

## 四　对郭锐（2008）关于"也"的分析的回应

　　郭锐在《世界汉语教学》2008 年第 4 期上发表了《语义结构和汉语虚词语义分析》一文，对"也"所表示的语法意义作了新的分析。这里附带对他的分析做一些回应。

　　郭锐将自己的新的分析法称为"虚词的语义结构分析法"。郭锐在介绍这一分析法时举了副词"也"的例子（所引例子按本文例句顺序排列）：

（49）你去北京参观访问，我们也去北京参观访问。

（50）有人看着认真干，没有人看着也认真干。

对例（49）郭锐的分析是：

语义要素：{ {事物 y，事物 x}，{状况 P} }

其中，x 是"也"约束的焦点，如例（49）中的"我们"，y 是上文中或隐含的与之对比的成分，如例（49）中的"你"。

关系：y 具有状况 P，x 具有状况 P（x 具有与 y 相同的状况）。

例（49）这种用法就是过去研究中所说的"类同"义。

对例（50）郭锐的分析是：

语义要素：{ {条件 y，条件 x}，{状况 P} }

关系：条件 y 具有状况 P，条件 x 具有状况 P（在条件 x 下出现的状况与条件 y 下出现的状况相同）。

例（50）与"也"发生关联的不是某个事物，而是某种条件。例（50）这种用法表示不同条件下具有相同状况。这可以叫"条件"义。

郭锐的结论是：

例（1）与例（2）虽然"关系"一样，但"语义要素"不同，应分为两个义项。

郭锐所提出的"虚词的语义结构分析法"的总体思想，我们是赞成的，但他对"也"所表示的语法意义的分析，值得商榷。

我们觉得，他对例（49）和例（50）里"也"的语法意义的分析采用了不同的标准。他对例（49）的分析，着眼于 y 与 x 之间的关系，"x 具有与 y 相同的状况"，所以例（49）里的"也"就"表示'类同'义"。而他对例（50）的分析则着眼于语义要素的性质，说例（48）里"与'也'发生关联的不是某个事物，而是某种条件"，因此例（50）里的"'也'表示'条件'义"。

事实上，我们说"也"表示类同，是就 A 和 B 的关系说的。至于 A 和 B 作为"也"引出的语义要素，可以是不同的人，可以是不同的事物，可以是不同的事件，可以是不同的时间，也可以是不同的处所，也可以是不同的条件。

因此，确定"也"的基本意义不应该看"也"所引出的是什么语义要素，而是应该看那不同语义要素之间的关系是否有类同关系。

# 结尾

本文所作的描写说明，希望对于汉语作为第二语言/外语教学能有些有参考价值。

# 参考文献

郭　锐　2008　《语义结构和汉语虚词语义分析》，《世界汉语教学》第 4 期，第 5—15 页。

马　真　1982　《说"也"》，《中国语文》第 4 期，第 283—288 页。

王　伟　2006　《名词性并列结构中语义量级的句法投射》，《北京大学学报（国内访问学者、进修教师论文专刊)》。

张　斌　2001　《现代汉语虚词词典》，商务印书馆。

张旺熹　2009　《连字句序位框架及其对条件成分的映射》，见张旺熹主编《汉语句法结构隐性量探微》，北京语言大学出版社，第 75—94 页。

张谊生　2005　《汉语"都"的语法化和主观化》，《徐州师范大学学报》（哲学社会科学版）第 1 期。

（马真　北京大学中文系）

# 作格动词的性质和作格结构的构造[*]

## 沈阳　Rint Sybesma

**提要**　"作格动词（Unaccusative Verb）"和"作格结构"是汉语语法学界很重视也有很多研究的动词和动词性结构。本文试图证明："双动词"形式才是典型作格动词形式，"谓语动词＋补语小句"结构才是典型的作格结构。根据这种假设不但可解释以往作格动词结构研究中许多令人困惑的问题，也可建立以作格结构为核心层的"双动词结构（CAUSE）系统"。

**关键词**　作格动词　作格结构　补语小句　动词虚化和隐含　双动词结构系统

## 一　关于"作格动词"与"作格结构"的讨论

从 Perlmutter（1978）提出"作格（非宾格）假设（the Unaccusative Hypothesis）"，Burzio（1986）提出"Burzio 定律（Burzio Generalization）"，及吕叔湘（1987）讨论了汉语动词"胜"和"败"的两种句法格局以来，国内外句法和语义研究中都对"作格动词（ergative verb）"（又称"非宾格动词（unaccusative verb）"）和"作格结构"有颇多关注和讨论。

现代汉语中所谓"作格动词"和"作格结构"，一般认为是指"死、

---

　\* 本文的研究分别得到国家社科基金后期资助项目"现代汉语复杂动词结构研究"（批准号：10FYY006）和荷兰国家科学会（NWO）项目"The Small Clause in Chinese Resultatives"（批准号：08CDP035）的支持；本文写作过程中和作者先后在荷兰莱顿大学、法国高等社会科学院、北京大学、北京语言大学报告时，分别得到郑礼珊、何莫邪、柯理斯、包华丽、罗端、齐冲、陆俭明等提供重要参考意见，《世界汉语教学》的审稿人也提出了一些宝贵修改意见，谨一并致谢。

病、飞、跑、落（降落）、沉（沉没）、化（融化）、暴露、发生"这样一类特殊不及物动词及所构成的结构。如下面（1）只是一般的不及物动词结构，谓语动词联系的唯一施事论元只能出现在动词前的主语位置；但（2）中的动词虽然也只联系一个论元，但这个客体论元既可以出现在动词前做主语（这时与（1）相同），又可以出现在动词后做宾语，且整个结构的意义基本不改变（这就跟（1）不同)①。（2）中的动词就是作格动词，这种动词构成的结构就是作格结构。比较：

（1）a. 孩子哭了／＊哭了一个孩子

　　　b. 奶奶醒了／＊醒了一个奶奶

　　　c. 病人咳嗽了／＊咳嗽了一个病人

　　　d. 同学结婚了／＊结婚了一个同学

（2）a. 孩子病了／病了一个孩子

　　　b. 犯人跑了／跑了一个犯人

　　　c. 轮船沉没了／沉没了一艘轮船

　　　d. 问题暴露了／暴露了不少问题

　　作格动词结构之所以引起大家的兴趣，除了因为在各种语言中都发现有这种不及物动词的特殊小类之外，在汉语研究中更因为有许多热点和难点现象，比如像"王冕死了父亲"这样的领主属宾句，"家里来了客人"这样的隐现句，"台上坐着主席团"这样的存在句，就无疑都跟作格动词和作格结构的特点有关。尽管各家研究这些结构不一定都是从作格动词结构入手的，但事实上却都必然要涉及这一类动词的特点。总结以往对汉语作格动词结构的各种讨论，无非是围绕着两个问题：一个是作格动词的性质，一个是作格结构的构造。

　　关于作格动词的性质，也就是要搞清楚怎么定义作格动词，到底有哪些是作格动词。国外文献中早就有人注意作格动词内部有更细的差别。影山太郎（2001）就认为英语中"happen（发生）、appear（出现）"等动词，虽然也只带有一个客体论元（theme），但该论元通常还是做主语的，即使做宾语也无须另外的主语：这是较接近一般不及物动词用法的作格动词（即

---

① 在作格结构中，名词出现在动词前是定指形式，出现在动词后一般需要改成不定指的数量名形式。但这一点并不影响结构的基本意义，即结构的论元结构意义并不改变。

严格的"非宾格动词"）；而像"break（打破）、open（开）、close（关）、melt（融化）"等动词，所带客体论元不但能做主语（此时结构中无宾语），也能当宾语（此时结构中另有主语），如"The ice melted（冰块化了）"和"He melted the ice（他化开了冰块）"，这才是典型的作格动词。国内也有学者注意定义和区分作格动词的类别，如李临定（1990）就根据现代汉语"领主句""隐现句""存在句"等结构或句式的差别，把其中的动词分别归为"睁"类、"灭"类和"走"类，这差不多就是汉语作格动词的小类。曾立英（2006）提出，判定汉语作格动词除必须能进入"［X－动词－Y］"和"［Y－动词]"格局，还包括"动词前可加'使'""动词后可加'自己'"等标准。虽然她最终得到 160 个之多的作格动词，甚至包括了"丰富、巩固"这样的形容词和"恶化、淡化"这样的动词，可却又根据动词前后两个名词之间有领属关系而排除了像"腰扭了/他扭了腰"中的"扭"这类动词，甚至连公认的"父亲死了/王冕死了父亲"中的"死"类动词在她看来也不算作格动词。黄正德（1990）实际上也认为作格动词像受格动词有一元（不及物）动词和二元（及物）动词那样可分成为两类：如"哭、跳、吵闹"等是一元受格（非作格）动词，"死、走、发生"等是一元作格（非宾格）动词；"打、写、批评"等是二元受格（及物）动词，"开、沉、吓"等就是二元作格（致使）动词。黄正德（2008）进一步提出三元（双宾）动词同样可分为受格（非作格）动词和作格（非宾格）动词：前者即"偷、抢"类"取得义"双宾结构中的动词；后者即"给、送"类"给予义"双宾结构中的动词。但很显然，上面所有这些关于作格动词性质和类别的说法感觉上还是各成一套，不能不说到现在为止依然是"公说公有理，婆说婆有理"。

　　关于作格结构的构造，也就是为什么作格结构有这样一些特殊表现形式，或者说作格结构是怎样构造的。对此目前的各种意见更是众说纷纭。姑且不说像"家里来了客人""台上坐着主席团"这种句子早就成了汉语语法研究的"经典名句"，就拿对"王冕死了父亲"这一类公认的典型作格动词结构的句法构造分析来说，也真可算得上是"八仙过海，各显神通"。沈家煊（2006）曾分别归纳了近几年在生成语法框架下各家对这种结构生成方式的处理方案及存在的问题。徐杰（1999/2001）和韩景泉（2000）用领有名词移位来解释"王冕"是从原型结构"死了王冕的父亲"中移到前面去的。但问题在于"王冕"本身已有所有格，再向前移位去拿主格就造成了重复赋格和格冲突。温宾利、陈宗利（2001）认为汉语必须有一个定指名词做主语，所以"王冕"要前移到主语位置以便通过"定指特征核查"。但问题在于汉语的句子并非一定需要定指主语，如"昨天死了一个人"就能说。朱行帆（2005）则说这种结构是由核心动词"死"向前移位构造的。但又说不清楚"死"为什么非移位不可，因为移位前的结构"王冕的父亲死了"本来就合格。潘海华、韩景泉（2005）则又说"王冕"不是主语而是外加的话题。这种分析不但把"王冕"划到整个结构的外面去了，而且说"父亲"可以分别在动词前或动词后获得主格（在动词前就是"父亲死了"，在动词后就是"死了父亲"），也显然太牵强，因为"父亲"既然在某一处获得了主格，就无须再有另一种结构形式。沈文在一一否定这些方案后，基于认知语法理论提出"糅合造句说"，即"王冕死了父亲"是糅合了"王冕丢了东西"句式框架的结果。任鹰（2011）又依据构式语法理论提出"构式关联说"，即"王冕死了父亲"这种结构与"村子里死了一个人"这种存现句有相同句法表现，因此是"构式赋值"的结果。不难看出，上面所有这些对作格结构生成方式的分析至多只是各有招数，但也正如沈家煊（2006）所说，其实不过是"摁下葫芦浮起瓢"。

那为什么这么多年来"你方唱罢我登场"，关于作格动词和作格结构的各种分析解释总是缺少"临门一脚"或者不能"药到病除"呢？我们觉得问题或许并不在"一脚"和"药到"上，而在于有没有"射进门"和"对上症"。换句话说，我们为什么不能问一下，作格动词是不是真的是或只是（2）那样的单个动词，作格结构是否真的是或只是（2）那样的单动词结构？事实上尽管目前各家对作格动词结构的分析五花八门，但在这一点上却非常一致，即大家的眼睛都只盯着（2）中那样的几个动词，又特别是只盯着"王冕死了父亲"那样的结构。而在我们看来，问题的症结很可能就在这里。因为以往所有分析都是建立在"默认"作格动词是一个"单个动词"和作格结构是一种"单动词结构"上的，所以才会使人感觉作格结构"有悖于动词论元投射规则的句法序列"（任鹰，2011），才会使人在分析作格结构的构造时"小看了不同表层结构之间的差异"（沈家煊，2006）。但如果换另一种思路，即如果证明作格动词本身根本就不是单个的动词，作格结构也完全不是单动词结构，那么上面所有争论的问题岂不是都可以另起炉灶重新讨论，甚至连这些问题本身也就不复存在了吗？

## 二　"补语小句"与双动词作格结构（显性动结式）的句法构造

上面说"作格动词"不一定是单个动词，"作格结构"也不一定是单动词结构，很显然我们的意思是想说，作格动词实际上应看作是一种"双动词"性质的动词，作格结构也应看作是一种"双动词结构"。那么什么是"双动词结构"，这种结构又有什么特点呢？其实大家都承认，汉语的动结式，如"姑娘唱哭了""米饭煮煳了""肚子吃饱了""眼睛哭肿了"，就是一种典型的双动词结构。而我们进一步的想法是，这种动结式可能才是汉语中真正的"作格结构"，其中"唱哭、煮煳、吃饱、哭肿"才是汉语中真正的"作格动词"。

我们承认，关于动结式结构相当于作格动词并不是没人提到过。如黄正德（1990）、Cheng & Huang（1994）就已指出，汉语中许多动结式结构，如"气死、吓昏、笑死、渴死、醉倒、喝醉、看瞎、吃坏"等，因为也都可进入"［X–动词–Y］"和"［Y–动词］"的格局，所以也有"类似"作格的现象，或者说就相当于作格动词。但我们的看法至少有两点跟他们不同：第一，C&H只承认"一部分"动结式（主要是动结式复合词）相当于作格动词；而我们则认为"所有"动结式（特别是动结式词组）都相当于作格动词。第二点更重要，C&H只是把动结式看作作格动词的小类，即这些动结式只是相当于"（单个）动词"；而我们则相反是想证明：汉语中其实并不存在单个的作格动词，所有的单个作格动词都具有动结式的句法和语义表现。曾立英（2006）认为，动结式表现的作格现象只是"句式作格"，不同于"词典词"的作格动词。但她同时又说，作为词典词的作格动词"其内部结构绝大多数也是动结式"①。在我们看来，这恰恰就是作格动词跟动结式一致的一个有力证据。如果把话说得更彻底一些，那么就可以认为不但"有些"作格动词是动结式的构造，其实"所有"表面上看到的单个作格动词也都是"动结式"

---

① 曾立英（2006）确定的142个双音作格动词中内部结构是动结式的有51个：败坏、澄清、充实、纯洁、纯净、端正、断绝、改进、改善、感动、贯彻、贯穿、巩固、固定、轰动、毁灭、缓解、涣散、加大、加固、加快、加强、加深、加重、坚定、健全、减轻、减少、降低、解放、解散、惊动、惊醒、开通、夸大、扩大、扩充、平息、平定、缩小、疏散、提高、透露、消除、消灭、削弱、延长、增强、增长、震动、震惊。

构造，或者说动结式词组才是作格动词的"真身"。

为了说明我们对作格动词性质和作格结构构造的"动结式双动词假设"，就得先说说我们对动结式句法构造和语义特点的看法。对汉语动结式的构造形式国内外有很多不同分析，虽然操作的程序和技术有不同（这里不细说），但无论是"词库生成说"还是"句法生成说"，各种分析至少都承认像"唱哭、煮烱、吃饱、哭肿"这类动结式中包含有两个动词性成分（动素或动词），或者说动结式一定是由两个动词性成分构成的。对于这一点应该没有什么争议，各种方案的区别仅仅在于怎么分析动结式的句法构造。

我们（Sybesma，1992/1999；司马翎、沈阳，2006；沈阳、司马翎，2010）曾采用"补语小句（small clause）"① 来分析汉语的动结式。这种分析的基本假设是：汉语动结式中的谓语动词表达一个非状态性的动作行为（activity），该动作行为内部没有作用的范围和到达的终点，即整个结构是"无界（atelic）"的；这个动词又带有一个由简单主谓结构构成的"小句补语"，这个补语小句则为没有终点的动作行为提供作用的范围和到达的终点，即实现结构的"有界性（telic）"。通俗点说就是：这种结构中的谓语动词表示动作行为，而补语小句则表示终点结果，合起来才表示一个完整的"动作－结果（active-resultative）"事件；或者说这种结构中一定包含有主句动词和小句动词两个动词，整体上就是一种"双动词结构"。

汉语动结式包括及物的结构和不及物的结构两类。不及物动结式没有外部论元（external argument），而只有一个作为补语的内部论元（internal argument）。这个内部论元就表现为一个"补语小句"。以下面（3）"米饭煮烱了"为例，根据小句分析，主句动词"煮"表示没有内部终点的动作行为，同时"煮"又导致"米饭烱"的终点结果。这个句子在语义上可以分析为：有一个"煮"的动作事件和一个由"煮"造成的"米饭烱"的结果事件；而在句法上就可分析为：主句动词"煮"带有一个表结果的补语小句"米饭烱"。补语小句包含有自身主语成分"米饭"和谓语成分"烱"。但由于小句没有时态（tense），并不是完整句子结构，因此小句中各种成分都需要分别移出以便获得句法允准。其中小句主语"米饭"需要前移到句子大主语位置以获得"格（Case）"指派；而小句谓语"烱"则要前移到主要动词 $V^0$ "煮"的位置上，并与之合并为一个复合动词"煮烱"。见下面

① "补语小句分析"是 Sybesma（1992/1999）在 Hoekstra（1988）提出的"小句（small clause）"的基础上发展起来的一种句法分析理论。

简化图示（暂不考虑其中"了"）：

(3) a.　[$_{VP}$ [$_{V^0}$煮 [$_{SC}$米饭煳了]]]

　　→b.　[$_{IP}$米饭$_i$ [$_{VP}$ [$_{V^0}$煮 [$_{SC}$t$_i$煳了]]]]

　　→c.　[$_{IP}$米饭$_i$ [$_{VP}$ [$_{V^0}$煮煳$_j$了 [$_{SC}$t$_i$ t$_j$]]]]

　　及物动结式与不及物动结式最主要的区别在于，结构中存在一个包含外部论元（external argument）的短语结构层。根据 Chomsky（1995），这个句法层次称为"$v$P（小 VP）"。这个层次的主要作用是为谓语动词层"VP（大 VP）"提供一个作为"引发者"或"致使者"（Causer）的外论元。以下面（4）"妈妈煮煳了米饭"为例，谓语动词 VP 层与（3）完全相同，不同之处在于外部增加了一个由 $v$P 层提供的引发"煮"这一事件的致使性论元"妈妈"。这个句子在语义上可分析为：有一个由"妈妈"引发的"煮"的动作行为事件，而造成的终点结果事件是"米饭煳"。在句法分析上：两种结构的 VP 层"煮［米饭煳］"完全相同，只是小句中的主语"米饭"在（4）中由于 $v^0$ 的存在，最邻近的移位位置只能是 VP 的 Spec 位置，而移到大主语位置的成分则是在 $v$P 的 Spec 位置生成的致使者外论元"妈妈"；同样（4）的小句谓语"煳"也要先移到主要动词 $V^0$ "煮"的位置与之合并为一个复合动词"煮煳"，并最终通过"V-to-$v$"操作，又一起前移到 $v$P 的中心语 $v^0$ 位置上。不难发现，及物动结式实际上就是不及物动结式的扩展式（即增加"致使者"外论元（妈妈））。比较（3）和（4）：

(4) a.　[$_{vP}$妈妈 [$_{v^0}$ [$_{VP}$ [$_{V^0}$煮 [$_{SC}$米饭煳了]]]]]

　　→ b.　[$_{IP}$妈妈 [$_{vP}$ [$_{v^0}$煮 [$_{VP}$米饭$_i$ [$_{SC}$t$_i$煳了]]]]]

　　→ c.　[$_{IP}$妈妈 [$_{vP}$ [$_{v^0}$煮煳$_j$了 [$_{VP}$米饭$_i$ [$_{SC}$t$_i$ t$_j$]]]]]

　　上面（4）"妈妈煮煳了米饭"这种及物动结式与"把"字句即下面（5）"妈妈把米饭煮煳了"，也有高度的一致性和衍生关系（Sybesma，1992/1999；沈阳、司马翎，2010）。即从句法上说，只要在 $v$P 的中心语 $v^0$ 位置上插入强致使标记"把"，"煮煳"就不能进入这个位置而必须留在原来"煮"的 VP 中心语 $V^0$ 位置上，这也就构成了"把"字句。而从语义上说，插入了强致使标记"把"的句子"妈妈把米饭煮煳了"所表达的致使义当然也就肯定要比（4）更加凸显些。不难发现，"把"字句实际上就是及物动结式的变换式（即不但引入致使者外论元（妈妈），而且同时插入致使标记（把））。比较（4）和（5）：

(5) a. $[_{vP}$妈妈 $[v^0 [_{VP} [v^0$煮 $[_{SC}$米饭煳了$]]]]]$
  → b. $[_{IP}$ 妈妈$_K [_{vP} [v^0$把 $[_{VP}$米饭$_i [v^0$煮煳$_j$ 了 $[_{SC}$ t$_i$ t$_j]]]]]]]$

对于上面这种分析还需要补充说明两点：

第一个问题是，动结式中名词（NP）和动词（V）之间是什么关系？有人就质疑小句分析：比如"姑娘唱哭了"，感觉上"姑娘"跟主句动词"唱"也有某种联系，至少有语义上的联系，即"姑娘"就是"唱"的施事主语。再如"妈妈煮煳了米饭"或"妈妈把米饭煮煳了"，其中的"妈妈"好像就是"煮"的施事主语，"米饭"就是"煮"的受事宾语。但在我们看来，这只不过是受人们头脑中现实世界百科知识的影响（Hoekstra，1988），即当人们听到由于"唱"这个动作行为导致"姑娘哭"或听到由于"妈妈煮"的动作事件导致"米饭煳"时，一般总会联想到"唱"的人是"姑娘"，或者"煮"的人是"妈妈""煮"的东西是"米饭"。但根据补语小句分析，"姑娘"和主句动词"唱""妈妈、米饭"和主句动词"煮"在句法结构和语义角色上并没有联系。

我们这样分析至少有两个理由：一方面是这种分析更符合句法理论的要求。因为根据"论元准则（θ-Criterion）"，一个名词（NP）在一个结构中只能充当一个论元角色，一个论元角色也只能由一个名词（NP）充当。因此"姑娘唱哭了"中的"姑娘"既然做了补语小句的主语（姑娘哭），就不能再是"唱"的施事主语；"米饭煮煳了"中的"米饭"既然是补语小句的主语（米饭煳），就不能再是"煮"的受事宾语。至于"妈妈煮煳了米饭"或"妈妈把米饭煮煳了"的主语"妈妈"，因为是在 $vP$（小$_v$P）的Spec位置上生成的，语义角色也就不可能是"煮"这个动作的发出者（施事），同样跟"煮"没有直接关系。① 另一方面这种分析也可保持句法构造

---

① 根据小句分析，汉语的动结式也不必要分析为"姑娘唱［PRO 哭］"或"妈妈煮米饭［PRO 煳］"这种由于结构并合包括空代词 PRO 的结构。小句分析至少比包含空代词 PRO 的分析更加统一，也更加简单。

的一致性。因为如果说"姑娘唱哭了"中"姑娘"与"唱"有关系的话，那么同样的句子"肚子笑疼了"则毫无疑问"肚子"只可能与小句动词"疼"有句法和语义的联系（肚子疼），而与主句动词"笑"没有任何关系（＊肚子笑）。再如如果说"妈妈煮煳了米饭"或"妈妈把米饭煮煳了"中的"妈妈"与"煮"有某种联系，那么同样的句子如"这首歌唱哭了妹妹""这首歌把妹妹唱哭了"中的"这首歌"就不可能是"唱"的句法主语和施事论元（＊这首歌唱）。而所有这些结构按照小句分析则完全一样，即"姑娘、肚子"的基础位置都是补语小句的主语，"妈妈、这首歌"的论元角色都是"致使者"。比较：

（6）a1. 姑娘唱哭了（唱［姑娘哭］）

  a2. 米饭煮煳了（煮［米饭煳］）

  b1. 肚子笑疼了（笑［肚子疼］）

  b2. 眼睛哭肿了（哭［眼睛肿］）

（7）a1. 哥哥唱哭了妹妹／哥哥把妹妹唱哭了（哥哥－唱［妹妹哭］）

  a2. 妈妈煮煳了米饭／妈妈把米饭煮煳了（妈妈－煮［米饭煳］）

  b1. 这首歌唱哭了妹妹／这首歌把妹妹唱哭了（这首歌－唱［妹妹哭］）

  b2. 这口锅煮煳了米饭／这口锅把米饭煮煳了（这口锅－煮［米饭煳］）

  第二个问题是，补语小句的"主谓结构"到底是什么样子？有人就质疑有些动结式按小句分析其中的补语小句在词汇意义上似乎"说不通"：例如"（把）河水冻住了"，补语小句是"冻［河水住］"，"（把）钱包丢掉了"，补语小句是"丢［钱包掉］"。其实这种补语小句的词汇意义不搭配是语法成分的虚化造成的，并不影响对动结式句法构造和语义性质的分析。

  汉语动结式中存在补语虚化现象是大家都承认的。许多研究（如吴福祥，1998；刘子瑜，2004；玄玥，2008 等）也证明，动结式的虚化成分都是补语动词（即我们说的小句中的动词），且补语动词虚化后都表示"完成"的意义，并形成一个封闭的小类，包括"完、好、掉、住、成、了（liǎo）、着（zháo）、过（guò）"等。这种虚化后的补语动词做小句谓语虽然可能造成小句的主谓结构在词汇意义上不搭配，但实际上在句法构造上对带虚化补语的动结式和带实义补语的动结式完全可以做相同的分析，即其中都包含有补语小句。比较：

(8) a. （把）河面冻硬／住了
　　←河面［$_{VP}$ 冻硬／住了［$_{SC}$ t t］］←［$_{VP}$ 冻［$_{SC}$ 河面硬／住了］］

　b. （把）桌子擦干净／好了
　　←桌子［$_{VP}$ 擦干净／好了［$_{SC}$ t t］］←［$_{VP}$ 擦［$_{SC}$ 桌子干净／好了］］

现在就可以回到关于作格动词和作格结构的讨论了。为什么我们认为汉语的作格动词结构不但也应该是像动结式这样的双动词结构，而且汉语动结式，特别是"姑娘唱哭了""米饭煮烂了"这种基础动结式才是汉语真正的"作格结构"，"唱哭、煮烂"才是汉语真正的"作格动词"？这是因为在我们看来，汉语的动结式才更符合作格动词结构的"本来面目"。

一方面从作格动词结构的外部特征来看，动结式具备作格动词结构的句法构造形式。大家都承认，作格动词结构与其他动词结构的最大区别主要有两点：一个特点是作格动词的唯一论元一定是内论元，即作格动词结构中尽管也可以由这个论元做主语，但底层结构却是"深层无主句"（即"V＋内论元"）。例如"牛死了/死了一头牛""犯人跑了/跑了一个犯人"就是这种情况。另一个特点是当结构中唯一论元名词出现在动词后宾语位置或"把"字后面时，结构的主语位置出现的名词一定不是"施事"，而是"引发者"或"致使者"。例如"王冕死了父亲""他们跑了一个犯人"和"他去年把老伴死了""看守不小心把犯人跑了"就是这种情况。作格动词结构这两个结构特点，其实也恰恰是动结式的结构特点。因为按照前面分析，像"姑娘唱哭了"、"米饭煮烂了"这种基础动结式，一定都是主句动词"唱、煮"带上一个作为补语小句的内论元，即"唱［姑娘哭］""煮［米饭烂］"：这就完全符合作格动词结构的第一个特点。同样根据前面分析，像"这首歌唱哭了姑娘/这首歌把姑娘唱哭了""妈妈煮烂了米饭/妈妈把米饭煮烂了"这种扩展和变换动结式中出现的主语名词一定都是引发者或致使者外论元，并非施事主语：

这也就完全符合作格动词结构的第二个特点①。例如：

（9）a1. 姑娘唱哭了（基础结构形式：[$_v$唱 [$_{sc}$姑娘哭]]）
　　　a2. 米饭煮煳了（基础结构形式：[$_v$煮 [$_{sc}$米饭煳]]）
　　　b1. 这首歌唱哭了姑娘／这首歌把姑娘唱哭了（主语"这首歌"＝致使者）
　　　b2. 妈妈煮煳了米饭／妈妈把米饭煮煳了（主语"妈妈"＝致使者）

　　另一方面从作格动词结构的内部特征来看，动结式也符合作格动词结构的语义表达特点。大家都承认，作格动词结构一定是一种"有界的"的结构，即整个结构在意义上不但表示动作行为也表示终点结果，或者说一定既包含动作事件也包含结果事件（Hoekstra，2004）。例如"牛死了／死了一头牛""犯人跑了／跑了一个犯人"都是这种意义。而加上引发者或致使者的作格动词结构（包括"把"字句），更毫无疑问除了有动作行为义，也包含终点结果义。例如"邻居把牛给死了"、"看守把犯人给跑了"都是这种意义。而作格动词结构这两个语义特点其实也正是动结式的语义特点。因为按照前面分析，像"姑娘唱哭了""米饭煮煳了"这种基础动结式，一定是主句动词"唱、煮"带上一个作为终点结果的补语小句"姑娘哭""米饭煳"；同样根据前面分析，像"这首歌唱哭了姑娘／这首歌把姑娘唱哭了""妈妈煮煳了米饭／妈妈把米饭煮煳了"这种加上致使者外论元的扩展和变换动结式，其中"致使者（NP）通过动作行为（VP）导致终点结果（SC）"的整个语义链条就更加清楚。而且由于动结式包含了主句动词和小句动词，当然也更能突出作格动词结构的这种语义特点。例如：

（10）a1. 姑娘唱哭了
　　　　　（主句动词"唱"；小句动词"（姑娘）哭"）
　　　a2. 米饭煮煳了
　　　　　（主句动词"煮"；小句动词"（米饭）煳"）

---

① 当然动结式和一般说的作格动词结构也有细节上的不同之处。例如动结式的基础形式"唱[姑娘哭]"，不能让作为内论元的补语小句整体前移做主语，只能让小句的主语"姑娘"前移做整个结构的主语。

　　b1. 这首歌唱哭了姑娘／这首歌把姑娘唱哭了

　　　　（致使者"这首歌"；主句动词"唱"；小句动词"（姑娘）哭"）

　　b2. 妈妈煮煳了米饭／妈妈把米饭煮煳了

　　　　（致使者"妈妈"；主句动词"煮"；小句动词"（米饭）煳"）"

## 三　补语动词隐含和单动词作格结构（隐性动结式）的句法构造

　　上一节我们想说明，动结式这种"双事件结构（动作事件＋结果事件）"才是汉语的作格结构，"唱哭、煮煳"（包括补语动词虚化的"冻住、丢掉"）这种"双动词形式（主句动词＋小句动词）"才是汉语的作格动词。那么现在要反过来问，汉语中还存在单动词形式的作格动词和单动词结构的作格结构吗？比如一般说的说"死、跑"这类动词还是作格动词吗，"牛死了/死了一头牛""犯人跑了/跑了一个犯人"这类结构还是作格结构吗？

　　其实根据我们的分析（沈阳、司马翎，2010），认定一个结构是不是双动词的动结式（即作格结构），或者说是不是"有界"结构，倒并不在于在结构中一定能够"看到"两个动词或者表现为显性动结式，而主要看能否添加特定句法结构标记：其一是看能否添加标记"给"而升级为中动结构（"给"字句），如"姑娘给唱哭了""米饭给煮煳了"[1]。其二是看能否添加"致使者"论元和强致使标记"把（小 v）"而进一步升级为致使结构（"把"字句），如"这首歌把姑娘（给）唱哭了""妈妈把米饭（给）煮煳了"。因此从理论上说，任何动词结构只要能够通过这两种句法标记测试，那么无论表面上是什么样的动词结构，包括单个动词结构，就可以肯定该结构的原型一定都是双动词动结式，即这样的单动词也是动结式作格动词，这样的单动词结构也是动结式作格结构。

　　一般的单个动词结构中只包含一个动作事件，也仅由一个动词构成。这类动词结构属于"单动词结构"（也就是所谓"不及物 Vi 结构"和"及物 Vt 结构"），当然肯定无法通过双动词结构的句法标记测试，这种结构的基

---

[1]　限于篇幅，本文不详细讨论汉语的中动结构（"给"字句）。可参看沈阳、司马翎（2010）。

础形式也就肯定不是作格动词结构。例如：

（11）a.（＊NP把）她（＊给）哭了

　　　　b.（＊NP把）她（＊给）休息了

　　　　c.（＊NP把）她（＊给）唱了

　　　　d.（＊NP把）她（＊给）参观了

　　但不难发现，很多表面上只出现一个动词的结构也能通过这两种句法标记测试，即在单动词结构中也可以加上中动标记"给"以及"致使者"论元和致使标记"把"。例如：

（12）a.（爸爸把）房子（给）卖了

　　　　b.（弟弟把）苹果（给）吃了

　　　　c.（我军把）敌人（给）消灭了

　　　　d.（知识把）命运（给）改变了

（13）a.（看守把）犯人（给）跑了

　　　　b.（保姆把）小鸟（给）飞了

　　　　c.（班子把）矛盾（给）暴露了

　　　　d.（暖流把）冰山（给）融化了

　　既然这些表面上的单个动词结构都能通过双动词结构的句法标记测试，那么就完全可以肯定这些结构的原始形式也是"双动词结构"，只不过其中一个动词由于某种句法和语义条件"隐含"了才无法直接观察到。事实上补语动词虚化完全有可能造成弱化、脱落而最终隐含，补语动词的意义也可能原本就包含在主句动词中而始终隐含：这些都会使动结式表现为单动词结构。由此也可以推断，由于动结式中虚化、脱落的成分一定是补语动词，因此动结式中隐含的成分也就应该都是补语动词。仔细分析起来，补语动词的隐含又包括两种情况：

　　双动词动结式中补语动词隐含的一种类型如前面（12）的例子，即是由补语动词的脱落造成的。这种动结式中的谓语动词都是一般动作动词，而补语动词脱落其实也就是前面说的结果补语虚化后进一步弱化形成的。即很可能是动结式在自身语法化的过程中，主句动词"吸收"了补语动词的词义，或者说是动结式中谓语动词和补语动词进行了词形的"融合"，这才最终造成了补语动词脱落而只表现为单个动词结构。例如：

（14）a.（妈妈把）衣服（给）洗（好）了
　　　b.（弟弟把）苹果（给）吃（完）了
　　　c.（他把）这房子（给）卖（掉）了
　　　d.（他把）那件事（给）忘（掉）了

我们说这种类型的单动词结构中一定隐含了补语动词，是因为整个结构在语义上其实仍然包含着表示"有界"的结果补语，而且这个脱落的补语动词也都可以很自然地补出来。这一点可以用下面（15）例子来证明："别扔了"这句话有两个意思，但只有其中表示动作完成的意思，即包含两个动词词义或可以补出补语动词的结构，才有可能构成"给"字句和"把"字句；另一种表示动作正在进行的意思，即不包含两个动词词义或不可以补出补语动词的结构，则并不能构成"给"字句和"把"字句。比较：

（15）a1. 别扔了（留下来）（扔＝动作行为"扔"＋结果终点
　　　　"掉"）
　　　→ a2. 别把东西给扔（掉）了
　　　b1. 别扔了（停下来）（扔＝单纯动作"扔"）
　　　→ b2. ＊别把东西给扔（掉）了

由于虚化的结果补语与主句动词有比较广泛的搭配，具有很强的能产性，因此有很多动词都能够构成这一类隐含补语动词的动结式。吕叔湘主编的《现代汉语八百词》（1981）提到，汉语有一类动词如"忘、丢、关、喝、吃、咽、吞、泼、洒、扔、放、涂、抹、擦、碰、砸、摔、磕、碰、撞、踩、伤、杀、宰、切、冲、卖、还、毁"，后面的"了₁"表示动作有了结果，相当于补语"掉"。其实换一种说法也就是说这些动词后面都应该有一个看不见的补语动词"掉"，或者不妨说这种单动词结构就相当于隐含补语动词"掉"的动结式①。例如：

---

① 当然吕叔湘（1980）说的是"了"相当于"掉"，而不是说动词后面脱落了一个"掉"。这个问题涉及对"了"的句法作用和语义性质的分析。对此我们也有一些看法，将另文讨论。另可参看玄玥（2008）。

（16）a.（把）水（给）洒（掉）了←水［$_{VP}$洒（掉）了［$_{SC}$ t t］］

　　←［$_{VP}$洒［$_{SC}$水（掉）了］］

　　b.（把）烟（给）戒（掉）了←烟［$_{VP}$戒（掉）了［$_{SC}$ t t］］

　　←［$_{VP}$戒［$_{SC}$烟（掉）了］］

　　c.（把）书（给）扔（掉）了←书［$_{VP}$扔（掉）了［$_{SC}$ t t］］

　　←［$_{VP}$扔［$_{SC}$书（掉）了］］

动结式中补语动词隐含的另一种类型如前面（13）的例子，即谓语动词本身就是"典型"的作格动词，亦即（2）提到的"死、病、飞、跑、犯、塌、落（降落）、沉（沉没）、化（融化）、暴露、发生"这类动词。不难发现这些动词的结构中都可加上"给"构成中动结构（"给"字句），也都可以加上"致使者"和"把"构成致使结构（"把"字句）。例如：

（17）a.（那看守把）犯人（给）跑了

　　b.（保姆把）小鸟（给）飞了

　　c.（你怎么把）孩子（给）病了

　　d.（班子把）矛盾（给）暴露了

虽然这些典型作格动词本身肯定是单个动词，但这类动词最主要的特点就是其本身的语义都包含一定的结果或终点，即具有有界性。因此也就不妨说这些单个动词一定内在地包含着补语动词，如"犯人（给）跑了"就不是"跑步"的意思，而是"跑掉"的意思。可见这些单动词结构也就可以同样分析为表示终点结果意义的补语动词隐含了。这方面的一个证据就是，与一般动结式中由虚化而最终脱落的补语动词能够"还原"一样，这些动词结构中内在被隐含的补语动词也可以"添加"而构成完整动结式且保持整个结构的意义不变。例如：

（18）a.（把）犯人（给）跑（掉）了

　　←犯人［$_{VP}$跑（掉）了［$_{SC}$ t t］］←［$_{VP}$跑［$_{SC}$犯人（掉）了］］

　　b.（把）孩子（给）病（倒）了

　　←孩子［$_{VP}$病（倒）了［$_{SC}$ t t］］←［$_{VP}$病［$_{SC}$孩子（倒）

了]]

c.（把）冰块（给）化（开）了

←冰块［$_{VP}$ 化（开）了［$_{SC}$ t t]] ←［$_{VP}$ 化［$_{SC}$ 冰块（开）了]]

d.（把）矛盾（给）暴露（出来）了

←矛盾［$_{VP}$ 暴露（出来）了［$_{SC}$ t t]] ←［$_{VP}$ 暴露［$_{SC}$ 矛盾（出来）了]]

由上面分析就可以得出一个结论：作格动词结构都必须在语义上包含两个事件（动作行为 + 终点结果），也都必须在句法上包含两个动词（主句动词 + 小句动词）。如果这类结构只出现一个动词，那就必定是隐含补语动词的隐性动结式。而且隐性动结式的补语动词，无论是被主句动词"吸收合并"还是由主句动词"内在包含"，不但在句法上都可以通过"还原"或"添加"构成"主句动词 + 小语动词"的完整动结式结构，而且在语义上也都可以表达相同的"动作行为 + 终点结果"的完整动结式意义。由此也就可以说，所有作格动词的原始形式都不是单动词而是双动词，所有作格结构的原始结构都不是单动词结构而是双动词动结式，不但由补语动词虚化最终脱落造成的隐性动结式是这样，以往所说的那些典型作格动词也是这样。换一种说法就是，我们现在定义的作格动词结构的范围包括但又大于以前说的作格动词结构：即"犯人跑了"和"米饭煮煳了"都是作格结构，"跑"和"煮煳"都是作格动词。只不过我们不是把"煮煳"看作类似于"跑"那样的单个动词，而是把"跑"看作是隐性的动结式，即"跑"要跟"煮煳"类显性动结式做相同的句法和语义分析罢了。

对于上面这种分析也需要补充说明两点：

第一个问题是，如果说作为作格动词的单动词结构（隐性动结式）中必然隐含一个动词，为什么隐含的只能是补语动词，而不是谓语动词？有人就认为动结式有时可只保留补语动词而毋须出现谓语动词。如"肚子饱了"就差不多等于"肚子吃饱了"。但在我们看来，如果一个单动词结构确实在结构和意义上相当于作格动词（即为隐性动结式），那么不但这个单动词结构本身的意义应该与原形动结式等值，而且这个单动词结构也应该具有原形动结式的所有句法表现（如可加标记"给、把"和添加"致使者"），否则就不能说是隐性动结式。

　　这样一方面看，根据上面分析，补语动词隐含造成的隐性动结式实际上不用补出任何实义词语就一定在意义上与原形动结式完全等值，如"东西扔了""矛盾暴露了""犯人跑了""孩子病了"就与"东西扔掉了""矛盾暴露出来了""犯人跑掉了""孩子病倒了"的意义完全一样。但如果按省略谓语动词的说法，就无法保证二者的意义完全等值。

　　李临定（1984/1992）通过类比偏正式和动结式，认为动结式中的补语动词才是句法和语义中心，而谓语动词作为修饰和从属成分经常可以省略而不改变结构的意义，他给的例子如"我（跑）累了""衣服（淋）湿了""孩子（吓）哭了"等。张伯江（2007）在讨论"把"字句中施事和受事的语义语用特征时，也认为有些动结式存在谓语动词脱落而补语动词保留的现象，他给的例子如"楼（震）倒了"等。其实不难看出添加或省略谓语动词的两种结构在语义上并不等值，甚至差别很大。而且就算有些例子与动结式的原义非常接近，即某个特定动作与某个特定结果之间由于"事件强迫"而能被唯一激活（宋作艳，2008），即从某个结果一定联想到某个隐含的谓词成分，如"孩子醒了"很容易想到是"睡醒了"，再如"他（喝）醉了""足球（踢）进了""衣服（晾）干了"等。但事实上即使如此仍然不能保证二者严格等值，比如"醒了"通常当然是"睡醒"，但也可能"咳嗽醒"；"醉了"虽然通常是"喝醉"，但也可以"灌醉"；更不用说衣服可以"晾干"或"烘干"，足球可以"踢进"或"顶进"。再即使把省略的谓语动词说成"弄、闹"之类泛化动词，这样虽然好像也就无须激活特定的谓语动词，① 但省略和添加泛化动词的两种结构也不可能是严格同义的。比如按一般语感："病了"的意义肯定不等于"弄病了"，而应与"病倒了"同义；"钱包丢了"不等于"钱包弄丢了"，而与"钱包丢掉了"同义；"煮熟的鸭子飞了"也肯定不等于"煮熟的鸭子闹飞了"，而应与"煮熟的鸭子飞走了"同义。

　　而从另一方面看，根据上面分析，作为作格动词的隐性动结式都应能添加双动词结构的句法标记而升级为"给"字句或"把"字句，如"东西扔了""犯人跑了"，就都可以衍生为"把东西给扔了""把犯人给跑了"。但如果把单动词作格结构（隐性动结式）看作省略谓语动词，则这类结构基本上都不能自由添加上述各种句法结构标记。比较下面三组例子：

---

① 　参看蒋绍愚（1997/1999）关于泛化动词的讨论。

（19）a. （把）苹果（给）吃了（吃掉了）

　　　b. （把）脖子（给）扭了（扭伤了）

　　　c. （把）坏人（给）杀了（杀死了）

　　　d. （把）犯人（给）放了（放走了）

（20）a. （把）肚子（给）＊饱了（吃饱了）

　　　b. （把）杯子（给）＊碎了（摔碎了）

　　　c. （把）冷水（给）＊开了（烧开了）

　　　d. （把）孩子（给）＊胖了（长胖了）

（21）a. （把）孩子（给）病了（弄病了/病倒了）

　　　c. （把）犯人（给）跑了（放跑了/跑掉了）

　　　b. （把）鸭子（给）飞了（闹飞了/飞走了）

　　　d. （把）围墙（给）塌了（弄塌了/塌掉了）

　　上面（19—20）例子是非常明显的证据：由于有一些单动词结构的动词只能做动结式中的谓语（如（19）），之所以可以添加"给"和"把"，当然毫无疑问就是因为其中隐含了补语动词。虽然也确实有一些动词（形容词）在动结式中只能做补语（如（20）），比如"饱"就是如此。而且"饱"这种结果只能由"吃"这种动作造成，因此如果说其原型是动结式，当然省略的就是谓语动词"吃"。但承认是省略谓语动词"吃"也不能证明"饱了"就等于"吃饱了"，因为很显然"吃饱了"可以添加句法结构标记"给"和"把"，如"这顿饭把孩子给吃饱了"，但"饱了"却不行。如不能说"＊把肚子给饱了"。如此看来，与其说（20）的结构中省略了什么，不如说这些单动词结构只是单一形容词谓语的"状态句"，即"肚子饱了"谓语就是"饱了"，"孩子胖了"谓语就是"胖了"，结构中既不具有"致使＋结果"两个事件，当然也不存在"主句动词＋补语动词"两个动词。由此可见"肚子吃饱了"和"肚子饱了"并不是相同结构，"饱了"也不能看作是作格结构"吃饱了"的省略形式。

　　上面（21）情况则稍微麻烦点，因为有些单动词结构中的动词既可以在动结式中作补语，也可以做谓语，而且无论看作省略谓语动词还是隐含补语动词都能添加句法结构标记"给"和"把"，因此好像说成谓语动词省略或补语动词隐含都可以。这里或许可以用上"缺省推理机制"来看其中究竟哪个成分看不见了。① 首先如果仅看基础格式，那么"孩子病了""小鸟飞了""犯人跑了"就肯定无法推出一定有"孩子弄病了""小鸟闹飞了""犯人放跑了"这样的省略谓语动词的动结式。相反由于"病、飞、跑"这种典型作格动词都在本身内在隐含终点结果，却肯定能很自然推出"孩子病（倒）了""小鸟飞（走/掉）了""犯人跑（走/掉）了"。其次即使在添加"把、给"后，我们觉得也还是推出隐含的补语动词更合语感。比如从"看守把犯人给跑了"可以很自然推出"看守把犯人给跑（掉）了"，却很难推出"看守把犯人给（放/弄）跑了"。可见就算"（犯人）放/弄跑了"确实是动结式作格结构，其中的谓语动词"放、弄"也不能从"跑了"推出来，或者说虽然"（犯人）放/弄跑了"也是动结式作格结构，但也只是独立生成的结构，与"（犯人）跑了"并没有必然的联系②。

第二个问题是，前面说"跑"和"煮烂"都是作格动词，"跑了"要和"煮烂了"做相同句法语义分析。现在要回过头来问，像"死、病、飞、跑、落（降落）、沉（沉没）、化（融化）、暴露、发生"这类典型作格动词是不是就完全等同于动结式呢？我们当然不认为典型作格动词跟动结式完全一样，毕竟典型作格动词作为作格动词的特定小类有自己的特点。

一方面从结构特点看，典型作格结构尽管也能加添加标记"给、把"，也可以引入外论元，如"看守（不小心）把犯人给跑了"，但显然这种结构中在小 vP 层引入的外论元并不是严格意义的"致使者"。比如"看守把犯人给杀了"和"看守把犯人给跑了"两句的"看守"，前一句里是"致使者"（即是通过"杀"导致"犯人（死/掉）"的直接致使者，甚至理解上就是"杀"人者），后一句中显然只是"引发者"（即最多是"伴随性外力"，而不是"犯人跑（掉）"的致使性外力）。大概正因为如此才使人感觉典型作格动词结构构成的"把"字句不太像"把"字句，并没有太强的"处置义"，这其实就是由外论元的差异造成的。比较一般动结式"把"字句（22）和典型作格动词"把"字句（23）：

---

① 郭锐（2003）在分析"把"字句形成机制时，认为有时单动词结构可相当于动结式，他采用"语义缺省推理"来补出缺失的谓词，比如"你怎么（疏忽）把犯人跑了""我（不小心）把钱包丢了"中就存在一个造成整个"致使-结果"事件的"原因"（疏忽、不小心）。因此他说的省略成分并非动结式中的谓语动词。

② 近代汉语中确实有一类省略谓语动词的单动词（形容词）"把"字句，如"把脸红胀了""把眼花了"（《石头记》），但现代汉语中已消失。有关的分析参看沈阳、魏航（2011）。

（22）a. 妈妈把米饭给煮煳了　　b. 弟弟把杯子给打碎了

　　　c. 蛋糕把孩子给吃饱了　　d. 工作把妈妈给累病了

（23）a. 看守把那犯人给跑了　　b. 爸爸把心脏病给犯了

　　　c. 他把煮熟鸭子给飞了　　d. 班子把矛盾给暴露了

　　至于一般动结式的外论元和典型作格结构外论元性质差异的原因，我们（沈阳、司马翎，2010）曾分析过，这是因为典型作格动词的句法语义特点是只有客体内论元，没有施事外论元，因此即使添加"给、把"标记引入外论元也就不可能是由施动者转成的"致使者"。如果再追问一句，为什么典型作格动词结构只能引入伴随性而非致使性外论元？这是因为典型作格动词具有"［＋自动自发］"的特征，不需要甚至不能再加上外部的施动者，因此通过"给、把"引入的外论元就只能是伴随性的。而动结式（如"煮煳、唱哭"）明显是在句法层面上构造的，通常不具有自动自发特性①，所以添加"给、把"引入的外论元才是致使性的。

　　另一方面从动词特点看，典型作格动词更多情况是以单动词形式出现的。这种情况就造成典型作格动词不但可以做谓语，如"小狗死了"中的"死"；还常常可以做动结式的补语，如"杀死、打死"中的"死"。不过由此也带来一种似乎令人疑惑的现象，比较下面各例：

（24）a. （把）小狗（给）死了

　　　b. （把）小狗（给）死掉了

　　　c. （把）小狗（给）弄死了

　　　d. （把）小狗（给）弄死掉了

　　按理说，如果典型作格动词本身已经是双动词的隐性动结式，即"死了"就等于"死（掉）了"，那么"死"就不能再做另一个谓语动词的补语。可事实上典型作格动词却差不多都可以做动结式的补语，如"杀死、放跑、累病、凿沉、震塌"。那在后一种情况下怎么分析典型作格动词的内部构造呢？我们觉得这可能是典型作格动词本身两个事件的意义非常接近造成的。也就是说典型作格动词的核心事件意义不是动作而是状态（state），或

---

　　① 也不是所有的动结式作格动词都不具有自动自发特性。如"长歪、病死"在［＋自动自发］的语义特征上就相当于典型单个作格动词。

者说这类动词的双事件性不是"动作+结果",而是"状态+变化"。两个事件意义的接近就造成两个动词可分可合。以(24)为例,在"小狗给死(掉)了"中是"死"做谓语,因此造成两个事件意义可被"分解",即应该分析为"死[小狗掉]"。而"小狗给弄死了"中由于另有谓语动词"弄"表示动作行为,因此补语动词"死"本身两个事件意义则被"压缩"成一个事件,即应该分析为"弄[小狗死(掉)]"。这样从理论上推论,所有既能做谓语也能做补语的典型作格动词应该都具有这种双动词的意义既可以被"分解"又可以被"压缩"的特性。反过来说,这可能也正是判断汉语中哪些动词才是典型作格动词的一个有效的验证方法。

典型作格动词中两个动词或两个意义可被压缩的这种特性,更明显的证据还表现在"来、去"这两个公认的典型作格动词的特点上。动词"来、去"和其他典型作格动词一样,可以让唯一的客体论元名词出现在主语或宾语的位置上,如"客人来了/来了客人"。但"来、去"却不能进入"给"字句和"把"字句,如不能说"*把客人(给)来了"。这里的原因在我们看来也是由于两个事件意义非常接近或完全一致造成的。因为"来"的状态和"来"的变化一定是合一的,即只要一开始"来"也就已经是"来"了。正因为"来、去"的两个事件意义很难被分解,所以"来、去"不但经常做补语,如"搬来、取去",而且"来、去"之所以不能添加"给、把"的原因也就在于,"给"字句和"把"字句的结构特性要求动作行为和终点结果两个事件意义或者状态和变化两个事件意义必须能被"分解",而动词"来、去"恰恰不符合这种要求。

## 四 作格结构的构造解释和作格动词的系统类型

说完上面内容,就可以回答本文一开头提出的两个问题,即作格动词的性质是什么和作格结构的构造是怎样的。但其实这一点已经不用多说,相关结论应该能从前面讨论推导出来。

先说作格结构的构造。前面提到对作格结构的构造争议颇多,特别是对"王冕死了父亲"的构造一直找不到合理的分析。而按照本文提出的作格结构的构造分析,这个问题其实轻而易举就可以解决:即"死"是隐性动结式作格动词,结构和意思都是"死(掉/去)",即"死了父亲"的基础结构应分析为"死[父亲(掉/去)]";而"王冕"则在是小 vP 层生成的伴随性外论元(既不是施事者,也不是致使者)。这样不但结构中所有的成分都能名正言顺地"各安其位"，而且动词"死"的所有变体结构（不管是"父亲死了""王冕死了父亲"还是"王冕把父亲死了"（语料中的例子如"他去年把太太死了"）都可做完全一致的分析。例如：

(25) a. 父亲死了：$[_{vP}$死$[_{SC}$父亲$_{(掉/去)}$了$]]$ → $[_{IP}$父亲$[_{vP}$死（掉/去）了$[_{SC}$t t$]]]$

b. 王冕死了父亲：$[_{IP}$王冕$[_{vP}$死（掉/去）了$[_{VP}$父亲$_i$$[_{SC}$t$_i$ t$]]]]$

c. 王冕把父亲死了：$[_{IP}$王冕$[_{vP}$把$[_{VP}$父亲$[_{V}$死（掉/去）了$[_{SC}$t$_i$ t$_j$$]]]]]$

再如在我们看来，不但汉语的动结式作格结构和单动词作格结构可以做统一的分析，汉语"动趋式"和"动介式"也可以做同样的句法构造分析。因为跟动结式一样，动趋式和动介式也可以自由添加"给、把"构成"给"字句和"把"字句，因此也肯定是双动词作格结构，或者说动趋式和动介式其实也是"作格动词"。而且跟动结式一样，动趋式和动介式中补语小句的动词也有实义和虚义的区别，其中动介式的补语动词也可脱落而造成隐性动介式作格结构。例如（只其中（a）例给图示）：

(26) a. （把）弹片取出来了←（弹片$[_{VP}$取出来$[_{SC}$t t$]]$←$[_{VP}$取$[_{SC}$弹片出来$]])$

b. （把）命令传下去了

c. （把）报告递上去了

d. （把）事情想起来了

(27) a. （把）钱放（到）卡里了←（钱$[_{VP}$放（到）$[_{SC}$t 卡里$]]$←$[_{VP}$放$[_{SC}$钱（到）卡里$]])$

b. （把）话记（在）心里了

c. （把）事忘（到）脑后了

d. （把）心放（在）肚子里

再说作格动词的性质。由于我们不认为作格动词是单动词结构，作格动词的类别也就肯定跟前面提到其他各种处理方案不同。或者说我们所说的"作格动词"的范围不但比以往定义的范围大得多，而且我们更关心的不是什么样的动词是"作格动词"，而在于能否据此建立系统的作格动词的关联结构类。比较本文讨论过的例子：

（28）a1. 米饭煮煳了　　a2. 米饭给煮煳了　　a3. 妈妈把米饭给煮煳了

b1. 姑娘唱哭了　　b2. 姑娘给唱哭了　　b3. 这首歌把姑娘给唱哭了

c1. 那犯人跑了　　c2. 那犯人给跑了　　c3. 看守不小心把犯人给跑了

d1. 矛盾暴露了　　d2. 矛盾给暴露了　　d3. 领导班子把矛盾给暴露了

　　上面（28）的例子本文都涉及了。不过严格说，只有其中基础动结式如"米饭煮煳了"才是作格结构，其他则是作格结构的几种衍生变换式（即中动结构"给"字句和致使结构"把"字句）。但有一点很清楚，三种结构的 VP 层完全一样，即都是"V+小句内论元"或"动作行为+终点结果"；三种结构无非是从底层（或内层）结构通过增加上层（或外层）结构相互联系起来的。即在动结式作格结构的基础上通过增加一个层次引入语义上的致使者而构成中动结构"给"字句，在"给"字句的基础上通过再增加一个层次引入句法上的致使者构成致使结构"把"字句；反过来说就是每个上层（或外层）结构中都一定包含有下层（或内层）的结构，即"把"字句中包含了"给"字句和动结式，"给"字句中包含了动结式。毫无疑问，作为作格结构的动结式一定是所有这些结构的"核心（core）"结构。

　　如果这种分析成立，我们也就不难得出结论，跟单动词结构系统（即通常说的及物和不及物动词系统，或者叫"DO"系统结构）不同，包含上述三种结构的双动词结构系统（或者叫"CAUSE"系统结构）才是汉语中更重要的一个动词系统（沈阳、司马翎，2010）。因此对作格动词或作格结构的分类，其实更重要的也就是要看汉语中还有哪些结构属于这个结构系统，或者说作格结构还能衍生出哪些结构或句式①。举例说，根据上面的分

---

　　① 这一点和黄正德（2008）分出的"作格动词系统"和"受格结构系统"有相似之处，因为我们也是以作格结构为核心建立双动词系统。但与黄文不同之处是：黄说的作格动词是指单个作格动词，作格结构也是指单动词结构。

析，我们就应该有理由相信，汉语的存在句（如"台上坐着主席团""墙上挂着一幅画"），隐现句（如"家里来了客人"），甚至双宾句（如"停院子里一辆车""落树上一只小鸟"）和被动句（如"杯子被弟弟摔碎了""他被打断了一条腿"），就都很可能属于"双动词结构系统"。因为很显然，这些结构中的动词都是典型作格动词或本文论证的显性或隐性动结式作格动词（包括动趋式、动介式），因此可以假设这些结构都应该是从作为核心层的"作格结构"衍生出来的。

# 参考文献

顾　阳　1996　《生成语法及词库中动词的一些特性》，《国外语言学》第 3 期。

顾　阳　2000　《论元结构及论元结构变化》，《配价理论与汉语语法研究》（沈阳主编），语文出版社。

郭　锐　2003　《把字句的语义构造和论元结构》，《语言学论丛》第 28 辑，商务印书馆。

韩景泉　2000　《领有名词提升移位与格理论》，《现代外语》第 3 期。

黄正德　1990　《中文的两种及物动词和两种不及物动词》，《第二届世界华语文教学研讨会论文集》，台北世界华文出版社。

黄正德　2008　《题元理论与汉语动词题元结构研究》，《当代语言学理论和汉语研究》，商务印书馆。

蒋绍愚　1997　《把字句略论——兼论功能扩展》，《中国语文》第 4 期。

蒋绍愚　1999　《汉语动结式产生的时代》，《国学研究》第六卷。

李临定　1984　《究竟哪个补哪个——动补格关系再议》，《汉语学习》第 4 期。

李临定　1990　《现代汉语动词》，中国社会科学出版社。

李临定　1992　《从简单到复杂的分析方法——结果补语句构造分析》，《世界汉语教学》第 3 期。

刘丹青　1994　《"唯补词"初探》，《汉语学习》第 3 期。

刘子瑜　2004　《汉语动结式述补结构的历史发展》，《语言学论丛》第 30 辑，商务印书馆。

陆俭明　1990　《述补结构的复杂性》，《语言教学与研究》第 1 期。

吕叔湘　1980/2006　《现代汉语八百词》，商务印书馆。

吕叔湘　1987　《说"胜"和"败"》，《中国语文》第 1 期。

马庆株　1988　《自主动词和非自主动词》，《中国语言学报》第 3 期，
　　　　　　商务印书馆。

马希文　1987　《与动结式动词有关的某些句式》，《中国语文》第
　　　　　　6 期。

潘海华　韩景泉　2005　《显性非宾格动词结构的句法研究》，《语言研
　　　　　　究》第 3 期。

彭国珍　2006　《现代汉语动结式的句法语义研究》，北京大学博士学
　　　　　　位论文。

任　鹰　2009　《"领属"与"存现"：从概念的关联到构式的关联》，
　　　　　　《世界汉语教学》第 3 期。

沈家煊　2006　《"王冕死了父亲"的生成方式》，《中国语文》第
　　　　　　4 期。

沈　阳　1997　《名词短语的多重移位形式及把字句的构造过程与语义
　　　　　　解释》，《中国语文》第 6 期。

沈　阳　2003　《动结式补语动词的虚化和弱化形式》，《纪念王力先生
　　　　　　诞辰 100 周年论文集》，商务印书馆。

沈　阳　2009　《"词义吸收""词形合并"与汉语双宾结构的句法构
　　　　　　造》，《世界汉语教学》第 2 期。

沈　阳　司马翎　2010　《句法结构标记"给"和动词结构的衍生关
　　　　　　系》，《中国语文》第 3 期。

沈　阳　玄　玥　2012　《"完结短语"及汉语结果补语的语法化和完
　　　　　　成体标记演变过程》，《语学习》第 1 期。

沈　阳　魏　航　2011　《动结式中结果补语隐现的句法和语义条件》，
　　　　　　《对外汉语研究》第 3 期。

司马翎　沈　阳　2006　《结果补语小句分析和小句的内部结构》，《华
　　　　　　中科技大学学报·社会科学版》第 4 期。

宋作艳　2008　《现代汉语的事件强迫结构》，北京大学博士学位论文。

汤廷池　1991　《汉语述补式复合动词的结构、功能与起源》，《汉语词
　　　　　　法句法四集》，台湾学生书局。

温宾利　陈宗利　2001　《领有名词移位：基于 MP 的分析》，《现代外
　　　　　　语》第 1 期。

吴福祥 1998 《重谈"动 + 了 + 宾"格式的来源和完成体助词"了"的产生》,《中国语文》第 6 期。

徐 杰 1999 《两种保留宾语句式及相关句法理论》,《当代语言学》第 1 期。

徐 杰 2001 《普遍语法准则和汉语语法现象》,北京大学出版社。

玄 玥 2008 《完结短语假设和汉语虚化结果补语研究》,北京大学博士学位论文。

影山太郎 2001 《动词语义学》(于康、张勤、王占华译),中国广播电视大学出版社。

张伯江 2007 《施事和受事的语义语用特征及其在句式中的实现》,复旦大学博士学位论文。

曾立英 2003 《现代汉语作格现象研究》,北京大学博士学位论文。

朱德熙 1982 《语法讲义》,商务印书馆。

朱行帆 2005 《轻动词和汉语不及物动词带宾语现象》,《现代外语》第 3 期。

Burzio, Luigi. 1986. *Italian Syntax:A Government-Binding Approach*, Dordrecht:Reidel.

Cheng, Lisa Lai-Shen & Huang, C. – T. James. 1994. *On the argument structure of resultative compounds. In Matthew Y. Chen & Ovid J. L. Tzeng(eds):In honor of William S-Y. Wang:Interdisciplinary Studies on Language and Language Change.* Taipei:Pryamid Press.

Cheng, Lisa L. -S., C. -T. James Huang, Y. H. Autrey Li, and C. -C. Jane Tang. 1999. *Hoo, hoo, hoo:Syntax of Causative, Dative, and passive Constructions in Taiwaness, Journal of Chinese Linguistics*14.

Chomsky, Noam. 1995. *The Minimalist Program. Cambridge*, Mass:MIT Press.

Crystal, David. 1997. *A Dictionary of Linguistics and Phonetics.* Blackwell Publishers Ltd 1997.

Den Dikken, Marcel and Rint Sybesma. 1998. *Take serials light up the middle.* Paper presented at GLOW, Tilburg.

Hale, Ken and Jay Keyser. 2002. *Prolegomenon to a theory of argument struc-*

*ture.* Cambridge, Mass.: MIT Press.

Hoekstra, Teun. 1988. *Small Clause results. Lingua* 74 (2—3).

Hoekstra, Teun. 2004. *Arguments and structure. Studies on the architecture of the sentence.* Berlin: Mouton.

Huang, C. -T. James. 1997. *On lexical structure and syntactic projection. Chinese Languages and Linguistics* 3.

Huang, C. -T. James. 2007. *Unaccusativity, ditransitives and extra-argumentality.* Paper presented at EACL 4, *Leipzig.*

Huang, C. -T. James, Li, Y. -H. Audrey, Li, Yafei. 2009. *The Syntax of Chinese,* CambridgeUniversity Press.

Keyser, S. Jay. & Roeper, T. 1984. *On the middle and ergative construction in English. Linguistic Inquiry,* Vol. 15.

Mulder, R. H. and R. Sybesma. 1992. *"Chinese is a VO-language." Natural Language and Linguistic Theory* 10.

Stowell, Tim. 1991. *Small Clause Restructuring, Priniples and Parameters in Comparative Grammar,* ed. R. Freidin. Cambridge, Mass.: MIT Press.

Sybesma, Rint. 1992. *Causatives and Accomplishmenyts: the Case of Chinese Ba,* Doctoral Dissertation, LeidenUniversity.

Sybesma, Rint. 1999. *The Mandarin VP.* Dordrecht: Kluwer.

Perlmutter, David M. 1978. *Impersonal Passives and Unaccusative Hypothesis, Berkeley Linguistic Society* 4.

（沈阳　北京大学、荷兰莱顿大学和荷兰亚洲国际研究院

Rint Sybesma（司马翎）　荷兰莱顿大学教授、北京大学中国语言学研究中心）

# 依附小句的关联模式与句法整合

## 方 梅

## 一 依附性小句

跨语言研究中，复杂句内部小句之间的关系可以根据小句在句法上的"内嵌"（embedded）与"依附"（dependent）两个参数分为三个层级（参看 Foley and Van Valin, 1984：241—242；方梅，2008：291—292），即："等立"（coordination）、"主次"（cosubordination）和"从属"（subordination）。其分布见下表：

表1

| | 等立主次从属 | |
|---|---|---|
| − 内嵌 | − 内嵌 | + 内嵌 |
| − 依附 | + 依附 | + 依附 |

两个小句彼此之间既非内嵌，也非依附，为等立关系；其中一个小句依附于另一个小句但是并不内嵌于它所依附的小句，则两者为主次关系（如下文例（1）的小句（b））；一个小句在句法上是内嵌形式，它与所内嵌的小句为从属关系。

呈等立关系的小句，彼此之间可以不依赖另一小句而独立进入语篇。在形态发达的语言中，表现为具备限定动词（finite）所需的完备的屈折（fully inflected）形式。而依附小句（dependent clause）句法上不能自立，不能独立进入篇章。① 在形态语言中表现为，主语是零形式或者动词是非限定性（non-finite）的，其主语以及形态所传递的时体、语气情态信息要依赖于自立小句（independent clause）（参看 Payne，1997：306）。例如：

> （1）（a）He came in，（b）locking the door behind him. （Payne，1997：306）

就例（1）而言，小句 a 动词是限定式，它可以不依赖小句 b 而独立进入篇章，如 "He came in."。而小句 b 主语是零形式，动词是非限定性的，主语、时（tense）等的理解必须依赖于小句 a。

对于具有句法形态的语言来说，限定性小句在句法上是自立的，可通过非限定（non-finite）动词达到句法上的降级，变为依附小句。句法降级也可以同时借助其他从属标记（如连词、介词）。无论是内嵌小句还是非内嵌的依附小句，都有相应的有别于自立小句的句法形态。不过，即使是有 "限定"（finite）与 "非限定"（non-finite）范畴对立的语言，不同句法分布下的限定性依然存在程度差异，从限定性到非限定性也是一个连续统（Payne，1997：306）。

而跨语言的考察发现，作为句法范畴的限定与非限定对立并不是一个普

---

① 依附小句不能独立进入语篇结构，这里暂不讨论由于互动因素导致的依附小句独自运用于一个话轮（turn）的情形，如下面例子的话轮乙。比如：

（1）甲：今天感觉很冷啊。乙：因为风大。

不过，即使是对话里 "因为风大" 可单说，也限于用作应答，对前一个话轮具有依赖性。可参看方梅（2012）。特别值得说明的是，将一个句法上的依附形式分别置于不同的话轮，这是互动交际中的一般现象，即便在形态语言中也会发生。参看 Ford，Fox & Thompson（2002）。此外，对话语体也会使句法上的黏着成分独立成句。例如应答句里，副词也可以独立成句：

（2）甲：他们说不定已经到家了。乙：或许。

因此，上文确定一个小句是否具有依附性的时候，首先以叙事（narratives）语体作为分析参照，不同语体的差异我们在第四节讨论。

遍性特征。在孤立语中，动词是否有限定与非限定之分就有争议了①。Crist-ofaro（2005：53—55）基于对 80 种语言的调查指出，孤立语，如现代汉语和藏缅语系的 Nung 语，不存在动词本身的限定性与非限定性的对立。只要小句的动词及其相关形式不能以独立单句形式出现，其动词就是句法上的降级动词（deranked verb）。从语言共性的角度说，恐怕只有小句的"自立"与"依附"是具有普遍意义的对立。

依附小句就英语来说主要有两种类型，即"在限定小句上增加偏正性关联词语"（如下面例子里的 when）和"非限定性小句"（如下面例子里的 reaching the monument）（Halliday，2000：241②）。

依附性限定小句：When you reach the monument, …

依附性非限定小句：（On）reaching the monument, …

依附性非限定小句可以前置也可以后置。如 Halliday（2000：240）的例子：

（2）Having said goodbye, John went home.（依附性小句在前）

（3）Alice walked on in silence, puzzling over the idea.（依附性小句在后）

非限定形式也可以与关联词语一起使用，如下面例（4）中的 as if see-ing me for first time。

（4）He stared at me as if seeing me for first time.

---

① 关于汉语限定性与非限定性动词的讨论另可参看 Huang（1989），Li（1990），Tang（2000），and Hu，Pan and Xu（2001）。

② Halliday（2000：223）还提出了一种比较特殊的情况，如嵌入式"Picture, if you can, a winkle"。汉语里也可以见到嵌入式条件小句，比如"带上你家宝宝，如果天气好的话，一起去"。"如果天气好的话"完全可以抽取出来，或者前置："如果天气好的话，带上你家宝宝一起去。"或者后置："带上你家宝宝一起去，如果天气好的话。"这种嵌入式条件小句我们认为也可以看作口语里的一种追补（afterthought）现象。关于追补的概念，赵元任先生（1968）是这样说明的："如果临时想起的话加在一个已经完结的句子之后，那就是追补语。……前边的话不要这个追补语还是一个完整的句子。"（第 75 页）在上面这个例子里，"带上你家宝宝"可以带上祈使句的句调，不依赖于后面的条件小句。嵌入式"带上你家宝宝，如果天气好的话，一起去。"是口语里的一种未经筹划的句子（unplanned sentences）。这种语序安排有可以从会话分析（conversation analysis）的角度分析其动因（motivation），本文暂不讨论。

无论有关联词语作为从属标记，降级动词小句在句法形态上都不及典型动词丰富，这是世界语言的普遍倾向（参看 Halliday，2000：239—240；Matthiessen & Thompson，1988：304）。

对于像汉语这样缺少句法形态的语言来说，说明在主要谓语动词之外的句法位置上具有哪些句法限制（例如语气、时、情态的限制）以及表现形式，说明构成小句之间等立、主次和从属关系的句法手段，上述表1的三分格局的刻画则显得尤为重要。本文对依附小句的讨论正是出于这样的考虑。

汉语研究长期以来重视对关联词语[①]的分析。文炼（1992：261—262）指出，"听到发端句，预测后续句，这是较常见的现象"。"最明显的是带有'因为''如果''虽然'之类的句子，必有相应的后续句"，"此外还有一些值得注意的语言格式，……如'你通知一下他''大家夸着你'"等。语气词对"完句"的贡献则更早为人关注。马建忠（1898）指出助字的完句作用（见马建忠1898［1983］：23），吕叔湘《中国文法要略》（第69—80页）更为明确提出古汉语的完句问题，认为"为之则难者亦易矣""晋国，天下莫强焉"中"矣、焉"等句末语气词具有"完形作用"，是"完成句意的必要成分"。

也有一些学者关注到连词、语气词之外其他语法形式对小句独立性的影响（参看贺阳，1994；孔令达，1994；黄南松，1994；史有为，1997 等）。胡明扬、劲松（1989：48—49）明确提出"独立句段"、"非独立句段"和"完句成分"概念[②]，指出"独立"和"非独立"是指在没有特定的上下文和语境的支撑下能否独立成句，是针对陈述句而言。如[③]：

(5) 我们是中国人　　　　　　　　＊天气热

　　天气很热　　　　　　　　　　＊屋子里黑乎乎

　　他脾气很大　　　　　　　　　＊客人走

　　屋子里黑乎乎什么都看不清楚　＊她休息

　　客人走了　　　　　　　　　　＊我们吃过晚饭

---

① 这里的"关联词语"指连词以及具有篇章衔接功能的一部分副词。

② 完句问题曾得到广泛关注，如：王艾录（1989、1990）、孔令达（1994）、黄南松（1994）、贺阳（1994）、史有为（1997）、金廷恩（1999）、齐沪扬（2002）、司红霞（2003）、张健军（2004）、张豫峰（2009）等。

③ 例子转引胡明扬、劲松（1989：42—54）原文的例子。

我们吃过晚饭了　　　　　　　　＊我们晚饭吃过

在没有特定上下文语境限制下，左边加上句终语调可以单说，称为"独立语段"；而右边的不行，称为"非独立语段"。而能否独立成句，实际也存在语体差异（详见方梅，2013）。

上述这些研究提出"完句成分"的概念，并且例举了各类具有"完句"作用的语法手段。但是，这些研究较少将"完句成分"所代表的句法范畴特征与句际关联模式联系起来，孔令达（1994：434）与黄南松（1994：441）曾指出非自足句"虽然不能单独成句，但可以成为复句中的一个分句"，"这些表达式不能自足成句……只可以作为并列或者从属复句里的一个分句"。但是描述仍显宽泛。①

## 二　小句关联模式与依附性小句

由于汉语没有明显的限定性句法范畴，因此，对现代汉语复杂句的小句关联模式的刻画需要综合考虑关联词语与其他句法特征两个方面。从句法构成角度，我们将依附性小句分为两类：关联词语标记型和无标记关联型。

### （一）关联词语标记型小句

关联词语标记型是通过关联词语显示其句法地位的，关联词语是依附性小句的标志。在关联词语方面成果也比较多，如林裕文（1984）、邢福义（1985、2001）、廖秋忠（1986）。

我们关心下面两类情况。

一类情况是，去掉关联词语，剩下的部分在句法上是一个不能自立的小句。例如：

（6）因为拉着洋人，他们可以不穿号坎。

去掉"因为"，小句"拉着洋人"自身不能独立成句。

另一类情况是，小句在删除关联词语之后，剩下的部分是在句法上可以自立的。例如：

---

① 另可参看方梅（2013）。

（7）我找了半天也没在校园里看到他，<u>因为</u>他已经到家了。

其中后一小句有"因为"不能独立成句①，去掉"因为"，"他已经到家了"是可以成句的。

关联词语标记型可以看作通过关联词语构成依附性关系。英语连词可以加在前一小句上，也可以加在后一小句上。以因果关系为例，大致又可分出四种情况，如（8），但是在前句和后句上都用连词的（成对使用）很有限。如：

（8）a. <u>Because</u>he is ill, he is not present today. （连词在前一小句上）

b. He is ill, <u>so</u>he is not present today. （连词在后一小句上）

c. He is not present today, <u>because</u>he is ill. （连词在后一小句上）

d. *<u>Because</u>　he is ill, <u>so</u>he is not present today. （前后小句连词成对出现）

英语里，"Not only…, but also…"（不但……，而且……）这类格式很少。以因果关系为例，英语 although、since、because、so 等，都不是成对使用的。

对比英语，我们可以看到汉语的一些特点。例如：

（9）a. <u>因为</u>父亲病了，他要马上回家。（连词在前一小句上）

b. 父亲病了，<u>所以</u>他要马上回家。（连词在后一小句上）

c. 他马上要回家，<u>因为</u>他父亲病了。（连词在后一小句上）②

d. <u>因为</u>父亲病了，<u>所以</u>他要马上回家。（前后小句连词成对出现）

汉语连词使用四种分布皆可。重要的是，汉语有大量成对使用的连词，形成在前一小句和后一小句上都可用连词的格局。

---

① 本文暂不把由于互动因素导致的可单说的情况放在一起讨论。

② 在口语里，"因为"类原因小句后置更为常见。参看宋作艳、陶红印（2008）。

## （二）无标记关联型

无标记关联型小句是指不使用关联词语的依附性小句。

类型学上，无标记依附小句构成是构成复杂句的一种重要形式，较为引人注目的是小句链类型语言（clause-chaining language；参看 Payne，1997）。典型的小句链语言不使用关联词语。小句链型语言的复杂句由多个小句构成，其中要区分终句小句（final clause）和非终句小句（non-final clause，也称为 medial clause）。只有终句小句才具备一个单句应该具备的句法范畴成分。非终句小句句法上依附于终句小句，不能独立作为单句使用小句链语言的非终句小句属于依附性小句。

小句链语言复杂句模式可以刻画为：（Payne，1997：321；Longacre，2007：398—401）

小句链模式：非终句小句＋非终句小句＋……终句小句。

典型的小句链型语言不多，如巴布亚新几内亚、伊里安查亚。类似小句链型语言的语言从南美洲哥伦比亚、厄瓜多尔、秘鲁到美国西南地区都可以发现。亚洲具有小句链现象的语言，从中亚到东亚的朝鲜语、日语，都可以找到。（Longacre，2007：399）①

---

① Kanite 语（位于巴布亚新几内亚，属于小句链型语言，引自 Longacre，2007：401）

a. is-u'a-ke-'ka,

b. naki　a'nemo-ka　hoya　ali-'ka,　do-we-DS-you　so　women-you　garden　work-you.

c. naki　ali　ha'noma　hu-ne'atale-'ka,

　　so　work　finish　do-COMPL-you.

d. popo　hu-'ka, e.（e.）inuna　kae-'ka. f. naki　ha'no　hu-talete-ke-ta'a,

　　hoe　do-you　weeds　burn-you　so　finish　do-COMPL-DS-you.

g. naki　viemoka-ta'a　keki'yamo'ma　ha'noma　ne-his-i-ana.

　　so　men-we　fence　finish　FUT-do-it-1PL.

"If we do this, you women work the garden, when it is finished hoe and burn the weeds, when that is finished we men will finish making the fence."

在例中，a—f 各个小句中动词无"时"（tense）标记，不能独立成句，只有终句小句 g 有"时"范畴标记。

　　汉语是一个非形态语言，在形态语言中用来构成限定性谓语的句法范畴，在汉语里是通过各类虚词（如副词）以及一些结构形式（如述补结构）得以实现的。无标记关联型依附小句可以看作是通过减少上述词汇句法手段，将自立小句的小句变为依附小句。

　　拿汉语来说，"他已经回到了阔别已久的陕北老家"。是一个可以独立进入篇章的单句。但是加上连词"因为"以后，整个小句"因为他已回到了阔别已久的陕北老家"，成为一个句法上的依附性小句，这可以看作"加法"。当然，也可以通过"减法"，将小句的主语和具有表达"时"范畴功能的状语删除，同样可以得到一个依附性小句，如"回到了陕北老家，……"。前者在句法特征上体现为加法，后者在句法特征上体现为减法，手段不同，但都取消了句法上的自立性，增强了依附性。

　　与以往的认识不同，对于那些没有使用关联词语的复杂句，我们不看作"省略"，而把它看作一种常态表现。统计数据也支持这样的认识。朱庆祥（2012）曾选取初中和高中的9篇课文对依附小句在语篇中的分布频率进行了统计，不使用关联词语的依附小句占53%，可见不含关联词语的依附小句是构成复杂句的重要构成成分。

　　综上所述，有些语言并不使用关联词语或者很少使用关联词语，但是很难找到完全不使用依附小句的。因此，对无关联词语的依附小句的研究是揭示一个语言的句法面貌的不可或缺的内容，我们更愿意把汉语这类现象放在语言类型学的背景之下来审视。

## 三　依附小句的句法特征

### （一）去句化与句法整合

　　依附小句是复杂句进行句法整合的结果，因此可以从属于去句化（desententialization）和句法整合的角度去观察。所谓去句化是指小句在整合（integrate）过程中丧失了作为一个独立小句应有的部分句法特征，弱化（reduce）为句子的一个成分。据 Lehmann（1982；1988：193）的研究，小句的去句化往往先弱化外层成分，由外到内，把小句句法降级为一个动名词性的成分①。这个由外而内的整合规律可以表述为：

言外之力丢失 > 表达言外之力的成分受限 > 语气情态丢失或者受限 > 时体成分丢失或者受限 > 补足语可以省略 > 人称范畴形态丢失 > 主语进入斜格槽位 > 极性丢失 > 动词支配变成名词支配 > 主语可以丢失 > 补足语成分受限（Lehmann，1982；1988：193）

句法整合是有顺序有层级的，如果上述线性顺序的某个节点的句法特征弱化了，那么它左边的成分必然弱化。比如，如果必有主语论元成分经过句法整合弱化为非先行成分，那么 T（时）、A（体）、M（语气）必然弱化。

高增霞（2003；2006：118）在 Lehmann（1982；1988）的基础上，结合汉语实际情况进行了改造，她认为在连续统的一端是具有完全陈述功能的句子；在连续统的另一端，是一个名词性或副词性成分，连续统的每个节点都对应着不同的内外部特征，如下图：

句法性 ——————————————————— 名词性
小句                                动名词
没有言外之力
　　行为效力成分受限
　　　　情态或语气成分受限或丢失
　　　　　主语变成隐形槽
　　　　　　　动词支配变成名词支配
　　　　　　　　可受数量词语修饰

去句化实际上存在两个过程：一是失去一部分句法范畴特征，二是增加一部分句法范畴特征。前者指丧失句子表述功能属性成分，句子语气、言语行为力量、特定时空限制、特指成分等。后者指标记一个小句作为非独立小句的成分和某些句法分布。上述两个方面是同时发生的（参看 Lehmann，1982；Lehmann，1988：193）。比如就汉语来说，如果构成复句里的偏句加连词［如下例（10）的"时"，（11）的"后"］，构成指称形式则可以加介词等与名词范畴相关的句法成分［如下面（11）的动词前加"指示词 + 数量"］。例如：

（10）去年八月，他在新雅餐厅当临时工时，结识了一位顾客。

———————————

① 虽然最强的弱化为"动名词性成分"，但是并不意味着只向名词方向弱化，弱化结果也可以为状语修饰成分。只是相比较而言，弱化为名词性成分时，弱化的程度要强。

（转自陈平，1987：81）

(11) 这一顿好打，直把卢云打得晕倒在地，……（《英雄志》第
五章）（转引自朱庆祥，2012）

本文对依附小句句法特征的考察正是基于上述去句化研究所提出的句法
范畴特征，尽管上述顺序在一些细节上还有一些可商榷之处①。

## （二）依附小句的句法特征

影响小句依附与自立的句法特征主要体现在六个方面。不同的特征在决
定小句依附性的权重有所不同（参看朱庆祥，2012）；另一方面，不同的语
体里，构成依附性小句的句法特征权重也有所不同（参看朱庆祥，2012；
方梅，2013）。

1. 小句主语零形反指（cataphoric）

从篇章关系看，零形式与所照应的自立性名词性主语存在两种情况：
"前指"和"反指"。

(12) a. 老车夫向四围看了一眼，［ ］捧定了茶碗，［ ］一口口的
吸糖水。（《骆驼祥子》）

b. ［ ］拿着两包火柴，顺着大道他往西直门走。（同上）

————————————

① Cristofaro（2005：287—288）在调查了包括汉语在内的80种语言之后指出，大量反例存
于关系小句。即，T/A/M 在关系从句中可以表达，没有被弱化掉；但是关系从句的主语被弱化，使
用零形式。造成这种反例的原因，Cristofaro（2005：288）认为是组合经济原则（syntagmatic econo-
my）在起作用：关系小句与主句存在论元共享（argument-shared），位置毗邻，从组合经济原则看，
没有必要都充分表达出来，可以弱化掉（即采用零形式），这与 T/A/M 的小句整合弱化没有直接
关系。

我们的观察也发现，在汉语里也有与这个弱化顺序不一致的地方。更多讨论可参看朱庆祥
（2012）。

从时与体的句法特征看，"时"在外层，"体"在内层，如果"时"特征被弱化掉了，那么
"体"特征则往往被弱化掉。这是一个整体倾向。不过也有凡例。例如：

穷苦人出身的朱德，已经确立救国救民之志，他不再为高官厚禄去打伤害平民百姓的
"混"仗。（《中共十大元帅》）

在上面例子中，"已经"负载"时"信息，但是小句还是不自立。

其中 a 句是零形主语回指（也程"前指"）第一个小句的主语，b 句是零形主语反指（也称"后指"）。尽管都是零形式主语小句，但是二者的依附性不同。如果是零形主语反指，则必须有后续句；但是如果零形主语前指，该小句不要求有后续小句。也就是，小句零形主语反指的小句是依附性小句。方梅（2008）发现，如果句法上是等立关系，默认的原则是显性主语小句在先，零形主语小句在后。一旦违反这个默认的原则，小句采用零形主语反指，其句法地位也就随之降低了。

2. 无句末语气词

赵元任（1968［1979］：62）提出三个因素来验证究竟是几个单句还是一个复合句，这三条分别是"语调和停顿""副词或连词作为标记"和"结构平行"。其中"语调和停顿"指的是句末的"语调和停顿"，并指出这个因素最重要，常常单凭"语调和停顿"就能辨别是一个句子还是几个句子。如：

（13）天气很好。但是我不能出去。

"好"字全上声，后边有全停顿，（13）是两个句子。"好"字全上或半上带拖腔，那就只是一个复合句（赵元任，1979：62）。缺乏语气和完句性语调，这个小句要与其他小句一起构成一个复句。

两个小句叙述前后相继的两个行为，前一小句提供后一小句所述行为的时间参照，无须独立的语气和言语行为力量，所以使用句末语气词受到限制。例如：

（14）a. ＊他吃了一碗饭呢／了　　b. 抬腿走了。

3. 无评注性副词

张谊生（2000）把副词分为三大类"评注性副词""限制性副词""描摹性副词"，三者搭配由外层到内层的顺序是"评注性副词 ＞ 限制性副词 ＞ 描摹性副词"。这类副词表达说话人的主观评价、情感、态度，可以明确表达言语行为力量。如：

（15）a. 他确实耸拉着个脑袋。
　　　b. 他耸拉着个脑袋，回去了。

        c. ? 他确实耷拉着个脑袋，回去了。

在上面例子中，a 句"他确实耷拉着个脑袋"是一个独立的命题。没有评注副词"确实"的时候，如 b 句，"他耷拉着个脑袋"就成为说明状态的修饰性小句，不能自立，要求有后续小句。这时候，如果加了评注性副词"确实"，如 c，句子的可接受性反倒降低了。

4. 主语指称依赖

所谓主语指称依赖指小句主语的所指对象须依赖其他小句已建立的知识框架才能得到解读。例如：

（16）a. 张三走出来，b.［胳膊］缠着纱布，c. 看见大家扭头又进去了。

在例中，小句 b 的主语所指与小句 a 的不同，"胳膊"指"张三的胳膊"要依赖前一小句主语"张三"才能获得。也就是说，所指对象要依赖联想回指（"联想回指"，见徐赳赳，2003）获得，即，需要另一小句提供上位概念或者依赖共有知识提供可关联的对象。

属于这类情况的名词包括四类：①部件名词（partitive noun），如：胳膊、尾巴；门、窗；②属性名词（property noun），如：韧性、脾气；③亲属名词，如：妻子、丈夫；④方位名词（directional noun），如：上、下、前边、后面，等。

从小句弱化的层级看，"主语受限"应该在时体受限之后，但是由于篇章组合的经济原则（syntagmatic economy）等其他因素起作用，当前后小句主语相同的时候，主语可能先于时体被弱化。

5. 缺少表达"时"范畴和空间、状态的状语

汉语"时"特征需要借助时间名词、时间副词等成分来体现。缺少表达"时"范畴的词语，小句就不自立。对比（17）（18）：

（17）a. *他喝着水。
      b. *他喝了水。
（18）a. 他正在喝着水。
      b. 他已经喝了水。

除了时间指示状语，空间、情状方式等状语同样可以起到完句作用，如：

> （19）a. 他慢慢地喝着水。
> b. ＊喝着水。
> c. 他在课间喝了水。
> d. ＊他喝了水。

所以，这里将这些起完句作用的状语类型归为一类参数，以时间参数为代表。言语行为力量、语气情态被弱化后，接着就是把"时空、情状"弱化掉。

6. 轻宾语

宾语的复杂度可以划分为四个等级：

含有修饰小句 > 含有名词/形容词修饰语 > 光杆名词 > 代词

宾语自身含有修饰性小句的，如（20d）；宾语含有名词定语、数量定语、形容词定语，如（20c）。例如：

> （20）a. ＊祥子听着
> b. ？他穿着衣服
> c. ？他们穿着破衣/他穿着那件衣服
> d. 他们穿着一阵小风就打透的，一阵大风就吹碎了的，破衣。（《骆驼祥子》）

宾语的结构越复杂，小句的自立性越强。反之，小句自立性弱，依附性强。

# 四　依附性小句的语体差异

句法特征具有语体分布差异。我们作为母语者，在判定一个句子能不能单说的时候，离不开这个句子的语体背景。比如：

> （21）愣了半天了。

如果我们问一个中国人例（21）合不合语法，回答是肯定的。但是在下面的例（22）的语境里，同样是这个合语法的"愣了半天了"，却不能接受了。要变成（23）或（24）才能接受。

　　（22）＊愣了半天了，他问了句："曹先生没说我什么？"

　　（23）愣了半天，他问了句："曹先生没说我什么？"

　　（24）愣了半天了，你倒是说句痛快话啊！

　　"愣了半天了"单用能成句，放在复杂句里反而不能说了。为什么会出现这样的情况呢？关键就在小句末的"了₂"。对照例（22）和（23），两例都是叙事语体，第一个小句的主语是零形式，与后面第二个小句的主语同指。这种零形反指形式是汉语叙事语体里一种典型的修饰性小句，提供时间处所等背景信息（方梅，2008），而背景信息往往表现为依附性小句（Hopper，1979；Hopper & Thompson，1980）。例（22）在时间状语的位置却没有采用依附小句的结构形式。正是这个原因，作为修饰性小句时不带"了₂"能说；带上"了₂"，其修饰性小句的地位也随之改变，反倒不能说了。例（24）则不同，它显然是从对话里截取的一个片段，第一个小句是叙述，第二个小句"你倒是说句痛快话啊"是祈使，两个小句有各自的语气，是相对独立的两个表述。因为小句之间不是修饰与被修饰的关系，因而第一个小句用了"了₂"是可接受的。反过来，如果把常用作修饰性小句的简单结构"了₁"小句与一个带有祈使语气的小句搭配，也难以接受。例如：

　　（25）愣了半天，你倒是说句痛快话啊！

小句主语零形反指在叙事语体里都是修饰性小句，提供条件、时间、伴随状况等背景信息。反指零形主语小句的背景信息属性决定了在（25）这个非叙事句里，"了₁"小句与一个带有祈使语气的小句组合不到一起。

　　叙事语体里小句之间不是依靠逻辑衔接。多个小句相连构成的小句链，有可能是等立关系，也有可能是主次关系，主次关系还有可能是套叠交错的。叙事语体中的条件关系不一定要靠关联词语显示（方梅，2008）。例如：

　　（26）a. 病了，他舍不得钱去买药，自己硬挺着。（《骆驼祥子》）

　　b. 确实病了，他舍不得钱去买药，自己硬挺着。

　　c. 甲：怎么说病就病了？昨天还好好的今天就病得起不
　　　来了？

　　乙：确实病了。他昨天就发低烧了，我没告诉你。

在例（26）a里有三个小句，第一个小句"病了"是条件小句，其零形主语与后续小句"他"主语同指。具有评注意义的副词"确实"不能用在条件小句里，如（26）b。这是因为"确实"是语气副词，加上这类副词以后，就失去了对后续小句的依附，成为自足的陈述句，如（26）c。

　　如果一定要用这个评注性副词，只有通过添加主语和表示等立关系的关联词语，明确小句间的关系：

　　（27）他确实病了，但是他舍不得钱去买药，自己硬挺着。

　　总之，小句的句法整合离不开语体特征的考量。而这些语体条件，实际上反映了不同的情态类型和语气类型在句法整合过程中的限制条件。比如，具有客观视角的说明类语篇和操作类语篇排斥体现主观视角的副词。

　　以说明类语篇为例。典型的说明性语篇的叙述者是在外化于交际场景的，以书面语为载体的说明性语篇，其叙述的字里行间不体现言者的视角、立场。例如：

　　（28）a. 故宫也被称作紫禁城，建筑精美，布局统一。（《故宫博
　　　物院》）
　　　b. 故宫也被称作紫禁城，建筑非常精美，布局完整统一。
　　　c. 故宫也被称作紫禁城，建筑确实精美，布局完整统一。

例（28）b句用的是程度副词"非常"，c句用的是表示评价意义的语气副词"确实"，但后者可接受性差。

　　说明类语篇在互动交际模式下才有可能使用评注副词，比如在导游向游客介绍某一事物的时候，如（29）：

　　（29）各位看到了吧，故宫的建筑确实精美。

因为，"确实"这样的评注义副词的使用必然带来言者视角，它对于互动交际模式具有依赖性。

以往的"完句成分"的研究关注哪些语法成分可以使不能单说的句子独立成句，关注的主要是单句。但是，对于说明下面两类情况就显得缺少解释力了。一种情况是，有些句法结构在某种语体里合乎语法，换一种语体就不可接受（参看方梅，2013）；另一种情况是，一个小句可以作为单句使用，但是放到复杂句里却不适用。

综上所述，依附小句是需要依赖其他小句才能整合进入篇章的小句，在具有句法形态的语言里表现为非限定性小句形式。汉语是孤立语，决定小句的依附与自立的条件体现为词汇手段（比如是否使用关联词语），体现时、情态、语气范畴的"完句成分"，以及小句零形主语反指、宾语的结构复杂性等。在不同语体里，依附小句显现的句法特征有所不同；不同语体里的小句，其联系方式也呈现出差异性。

# 参考文献

陈　平　1987　《汉语零形回指的话语分析》，《中国语文》第 5 期。

陈　平　2008　《对举表达式的再分类及其意义》，《中国语言学报》第 13 期，商务印书馆。

邓凌云　2005　《简析流水句的小句间联结手段》，《湖南科技学院学报》第 8 期。

方　梅　2007　《语体特征对句法的塑造》，《修辞学习》第 6 期。

方　梅　2008　《由背景化触发的两种句法结构——主语零形反指和描写性关系从句》，《中国语文》第 4 期。

方　梅　2013　《谈语体特征的句法表现》，《当代修辞学》第 2 期。

傅书灵　2010　《关于古汉语"名而动"的一点思考》，《中国语文》第 5 期。

贺　阳　1994　《汉语完句成分试探》，《语言教学与研究》第 4 期。

黄南松　1994　《试论短语自主成句所应具备的若干语法范畴》，《中国语文》第 6 期。

金廷恩　1999　《汉语完句成分说略》，《汉语学习》第 6 期。

孔令达　1994　《影响汉语句子自立的语言形式》，《中国语文》第 6 期。

廖秋忠 1986 《现代汉语篇章中的连接成分》,《中国语文》第 6 期。

林裕文 1984 《偏正复句》,上海教育出版社。

吕叔湘 1979 《汉语语法分析问题》,商务印书馆。

吕叔湘 1944 [1982]《中国文法要略》,商务印书馆。

罗耀华 2007 《副词性非主谓句成句问题研究》,华中师范大学博士论文。

马建忠 1898 [1983] 《马氏文通》,商务印书馆。

齐沪扬 2002 《情态语气范畴中语气词的功能分析》,《南京师范大学文学院学报》第 3 期。

史有为 1997 《完句和完句标志》,《汉语如是观》,北京语言文化大学出版社。

司红霞 2003 《完句成分在对外汉语教学中的运用》《汉语学习》第 5 期。

宋作艳 陶红印 2008 《汉英因果复句顺序的话语分析与比较》,《汉语学报》第 4 期。

陶红印 1999 《试论语体分类的语法学意义》,《当代语言学》第 3 期。

陶红印 2007 《操作语体中论元结构的实现及其语用原则》《中国语文》第 1 期。

王艾录 1990 《汉语成句标准思考》,《山西大学学报》第 4 期。

文 炼 1992 《句子的理解策略》,《中国语文》第 4 期。

邢福义 1985 《复句与关系词语》,黑龙江人民出版社。

邢福义 2001 《汉语复句研究》,商务印书馆。

徐赳赳 2005 《现代汉语联想回指分析》,《中国语文》第 3 期。

张健军 2004 《现代汉语完句问题探讨》,东北师范大学硕士论文。

张豫峰 2009 《现代汉语使动句的完句成分考察》《复旦学报》第 3 期。

赵元任 1968 [1979] 《汉语口语语法》,吕叔湘译,商务印书馆。

朱德熙 1982 《语法讲义》,商务印书馆。

朱庆祥 2012 《现代汉语小句的依存性与关联性——基于分语体语料库的研究》,中国社会科学院研究生院博士学位论文。

Cristofaro,Sonia. 2005. *Subordination*. OxfordUniversity Press.

Foley,William A. and Robert D. Van Valin. 1984. *Functional Syntax and U-*

*niversal Grammar.* CambridgeUniversityPress.

Ford, Cecilia E. , Barbara A. Fox & Sandra A. Thompson. 2002. *Constituency and the grammar of turn increments, in Ford, Cecilia E. , Barbara A. Fox & Sandra A. Thompson( eds. )*, The Language of Turn and Sequence, Oxford University Press.

Halliday, M. A. K. . 2000. *An Introduction to Functional Grammar* ( second edition) . Foreign Language Teaching and Research Press.

Hopper, Paul J. and Sandra A. Thompson. 1980. *Transitivity in grammar and discourse. Language*, Vol. 56, No. 2.

Hu, Jianhua, Haihua Pan and Liejiong Xu. 2001. *Is there a finite vs. nonfinite distinction in ChineseLinguistics* 39—6: 1117—1148.

Huang, C. -T. James, Y. -H. Audrey Li, and Yafei Li. 2009. *The Syntax of Chinese.* Cambridge: CambridgeUniversity Press.

Payne, Thomas E. . 1997. *Describing Morphosyntax*: *A Guide for Field Linguistics.* Cambridge UniversityPress.

Li, Y. -H. Audrey. 1990. *Order and Constituency in Madarin Chinese.* Dordrecht: Kluwer.

Longacre, R. E. . 2007. *Sentences as Combinations of Clauses. In Shopen, Timothy* ( eds ) , *Language Typology and Syntactic Description, Vol. II*: *Complex Constructions.* Second edition, Cambridge University Press.

Matthiessen, Christian and SandraA. Thompson. 1988. *The structure of discourse and "subordination", In Haiman. John, SandraA. Thompson (eds), Clause Combining in Grammar and Discourse.* Amsterdam: Benjamlns.

Tang, Ting-Chi. 2000. *Finite and nonfinite clauses in Chinese. Language and Linguistics*1: 191—214,

Whaley, Lindsay J. . 1997. *Intruduction to Typology*: *The Unity and Diversity of Language.* Sage Publications.

（方梅　中国社会科学院语言研究所）

# 动结式在相关句式群中不对称分布的多重界面互动机制[*]

## 施春宏

**提要** 本文试图通过对句法生成过程中多重界面互动关系的刻画来系统描写和解释动结式在相关句式群中的不对称分布现象，并借此刻画动结式的生成机制及其约束条件。文章首先基于动结式论元结构的整合原则及其配位规则系统对典型动结式的生成过程做出描写，在此基础上分析由多重界面特征互动制约而形成的动结式的特殊句法分布，进一步探讨动词论元结构的多重性和动结式论元结构整合的多能性之间的关系。文章还对与动结式研究相关的通例和特例、例外和反例的关系做出说明。

**关键词** 动结式 句式群 不对称 分布生成机制 多重界面特征 互动构式语法

动结式（verb-resultative construction）的语义结构及其句法表现，受到学界广泛关注。共时的研究主要集中在以下几个方面：一是动结式的概念结构与整合过程（即整合原则和规则）；二是不同类型动结式的句法性质及其类型学特征；三是动结式各个组成成分的语义性质及其句法表现；四是不同类型动结式在相关句法结构（如动词拷贝句、"把"字句、被动句、受事主语句等）中的分布表现，即动结式与相关句式之间的关系；五是与动结式相关现象的认知/功能解释。这些方面相互关联，其核心则是动结式论元结

---

  * 本项研究得到国家社会科学基金重大项目（12&ZD175）和北京语言大学校级科研项目（中央高校基本科研业务专项资金资助，项目编号：10YB01）的支持。本文曾提交"汉语句式研究学术研讨会"（南昌大学，2013），与会期间得到范晓、陆丙甫、范开泰、袁毓林、陈振宇等先生的热情指导，会后又得到陆丙甫先生的详细指导。谨此一并致谢。同时特别感谢匿名审稿专家详细而精审的修改建议。

构的形成机制。

　　动结式类型多样，从论元结构关系考虑，述语动词可以是一价（$V^1$）、二价（$V^2$）、三价（$V^3$），补语动词可以是一价（$R^1$）、二价（$R^2$），相互组合，构成不同的整合类型。根据其内部语义关系的差异，动结式的论元结构整合过程可以概括为 19 大类（参见施春宏，2008a：107），此外还有几类受特殊条件制约的例外现象。由于不同类型动结式的内部语义关系存在很大差异，因此在由动结式构成的句式中，其句法表现存在着很大的不对称性。如何描写和解释动结式在相关句式群中的不对称分布现象，一直是各种理论关注的论题，学界多有争议。其中讨论的焦点基本集中于 $V^2 + R^1$ 型动结式，如关于"挖浅（了）"这种结构表偏离的"VA"类动结式的句法表现、关于"喝醉"类动结式的特殊性、关于"追累"的语义理解、关于动结式和动词拷贝句（又叫重动句）之间的关系等。即便是关于动结式是复合词还是复杂谓词抑或句法派生词的讨论，也主要是针对这种类型。有时也涉及个别 $V^2 + R^2$ 型动结式。相对而言，其他组合类型基本上没有多少争议。有鉴于此，本文集中描写 $V^2 + R^1/R^2$ 动结式系统中句法分布上的不对称现象，并试图从多重界面特征互动关系的角度对各类动结式的特殊分布表现做出统一的解释。

# 一　动结式在相关句式群中的不对称分布

　　汉语句法系统中，动结式能够作为谓语核心成分进入其中的基本句式包括主谓［宾］句、动词拷贝句、"把"字句、"被"字句（长"被"字句和短"被"字句）、受事主语句、施事主语句、受事话题句、施事话题句等，这些形式和意义（结构和功能）各有不同、标记度高低不等的句式形成由动结式所构成的句式群（sentential construction group，可简作 construction group）。① 从方法论原则考虑，可以在相关句式中区分出基础句式（basic construction）和派生句式（derived construction）。根据施春宏（2006a、

---

　　① "句式群"是施春宏（2008b）提及并在施春宏（2010a、2010b）得到阐释的一个概念，指的是具有相同底层语义结构（论元结构）关系而表层配位方式不同的句式所构成的系统。像下面例（1）和例（2）就分别属于不同的句式群（这些例子并没有涵盖相应句式群中所有的句式）。当然，也可以做出更广义的理解，用来指具有某种相同或相关的形式和/或意义特征的相关句式构成的集合。这样，例（1）和例（2）又可以组成一个上位的句式群。

2006b、2008a、2010a）及施春宏（2004、2008b）基于互动—派生分析模式（Interactive-Derivational Approach）的论述，由动结式构成的基础句式包括主谓［宾］句和动词拷贝句，其他句式都是在句子层面和/或话语层面的派生句式。[①] 派生句式在其由基础句式派生而来的过程中，会受到语义、句法、韵律、语用等多种条件的限制。由于本文的主要目标是探讨不同类型动结式句法分布不对称现象的生成机制，并不试图对各类派生句式派生过程做出精细刻画，因此，为了集中论题，这里只讨论不同类型动结式对两种基础句式的适应情况，同时选取一种学界讨论比较深入且对其形义关系争议比较大的派生句式（即"把"字句）作为参照来说明问题，在必要时会对其他派生句式有所涉及。下面是不同整合类型的 $V^2 + R^1/R^2$ 动结式在相关句式群中的句法表现：

（1）骑坏：a. 他骑坏了自行车　b. *他骑自行车骑坏了
　　　　　c. 他把自行车骑坏了　d. *自行车把他骑坏了

（2）看傻：a. *他看傻了这种书　b. 他看这种书看傻了
　　　　　c. *他把这种书看傻了　d. 这种书把他看傻了

（3）吃早：a. *他吃早了午饭　b. 他吃午饭吃早了
　　　　　c. *他把午饭吃早了　d. *午饭把他吃早了

（4）炒咸：a. *他炒咸了大白菜　b. 他炒大白菜炒咸了
　　　　　c. 他把大白菜炒咸了　d. *大白菜把他炒咸了

（5）铲平整：a. *他铲平整了草地　b. *他铲草地铲平整了
　　　　　　c. 他把草地铲平整了　d. *草地把他铲平整了

（6）演砸：a. 他演砸了这部戏　b. 他演这部戏演砸了
　　　　　c. 他把这部戏演砸了　d. 这部戏把他演砸了

（7）吃腻：a.？他吃腻了大餐　b. 他吃大餐吃腻了
　　　　　c.？他把大餐吃腻了　d. 大餐把他吃腻了

（8）学会：a. 他学会了乘法口诀　b. 他学乘法口诀学会了
　　　　　c. 他把乘法口诀学会了　d. *乘法口诀把他学会了

----

① 需要说明的是，这样基于方法论考量而建构的推导关系，主要体现的是"逻辑先后"问题，并不必然意味着基础句式和派生句式之间存在"历史先后"。关于逻辑先后和历史先后的内涵，参见沈家煊（2008）。

　　我们之所以选择这 8 组用例来讨论（每个用例代表一种类型，下文径直用其例来代表），是因为它们基本上涵盖了有争议的 $V^2 + R^1/R^2$ 型动结式。[①] 前 3 组代表了 $V^2 + R^1$ 型动结式的基本组合类型，一般分析模型的构建都基于这样一些类型的分析。第（4）（5）组是动结式整合过程中常见的特殊现象（也属于 $V^2 + R^1$ 型），学界分别从语义特征和韵律条件做了深入分析，但对其与相关动结式在句法分布上的不对称现象尚未系统说明。后面 3 组中，第（6）组属于 $V^2 + R^1$ 型；第（7）组一般认为属于 $V^2 + R^1$ 型，但牵涉到 $V^2 + R^2$ 型的情况；第（8）组一般认为属于 $V^2 + R^2$ 型，但牵涉到 $V^2 + R^1$ 型的情况。这 3 组的复杂表现在学界广有争议（"喝醉"类也与此相关，后文一并说明），至今尚未有相对一致的认识和充分的解释。我们选择句式群中的这些句式来考察，也主要是因为相关争议大多围绕它们而展开。

　　先给每组的四个句式分别命名：（a）为一般主宾句，即在无标记情况下，动结式之前有主论元（跟述语动词的施事同形），动结式之后带上宾论元；（b）为动词拷贝句，述语动词重复出现，动结式之前的动词是拷贝动词；（c）为述语动词的主体论元提升上来做动结式致事（causer）的"把"字句（下文简作主事把字句），用"把"引出动结式支配的宾论元（即役事，causee），整个句式的主论元跟述语动词的施事同形；（d）为述语动词的客体论元凸显出来提升为动结式致事的"把"字句（下文简作客事把字句），用"把"引出动结式支配的宾论元。

　　上面这 8 组例句所代表的不同类型动结式的句法分布差异如下表所示：

表 1　　　　　　　　　动结式论元结构的若干整合类型及其句法配位

| | a. 一般主宾句 | b. 动词拷贝句 | c. 主事把字句 | d. 客事把字句 |
|---|---|---|---|---|
| （1）骑坏 | + | — | + | — |
| （2）看傻 | — | + | — | + |
| （3）吃早 | — | + | — | — |
| （4）炒咸 | — | — | + | + |
| （5）铲平整 | — | — | + | — |
| （6）演砸 | + | + | + | + |
| （7）吃腻 | ? | + | ? | — |
| （8）学会 | + | + | + | — |

---

　　① 除此而外，$V^2 + R^1$ 型还有"砍钝"类（爷爷砍排骨砍钝了新菜刀）；$V^2 + R^2$ 型还有"倒赔"类（小王倒电脑倒赔了一万块钱）。这两类学界都尚无争议，故从略。

由表可见，这 8 种类型动结式的分布关系纷繁复杂，存在着一系列的互补和交叉、对称和不对称的现象，如：（1）"骑坏"类和"看傻"类呈互补分布，而"演砸"类则是两者分布之和，每种句式都可体现；（2）"看傻"类和"吃早"类只在客事把字句上呈现互补分布，其他句式分布相同；（3）"炒咸"类和"吃早"类只在主事把字句上呈现互补分布，其他句式分布相同；（4）"炒咸"类又和"学会"类在一般主宾句上呈现互补分布，其他句式分布相同；（5）"铲平整"类和"骑坏"类只在一般主宾句上呈现互补分布，其他句式分布相同；（6）"吃腻"类似乎比较接近"演砸"类，但又似乎有些接近"看傻"类；（7）"学会"类和"骑坏"类在动词拷贝句上呈现互补分布，其他句式分布相同；（8）"学会"类又和"演砸"类在客事把字句上呈现互补分布，其他句式分布相同。只要将它们两两联系着看，还可归纳出更多的分布上的关联。然而如果将它们合在一起看，似乎又找不到一致性的分布规则，整体分布似乎相当凌乱。

如果再进一步考察动结式进入其他派生句式的情况，那么分布上的差异就更大了。即便考虑同一种句式，也还有内部层次的差异。如由动结式构成的主宾句，除一般主宾句外，还有例（9）这样的述语动词的客体论元凸显出来提升为动结式致事的主宾句（下文简作客事主宾句，与客事"把"字句相对应）。如：①

（9）a. 这种书看傻了他

b. 这部戏演砸了他

c. 这种大餐吃腻了他

显然，这种客事主宾句的宾语如果用"把"字提前，就形成了客事把字句。跟客事把字句相比，客事主宾句的可接受度似乎要低一些。这也是需要说明的语言事实。然而，关于例（9）这样的客事主宾句如何生成的问题，不同的分析模型差异更大。

与之相对的是，并非所有动结式中 V 的客体论元都可凸显出来提升为动结式致事，形成客事主宾句。例如：

———————————

① 虽然例（9）的可接受度不是很高，但一般研究动结式的文献都承认例（9）的句法合格性，本文从此。这涉及合式性（句法生成的可能性）和合用性（句式表达的现实性）之间的关系。

（10）a. ＊自行车骑坏了他

b. ＊午饭吃早了他

c. ＊乘法口诀学会了他

这也跟上表中这些动结式不能进入客事把字句相一致。

比较而言，虽然例（9）的可接受度不及客事把字句，但显然还有相当的可接受度；而且调整一些语义内容（如使宾语变成非定指形式），它们的可接受度会有所提高（虽然还不够高，见下文），如"这种书看傻了一批人、这部戏演砸了一个戏班子、这种大餐吃腻了一些明星"。可是例（10）无论怎样调整语义内容，句法上都不允许。

如果要构建动结式整合过程的分析模型，如果要讨论动结式和动词拷贝句、"把"字句等句式之间的句法语义关系，都需要面对这样纷繁复杂的语言事实。

为了简化说明的内容，下文并不单独讨论例（9）而直接讨论客事"把"字句，并根据施春宏（2006a、2010a）对"把"字句生成过程的假设，将客事把字句看作由例（9）那样的客事主宾句派生而来。这种基于方法论考量而构建的分析方式，可以有效揭示具有共同语义结构基础的不同句法结构之间的关联，凸显相关句式在句法语义上的不同性质。

下面我们将对每类动结式的生成过程及其相关句法分布的制约因素进行描写和解释。

## 二　动结式论元结构整合原则及其配位规则的句法效应及其限度

上表中动结式在各句式中的分布状况虽然纷繁复杂，但是如果我们深入到动结式的生成机制及其内部约束条件，就会发现其中存在相当的系统性和可预测性。由于动结式的论元结构是由两个底层动词（包括形容词）的论元结构整合而成，因此，要想系统地说明动结式所支配的论元成分的线性配置，一个有效的途径就是先行将动结式论元整合过程及其配位方式规则化，由此确立基础句式，然后在此基础上通过一系列的操作规则，推导出"把"字句等派生句式，从而系统描写动结式在相关句式中的分布状况。

### （一） 动结式论元结构的整合原则及其配位规则系统

关于动结式论元结构的整合机制，学界已有广泛的探讨，大多从配价的角度或结合配价分析来认识，并提出了不同的分析模式，有的进一步做出认知解释，如黄锦章（1993）、郭锐（1995、2002）、王红旗（1995）、袁毓林（2001）、施春宏（2005、2008a）、宋文辉（2007）、彭国珍（2011）、石慧敏（2011）、刘培玉（2012）等。但很多对动结式配价分析的文献都将动词拷贝形式排斥在外，而施春宏（2005、2008a、2010a）则明确将动词拷贝句作为由动结式构成的两种基础句式之一（另一个就是一般主谓［宾］句），并从论元结构和配位方式互动关系这个角度探讨了由动结式构成的相关句式之间的派生关系。但无论哪种分析模式，对上面第（4）—（8）组的特殊分布情况的描写和解释都不够充分。我们的分析发现，单一地从句法规则或语义驱动、认知功能来描写和解释，都有很大的局限，上述特殊分布现象的产生是语义、句法、韵律、语用等多重界面特征（multi-interface features）相互作用的结果，而且这种互动机制体现出鲜明的作用层级。有鉴于此，本文便试图探讨多重界面特征互动机制对动结式整合过程的制约作用，并对上述各类动结式的分布状况做出较为系统的描写和相对充分的解释。而要做到这一点，首先需要对动结式论元结构的整合机制做出系统的说明。

关于动结式论元结构的整合机制，施春宏（2005、2008a）从原则和规则两个层面来概括，将这个整合原则概括为"界限原则"（Boundary Principle），其具体内容是："由于受动结式语义关系的制约，述语动词和补语动词之间存在着一个句法界限，限制着动结式整合过程中底层论元的提升方式和提升上来后的论元性质、结构位置及同指论元的叠合方向。"（施春宏，2008a：83）。对现代汉语动结式而言，其整体作为一个界限。① 其基本配位规则有四条：

---

① 从汉语历史发展和语言类型学考虑，动结式的配位方式有两种形式，即所谓的合用式（如：他把瓶子打碎了；He cut short the speech）和隔开式（即分用式，如："唤江郎觉！"［例见《世说新语·假谲》］；He cut the speech short）。现代汉语（普通话）句法系统中基本上只有合用式，但汉语史上曾出现过合用式和隔开式竞争共现的情况（施春宏，2004b；胡敕瑞，2005；姚振武，2013）；现代英语中基本上是隔开式，在特殊情况下也可出现合用式（Goldberg，1995：97；施春宏，2010c）。这样，若是合用式，则这个界限指动结式 VR 这个整体；若是隔开式，则是述语动词和补语动词之间。由于本文讨论的都是现代汉语（普通话）句法系统中动结式的论元结构整合规则，因此下面的分析都不再考虑隔开式的情况。

（I）论元异指规则：当两个底层动词的论元异指时，V 的论元向界限之前提升，R 的论元向界限之后提升。全部论元异指如：<孩子$_i$>哭 + <妈妈$_j$>醒→孩子$_i$哭醒了妈妈$_j$；部分论元异指如：<孩子$_i$>听<故事$_j$> + <孩子$_i$>哭→孩子$_i$听故事$_j$听哭了。

（II）论元同指规则：如果底层动词有同指论元，则需要叠合，叠合的方向由双重凸显关系（高层致役关系和底层施受关系）来决定，主体论元叠合后提升到界限之前，成为动结式的致事；其他论元叠合后提升到界限之后，成为动结式的役事（包括与事）。如：<孩子$_i$>听<音乐$_j$> + <孩子$_i$>懂<音乐$_j$>→孩子$_i$听懂了音乐$_j$。

（III）动词拷贝规则：当 V 的客体论元跟 R 的任何论元都异指时，需要在拷贝动词的帮助下提升到动结式之前。如：<孩子$_i$>听<故事$_j$> + <孩子$_i$>哭→孩子$_i$听故事$_j$听哭了；<孩子$_i$>倒<这批电脑$_j$> + <孩子$_i$>赔了<一万块钱$_k$>→孩子$_i$倒这批电脑$_j$倒赔了一万块钱$_k$；<孩子$_i$>上<小学$_j$> + <（孩子）上小学$_k$>晚［非致使关系］→孩子$_i$上小学$_j$上晚了。①

（IV）客体凸显规则：在拷贝规则形成的致使性动词拷贝句②的基础上，如果 V 的客体论元（即拷贝动词提升的论元）需要凸显为致事（常同时带上拷贝动词），则它的主体论元受到抑制，R 的主体论元提升为动结式的役事。如：孩子$_{i1}$听故事$_j$听哭了→［听］故事$_j$听哭了孩子$_{i2}$；③ 孩子$_{i1}$倒这批电脑$_j$倒赔了一万块钱→［倒］这批电脑$_j$倒赔了孩子$_{i2}$一万块钱。如果是非致使性关系，则不能运用此规则，如：孩子$_i$上小学$_j$上晚了→＊［上］小学$_j$上晚了孩子$_i$。

实际上，规则（IV）是规则（III）的派生规则，没有规则（III）成立的条件，就没有规则（IV）的操作。这四条规则构成一个系统，满足前面

---

① 需要说明的是，用动词来拷贝的论元一定是异指论元，但论元异指未必采用动词拷贝规则。如"<孩子$_i$>听<故事$_j$> + <孩子$_i$>哭"，如果仅仅根据论元异指规则，还可以生成"故事孩子听哭了？孩子故事听哭了"，并不必然要求生成动词拷贝句。也就是说，论元异指规则是关于所有异指论元的位置、方向的规则，而动词拷贝规则是针对特定异指论元的标记规则兼位置规则。另，最后一例中"（孩子）上小学"整体而不是"小学"做"晚"的主体论元，因此 V 和 R 没有同指论元。

② 根据动词拷贝句内部语义关系的非均质性，唐翠菊（2001）将动词拷贝句（原文称作重动句）分为致使性和非致使性两类。致使性动词拷贝句就是指内含致使关系的动词拷贝句。

③ 这里"孩子"的下标不一样，是因为"孩子$_{i1}$"由 V 和 R 的两个主体论元叠合而成，而"孩子$_{i2}$"只是 R 的主体论元。

规则的优先操作，依次递进。需要说明的是，这里的规则（Ⅳ）是根据施春宏（2007、2008a）对句式之间推导关系的研究而提出的。另外，施文中也没有对相关规则进行命名，我们这里根据其基本精神分别给出命名，并在分析具体用例时对规则之间的操作流程做出具体说明。

上述界限原则支配的配位规则虽有四条，但实际上的操作并不复杂，依次操作前三条配位规则就可以得到相应的基础句式，配位规则（Ⅳ）所得到的句式是特殊主宾句（即客事主宾句），具有派生性；而"把"字句（以及"被"字句、受事主语句、话题句）则是在基础句式和特殊主宾句的基础上进一步派生而来。

## （二）动结式整合原则在句式群中描写和解释的效度

根据这样的界限原则及其配位规则系统，可以准确地预测和描写例（1）—例（3）的"骑坏""看傻""吃早"这三类动结式在各个句式中的分布情况。下面分别说明。

先看例（1）的"骑坏"。它的两个底层动词的论元结构关系是：

（11）＜他$_i$＞骑＜自行车$_j$＞ ＋ ＜自行车$_j$＞坏了（主体异指，客主同指）

由于两个底层动词的论元既有异指又有同指的情况，因此整合成动结式"骑坏"的时候，依次使用论元异指规则和论元同指规则，就形成了（1a）这样的一般主宾句"他骑坏了自行车"，进而派生出（1c）"他把自行车骑坏了"。这类动结式没有动词拷贝规则的适用条件，因此不能构造出动词拷贝句（1b）"他骑自行车骑坏了"，自然也就不能根据客体凸显规则生成"自行车骑坏了他"，进而也不能通过提宾的形式派生出（1d）"自行车把他骑坏了"。

再看例（2）的"看傻"。它的两个底层动词的论元结构关系是：

（12）＜他$_i$＞看＜这种书$_j$＞ ＋ ＜他$_i$＞傻了（主体同指，客主异指）

同样，两个底层动词的论元也存在既有异指又有同指的情况，但同指的是主体论元。因此这两个底层动词整合成动结式"看傻"的时候，依次使用论元同指规则和动词拷贝规则，就形成（2b）这样的基础句式"他看这种书看傻了"，而不能形成（2a）"他看傻了这种书"。由于不能形成（2a），因此就不能派生出（2c）"他把这种书看傻了"；由于能形成（2b），根据客体凸显规则，当"这种书"需要凸显为动结式的致事时，"看"的主体论元受到抑制，"傻"的主体论元受到致使关系的影响而提升动结式的役事，从而派生出"这种书看傻了他"，进而通过提宾的形式派生出（2d）"这种书把他看傻了"。

例（3）的"吃早"有些特殊，但也同样遵循界限原则及其配位规则。它的两个底层动词的论元结构关系是：

(13) ＜他$_i$＞吃＜午饭$_j$＞ + ＜（他）吃午饭$_k$＞早了（非致使关系）

这里的补语"早"实际上指的是述语动词所代表的整个事件，这类动结式我们称作"指动式"。因此"早"的主体论元自然就不可能跟"吃"的任何论元同指了。依次使用论元异指规则和动词拷贝规则，就形成了（3b）"他吃午饭吃早了"，而不能形成（3a）"他吃早了午饭"。由于不能形成（3a），因此就不能派生出（3c）"他把午饭吃早了"。由于"吃"和"早"之间不存在致使性关系，因此不能运用客体凸显规则生成"午饭吃早了他"进而派生出（3d）"午饭把他吃早了"。另一方面，"早"的主体论元是"（他）吃午饭"，而不是"他"，这也就抑制了客体凸显规则的运用。其实，从严格意义上说"吃早"不能看作动结式，即不能说因"吃"而"早"。但从论元结构的整合机制和配位方式着眼，也可以归并到广义的动结式之中。由此可见，界限原则的提出虽来自动结式的整合过程，但对句式线性规则的描写并不局限于动结式，只要两个谓词性成分整合在一起，就需要遵循这样的整合原则。

根据界限原则及其配位规则系统，能够预测动结式中大量存在的同形歧价（homographic multivalence）现象，即由于底层动词的论元关系不同而形成的表层形式相同但配价关系不同的动结式。例如（施春宏，2006b）：

(14) 唱红：
　　a. 她唱红$_1$了这首歌（她$_i$唱这首歌$_j$ + 这首歌$_j$红了）
　　b. 她唱这首歌唱红$_2$了（她$_i$唱这首歌$_j$ + 她$_i$红了）

  c. 她唱这首歌唱红$_3$了曲作者（她$_i$唱这首歌$_j$ + 曲作者$_k$红了）

  显然，（14a）的"唱红$_1$"属于上面的"骑坏"类，（14b）的"唱红$_2$"属于上面的"看傻"类；而（14c）的"唱红$_3$"则是新的整合类型，与"砍钝"（爷爷砍排骨砍钝了新菜刀）同类。这种同形歧价现象，实际上就是一种句法歧义的表现。对歧义现象的有效描写、解释乃至预测，正是检验理论有效性的试金石。

### （三）动结式整合原则在句式群中描写和解释的限度

  界限原则及其配位规则系统似乎不能完全说明动结式在例（4）到例（8）中的分布情况，即所谓的"例外"现象。这些所谓的"例外"现象的存在，说明了动结式论元结构的整合原则（界限原则）及其配位规则在描写和解释复杂的语言现象时所发挥的句法效应有一定的限度。下面依次说明。

  （15）炒咸：＜他$_i$＞炒＜大白菜$_j$＞ + ＜大白菜$_j$＞咸了
  （16）铲平整：＜他$_i$＞铲＜草地$_j$＞ + ＜草地$_j$＞平整了

  显然，"炒咸"和"铲平整"的论元结构关系跟"骑坏"类具有平行性，然而正如上面指出的那样，这三类的句法分布形式并不相同。

  （17）演砸：＜他$_i$＞演＜这部戏$_j$＞ + ＜这部戏$_j$＞砸了

  如果其内部语义结构关系确实如此的话，那么"演砸"的论元结构关系同样跟"骑坏"类具有平行性，可是它竟然能在四种句式中分布，而"骑坏"类只能分布于其中的两种。

  （18）吃腻：＜他$_i$＞吃＜大餐$_j$＞ + ＜他$_i$＞腻了

  就这里描写的论元结构关系而言，"吃腻"的整合类型应该跟"看傻"类相同，可是它却可以生成"他吃腻了大餐"，而且"他把大餐吃腻了"也有一定的可接受度；而这两种句式都是"看傻"类所不能出现的。

(19) 学会：＜他ᵢ＞学＜乘法口诀ⱼ＞ + ＜他ᵢ＞会了＜乘法口诀ⱼ＞

　　这种论元结构和上面的"骑坏"类、"看傻"类、"吃早"类都有不同，但根据界限原则及其论元同指规则，似乎只能生成（8a）"他学会了乘法口诀"并派生出（8c）"他把乘法口诀学会了"，并不能生成（8b）"他学乘法口诀学会了"，当然也就不能派生出（8d）"乘法口诀把他学会了"了。然而，从上面的例句来看，（8d）固然不能成立，但（8b）却是合法的表达。

　　显然，如果找不到合适的条件来解决这些矛盾，那么上面建立的界限原则及其配位规则系统就被彻底证伪了。也就是说，就"骑坏、看傻、吃早"这三类而言，最多证实了所建立的原则和规则，而证实的论证方式是有很大的局限的，它不能排除反例（counter example）的存在，更不能排除反例对理论假说的颠覆作用。那么，是不是例（4）—例（8）就真的证伪了基于例（1）—例（3）所建立的原则和规则呢？这就要看它们是不是真正的反例了。如果是真正的反例，那么自然就推翻了前面所建立的原则和规则；如果这些类型只是特殊情况下的产物，都能在原则和规则基础上通过增加某些具体的约束条件而得到有效的说明，那么就可以看作原则和规则的例外（exception）或特例（special case），而不是真正意义上的反例。这样，原来建立的原则和规则就仍然能够得到有效的维护，新的不规则现象也能同时得到有效的说明，实际上是在另一个层面上得到了规则性的描写和解释。一个分析模型不但要说明具体现象能够出现的环境和方式，还要能够说明不能够出现的环境和方式以及特殊变化条件下所能出现的环境和方式。

　　实际上，上述界限原则及其配位规则还只是句法规则的说明，主要是基于论元结构和配位方式的互动关系而做的一种句法结构关系的抽象，实现的是句法结构生成的可能性，并没有对相关动结式的现实化条件做出约束。而对某些具体动结式的句法表现而言，界限原则及其配位规则虽然是必要的，但并不充分，需要进一步充实对约束条件的说明。对此，学界已形成了比较广泛的共识，抽象的句法结构关系在现实化的过程中，有时会受到特定的语义、韵律、语用等因素的制约，从而形成特定的分布关系。也就是说，句法分布往往是语义、句法、韵律、语用等多重界面特征相互作用的结果，对句法分布的说明就是对多重界面互动机制的描写和解释。只有这样，才能将句法生成的可能性和具体交际的现实性有机结合起来。下面即从这个角度来看例（4）—例（8）这些所谓的违背界限原则的特殊现象的生成机制。

需要特别说明的是，"界限原则"的描写和解释思路似乎跟一般所言的语义指向分析相同，其实两者有着本质的差异。前者是用来描写和解释动结式论元结构的整合机制，并借此对动结式论元配置方式的线性结构化过程做出预测。而语义指向（在此指补语的语义内容跟述语动词所支配的哪个语义成分相关联）属于事后诸葛亮，主要说明存在哪些语义关联，而并不试图对动结式论元结构的配位方式做出描写和预测。而且目前的语义指向分析也未对动结式的论元结构和配位方式的可能性和现实性做出任何系统的规则性说明。由此可见，两者之间虽有部分形似，但存在着本质上的巨大差异。

## 三　由多重界面特征互动制约而形成的特殊句法分布

我们先来看例（4）的"炒咸"、例（5）的"铲平整"。上文已经指出，它们的论元结构关系跟"骑坏"具有平行性，如果根据上文论及的界限原则及其配位规则系统，那么在句法分布上也应该跟"骑坏"具有平行性。然而，事实却存在着很大的反差。为了说明问题的方便，在此将相关用例重录如下（序号不作调整）：

（1）a. 他骑坏了自行车　　b. ＊他骑自行车骑坏了
　　　c. 他把自行车骑坏了　　d. ＊自行车把他骑坏了
（4）a. ＊他炒咸了大白菜　　b. 他炒大白菜炒咸了
　　　c. 他把大白菜炒咸了　　d. ＊大白菜把他炒咸了
（5）a. ＊他铲平整了草地　　b. ＊他铲草地铲平整了
　　　c. 他把草地铲平整了　　d. ＊草地把他铲平整了

除了三者都能用于主事把字句（c）且都不能用于客事把字句（d）外，"炒咸"和"铲平整"都不能用于一般主宾句（a）；另外，"炒咸"能用于动词拷贝句（b），而"铲平整"跟"骑坏"一样都不能。

对例（4）和例（5）这两种情况，施春宏（2005、2008a：146—149）将它们看作界限原则的例外，并给出了相应的约束条件。需要进一步说明的是，例外是指在一种语言里跟该语言系统中某些一般规则相悖但又受特定条件制约的形式或语言材料；就理论研究而言，必须对例外做出解释，否则理论就不周全；对例外的预见性及其解释是测试理论价值的指标之一（施春宏，2010c）。因此我们只有找到了例外产生的条件，同时说明一旦该条件不起作用，动结式整合过程便又遵从界限原则及其配位规则，才能够说明它们并非界限原则的反例，从而也就不能对相关理论假说构成实质性的威胁。

对"炒咸"而言，基于结构语言学的研究（陆俭明，1990；李小荣，1994；马真、陆俭明，1997；陆俭明，2001），这类动结式的结果表示的是预期结果的偏离，因而不能直接带宾语。① 对"铲平整"而言，根据韵律语言学的探讨（冯胜利，1996a、2000；董秀芳，1998），这类动结式的补语是双音节词，由于汉语韵律对句法的制约作用，因而也不能直接带宾语。但它们都能用"把"字句将役事提前，形成主事把字句。这是属于在特定条件下的强制性提宾（役事论元只能出现于动结式之前），区别于"骑坏"类的选择性提宾（役事论元可自由地出现于动结式之前或之后）（施春宏，2006a、2010b）。从两个底层动词之间的语义结构关系和动结式论元结构的整合机制来看，它们跟"骑坏"类具有相当的一致性。因此，我们将它们看作例外，这种例外是受特定的语义、韵律约束的结果；如果这种约束条件不出现，那么就必须遵守界限原则及其配位规则系统，形成跟"骑坏"相同的分布。例如：

(20) a. 他炒熟了大白菜　b. *他炒大白菜炒熟了
　　　c. 他把大白菜炒熟了　d. *大白菜把他炒熟了

(21) a. 他铲平了草地　b. *他铲草地铲平了
　　　c. 他把草地铲平了　d. *草地把他铲平了

也就是说，"炒咸"受到了语义、句法、语用这三个界面的相互制约，"铲平整"受到了语义、句法、韵律这三个界面的相互制约，它们的特殊句法表现是多重界面互动的结果。进一步说，即便是"骑坏"类动结式（乃至所有类型的动结式），也受到这三个界面的相互制约，只不过它所满足的是常规语义关系和常规韵律条件，因而实现了通例性的句法表达。

然而，问题还不仅如此。施春宏（2005、2008a）以及其他相关文献中并没有对"炒咸"和"铲平整"的其他分布表现做出系统的说明，尤其是

---

① 这里的结果"偏离"预期，指的是常规状态下的表现。如果不在这个状态中，"炒咸"同样可以表达非偏离的语义结构关系，比如本来要炒一个咸味儿花生，那么"炒咸了花生"就是合法的句子。

两者对动词拷贝句适应性情况的对立分布。显然，这里还需要进一步的解释。

其实，这同样是特殊类型动结式整合过程中受到不同约束条件制约的结果。

先看"炒咸"。既然结果补语"咸"表示的是预期结果的偏离，那么就意味着，这里所谓的动结式只是特殊情境下的动结式，而不是常规意义上的动结式，即不具有一般意义上的致使关系（即通过"炒＜大白菜＞"致使"＜大白菜＞咸了"），因此两者整合之后的客体论元就不是一般意义上的役事。相对于日常经验而言，"咸"这样的偏离性结果又显得比一般常规结果更加凸显。日常生活经验是：一个菜炒得咸淡合适，吃菜的人就不会关心菜的咸淡了；而对吃菜人来说，如果咸了或淡了，就会加以评论。投射到句法上，这种偏离的结果就需要有更为凸显的表达方式。这样，"大白菜"就不适宜占据典型意义上役事所占据的宾语位置，这就是（4a）不能出现的原因。然而，又不可否认的是，这里的"炒"确实对"大白菜"施加了影响，而且使它发生了变化，就此而言，"大白菜"又跟一般意义上的役事角色有相通之处。这样就出现了说是又不是、说不是又是的复杂情况。因此这个客体论元在不能出现于动结式之后的情况下，便到动结式之前寻找句法位置。正好现代汉语句法系统中有这样的一种表达方式，既能凸显结果，又保留了主动式的信息表达需求，这就是"把"字句的形式结构对语义表达所提供的空间。对"炒咸"的配位方式而言，用"把"字引出论元"大白菜"，实际上就将两种语义关系整合到了一起，从而形成主事把字句。在这种形义关系互动中，形式提供的可能性"召唤"着与句式语义相契合的表达内容；特殊的表达内容只有在特定的形式中才能得到有效表达。这也是一种句法象似性的体现。

可是，为什么"炒咸"又跟"看傻"一样能构成动词拷贝句呢？要知道，"看傻"并不能用于主事把字句，可见两者并不完全具有平行性。其实，这还是跟"炒咸"类的语义关系有关。像"炒咸（了）"以及"买贵（了）、教深（了）"之类表示的意思是，由于动作的不适当而使动作的结果偏离了预期，从而使所炒的东西比预期的咸，所买的东西比预期的贵，所教的内容比预期的深；其句法构造实际是"炒得咸了、买得贵了、教得深了"（陆俭明，1990；马真、陆俭明，1997）。这就跟"吃早"以及"睡迟、看久"之类的意思有相通之处。"吃早、睡迟、看久"的意思是：吃饭吃得早了、睡觉睡得迟了、看展览看得久了。就此而言，"炒咸"类和"吃早"类一样，其补语都是表示一种评述，"炒咸"类表示通过对动作对象的评述来间接评述动作行为；而"吃早"类表示对述语动作本身的直接评述。从根本上说，这里的结果都是述语动作的一种伴随结果，非动作本身的结果。它们只是采用动结式的包装形式来包装特殊的语义关系（施春宏，2008a：42）。这样，根据界限原则及其配位规则，就可以构造出（4b）这样的动词拷贝句。由于这类拷贝句是跟"他吃午饭吃早了"具有平行性，因此"大白菜"便不能凸显出来作为致事从而派生出（4d）这样的客事把字句。

　　就"炒咸"的两重语义关系和相应的句法表现而言，"炒咸"类是介于"骑坏"类和"吃早"类中间的一种准动结形式，与后两者既同又异，欲异又同。由此可见，"炒咸"的句法表现受到多重语义、语用结构关系的制约，不同侧面的语义、语用关系使它和其他类型的动结式有某方面的关联，因而呈现出相近的句法表现；但它们的区别决定了句法上不能完全平行。边缘现象往往受到多重界面特征的特殊条件制约，呈现出表面上互相矛盾而本质上又合乎规则的句法表现。在典型动结式的句法分布中，动词拷贝句和主事把字句是相互对立的，两者不能同时合法出现。这从例（1）—例（3）的"骑坏、看傻、吃早"就能见出。而"炒咸"却能容纳这两种句法形式，正因为它在不同的语义、语用层面上发挥作用结果。由此可见，只要将相关制约条件分析清楚了，每一组制约条件综合作用的句法结果，仍能够通过界限原则及其配位规则系统来解释和预测。

　　再来看"铲平整"。从语义结构关系着眼，它跟"骑坏"实际上完全相同，是典型的致使关系，即"（草地）平整"是"铲（草地）"的预期结果。由于"铲"的客体论元和"平整"的主体论元同指，因此根据界限原则及其论元同指规则，两者整合成役事，理论上可以形成一般主宾句"他铲平整了草地"。但由于受到现代汉语句法系统韵律规则的制约，"铲平整"之后不能再带宾语，因此就需要将"草地"提前。既然它是典型的役事，因此可以用"把"字引介到动结式之前，从而形成（5c）的主事把字句。它不能形成（5b）这样的动词拷贝句"他铲草地铲平整了"，其生成机制跟"骑坏"相同。既然不能生成动词拷贝句，也就不能像"看傻"那样进一步派生出（5d）那样的客事把字句"草地把他铲平整了"。

　　由此可见，"铲平整"只是在动结式论元结构和配位方式互动过程中受到了特殊韵律条件的影响，其他的因素并没有发生改变，因此它的句法分布只是在一般主宾句上受到制约，其他分布状况仍能通过界限原则及其配位规则系统加以解释和预测。

从这两类动结式的句法分布生成过程可以看出，句法系统有一定的自主性，但又同时受到语言系统中其他界面特征的制约。完全否定句法的自主性并不合适，上面的分析已经说明，只要将相关制约条件描写清楚了，句法规则仍有其预测力。同样，绝对肯定句法的自主性也不合适，上面的句法分布所受到的制约就充分说明了这点。我们需要的不是绝对地坚持（强句法自主性）或否定句法自主性（句法无自主性），而是要充分描写和解释句法生成机制及其约束条件。越是边缘的句法现象，受到句法之外其他语言界面的影响就越鲜明，多重界面互动的效应就更加显著。因此，仅仅依据界限原则及其配位规则系统，只能说明典型的句法现象；只有将制约特殊现象的多重界面特征及其互动关系分析清楚了，才能更加充分地说明相关语言事实。当然也不能因此而放弃了对句法生成过程中构造原则及其规则的说明，句法系统构造过程中，在相对"纯净"的条件下，往往有其自主的构造原则及规则，它是我们分析多重界面互动机制的一种基本的参照系。边缘现象表现出的特殊性说明了句法构造基本原则所具有的系统建构功能和在多重界面特征参与下所体现出来的调节功能。这是形式和意义（结构和功能）互动的复杂性和丰富性的必然表现。

## 四　动词论元结构的多重性和动结式论元结构整合的多能性

其实，就"炒咸"和"铲平整"的句法分布而言，似乎并没有对界限原则及其配位规则系统提出多大的挑战，因为将这两类看作动结式整合过程中的例外现象（当然是有条件的例外，符合"凡例外皆有条件"这种基本观念），一般都不反对。当然，也可以不看作例外，而是看作更大规则下的类型，如根据韵律语言学，自然可以将"铲平整"作为一种常规韵律结构类型来分析。这也没有带来挑战。更大的问题来自"演砸"类、"吃腻"类和"学会"类。目前关于动结式生成机制的各种分析模型，对此都没有做出有效的说明。下面从形式和意义之间的多重互动关系来具体描写和阐释它们在句式群中多重分布可能性的生成机制。

### （一）"演砸"类动结式多重分布可能性的生成机制

就"演砸"而言，竟然能分布于各种句式中，而且合格度都很高。这在动结式的句法表现中是极为特殊的。上文曾将"演砸"的语义结构关系描述为"＜他＞演＜这部戏＞+＜这部戏＞砸了",若此,则跟"骑坏"具有完全平行性,那么,它也就应该只能生成(6a)的一般主宾句和(6c)的主事把字句,而不能生成另外两种句式。而另外两种句式(动词拷贝句和客事把字句)恰恰是"看傻"的合法分布句式。这似乎又启示我们,"演砸"的语义结构关系应该跟"看傻"相一致。可是,前文的分析已经充分地论证过,"骑坏"和"看傻"是根本不同的两种动结式类型,两者的句法分布也是完全互补的。现在"演砸"的分布形式包含了这两类动结式的合法分布形式,显然存在着很大的矛盾。然而,这却给了我们新的启示:也许"演砸"的内部语义结构关系实际上包含着两种类型,一种和"骑坏"一致,一种和"看傻"一致,是互补分布的结合体,如同处于互补关系的两个音素所形成的一个音位。对句法结构式而言,这实际上是一种特殊的同形歧价现象,即同形异义构式。可是,这又是怎样的结构关系呢?

显然,如果我们将"演砸"的语义结构关系描述为"＜他＞演＜这部戏＞+＜这部戏＞砸了",那么它只能是与"骑坏"相同,而不可能出现"看傻"的句法分布。如果要使它的句法分布跟"看傻"相同,那么它的语义关系也必须跟"看傻"相同,即"＜他＞演＜这部戏＞+＜他＞砸了"。也就是说,合乎逻辑的推演自然是,只有"演砸"同时存在这样的两种语义结构关系,才能包含这两组看似矛盾的句法分布。即:

(22) 演砸: a. ＜他$_i$＞演＜这部戏$_j$＞ + ＜这部戏$_j$＞砸了
        b. ＜他$_i$＞演＜这部戏$_j$＞ + ＜他$_i$＞砸了

那么,"演砸"是否存在这样的两种语义结构关系呢?

我们的回答是:确实存在。这实际上取决于"演砸"中"砸"类补语动词论元结构的性质。也就是说,"砸"的论元结构具有多重性,其主体论元的角色既可以是客事("这部戏"),也可以是主事("他")。这样就形成了(22)这样的两种语义结构关系:(22a)的语义结构关系跟"骑坏"相同,(22b)的语义结构关系跟"看傻"相同。每种语义结构关系在整合过程中,分别形成不同类型动结式的论元结构。也就是说,这里实际存在着两个"演砸":

(23) 演砸$_1$: ＜他$_i$＞演＜这部戏$_j$＞ + ＜这部戏$_j$＞砸了(属于"骑坏"类)

　　　　a. 他演砸了这部戏

　　　　b. 他把这部戏演砸了

（24）演砸₂：＜他ᵢ＞演＜这部戏ⱼ＞＋＜他ᵢ＞砸了（属于"看傻"
　　　　类）

　　　　a. 他演这部戏演砸了

　　　　b. 这部戏把他演砸了

　　如果这样的分析是可接受的话，那么它同样遵守界限原则及其配位规则系统。"演砸"类动结式之所以在句法分布上包含了"骑坏"类和"看傻"类，是因为此类动结式中补语动词论元结构的多重性导致了动结式论元结构整合的多能性。

　　可是，这就引出一个新的问题：说"演砸"类动结式中的补语动词具有论元结构多重性，这是不是为说明这类动结式的整合机制而特设了一个条件呢？

　　其实不然。"砸"在这种结构中的基本意义就是"败（失败）"，指人指事都可以，当然指人实际上是在转指人所做的事。而"骑坏"中的"坏"只能指"骑"的动作对象，"看傻"中的"傻"只能指"看"的动作发出者。北京大学 CCL 语料库中就有这样的用例：

（25）a. 第一桩生意就砸了。晚风中，两个失败者坐在大东海的沙
　　　　　滩上，满脸愁云。

　　　　b. 他要是一发火，给我来个下不来台，我就砸了。

　　其实，"砸"还可以指"演这部戏"这个事件，这样，"演砸"的语义关系就是：

（26）演砸₃：＜他ᵢ＞演＜这部戏ⱼ＞＋＜他演这部戏ₖ＞砸了（属
　　　　于"吃早"类）

　　　　→他演这部戏演砸了

　　在表层形式上，它跟（24a）属于同形动词拷贝句。由此可见，"他演这部戏演砸了"这种拷贝形式实际上可以有两个来源，当然，两者的生成基础并不完全一致，其派生取向也不相同。这跟"看傻"的（2b）句和

"吃早"的（3b）句一样，虽都可构造出动词拷贝句，但两者的性质并不相同。相同的句法表层形式并不意味着具有相同的语义结构关系。这也提醒我们，即便是提出基于"表层概括"（surface generalization）的假说，也需要考虑不同表层形式之间的关联方式的异同（如这里的派生方式和结果的异同），否则会将同形现象当作多义现象，影响了对表层形式性质的认识和对句式系统的分析。

基于此，我们认为这里的补语成分"砸"具有论元结构的多重性是有事实基础的。[①] 这样，"演砸"了就根据不同的凸显侧面而形成不同的配位方式。而每一次的整合过程仍然符合界限原则及其配位规则系统，只是由于凸显侧面不同，在坚持基本原则的前提下根据特殊情况采取了特定的生成策略，从而派生出不同的句法结构形式（其他派生句式也一并列出，与"把"字句一样从基础句派生而出）：

(27) a. 他演砸$_1$了这部戏

　　　　→他把这部戏演砸了/这部戏被他演砸了/这部戏（他）演砸了

　　　b. 他演这部戏演砸$_2$了

　　　　→（演）这部戏演砸了他

　　　　→（演）这部戏把他演砸了/? 他被这部戏演砸了/他（这部戏）演砸了

虽然派生路径和结果不同，但仍受到了相同的整合原则的制约。由此可见，在句法生成的过程中，原则的坚定性和策略的灵活性是辩证地统一在一起的。

如果指动式没有兼指宾论元的可能性的话，根据界限原则及其配位规则

---

① 关于补语的两种语义关联，梅广（1978）已有所发现。他在比较"（a）他把衣服洗的很干净"和"（b）他洗衣服洗的很干净"（按："洗的"原稿如此）的语义关系时指出："'干净'在（a）中是结果补语——这是没有问题的；但在（b）中它应算是一个描述补语，因为（b）不可能是一个带宾称补语的句子。我们知道，宾称补语句（按：即补语指向宾语的句子）的宾语都是属于命题的前设，所以都是'特指'（specific）性质的。（b）一句并非叙述一件事，并非说明某人洗了某些衣服；这句话其实意思是说某人洗衣服洗得很好，或者说某人很会洗衣服。"（梅广，1978：521）宋文辉（2004a）在研究补语语义指向为动词的动结式配价时也发现存在"补语同时还指向动词的论元"的情况，其句法结果是"补语多指向最终导致动结式价数受到影响"。

系统，就不能构造出主动宾句。"演砸₃"即是如此。

（二）"吃腻"类和"学会"类动结式多重分布可能性的生成机制

由此我们可以进一步说明"吃腻"类和"学会"类，虽在某些方面和"演砸"类有所不同，但生成的基本原则及在特定条件下所采取的策略是一致的。

先看"吃腻"。其中的"腻"以及同类的"烦、厌"等心理动词也有论元结构多重性现象。"腻"可以表示厌烦的心理活动，这样"吃腻"的论元结构关系就是：

（28）吃腻₁：$<他_i>$ 吃 $<大餐_j> + <他_i>$ 腻了

显然，这跟"看傻"的论元结构关系完全相同，因此可以构造出（7b）那样的动词拷贝句"他吃大餐吃腻了"，并派生出客事主宾句"大餐吃腻了他"进而派生出（7d）那样的客事把字句"大餐把他吃腻了"。① 另一方面，既然是厌烦，就有厌烦的对象，因此它的论元结构中不但有"他"这样的当事论元，还蕴含着一个客体论元，在这里即为"大餐"。即"吃腻"的另一个论元结构关系就是：

（29）吃腻₂：$<他_i>$ 吃 $<大餐_j> + <他_i>$ 腻了 $<大餐_j>$

如果存在这样的论元结构关系，那么就属于"$V^2 + R^2$"类动结式了。上面分析的六类动结式实际上都是"$V^2 + R^1$"类。就（29）这样的语义关系而言，两者的主体论元和客体论元分别同指，根据界限原则及其论元同指规则，叠合后分别提升为动结式的致事和役事。整合的结果便形成了（7a）那样的一般动结式"他吃腻了大餐"，进而派生出（7c）的主事把字句"他把大餐吃腻了"。这和施春宏（2005、2008a）分析的"听懂"类相同：

① 就动词拷贝句派生而来的句式而言，客事把字句（"大餐把他吃腻了"）往往比客事主宾句（"大餐吃腻了他"）可接受度高，是因为这类动结式往往需要凸显结果，而客事主宾句的语义中心在宾语上，不能将结果凸显出来。客事把字句则满足了这样的语义要求。

(30) 听懂：<他$_i$>听<老师的讲解$_j$> + <他$_i$>懂了<老师的讲解$_j$>

　　a. 他听懂了老师的讲解

　　b. 他把老师的讲解听懂了

　　再看"学会"。这里的"学会"实际上跟（30）的"听懂"的论元结构关系及其句法表现完全相同。但施春宏（2005、2008a）在分析"听懂、学会"时只涉及了（30a）即（8a）"他学会了乘法口诀"和（30b）即（8c）"他把乘法口诀学会了"这样的句法分布，并没有说明（8b）这样的动词拷贝句"他学乘法口诀学会了"的合法性。如果"听懂、学会"只是"V$^2$ + R$^2$"类主体同指兼客体同指的动结式，按照施文的配位规则，也确实不能生成（8b）这样的动词拷贝句。这又是怎么回事呢？其实，施春宏（2008a：98）将这类都归入"V$^2$ + R$^2$"，这样的观察是不充分的；这只是就补语动词的论元数目最大化而言，并没有考虑到我们在这里所探讨的补语动词论元结构的多重性的情况，因而无法说明此类现象。

　　正如"腻、烦"一样，"会"也有两种论元结构关系。即：

(31) a. 学会$_1$：<他$_i$>学<乘法口诀$_j$> + <他$_i$>会了

　　 b. 学会$_2$：<他$_i$>学<乘法口诀$_j$> + <他$_i$>会了<乘法口诀$_j$>

　　根据界限原则及其论元同指规则，由（31b）整合后生成及所派生的句式就是（8a）和（8c），这在上面已经说明了。（31a）的论元结构关系显然跟"看傻"相同，根据界限原则及其论元同指规则和动词拷贝规则，那么也应该生成（8b）这样的动词拷贝句并进而派生出（8d）这样的客事把字句。然而，所生成的动词拷贝句合法，却并不能像"看傻"那样派生出客事把字句。这又是为什么呢？显然，这是由另一重因素在起制约作用。

　　这是受到日常规约性语义关系制约的结果。我们一般在说动结式的内部语义关系时，宽泛地说都表示致使关系，其实这种致使关系还是有内部层次差别的。如"看傻（他看这种书看傻了）"，使因事件是"他看这种书"，使果事件是"他傻了"。在日常经验中，"看"的客体论元"这种书"实际上也是导致"他傻了"的重要因素，如这种书写得很弱智、奇怪、惊悚等，这些因素会对读该书的人产生影响，甚至是主要影响。因此在这个致使事件中，"这种书"可以凸显出来作为致事，以转喻整个使因事件。这样就不但能形成动词拷贝句"他看这种书看傻了"，而且还可以派生出客事主宾句"这种书看傻了他"，并进一步派生出客事把字句"这种书把他看傻了"。由于这种表达方式凸显一种致使的结果，而这正是"把"字句的基本语义关系（施春宏，2010b），因此客事把字句比客事主宾句的可接受度要高。① 可是，回到（36a），我们发现，在具体的致使内容上，"学会₁"跟"看傻"在大局相同的情况下局部有所不同。它的使因事件是"他学乘法口诀"，使果事件是"他会了"。这跟"看傻"相同。然而，不同的是，在日常经验中，"学"的客体论元"乘法口诀"并非导致"他会了"的具体的、直接的因素，即不因乘法口诀难易、长短、用汉字书写之类导致"他会了"。也就是说，"学"的客体论元"乘法口诀"对"他会了"而言没有直接致使性。这种日常规约性语义关系就抑制了"乘法口诀"凸显出来作为致事的可能性，因而不能从动词拷贝句"他学乘法口诀学会了"派生出客事主宾句"乘法口诀学会了他"，自然也就无法派生出客事把字句"乘法口诀把他学会了"。这是构式内部语义结构关系之外的另一重语义层面（日常规约性语义关系）对其句法分布的制约作用。

## （三）动结式论元结构整合多能性中"例外"的根本性质

通过上面的分析，我们发现，"演砸、吃腻、学会"的论元结构整合机制实际上并没有违背界限原则及其配位规则系统。据此论证，它们不但不是"界限原则"的反例，反而是从新的角度给这个原则的描写力和解释力做出了新的说明，而且使我们对相关问题有了新的认识。它们之所以在句法分布上呈现出某种特殊性，或是由于补语动词的论元结构具有多重性，或是由于受到日常规约性语义关系的影响，这是造成动结式论元结构整合多能性的根本原因。如果不对每类动结式的内部关系做出精细的区分，仅从动结式在相关句式群中的表层分布着眼，那么就必然会放弃对动结式生成机制的原则概括和规则描述。界限原则及其配位规则系统从根本上说就是动结式（乃至两个动词性成分）整合后相关句法成分线条化的

---

① 施春宏（2008a）将类似"这种书看傻了他"这样的句子叫"致事施受句"，似乎并不合适，因为根据施文的论述，施受关系是单个动词的论元结构关系，而致役（致事—役事）关系是动结式的论元结构关系。因此"致事施受句"不如叫"致役主宾句"，或按本文叫"客事主宾句"。

基本原则及配位规则。

　　显然，"演砸、吃腻、学会"跟"炒咸、铲平整"在整合性质上有差异，后两种类型是原则及其配位规则系统在特殊条件下呈现的例外，而前三种类型仍是原则及其配位规则系统的"例内"现象，只不过它们跟例（14）的"唱红"一样，都属同形歧价现象。但与"唱红"有些差别的是，同形歧价的三个"唱红"，语义结构在"直观"上就显示出根本的差异；而"演砸、吃腻、学会"的同形歧价形式，不经过仔细分析，不容易显示歧价内部的差异。

　　显而易见的是，由于受到不同界面特征的制约，汉语动结式系统中有极其丰富的同形歧价现象，如"唱红"就是比较典型的体现。动结式生成过程中受到不同的限制，其结果便有可能呈现为同形歧价现象。所谓歧价，在本质上就是歧义。有人认为动结式形成过程中并不存在同形歧价现象，并指出这种同形歧价的分析"很容易得出一个结论——动结式无定价且多有歧价"（刘培玉、欧阳柏霖，2010）。其实，正如三类"唱红"所体现的那样，动结式的同形歧价现象具有相当的普遍性，"如果给出特殊的语境，很多动结式都可能产生歧义"（施春宏，2006b）。具体动结式是否有歧价，不是问题的根本，关键在于能否对歧价生成的约束条件做出概括，在差异性中建构同一性（施春宏，2013）。同形歧价现象的出现，正是不同语义结构关系相互组配、不同界面特征相互作用的结果。借助同形歧价现象分析，可以使动结式在相关句式群中不对称分布的限制条件显得更加具体、明晰，使模糊的认识变得更具操作性。

　　其实，语言现象比我们这里描写的还要复杂。如"对、错"做补语的动结式"V＋对/错"便也有因论元结构多重性而产生动结式整合结果多能性的情况：

　　（32）写错₁：＜他ᵢ＞写＜字ⱼ＞＋＜字ⱼ＞错了（属于"骑坏"）
　　　　　a. 他写错了字
　　　　　b. *他写字写错了
　　　　　c. 他把字写错了
　　　　　d. *字把他写错了
　　（33）写错₂：＜他ᵢ＞写＜字ⱼ＞＋＜（他）写字ₖ＞错了（属于"吃早"类）
　　　　　a. *他写错了字

       b. 他写字写错了

       c. ＊他把字写错了

       d. ＊字把他写错了

"对、错"既可以像（32）那样指向实体，也可以像（33）那样指向事件。当我们将这两种情况合在一起时，表面上看就呈现出这样的句法分布：

  （34）a. 他写错了字

        b. 他写字写错了

        c. 他把字写错了

        d. ＊字把他写错了

这就在分布上跟"学会"的句法表现相同了。然而，两者的底层论元结构关系差异很大。

除了"V＋对/错"类外，如果我们进一步拓展到带"得"式动补结构（施春宏，2008a：133—142）、时量成分做补语（施春宏，2007）等情况，还会有新的情况出现，此不赘述。

至此，我们需要同样做出的说明是，即便是受到句法之外相关因素的影响，也仍然没有违背大的构造原则，不同约束条件的互动作用具有内在的规律性。句法分布常常是在多重界面特征相互作用下的具体表现，这仍然体现了原则的坚定性和策略的灵活性的有机结合。关于动结式生成机制的研究，除了系统刻画动结式在相关句式群中的不对称分布外，还要在原则和规则的互动关系中说明它为什么能在这样一些句式中出现，而不能在那样一些句式中出现，从而揭示所谓的"例外"的根本性质及其生成机制，进而系统刻画动结式在相关句式群中分布的可能性和现实性。语言现象中的所谓"例外"在分析模型中的"例内化"，是展示分析模型描写能力和解释能力的重要标志。

# 五　动结式分布不对称现象多层界面特征的互动层级

上面刻画了动结式句法分布的若干不对称现象，并指出这种不对称现象的出现是由于受到不同界面特征的制约，不同类型的动结式受到的制约因素并不相同。同时还指出，如果分析清楚了某个或某类动结式构造过程中所受到的具体制约条件，那么其构造规则和分布表现仍然合乎大的构造原则。我们重点探讨了语义、句法、韵律、语用四个方面的界面特征，尤其是对语义特征的分析，涉及的方面比较多，如动结式高层语义关系（致使性问题）和底层语义关系（施受性问题）、使因事件和使果事件之间的语义关系（如是否具有规约性语义关系）、V和R所支配的论元之间的同指异指关系、V所支配的客体论元在整个致使事件中是否具有直接致使性等。而这些不同的语义关系，在动结式及相关句式的形成过程中，其作用的层面并不一致；同样，不同类型的动结式，所能容纳的语义关系也不一致。而且，即便语义、句法上允许的动结式，如果不合乎韵律上的要求，仍然不能得到有效输出。另外，现实经验、语用场景的认知差异也影响句法表达的现实性，在语义、句法、韵律上都合适的表达，也未必能在现实交际中出现。

　　这里再重点说一下对概念/语义促动和句法表达之间关系的分析策略问题。基于认知/功能语言学的句法生成机制分析，比较注重概念/语义结构对句法结构形成的促动作用。如宋文辉（2004b）在讨论动结式在几个句式（核心句、重动句、"把"字句、"被"字句、话题句）中的分布限制时指出，"其分布规律是动结式的概念结构的差别所驱动的"，"仅仅从动结式的动词和补语的论元以及补语的语义指向出发的还原主义研究取向不能完全解决问题"。也就是说，自下而上的还原主义分析显然是不充分的。但同样，仅仅是自上而下的整体主义分析也是不充分的。如若只从概念驱动句法出发，就很难说明"读书读累了"这样的重动结构为什么在宋代之前及英语中不能出现，而"读书（to read）＋累（be tired）"这样的概念结构却是可以跨时空的；同样也不好说明"他擦净了桌子"在现代汉语中可以接受，而相应的英语表达只能是"He wiped the table clean"这样的隔开式。形式取向的分析多还原，功能取向的分析多整体；还原分析多侧重可能性，整体分析多侧重现实性。只有两者结合才能做到更加充分的描写和解释，因为语言现象的形成和使用是受到多重界面特征相互制约的。

　　既然如此，这些多重界面特征对动结式的整合和分布的影响是否存在一个优先序列呢？就上文的分析而言，大体存在着这样的一个优先序列：语义＞句法＞韵律。语义结构提供句法生成的基础，但这不意味着某个语义结构必然具有某种句法表达形式（受共时句法系统的制约）；句法结构根据其容纳能力和方式来显示所能表达的语义内容；韵律结构规则再对句法生成的结果进行进一步的调节，合乎现代汉语韵律句法规则的动结式，才能进入到交际中。语言交际再根据具体的情境选择合适的与动结式相关的合法句式。

下面这张表就体现了这样的关系（对语义层面内部没有做进一步区分，只是大体显示了相应层级）：

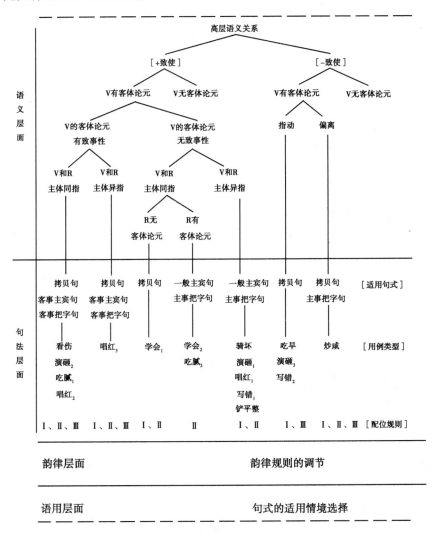

表　2 多重界面互动机制及其层级（以 $V^2+R$ 为例）①

---

① 此表与施春宏（2015：42）的表 2 内容略有不同，排列顺序也有调整。此表在 ［＋致使］下区分"常规性致使"和"偏离性致使"；而施春宏（2015：42）的表 2 中对此没有区分，并将"偏离"放到 ［－致使］的下面，跟"指动"并列。这样的处理和施春宏（2006a、2010b）的某些认识不协调，因为后者将"把"字句看作表达致使范畴的一种句式。实际上，表达"把"字句可以用来表达"偏离性致使"的语义关系。

　　当然，动结式的实际类型远比这张表中所呈现出的类型丰富而复杂（施春宏，2008：107、253、274），表中呈现的只是文中论及的部分 $V^2 + R^1$ 类动结式和 $V^2 + R^2$ 类动结式（后者只涉及同形歧价的"学会、吃腻"）。至于 $V^1 + R$、$V^3 + R$ 的情况，更未涉及。

# 六　结语

　　本文试图通过对句法生成过程中多重界面互动关系的刻画来系统描写和解释动结式在相关句式群中的不对称分布现象，并借此进一步讨论动结式的生成机制及其约束条件。本文首先在考察几组现象虽小但意义重大的特殊动结式句法表现的基础上，系统地讨论了动结式在相关句式群中的不对称分布状况，并从论元结构和配位方式互动的角度，描写了在动结式整合原则及其配位规则系统的支配下若干类型动结式的生成过程，同时利用多重界面特征的互动机制探讨了各类特殊的同形歧价动结式形成的动因，分析了动词论元结构的多重性和动结式论元结构整合的多能性之间的关系，并从认知功能角度对相关现象做出解释。本文试图对动结式的分布状况和线条性特征做出结构化、句法化、一致化的分析，借此来说明形式/结构和意义/功能之间复杂而又有很强规则性的互动关系，从而探讨句法构造过程的可能性和现实性问题。

　　通过分析，我们发现，由于不同界面特征的交互作用，造成了动结式整合过程的不同，这种不同又进一步造成了由动结式构成的相关句式的派生效应的差异。也就是说，动结式配位方式的差异是多重界面特征互动的结果，而这种互动结果及其相关句法效应又可以通过派生方式和派生能力的差异彰显出来。这进一步说明，句式性构式的构造过程受到相关界面互动特征的制约，因此对句式性构式的形式和意义的特征的认识，是可以采取互动—派生分析模式来探求的。特定构式自身的存在也是跟其他构式相互作用的结果，特定构式的价值也只有在构式系统中相关构式之间的相互作用才能体现。因此，所谓的构式语法，从本质上看，也就是互动构式语法（Interactive Construction Grammar）。当然，这并不否认我们在认识构式的形式和意义的某方面特征时侧重于某个界面的分析。但对构式整体特征的把握，无论是基于表层的概括，还是基于派生的分析，都必须放到多重界面互动的过程中。对这种多重界面互动的考察，既需要自上而下的综合把握，又需要自下而上的还原分析，将综合分析与还原分析融贯起来，走精致还原主义/精致整体主义之路（施春宏，2008b、2010a、2010b）。

另外，本文在分析相关现象时，尤其注重所谓的例外、特例等特殊现象的生成动因及其构造机制，并对它们和反例的关系做出说明。一个分析模型，自然应该能够预测相关的通例现象，但同时也要对与通例相违背（表面上或本质上）的例外、特例做出有效的说明，强化实证性分析，以进一步充实理论的概括性。同时还要积极预测反例的存在，给已构模型的解释能力画出清晰的边界，从而从证伪的角度对分析模型做出更加充分、有效的论证。其实，构建什么理论模型不是问题的根本，关键在于如何相对充分地描写、解释既有的语言事实和预测、建构新颖的语言事实。

# 参考文献

董秀芳　1998　《述补带宾句式中的韵律制约》，《语言研究》第 1 期。

冯胜利　1996a　《论汉语的韵律词》，《中国社会科学》第 1 期。

冯胜利　2000　《汉语韵律句法学》，上海教育出版社。

郭　锐　1995　《述结式的配价结构和成分的整合》，载沈阳、郑定欧主编《现代汉语配价语法研究》，北京大学出版社。

郭　锐　2002　《述结式的论元结构》，载徐烈炯、邵敬敏主编《汉语语法研究的新拓展（一）——21 世纪首届现代汉语语法国际研讨会论文集》，浙江教育出版社。

胡敕瑞　2005　《动结式的早期形式及其判定标准》，《中国语文》第 3 期。

黄锦章　1993　《行为类可能式 V–R 谓语句的逻辑结构与表层句法现象》，《语文研究》第 2 期。

李小荣　1994　《对述结式带宾语功能的考察》，《汉语学习》第 1 期。

刘培玉　2012　《动结式重动句构造的制约机制及相关问题》，《汉语学报》第 1 期。

刘培玉　欧阳柏霖　2010　《〈动结式的配价层级及其歧价现象〉质疑》，《长沙理工大学学报》（社会科学版）第 5 期。

陆俭明　1990　《"VA 了"述补结构语义分析》，《汉语学习》第 1 期。

陆俭明　2001　《"VA 了"述补结构语义分析补议——对读者意见的回复》，《汉语学习》第 6 期。

马　真　陆俭明　1997　《形容词作结果补语情况考察》，《汉语学习》第 1、4、6 期。

梅　广　1978　《国语语法中的动词组补语》，载屈万里先生七秩荣庆
　　　　　　　　论文集编辑委员会主编《屈万里先生七秩荣庆论文
　　　　　　　　集》，联经出版事业公司。

彭国珍　2011　《结果补语小句理论与现代汉语动结式相关问题研究》，
　　　　　　　　浙江大学出版社。

沈家煊　2008　《"逻辑先后"和"历史先后"》，《外国语》第 5 期。

石慧敏　2011　《汉语动结式的整合与历时演变》，复旦大学出版社。

施春宏　2004　《汉语句式的标记度及基本语序问题》，《汉语学习》
　　　　　　　　第 2 期。

施春宏　2005　《动结式论元结构的整合过程及相关问题》，《世界汉语
　　　　　　　　教学》第 1 期。

施春宏　2006a　《"把"字句的派生过程及其相关问题》，《语法研究
　　　　　　　　和探索（十二）》，商务印书馆。

施春宏　2006b　《动结式的配价层级及其歧价现象》，《语言教学与研
　　　　　　　　究》第 4 期。

施春宏　2007　《动结式致事的类型、语义性质及其句法表现》，《世界
　　　　　　　　汉语教学》第 2 期。

施春宏　2008a　《汉语动结式的句法语义研究》，北京语言大学出
　　　　　　　　版社。

施春宏　2008b　《句式研究中的派生分析及相关理论问题》，《世界汉
　　　　　　　　语教学》第 2 期。

施春宏　2010a　《动词拷贝句句式构造和句式意义的互动关系》，《中
　　　　　　　　国语文》第 2 期。

施春宏　2010b　《从句式群看"把"字句及相关句式的语法意义》，
　　　　　　　　《世界汉语教学》第 3 期。

施春宏　2010c　《语言学规则和例外、反例与特例》，载北京语言大学
　　　　　　　　对外汉语研究中心编《汉语国际教育"三教"问
　　　　　　　　题——第六届对外汉语学术研讨会论文集》，外语教
　　　　　　　　学与研究出版社。

施春宏　2013　《再论动结式的配价层级及其歧价现象》，《语言教学与
　　　　　　　　研究》第 5 期。

施春宏　2015　《动结式在相关句式群中不对称分布的多重界面互动机
　　　　　　　　制》，《世界汉语教学》第 1 期。

宋文辉　2004a　《补语的语义指向为动词的动结式的配价》，《河北师
　　　　　　　　　范大学学报（哲学社会科学版）》第 3 期。
宋文辉　2004b　《动结式在几个句式中的分布》，《语文研究》第
　　　　　　　　　3 期。
宋文辉　2007　《现代汉语动结式的认知研究》，北京大学出版社。
唐翠菊　2001　《现代汉语重动句的分类》，《世界汉语教学》第 1 期。
王红旗　1995　《动结式述补结构配价研究》，载沈阳、郑定欧主编
　　　　　　　　　（1995）《现代汉语配价语法研究》，北京大学出版社。
姚振武　2013　《上古汉语动结式的发展及相关研究方法的检讨》，《古
　　　　　　　　　汉语研究》第 1 期。
袁毓林　2001　《述结式配价的控制—还原分析》，《中国语文》第
　　　　　　　　　5 期。

（施春宏　北京语言大学语言科学院）

# 试论关联连词在复句中的叠加表达式

## 张谊生

**提要** 连词在关联复句中的叠加可以出现在狭义或广义复句中，叠加一般都在同一逻辑语义层面，也可以在不同层面。复句类别和语体与叠加频率存在联系，叠加方式可以是交互式或单向式，也可以是多项式或缩略式。叠加动因与作用包括因理据侧重而互补、为协调表达而共现、欲主观凸显而强调等三个方面。

**关键词** 叠加复句 关联连词 表达

## 前言

（一）关联复句是现代汉语句法体系中极为重要的语言单位，构成复句最主要的语法手段，就是使用各种类别的关联连词。我们发现，在具体使用中，为了满足表达需要、增强主观情态、协调特定构造，经常会出现一些同义连词的叠加（superposition）现象。比如：

（1）广西甚至启动了突发环境事件Ⅱ级应急响应，用广西壮族自治区主席马飚的话来说，<u>就是哪怕</u>动用全世界的力量，<u>也要</u>保证水源达标。（《关不住的镉污染》，《中国经济周刊》，2012-02-21）

（2）我真切地感到我们国家统计局还没有做过这样的统计。<u>如果假如</u>有过统计的话，那也是不够科学的，或不够严谨的，大约如此吧。（《商业豆腐与房地产风声》，人民网，2010-10-30）

如果纯粹从表达复句的逻辑语义关系的角度类看，表让步的"就是"与"哪怕"、表假设的"如果"与"假如"，都只要保留其中一个关联连词就可以了，叠加用法似乎是一种羡余的重复，但是从语用强调、表义兼顾等表达的角度来看，则又是不能随意省略或归并的。

（二）长期以来，各种通行的语法书和教科书几乎都有认为同一类别、相同功能的关联连词是不能在一起叠加使用的，所有同类连词并存的表达式都是不规范的。① 这类叠加现象究竟是可以接受的，还是需要规范的，在对外和对内的复句教学中，一直存在着较大的争议，由此给广大汉语学习者带来了很大的困惑。我们认为，在语言运用与演化的过程中，叠加与强化（reinforcement），是人类语言发展中的重要语法化机制之一，国内外语言学家曾经有过不少论述，② 笔者也曾从多个角度展开过研究。③ 而关联连词的叠加现象不但相当常见，而且大都具有特定的表达功用。换句话说，汉语复句中关联连词的叠加形式，一般都是有其理据的。如果不加区分一律予以排斥，显然不是实事求是的科学态度。问题是，关联连词叠加的性质与类别、方式与类型究竟有什么特点，④ 尤其是连词叠加的动因与作用到底有哪些，这一系列问题，不但关乎复句的性质与特点，而且还涉及连词的功用与规范。然而，迄今为止还从未见到过任何专题性的研究，更遑论系统性的探讨了。

（三）本文将从共时平面考察关联连词的叠加现象：首先讨论连词叠加的性质与范围，进而描写并归纳叠加的方式与类别；然后揭示并探讨叠加的动因与作用。本文考察的对象主要是双音节的关联连词，包括双音节连词压缩、省略后的单音形式。为了使研究范围相对集中，除了三项叠加式，本文例句基本上都选自人民网；例句统一标明出处，长句略有删节。

---

① 张谊生《现代汉语虚词》（华东师大出版社 2000 年版）第四章（第140—194 页）和周刚《连词与相关问题》（安徽教育出版社 2002 年版）第四章（第92—128 页），以及当前通行的《现代汉语》教材，都涉及对相关现象的表述。

② 相关研究，请参看参考文献 7—12 和 1—4 的研究成果。

③ 相关研究，请参看参考文献张谊生 4—6 的近年来研究成果。

④ 有关前置连词与后置连词共现、配合构成的框架式叠加，比如"如果/假如 X 的话""不管/无论 X 与否""为（了）X 起见"等，张谊生（2012）已有介绍，须要专门另行深入讨论，本文暂不涉及。

# 一 连词叠加的性质与范围

（一）本节首先界定各类复句中关联连词叠加的性质，进而廓清连词叠加的具体范围。

（二）狭义复句与广义复句。本文的复句，是个广义概念，既包括传统意义上的狭义复句，也包括一部分具有相同逻辑、语义关系的句组①，因为大多数汉语的复句与句组，除了标点符号不同之外，并没有实质性的区别。比如，下面四句都是表示假设关系的复句与句组：

（3）他们没有预计到的是媒体杀过来了，把这件事件揭露出来，说实在，<u>要是如果</u>没有媒体报道，国务院调查组恐怕也不会去派一个人去工商所去看他们还在不在上班。（《阜阳劣质奶粉责任人虚假撤职 假处分唬了国务院》，人民网，2004－06－29）

（4）他们开始宣读这个协议。<u>要是如果</u>同意了，那就要处理这事了。<u>如果要是</u>不愿意了，事情就要放下来，不再处理了。（《河南郏县民警打人致死，私了协议揭20年前悬案》，人民网，2006－04－27）

（5）我们通过临床详细的检查，首先要排除它的眼部疾病，最重要的就是临床前期顿挫性的圆锥角膜，这种情况下，<u>如果要是</u>不做手术，它发病很慢，也可能这一生相对是安全的。（《哪些人不适合做近视手术？》，人民网，2013－01－25）

（6）在这里讲一个小预言，有一个路口，这个路口真的有人流量，于是第一个人开了一个加油站赚到钱了。<u>如果要是</u>犹太人他会在这个路口继续开超市、开餐馆、开夜总会……但是中国人会一直开加油站，一直开到死。（《辉悦天成安锐铮：差异化网游构筑顽强生命力》，人民网，2013－01－18）

"要是"与"如果"不管叠加顺序前后，也不管用了逗号还是句号，叠

---

① 在汉语中，语篇或者说篇章与句子，应该讲还是有着本质的区别的。本文所说的句组，就是指一些与一般的关联复句具有基本一致的逻辑语义关系，只是内部使用了句号而不是逗号。

加的性质基本一致。而递进与让步关系的复句与句组，除了标点符号之外，叠加的方式也没有实质的不同：

(7) 车把手和树枝差不多，鸡爪能牢牢抓住，<u>而且别说</u>两只脚抓牢了，一只脚都行，不是有句话叫做"金鸡独立"么，由此可见，鸡的平衡性是很好的。(《男子将家中下蛋母鸡当宠物养　每日骑车遛鸡》，人民网，2012-04-17)

(8) 那个年代，没有绯闻，只有佳话。<u>而且别说</u>是绯闻，连现在看起来很正常的"炒作"或宣传都很少。(《那个时代，老艺术家们的侠骨柔情》，人民网，2012-07-06)

(9) 如果说某一个单位应该公开的事务而不进行公开或是搞所谓的暗箱操作，试想，人们的会产生什么样的想法？用换位思考的方式讲，职工群众或多或少都会产生这样或那样不同的想法和猜疑，<u>即使就算</u>你在办事的过程中，没有徇私枉法，人们也不一定会相信你。(《以人为本做好职工思想政治工作》，人民网，2006-06-30)

(10) 收入分配改革，必须打破原来的利益结构，对于起草方案的发改委来说，要下决心拿出勇气与魄力，因为贫富差距是一个涉及到社会各阶层的问题，如果改革涉及的对象主要是党政部门的公务员、事业单位的员工与国企职工。<u>即使就算</u>能够调节这几大群体的收入差距，也只涉及了不到1亿人。(《月薪9000生活才不惶恐　网友：一线城市只够喝西北风》，人民网，2012-10-23)

总之，尽管本文只是研究关联复句的连词的叠加情况，但对于一些具有相同逻辑语义关系出现在句组中的叠加现象，也一并加以研究，因为这两种构造并没有本质的区别。

（三）同层互补与跨层连用。具有相同关联功能的连词叠加，可以处于同一个复句同一小句同层次的语义层面，也可以处于同一复句相关小句的不同层次的语义层面。请比较：

(11) 08年曝出的艳照事件让陈冠希一夜之间从宠儿变为弃儿，陈冠希自己也是宣布无限期退出娱乐圈，<u>虽然尽管</u>后来陈冠希想复出，无奈同样遭到抵制，到目前人气依然是半死不活，生意也大受影响。(《酒井法子吸毒滥交背景揭秘　曝明星糜烂私生活》，人民网，2012-09-04)

(12) 但实际的花样会给消费者带来多少实惠，业内很多人士认为，羊毛出在羊身上，很多花样手段，大多将成本已经计算在房价内，<u>或者要么</u>享受优惠的门槛很高。(《楼市"限"字正当头　开发商花样推盘》，人民网，2012-01-13)

上面的"虽然尽管"和"或者要么"都处在复句的同一个语义关系层面内，可以任意省略其中一个连词；而下面的"虽然尽管"和"或者要么"都处在不同的语义关系层面。例如：

(13) 中国的银行现在主要还是国有的，或国家控股的占绝大多数，<u>虽然尽管</u>此前一些房地产商曾经威胁着说：要死先死银行，<u>虽然</u>一些专家也曾大声疾呼买房就是爱国，<u>但</u>中国的银行却在防范金融风险，加强监管方面做到比较出色，而且经营业绩也还算不差，没有让房地产商拖死，因此，就不存在有一方先死的问题。(《温总的"中国没拿钱补银行窟窿"说给谁听呢?》，人民网，2009-02-01)

(14) 一旦发生群众对自身利益的诉求，就认为是"刁民"闹事，把群众上访看成是给地方政府抹黑、与领导作对，进而采取一些非理性、不合适的方式方法予以处置甚至打压，造成矛盾激化，酿成不应有的后果；<u>或者要么</u>采取拖延的办法"以时间换空间"，<u>要么</u>采取"花钱消灾"的办法息事宁人，结果刺激更多的人仿而效之，使得矛盾冲突加剧。(《领导干部考核评价要防止五种不良偏向》，人民网，2009-07-17)

例(13)的"虽然"与后一"虽然"并列处于外层，"尽管"处于内层；例(14)的"或者"处于外层，"要么"与后一"要么"并列处于内层。同样，因果关系也有这样的区别：

(15) 被上诉方富丽公司坚持政府部门是"行政不作为"，<u>因为既然</u>紫金县政府等部门为富丽公司办理了"国有土地使用权证"，就应当交付土地，即"有证就该有地"。（《广东省高级人民法院行政审判庭进党校开庭》，《南方日报》，2012 - 11 - 14）

(16) 曾几何时，如果你在机动车驾驶人考试的科目一（道路交通安全法律、法规和相关知识考试科目）中败下阵来，收获个"不及格"，被人鄙视一番恐怕在所难免——因为既然有了题库，那就是有了"尚方宝剑"，你还考个"不及格"？可是进入今年，题库不仅没了，而且考试范围还扩大了，这可如何是好？（《驾考——理论与实践并重》，人民网，2013 - 01 - 21）

前例的"因为"与"既然"处在同一个层面，可以任意省掉其中的一个而不影响表达，而后例"因为"与"既然"不在一个层面上，"因为"小句是对前分句的原因说明。再比如：

(17) 那些无病呻吟的小说，那些为君王唱赞歌的小说，是不是更让人感到肉麻？<u>既然因为</u>有些小品让人感到肉麻，<u>就</u>说小品是粗瓷小碗，那也有诗让人感到肉麻，也有小说让人感到肉麻，那岂不是说诗与小说都成了粗瓷小碗吗？（《凭什么说小品一定是粗瓷小碗》，《中青报》，2010 - 02 - 12）

(18) 她们的母亲帕提表示，她相信姐妹俩会处理好各方面的事情。<u>既然因为</u>爱而有了她们，<u>那么</u>她们也应该为了爱而好好在一起生活。（《双头美女震惊全世界：恋爱生活解密》，人民网，2011 - 04 - 17）

前例的"既然"与"因为"处在同一个层面，而后例的"既然"与"因为"处在不同的层面。

严格地讲，只有同一层面的并存才是典型的连词叠加，不过，不同层面相同逻辑语义关系并存也是一种非典型的叠加现象，同样值得关注，所以，两种叠加均在本文讨论之列。

（四）同类并存与兼类共现。除了上面两种叠加之外，还有两种似是而非的叠加现象，必须予以剔除。首先，关联连词与连介兼类词、连副兼类词的并存连用。比较下列四句：

（19）国内相关部门对于整形行业的报纸、电视和网站上投放的广告进行限制，<u>因为由于</u>广告的模糊概念夸大了整形美容的效果，<u>所以</u>相关部门对于这方面加大了审查的力度。（《国内加大对整形美容行业的监管力度》，人民网，2012－12－23）

（20）后来写《中国共产党三十年》，乔木同志用一周的时间就写出来了，<u>因为由于</u>前面的积累，对党的历史很熟悉了，<u>所以</u>很快就写出来了。（《实录：解密胡乔木与毛泽东起草第二个"历史决议"细节》，中国共产党新闻网，2012－06－18）

（21）如果高价值的产品由于货主没有声明价值而丢失，那这个造成的损失不管是法律上还是道德上，都不应该责怪快递公司。然而，<u>要是如果</u>已经申明了，但是丢了以后不赔给那是快递公司的问题，目前更多的案例是客户没有申明，而<u>一旦要是</u>客户提前申明快递公司是必赔无疑的，就算不赔打到法庭上快递公司都是要赔付的。（《宅急送运丢17台电脑被判赔千余元　快递保价重要》，中国广播网，2011－12－06）

（22）可现在除了学校的正常课业之外，孩子们平添了许许多多的非常耗费时间的"学习"任务。孩子<u>要是一旦</u>走上"等级考试"之路，再要与小朋友嬉戏玩耍恐怕就成了奢望。（《平民难以承受的招生"等级高消费"》，人民网，2005－11－10）

　　例（19）、例（21）的"因为、由于"与"一旦、要是"都是关联连词，都是连词叠加，而例（20）的"由于"是介词，例（22）的"一旦"是副词，都有其独特的表达功能，都不能省略。

　　其次，有些动词性短语与关联连词也是同形的，更不是连词的叠加用法。请比较：

（23）萨莉日前在接受新华社记者采访时说："有机农业最让我震惊的地方，<u>就是</u>哪怕我只有一小块土地，也可以种出供全家人食用、甚至可供销售的食物。"（《财经随笔：有机小农场带领内罗毕城郊农民致富》，新华网，2012－12－11）

（24）直到比赛快开始前，国家队终于拿定了主意，<u>那就是</u>哪怕拿不到首金也要保证国家队选拔机制的严肃性，选中的喻丹那就是喻丹，而不是杜丽！（《"玲丹"组合瞄准奥运首金》，

海南视窗，2012 - 07 - 27）

(25) 很多人在拍摄汽车的时候都会犹豫不决，不知道应该是正面拍好看<u>还</u>是侧面拍好看，侧面又侧多少，要不要仰视<u>或者还</u><u>是</u>俯视拍摄，这一系列的问题出来后，估计就没心情拍了，只能围着车子转啊转，看啊看。（《汽车拍摄技巧》，人民网，2012 - 09 - 04）

(26) 如果你已经<u>不</u>是学生了，<u>或者还是</u>没到上学年纪的小朋友，那就只能购买最多提前 12 天（含当日）的火车票。（《钱江晚报》，2012 - 12 - 18）

例（23）、例（25）的"就是"与"还是"分别是让步连词与选择连词，所以是叠加式，而例（24）、例（26）的"就是"与"还是"都还是"副 + 动"的动词性短语，当然都不是连词叠加。

## 二　连词叠加的类别与方式

（一）本节描写关联复句中连词叠加的不同类别及其连词叠加的不同的并存方式。

（二）复句类别与叠加频率。从关联复句的功用类型来看，首先，经常构成叠加式的主要是因果、目的、假设、让步、条件等以表示逻辑关系为主的偏正复句。譬如，叠加的因果复句，除了释因性的，也有推论性的；叠加的目的复句，除了正目的，也有负目的。例如：

(27) 国内相关部门对于整形行业的报纸、电视和网站上投放的广告进行限制，<u>因为由于</u>广告的模糊概念夸大了整形美容的效果，<u>所以</u>相关部门对于这方面加大了审查的力度。（《国内加强对整形美容行业的监管力度》，人民网，2012 - 12 - 23）

(28) 在回学校的路上，一种奇特的情感充盈心中，仿佛是坚信在这陌生而庞大的城市里自己将不会孤独，<u>因为</u>身边有书为伴，<u>也因为既然</u>这个城市能够容纳这么大的书海，<u>当然也</u>能够容纳一个爱书人。（《成长的维度》，人民网，2013 - 01 - 15）

(29) <u>为了以便</u>与普通大众车型进行区分，大众公司特意为"蓝驱"注册了技术商标。未来，在国内销售的蓝驱车都将打上"BLUEMOTION"标志。(《小改款主打二月　6 款热点上市新车评点》，爱卡汽车网，2011 – 02 – 11)

(30) 本局每月 5 日发放工资，从票面上所印的号码发现，往往就是我们当天送去银行的货币。有时**为了**免得送来送去，经过银行允许，干脆在当天送货中扣下一箱，发放工资。(《中华书局：传统文化出版重镇》)，人民网，2010 – 09 – 20)

值得注意的是，单用连词"因为"和"为了"，本来只能表示释因与正目的，而一旦叠加了"既然"和"以免"，就受叠加连词的感染，一起表推论与负目的。这似乎表明：在因果与目的复句中，表示释因与正目的，都是无标记的；而表推论与负目的，都是有标记的。

就叠加频率来看，语体色彩越相近的连词，叠加频率也就越高。比如"如果要是"叠加在人民网中出现频率高达两千多次，而"如果倘若""倘若如果"，分别只有一次和两次。例如：

(31) 这是一个国家处罚制度的顶层设计问题，<u>如果要是</u>废除劳教，那我们处罚制度就是刑法、行政处罚法和治安处罚法三种。(《劳教决定应司法化由法院裁决》，人民网，2012 – 11 – 22)

(32) 原来忙了这么久，就是得到这样的回答，都是白忙活了，<u>要是如果</u>没有这政策的话为什么要宣传那些标语。(《旧房拆迁做新房是否有补助　袁国华作详答》，人民网，2013 – 04 – 17)

(33) 如果单单是招商引资，也许我们根本用不着去质疑一个省长邀请发达城市的房地产开发企业到不发达地区去投资的热情。但<u>倘若如果</u>因为引资而导致最后连不发达城市的房价被推高的话，那么这显然对于不发达城市的居民来说不是福气。(《省长邀广州人入黔买房　咋不问百姓意见》，人民网，2007 – 11 – 22)

(34) 也就是说，<u>如果倘若</u>麦迪在此次大歇后仍然找不到手感，那火箭本赛季的冲冠之路将变得更为险恶。只有他这一次休息彻底将伤养好，重新找回昔日的那个全能的麦迪，那火箭这300 万"冤枉钱"掏的才值得。(《麦迪休战火箭 300 万打水

漂　球迷担心损失更惨》，海南视窗，2008 - 12 - 04）

　　所谓语体与频率的关系，主要是指典型的书面体与口头体；至于通用体，则不受什么影响。比如让步连词"就算哪怕"与"即使哪怕"、"即使就算"叠加频率都不高。例如：

（35）金虎是来自于沙漠的一种花卉，最大的优点是耐旱，<u>即使哪怕</u>十天八天不浇水也旱不着它，但笔者在青州市中科华胜水配花卉园看到，耐旱的金虎却像荷花一样，栽在了水里。（《花乡新事》，人民网，2007 - 10 - 09）

（36）虽然食品销售已经占工业产值的10%左右，但是在食品科学上的科研投入却非常缺乏，可见还未受重视。其实，<u>即使就算</u>食品从厨房里端上桌子这个过程中，涉及到的各项食品科学都非常多，只是公众认识还不够，对一些事故缺乏判断的依据。（《中国食品安全问题主要是非法添加》，人民网，2011 - 08 - 19）

　　条件复句的叠加，大多是无条件句，其他条件句，由于连词受限，叠加频率都不高。例如：

（37）法庭都意想不到，连西方国家政客都想不到，就是这个被妖魔化的所谓民族"罪人"，居然受到南斯拉夫人民空前热烈的拥戴，让米洛舍维奇走的不再孤独，不再凄惨，<u>不管任凭</u>外人怎么说，米洛舍维奇<u>都</u>已经活在了南斯拉夫人的心中。（《记在人民心中最重要》，人民网，2006 - 03 - 20）

（38）每个人都具有惰性。一旦环境稳定下来，<u>一旦只要</u>付出50%的精力就可以应付所做的工作，人们就会变得懒惰，不思进取。（《承揽工程连中三标，庆功会究竟该不该开》，人民网，2007 - 01 - 18）

　　其次，表示事理、心理关系为主的选择、转折、递进、并列等联合复句，虽然也都可以叠加，但是叠加频率相对偏正复句而言，要明显偏低一些。例如：

(39) 现在我们都知道，市场应该跟物流最为紧密地结合在一起，成本才会最低。因此所有的市场都建在物流边上，<u>或者要么</u>市场边上一定有一个联运站。（《我们的市场》，人民网，2011-03-15）

(40) <u>虽然尽管</u>经过十多年的发展，中国的零售行业在技术上取得了一定的进步，但在管理上由于人才匮乏仍然处于相对初级的阶段，人才匮乏、从业人员起点低、底子薄在今后一段时间依然是困扰中国零售业发展的主要因素。（《零售管理人才成为职场新宠》，千龙网，2011-06-24）

(41) 由此可见，温总理的确是人民的好总理，是各级领导干部学习的典范——他<u>不但不仅</u>带病坚持工作，而且敢于和善于替人民说话，勇于为人民办事，……体现了温总理先天下之忧而忧、后天下之乐而乐的崇高品质和亲民、爱民、为民的公仆意识。（《温总理带病坚持工作令人钦佩》，人民网，2011-08-01）

(42) 下午一上班，大家就在食堂里开始忙碌起来，端粽米、煮粽叶、拌粽馅、分粽绳、包粽子等一道道工序井井有条，大妈们<u>一边</u>包粽子，<u>一边</u>手把手地教战士们如何包好粽子，大家<u>一面</u>包粽子<u>一面一边</u>聊着过节的佳话。（《广西柳州边防检查站与社区群众一起包粽子迎端午节》，人民网，2012-06-20）

取舍复句由于可用的关联词语本来就不多，所以，叠加概率也就相当低了。例如：

(43) 长期来，一些人的择偶标准和爱情观走入了误区甚至是"迷魂阵"。经济上求富，动则"有房有车"，"<u>宁可宁愿</u>坐在宝马里哭泣，也不愿坐在单车上微笑"。外貌上求靓，非美女帅哥不娶不嫁。（《"简单方便女"七夕走红折射理智爱情观回归》，光明网，2012-08-24）

(44) 不争不抢并非无欲无求，人说多个朋友多条路，我<u>宁愿宁可</u>结交一个君子，也不结交十个小人。（《看佛看世界·平淡的生活平淡的今天》，腾讯微博，2012-03-14）

　　至于本来就较少使用关联连词的连贯、解注复句，叠加用法就更少了，都只有十多次。例如：

（45）胡锦涛总书记讲到我们现在存在的问题、困难、考验、危险，他讲了四个方面的考验：执政的考验，改革开放的考验，市场经济考验，外部环境的考验，他认为是长期的、复杂的、严峻的；<u>然后接着</u>又讲了几个方面的危险。（《谢春涛：胡锦涛对形势的估计非常清醒》，人民网，2011－07－01）

（46）2006 春节前，经过朋友推介，我以好奇的目光开始打量人民网，并于 1 月 25 日推出了首贴《2006，伟大的转折》，<u>随后接着</u>写成了一个大转折的系列《和谐，发展，孰轻孰重？——2006，伟大的转折（深度分析）》、《2006 内政外交的两大新亮点》、《和谐社会的几个本质特征》、《爱你，恨你，为你狂——2006，伟大的转折（股市篇）》。（《网络和谐，离我们还有多远？》，人民网，2007－03－26）

（47）马沈说，"这个是结婚戒指嘛，<u>反正总之</u>戴上这个戒指的时候，就很兴奋嘛。终生难忘，真的终生难忘。"（《实拍烟台情侣陪鲸鲨过情人节　女友收钻戒称兴奋》，齐鲁网，2012－02－15）

（48）如果真是宠物，请那位蛇主人道歉才行。<u>总之反正</u>我也不敢去了，蛇是我最怕的东西啊！（《福州金逸影城惊现"青蛇"　影城称系观众丢失宠物蛇》，人民网，2012－08－22）

　　由于偏正复句多偏重于逻辑关系，联合复句多偏重于事理关系，前者在表达中更需要通过叠加的方式来进一步强化表达，所以，叠加率也相对更高一些。就叠加式出现的分句位置来看，偏正复句大多出现在前句，联合复句大多出现在后句，这也与两种复句的语义重心有关。

　　（三）交互叠加与单向叠加。就两个叠加连词的相互关系来看，大多数都是可以互相叠加或交互后置的，但是也有一小部分关联连词，只有一种叠加的单向顺序。比如可以有"除非只有""只有一经"，却没有"只有除非""一经只有"这样的叠加式。① 例如：

> （49）"挂羊头卖狗肉"的行业协会，由于长期充当"二政府"的
> 社会角色，势必造成在维护行业利益的市场经济博弈中，很
> 难以民间组织的身份与政府享受法律名义上的平等地位，进
> 而向政府提出维护行业利益的相关意见和建议，更不要说站
> 在承担社会责任立场上维护公民利益而与政府讨价还价，<u>除
> 非只有</u>（﹡只有除非）与政府合谋侵犯公民利益，否则行业
> 协会决不会有生存的机会。（《成都"政会分开"，"二政府"
> 的"安乐死"》，人民网，2006 – 04 – 15）
>
> （50）凡是跟吴冠中接触的人都会强烈地感觉到，他的血液里有一
> 种特殊的东西，叫做"不安宁粒子"，<u>只要一经</u>（﹡一经只
> 要）"艺术"的导火索点燃，马上就会沸腾起来。（《一片赤
> 心在丹青——追念艺术大师吴冠中先生》，人民网，2010 –
> 06 – 28）

　　原因就在于"只要"和"除非"，都是表条件关系的连词，但"只要"
是充分条件，"除非"是必要条件。"只有"和"一经"都是由副词演化而
来表示条件关系的连词，但"只有"主要表示唯一条件，而"一经"主要
强调经过或达到某一转变性的前提。再比如，在人民网中只出现了"但是
可是"，却没有发现"可是但是"；有"不但不仅"和"不但不光"，就没
有发现"不但不只"和"不但不单"，尽管尚不能绝对肯定没有这样的叠加
式。例如：

> （51）如果你要说，我就是基础脉搏，这种生活状态的脉搏其实也
> 活得非常好，<u>但是可是</u>我们会不会因为一件事，比如追汽
> 车、赶飞机、或者着急把一个人送到医院，突然把心跳拉高
> 起来。（《增强心脏应对能力远　离心源性猝死》，人民网，
> 2009 – 06 – 03）

----

　　① 关于"一经"与"一旦"两个词，当前通行的辞典都标注为副词，或者关联副词，但本文
根据其所能表达与关联功能，认为这两词，在当代汉语中已经基本完成了由副词的篇章关联功能转
向了连词的演化过程。

（52）由此可见，温总理的确是人民的好总理，是各级领导干部学习的典范——他<u>不但不仅</u>带病坚持工作，而且敢于和善于替人民说话，勇于为人民办事，充分体现了党中央、国务院对"7·23"甬温线特别重大铁路交通事故的高度重视，体现了党和国家领导人始终坚持以人为本、对人民负责的执政理念。（《温总理带病坚持工作令人钦佩》，人民网，2011 - 08 - 01）

更多相互叠加的序位差异是，一种叠加顺序相当常见，相反的叠加序则比较罕见。比如"只要一旦"出现的频率很高，而"只要一旦"则很少出现，二者比率约为24∶1。例如：

（53）如果没有被当场揭穿的，这些明星是打死了也不会承认的，<u>只要一旦</u>证据确凿了，他们则会哭爹喊娘般地找出多种理由为自己辩护，其实这些明星还是没有认识到自己"错"在了哪里？（《范冰冰蔡依林张娜拉"假冒伪劣"女星盘点》，人民网，2010 - 02 - 01）

（54）在她们眼里，老公和其他的男人是没有本质上的区别的，愈合她们伤口的只是时间和男人的爱心耐心。<u>一旦只要</u>原先的那个男人出现，她们就极有可能"柳暗花明又有一村"了，出自"没得到的就是好的"本能心理和"昔日花前月下的"怀念心理，出轨之易不言而喻。（《6种情况让女人难以避免婚外情》，人民网，2010 - 11 - 25）

解注关系的"反总之正"本来叠加率就不高，而"总之反正"更是只有出现过两次。例如：

（55）我最倾向的是电烤饼或干炕大饼，能保存，实惠，天冷时吃起来不嫌凉。馒头虽然易做，但水分多，不适宜贮存。<u>反正总之</u>一句话，一样的钱，怎样让灾民吃进去的粮食多，身体有保障，怎样就是好办法。（《雨中，特别挂念帐篷灾民的吃饭问题——灾区归来谈感受》，人民网，2008 - 07 - 23）

（56）没有不良嗜好，不抽烟不喝酒整个一五讲四美好同学，熟读八荣八耻的优秀青年……他作为我的同桌同时我也是他同桌，就像青蛙王子一样，我简直是一根狗尾巴草，而他则是鲜艳欲滴的玫瑰——这个形容似乎有歧义，<u>总之反正</u>他是耀眼的王子一样的人。（《寻找蜂鸟（三）》，人民网，2009 - 05 - 11）

当然，"多与少"毕竟只是量的区别，和"有与无"质的差异，叠加性质上是完全不同的。

（四）多项叠加与缩略叠加。连词的叠加一般都是两项的，但少数也可以是三项的。例如：

（57）说实话那需要大的勇气的，说句我的家乡话，那就是跌倒就爬不起来啊。你再不给他鼓励，万一，我是说<u>万一如果要是</u>生意砸了，那么你还让他过吗？（《感情方面的问题》，百度知道，2010 - 04 - 08）

（58）由于原来没迎过新，叫我去迎新我当然不会不乐意。不过如果我是诉讼法的那些"精英"们，尤其<u>要是万一如果</u>不幸像本科那样又和"精英"中的"精英"生活圈子很近抑或就住在一起，我想我这种受周围影响会很大的人应该也会对这件事很不屑一顾吧。　（《又是一年迎新时》，易网博客，2009 - 09 - 11）

（59）上个世纪七、八十年代，输液用的管子是需要经过反复消毒，并重复使用的胶皮管，那种管子常常会出现意想不到的各种"输液反应"，<u>如果要是万一</u>救治不及时，还可能会死人。（《医患关系紧张的根源》，龙城博客，2009 - 07 - 22）

（60）而且最让人有点不能接受的就是这里除了他之外，根本就没有其他的人，那<u>要是如果万一</u>被困在这里，连个说话的人都没有。那林峰会感觉很悲哀的。（《破天传说·异世大陆》，小说阅读网，2013 - 01 - 14）

可见，"要是""如果""万一"三个连词互相叠加，可以形成多种不同的顺序。其他如让步、转折类复句有时也可以有三项叠加式，尽管三项叠加的频率都不高。例如：

(61) 我不想再去想怎么办了，若你认为我们能够相忘于江湖，我再也不会去想要与你相濡以沫。我真的到现在也不明白，在我之后为什么要有她。<u>即使哪怕就算</u>她只是一个无所谓身份的假角色。（《杂谈》，新浪博客，2010 - 07 - 20）

(62) 如果没有嫁这个爱她又有钱的老公，她的生活应该是不会很精彩、很让人美慕的，<u>然而但是可是</u>她幸运的遇到了这个老公，嫁了，于是过上了幸福快乐的日子。（《她的万圣节》，新浪博客，2007 - 10 - 28）

　　值得注意的是，有些所谓的三项叠加，其实是假象，因为包含了同形的介词或副词。例如：

(63) 这里将开关和插座分开来考虑，<u>因为既然由于</u>外形选择了某个系列，肯定要把能露在外面的都用这个系列，而开关毫无疑问要选择这个系列。（《艺怿的装修日记（四十五）开关插座——忠于喜好的省钱之道》，搜狐家居，2010 - 04 - 29）

(64) 我礼拜一有点不想去了，但好像答应别人了不去不大好，要不要打个电话和别人说下呢。<u>或者要么还是</u>去，不过总感觉会有个疙瘩在心里，而且一年时间也蛮长的，另外简历各种有去无回的，也让咱心凉了。（《需要别人指点》，前程无忧网，2012 - 06 - 01）

　　"由于"是介词，"还是"是副词，所以，这两句都不是真正的三项关联连词叠加。
　　缩略叠加是指两个双音节的关联连词在叠加过程中，其中的一个连词被压缩掉一个音节。比如"或者 + 还是""以免 + 免得"分别被缩略为"或还是""以免得"。例如：

(65) 是的，我以往是没有体验过这样的悠闲的，内心里的强烈的时间感催促着我，是因为工作，还是因为自己没有功成名就，还没有做出什么骄人的业绩来，<u>或还是</u>我自己对于眼前的自己极不满意而那样让自己无端生出焦虑呢？（《夜市，我心中一幅优美的风俗画》，新华网，2011 - 09 - 20）

(66) 作为精细的消费者，在选购彩电之前很有必要温习一下不同
　　　类型的彩电的各自特点，<u>以免得吃亏上当</u>，更能选购到一款
　　　真实适合自己的好产品！（《市面热销"九种"新型电视大
　　　揭底》），人民网，2012 – 09 – 21）

　　而且，同样的关联连词，叠加位序不同，缩略结果也不同。比如"如
果 + 要是"与"要是 + 如果"，分别缩略为"如要是""要如果"，表明被
压缩的大多是前项连词。例如：

(67) 如果要问绿景花园在哪，很多人不知，<u>如要是</u>问的士司机，
　　　的士司机几乎个个拒载，我本人曾有过连续拦了五辆的士都
　　　不肯上绿景花园的纪录。（《"三明"小区不通公交车孩子上
　　　学路难走》，人民网，2012 – 02 – 15）

(68) 被访者：今年应该是扣了 6 分，<u>要如果</u>是照新交规这么处
　　　罚，我估计这 12 分都不够扣，又不太愿意去找那个人情的
　　　话，我估计我可能会去买，因为几百块钱你又不用考虑人情
　　　的问题。（《内地现收集僵尸驾照代扣分现象 120 元代扣 1
　　　分》，人民网，2012 – 12 – 30）

　　总之，关联连词叠加的类别、语义、语体不同的，叠加的频率、位序、
方式也就不相同。

## 三　连词叠加的动因与作用

　　（一）本节主要揭示关联复句中连词叠加的动因及其叠加形成的各种表
达作用与效果。

　　（二）理据侧重而互补。众所周知，汉语同一类别的关联连词，由于其
连词化的基础、途径、动因、机制不同，表达的效果也不可能完全相同；虽
然在高层次的关联义在演化的过程中因逐渐趋同而归入一类，但各词的低层
次理据义、色彩义和附加义还是不一样的。这就导致发话人想要兼顾不同的
特色时，就会有意无意地叠加使用同一类别的关联连词。例如：

(69) 昨天听到同学讲到今年我们专业大四的就业情况，到目前为

止也只不过有 10 个人就了业，而且这其中还包括考研的、靠双学位找工作的、走后门的、在法学名义下边防管理方向找工作的，<u>反正总之</u>真正靠说我是边防管理专业找到工作的几乎没有。(《普通高校专业解析（二）》，人民网，2013 - 01 - 15)

(70) 刚过二十分钟左右，女孩便已出现在夏小莫眼前，女孩在雕像下转了一圈，未看到夏小莫的身影，随后便给在夏小莫手中自己的手机打去电话，可是夏小莫早就将手机调成震动的了，<u>不管任凭</u>电话怎么响，夏小莫<u>就是</u>不接听电话，女孩足足打了四、五次才罢休。(《豪门夏家》，逐浪小说网，2012 - 12 - 12)

　　同样是用于解注复句的最后总结，"反正"重在表示不管前提如何，而"总之"重在表示总结性的概括；而"不管"主要突出排除一切前提条件，"任凭"则凸显可以容忍任何不利因素；所以，这两组关联连词的叠加，都是各尽所能、恰到好处的。再比如：

(71) 中国已经没有继续承担单方面克制的义务。由于日本在历史认识问题上的错误和暧昧，<u>也由于因为</u>日本侵华战争掠夺钓鱼岛导致的主权争议，中日两国关系极具特殊性。(《中国已没有承担方面克制的义务》，人民网，2012 - 10 - 02)

(72) 因为之前关于他们有太多的传闻，但这却其实太冤枉了张曼玉。我一直猜测，<u>即使就算</u>他们之前真相好了，也定会分手。因为梁朝伟实在不配张曼玉其风其骨。(《刘嘉玲、梁朝伟：不单婚礼而且大开色戒》，人民网，2008 - 07 - 24)

　　同样表原因，"由于"重在说明依据，"因为"重在说明状况；"即使""就算"都是表示退一步的假设，前者重在姑且承认，后者重在勉强算上；尽管这些差异都非常细微。再如：

(73) 现在我们都知道，市场应该跟物流最为紧密地结合在一起，成本才会最低。因此所有的市场都建在物流边上，<u>或者要么</u>市场边上一定有一个联运站。(《我们的市场》，人民网，

2011－03－15)

(74) <u>虽然尽管</u>他们一夜之间退居第二,德拉赫兰登队的船员们仍然充满激情。(《克利伯帆船赛 11－12 赛季第四站－第 5 天》,人民网,2011－12－31)

"或者"和"要么",都表选择,"虽然"和"尽管"都表转折;表义重点当然不尽相同,叠加使用的兼顾两项的效果是显而易见的。至于三项叠加式,如例(57)—例(62),由于同时使用了三个同一类别的连词,自然也就可以兼顾三个方面的细微而重要的表达效果了。

(三)协调表达而共现。还有一小部分关联连词叠加共现,是为了协调不同的表达需要。

首先,处于不同层面的叠加,都是为了可以表达不同层次的逻辑语义关系。例如:

(75) <u>如果要是</u>废除劳教,那我们处罚制度就是刑法、行政处罚法和治安处罚法三种。<u>如果</u>保留劳教制度,那就是四种,刑法、劳教、行政处罚法和治安处罚法。如果要改革劳教制度,就必须全国人大常委会要立法。(《任建宇、王公义、迟凤生谈"从任建宇案看劳教制度改革"》,人民网,2012－11－22)

(76) 我觉得,把人做成各种形状、姿态,这是对人的一种不尊重,就说它是一个没有生命的东西,可是它原来存在过。所以,给我的感觉就是,<u>要是如果</u>摆在展柜里面,<u>如果</u>就是这样的,让我能接受。<u>要是</u>做成各种形象,踢球的形状、下棋的形状,有点不能接受。(《近距离观赏人尸——一场惊世骇俗的展览》,人民网,2004－04－13)

(77) <u>万一</u>有事怎办? <u>万一要是</u>真有事参加不了面试怎么办? 在读研究生可以报名试考吗? (《考公务员谢绝"练手":试考＝失信》,人民网,2012－10－16)

(78) 每个人都具有惰性。<u>一旦</u>环境稳定下来,<u>一旦只要</u>付出 50%的精力就可以应付所做的工作,人们就会变得懒惰,不思进取。(《承揽工程连中三标,庆功会究竟该不该开?》,人民网,2007－01－18)

"如果要是"和"要是如果"的前项连词,都是处在外层的;而"万一要是"的"万一"和"一旦只要"的"一旦"也都处在外层。总之,叠加的两个连词,都可以处在不同层面,以表达不同的逻辑、语义关系。由此可见,一部分连词的叠加是为了配合特定的表达需要。

其次,就同一层面的连词叠加而言,同类连词的复现,尽管在语义上具有一定的羡余性,但也有一定的理据性;而其缩略形式的出现,往往是韵律节奏方面的原因。尤其是两个双音节关联连词与其他单音成分连用共现时,经常会出现叠加连词压缩、归并的情况。例如:

(79) 8月26日,马林被警方带走,<u>但因由于</u>证据不足,当年9月11日,马林被释放,并重回医院上班,一个月后,他甚至再次用"秘药"治疗一名女患者。马家人本来以为,风波会就此平息。(《医院教授因"精液按摩"获罪名医驳斥离奇药引》,人民网,2012 – 10 – 21)

(80) 去年12月底各大主流品牌缺车严重,这种现象在今年1月依然延续,<u>而由于因</u>车商大部分缺少现车,新车的优惠也在缩小。想要在年前提车的消费者可千万别扎堆买那些热销车型。(《节前提车?有点难》,人民网,2013 – 01 – 14)

(81) 现在大伙儿一个劲儿说索家花园,实际上不是花园。<u>要如果</u>说花园,是那边有一个大杂院,有一个大厅,有个石船。(《北京南锣鼓巷绮园被拆?文保命名疑"乌龙"》,人民网,2012 – 02 – 27)

(82) 你知足就是很幸福。生活上每一点每一滴都能够给你带来幸福,<u>你要如果</u>看成是痛苦,那你自己折磨自己了。(《十八大代表关牧村谈做一个德艺双馨的时代歌者》,人民网,2012 – 10 – 19)

上面的"但因由于、而由于因、要如果说、你要如果",都是四个音节、两个音步,念起来相对比较顺口;如果不压缩,说成"但因由于、而由于因为、要是如果说、你要是如果",当然也不能说就不可以,但读起来就没有这么协调、顺口,没有那么富有节奏感。

(四) 主观凸显而强调。在语言表达过程中,主观化倾向无时不在,即使在表达逻辑事理关系为主的复句时,发话人的主观倾向还是会顽强地表现出来。除了使用评注性副词、语气词以及话语标记等手段之外，叠加使用关联连词也不失为一种凸显主观性的手段。比如，不管是高频叠加的"要是"与"如果"，还是低频叠加的"宁愿"与"宁可"，只要一起复置叠加，就必然会突出特定倾向的主观情态，会凸显相当程度的强调功用。例如：

(83) 长春市养猪协会副会长李云华说，这个行情说不定持续到多长时间，<u>要是如果</u>持续到一个月，那养殖户的积极性就更没有了，目前在长春市农安县里，绝大多数养殖户都选择了压栏观望。（《猪肉价格跳水收购价低，养殖户压栏赌行情》，人民网，2011 – 11 – 23）

(84) 所以，<u>如果要是</u>切的太厚，剩的太薄的话，这样角膜时间长了，它的弹性不足，容易扩张，容易引起圆锥角膜。（《两次做近视手术会对身体有害吗?》，人民网，2013 – 01 – 25）

(85) 曾经的我，<u>宁愿宁可</u>相信本身的直觉，也不肯相信他人劝阻的话语。（《你快不快乐只有自己知道》，新浪博客，2013 – 01 – 14）

(86) 价格合适不是没人不接，新飞<u>宁可宁愿</u>从低级联赛打比赛也不接手建业！（《河南哪个企业最有钱，拿出一亿帮建业》，河南建业吧，2011 – 05 – 22）

　　至于三项叠加，更是显示了突出发话人的主观表达的情态，更能凸显主观强调。例如：

(87) 今天一个小小的插曲真是把她吓得不轻，她忽然害怕起来，要是king真的是个陌生的人那还好，但是<u>万一要是如果</u>彼此是曾经认识的那该怎么办？（《只为与你相爱》，楼主网，2011 – 07 – 14）

(88) 我真搞不懂，你不在家种田，怎么突发奇想要买什么机器人，学习制造机器人来了，我真不知道美国到底有没有卖机器人的，我想，<u>万一如果要是</u>有卖机器人的地方，那几千元几百元人民币也买不到的。（《天宝传奇》，原创小说网，2010 – 10 – 18）

(89) 从玉佛丢失开始，作为雪峰寺的首座，平常性格开朗，爱说爱笑的明深和尚一下子好像换了个人，因为，玉佛对雪峰寺来说，太重要了。他说：<u>如果万一要是找不回来的话</u>，那我们这个雪峰寺也是完蛋了，整个雪峰寺也是变黑了。（《古寺玉佛失窃案》，经济半小时，2005 - 03 - 21，CCTV）

（90）专家是火星来的！<u>即使哪怕就算</u>真的收入增加快一点点，但除了买房子，地球人还要吃饭养娃、防灾防病的吧。（《专家称中国房价比居民收入涨得慢》，天涯社区，2007 - 08 - 18）

总之，连词叠加现象绝不是一种可有可无的羡余重复，而是一种调节复句语义语用的重要手段。比较而言，叠加的连词，相似度越远，互补兼顾性越高，相似度越近，主观强调性越强。

# 四　结语与余论

（一）综上所述，大致可以归纳为以下几个点：首先，就叠加的性质与范围而言，连词叠加式可以分别出现在狭义与广义的复句中，叠加主要形成于同一逻辑语义层面，但也可以存在于不同层面。其次，就叠加的类别与方式来看，复句的类别与叠加频率存在一定联系，叠加方式既可以是交互叠加或单向叠加，也可以多项叠加或缩略叠加。再次，就叠加的动因与作用来讲，主要涉及三个方面：理据侧重而互补、协调表达而共现、主观凸显而强调。

（二）毋庸讳言，本文所讨论的一部分双项叠加式和大部分三项叠加式，确实存在着使用频率较低、接受度不高的问题；而且，现在还很难肯定，这些叠加现象随着汉语关联复句的发展，将来会逐渐增多还是渐趋消亡。此外，本文还有一些问题没能深入探讨：①发话人运用连词叠加式，究竟有多少有意识的；在重复累赘与表达需要之间，到底应该以什么样的标准来划界。②为什么偏正复句的叠加频率要远远高于联合复句；同样功用的两个连词为什么有些可以互相叠加有些只有一种语序。这一系列问题，都还有待今后进一步展开探讨。

# 参考文献

江蓝生　2008　《概念叠加与构式整合——肯定否定不对称的解释》，

　　　　　　　　　《中国语文》第 6 期。

刘丹青　2001　《语法化的更新、强化和叠加》,《语言研究》第 2 期。

马清华　2003　《强程度标记的叠加》,《华东师范大学学报》第 2 期。

张谊生　2011　《预设否定叠加的方式与类别、动因与作用》,《语言科
　　　　　　　学》第 5 期。

张谊生　2012　《试论叠加、强化的方式、类型与后果》,《中国语文》
　　　　　　　第 2 期。

张谊生　2013　《介词叠加的方式与类别、作用与后果》,《语文研究》
　　　　　　　第 1 期。

Bernard Paul Sypniewski. 1996. *Functional Superposition.* The Twenty-Third
　　LACUS Forum：Provo. UT. http：//elvis. rowan. edu/ ~ bps/ling/La-
　　cus96. pdf.

Haspelmath，Martin. 1998. *Does Grammaticalization Need Reanalysis?* Studies
　　in Language.

Heine，B，U. Claudi & F. Hunnemeyer. 1991. *Grammaticalization：A Con-
　　ceptual Framework.* Chicago：The University of Chicago Press.

Hopper J. Paul & Elizabeth C. Traugott. 1993. *Grammaticalization.* Cam-
　　bridge：CambridgeUniversity Press.

Lehmann，Christian. 1995. *Thoughts on Grammaticalization.* München：LN-
　　COM EUROPA.

（张谊生　上海师范大学语言研究所）

# "一……就……"的句式义

殷志平

**提要** 通过考察"一……就……"的历时发展过程、"一"在格式中的语法作用、"一……就……"不同句法形式的语法意义，指出"一……就……"的句式的基本意义是表示动作一经发生就获得了结果或达成了某种程度，而表示动作快捷、条件假设等"紧随性""倚变性"意义是句式基本意义的衍生意义、第二性意义，同时不同句法形式"一……就……"的句式下位意义表现出一定的差异。"一……就……"句式具有强烈的主观性，包含了说话人的视角、情感和认识，对句式"不同寻常"的主观性意义的把握可以帮助我们澄清过去对"一……就……"句式义的误解。

**关键词** "一……就……"句式 句式义 主观性

## 一 引言

到目前为止，学者们通常把"一 $V_1$ + 就 + $VP_2$"与"一 V + 就是 + NP"分开讨论。在"一 $V_1$ + 就 + $VP_2$"中，"一"和"就"后都出现谓词性成分，"一"和"就"后谓词所陈述的主语可以相同，也可以不同。"一""就"后的谓词性成分的中心词多数是动词，但形容词也并不罕见。对于"一""就"后谓词性成分都是动词的"一 $V_1$ + 就 + $VP_2$"句式，又可分两小类："一 $V_1$"与"$V_2$"不同，"一 $V_1$"与"$V_2$"相同。一些学者认为一 $V_1$ 与 $V_2$ 的同与不同可能影响格式的意义。对于"一 $V_1$ + 就是 + NP"，NP可能包含数量成分，也可能只是一般性的名词性成分。

目前的分歧点是：一、"一 $V_1$ + 就 + $VP_2$"与"一 V + 就是 + NP"是否

是两种不同的格式；二、"一 $V_1$ + 就 + $VP_2$"格式中动词的不同情况，即
"$VP_2$"中的动词与"一 $V_1$"中的动词的同与不同，是否影响格式的意义；
三、"一……就……"句式的基本意义到底是什么？本文试图回答这些
问题。

## 二　关于"一……就……"句式义的讨论

### （一）"一 $V_1$ + 就 + $VP_2$"

吕叔湘（1942）认为与"就"对应的"一"字表示"两事之紧接更有
间不容发之概"，这实际上揭示了"一 $V_1$ + 就 + $VP_2$"的格式义。此后吕叔
湘主编（1980）沿用这一观点，同时根据格式中动词的情况区分出两种格
式意义，当"一 $V_1$ + 就 + $VP_2$"格式中前后两个动词不同时，表示一种动
作或情况出现后紧接着发生另一种动作或情况（我们简称为"紧随性"）；
当格式中前后两个动词相同时，表示一经发生就达到某种程度，或有某种结
果。后人的许多研究都接受了吕叔湘先生的这一观点。另外一部分学者并不
因为"一 $V_1$ + 就 + $VP_2$"格式中前后两个动词的同与不同区分出两种格式
意义，他们认为"一 $V_1$ + 就 + $VP_2$"格式的基本意义只有一种，就是表示
动作行为一经发生就达到某种结果。施关淦（1985）认为，用"一""就
（便）"关联的句子，"就"后的谓词性成分旨在说明前面动作、行为或变化
的结果，并指出没有表示结果的成分就不能成句。詹开第（1987）认为
"一 + V"的基本意义是表示一个短暂的动作及变化完成或出现了，并预示
着达到了某种结果或状态。殷志平（1999）指出，从"一 $V_1$"与"$VP_2$"
的关系来讲，"一 $V_1$"表示动作，$VP_2$ 表示动作的结果，得出的结论或达到
的状态、程度。陈前瑞、王继红（2006）提到，非结句的"一 V"都表示
事件的一次实现或变化，且"一 V"是后续事件所表现的结果、状态、动
作的原因。这种观点揭示的重点是动作的结果性，我们姑且把这种观点归纳
为"致果性"。

在讨论格式基本意义之外，学者们还讨论了格式基本意义和非基本意义
之间的关系。邢福义（1987）从复句角度研究"一 $V_1$ + 就 + $VP_2$"格式，
认为采用独用形式的"一 $V_1$ + 就 + $VP_2$"格式都显示"行为紧接"这一基
本语义关系；而在"一"前加"刚""从""这么""只要"等，既显示行
为紧接的基本语义关系，又显示时点、时段、情态、条件等非基本语义关

系。王宏宇（2001）认为动词不同的"一 $V_1$ + 就 + $VP_2$"格式最明显的意义是表示"一种动作或情况出现后紧接着发生另一种动作或情况。"王文同时又指出格式可以表示倚变关系。倚变关系就是条件关系，后项依前项变化而变化。王文认为紧随关系是第一性的，是最基本的语义关系，倚变关系是第二性的，是在使用中由紧随关系衍生出来的语义关系。王光全（2005）赞同弘文关于"紧随关系是第一性的，是最基本的语义关系"的观点，同时又提出，"一 X 就 Y"格式最常见的用例是：通过实施行为 X 极易达到 Y 的效果。此外他还提出"一 X 就 Y"格式的规律性用法，即每当 X 出现时 Y 便出现，或一旦 X 出现，Y 便会出现。

### （二）"一 V + 就是 + NP"

刘吉力生（1998）认为"一 V"和"是 NP"两部分之间的语义关系是动作行为和结果的关系，结果可以是动作行为本身的结果，也可能是动作行为引起、导致而发生的结果。吴春仙（1999）指出"一 V 就是 NP"都含有习惯、惯常的意义，它所代表的意义可以概括为以下几类：①言其级别高，②言其难度大，③言其数量多，④言其时间长，⑤言其程度深。总体上，对"一 V + 就是 + NP"及其各小类的语义关系，目前学界大多认为"一 $V_1$"与"就是 + NP"的语义关系是动作行为和结果的关系。

## 三 "一……就……"格式的历时考察

### （一）"一 $V_1$ + 就 + $VP_2$"的形成

"一"出现在动词前的用法，周代就有了，此时动词前的"一"，可以表示"一次"，如例（1），也可表示"第一次"，如例（2）。

(1) 五载一巡守，群后四朝。（《今文尚书》）
(2) 及正考父佐戴、武、宣，三命兹益共，故其鼎铭云，"一命而偻，再命而伛，三命而俯"。（《今文尚书》）

表示"一次"的"一"其后的动词一般是光杆动词，语义上也不要求有表结果性的成分出现，如例（1）。但有的"一"出现在动词前的时候，动词带上了宾语成分，语义上包含了结果意义，如例（3）。

(3) 景公问晏子曰:"昔吾先君桓公,从车三百乘,九合诸侯,一
　　匡天下。今吾从车千乘,可以逮先君桓公之後乎?"(《春
　　秋》)

值得注意的是,在周代,已经发现在"一 V$_1$"短语后面紧跟另一个
"VP$_2$"短语的现象,其中"一 V$_1$"表示一个特定的动作行为,"VP$_2$"表示
与这一特定动作行为相关联的另一个动作或行为,如例(4)。与此同时,
"一 V$_1$ + VP$_2$"之间出现了连接成分"而",形成"一……而……"格式,
其中"一 V$_1$"仍然表示一次动作,"VP$_2$"表示"一 V$_1$"所表示的动作所
导致的结果,如例(5)和(6)。

(4) 初六,有孚不终,乃乱乃萃,若叼。一握为笑,勿恤,往无
　　咎。(《周易》)
(5) 公衣黼黻之衣,素绣之裳,一衣而五彩具焉;带球玉而冠且,
　　被发乱首,南面而立,傲然。(《春秋》)
(6) 君子曰:"仁人之言,其利博哉!晏子一言,而齐侯省刑。"
　　(《春秋》)

除了用"而",两个短语之间还有用"且"连接的,如:

(7) 譬之犹秋蓬也,孤其根而美枝叶,秋风一至,根且拔矣。
　　(《春秋》)

例(7)的"一 V$_1$"中的"一"开始虚化,"一"已经不表示一次特定
的动作,而表示不与特定情景相联系的习惯性行为,这里的"一 V$_1$"可以
理解为表示"VP$_2$"的条件。

西汉时代"VP$_2$"中开始出现"必""则""皆"等字,形成"一……
必……""一……则……""一……皆……"格式,"VP$_2$"更多地表示结果
意义。例如:

(8) 彼一见秦王,秦王必相之而夺君位。(《战国策》)
(9) 故形者生之舍也,气者生之充也,神者生之制也。一失位则
　　三者伤矣。(《淮南子》)

(10) 勇士一呼，三军皆辟，其出之诚。（《淮南子》）

(11) 魔王一见皆摧伏，法性清净证无为。（《贾谊·新书》）

例（8）的"必"表明"秦王相之而夺君位"在"一见秦王"后必然出现，例（9）表明一旦"失位"，"三者伤"的结果一定出现。例（10）、（11）也可作同样的解释。

六朝时代出现了非常接近"一……就……"的"一……便……"格式，格式的致果性意义更强。例如：

(12) 议者先之，正使一举便克，得其民不足益国，得其财不足为富。（《三国志》）

而到了唐代，"一……就……"格式便大量出现了。例如：

(13) 主意一定，就叫宫女悄悄去唤掌宫太监杜国进来。

(14) 文氏一见胡完，就问若何，胡完气道："今非昔比，那崔院君也变了！"

(15) 当下李元霸将宇文成都望空一抛，就双手一接，叫声："我的儿，饶你去吧！"

(16) 你这两个退时倒运的废物，一出兵就大败而回。看起来，真正是没用的人了！

在元代以后语料中发现"一 $V_1$"与"$VP_2$"中动词相同的情况，格式意义显然表示动作一经发生就达到某种结果。例如：

(17) 我一望望伤怀抱，他一步步待回镳，早一程程水远山遥。（《倩女离魂》）

(18) 这大怪摇身一变，变作个红蜻蜓儿，飞出前门，赶上八戒。（《西游记》）

(19) 那怪将绳一扯，扯将下来，照光头上砍了七八宝剑。（《西游记》）

（二）"一 V + 就是 + NP"的形成

表示非特定动作用法的"一 $V_1$ + $VP_2$"在西汉开始增多。

(20) 夫射柳叶者，百发百中，而不已善息，少焉气力倦，弓拨矢
钩，一发不中，前功尽矣。（《战国策》）

(21) 大王试听其说，一举而天下之从不破，赵不举，韩不亡，
荆、魏不臣，齐、燕不亲……（《战国策》）

(22) 所任非其人，则国家危，上下乖，群臣怨，百姓乱。故一举
而不当，终身伤。（《淮南子》）

(23) 夫一仪不可以百发，一衣不可以出岁；仪必应乎高下，衣必
适乎寒暑。（《淮南子》）

(24) 凡听必有验，一听而弗复问，合其所以失天下之士也。凡听
必有验，一听而弗复问，合其所以也。（《淮南子》）

我们注意到，"一 $V_1$ + 数量"格式在六朝就出现了，这类句子强调一次
动作产生后所达到的程度。例如：

(25) 羊既去，郭送之弥日，一举数百里，遂以出境免官。（《世说
新语》）

(26) 伶跪而祝曰："天生刘伶，以酒为名，一饮一斛，五斗解
酲。"（《世说新语》）

(27) 备急曰："的卢：今日厄矣，可努力！"的卢乃一踊三丈，遂
得过，乘浮渡河。（《三国志》）

在北宋出现了"一 $V_1$ + 数量 + 名"格式。例如：

(28) "大概圣人做事，如所谓'一棒一条痕，一掴一掌血'，直是
恁地！"（《朱子语类》）

而"一 $V_1$ + 就是 + 数量格式"直到明代才出现：

(29) "挽着你这和尚天灵盖，一削就是两个瓢！"（《西游记》）

（30）马将军合扇双刀，急迎急架，一上手就是二三十合，不分
　　　胜负。

"一 $V_1$ + 就是 + NP"则在唐代就开始出现。例如：

（31）传进薛礼到大堂跪下，张环抬头一看，嗄！原来就是薛
　　　仁贵。

（32）那个武卫将一条长铁牵着一兽前来。狄去邪仔细一看，却就
　　　是外边石柱上的大鼠。

上述讨论表明，"一 V + 就是 + NP"来自于"一 $V_1$ + 数量"，这里，我们可以对李宇明（1999）的问题"今天的乙式（一 V + 就 V + 数量）很可能是由古代汉语的丁式（一 V + 数量）发展而来"作出肯定的答复了。

# 四　"一……就……"的句式义

## （一）"一"的意义

"一……就……"格式的意义与格式的产生与"一"密切相关。古代汉语中用在动词前的"一"表示动量，但"当行为单位词发展出来以后，行为单位词一般是在动词的后面"（王力，1980）。这说明用在动词前的数量成分是非常规用法，其功能也表现出特殊性。①与出现在动词后动量词表示动量不一样，出现在动词前的动量词表示动作的范围：或表示某一事件发生的时间，或表示完成某一动作所花的动量（殷志平，2000）。②既然指明了动作的范围，那么一定有在一定范围内发生的动作产生，句法上就必须有指明动作完成的动词短语产生；用在动词前的"一"既然也是一种动量成分，也就指明了动作的范围，也就有一定范围内发生的动作产生，句法上就必须有指明动作完成的动词短语产生（殷志平，2000）。这就是"一 V"的自足性较差、多数"一 V"要有后续成分的原因。③相应地，在语义上，"一"是最小的整数，表示最少量的"一"用在动词前意味着所花动量最少、最小。上述原因造成了"花最小、最少的动量并且获得了结果或达成了某种程度"的句式意义。为此，我们可以把"一"看做"一……就……"格式的功能词或标记词，它直接决定和显示了"一……就……"的句式义。

## （二）"就"的意义

"就"的意义非常丰富，但与"一……就……"格式相关的意义主要是表示时间（吕叔湘主编，1980；北京大学中文系 1955、1957 级语言班编，1996）和数量，强调时间之短、数量之多，这与格式中的"一"表示的动量少、小是一致和呼应的。不管是表示时间还是表示数量，都只是起到强调的作用，"就"本身并不表示也不改变句子的逻辑意义。这一点在句法上也得到了支持："一……就……"中的"就"可能脱落或删减，不含"就"的"一 $V_1$ + $VP_2$"可以添加"就"。

## （三）"一 $V_1$ + 就 + $VP_2$"的句式义

句式的意义是其直接成分构成的，"一 $V_1$ + 就 + $VP_2$"的句式义取决于"一 $V_1$"和"$VP_2$"的意义及其关系。当"一 $V_1$ + 就 + $VP_2$"中的动词相同时，$VP_2$ 中的 R 可以跟"一 $V_1$"中的"$V_1$"搭配（施关淦，1985），形成动补结构。"就"后的动词可以删略，如"女孩一听就听明白了"可以说成"女孩一听就明白了"语义不变；但补语"明白"等却不能删略。这说明，这类句子"就"后的谓词性成分在于说明前面动作、行为或变化的结果，没有表示结果的成分就不能成句。这进一步说明"一 $V_1$ + 就 + $VP_2$"格式的语义重心是表示结果。动词相同的"一 $V_1$ + 就 + $VP_2$"从另一个角度看是重动句，虽然目前论述重动句的学者并没有这样的句子包括在重动句范围内。在重动句中，$VP_1$ 是背景信息，$VP_2$ 表达目的信息，是整个句子的核心成分，语义焦点（项开喜，1997；聂仁发，2001）。所以，动词相同的"一 $V_1$ + $VP_2$"中"一 $V_1$"与"$VP_2$"之间的关系是动作与结果关系。

当"一 $V_1$ + 就 + $VP_2$"中的动词不同时，虽然"一 $V_1$"与"$VP_2$"之间不存在直接的动补关系，但"一 $V_1$"与"$VP_2$"之间仍然存在某种使成关系，例如：

(33) 现在已经知道，许多农业害虫一听到蝙蝠的呼叫就会仓皇逃命，于是人们便模仿蝙蝠的声音驱赶害虫。

(34) 戴着墨镜的刘翔一下车就被记者和宣传人员包围。

(35) 杨婆没儿媳没孙子，乐不可支，一高兴泪水就流了出来。

(36) 她从小跟着叔叔学过几年武术，体格锻炼的十分健壮，一生气就伸胳膊挽袖子想动武的，性情非常泼辣。

上述例句中"听到蝙蝠的呼叫""下车""高兴""生气"分别是"害虫仓皇逃命""被记者和宣传人员包围""泪水流出来""伸胳膊挽袖子"的原因，这从"$VP_2$"的语言形式也可得到证明。"$VP_2$"大都是复杂形式，表示动作结果或状态。即使有些"$VP_2$"是光杆动词，仍然包含结果意义。上文的历时考察表明，现代汉语的"一 $V_1$ + 就 + $VP_2$"来源于"一 $V_1$"与"$VP_2$"之间是动作与结果关系的"一 $V_1$ + $VP_2$"。

根据上文讨论，"一 $V_1$ + 就 + $VP_2$"中的两个动词不管同与不同，"一 $V_1$"与"$VP_2$"之间的关系是都动作与结果关系；但在语义上还是存在差别的。当"一 $V_1$ + 就 + $VP_2$"中两个动词不同时，"$VP_2$"表示的结果是"一 $V_1$"引起的结果：可能是另一个主体的动作，如"老师一说他就懂"，老师"说"的动作引起他的"懂"；可能是同一个主体的两个不同动作，如"她一听就笑了"，"听"的行为引起了"笑"的行为，这两句中的"懂""笑"都不是"说""听"本身的结果。但当"一 $V_1$ + 就 + $VP_2$"中动词相同时，"$VP_2$"中的补语成分 R 是修饰"$V_2$"也就是修饰"$V_1$"，"$VP_2$"表示的结果是"一 V"表示的行为本身的结果，"一 $V_1$ + 就 + $VP_2$"格式所表示的动作一经发生就达到某种程度是指动作本身达成的程度。如"小女孩一学就学会了"中"学会"是"学"的结果；"他一扯就扯下来了"中"扯下来"是"扯"的结果。

### （四）"一 V + 就是 + NP"的句式义

NP虽然在与V的直接关系上表示施事、受事、时量等，但这些意义是句式内部语义平面所表现的语义成分之间的关系意义，因为"就是 + NP"不是也无法与V联系，"就是 + NP"是与"一 V"联系的；"就是 + NP"与"一 V"的语义关系才是"句式独立的、外部的语用（表达）功能意义"（范晓，2010），也就是句式义。"一 V"表示一次动作、行为或变化，"一 V"产生后意味着达成结果，这样的结果意义就由"就是 + NP"承担。"一 V + 就是 + NP"中的"是"可脱落，变成"一 V + 就 + NP"；"就是"亦可脱落，变成"一 V + NP"。如"这个工作很简单，不需要动脑子，但却是个苦差事，我一站就是一天，站得腰酸腿疼"。中"我一站就是一天"说成"我一站就一天"和"我一站一天"都是成立的，且句子的基本意义没有发生变化。进一步地，上文的历时考察表明，现代汉语的"一 V + 就是 + NP"就是来源于"一 V + NP"，而古代汉语中"一 V"表示一次性的动作行为发生了，"NP"则表示一次性动作行为发生后达到的程度。

但由于"NP"与"V"之间具有动量、时量、程度、受事、实事等语义关系,"就是 + NP"表示的程度是动作本身的程度。进一步,NP 作为体词性成分,指明了动作一经发生后达成程度的具体水平。很多"一 V + 就是 + NP"中 NP 都包含数量成分,这些数量成分指明了动作在动量、时量、程度方面具体的值,如"一举就是一百下"指明"举"的动量为"一百";"一出海就是半个月"指明"出海"的时量为"半个月";"一抓就是五道血印"指明"抓"的程度是"五道血印"。即使 NP 为光杆名词,但出现在"一 V + 就是 + NP"中的名词是一种序列性名词,具有量值,在格式中往往表示高级别,如"她常宴请宾客,一请就是省长"中"省长"指明"请"的程度为"省长"。

(五)"一 $V_1$ + 就 + $VP_2$"与"一 V + 就是 + NP"的一致性

我们认为,"一 $V_1$ + 就 + $VP_2$"与"一 V + 就是 + NP"句式义是一致的。首先,两者有相同的表示花费了一次动量并预示着获得某种结果或达成一定程度的动作的"一 $V_1$","一 $V_1$"是句式义的决定因素。其次,"一 $V_1$ + 就 + $VP_2$"与"一 V + 就是 + NP"之间经常可转换,"一 $V_1$ + 就 + $VP_2$"可以转换为"一 V + 就是 + NP",如:"一请就请了省长"可以转换"一请就是省长";"一 V + 就是 + NP"也可转换为"一 $V_1$ + 就 + $VP_2$",如,"一看就是三遍"可以转换为"一看就看了三遍"。"一 $V_1$ + 就 + $VP_2$"与"一 V + 就是 + NP"虽然都表示动作一经发生就获得了结果或达成了某种程度,但前者表示"一 $V_1$"引起的结果或达成的程度,后者表示"一 $V_1$"中动作本身的结果或达成的程度,这与动词相同的"一 $V_1$ + 就 + $VP_2$"的意义是一致的;并且后者还指明了动作程度的具体水平。

(六)"一……就……"与连贯句式的区别

对"一……就……"的句式义持"紧随性"观点的学者实际上把这一句式放在连贯句的范畴中讨论的,但"一……就……"与连贯句存在明显的区别。第一,连贯句的前段与后段之间可插入"之后"表示前段和后段时间上的先后关系,如"他来了就走"可以说成"他来了之后就走";但"一……就……"格式的前后段之间不能插入"之后",如一般不说"他一来之后就走"。第二,连贯句的两段的意义互相独立,而"一……就……"的两段互相关联,有的前段就是后段的原因,后段是前段的结果,即使这种因果关系不明显,前段至少对后段存在某种影响力。在"你一来他就走"

中,"你一来"对"他就走"是存在某种影响力的;同样,"他一来就走"中"一来"对"就走"也存在某种影响力。而"他来了就走"中"来了"对"就走"不存在这种影响力。

### (七)"一 $V_1$ + 就 + $VP_2$"的非基本意义

动量虽然着眼于动作发生的量,但也和一定的时间有关。与多次性动作或持续性动作比较,动词前用了"一",表明动作达到结果所花的动量很少,说明动作是短暂的,在时轴上不会延续很长的事件。动作短暂往往有动作快捷的意思,"紧随性"就产生了。如果"一 $V_1$"不表示一次特定的动作,而表示经常发生的或者将要发生的动作,那么"一 $V_1$"就可以表示条件或假设,"一 $V_1$ + 就 + $VP_2$"格式就可表示倚变关系。从格式的历时发展阶段看,表示特定动作的"一 $V_1$ + 就 + $VP_2$"产生在前,表示条件假设关系的格式产生在后。"一 $V_1$ + 就 + $VP_2$"格式虽然有紧随性意义,也表示条件或假设,但这些意义都是"一 $V_1$ + 就 + $VP_2$"格式在一定语言环境中的派生意义。表示动作行为一经发生就获得结果或达成某种程度的"致果性"是"一 $V_1$ + 就 + $VP_2$"句式的基本意义,第一性意义,表示动作快捷、条件假设等"紧随性""倚变性"意义是"一 $V_1$ + 就 + $VP_2$"句式"致果性"基本意义的衍生意义、第二性意义。

## 五 "一······就······"句式的主观性

"一······就······"是主观性很强的句式。分析"一······就······"句的主观性,有助于正确理解"一······就······"的语法意义,消除一些误解。

(一)"一······就······"的主观性首先表现在说话人对客观事件的视角。

李宇明(1999)讨论了"$VP_2$"中含数量结构的"一······就······"句的主观性问题,认为由于"一 V"与数量词的反比例关系造成了"一 V···数量"中数量的主观大量色彩。其实,不含数量成分的"一······就······"句也表达主观大量,只不过包含数量成分的"一······就······"使得句式的主观大量义更加凸显。

先看"一 V + 就是 + NP"句。上文指出,出现在"一 V + 就是 + NP"中的名词是一种序列性名词,具有量值,在格式中往往表示高级别,这种高量值的 NP 与数量成分一样与极性词"一"(沈家煊,1999)形成反比例关系,使句式带上主观大量的意味,并具有小夸张意味,强调级别高、难度大、数量多，时间长或程度深（吴春仙，1999）。

再说"一 $V_1$ + 就 + $VP_2$"。句式中的"$VP_2$"虽然不包含数量成分，但"$VP_2$"表示动作的结果，动作获得结果就是完成包含动量的动作过程，因此与"一 V"也构成量的对比关系，形成主观性。例如对于"一坐汽车就吐"，客观上可能并非刚坐上汽车那刹那就吐，说话人强调的是吐之快；"一学就会"的人并非真的神童，说话人要表达的学的效率之高。

"一……就……"句也可用作祈使句。祈使句表达祈使，具有很强的主观意愿，表现出说话人和施事主语之间的"认同"（沈家煊，2002）。

（37）他一露面你就往死里打。

（38）如果一有动静，赶快带大哥离开。

上面两个句子都是说话人要求听话人/你迅速行动，表达了强烈的主观意愿。而"刚……就……"格式不能用于祈使句，例（37）和（38）中的"一"也不能替换为"刚"。

（二）"一 …… 就 ……"句式的主观性的第二个方面是移情（Empathy），即移情于一个使成事件的参与者。

"一……就……"句表达一个动作、行为、变化导致了另一个动作、行为、变化，这一使成事件是花时费力较少的，有效的，有点"不同寻常"（李宇明，1999），如果这一使成事件是说话人期望的，这一"有效的"使成事件参与者成为说话人钟情的对象。例如：

（39）我父亲是一个极其聪明的乡巴佬，任何时髦的东西他都一学就会。

（40）内行人一看就知道，这两种产品分属于不同的行业。

（41）成吨重的东西，机器人轻轻一抓就起来，放的地方不差一二毫米。

（42）吃莲子炖鸭子，一吃就好，豆豆几次牙疼，一吃就不痛了。

例（39）（40）（41）说话人钟情于使成事件的施事者"我父亲"（因为他什么时髦的东西都一学就会）、"内行人"（他一看就知道这两种产品分属于不同的行业）和机器人（成吨重的东西一抓就起），而对（42）来讲，说话人钟情的是使成事件的受事者（因为一吃它牙疼就好了）。如果这一使成事件造成了在说话人看来不如意的结果，因为事件出乎意料的达成了结果，这一使成事件的参与者就成为说话人同情的对象。例如：

> （43）大娘从开始一说就流下了眼泪，林丽的眼泪也流个不止，再也没有力量说话了。
>
> （44）雪芳术后的反应十分强烈，一吃就吐，每天只能靠喝玉米糊糊来维持。
>
> （45）这个工作很简单，不需要动脑子，但却是个苦差使，我一站就是一天，站得腰酸腿疼。
>
> （46）为了节省时间，你和工友们一出去是一整天，午饭就是几个面包和一壶凉开水，正常人都吃不消，何况病人。

例（43）说话人同情的是事件的参与者"大娘"（她一说就流泪），例（44）说话人同情的是事件的参与者"雪芳"（因为她一吃就吐），例（45）中的"我"、例（46）中的"你和工友们"都是说话人同情的对象。"—……就……"的移情还表现在使成事件的参与者成为说话人抱怨的对象，因为此时"$VP_2$"表达的结果超出了说话人预期的范围和程度。例如：

> （47）你这个新娘子也真怪，一说就没个完！你不许再说了！
>
> （48）武则天一听就火了，把魏元忠打进了牢监，准备亲自审讯。
>
> （49）李家女人叼个大烟袋，一来就上炕，一只腿盘着，一只腿蹬在炕沿。

例（47）中说话人抱怨新娘子一说就没个完，例（48）说话人对武则天、例（49）说话人对李家女人也都是不满的。

钟情、同情和抱怨都与"致果"有关，但都是相对于说话人所处的情景而言的，因此同样的"—……就……"由于处于不同的情景说话人会有不一样的移情。

> （50）"我只有个像蛋壳一样的外表，一敲就碎。灵珊，别离开我！"
>
> （51）做锅子用的叫生铁，含碳最多，达1.7%以上，所以又硬又脆，一敲就碎。

这两个例子中都有"一敲就碎",但由于说话人所处的情景不一样产生不一样的移情。例（50）中，由于"我"非常脆弱，说话人说出"一敲就碎"包含了对"我"的自我同情；例（51）中，生铁又硬又脆，说话人说出"一敲就碎"包含了对生铁这种特性的钟情。

"一……就……"句的移情还表现在"一 $V_1$"所表示的动作、行为和变化与"$VP_2$"所表示的动作、行为和变化本来不存在客观上的使成关系，但说话人主观上认为两者之间存在使成关系。说话人通过主观上认定这种使成关系移情于使成事件的参与者。

(52) 不过，千足虫并不是一生下来就有这么多足的。

(53) 丁当是个可怜的"宝宝"，刚出生就被"狠心"的狒狒妈妈抛弃了。

(54) 笛卡尔出生于法国西部小城拉哈的律师家庭，他一出世母亲就病故了，依靠保姆照料长大。

上面三个例子的"$V_1$"都是出生/世，"$VP_2$"都表示出生后的变化，但例（52）的"生下来"与"这么多足"是有内在关联的，句子中的"一"不能用"刚"替换。例（53）"出生"前用"刚"和后面的"就"联接，表明丁当的出生与它被狒狒妈妈抛弃之间没有内在关联，只存在时间上的先后关系。如果用"一"替换（53）中"出生"前的"刚"，则表明说话人主观上认为丁当的出生与它被狒狒妈妈抛弃之间存在内在关联。例（54）的"出世"前用了"一"，表明说话人认为母亲的病故与他的出世存在某种关联。如果（54）中的"一"换成"刚"，句子就只是对存在时间关系事件的客观报道。（53）和（54）的对比表明对同样的客观事实，用"一……就……"更多地表达了说话人的主观性。邢福义（1987）谈到这类句子前后行为紧接的巧合性问题，认为用"一……就……"这种巧合关系就变成"存在什么内在联系"。以下的例句也是这样。

(55) 我们谈了4个小时。一回到家，X 先生的电话就来了，问我觉得合同怎么样。

上例中"我"似乎要表明 X 先生来电话跟"我"回到家有某种关联，也就是说，X 先生似乎知道"我"什么时候回家，并且"我"一回家就打电话过来。

一些学者认为，当"一 $V_1$ + 就 + $VP_2$"格式中前后两个动词不同时，句式表示先后两个动作行为的紧接。如"一来就走"中由于"来"与"走"不能像"学"与"会"那样直接形成动作与结果关系，"来"与"走"的动作与结果关系不凸显，容易被误解为具有连贯关系的前后两个动作。但是上文的分析表明，"一 $V_1$ + 就 + $VP_2$"的句式义与表示先后两个紧随动作的"刚……就……"具有本质的区别，前者虽然隐含紧随动作的语义关系，但说话人主要要表达的是"一 $V_1$"与"$VP_2$"之间具有内在联系，具有强烈的主观色彩；后者只是对先后两个紧随动作的客观报道。认为动词不同的"一 $V_1$ + 就 + $VP_2$"句式表示先后两个动作行为的紧接，就是没看到句子的主观性。

（三）"一……就……"句式的主观性还表现在句式表现了说话人的认识。

"一……就……"表达说话人的认识表现在句式表达的不同寻常意味上。和一般的使成式相比较，"一……就……"句有不同寻常的意味。一般的使成式是对客观的具有使成关系的事件的客观报道，事件结果一般是预料之中的；"一……就……"句式的基本意义是动作行为一经发生就获得了结果，与其他使成事件相比较，因为"不费力气""迅速""超出期望"而不同寻常。

（56）鱼鳖虾蟹，青菜萝卜，要啥有啥，一抓就是一大把。

（57）首先是出奇的快，一点完食品，服务员一转身就给你端出来。

（58）艾伯特政府一成立，就充当了镇压人民的走狗。

（59）成都一书商竟提出巨款，守在某出版社发行科，一开口就进了二万册人体画册。

"一抓就是一大把"，数量之多出人意料；"一转身就给你端出来"，速度是"出奇的快"；"政府一成立就充当了镇压人民的走狗"，变化之快出乎意料。

王宏宇（2001）认为，"一……就……"格式不是表示顺序的两项紧接着发生，而是表示本不相邻的两项紧接发生，跨越中间项是"一……就……"格式表示的真正意义。我们觉得"中间项"的观点值得商榷，而

"一……就……"的主观性带来的"不同寻常""出乎意料"的意义可以很好地解释为什么会产生跨越了中间项的感觉。我们用王宏宇原来的例句来说明。

（60）武总一回来，你们就一个个上门找，也不让人家休息休息。

例（60）表达的是武总的回来（前项）导致了你们一个个上门找（后项），前项不同寻常地触发了后项，使人感觉"本不相邻的两项紧接发生"了。

"一……就……"句的认识主观性还表现在说话人对条件或假设关系的认定。"一……就……"可表示条件或假设关系，但这种条件或假设关系是说话人根据自己的知识而作出的一种主观推定。例如：

（61）我在这里住的虽然是地下室，条件简陋，但一拐弯就是天安门，误不了事。

（62）一出门就是城墙，我们便想法爬上城去，看城外对河的景致。

（63）一共有二十多个房间，就是所有的房间都是围绕这个楼梯，这个楼梯一进入就是在客厅的正中央……。

这三个例子都是描述方位处所的，对方位处所的描述离不开观察的视角。但在这三个例子中，说话人直接以人的处所变化（"拐弯""出门""进入"）来说明处所方位关系，这种条件关系完全可以改变（如"一拐弯就是天安门"可以说成"一出门就是天安门"，"一出门就是城墙"可以说成"一拐弯就是城墙"，"这个楼梯一进去就是在客厅的正中央"可以说成"这个楼梯一出去就是在客厅的正中央"）而处所方位关系不变。这表明这种条件关系完全是说话人的选择。

"一……就……"句的认识主观性还表现在说话人可以创造一种条件关系。例如：

（64）妻子身患慢性气管炎，一到冬天犯病，而工作性质又使他无暇顾及家里。

（65）一个广场和3个靠近河岸的小型圆形场地一到夜晚就变成舞

池，只需添一套音响就可以了。

现实生活中并不是人到达冬天，而是季节自身的变化，说话人创造"一到冬天"这样的情景条件，据此强调妻子犯病和季节的关联。也不是广场到达夜晚，说话人选择"夜晚"是为了更好地表明广场变成舞池的条件。

"一……就……"句的认识主观性还表现在说话人用两个事件表达一个事件，这集中体现在"一V+就是+NP"格式上。在现实中，实际上只发生了V的事件，但说话人为了强调与V相关的NP，用表达两个事件的"一V+就是+NP"格式表达一个事件。"女教师在偏僻的乡村一待就是七年"中，只发生了女教师在乡村待了七年这件事，但说话人用"一待"和"就是七年"两个动核结构，目的是强调"七年"；"在信里总感觉得说不完，因此在彼此放学回家之后，还常常通电话，一说就是一两个钟头"中，只发生了彼此说了一两个钟头的事，但说话人说成了"一说"和"就是一两个钟头"两个事件，强调说的时间之长。所以施关淦（1985）认为这类格式是一种表示强调的判断句。

# 六　结论

表示最少量的"一"用在动词前意味着所花动量最少、最小；"一"与"V"结合而成的"一V"除了表达动作的小量之外，还触发了动作的结果或达成的程度，由"一V"形成的"一……就……"句式表示动作一经发生就获得了结果或达成了某种程度，这是"一……就……"句式的基本意义，第一性意义。表示动作快捷、条件假设等"紧随性""倚变性"意义是"一$V_1$+就+$VP_2$"句式基本意义的衍生意义、第二性意义。不同句法形式"一……就……"的下位意义表现出一定的差异，动词不同的"一$V_1$+就+$VP_2$"表示动作一经发生引起了某种结果或达成了某种程度；动词相同的"一$V_1$+就+$VP_2$"表示动作一经发生动作本身达到了某种程度；"一V+就是+NP"表示动作一经发生动作本身达到了NP所指示的程度水平。

"一……就……"句式具有强烈的主观性。"一……就……"包含了说话人对事件参与者的钟情、同情和抱怨，表现了说话人的移情；"一……就……"包含了不同寻常意味，主观认定了条件或假设关系，表达了说话人对事件的主观认识；"一……就……"体现了主观大量，表现出说话人和施事主语之间的"认同"，体现了说话人的视角。认为"一……就……"句式表示一种动作或情况出现后紧接着发生另一种动作或情况，就是由于没有看到，"一……就……"要表达的是说话人认为"一$V_1$"导致了"$VP_2$"的主观色彩；而"一……就……"的"不同寻常"的主观性意义也可以解释为什么会产生跨越了中间项的感觉。

# 参考文献

北京大学中文系1955、1957 级语言班编　1996　《现代汉语虚词例释》，商务印书馆。

陈前瑞　王继红　2006　《动词前"一"的体貌地位及其语法化》，《世界汉语教学》第 5 期。

陈　光　2002　《准形态词"一"和现代汉语的瞬时体》，刘叔新主编《语言研究论丛》（第 9 辑），天津人民出版社。

戴耀晶　1998　《试说汉语重动句的语法价值》，《汉语学习》第 2 期。

范　晓　2010a　《试论句式意义》，《汉语学报》第 3 期。

范　晓　2010b　《关于句式问题——庆祝〈语文研究〉创刊 30 周年》，《语文研究》第 4 期。

范　晓　2010c　《关于句式义的成因》，《汉语学习》第 4 期

房玉清　1977　《说"一"》，《语言教学与研究》第 2 集。

李宇明　1999　《"一 V……数量"结构及其主观大量问题》，《汉语学习》第 4 期。

刘街生　2006　《动量与体貌：VP 前的"一"探讨》，《中山大学学报（社会科学版）》第 4 期。

刘劼生　1998　《"一 V 是 NP"句式》，《华中师范大学学报（人文社会科学版）》第 5 期。

吕叔湘　1942　《中国文法要略》，见《吕叔湘文集》第一卷，商务印书馆 1993 年版。

吕叔湘（主编）1980　《现代汉语八百词》，商务印书馆。

沈家煊　1999　《不对称与标记论》，江西教育出版社。

沈家煊　2001　《语言的"主观性"和"主观化"》，《外语教学与研究》第 4 期。

沈家煊　2002　《如何处置"处置式"——论把字句的主观性》，《中国语文》第 5 期。

施关淦    1985    《用"一……就（便）……"关联的句子》，《汉语学习》第 5 期。

汪化云    1994    《论时态副词"一"》，《上海师范大学学报》第 1 期。

王光全    2005    《也论"一 X 就 Y"结构》，《汉语学报》第 3 期。

王宏宇    2001    《说"一 A 就 C"》，《中国语文》第 2 期。

王　力    1980    《汉语史稿》，中华书局。

吴春仙    1999    《试说"一 V 就是 NP"句式》，《汉语学习》第 5 期。

邢福义    1987    《前加特定形式词的"一 X，就 Y"句式》，《中国语文》，第 6 期。

于立昌    2008    《"一"表体功能的形成与发展》，《语言研究》第 2 期。

殷志平    1999    《动词前成分"一"的探讨》，《中国语文》第 2 期。

殷志平    2000    《动量词前置特点论略》，中国语文杂志社编《语法研究和探索》（九），商务印书馆。

殷志平    2002    《关于数量对应句》，《语言研究》第 3 期。

詹开第    1987    《口语里两种表示动相的格式》，《句型与动词》，语文出版社。

张伯江    2000    《论"把"字句的句式语义》，《语言研究》第 2 期。

（殷志平　南京师范大学）

# "把 NP 一 V"句式的句法、语义和语用功能

徐　峰

**提要**　本文对现代汉语"把 NP 一 V"句式的句法特点、语法意义和语用功能作了分析和解释。"把 NP 一 V"具有强烈的单音节动作动词要求和后续小句强制要求，与一般"把"字句的动补糅合表达不同，"把 NP 一 V"采取分视域表达；与其他形式的"一 V"句相比，该句式则突出了"主观处置意义"，凸显施动者对某事物的某一处置动作，从而强调其与后续动作/行为结果/状态之间的紧密衔接关系。这种主观化的分视域表达能够强化情景特征，具有特别的生动意义。

**关键词**　非典型　　"把"字句　　主观量　　后续小句　　视域

## 引言

"把"字句是现代汉语极具代表性的句式，但其构成类型多样，使用条件复杂，不同认识及争议随处可见。已往的研究主要集中在"典型"或主流的"把"字句身上，对于非主流、边缘性的"把"字句式关注不够。本文所讨论的"把 NP 一 V"属于非主流的"把"字句式。例如：

（1）当对方第四人上来抢截时，贝利巧妙地把球一捅，恰好从对方两脚间穿过。（《中国儿童百科全书》）

（2）小娅把胸脯一挺，丫角辫一甩，大摇大摆，稳稳当当地走过了"独木桥"。（《报刊精选》1994 年）

"把 NP 一 V"结构形式特点明显，语用上也有特定的表达功用。已有

的相关研究主要是在讨论汉语"一 V"结构和"把"字句时顺带提及，多为分类、举例式的描写说明（詹开第，1984；崔希亮，1995；金立鑫，1997；殷志平，1999；李宇明，1999；范晓，2001；吴春仙，2001 等）。

　　本文拟从句法、语义和语用功能角度对"把 NP 一 V"进行分析，并对其间的制约条件作出解释。语料主要来自北京大学 CCL 语料库，少数取自网络和相关论文，为行文简洁，部分例句作了必要简化。

# 一　"把 NP 一 V"的构成与特点

## （一）"把 NP 一 V"的构成

　　汉语"把"字句是指在谓语动词前用介词"把"引进动词所支配、关涉的对象，对其加以处置的一种句式。吕文华（1994）从语义角度将"把"字句归纳为 6 大类 19 种句式。认为"把 NP 一 V"属于"表示动作与某确定的事物发生联系，或以某种方式发生联系"的一类。范晓（2001）则从句法层面将"把"字句的句式概括为 10 类，"把 NP 一 V"属于状动式"把"字句，即"状语 + 动词"的句子。范文注意到这一句式和其他状动式的不同，举例时特意指出这类句子的特点：状语"一"，表示动作发出时既迅速又短暂，同时这种"把"字句后面必有后续句，[①] 句中谓语中心词大多是表身体活动的动作动词，也有少数状态动词。例如：

　　（3）他就把书一放，挑水或放牛去了。（范文）
　　（4）他把腿一蹬，就跨上马背了。（范文）
　　（5）张三把心一横，跟李四断交了。（范文）

　　我们认为，这一结构的主要特点有三：一是 V 前的数量成分只能是"一"；二是与一般的"一 VP"结构相比，"把 NP 一 V"动词要求更为严格，其后的"V"一般只能是单音节动词；三是"把 NP 一 V"黏着性极强，通常须紧跟另一小句才能构成一个完整表述。

---

　　① 詹开第（1984）、殷志平（1999）、陈前瑞（2006）都举例提到可作结句的"一 V"。因为在特定语境下，VP₂ 语义不言而喻，因此可不出现。这也恰恰说明，在语义认知上，后面的小句是存在的。我们收集的语料中没有发现"把一 V"作结句的例子。

## （二）　V 前 "一" 的意义和功能

对于 V 前的 "一"，有不同认识。《现代汉语词典》（商务印书馆 2012 年第 6 版）将 "一" 的义项❼与❽标为数词，认为现代汉语中 "一" 用在动词或动量词前面，表示先做某个动作（下文说明动作结果）；与 "就" 配合，表示两个动作紧接着发生。赵元任（1979：348）认为 V 前 "一" 是 "时间副词"。而刘月华（2002：506）则将 "一" 归为 "描写性状语"，是表示情态方式类的副词。

殷志平（1999）和李宇明（1999）都认为，现代汉语中动词前的 "一" 实际上是古汉语中在动词前加数字来表达动量用法的延续。① 所不同的是，李文认为 "一" 已转化为副词，具有使动词带有 "小量" 附加义的作用，或表示动作时间的短暂，或表示动量的少、小。殷文则认为 "一" 仍是一种动量成分，基本意义还是表示一次动作行为（含有短暂动作的意义），动作快捷，突然和程度等意义是在具体语言环境中的引申意义和派生意义。

这两种说法各有道理。但从句法发展角度看，古代汉语和现代汉语表示动量的句法位置已经发生了根本的变化：古代汉语用动词前加数词表示，现代汉语则主要用动词后数量短语表示。② V 前的 "一" 之所以能够作为唯一的 "数+动" 表达形式（其他表达形式只在一些固定或标题式的说法中还可见到，如 "三打白骨精、三进山城" 等）留存下来，一定是因为有其他特殊的表达功用。"把 NP 一 V" 的语法意义显然不是为了表达 "V 一次"。崔希亮（1995）指出 "把 NP 一 V" "表达的是即时态，它靠动词前边的‘一’来实现，‘一’表达的是动作、变化的突然性和即时性"。就这一点而言，李文的表述更符合 "一" 的实际情况。例如：

(6) a. 所谓 "清棵"，就是把花生根部的土向周围扒一扒，使花生不徒长。（《中国儿童百科全书》）

　　b. 所谓 "清棵"，就是把花生根部的土向周围扒一次，使花

---

① 王力《汉语史稿》（1980：244）指出 "在唐以前，除了‘两次’的意思用‘再’之外，关于行为的称数，一律用数目字加在动词的前面"。

② 刘月华（1982）比较了同类成分作状语和作补语的不同，认为动量词可以在动词前作状语，如："猎人一枪打死一只鸟。" "表示完成某一动作所用的次数。" 我们认为这种用法主要出现在数量对应格式中，属于特殊的表示方法。

生不徒长。

  c. 所谓"清棵"，就是把花生根部的土向周围一扒，使花生不徒长。

（7）a. 富子惊叫了一声，随即又急忙用右手把口掩了一下，说："哪有……哪有那样的事情呢？"（桑逢康《郭沫若和他的三位夫人》）

  b. 富子惊叫了一声，随即又急忙用右手把口一掩，说："哪有……哪有那样的事情呢？"

  （6）c 之所以让人觉得不合理，正是因为句中"一 V"所体现的快速、即时性是不必要的。例（7）a"掩了一下"，重点在数，可以说是掩了一下又拿开了，故而成立，（7）b"掩"则重在"一掩"后的情态，掩住后就无法再说，可见"把 NP 一 V"的重点不在"数"。

  此外，动词前以"一"为副词的"把"字句翻译成英语时通常只能用相应的动词表述，副词意义不易保留。（柯飞，2003）也可佐证这里的"一"表达的并非数量而是情态。例如：

  （8）a. 很娇媚地把头一扭，她又吃吃地笑着。（柯文）

    She tilted her head coquettishly and giggled.

    b. 范博文忽然叹一口气，把脚一踩，走到四小姐跟前。（柯文）

    Fanpo-wen sighed ands tamped his foot, then went up to Huei-fang.

## （三）"把 NP 一 V"中"一"的时体意义

  汪化云（1994）认为"一"可表"实现、短时实现、短时"三种语法意义，但其核心语法意义为"实现"；殷志平（1999）认为"一"指明了动作行为的或状态变化的起始点，着重在事件的起始部分，可以称"一"为始点体。李宇明（2000：190）指出，从 $VP_2$ 的角度看，VP 之间的顺接性使"一 VP"在时态上具有"最近完成"的特点，表示动作、行为的最近完成或状态的最新实现。陈光（2003）认为，"一"在动词之前，标示某种动作行为或状态瞬时完毕并获得某种结果，或者表示持续极短的一段时间并获得某种结果，形成了汉语一种独特的"瞬时体"。陈前瑞、王继红（2006）认为，非结句的"一"不仅表示事件的紧促发生，还具有现时相关性，即表示该事件会达到某种结果或状态，可称为"紧促完成体"。

"一"具有一定的时体意义是客观事实，但我们认为首先应区分两种不同的情状类型，一是"把 NP 一 V"小句自身的时体情状，二是"把 NP 一 V"小句和后续小句共同构成的复合句情状类型。上述不同分歧，实际上正是由于分析的视角不同，侧重点不同。如殷志平和陈光都注意到了事件的起始状态，也就是说注重小句自身的时体情状；而李宇明和陈前瑞则偏重"把 NP 一 V"小句和后续小句的相关性。

事实上，由于汉语的"把"字句表示处置意义，因而一般认知意义上所反映的一定是一个已完成的动作，同时，汉语在语序表达上遵循时序原则。如果后续小句表达的是一个完成的动作和结果，那么作为同一时间序列上的"把 NP 一 V"表达的也必定是动作的完成。因此，说"把 NP 一 V"中的"一"表示完成体应是就"把 NP 一 V"小句自身动作情状来说的。要是单就"把 NP 一 V"小句说"一"表示瞬时完成，未必准确。例如：

(9) 回去后，我把情况一说，张艺谋比我还高兴，催我当天晚上就去公社办理手续。（肖华《我和张艺谋的友谊与爱情》）

例 (9) 中的"说"，事实上不可能是瞬间的动作行为。但如果从前后两个小句衔接的紧密关系看，说整个复合句表示的是一种"瞬时"衔接则在情理之中。

### （四）信息量与"把 NP 一 V"的后续小句

"把 NP 一 V"之所以后面须出现另一小句，表述才能完整，显然与"一 V"所在小句的信息量有关。句子是语言最基本的表达单位。一个能够表达相对完整意义的信息结构包括新信息（未知信息）和旧信息（已知信息）两部分。信息量是否充足，决定了该句子是否完整、能否成立。（金廷恩，1999）

孔令达（1994）指出，新信息的有无和信息量的大小制约着句子能否自足。例如，"动 + 宾"如果表经常发生且较具体的动作，受话人已知的可能性大，此时的信息量不足，句子一般不能自足；如果表示非经常性的或抽象的动作，受话人接收到的信息量较大，句子一般就可以自足。前者由于信息量不足，受话人会认为只是陈述中的次要信息，而主要信息还未出现，因而必须有后续句。

在"把 NP — V"结构中，首先，由于动词和 NP 之间的组配关系基本是一种认知常识，比如"把门一关"——"关门"和"把门一开"——"开门"，这样一个动作行为并没有带来新的信息，因而信息量明显不足。从认知心理预期来讲，"把"字句表处置，"把一 V"是这种强调表达式中的一种，处置的结果或状态必须有所交代，而其并未在本小句中出现，因此需要其他小句进一步说明。例如：

(10) 林珠把指尖微微地朝远处一挑，<u>立刻上来服务小姐，将没有了看相的盘子撤了下去</u>。(池莉《来来往往》)

其次，一个完整的陈述由"旧信息 + 新信息"两部分构成，"把 NP — V"的信息分布格局使得紧贴 V 的成分无法焦点化，作为单句站不住脚。例如：

(11) a. 他把茶杯往桌子上一—/？放，……
     b. 他把孩子往怀里/往门里/往车里拉。

(11) b 动词"拉"前的状语成分"往怀里"可作为新信息焦点化，出现诸多对比项，而 (11) a 中的"放"前是副词"一"，由于现代汉语中动前的数词仅为"一"，没有其他对比项，"一"也就无法作为新信息焦点化。

再次，从句法形式标示来看，"把 NP — V"没有完句成分标示。一个句子表示一个完整的动程，通常需要一些完句成分加以显示，如动态助词、时间副词、补足语成分等，而"把 NP — V"的 V 前只有一个"一"用于说明动作的情状。人们很难将"把 NP — V"认知为一个完整的句子。

## 二    "把 NP — V"中的 V

### （一）V 的单音节要求

"把"字句表示对事物的处置，对动词有特定的要求，而"把 NP — V"中的"V"，在句法表现上有两个更为突出的特点：一是音节的单音节性，二是动词的外显性与瞬时性。

我们对选自 CCL 语料库的 276 个例句中的动词作了统计，一共出现 96 个动词（数字表示使用的次数），具体如下表：

| 按 | 拔2 | 摆2 | 扳 | 抱2 | 闭4 | 变 | 叉3 | 插2 | 插 | 缠 | 撤 |
|---|---|---|---|---|---|---|---|---|---|---|---|
| 沉4 | 搭 | 打 | 挡 | 瞪3 | 低 | 递 | 垫 | 吊 | 丢4 | 抖 | 读 |
| 端 | 顿 | 翻 | 放21 | 盖 | 搁3 | 割 | 弓 | 躬 | 关2 | 跪 | 裹 |
| 合3 | 横3 | 换 | 挥8 | 挟 | 夹2 | 尖 | 揭 | 开2 | 看3 | 靠4 | 捆 |
| 拉5 | 擂 | 亮 | 撩 | 撂2 | 咧 | 掠 | 抹3 | 捺2 | 拧2 | 扭 | 拍4 |
| 偏 | 铺 | 扔23 | 塞9 | 扫 | 烧 | 伸6 | 收 | 束 | 摔7 | 甩7 | 拴 |
| 说11 | 送2 | 算 | 缩2 | 锁6 | 摊4 | 提 | 挑 | 挺4 | 捅2 | 推18 | 脱3 |
| 歪 | 围 | 掀3 | 扬4 | 咬 | 引 | 张2 | 招2 | 折3 | 指 | 转7 | 装 |

与一般"把"字句相比，"把 NP 一 V"动词音节要求非常严格。刘承峰（2003）曾提到 45 个能进入能进入"把"字句的光杆动词，这些动词都是双音节复合动词，但是都不能出现在"把 NP 一 V"中。足见"把 NP 一 V"中的"V"在音节上显现出强烈的单音节要求。其他语料中虽可见到个别非单音节动词或动补短语的例子，但在语感上都不如单音节自然。

(12) 林武说着随即将手上的断剑再与眼前那远古神器的剑尖一<u>对照（对）</u>，顿时，林武心中一惊。（网络小说《神鬼剑士》）

(13) 陈北燕完全沦为我的奴隶。晚上我只要把脚一<u>伸过去（伸）</u>，她就会给我脱袜子。（王朔《看上去很美》）

(14) 刚才讲了我愿意讲为什么，为什么？两个原因：第一个原因安全。你把门一<u>打开（开）</u>，就把客人让进去，你怎么能够保证电梯底板同时到位？（金正昆《金正昆谈礼仪之礼仪就在你身边》）

之所以如此，是因为简单形式的动词只能表达"均质"的、没有动程的意义，复杂形式才有可能表达"异质"的、具有一个过程的意义。从语义上说，"把"字句（按：这里指主流"把"字句）要求谓语表示一个"动程"，所以必然要依托于较为复杂的谓语形式。这种"简单形式对应简单意义，复杂形式对应复杂意义"的"多一寡"对立，就是"数量原则"

的作用。(张伯江，2000)而"把 NP 一 V"强调的只是单一"均质"的动作，而非动程或事件。

单音节动词通常表示的都是人或事物（含动物）的基本动作，除表示心理活动和关系属性外，单音节动词表示的动作都较强，而且动作义也都很具体。在人的认知世界，有一个明晰的、有界的关于某一动作的意象与表示该动作的动词相对应（王灿龙，2001：157）。而汉语双音节动词，大部分都非表示单纯的动作，在汉语词汇双音化发展过程中糅合进了修饰或补充成分。

### （二）V 的短时特征

由于"把 NP 一 V"中的"一"是最小的整数，因而"一"表主观小量，与此对应，"把 NP 一 V"里的动词绝大多数都具有瞬间动作动词的特征很容易理解，因为瞬间的动作从时间上看自然代表特定动作最小的动作当量。

"把 NP 一 V"中动词的小量、短时特征，从句中与之相配的状语性成分也可看出。这类表示快捷的词语常用的有"突然""猛地"等，而表示缓慢或犹疑一类的词语则很难出现，如（17）b。

(15) 他突然把杂志一扔，"活该呀，反正到时候我说我女儿当过编辑，都是她编的"。（《读者》（合订本））

(16) 他到家把帽子猛地往桌上一甩，喊上一句，这日子没法过啦！他老婆先就给吓蒙了。（张欣《崔琦其人》）

(17) a. 想到这里，余秋雨，迟迟疑疑地，把摊了一桌子的"学问"推到一边，顺手关掉书桌上那盏像线装书一般昏黄的灯。（边园《天上飘着余秋雨》）

　　b. 想到这里，余秋雨，迟迟疑疑地，把摊了一桌子的"学问"一推，顺手关掉书桌上那盏像线装书一般昏黄的灯。

### （三）V 的语义分类

吴春仙（2001）提到了和"一 V"中相关动词的两种变换方式。例如：

(18) 吴之人把烟头往烟灰缸里一拧，抢过张天奇的话头，

说：⋯⋯（吴文）

（19）裴大年把头一摇，说："还谈什么借？反正是玩，我给你五千。"（吴文）

这两句动词和宾语之间的隐性语法关系不同，例（18）中"烟头"是动词"拧"的受事，例（19）中"头"是"摇"的具体部位，更像真正的施事。基于这一点，二者存在着不同变换形式。除后移"宾语"之外，（23）还可将"把"直接删去，变成主谓谓语句形式。如：

（19'）裴大年头一摇，说："还谈什么借？反正是玩，我给你五千。"

因此，可将"把 NP 一 V"中的动词首先分成身体部位自主类动词与身体部位非自主类动词两种类型。前者如："（把眼一）瞪、（把脸一）沉、（把手一）挥"等等。事实上，这两类动词后续小句的表现也有所不同。吴文中提到"一 V"小句有较强的描写作用，通过人物的短暂动作来描写人物的姿势、表情、心理情绪等主要指的就是这类动词构成的"把 NP 一 V"。

"把 NP 一 V"中动词分类也可以从配价角度进行。"把 NP 一 V"的"一 V"之前的状语成分中有一部分属于非论元成分，另一些则属于论元成分。"状动式把字句中的状语并不是指句子中的任何状语，而是指这种句子里作为完句成分的状语（没有它，句子就不能成立）"。（范晓，2001）能够出现在"把"字句中的动词为二价和三价动作动词。例如：

（20）他把一张写着"1974 年 10 月 23 日生"的字条塞进小包裹里，匆匆走进饭店，趁服务员不注意，把女儿和包裹一放，逃也似地走了。（蔡康《花烛泪诉人间情》）

（21）小六子急了，把表往桌上一拍，这总可以了吧？他又说，再来一把！（季宇《县长朱四与高田事件》）

例（20）中的"放"是置放类三价动词，虽然"把 NP 一 V"中没有出现"处所"论元，但这在上下文中不言而喻。如果没有上下文只是说"他把女儿和包裹一放，逃也似地走了"。读者认知上就会产生困难。例（21）则是另一种情况，"拍"是"用手掌或片状物打"，是一个典型的二价动词,但在这个句子中却是带有变价性质的置放义动词"把某事物拍在某地方",同样,如果把状语性成分"往桌上"删除,"他把表一拍"显然也说不通。

我们的统计显示,在"把 NP 一 V"中,除了有不少自主类身体部位动词(本文仍看作二价动词)之外,很多动词都是置放类三价动词。排列在前五位的动词是"扔 23,放 21、推 18、说 11、塞 9",其中,"放"和"塞"都是典型的置放类动词。这一特征与以往研究中得出的"把"字句的典型或原型图式是"事物移位图式"这一结论相一致。

"把 NP 一 V"动作动词 V 和 NP 一般是支配式动宾关系,但也有少数例子不是,一般没有动宾的表达形式,如:

(22) 从来不敢对抗上级的他把黄江北的信往抽屉里一锁,想好了,不管他什么市不市长,决不采用那个非常不保险的刹车。(陆天明《苍天在上》)

(23) 时雨蓬落座之后,把头往椅背上一靠,从自己包里拿出一盒香烟来。(池莉《来来往往》)

例(22)"锁"却并不直接支配"信",锁的是抽屉。例(23)"靠"的对象也不是"头",而是"头靠椅背"。

## 三　"把 NP 一 V"与后续小句的衔接

### (一)"把 NP 一 V"与后续小句的语义关系

后续小句是"把 NP 一 V"的一个重要特征,两个小句构成一个完整表述,二者的关系多种多样。不加标记的话,两个小句之间的默认值是顺承关系。例如:

(24) a. 刚巧路过出事地的任团结,把自行车一扔,高喊"快救人!"(《人民日报》1993 年)(顺承)

b. 刚巧路过出事地的任团结,把自行车一扔,一边高喊"快救人!"(并列)

殷志平（1999）和吴春仙（2001）都曾对"一 V"小句及其后续小句之间的关系和类型做过探讨。我们将其归纳为下面四种类型：①"一 V"表示动作，后续小句表示动作的结果、得出的结论或达到的状态。②小句提出某个假设，后分句是在这个假设下得出的结论。③小句是连续动作中的一个；"一 V"小句是导致后续小句产生的原因。④"一 V"小句表示动作，后续小句表示进入一种状态，用于描写人物的姿势、表情、心理情绪等。

"把 NP 一 V"及其后续小句之间的语义关系也可以这种方式分类观察。如：

（25）赵金兰却把脸上的汗水一抹，憨憨一笑："看到厂里这么忙，我在家里待不住。"（《人民日报》1994 年）

（26）迎面猛然开来一辆大卡车，他慌忙把方向盘一转，一下子翻下了山崖，幸好大难不死，只是受了点轻伤。（《人民日报》1993 年）

例（25）显示的是"把 NP 一 V"表示动作，后续小句进入"憨憨一笑的状态"；例（26）"把 NP 一 V"和后续小句表示因果关系，"方向盘一转"是车子"一下子翻下了山崖"的原因。

不过，上述这种分类主要是从语义关联角度进行，形式界限和规律不明显。张旺熹（1991）指出，"把"字句"始终处于一个明确的因果关系包括条件关系、目的关系的意义范畴之中，当人们强调这种因果关系时，便使用'把字结构'的语句形式"。"把 NP 一 V"这类描写动作的"把字结构"动作的执行，示意着一个确定的意义，正如人体的体态语一样，也是为了引导一个目的。张伯江（2001）认为这种着眼于篇章中因果关系的观察，实际上反映的是"处置行为总是表示前景信息而很少表示背景信息"的事实。

## （二）从话题关联看小句衔接

我们注意到小句语义分类和形式特征之间的一些关联。曹逢甫（1987）认为"把"字句中的 NP1 是全句的第一主题，NP$_2$ 是第二主题，"把"字句的主要功能在于用"把"将其后的 NP$_2$ 标示为特殊主题，以强调二者之间的及物性关系，并使后面的 VP 成为新信息。因此，从话题链延续的角度看，后续小句承接第一主题和第二主题展开的可能性最高。除此之外，还有另一种情况，即话题链的转换，后续小句的话题，是前一小句中的第三方或是隐含的对象。据此，从话题的接续性方面可将后续小句分为三种类型：

一是与"把 NP 一 V"主语相一致的话题；二是"把 NP"中的"NP"为话题；三是以相关成分（第三方）为话题的小句。例如：

(27) 张艺谋向我要我的大绿帆布书包，我问他干什么？他把手一摆，示意我不要声张。（肖华《我和张艺谋的友谊与爱情》）

(28) 他把石头重重地往地上一扔，巧了，正好砸在小鬼的腿上。（《故事会》2005 年）

(29) 你把营业执照一亮，人家见单位有来头，注册资金几十万，先就相信了一半。（《市场报》1994 年）

上面三个例子代表三种不同的后续小句，而这三种小句和前面的"把 NP 一 V"的关系也有所不同。例（27）是一个比较明显的类似连动结构的顺承复句，表示"动作—目的"关系；例（28）表示"动作—结果"关系；例（29）两个小句之间则有较为明显的"因果"关系。

有时候，"把 NP 一 V"后紧跟的另一个小句虽是一个"一 V"小句，但实际上仍是"把"的管辖范围，因为后接的这个"一 V"小句理论上也可以加上"把"。由于两个"一 V"之间是承接关系，而非并列结构，两个直接相连的"把 NP 一 V"会显得拗口。因此，即使后一小句也用了"把"，"把"之前通常也要有其他表示顺承或并列意义的词语。例如：

(30) 铁锁把腰一挺，头一扬，说起他在太原时代的事情来。（赵树理《李家庄的变迁》）

(31) 第二天一早，她把尿布给"小家伙"一垫，奶瓶头往"小家伙"嘴里一塞，把一个鸡蛋壳子做成的"小老虎"往空中一吊，用一条布带子把孩子往床上一捆，便上了班。（《人民日报》1995 年）

(32) 谁料这老汉听罢将秤盘上的柿子往篮子里一折，跟着把秤往肩上一搭，说句："不卖啦！"一手提一篮柿子，扬长而去。（冯骥才《石头说话》）

(33) 看住念头的起处，念头一来，把咒一提，或把佛号一提，这念头就转化掉了。（《佛法修正心要》）

# 四　"把 NP 一 V"的语用功能

## （一）"把 NP 一 V"的"主观处置"

"把 NP 一 V"有其独特的语用功能。沈家煊（2002）认为"把"字句的句式意义是表达"主观处置"。这一说法比较符合实际，也能凸显"把 NP 一 V"的语功能。例如：

> （34）a. 兄弟也得明算账，电视台的哥们儿手一拱，一句："不好意思了"，就把他刚买了不到一年的大发包车开走了。（《报刊精选》1994 年）
>
> 　　　b. 兄弟也得明算账，电视台的哥们儿把手一拱，一句："不好意思了"，就把他刚买了不到一年的大发面包车开走了。
>
> （35）a. 忽然有一绺额发滑下来停留在她的一只眼睛上，她把头一歪，让头发掉到一边，嘴里咕噜了一声，就又安静地均匀呼吸起来。（《中国北漂艺人生存实录》）
>
> 　　　b. 忽然有一绺额发滑下来停留在她的一只眼睛上，她头一歪，让头发掉到一边，嘴里咕噜了一声，就又安静地均匀呼吸起来。

和一般的"一 V"相比，"把"字句带有较强的"主观处置"义。仔细比较上面两个例子可以觉察到二者的差别，（34）a 的"一 V"小句是主谓谓语句，说明性较强，而（34）b 的"一 V"小句是强调动作的陈述句。这在例（35）中可以看得更清楚一些，为了与后续小句的主动目的相关，（35）a 用了"把 NP 一 V"句式，较（35）b 更合适。

## （二）分视域表达及其生动化功用

郑伟娜（2012）通过及物性系统分析汉语"把"字句，分为单事件"把"字句和双事件"把"字句，将"把 NP 一 V"归入单事件"把"字句。我们认为如果将"把 NP 一 V"及其后续小句统合起来观察，那么这一句式与一般"把"字句的内在要求并无不同，实际上也可以说是一种双事件句。差别在于一般"把"字句是单一视域表达，用复合结构将事件 1 和事件 2 糅合起来，而"把 NP 一 V"是分视域表达，用两个小句前后衔接。例如：

> （36）a. 他把茶杯摔破了。——他摔茶杯 + 茶杯破了。
> 　　　b. 他把茶杯一摔，茶杯破了。
> 　　　c. 他把我们说明白了。
> 　　　d. 他把事情一说，我们就明白了。

这种分视域表达的语用效果体现在两方面，一方面凸显动作以及动作和结果与状态之间的密切关联。与一般"把"字句强调的重点在"V"后成分不同，"把 NP 一 V"的焦点首先在"V"上，即对于事物所做的某个特定动作。至于"把 NP 一 V"和后续小句的瞬时衔接，除了动词"V"的短时功效外，还可从句法相似性上得到解释，"把 NP 一 V"这一结构形式，使得前句"$V_1$"和后续小句中的"$V_2$"最为接近，时间上的瞬时相接在言词的空间性排列上得以体现，从而强化了前后两个小句之间动作时间的密切联系。

另一方面，这种分视域表达具有特别的生动意义。研究表明，"把"字句会形成较非把字句更为强烈的场景表征。除命题和表层表征外，读者还会形成一种场景模型表征。所谓场景模型是指读者会根据文本所叙述的内容，在头脑中构筑一个关于事件的情景表征。（高立群，2004）而"把 NP 一 V"由于"V"和"NP"之间的典型支配关系，更容易激活特定情境；加上这里的"一 V"能够起到强化片段的作用，因而更容易使受话人产生强烈的印象。本文把这种激活与强化情境特征的作用称为闪光灯效果。

人类交际除了言语之外，也通过行为来传递信号。动作行为所具有的视觉特征是言语所不具备的。毫无疑问，作为前景句"把 NP 一 V"所描述的动作行为也常常反映后续小句的意义。从这一点上讲，"把 NP 一 V"大大增强了传递信息的生动性。如例（2）中的"把胸脯一挺，丫角辫一甩"，也就是自信、有勇气的表现，这与后续小句中的"大摇大摆、稳稳当当"正好相呼应。在选自 CCL 语料库的 276 个例句中，类似例（2）用前一小句表示身体动作行为，对后续小句起明显修饰作用的句子就有 64 句，其表达生动状态的作用不言而喻。

因此，"把 NP 一 V"的重点不在于陈述某一事实，而在于情景描写。

而且我们注意到，和一般"把"字句不同，"把 NP 一 V"没有否定格式。这也恰恰表明其作用不是叙述，目的是使整个语句带有强烈的描写色彩。

# 五　结语

限于篇幅，本文未考察"把 NP 一 V"的历时发展，不过，在检索 CCL 语料库时，我们注意到这样一个有意思的现象，明清小说语料（如《儿女英雄传》、《红楼梦》等）中有 33 个"把脸一红"的例子，但现代汉语语料中却未曾发现一例。例如：

> （37）何小姐听他这话说得近理，一时找不出句话来驳他，急的肚里的那句话可就装不住了，只见他把脸一红，低着头说道："瞧这妹妹！（文康《儿女英雄传》）
>
> （38）妙玉听了，忽然把脸一红，也不答言，低了头，自看那棋。（曹雪芹《红楼梦》）

对于这一现象，目前还很难给出确切的解释。一个可能的解释是"把 N 一 V""主观控制"语义特征的完善化。"把 N 一 V"具有主观化特征，但主观化的前提是客观实现的可能性，脸红在很大程度上属于非自控行为，和"把"字句的［＋主观控制］语义特征不协调，或许这正是这一用法消失的重要原因。

# 参考文献

陈　光　2003　《准形态词"一"和现代汉语的瞬时体》，《语言教学与研究》第 5 期。

陈前瑞　王继红　2006　《动词前"一"的体貌地位及其语法化》，《世界汉语教学》第 3 期。

崔希亮　1995　《"把"字句若干句法语义问题》，《世界汉语教学》第 3 期。

范　晓　2001　《动词的配价与汉语的把字句》，《中国语文》第 4 期。

高立群　2004　《汉语把字句认知表征图式的实验研究》，《心理科学》第 1 期。

金立鑫　1997　《"把"字句的句法、语义、语境特征》,《中国语文》第 6 期。

金廷恩　1999　《汉语完句成分说略》,《汉语学习》第 6 期。

柯　飞　2003　《汉语"把"字句特点、分布及英译》,《外语与外语教学》第 12 期。

孔令达　1994　《影响汉语句子自足的语言形式》,《中国语文》第 6 期。

李宇明　1999　《"一 V……数量"结构及其主观大量问题》,《汉语学习》第 4 期。

李宇明　2000　《汉语量范畴研究》, 华中师范大学出版社。

刘承峰　2003　《能进入"被/把"字句的光杆动词》,《中国语文》第 5 期。

刘月华　1982　《状语与补语的比较》,《语言教学与研究》第 1 期。

刘月华等　2002　《实用现代汉语语法》(增订本), 商务印书馆。

吕文华　1994　《"把"字句的语义类型》,《汉语学习》第 4 期。

沈家煊　2002　《如何处置"处置式"? ——论把字句的主观性》,《中国语文》第 5 期。

王灿龙　2002　《句法组合中单双音节选择的认知解释》,《语法研究和探索(十一)》, 商务印书馆。

王　力　1980　《汉语史稿》(修订本), 中华书局。

汪化云　1994　《论时态副词"一"》,《上海师范大学学报》第 1 期。

吴春仙　2001　《"一·V"构成的不完全句》,《世界汉语教学》第 3 期。

徐　峰　1998　《现代汉语置放类动词及其语义次范畴》,《汉语学习》第 2 期。

许余龙　1989　《"把"字句新析——从主题评论的观点看"把"字句一文评介》,《国外语言学》第 1 期。

殷志平　1999　《动词前成分"一"的探讨》,《中国语文》第 2 期。

詹开第　1987　《口语里表示两种动相的格式》,《句型和动词》, 语文出版社。

张伯江　2000　《论"把"字句的句式语义》,《语言研究》第 1 期。

张旺熹　1991　《"把字结构"的语义及其语用分析》,《语言教学与研究》第 3 期。

郑伟娜　2012　《汉语把字句的及物性分析》，《语言教学与研究》第1期。

赵元任　1979　《汉语口语语法》，商务印书馆。

（徐峰　新加坡南洋理工大学国立教育学院）

# "连……也/都"句式意义的产生机制

张豫峰

**提要** 本文在考察了先贤时人对"连……也/都"句式意义分析的基础上，发现以往的句法语义结构分析方法在解析句式意义方面很难起到实质性的作用。本文借鉴了认知心理学的联结主义模式理论，从句式整体结构意义出发运用由上到下的研究方法来分析"连……也/都"句的产生机制以及像"张三连李四都认识"这样的句式为何具有歧义。文中还提到在运用联结主义模式构拟"连……也/都"句式意义产生过程中，要以理想化认知模式为基点，这样我们才能有观察和把握外部世界事物和事件内在关联性的基本尺度。总之，本文试图在前人研究基础上，运用认知心理学最新研究成果来研究汉语的句式意义，从而为拓宽语法研究的视野尽绵薄之力。

**关键词** 联结主义 "连……也/都"句 认知心理

## 一 引言

在现代汉语中由"连……也/都"格式构成的句子是一种备受人们关注的特殊句式。从 20 世纪七八十年代开始，人们首先从"连"的词性和意义分析入手来观察"连……也/都"句式，其后扩展为从"也""都"的意义及其"连……也/都"整体结构的分析来探讨其句式特点。近年来人们更加注重从语义、认知、语用等宏观角度来探析"连……也/都"句式的意义及其形成机制。本文试运用认知心理学的联结主义理论，重新审视现代汉语"连……也/都"句式意义的产生机制。这种尝试性分析的主要目的是试图拓展语法研究视野和领域，促使我们结合认知心理学最新研究成果来观照现代汉语句式意义的产生。当我们立于一个新的视角俯瞰以往的句式研究，有些基于结构分析的研究方法可能会显得捉襟见肘，软弱无力，也正因为如此，像构式语法等新的理论方法也就如同雨后春笋般涌现出来。

## 二 以往"连……也/都"句式意义的分析及其思考

纵观"连……也/都"句式意义分析的论著，人们主要是从三个方面进行考察和探究的。

第一，从序列或事物间的关系来解释"连……也/都"句式的意义。20世纪80年代，像宋玉柱、朱德熙等人就提出"连……也/都"句是一种隐含比较的递进关系句，指出"连……也/都"句主要强调已经说出的事物和其他事物之间的一致性。后来，人们在此研究基础上，更加详细阐述"连……也/都"的句式意义，其中代表人物像周小兵指出"连……也/都"句式表示一种反常、出人意料的情况，崔希亮提到"连……也/都"句是通过逻辑关联和心理关联获得话语的推断信息。① 随着功能语法理论的运用，像张旺熹从隐性量的角度切入，探讨"连……也/都"句背后统一的语义基础。他不仅考察了前人归总出的"语用分级""强调""递进/递降""标举极端""典型事件""隐含比较""范围与否定"等概念，而且从认知的角度出发，提出汉语"连……也/都"句是用来表现人们对外部事物或事件进行序位化操作的一种句法手段，其认知语义基础是通过激活一个以量级序列为基础的情理值序列，并使某一成员序位化。邵敬敏认为"连……也/都"句的语法意义不是表示"顶端"，而是表示"典型事件意外实现或未实现"，可接受度的关键是事件实现的可能性。②

第二，运用生成语法理论来分析"连……也/都"句式的意义。刘丹青、徐烈炯曾把"连"看作话题焦点标记，潘海华也运用形式语义学相关理论对"连……也/都"结构的敏感焦点运算做了相应的研究。后来，钟华又提出"连……也/都"句的主要语用意义是由其焦点参照项与对比项的存现状态提取方式引出的；袁毓林也提出"连……也/都"句中"连"后所引导的成分不是对比性很强的焦点成分；张孝荣以最简方案为指导对"连……

---

① 参看周小兵《汉语"连"字句》，《中国语文》1990年第4期；崔希亮《试论关联形式"连……也/都……"的多重语言信息》，《世界汉语教学》1990年第3期。

② 参看张旺熹《连字句的序位框架及其对条件成分的映现》，《汉语学习》2005年第2期；邵敬敏《"连A也/都B"框式结构及其框式化特点》，《语言科学》2008年第4期。

也/都"句式进行了理论推导。①

第三，从歧义角度考察"连……也/都"句式的意义。20世纪七八十年代人们非常注重"连……也/都"句式的歧义现象，常从句法和语义成分分析来寻求其致歧要素，像徐仲华、施关淦等人提出"连"后名词性词语在语义上既可以是施事又可以是受事，在句法上既可以是主语也可以是前置宾语等成分，这是导致现代汉语"连……也/都"句产生歧义的主要原因。崔永华认为"连……也/都"句造成歧义的条件是句中谓语为及物动词，在语义上对立，不带宾语；其语用意义或具有某种性质的程度很深或具有另一件事情发生的可能性。肖奚强也从语境、施事、受事等语义成分上解释了"他连我也不认识"这样的"连……也/都"句为何既可理解为"他不认识我"，也可理解为"我不认识他"的歧义现象，认为处于中性语境时，"连……也/都"句便是个歧义句式。②邱庆山从"连……也/都"句语义结构分析入手，提出该句式致歧要素除了前人提到的"施事与受事同词"之外，还有九种要素，即施事与当事同词、致事与使事同词、经事与感事同词、系事与涉事同词、系事与当事同词、起事与止事同词、施事与成事同词、施事与任事同词、施事与位事同词、施事与位事同词。③从语义结构分析来窥探"连……也/都"句为何具有歧义，其实只能看到句式外表的语义角色的简单堆积，这就如句式的句法结构分析只能看到句法成分的大体构架，不能把握"连……也/都"句的真实句式意义。就此我们查找了《现代汉语八百词》有关"连……也/都"句的句法描写，吕叔湘把"连……也/都"结构分为四类：

第一，"连" + 名，如：连我都知道了，他当然知道了。

第二，"连" + 动，如：连下象棋都不会。

第三，"连" + 小句，如：连他住在哪儿我也忘了问。

---

① 参看钟华《"连"字句中"连"后NP的焦点性质探析》，《现代语文》2006年第11期；袁毓林《试析"连"字句的信息结构特点》，《语言科学》2006年第3期；张孝荣《最简方案下"连"字句的结构和推导》，《暨南大学华文学院学报》2009年第3期。

② 参看徐仲华《汉语书面语言歧义现象举例》，《中国语文》1979年第5期；施关淦《汉语书面语言歧义现象举例读后》，《中国语文》1980年第1期；崔永华《"连……也/都……"句式试析》，《语言教学与研究》1984年第4期；肖奚强《"连"字歧义句补议》，《汉语学习》1992年第1期。

③ 参看邱庆山《歧义句"连N也V"中N的"语义成分同词"类型考察》，《理论月刊》2008年第12期。

　　第四，"连"＋数量，如：最近连一天也没休息。

　　吕叔湘先生当时已通过丰富的语料运用大量的例句归纳了四种"连……也／都"句，他对"连"字句的句法结构描写得非常精细，系统描述了"连"后的句法成分。但是在我们今天看来，即使句式的句法语义结构成分析化至登峰造极的程度，也不能最终解析"连……也／都"句的句义。换句话说，"连……也／都"句中"连"字前后词语是什么样的语义成分和句法成分并不重要，主要是整个句式主要表达什么样的意义。"连……也／都"句表示某物就某种极端评价标准所进行的心理评判，① 正是这种心理评判带有极端意义，所以句中才会出现吕叔湘先生所谓的表示强调的"甚至"。同时，我们也应该注意到在"连……也／都"句中，像"连"后词语只表极端评价标准，无论它在句法上是名词、动词、小句、数量，在语义上是使事、感事等语义成分，其作用都是相同的，前文提到的吕叔湘所举例句中的"我、下象棋、他住哪儿、一天"就只起心理评价标准的作用，在这个极端心理标准基础上人们可以对相关联的人或事物进行某种评价从而形成一种特殊的事件，这种特殊事件也就是认知语言学中的一个图式或构式。总之，在分析像"连……也／都"句等各种句式时，整体的句式意义才是我们应该关注的，其构成成分虽然带有句式的晕染意义，但其结构分析不能推导出真实的句式意义，② 这个结论是以认知心理学为基础的。

　　在高科技迅猛发展的今天，认知科学与纳米科学、信息科学、生命科学成为世界公认的四大前沿学科。认知科学在与其他学科的交叉融合蕴育了许多新的知识，像在近三十年的语言学发展中，人们已借鉴认知科学的理论成果来释析语言问题。认知心理学是认知科学的核心内容，它在探讨人类怎样获取知识、使用知识这个问题上具有两种倾向：一是信息加工论，即人们的认知是信息刺激的过程，人脑对知识的加工类似于计算机的串行加工；二是联结主义理论，即人们的认知是神经元之间的联结，期间有激活和抑制，联结强度在人脑对信息的并行分布加工过程中发生着强弱的变化。近些年认知心理学所取得的重大研究成果主要是以联结主义理论为指导的。

　　我们认为，句式意义的实现过程其实就是人们根据自己的认知经验，通过不断调整大脑联结网络中各单元之间的权重，使不同单元得到激活或抑

---

① 这里的"物"是广义的，可指人也可指事物。

② 关于构句成分带有句式晕染意义的具体分析，可参看张豫峰《现代汉语句式意义的实现》，《河南大学学报》2012 年第 6 期。

制，最终生成合理的理解。用联结主义模式来讨论汉语中句式意义的实现机制具有一定的解释力。我们是否能够更有效地吸收认知科学和神经科学研究的相关成果，来解释汉语各种句式意义，这或许可以成为语言研究者今后努力的方向。

# 三 联结主义模式下的"连……也/都"句式意义解析

大脑是由神经元构成，神经元通过突触相互连接，这种连接可能起兴奋作用也可能是抑制作用。联结主义模式（connectionist models）模拟了人脑的神经网络系统，它是由类似于神经元的基本单元（units）构成，联结类似于突触，它在大脑原有日常认知知识系统和输入信息的信息作用下，以不同强度关系激活相应的单元并使之关联，有时甚至会形成复杂的网络关联，从而使得单元之间的各种关系形成一定模式，表达一定的意义。单元之间联结的强度被称为权重（weights），权值为正，表明联结的单元处于激活状态；权值为负，表明单元不能联结，处于抑制状态。联结主义模式与认知心理学中的信息加工模式最大的不同点是它采用并行分布方式来处理加工信息，在信息加工和处理过程中，单元之间的联结以及其联结强度是动态的，不断变化的，其中部分单元在表达某个概念时被激活，而在表达另一个概念时则被抑制，这些联结促使单元间所表征的事物形成不同的联想图式或模型，某些频繁被激活的联结模式会长久储存在人们的长时记忆中。

联结模式大体由三个层次构成：输入层、内隐层和输出层。输入层接收外界的刺激，建立在大脑中的认知系统的某些单元被激活。内隐层是通过联接关系把激活的单元结合起来。输出层是把通过联结权重串接的激活的单元用语言结构输出。联结模式其实就是激活认知网络中的部分单元，并通过单元之间的联结强度进行调整和输出的过程。

心理学把语言加工也分为三个层次：以语音为处理对象的低水平语言加工、以词汇为处理对象的中水平语言加工和以句子为处理对象的高水平语言加工。联结主义在高水平语言加工过程中，其实不是由自身固定加工模式来模拟句子中的语义信息关系，而是由语言使用者通过大脑内部百科知识与外界信息刺激相互作用，不时进行调整搭配来进行运作的，也就是说，世界上不存在脱离于人脑之外的纯粹的客观和外在的加工模式和信息系统。所以我们认为，在对句式加工进行模拟时，单元之间联结的强弱程度在很大程度上必须受到语言使用者的知识背景和认知经验的影响。

下面以"张三连李四都认识"这一歧义句式为例，讨论各单元之间联结的强弱程度。以往人们在谈到"连……也/都"句式时，总是从其结构成分之间的句法和语义特征来解析其歧义性。如果我们从联结主义模式观点看，"连……也/都"句为一个整体，其中的介词"连"和副词"也/都"共同表达结构意义，句式主要表达两种意义：一是通过"心中认定的极端高目标"评判某人某事处于"较高水平"，如"张三连汽车都有，他真富有"；二是通过"心中认定的极端低目标"评判某人某事处于"较低水平"，如"汽车连张三都有，汽车也太普遍了"。这里我们之所以在目标的高低前添加"心中认定"，是因为此结构意义必受说话人心理评价的制约，比如在说话者心目中，"火车"可视为极端高的目标和极端低的目标，这种不同的心理评判进入"他连火车都坐了"这样的"连……也/都"句中，就产生了"他因坐过火车这么高层次的交通工具而显得见多识广"和"他因坐火车这样低层次的交通工具而显得受到一定的委屈"两种截然不同的意思，这种意思是词语间句法语义关系不能解释透彻明了的。像"张三连李四都认识"，如果我们假设"李四"是心中认定的极端高目标，那么一定会激活"张三"和"认识"，由此推出"张三"是处于高水平的人物。其中低目标"李四"和低水平"张三"都相应得到抑制，该结构的联接网络模式如下：

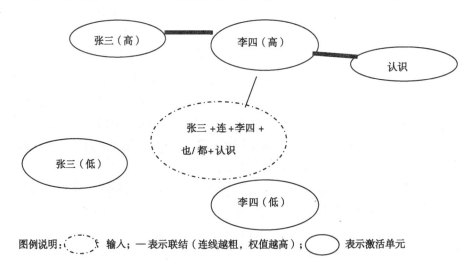

图例说明：⬭ 输入；— 表示联结（连线越粗，权值越高）；◯ 表示激活单元

认知心理学的联结主义理论让我们认识到句式就是大脑神经网络中的百科知识的激活片段，这种片段往往表现为某种图式和模块。某些相同信息的输入，致使单元间的激活形式被反复刺激，从而积淀在神经网络中形成典型

的经验模块，储存于长时记忆里。这种典型的经验模块反映到语言中就是典型句式，所以典型句式的句法语义结构稳固，意义固定。成年人头脑里的百科知识基本是一致的，但不同国家不同民族中的人们的百科知识仍具有自己独特的认知特性，因此各族语除了有大量基本相同句式外，还有各自不同的句式表现形式。然而，无论何种表现形式的句式，其构成成分在意义表达上不起主要作用，最多只是起到在由某些点或面来猜整幅图画的游戏中所提供的某些点或面的启示作用。总之，联结主义主要是通过单元、联接、激活－扩散、抑制等概念系统地模拟高水平的语言加工，所谓的句式的语法学习规则就是怎样科学、合理地调整内部主观心理知识网络和外部客观存在事物之间的关系，进而有效地输出能系统表征言语行为的语言符号，有人曾提出，表征言语行为的语法规则具有浮现特性（emergent properties），认为"规则本身不需要在系统中明确表征，但却通过网络学习浮现而出"①。这也就是说，语法规则的浮现是通过不断地输入、激活、不断地调整权重，最终达成合理的输出。联系到我们谈到的"连……也/都"句式，句子的意义是由主客观两个方面互相运作调整而成的，句中"连"和"也/都"的词性和意义在整个句式表达中并不起什么作用，"连"就相当于一个分隔符，"连"前是评判对象，"连"后是极端评判标准，"连……也/都"结构在句中只起强调语气的作用。

## 四　理想化认知模式与"连……也/都"句式的形成

每个认知思维模式都具有一定的单元联结，单元之间是以网络形式关联在一起的，它们同时也是人类认知世界的一个常识性的知识和经验的集合。典型句式是人们认识客观世界的一个概念原型，是以完形心理为基础的一种理想化认知模式（Idealized Cognitive Model）。在这个表示原型（prototype）的思维模式的理想化认知模式中，它往往对应的是最常用的认知思维事件模式。

各种语法结构反映着人类的经验情景，像在某些歧义结构中，按照人们的常规认知经验，总是最先激活理想化认知模式的相关单元联结，比如"他们连孩子也抢""他们连学校也不放过"这样的"连"字结构，其中的"孩子""学校"明显是说话人心目中的目标，"孩子"在一般人们认知经

---

① 参看李平《语言习得的联结主义模式》，《当代语言学》2002 年第 3 期。

验中总是和成年人相对的，表示弱小，不耐攻击的对象，"学校"是接受教育、圣洁幽雅而不受世俗干扰的地方，在人们理想化认知模式中，如果把"孩子""学校"看作极端低的目标，与它们相关的事物评价度相应较低，也就是说，在这两个"连"字结构中，人们首先激活的是"他们抢孩子而显得卑劣、他们不放过学校而显得不可理喻"这样的意思。

以理想化认知模式为基点，我们便有了观察和把握外部世界事物和事件内在关联性的基本尺度。我们把这种外部世界事物或事件内在关联性的大小叫做"情理值"，针对"连……也/都"句，即是指"连"前后词语表征的评价对象和评价标准对象之间与人们大脑原有日常认知知识系统的比值。符合人们理想化的认知模型，便具有较高的情理值，"连……也/都"句式暗含的结构义便能随之显现。反之，如果不符合人们理想化的认知模型，具有较低的情理值，就很难进入"连……也/都"句，比如："这猫连耗子都撵""学生连书都看"，从语法上看，这两个结构都成立，但就其意义看，它们的接受度很差，因为在理想化心理认知模式中猫逮耗子、学生看书是一种天经地义，最正常的情况，和"连……也/都"句式意义根本不切合。

当然，即便是歧义结构，一旦进入语境中，上下文或交际环境便会激活其中某些单元的联结，形成一种意义，同时抑制某些单元的联结，消解了某种意义，再看"他们连孩子也抢""他们连学校也不放过"这样的"连……也/都"句式，如果我们把它们置入"他们很羸弱，连孩子也抢他们"，"他们作恶多端、负债累累，连学校也不放过他们"这样的语境中，两个句子即具有"标准极端低的孩子能抢他们使得他们显得能力低""标准极端低的学校不放过他们使得他们显得水平低"的意义，这种意义完全是语境赋予的，在一般的认知情况下是很难被激活的，接受度也是很低的，从这个角度看，语境实质上就是在为人们提供一种短期的"理想化认知模式"，是在特定环境下作用于人们头脑中的认知知识。

所以，在实际的言语交际中，有了语境的制约，歧义结构发生歧解的情况是不多的，语境是消解歧义结构的最直接因素。

再以"张三连李四认识"一句为例，在我们的理想化认知模式中不可能有对"张三、李四"的认知知识经验，因此我们只有将它们放置到具体的语境中去理解：

张三连李四也认识，张三还能不认识谁？

张三连李四也认识，还有谁不认识张三？

在前例中，通过语境，即在短期"理想化认知模式"中，"李四"是人们心中认定的极端高评价标准，那么由"张三能认识李四"这个事实推出评价对象"张三"是处于高水平的人；在后例中，通过下文给了人们一个临时的理想化认知框架——认识"张三"人不少，其结构所要传达的意思就清晰的显现出来像极端低标准"李四"这样的人都认识"张三"，可见"张三"的层次水平相应也低。

句式意义的实现过程其实就是人们根据自己的认知经验，通过不断调整大脑联结网络中各单元之间的权重，使不同单元得到激活或抑制，最终生成合理的理解。用联结主义模式来讨论汉语中句式意义的实现机制具有一定的解释力。

总之，人们的认知思维模式中的构架要素是通过联想方式组合成的一个百科知识经验网络，点击其中一个要素，可激活多个相关，从而形成不同的句式或句式小类；同时各种认知思维模式也是一个紧密相连的系统，由于联想的丰富性，各种认知思维模式也可以跨架形成新的句式或句式小类。无论客观事件多么复杂，人们的基底认知模式是相同的，点击点越确切，激活率越强，我们越能清晰预测语言材料是怎样进行组合排列以及意义表达。作为语言研究者，当我们逐渐认识到我们的认知思维方式是依照并行分布方式激活－扩散性运作的，我们应该有意识地以此为视点来观察各种句式是怎样进行主客观调整搭配并形成一定的语言编码的，我们可以有意识地采用眼动仪、口语汇报等心理实验方法记载各种句式意义的实现过程，并进一步阐述句式之间的心理关联是什么，就今天心理学和语言学发展情况来看，这些实验兼论证的分析方法也是我们句式意义研究迫切需要的。

## 参考文献

崔希亮　1990　《试论关联形式"连……也/都……"的多重语言信息》，《世界汉语教学》第 3 期。

崔永华　1984　《"连……也/都……"句式试析》，《语言教学与研究》第 4 期。

李　平　2002　《语言习得的联结主义模式》，《当代语言学》第 3 期。

邱庆山　2008　《歧义句"连 N 也 V"中 N 的"语义成分同词"类型考察》，《理论月刊》第 12 期。

邵敬敏　2008　《"连 A 也/都 B"框式结构及其框式化特点》，《语言科学》第 4 期。

施关淦　1980　《汉语书面语言歧义现象举例读后》，《中国语文》第
　　　　　　　　1 期。

肖奚强　1992　《"连"字歧义句补议》，《汉语学习》第 1 期。

徐仲华　1979　《汉语书面语言歧义现象举例》，《中国语文》第 5 期。

袁毓林　2006　《试析"连"字句的信息结构特点》，《语言科学》第
　　　　　　　　3 期。

张旺熹　2005　《连字句的序位框架及其对条件成分的映现》，《汉语学
　　　　　　　　习》第 2 期。

张孝荣　2009　《最简方案下"连"字句的结构和推导》，《暨南大学
　　　　　　　　华文学院学报》第 3 期。

张豫峰　2012　《现代汉语句式意义的实现》，《河南大学学报》第
　　　　　　　　6 期。

钟　华　2006　《"连"字句中"连"后 NP 的焦点性质探析》，《现代
　　　　　　　　语文》第 11 期。

周小兵　1990　《汉语"连"字句》，《中国语文》第 4 期。

（张豫峰　复旦大学国际文化交流学院
复旦大学中国语言文学系）

# 从基本话语到元话语<sup>*</sup>

## ——以汉语让转义"X然"类词语构成的句式为例

曹秀玲

**提要** 话语行为包括基本话语和元话语两个层面，前者是指那些具有指称和命题信息的话语；后者是指"关于基本话语的话语"，即对命题态度、语篇意义和人际意义进行陈述的话语。基本话语和元话语之间处于连续统状态。汉语中的元话语成分有的是自源的，也有的是从其他语言借用的。本文以让转义"X然"类词语为例，描述其语篇表达模式和元话语用法，同时考察其由基本话语到元话语成分的历时发展过程，以此管窥基本话语和元话语两个层面的交互作用以及元话语的生成机制。

**关键词** X然 基本话语 元话语 连续统

## 一 引言

"然"系词在无论在古代汉语还是现代汉语都是一个较大的词族，其类别、功用及发展受到很多学者的关注。相关研究主要集中在"然"的语法化、"X然"类词语的语法功能和词类归属等问题，也有对"然"系词进行的个案分析。让转义"X然"包括"诚然""当然""固然""虽然""自然""纵然"6个成员。这组词共时层面语法属性不尽相同，分属或兼有形

* 本研究得到教育部人文社会科学基金（项目编号：12YJA740003）和国家社会科学基金（项目编号：14BYY120）资助。初稿曾先后在"首届汉语句式研究学术研讨会"和"汉语国际教育和语义功能语法学术研讨会"上宣读，得到与会多位专家指点。全文语料主要来自北京大学中国语言学中心语料库，另有部分语料通过南开大学郭昭军老师开发的检索软件获取，谨此一并致谢。

容词、副词和连词三种不同的词性①，但却形成共同的语篇表达模式：主要用于前一小句或句子，表示对某种说法或事实的承认或肯定，随后加以反驳、纠正或补充，以表达言说者的真正说法。从历时角度看，让转义"X然"的语法功能呈现共同趋势——从基本话语发展为元话语，语言形式上的表现就是由句内向句外逐步前移。

## 二　让转义"X然"的语篇分布

让转义"X然"都可以作为连接成分构成让转语篇，部分"X然"还可以作为应答语。作为连接词，"X然"的分布比较灵活，包括句首（含段首）、句中两种情况；从"X然"小句的分布来看，有转折小句前和转折小句后之别；作为应答语的"X然"在对话或拟对话语篇中独立成句。

### （一）作为连接词的"X然"

作为连接词的"X然"可以出现在句首（含段首）和句中主语之后，其后小句或句子中常出现转折连词或"却""也""更""还是"等副词以及"更（为）重要的是、事实上、问题是"② 等具有转折语义表达功能的短语。

1. 句首（含段首）分布

句首分布是"X然"类词语的共性特征。例如：

(1) 诚然，市场波动和风险的期货交易不仅依然随时存在，而且愈加明显，但它把风险转移给了投机套利者。（《报刊精选》1994 年）

(2) 当然，模特的收入不仅靠作秀，拍平面广告、电视广告甚至做广告代言人，才是模特收入的主要来源。可这一切需要知名度作为支撑。（《中国北漂艺人生存实录》）

(3) 固然，争取生存是人的本能，但争取的方式却由每个人的气质、教养而定。（张贤亮《绿化树》）

(4) 虽然工人们不懂篮球，但感到自己身上的责任，既然被叫去

---

① "自然"此外还有名词用法。

② 李宗江（2011：153，236，262）将这些短语成分称为"关联语"。

看球，就要尽力帮忙。（姚明《我的世界我的梦》）

(5) <u>自然</u>，如何命名有很大的任意性和灵活性，但我们不主张使用单个字母，或带数字的字母，如 A、B、C；A1、B2 等。（郑人杰《实用软件工程》）

(6) 茅以升回答道："不！<u>纵然</u>科学无祖国，但是，科学家是有祖国的！"（《中国儿童百科全书》）

有时"X 然"也出现在段落起始处，对前文所述内容作认同表达，同时预示下文将出现与此相反的另一种表述。例如：

(7) 就我而言，安昌河的《我将不休》是"残酷阅读"。拿起，又放下，几番折腾，才读完了这部长篇小说。读不下去，不是因为"不好看"，而是"生理不适应"，过度血腥、尖锐乃至冰冷的叙述，几令我心生呕吐之感。

<u>固然</u>，作为一位小学未毕业的"高玉宝"式作家，安昌河才气势不可挡，他那从容不迫的叙述能力和汪洋恣肆的想象力虚构力，同龄作家很难望其项背，以至有评论家将其与其他的四川同乡沙汀、艾芜相提并论。如无意外，这位外表质朴但举止镇定的作家，或许将非"池中之物"。

<u>但是</u>，我还是不禁为这位"横空出世"的青年作家担心。（《人民日报》2010 年 7 月 27 日）

(8) 多年以后，我有幸去参加了一次在布拉格举行的四年一度的舞美设计展，这是世界最高规格的舞美展。我看后的感觉，或许只用两个字就可概括：震惊！与之相比，中国的舞美设计水平之差，也让我为之震惊。

<u>当然</u>，在中国也不是没有可圈可点的舞美设计。前不久，我参加了羽泉的演唱会，那舞美设计的确令我耳目一新。（《中国北漂艺人生存实录》）

比较上面两段例文，例（7）是"X 然"语段在前，后一语段由"但是"引领，先扬后抑；例（8）"X 然"小句出现在转折小句之后，起补充说明作用，是先抑后扬。

段首和句首分布的"X 然"的辖域不同：前者的辖域远远大于后者。

段首"X然"与后面表述之间一般都有停顿，句首"X然"则包括其后有停顿和无停顿两种。

2. 句中分布

主谓之间是"X然"类词语常见的分布。例如：

(9) 坚定不移<u>诚然</u>可贵，但如果仅仅为了坚定不移而坚定不移，那只能说是鲁莽了。(新华社2004年新闻稿)

(10) 把一个苹果切成三块，原来的整个苹果<u>当然</u>大于切开后的任何一块。但这仅仅是对数量有限的物品而言。(《中国儿童百科全书》)

(11) 人坐在房子里<u>固然</u>没有运动，但人和房子随着地球在自转并围绕太阳公转。(《中国儿童百科全书》)

(12) 此时他<u>虽然</u>还不是共产党员，但却在行动上按共产党的意见办事。(《中国十大元帅》)

(13) 清查账目的三位群众代表被杀，其余九位代表<u>自然</u>万分悲痛，但小张庄查账的工作并未停顿下来，而是查的决心更大。(《中国农民调查》)

(14) 说来令人泄气，历史的审判毕竟是迟到的审判，它<u>纵然</u>可以慰亡灵于九泉之下，却难以对恶势力起到杀鸡儆猴的作用。(《读书》)

上面例句中的"X然"用于主谓之间，表达前后分句之间的容让转折关系。尽管不同"X然"的词汇意义和语气有细微差别，但因共同的语篇建构模式，"X然"之间可替换使用。

3. "X然"相对于主语的位置

以主语为参照点，"X然"的分布可归结为主语前和主语后两类，前者又包括"X然"后有停顿和无停顿两种，具体情况①如下表所示（见王清华，2013）：

---

① 表一和表二中的让转义"X然"用例为从北京大学中国语言学中心语料库随机抽取的，由于"自然"的让转义用例较少，笔者以"自然"为检索词获取的5000个用例中只提到9个。序列中"＞"表示前者的频率"略高于"后者，"》"表示前后属于不同的频率等级。

| 表一 | "X 然" 相对于主语的位置 | | |
|---|---|---|---|
| | 句首分布 | | 句中分布 |
| | 其后有停顿 | 其后无停顿 | |
| 诚然（200） | 173（86.5%） | 4（2%） | 23（11.5%） |
| 当然（200） | 118（59%） | 50（25%） | 32（16%） |
| 固然（200） | 4（2%） | 17（8.5%） | 179（89.5%） |
| 虽然（200） | 4（2%） | 94（47%） | 102（51%） |
| 自然（9） | 1（11.1%） | 2（22.2%） | 6（66.7%） |
| 纵然（200） | 0（0%） | 83（41.5%） | 117（58.5%） |

上面的统计表明，"诚然"和"当然"以出现在句首且后有停顿为常；"固然"和"自然"则主要出现在主谓之间，即使出现在句首也以后面无停顿为主要形式；"虽然"和"纵然"在句首和句中分布比例接近，但"虽然"句首分布时以后无停顿为主，"纵然"出现在句首且后无停顿。由此，"X 然"的分布形成一个由前到后的倾向性序列：诚然 > 当然》虽然 > 纵然》自然 > 固然。

4. "X 然" 小句的分布

让转义"X 然"所在小句的分布情况如下表所示（见王清华，2013）：

| 表二 | "X 然" 所在的小句 | |
|---|---|---|
| | 前一小句 | 后一小句 |
| 诚然（200） | 198（99%） | 2（1%） |
| 当然（200） | 60（30%） | 140（70%） |
| 固然（200） | 199（99.5%） | 1（0.5%） |
| 虽然（200） | 193（96.5%） | 7（3.5%） |
| 自然（9） | 8（88.9%） | 1（11.1%） |
| 纵然（200） | 199（99.5%） | 1（0.5%） |

上面的统计结果表明，"当然"小句出现在后占绝对优势，其他让转义"X 然"则主要出现在前一小句。尽管除"当然"外，让转义"X 然"小句以出现在前为无标记形式，但现实语言表达中也有不少"X 然"小句在后，起补充追加作用。例如：

（15）a. 专就中国哲学主要传统说，我们若了解它，<u>我们不能说它</u>

是入世的，固然也不能说它是出世的。（《中国哲学简
史》）

→b. 我们固然不能说它是出世的，但也不能说它是入世的。

(16) a. 你应该虚心学习别人的优点，自然，别人也要学习你的长
处。（《现代汉语词典》用例）

→b. 自然，别人要学习你的长处，但你也应该虚心学习别人
的优点。

根据语言表达线性增量原则，说话的自然顺序要从旧信息说到新信息，因此随着句子推进，线性顺序靠后的成分比较为靠前的成分提供更多的新信息（方梅，2008）。

比较以上两组例句，原文 a 式"X 然"用于后一小句，作为追加形式是语义表达的重点；变换为 b 式后，后面的转折小句得以凸显，成为表达的重点。与此相关，"X 然"小句在后是言说者为了弥补双方话语冲突而采用的一种语言手段，起到缓和话语节奏和减弱言语冲突的作用，从而使听读者心理上更易于接受。

### （二）作为应答语的"X 然"

作为应答语，"诚然""自然"和"当然"用于对话或拟对话[①]中，表示对所引述话语和前一话轮表述内容的认同，同时在此基础上提出不同看法。用做应答语时，"当然"和"诚然"可独立运用，"当然"和"自然"也常常采用"那当然/自然（啦/了）""那是当然/自然（的/了）"等复杂形式。例如：

(17) 作家不一定是学者，诚然。但是大作家都是非常非常有学问
的人，我不知道这个论断对不对。（《读书》）

(18) Q1：那么你打算去问他吗？

A1：当然了，不过需要有一个见证人在场。

Q2：那么你是让我做见证人吗？

A2：如果你愿意的话，那自然了……（《福尔摩斯探案

---

① 李宇明（1996）将言说者通过带有文学色彩的叙述营造出好似言说者与听读者对话的感觉
称为"拟对话"现象。

集 07》）

上面例（17）先用"诚然"对有人提出"作家不一定是学者"这种说法表示认同，随后提出"我"的不同意见，是拟对话形式；例（18）由两个问答话轮对构成，"当然"和"自然"用于应答话轮，表示认同对方的话语。区别在于，前一应答话轮出现转折小句而后一应答话轮未出现转折小句。

作为应答语的"X然"有时重复出现，叠用的"X然"语势更强。例如：

（19）有人对此做这样的解释：事实上并非所有的人都是同志。诚然，诚然。但是，即便今天总经理多得一片树叶掉下来可以砸到三个，也并非人人都是老板啊。（《读书》）

（20）小香笑了一笑道："如此说来，我若是肯把这柄刀给你们，你一定是不会拒绝的了？"谢先生连忙道："自然，自然，姑娘如肯割爱，任何条件敝庄都能接受。"（古龙《圆月弯刀》）

（21）当记者插问总统本人是否也担任家庭的财长时，她连连说"当然，当然"，那不容置疑的表情和幽默、风趣的话语引起阵阵欢快的笑声。（1995 年《人民日报》）

"X然"作为应答语叠用时，其后以不出现转折小句为常见形式。

## 三 让转义"X然"的语篇表达模式和元话语功能

### （一）"X然"的词义对立与中和

"X然"用于容让小句，表示对一种情况和说法的肯定和认同，根据让步小句所表情态的虚实又可分成实让转折和虚让转折两类。前一类包括"诚然""当然""固然""虽然""自然"，后一类只有"纵然"1 个成员。《现代汉语词典》（2008：1815）直接用"即使"解释"纵然"，而"即使"的释义（2008：637）特别提请读者注意："即使"所表示的条件，可以是尚未实现的事，也可以是与既成事实相反的事情。虚让转折句中，言说者借助"退一步"的暂且承认强调即使不可能成为事实的情况发生，结果也不会因此改变。因此，表实让的"诚然"等用"纵然"替换则化实为虚，表达夸张让步。

表实让的"诚然""当然""固然""自然"之间的词义存在细微差别："诚"义为"的确、实在"，因此表让转义的"诚然"是对小句表述命题真实性的认可；"当"义为"应当"，表示合于情理或事理，即理应如此；"固"义为"本来、原来"，"固然"强调事实和事理存在的客观性；"自然"表示不经人力干预自然而然产生的结果，强调事实和规律的必然性；"虽然"表示承认甲事为事实，但乙事并不因甲事而不成立，作为汉语史上最古老的转折连词，"虽（然）"是让转义"X 然"中语义选择限制最少的，其他让转义"X 然"受构词成分意义影响，分别表示小句命题的真实性、合理性、客观性和必然性。尽管如此，由于共同的语篇表达模式（即先扬后抑，先肯定后否定），加之事物和事理的真实性、合理性、客观性、必然性之间存在天然联系，实让"X 然"之间的替换是比较自由的。因此，《现代汉语词典》（2008：174）直接用"固然"解释"诚然"。

## （二）"X 然"的语篇表达模式

尽管"X 然"词汇意义和语法属性不尽相同，却因"让转"这一共同的语义特征汇聚成类，并形成内在相似的语篇表达模式，即言域转折句：（X 说）P，虽然我认同（说）P，但我要说 Q。

众所周知，最常见的言语行为莫过于提问和命令，二者一般分别对应于疑问句和祈使句，陈述句则主要用于断言行为。"X 然"后面的小句或句子主要是陈述句，表达的言语行为包括断言、建议、许诺、提醒等多种类型。例如：

(22) 诚然，包括金钱在内的物质条件是人生所必需的，但它不是唯一的追求，还有比金钱更宝贵的无价的精神财富。（《报刊精选》1994 年）

(23) 当然了①，在今后的导演生涯中我会不会蜕变，这不好说，但我会严格要求自己。（卞庆奎《中国北漂艺人生存实录》）

(24) 中国劳动力充裕固然有利于发展的一面，但在资金短缺、资

---

① "当然"与语气"了/啦"组合作为一种新型连接方式将在后文讨论。

源相对不足的条件下，解决不断增长的劳动力就业问题是相当困难的。(《中国的计划生育》)

(25) 虽然这种可能性极小，但还是问一问好。(自拟例句)

上面各例中的"X 然"小句提出一种说法或事实，后一小句以陈述形式表明言说者施行的言语行为：例(22)后一小句表断言，例(23)—(25)后一小句分别表许诺、提醒和建议。

### (三) "X 然"的元话语功能

"X 然"构建言域让转语篇，并使所在语篇成为现实或虚拟的对话，形成听说(或读)双方的互动情境，而"X 然"作为听说(读)双方互动的触发器(trigger)，经历了一个从基本话语到元话语的发展历程。让转义"X 然"所形成的相同语篇构建模式，在一定程度上中和了"X 然"之间词汇意义的细微差别，使之类聚到语用层面实现元话语功能。"X 然"的元话语功能表现在评注预转和形成拟对话结构两个方面。

1. 评注预转功能

《现代汉语词典》(第5版)标明"诚然、固然、虽然、自然、纵然"的连词属性，"诚然""固然""自然""虽然"等词条下明确说明：引起下文转折或下半句往往与"可是、但是"等呼应使用；《现代汉语词典》虽未注明"当然"和"纵然"的转折用法，但语言事实说明，二者用于让转表达相当常见。①

让转义"X 然"在认同所述事实或说法的同时预示下文转折，因此具有评注预转功能。《现代汉语词典》(第5版)指出，其作用在于"引起下文转折"(2008：174，492，1305，1807)。例如：

(26) 诚然，他已打赢了一场官司，可另一场官司仍在折腾之中。(庞瑞根《难忘峻青》)

(27) 当然，在不同的民族、不同的时代以及不同的环境中，礼貌待人的要求有所不同，但最起码要做到诚恳、谦虚、和善、有分寸。(《中国儿童百科全书》)

---

① 邢福义(2001：8)将复句分为三类，即因果、并列和转折，其中"虽然"和"即使""否则"归入转折关系复句标记。

(28) <u>虽然</u>成为明星有一定的偶然性，但是光有机遇没有实力还是不行的。(《中国北漂艺人生存实录》)

上面各例由于后续句中"可"和"但是"的出现，"X然"可以省略，但省略后"X然"所表达的言说者主观认同意味不复存在，前后表述成为直接的冲突性话语。而这种认同评价源自"X然"所营造的拟对话情境。

2. 拟对话功能

近十几年得到长足发展的互动语言学强调使用自然出现的口语语料，关注语言结构及其运用模式与互动交流的相互影响，关注表达者和接受者如何在具体语境中进行互动交谈，共同生成每一句话语。口语表达当然是听说双方的互动，书面语也有相应的补偿机制，如标点符号和特定的语言表达形式等。让转义"X然"的使用，可以营造出一种不同话语角色进行互动交谈的语境效果，从而更易于拉近言者与读者之间的心理距离，使读者更易融入对话或阅读，从而实现与受众的良好互动。例如：

(29) 有人又要说，几个一小段不就是一大段吗？诚然，几个一小段都能成功，是一大段，然而某个选错，资金就会搁浅一段时间。(《股市宝典》)

(30) 重启和谈本身以及实现和平当然会需要很长时间，但是只要有关各方开始谈判，就会给巴勒斯坦人民和以色列人民带来希望。(新华社2004年新闻稿)

(31) 比起其他国家，英国是比较忽视这些工作条件的。<u>虽然</u>，你可以认为这些并非很重要，但我的美国生意朋友指出，他们希望自己公司所能提供的工作条件，在素质上远胜于英国的公司。(《哈佛管理培训系列全集》)

上面例句分别通过设问、预设潜在听话人、第二人称"你"等形式营造对话氛围。"X然"的使用是由于说话人要说出与受话人（或潜在的受话人）预期相左的信息，是基于礼貌原则所做采用的言语策略，是以接受者为中心的表达方式，体现言语交际的互动性，其真实用意在于取得听读者的认同，并最终使之调整到言说者的视角当中。

# 四　让转义"X 然"的语法化

让转义"X 然"经历词汇化和语法化由基本话语发展为元话语，这里简述其演化历程和发展规律。

## （一）"X 然"的语法化

1. "诚然"的历时演化

"诚然"组合最初为形容词。例如：

（32）孔子曰："'于斯时也，天下殆哉，岌岌乎！'不识此语，诚然乎哉？"（《孟子·万章章句上》）

（33）厉公于是谓甫假曰："子之事君有二心矣。"遂诛之。假曰："重德不报，诚然哉！"（《史记·卷四十二》）

上面两例，"诚然"分别在疑问句和感叹句中做谓语。"诚然"也在对话中做应答语，表示认同对方说法。例如：

（34）谓扬子云曰："如后世复有圣人，徒知其材能之胜己，多不能知其圣与非圣人也。"子云曰："诚然。"（《新论·卷上》）

（35）及玄宗见泌，谓说曰："后来者与前儿绝殊，仪状真国器也。"说曰："诚然。"（《太平广记·卷三十八》）

明朝起，"诚然"用做副词状语，"确实"义。例如：

（36）今温已拥百万之众，挟天子以令诸侯，诚然不可与争锋。（《两晋秘史》）

（37）相如奏曰："秦强赵弱，诚然不可不与之璧……。"（《周朝秘史》）

清朝起，"诚然"出现在前一小句，与后一小句中的转折连词共现。例如：

(38) 十三妹沉吟了半晌，说："这桩东西<u>诚然</u>不可失落，但是眼下我们这一群人断断没个回去的理，这件事你也交给我……。"（《儿女英雄传·第十回》）

(39) 老残道："摇串铃，<u>诚然</u>无济于世道，难道做官就有济于世道吗？"（《老残游记·第六回》）

2."当然"的历时演化

"当然"连用形式最早出现在东汉时期。例如：

(40) 天道<u>当然</u>，人事不能却也。（《论衡·变虚篇》）

(41) 愚人无知，不肯报谢，自以职<u>当然</u>，反心意不平，强取人物以自荣，无报复之心，不顾患难，自以可竟天年。（《太平经·卷一百一十二》）

以上用例中的"当然"做谓语，"应当这样"义。这一用法还包括"想其当然""固当然"等多种组合形式。例如：

(42) 太祖以融学博，谓书传所纪。后见，问之，对曰："以今度之，<u>想其当然</u>耳！"（《三国志》）

(43) 及其久也，读之益精，而其胸中豁然以明，若人之言<u>固当然</u>者，犹未敢自出其言也。（《朱子语类》）

宋代以后，"当然"除了做谓语，也有做定语和宾语的用例。例如：

(44) <u>当然</u>之理，无有不善者。（《朱子语类·卷第十一》）

(45) 又曰："文言上四句说天德之自然，下四句说人事之<u>当然</u>。"（《朱子语类·卷第六》）

上面例（44）"当然"作定语，例（45）"当然"与前一句中的"自然"相对，表明事物的客观规律。

清朝起，"当然"出现做状语用例，同期"当然"与转折连词共现。例如：

（46）老寨主乃明末武魁，<u>当然</u>不能与流俗同污。（《三侠剑》
　　　（下））

（47）至善平日最爱惠乾，所教功夫也比别人用心，情同父子，今
　　　日见他逃走，<u>当然</u>记挂，但也无可奈何。（《乾隆南巡记》
　　　（上））

（48）秦皇生性残忍，<u>当然</u>不作好事，然而这也不是他自己所能作
　　　得主的，老实说，他也不过是应劫而生，替劫数作个运行使
　　　者罢了。（《八仙得道》（上））

3. "固然"历时演化

"固然"连用形式出现在春秋战国时期，做谓语和定语，"本来如此"
义。例如：

（49）王怒曰："道<u>固然</u>乎，妄其欺不谷邪？"（《国语·卷二一》）

（50）民，夺之则怒，予之则喜。民情<u>固然</u>。（《管子·轻重乙篇第
　　　八十一》）

（51）汝之达，非智得也；北宫子之穷，非愚失也。皆天也，非人
　　　也。而汝以命存自矜，北公子以德厚自愧，皆不识夫<u>固然</u>之
　　　理矣。（《列子·力命》）

　　上面用例中的"然"是复指代词，"固"做状语，"本来"义。"固然"
前面的小句常出现"然"的复指对象，如例（50）的"民，夺之则怒，予
之则喜"。"固然"组合也经常用做应答语。例如：

（52）人问济阳君曰："谁与恨？"对曰："无敢与恨。虽然，尝与
　　　二人不善，不足以至于此。"王问左右，左右曰："<u>固然</u>。"
　　　（《韩非子·说三》）

（53）孟尝君曰："先生鼓琴，亦能令文悲乎？"对曰："……方此
　　　之时，视天地曾不若一指，虽有善鼓琴，未能动足下也。"
　　　孟尝君曰："<u>固然</u>。"（《三国志裴注·暑书十二》）

　　汉代时，"固然"常用做宾语，为"固有规律"之义。例如：

(54) ……朝帝于灵门，宓穆休于太祖之下，然而不彰其功，不扬其声，隐真人之道，以从天地之<u>固然</u>。（《淮南子·第六卷》）

(55) 夫物有必至，事有<u>固然</u>，君知之乎？（《史记·卷七十五》）

明朝起，"固然"用做状语，同期出现与转折连词共现用例。例如：

(56) 懒龙<u>固然</u>好戏，若是他心中不快意的，就连真带耍，必要扰他。（《二刻拍案惊奇·卷三十九》）

(57) 原来焦大郎<u>固然</u>本性好客，却又看得满生仪容俊雅，丰度超群，语言偶傥，料不是落后的，所以一意周全他。（《二刻拍案惊奇》（上））

上面例（56）中"固然"用做状语，对所在小句表述的命题加以肯定；例（59）后一小句与"固然"所在小句所述命题构成逆转关系，这类用例清朝起逐渐增多。例如：

(58) 那位先生<u>固然</u>太过，<u>然而</u>士人进身之始，即以贿求，将来出身做官的品行，也就可想了。（《二十年目睹之怪现状》（中））

(59) 那师爷见不是路，<u>固然</u>不愿意，<u>但是</u>"三分匠人，七分主人"，也无法，只得含含糊糊的核了二三百金的钱粮，报了出去。（《儿女英雄传·卷二一》）

4."虽然"的历时演化

"虽然"的连用形式出现在春秋战国时期，"虽然如此"义。例如：

(60) 季康子问于共父文伯之母曰："主亦有以语肥也。"对曰："吾能老而已，何以语子。"康子曰："<u>虽然</u>，肥愿有闻于主。"（《国语·卷五》）

(61) 彼节者有间而刀刃者无厚，以无厚入有间，恢恢乎其于游刃必有余地矣。是以十九年而刀刃若新发于硎。<u>虽然</u>，每至于族，吾见其难为，怵然为戒……（《庄子·养生主第三》）

上面例（60）是对话体中对对方说法的认可，并提出不同看法；例（61）是独白体中对前文的复指，后文提出另一种看法。两例中"虽然"均为让步小句，其中"虽"是连词，"然"是代词，指代前文。作为让步小句的"虽然"后面有停顿。

随着"然"语义虚化成为附缀成分，"虽然"词汇化为双音节连词。六朝时起，"虽然"后面开始出现让步小句，比较下面两例：

（62）孔子母年十六七时，吾相之当生贵子，及生仲尼，真异人也，长九尺六寸，其颡似尧，其项似皋陶，其肩似子产，自腰以下不及禹三寸。<u>虽然</u>贫苦孤微，<u>然</u>为儿童便好俎豆之事。（《抱朴子·祛惑卷第二十》）

（63）<u>虽然</u>遇赏玩，无乃近尘嚣。（《白居易诗全集》）

与例（61）不同，例（62）"虽然"小句前面虽有多个小句，但"然"并不是对前面表述的指代，而是由"虽然"引导"贫苦孤微"作为让步小句与后面的"为儿童便好俎豆之事"构成让转关系；例（63）中"虽然"后的"遇赏玩"与"近尘嚣"形成让转关系。

"虽然"与"如此、如是、若是"等指代性成分组合，这是非句法组合"虽然"词汇化为转折连词的形式标志。例如：

（64）师曰，<u>虽然</u>如此，犹较老僧三生在。（《筠州洞山悟本禅师语录》）

（65）<u>虽然</u>若是，本分衲僧陌路相逢，别具通天正眼始得。（《五灯会元·浮山法远禅师》）

作为连词的"虽然"后不再有停顿，说明"虽然"让步小句地位的消失。当代汉语"虽然"等词后重现停顿，是再语法化的表现，后文将加以讨论。

5. "自然"的历时演化

"自然"的连用形式出现在春秋战国时期。例如：

（66）人法地，地法天，天法道，道法<u>自然</u>。（《老子·二十五章》）

（67）礼者，世俗之所为也；真者，所以受于天也，<u>自然</u>不可易也。（《庄子·渔父第三十一》）

上面两例中的"自然"分别做宾语和谓语，分别是名词和偏正短语。

作为名词的"自然"，表示与"元气"并立、与"天""道"相关的抽象事物。例如：

（68）元气<u>自然</u>，共为天地之性也。（《太平经乙部》）

（69）天畏道，道畏<u>自然</u>。（《太平经·卷一百三十七》）

六朝起，"自然"出现做状语的用例，为"不经人力作用"义。例如：

（70）敌攻关不克，野无散谷，千里县粮，<u>自然</u>疲乏。（《三国志·卷四十四》）

（71）或问："魏武帝曾收左元放而桎梏之，而得<u>自然</u>解脱，以何法乎？"（《抱朴子·杂应卷第十五》）

由于事物之间存在"不经人力作用"的因果联系，副词"自然"用于表达这种前因后果关系时，客观上具有连接前后小句的功能。明朝起，"自然"出现在前一小句，表示认同某种说法和事实并在后一小句提出相悖表述。例如：

（72）大尹道："怜你孤儿寡妇，<u>自然</u>该替你说法。但闻得善继执得有亡父亲笔分关，这怎么处？"（《今古奇观》（上））

（73）内中也有的道："你在他家中，<u>自然</u>知他备细不差；只是没有被害失主，不好卤莽得。"（《初刻拍案惊奇》（上））

上面两例中"自然"出现在前一小句，后一小句分别出现转折连词"但""只是"。

6. "纵然"的历时演化

文言中"纵"表让步，东汉起出现"纵然"连用形式表让步。例如：

（74）凡人所居，无不在客，虽只大小不等，阴阳有殊，<u>纵然客居</u>

一室之中，亦有善恶。(《宅经》)

(75) 父子至亲，歧路各别，<u>纵然</u>相逢，无肯代受。(《地藏本愿经卷中》)

明朝起，"纵然"出现在前一小句，后面是隐性或显性的转折小句。例如：

(76) 众将曰："人<u>纵然</u>不怯，马力已乏，安能复战？"(《三国演义·第八十六回》)

(77) "御史爷<u>纵然</u>不能无疑，却是又感又怕，自然不敢与相公异同了。"(《二刻拍案惊奇·卷三十九》)

## (二)"X然"的虚化轨迹

根据历时语料，让转义"X然"的语法化过程可概括为下表：

表三

|  | 诚然 | 当然 | 固然 | 虽然 | 自然 | 纵然 |
|---|---|---|---|---|---|---|
| 组合初现 | 春秋战国 | 东汉 | 春秋战国 | 春秋战国 | 春秋战国 | 东汉 |
| 谓语 | 春秋战国 | 东汉 | 春秋战国 | (让步小句) | 春秋战国 | — |
| 状语 | 明朝 | 清朝 | 明朝 | — | 六朝 | — |
| 让转义 | 清朝 | 清朝 | 明朝 | 六朝 | 明朝 | 东汉 |

关于"X然"类词的历史来源，周刚(2002)认为，"固然""虽然"是短语词汇化，"纵然"是连词"纵"后加附缀"然"；"诚然""当然"和"自然"是副词附加后缀和虚词转化的结果。历时语料考察表明，让转义"X然"有两个来源：一是"X"与指代词"然"组合并虚化，包括"虽然""固然"；二是词缀"然"附缀于"X"词汇化后再语法化，包括"诚然""当然、自然、纵然"。两类"然"的属性区别湮灭在汉语词汇双音化和语法化的过程中。

从"X然"中"X"的性质看，"虽"和"纵"本为单音连词，与"然"的组合形式出现时间不同——前者春秋战国时期即出现，但相当一段时间"虽然"作为非句法结构充当让步小句，直到六朝时期才词汇化为连词；后者则出现于东汉时期，一开始就充任让步连词。"诚""当""固""自"本为副词，与"然"组合后表现出多种语法属性，其中"诚然""当然""自然"主要用做谓语，"固然"一段时间作为偏正短语形式充当谓语，为"本来这样"义。明清起，四个词先后出现做状语的用例，同时或随后出现让转义用法，形式标志为后面小句出现转折连词或副词。①

由于组合中两个变量的性质不同，"X然"的最初功能和虚化路径呈现歧异格局：连词"X"构成的"虽然"和"纵然"较早出现连词用法，副词构成的"X然"则经历了中心语（谓语、主宾语）、修饰语（状语）和连接词等一系列语法分布上的迁移。虽然各词项语法化时期有别，但是所经历的发展路径是相同的，即都呈现语义功能逐渐弱化、语法分布逐步左移的过程，具体可图示如下：

主语（状语谓语/宾语）

值得关注的是，连词"虽然"和"纵然"词汇化后虽未发生语法功能的改变，但却经历了主语前后再到句首且后有停顿的发展过程。下面以"当然"和"虽然"为例说明"X然"的共时分布情况：

(78) a. 1976 年中国队第一次赢得亚洲冠军，我是国家队的队长，我当然很高兴，但当时报纸说获胜全归功于我，我觉得很尴尬，因为任何人在我的位置上都会做得同样好。（姚明《我的世界我的梦》）

　　 b. 当然姚明和王治郅是不同类型的人，但从这件事可以看出中国篮协为什么不愿再放走一个顶级球员去打 NBA。（姚明《我的世界我的梦》）

　　 c. 当然，生物学界对奥巴林的理论还持有不同看法，但奥巴林关于地球上生命个体进化起源的探究无疑是富有开拓性的。（《中国儿童百科全书》）

　　 d. 我是从群众演员起家的，我知道群众演员成长的艰辛。我

---

① 《现代汉语词典》（第 5 版）并不认为"当然"有连词用法，然而大量的语言事实证明其功能与其他 5 个"X然"并无明显不同，可以相互替换。

不会乘人之危。当然了，在今后的导演生涯中我会不会蜕变，这不好说，但我会严格要求自己。（《中国北漂艺人生存实录》）

(79) a. 此时他<u>虽然</u>还不是共产党员，但却在行动上按共产党的意见办事。（《中共十大元帅》）

b. <u>虽然</u>他在十位元帅中是最年轻的，但由于健康状况欠佳，一直比较消沉。（《中共十大元帅》）

c. 北京，我爱你！<u>虽然</u>，我也曾一度憎恨过你，但这丝毫不减我对你的热爱。（《中国北漂艺人生存实录》）

d. <u>虽然</u>呢，我们家老是会吵架，但是还是很多人羡慕的家庭。（www.mogujie.com）

上面两组用例，从 a 到 d "X 然"逐渐前移。作为典型连词的"虽然"和副词"当然"一样，更多地表现出"居端"的元语言特征，而不是遵循联系项居中原则。

Li & Thompson（1981）曾根据副词在句中的位置将其分为"可移动副词"和"不可移动副词"两大类，认为"在主语或主题词前的副词，主要是用来表示说话者的观点，而主语或主题之后的，则主要用来说明句中事物的情态"。可见，句首是个比较特别的语法位置，语法性质不同的让转义"X 然"得以汇聚于此，是因为历时发展过程中均共同经历了基本话语到元话语的系列变化——从表达概念义到表达程序义，从承担句法功能到承担语篇功能，从而形成相同的语篇建构模式，语篇表现也呈现较强的趋同性：连词与所连接成分之间的停顿以及语气词的附缀，都超越了连词固有的语法表现。

然而，"X 然"语法化过程中词汇意义仍有滞留，新老语法功能叠加，因此不同"X 然"的共现很常见。例如：

(80) <u>诚然</u>，乔冠华<u>虽然</u>恃才傲物、锋芒毕露，但对夫人龚澎，30年来却是恩爱笃深，言听计从。（《才女外交家龚澎》）

(81) <u>诚然</u>，商家注意商店和营业员形象<u>固然</u>重要，但要因地制宜，区别对待。（《信息时报》2010 年 10 月 10 日）

(82) <u>当然</u>，《丛书》也有不足之处，有些问题<u>虽然</u>提出来了，但没有展开。（《人民日报》1996 年 1 月）

(83) <u>自然</u>，驱动模块和桩模块对测试人员来说是一种额外的负担，就是说，<u>虽然</u>在单元测试中必须编写这些辅助模块的程序，但却不作为最终的软件产品提供给用户。（郑人杰《实用软件工程》）

(84) <u>当然</u>，会议、参观、检查等均不能全盘否定，可都"一窝蜂"似的那么多，厂长经理们<u>纵然</u>三头六臂也应付不了。（1996 年《人民日报》）

"X 然"共现时，语篇分布清晰地表现出内部成员的共性和差异："诚然""当然"和"自然"占广域，"虽然"和"固然""纵然"占狭域。该分布格局与"X 然"的语法性质密切相关。下面是几部辞书对"X 然"的词性标注情况：

**表四**

| | 《现代汉语同义词词典》<br>（朱景松，2009） | 《现代汉语虚词词典》<br>（侯学超，1998） | 《现代汉语词典》<br>（2008） |
|---|---|---|---|
| 诚然 | 副词；连词 | 副词；连词 | 副词；连词 |
| 当然 | 形容词；副词 | 副词 | 形容词；副词 |
| 固然 | 连词 | 连词 | 连词 |
| 虽然 | 连词 | 连词 | 连词 |
| 自然 | 形容词；副词；连词 | 副词 | 名词；形容词；副词；连词 |
| 纵然 | 连词 | 连词 | 连词 |

三部辞书均将"固然""虽然""纵然"标注为连词；"诚然"、"当然"的标注也比较一致，"诚然"为副·连兼类词，"当然"为形·副兼类词，但只有侯学超（1998）认为"当然"只有副词用法；"自然"的词性标注分歧较大，少则副词一种词性，多则包括名、形、副、连四种词性。

## 五　元话语成分"X 然"的形成机制

在语言交际中，每一次话语行为都有两个层面：基本话语层面和元话语层面，基本话语是指那些具有指称和命题信息的话语，而元话语是指"关于基本话语的话语"，是指对命题态度、语篇意义和人际意义进行陈述的话语。元话语的主要功能在于语篇组织、话语监控、话语评价、话语互动。

Fraser（1996）将句子表达的意义分为命题意义和非命题意义：前者是指"说话人为引起听者注意而进行的对世界的描绘"，也就是句子的内容意义；后者是指说话人潜在的交际意图，用来表达非命题意义的言语形式就是"语用标记语"。

所谓元话语和非命题意义成分大量出现在自然语言中，不论是口语还是书面语中，都具有很强的修辞功能，只是不同语体表现形式不同。韩礼德（2012：30—33）提出，口语的特点是韵律，伴随有副语言（paralinguistic）特征，这些特征很难在书面语中表现出来，但标点符号可以起到这样的作用。

历时语料显示，"X 然"中，"纵然"组合一开始就作为连接成分，"虽然"则由承前指代的让步小句虚化为转折连词，其他 4 个"X 然"共同经历了由句子中心成分到修饰成分再到连接成分的发展过程。值得关注的是，作为连接成分的"X 然"出现在句首且与主语之间加有停顿的现象逐渐增多。这是"X 然"作为元话语成分再度语法化的表现。伴随"X 然"后的停顿，有些"X 然"可以与语气词搭配使用，与"当然/自然"搭配的语气词包括"了、呢、啊、啦"，与"虽然""固然"搭配的有"呢"和"吧"。"X 然"之后出现停顿或语气词，表明"X 然"与后面小句被分割为两个语音节奏单元，"X 然"成为作用于全句的表达主观情态的元话语成分。

作为一种功能性语言成分，元话语在语言运用中常见而且不可或缺。然而，元话语和基本话语处于一种连续统状态，二者不但在内容上很难找到一个明确的界定标准，形式上元话语也没有一个明确的形态特征。从来源上说，汉语元话语成分有自源的，也有他源的。李秀明（2011：203）提出，汉语元话语形式有的来自中国古代白话文和口语，另一些来自外族语言。本考察表明，句法成分到语用成分是元话语产生的一个重要路径。而基本话语发展为元话语是语言表达互动需求促动的。Michael Hoey（2001：11）认为，互动是语篇的中心，语篇可以定义为作者和读者之间的可见的互动证据，这种互动是由作者操作的有目的行为。而语篇互动需求归根结底是由语言作为交际工具的社会属性决定的。

克里斯特尔（2000：302）认为，语言的自反性（reflectiveness/reflexivity）是人类语言区别于其他符号系统的一种特性，指语言能用来"谈论"语言自身。我们认为，这一特性导致话语得以区分为基本话语和元话语两个既有区别又有练习的层面。不过正如 Crismore（1989：96）指出的那样：要想清楚地将基本话语和元话语区分开来是不可能的，基本话语和元话语之间也是非离散性（non-discrete）的，很多时候是混杂在一起的，基本话语和元话语构成一个连续统（Continuums）。

让转义"X 然"的语法化是汉语元话语成分历时演化的一个缩影——不同语法性质的"X 然"汇聚到共时层面，从分布来看，呈现从句中到句外分布的总体发展趋势，即分布位置不断前移，从做谓语，到做状语，再到充当全句状语或句际连接成分。让转义"X 然"清晰地展现其语义由实渐虚同时伴随句法位置以及非线性语音特征相应改变的过程，这个过程同时也是句法成分到章法成分、从基本话语到元话语的发展历程。

# 参考文献

戴维·克里斯特尔　2000　《现代语言学词典》，商务印书馆。

方　梅　2000　《自然口语中弱化连词的话语标记功能》，《中国语文》第 5 期。

方　梅　2007　《语体动因对句法的塑造》，《修辞学习》第 6 期。

高　萍　2006　《剧本中冲突性话语研究》，延边大学硕士学位论文。

李宇明　1996　《拟对话语境中的"是的"》，《第五届国际汉语教学讨论会论文选》，北京大学出版社。

李秀明　2011　《汉语元话语标记语研究》，中国社会科学出版社。

李宗江　2011　《汉语新虚词》，上海教育出版社。

林大津　谢朝群　2003　《互动语言学的发展历程及其前景》，《现代外语》第 4 期。

沈家煊　2001　《语言的主观化与主观性》，《外语教学与研究》第 4 期。

沈家煊　2003　《复句三域"行、知、言"》，《中国语文》第 2 期。

王清华　2013　《现代汉语让转义"X 然"类词语研究》，上海师范大学硕士学位论文。

邢福义　2001　《现代汉语复句研究》，商务印书馆。

周　刚　2002　《连词与相关问题》，安徽教育出版社。

A. Crismore. 1989. *Talking with Readers：Metadiscourse as Rhetorical Act.* New York：Peter Lang.

Deborah Shiffrin. 1987. *Discourse Markers.* New York：CambridgeUniversity Press.

Fraser Bruce. 1999. What are discourse markers, *Journal of Pragmatics*, Vol. 31.

Fraser Bruce. 1996. Pragmatic Markers, *Pragmatics*, Vol. 6.

Givon, Talmy. 1979. *On Understanding Grammar*. London：Academic Press.

Grimes, J. E.. 1975. *The Thread of Discourse*. The Hague：Mouton.

Hopper, Paul J. and Elizabeth Closs Traugott. 1993. *Grammaticalization*, Cambridge：Cambridge University Press.

Ken Hyland. 2008 《元话语》，外语教学与研究出版社。

Langacre, R. E. 1996. *The Grammar of Discourse*（2th edition）. New York：Plenum.

Li, Charles N. &Thompson, S. A. 1981. *Mandarin Chinese：A Functional Reference Grammar*. Berkeley, California：University of California Press.

Michael Hoey. 2001. *Textual Interaction.*

Robert A. Dooley & Stephen H. Levinson. 2008. 《话语分析中的基本概念》（Analyzing Discourse：A Manual of Basic Concepts），外语教学与研究出版社。

（曹秀玲　上海师范大学对外汉语学院）

# 社会固有模式对构式的影响

## ——以"放着 NP 不 VP"为例<sup>*</sup>

宗守云　张素玲

**提要**　社会固有模式影响着构式。社会固有模式决定构式意义，"放着 NP 不 VP"反映了施动者放弃社会固有模式中的高价值行为，而选择社会固有模式中的低价值行为，以及言说者对施动者行为的认同与否。社会固有模式制约构式成分，施动者、"放着 NP 不 VP"、后续转折小句或多或少都受到社会固有模式影响。社会固有模式促进构式形成，"放着 NP 不 VP"的先构式化和再构式化都和社会固有模式有关。

**关键词**　社会固有模式　放着 NP 不 VP　构式

# 引言

构式是近年来汉语语法研究的热点之一。构式理论促进了汉语语法研究，但也留下了一些有待解决的问题。尤其是，构式是怎么来的？构式义是怎样浮现出来的？这些问题迄今尚未得到很好的解决。本文试图通过一个实例说明，构式和社会固有模式（social stereotype）有关，社会固有模式对构式意义、构式成分、构式形成都有影响。

先看两个例子（本文用例全部来自 CCL 语料库，恕不一一注明出处）：

（1）许多去桂林的外国游客，<u>放着豪华舒适的酒店不住</u>，却要去

---

＊ 本文为上海市高校一流学科（B 类）建设计划规划项目成果。本文曾在"汉语句式研究学术研讨会"（江西南昌 2013 年 5 月）上宣读，得到与会代表吴为善教授、吴长安教授等指正，谨此致谢，文责由作者自负。

　　　　江边寻个"土"味十足的农舍小居。

　　（2）这个好心的女人，<u>放着清福不享</u>，却自找苦吃……

　　这两个例子划线部分都可以码化为"放着 NP 不 VP"，我们把包含"放着 NP 不 VP"的句子称为"放着 NP 不 VP"句式。该句式一般由三个部分构成：施动者，放着 NP 不 VP，后续转折小句。例（1）（2）划线部分是"放着 NP 不 VP"，其前面是施动者，后面是后续转折小句。"放着 NP 不 VP"句式符合构式特征：1. 是形式和意义的结合体；2. 部分不能预测整体。以下我们称为"放着 NP 不 VP"构式。这类构式前人鲜有研究，目前仅看到吕叔湘（1999）、冯春田（2001）的相关研究涉及了这一构式。本文从社会固有模式出发讨论这一构式，从而说明社会固有模式对构式的作用。

# 一　社会固有模式决定构式意义

　　构式意义包括两种意义，一是构式本身体现的命题意义，二是和说话人有关的情态意义，这两种意义都和社会固有模式有关。就"放着 NP 不 VP"构式而言，一方面可以从施动者的角度入手，研究"放着 NP 不 VP"的命题意义；另一方面可以从言说者的角度入手，研究"放着 NP 不 VP"的情态意义。

## （一）命题意义

　　吕叔湘（1999）、冯春田（2001）都认为，"放着 NP 不 VP"构式表示"应该做的事没有做，反而做了不应该做的事"。但这样的概括似乎不能解释下面的语言现象：

　　　　A 你应该享福，不应该受苦。
　　　　　→你放着福不享，偏要受苦。
　　　　B（苦难能磨炼人的意志）你应该受苦，不应该享福。
　　　　　→ *你放着苦不受，偏要享福。

　　A 和 B 都是"应该做的事没有做，反而做了不应该做的事"，但为什么只有 A 可以换用"放着 NP 不 VP"句式表达，而 B 不可以呢？这和社会固有模式有关。根据社会固有模式，享福比受苦好，在可选的情况下，人们一般会选择享福，而不选择受苦。"放着 NP 不 VP"构式反映了对社会固有模式的违背，只有违背了社会固有模式，才能用"放着 NP 不 VP"构式，而遵循社会固有模式不能用这一构式。A"你不享福，而要受苦"违背了社会固有模式，宜用"放着 NP 不 VP"构式；B"你不受苦，而要享福"遵循了社会固有模式，不宜用"放着 NP 不 VP"构式。

"固有模式"（stereotype）也叫"定型"或"刻板印象"，是政治评论家 W. Lippmann 在《大众舆论》（1922）一书中首先采用的术语，指人们对某一群体成员所持有的简单性看法。W. Lippmann（1922：55）指出："人所处的环境，无论是自然环境还是社会环境，都太复杂了，以至于不允许他对世界上所有的人、所有的事逐一地亲身体验和认识，为了节省时间，人们使用一个简化的认识方法，将具有相同特征的一群人或任何民族、种族塑造成一定的形象，这个方法就是定式。"美国哲学家、哈佛大学教授 Hilary Putnam（1975）把固有模式的范围由群体成员扩展到一般事物，比如，老虎是有条纹的，金子是黄色的。

语言学家的研究也涉及了固有模式问题。Lakoff（1987：85）把"固有模式"称为"社会固有模式"（social stereotype），并用来解释原型问题。Lakoff（1987：81）还认为，"社会固有模式"不仅导致了原型效应，而且还反映了社会的"正常期望"（normal expectation）。在认知领域中，"正常期望"起着重要作用，凡符合正常期望的，可以用无标记手段来表现；反之，违背正常期望的，往往用转折标记、特定结构等来表现。

固有模式是对人或事物所持有的简单性看法，比如，"政治家玩弄权术""单身汉没有固定的性伴侣""老虎有条纹""金子是黄色的"等等。固有模式是人类普遍的、不可避免的认知方式，"要在本来混沌无序的世界中认识和把握难以准确定义其特征的种种现象，就必须将其简化"（高一虹，1995）。固有模式不仅使我们更好地理解世界，也有助于我们对语言现象做出恰当的分析。

"放着 NP 不 VP"构式所反映的事实都是违背社会固有模式的。具体说来有如下几种情形。

1. 弃益而就损

根据社会固有模式，人总是向往增益，尽量避免减损。如果出现相反的情形，就是"弃益而就损"。例如：

（3）居然还有这样的傻子，谈什么学雷锋，讲什么人生价值、奉献精神。<u>放着金碗不端</u>，却去拾没人要的讨饭碗。

（4）<u>放着几毛钱一块的便宜豆腐不买</u>，偏买一元钱一盒的嫩豆腐。

例（3）"端金碗"是增益，"拾讨饭碗"是减损；例（4）买便宜豆腐是节约行为，是增益，买贵豆腐是浪费行为，是减损。"放着 NP 不 VP"表明施动者违背了"向往增益、避免减损"的社会固有模式。

2. 弃高而就低

根据固有模式，人总是希望升迁，避免贬降。如果出现相反的情形，就是"弃高而就低"。例如：

（5）干嘛<u>放着堂堂的科长不当</u>，而去做穷教书的？

（6）<u>放着艺术家不做</u>，放着好好的生活不过，却去做和尚！

根据语境，"当科长"高于"教书"，"做艺术家"高于"做和尚"，"放着 NP 不 VP"表明施动者违背了"希望升迁、避免贬降"的社会固有模式。

3. 弃适而就艰

根据固有模式，就吃喝住行而言，人总是追求舒适，避免过艰苦的生活。如果情况相反，就是"弃适而就艰"。例如：

（7）八千岁的食谱非常简单，他家开米店，<u>放着高尖米不吃</u>，顿顿都是头糙红米饭。

（8）先生你是腿上的肉虫儿不得死了？<u>放着汽车不坐硬走路</u>！

相比之下，"吃高尖米"是舒适的，"吃头糙红米饭"则是艰苦的；"坐汽车"是舒适的，"走路"是艰苦的。"放着 NP 不 VP"表明施动者违背了"追求舒适、避免艰苦"的社会固有模式。

4. 弃易而就难

根据固有模式，在从事各种活动的时候，人们普遍追求"省力"，能用简易的方法完成的尽量不用繁难的方法完成，如果出现相反的情况，就是"弃易而就难"。例如：

（9）不敢怀疑那两家音像出版单位的制作先生们的文字功力不够，

但他们<u>放着通用的简化字"纤"不用</u>，把本来简单的事弄得
更加复杂而且贻笑大方。

(10) 他们<u>放着本地的经验不学</u>，而舍近求远花巨资开南天窗，漂
洋过海到国外取经。

相比之下，写简化字比写繁体字容易，学习本地经验比学习国外经验容
易，"放着 NP 不 VP"表明施动者违背了"追求省力、避免繁难"的社会固
有模式。

5. 弃正而就偏

人是社会性动物，社会制约着人的行为规范，根据固有模式，符合社会
要求的行为规范为"正常"，这是遵循了社会固有模式；不符合社会要求的
行为规范为"偏离"，这是违背了社会固有模式，是"弃正而就偏"。例如：

(11) 你<u>放着好孩子不当</u>非要当强盗，自个往自个脑袋上扣屎
盆子。

(12) 可你别忘了，自己是个什么东西！<u>放着自己的老婆不搂</u>，搂
他妈别的妞儿，犯法不犯法？

"不当好孩子当强盗""不搂自己的老婆搂别的妞儿"都不符合社会要
求的行为规范，表明施动者违背了社会固有模式。

以上情形，"益、高、适、易、正"是高价值行为，"损、低、艰、难、
偏"是低价值行为，施动者放弃高价值行为，选择低价值行为，是和社会
固有模式相反的情形。"放着 NP 不 VP"构式就是用来表达这种意义的，这
是"放着 NP 不 VP"的命题意义。我们可以这样总结"放着 NP 不 VP"的
命题意义："放着 NP 不 VP"构式反映了施动者对社会固有模式的违背，在
可选的情况下，施动者放弃社会固有模式中的高价值行为，而选择社会固有
模式中的低价值行为。

## （二）情态意义

情态意义是和言说者有关的意义。从言说者的角度看，"放着 NP 不
VP"有时是言说者认同的，有时是言说者不认同的。例如：

(13) 你真是昏了头，<u>放着汽车不养</u>，偏要干这费力不讨好的事。

（14）家奎放着大官不做，能留城市不留，一心为着大伙谋福利，跟他干，准没错！

例（13）是言说者不认同的，例（14）是言说者认同的。这里需要区分言说者和施动者，施动者是"放着 NP 不 VP"行为的践行者，选择"放着 NP 不 VP"，是施动者主动的、意愿的行为；言说者是"放着 NP 不 VP"行为的评价者，要对施动者这种违背社会固有模式的行为作出认同或不认同的主观评价。言说者的情形是复杂的，有时是文本中的某个人物，有时是文本的作者。例如：

（15）王为民代表表示：搞台独的人，放着正道不走偏走歪道，完全是鬼迷心窍，玩火者必自焚！

（16）"阳春白雪"的《读书》杂志就由一个文人小圈子呵护着：一批相对稳定的读者宁愿"少吃几片猪肝"也要掏钱订阅，一批相对稳定的作者放着几倍于《读书》的稿酬不拿也要把精品献给它。

例（15）言说者是文本中的人物"王为民"，例（16）言说者是文本的作者。

在施动者为"我"的情况下，施动者和言说者是合一的，言说者对自己的行为作出评价。例如：

（17）蔷薇夫人叫了起来，跳着脚道："你在说什么？你说?！老娘放着好日子不过，跟着你到这个鬼地方来受苦，一个如花似玉的大美人，被你糟蹋成这个样子，你还有什么好后悔的？你说，说呀！"

"放着 NP 不 VP"构式反映了施动者对社会固有模式的违背。那么，施动者为什么要违背这种固有模式呢？因为固有模式往往是不准确的，"社会固有模式通常被认为是不准确的，它们在理性活动方面的运用可能会招来公开的挑战"（Lakoff，1987：85）。正因为如此，Lippmann（1922）最初是将固有模式作为消极概念使用的，他认为固有模式是错误的，非理性的。由于施动者不认可原有的社会固有模式，故反其道而行之。而言说者要对施动者违背社会固有模式的行为作出认同或不认同的评价。"放着 NP 不 VP"构式作为一种强主观性句式，能反映言说者的态度、情感、认识，尤其是言说者对施动者行为的态度，如果认可施动者的行为，就是肯定的；而不认可施动者的行为，并不一定都是否定的，有时反映了言说者的迷惑和不解。例如：

> （18）有些好心的同志也对我说："你为什么<u>放着太平日子不过</u>，去冒这么大的风险呢？"
>
> （19）坐台小姐说："你这位先生可真有意思，<u>放着好多漂亮小姐你不见</u>，非要在这里等红红，你就这么喜欢她？"

例（18）（19）言说者并没有表现出明显的否定态度，但明显不认可施动者的行为。

我们可以这样总结"放着 NP 不 VP"构式的情态意义："放着 NP 不 VP"构式反映了言说者对施动者违背社会固有模式的行为所持有的认同或不认同的主观态度。

## 二　社会固有模式制约构式成分

社会固有模式对构式的组成成分有一定的制约作用。就"放着 NP 不 VP"而言，该构式是由施动者、"放着 NP 不 VP"和后续转折小句三类成分构成的，这三类成分或多或少都受到社会固有模式的制约。

### （一）施动者

"放着 NP 不 VP"是一种行为，这种行为一定有一个"施动者"，即"谁"发出的这种行为。施动者可以紧邻"放着 NP 不 VP"出现，即使不紧邻出现，也一定可以根据上下文或情景确定。例如：

> （20）可她<u>放着福气不享</u>，待在金岭头照顾老人。
>
> （21）你也是 42 岁的人了，<u>放着市教育局副局长的官不当</u>，却自荐来这儿当校长，这不是眼睁睁往火坑里跳吗！
>
> （22）此次参赛，我演出了新戏《祭酒掌兵》片断，许多朋友和戏迷都在台下为我捏一把汗，<u>放着这么多拿手的张派名段不唱</u>，唱这个新段多不讨巧。

（23）门外的两条大汉还是木头人一样的站着，只听方玉飞在屋里叹息着："放着这么好的酒不喝就走了，实在可惜。"

例（20）施动者"她"紧邻"放着福气不享"。例（21）施动者被承前省略了，是前一分句的主语"你"；例（22）施动者是前一分句中"我"，"我"在前一分句中是个很不起眼的成分。例（21）（22）的施动者是根据上下文确定的。例（23）是古龙《银钩赌坊》里的一个片段，施动者是陆小凤，这是根据情景确定的。

从语义看，施动者应该是具有高生命度的词语，主要是表人词语，上述例子施动者都是表人词语。施动者也可以是企事业单位等组织，这些组织都是人为设置的，根据移情原则（empathy principle，Kuno，1976），人们很自然地把属于人类的某些性质延伸到它们身上。例如：

（24）作为国有粮店，为何今天放着堂堂正正的主渠道不"当"，偏要去其他行业闯荡？

（25）是啊，有什么理由让一个企业放着赚钱的生意不做，专做赔本的买卖呢？

这里还要区分"主语"和"施动者"。"主语"是句法概念，"施动者"是语义概念，主语不一定是施动者，主语可以是某些由人操控的事物，但施动者还是人。例如：

（26）中巴车为了逃避收费，放着宽阔平坦的高速公路不走，专走早已废弃的老路。

（27）当一本著作放着一切熟路不走却去走一条一下子不知道怎么走好的新路时，它很可能含有某种使人类知识的一个重要的、然而目前是死了的部门得以新生和丰产的东西。

例（26）"中巴车"是主语，但不是施动者，施动者是驾驶中巴车的人；例（27）"著作"也是主语不是施动者，施动者是写著作的人。

"放着 NP 不 VP"如果是表示现实的句子，就一定有施动者，不论施动者以什么样的方式呈现。如果是表示非现实的句子，就可以没有施动者，这时主语是无指的，而且句子是否定的，整个句子的意思是"没有谁放着 NP

不 VP"，古汉语有专用否定性无指代词"莫"，现代汉语用否定的句法结构
或反问语气表示。例如：

> (28) 生产适合平民百姓的"大众车"不赚钱，远不如生产高档豪
> 华车，谁<u>放着肥肉不吃</u>去啃骨头呢？（＝没有谁放着肥肉不
> 吃去啃骨头）
> (29) 有哪个企业家肯<u>放着房地产不做</u>，去搞那个吃力不讨好的基
> 础设施呢？（＝没有谁放着房地产不做去搞基础设施）
> (30) 任何一个聪明的经营者都不会<u>放着熟练的劳动者不用</u>而去从
> 头培训一窍不通的人。（＝没有谁放着熟练的劳动者不用去
> 从头培训一窍不通的人）

"放着 NP 不 VP"如果是表示非现实的句子，一般是用来说理的，而不
是用来叙述的。

在有施动者的情况下，"放着 NP 不 VP"的施动者都是生命度高的词
语，主要是表人词语，① 也可以是企事业单位等组织，因为它们是由人组织
起来的，也具有高生命度特征。"放着 NP 不 VP"构式反映了对社会固有模
式的违背，而违背社会固有模式是有意的、可控的行为，只有高生命度的施
动者才具有这样的能力，因此，社会固有模式对施动者的性质起着制约作
用，要求施动者具有高的生命度。

## （二）"放着 NP 不 VP"

"放着"和"不"是常量，"NP、VP"是变量。"放"意义已经泛化，
"放着"表示"存在"意义（参看 3.1）。从 NP 和 VP 之间的关系看，一般
情况下，NP 是所及对象，VP 是动作行为，二者具有支配关系。例如：

> 放着钱不挣——"挣钱"是支配关系
> 放着福不享——"享福"是支配关系

---

① CCL 语料库有这样的例子："可这匹白马就像把魂丢到山下大草原上似的，愣是放着马王
不当，放着'黑美人'不要，却天天准时跑到峡谷口外痴痴张望。"这是冯苓植小说《雪驹》里面
的句子，"放着 NP 不 VP"的施动者是"白马"，不是表人词语，但这是文学作品中拟人手法，属于
修辞用法。

放着路不走——"走路"是支配关系

放着水不喝——"喝水"是支配关系

有些组合，比如离合词，并不是严格意义的支配关系，但可以"识解"（construe）为支配关系：

放着觉不睡——"睡觉"可以识解为支配关系

放着试不考——"考试"可以识解为支配关系

NP 和 VP 也有非支配性关系，主要有两种，一是处所和行为，例如：

（31）有些地方没有正确处理经济发展与改善生态环境的关系，<u>放着大量宜林荒山不造林</u>。

（32）谁个那么傻，<u>放着河水不洗脚</u>，故意往烂泥坑里跳？

例（31）（32）NP 都是处所，VP 是行为，NP 和 VP 之间没有支配性关系，是处所和行为关系：

放着大量宜林荒山不造林——在大量宜林荒山造林

放着河水不洗脚——在河水里洗脚

二是时间和行为，例如：

（33）他能够为别人牺牲自己，<u>放着礼拜天不休息</u>，帮人家干活。

（34）真搞不懂，<u>放着中秋节不回家</u>，竟然玩起了西方的节日。

例（33）（34）NP 都是时间，VP 是行为，NP 和 VP 之间也没有支配性关系，是时间和行为关系：

放着礼拜天不休息——在礼拜天休息

放着中秋节不回家——在中秋节回家

"放着 NP 不 VP"还有变式，即"NP 放着不 VP"，例如：

（35）自己能看得到，摸得着的，放着不搞，非要去"理解历史"，
　　　是拿历史当儿戏，为自己赚卖点。

（36）令人不解的是，有的人一双手好好的放着不用，偏要用口、
　　　用脚、用肩腮去写，这不是哗众取宠又是什么？

例（35）（36）NP 放在了"放着"的前面，这是因为 NP 相对比较长，放在前面更容易组织句子，使句子结构更加平衡。

NP 和 VP 之间，不论是支配关系还是非支配关系，不论是常式共现还是变式共现，都必须保证符合社会固有模式的高价值行为，这样才能保证"放着 NP 不 VP"对社会固有模式的违背。因此，社会固有模式制约着"放着 NP 不 VP"中 NP 和 VP 之间的关系，即它们的联结必须保证符合社会固有模式的高价值行为。

### （三）后续转折小句

后续转折小句反映了施动者对社会固有模式中低价值行为的选择，这是社会固有模式对后续转折小句的制约。后续转折小句有时用"却、而、偏、非"来标记，有时不用任何标记，凭意会转折。例如：

（37）在车辆厂摆摊的女个体户和职工家属，也被深深地吸引住
　　　了，好好地放着钱不赚，却打报告要求加入这支女职工
　　　队伍。

（38）他们放着洋房不住，住在一栋普通的农村平房。

例（37）用"却"标记转折，例（38）没有转折标记，但在意义上仍然是转折关系，可以加上"却、而、偏、非"等转折标记，意义不变。

在语义自足的情况下，后续转折小句有时也可以不出现，例如：

（39）平时餐馆到了下午一、两点钟就打烊了，但今天生意太好，
　　　怎能放着钱不赚？

（40）队长打吧！哪儿找这样的好机会？放着便宜不捡？再不打就
　　　走远啦！

施动者可以只放弃社会固有模式的高价值行为，而不选择低价值行

为，这样的语义是完全自足的，可以不用后续转折小句达到语义完整的目的。

施动者、"放着 NP 不 VP"、后续转折小句共同构成了"放着 NP 不 VP"构式。"放着 NP 不 VP"构式常常独立成句，但有时也用作关系从句。例如：

(41) 随着加拿大经济的好转和失业率的下降，许多人对独立问题已产生了"放着好日子不过，自找麻烦"的厌倦情绪。

(42) "外来和尚好念经"，本来是个贬义词。意思是批评那些放着本地区、本单位的能人不用，去用那些外地人的平庸之辈。

用作关系从句的"放着 NP 不 VP"构式，其施动者都是无指的或不定指的。

## 三 社会固有模式促进构式形成

社会固有模式对构式的形成具有促进作用，这从"放着 NP 不 VP"的构式化过程可以看出。"放着 NP 不 VP"的构式化分为两个阶段，先构式化为"施动者 + 放着 NP 不 VP"，再构式化为"施动者 + 放着 NP 不 VP + 后续转折小句"，这两个阶段都和社会固有模式相关。

### （一）先构式化

"放着 NP 不 VP"的先构式化，既和语言自身的发展有关，也和社会需要有关。从语言自身发展看，"放"意义的泛化是"放着 NP 不 VP"构式化的必要条件之一。根据谷衍奎（2003：388），"放"的本义是"流放"，后来引申出"放任"，再引申出"搁置"。"放着 NP 不 VP"中"放"和"搁置"意义有关。"放"表示"搁置"，既可以用于具体事物，如"桌上放着一本书"；也可以用于抽象事物，如"事情先放一放"。"着"是持续体标记。根据吴福祥（2004），典型的持续体标记"着"是在宋代出现的，因此"放着"组合出现不会早于宋代。事实上，表示"搁置"意义的"放"和

"着"组合，用于具体事物是在元代出现的①。例如：

> （43）那家门前兀子上，<u>放着一个三脚铁虾蟆儿</u>便是。（《朴通
> 事》）
>
> （44）见一人托定金凤盘内，<u>放着六般物件</u>，是平天冠、衮龙服、
> 无忧履、白玉圭、玉束带、誓剑。（元话本《三国志平话》）

　　元代，"放着"的对象仅限于事物，未见到涉及人的用例。到明代，
"放着"的对象扩展到人，其意义也开始泛化。例如：

> （45）你家中见<u>放着他亲姑娘</u>，如何推不认得？（《金瓶梅》第11
> 回）
>
> （46）<u>放着活人</u>呢，可去求那泥塑的神哩！（《醒世姻缘传》第75
> 回）

　　根据冯春田（2001），"放着"应该首先和指物词语组合，因为"放"
是地道的"涉物"动词；然后又发展出和指人词语组合。我们同意冯春田
（2001）的观点，只是想说明，"放着"的对象扩展延伸到人之后，"放"
的意义在某种程度上已经泛化了，由"搁置"义发展为"存在"义，例
（45）（46）"放着"都表示"有"这样的存在意义。"放"的泛化，为"放
着NP不VP"的构式化提供了基础。
　　"放着NP不VP"的构式化，还需要有和社会固有模式相关的语义背
景，即：存在着某个事物（"放着NP"），施动者应该按照社会固有模式的
原则去处置这个事物，但施动者并没有处置这个事物（"不VP"）。这样的
语义背景用特定的句式表达，就是"放着NP不VP"。这是"放着NP不
VP"构式化的社会条件。例如：

> （47）你愁甚么！<u>放着饭不吃</u>？倒只怕你过了这一会，你又不愁

---

①　宋代有用于抽象事物的用例，《朱子语类》里有"认来认去，更莫放着，便只是自家底"
"'必有事焉而勿正心'之时，平铺放着，无少私意"这样的用法。"放着"的对象本来应该是具体
事物，但这里"放着"的对象都是抽象事物，分别是"道理""意义"。这可能和《朱子语类》的
语体有关，《朱子语类》是语录汇编，内容以谈论道理为主。

了，依旧仍不读书。（《醒世姻缘传》第 38 回）

(48) 众人齐拍手道："<u>放着几倍利钱不取</u>，可惜！可惜！"（《初刻拍案惊奇》卷一）

根据社会固有模式，人应该吃饭，否则就会饥饿，例（47）施动者应该吃饭却没有吃，用特定句式表达就是"放着饭不吃"。又，根据社会固有模式，放贷者应该取利钱，否则就会白干，例（48）施动者文若虚本来应该取几倍利钱，却没有取，用特定句式表达就是"放着几倍利钱不取"。这样的特定句式在形成以后，随着使用越来越多，就逐渐在语言中稳定下来，并且所浮现出的表面无法预测的构式意义也逐渐凝固，即施动者在可选的情况下，放弃了社会固有模式中的高价值行为，这使得"放着 NP 不 VP"的构式化程度更加深入。

（二）再构式化

"放着 NP 不 VP"表明，施动者应该按照社会固有模式处置的事物没有处置，而伴随着这种否定意义的，是相反的肯定意义：不应该处置的事物反而处置了。如果出现了这样的意义，就意味着施动者选择了社会固有模式中的低价值行为。这样的意义用语言形式包装起来，就是后续转折小句的出现。后续转折小句的出现，标志着"放着 NP 不 VP"再构式化的完成，使整个句式更加完整。例如：

(49) 那潘金莲<u>放着椅儿不坐</u>，只坐豆青磁凉墩儿。（《金瓶梅》第 27 回）

(50) 村孩子！<u>放着两件活宝贝不看</u>，拿着那两个珠子摆划！（《醒世姻缘传》第 6 回）

例（49）（50）是典型的"放着 NP 不 VP"句式，从明代产生一直使用到现在。

"放着 NP 不 VP"的先构式化和再构式化都是在明代出现的，其历时发展进程并不能明显表现出来，那么，为什么是这样的发展而不是相反呢？从理论上说，应该是先有独立的"放着 NP 不 VP"，再有后加小句的情形。"放着 NP 不 VP"表示施动者放弃社会固有模式中高价值的行为，后续小句表示施动者选择了低价值行为，显然，放弃高价值行为是自主的独立的行为，并不依赖选择低价值行为，而选择低价值行为，必然会放弃高价值行为，自主独立的应该在先，附着依存的应该在后，具体到"放着 NP 不 VP"句式，就是先构式化在前，再句式化在后。

语言的发展，是语言和社会共同作用的结果，构式的产生也不例外。"放着 NP 不 VP"的构式化，一方面是由于"放"意义的泛化，这是语言因素的作用；另一方面是由于施动者对社会固有模式的违背，这是社会因素的作用。二者的共同作用促成了"放着 NP 不 VP"构式的形成，并使之成为汉语中的一个稳固的构式存在并发展下去。

# 四　结语

本文从社会固有模式的角度着眼讨论了"放着 NP 不 VP"构式。以往讨论句式或构式，大都从语言本身出发研究，说明该句式或构式构成要素是什么，句法功能如何，构式意义怎样，有什么样的表达作用等等。这样的研究当然也是有价值的，但视野不够开阔，而且容易陷入"句法自足、语义自足"的"语言自足论"陷阱。本文从社会固有模式的视角出发讨论"放着 NP 不 VP"构式，试图在更为广阔的视野中研究构式问题。通过分析我们发现，社会固有模式对"放着 NP 不 VP"构式有着极其重要的影响：它决定构式意义，制约构式成分，促进构式形成。

近年来，社会固有模式成为心理学和社会学领域的研究热点①，我们认为，语言学研究也应该积极借鉴相关理论，对构式等语言现象作出研究，从而促进语言研究的深入。当然，社会固有模式并不能解决所有的构式问题，哪些构式和社会固有模式有关，哪些无关，这是需要进一步解决的问题。

# 参考文献

冯春田　2001　《〈醒世姻缘传〉含"放着"句式的分析》，《语言教学与研究》第 6 期。

高一虹　2005　《"文化定型"与"跨文化交际悖论"》，《外语教学与研究》第 2 期。

谷衍奎　2003　《汉字源流字典》，华夏出版社。

---

① 心理学和社会学领域一般称为"刻板印象"。

吕叔湘　1999　《现代汉语八百词》（增订本），商务印书馆。

吴福祥　2003　《也谈持续体标记"着"的来源》，《汉语史学报》（第四辑），上海教育出版社。

Kuno，S. 1987. *Functional Syntax*：*Anaphora*，*Discourse and Empathy*. Chicago and London：University of Chicago Press.

Lakoff，George. 1987. *Woman*，*Fire*，*and Dangerous Things*：*What Categories Reveal about the Mind*. Chicago University of Chicago Press.

Lippmann W. 1992. *Public Opinion*. New York：Macmillan.

Putnam Hilary. 1975. *Mind*，*Language and Reality*. Philosophical Papers，Vol 2. Cambridge：Cambridge University.

（宗守云　上海师范大学人文与传播学院

张素玲　上海师范大学对外汉语学院）

# 事件进程句语篇功能分析

## 韩 蕾

**提要** 事件进程句在新闻、小说等文体里，都是作为整个语篇的烘托而存在，起着充当背景事件的功能。在表达时间参照功能时，其语篇上下文总会有专职的时间词语或时间表达成分，因此事件进程句在语篇中其实是一种准时间参照，其本身的时间定位功能是模糊的。此外，事件进程句构成的准时间参照，还存在一个跨越句子边界的篇章管界问题。

**关键词** 背景事件 准时间参照 篇章管界

本文所谓的事件进程句，主要指以事件名词（如：火灾、车祸、暴雨等）做主语或宾语，以体动词（如：有、存在、发生）充当谓语核心，整个句子语义为表示事件存在或出现的句子。本文重点讨论事件进程句在表达背景事件、准时间参照以及篇章管界等方面的语篇功能。

## 一 背景事件功能

在实际语篇里，事件进程句一般处于全篇的开头位置，包括充当整个语篇的标题，或者在开篇第一自然段的句首位置，其主要功能就是报道一个新事件，开启一个话题。这一特点在新闻语体里表现得最为突出。如：

(1) a. 甘肃礼县遭遇特大暴雨致近 20 万人受灾 1 人失踪。

b. <u>彭波发生车祸伤及头部</u> 呼吸困难需密切观察治疗。①

c. <u>中塔边境发生车祸</u>四名中国商人遇难。

d. <u>陇南市持续暴雨</u>国道 316 线坍塌中断。

e. <u>国象世界青年锦标赛收兵</u> 17 岁少女郭琦夺得冠军。

以上都是新闻标题，也是整个语篇的话题。由于所谈论的事件是首次提及的新信息（new information），所以事件名词语大多被安排在句末焦点位置，如例（1）的 a 至 d 例中的"暴雨""车祸"等。同样，在新闻正文里，事件进程句也都被放在开篇的首句，比如：

（2）a. 中新网兰州 8 月 16 日电（张道正 杜东阳）记者 16 日从甘肃省礼县外宣办了解到，<u>该县近日普降特大暴雨引发全县洪水及泥石流、滑坡等地质灾害</u>，多处交通堵塞，河堤渠道被毁，电力通讯、城区供水中断，厂矿企业受损，居民住房进水或倒塌，全县 19.02 万人受灾，1 人失踪，预计造成直接经济损失达 62209.453 万元。

b. <u>因出演《疯狂的石头》中谢小萌一角被熟知的演员彭波27日在沪发生车祸</u>，目前在上海第一人民医院重症监护室观察治疗。车祸造成彭波左侧锁骨骨折，颅内留有血块，同时显示肺部有阴影。事故发生原因为彭波助手驾车从上海松江地区前往车墩《新神探联盟》剧组拍摄的途中，因躲避对面行驶的卡车不及，发生意外。

c. 中新网乌鲁木齐 6 月 9 日电（王红 位永超 唐乾清）6 月 8日，<u>中国9 名旅客从塔吉克斯坦返回途中，在中塔边境距</u>

---

① 李杰（2009）把不及物动词构成的隐现句（"小路上又来了一个人"）与领主属宾句（"王冕死了父亲"）统称为"发生句"（NP1 + Vi + 了 + NP2）。句式意义是"表示某处/某时或某人/某物发生了某事"，语义结构中有一个处于核心地位的轻动词——发生（OCCUR）。朱行帆（2005）认为，NP1 具有［＋生命］属性时，轻动词为 EXPERIENCE；NP1 没有［＋生命］属性时，轻动词为 OCCUR。根据这些观点，我们认为，例（1b）"彭波发生车祸"跟例（1c）"中塔边境发生车祸"等诸例的句式语义是十分接近的，可以统称为事件发生句（属事件进程句）。当然，如果强调主语"彭波"是有生命名词的话，也可单独叫作事件经历句。语料显示，无生命名词、有生命名词在这一类句式中，都可以使用相同的动词，比如"彭波发生/遭遇车祸"，"甘肃礼县发生/遭遇特大暴雨"这种表述都十分常见，所以，本文讨论的事件进程句，包括了主语是指人名词的情况。

边境线25公里处的塔吉克斯坦境内发生较为严重的车祸，4人遇难，武警红其拉甫边防检查站与塔方阔勒买口岸边检机关紧急会晤并积极施救。

d. 每日甘肃网－西部商报讯（记者李东朝）昨日上午8时许，因为陇南市两当县境内持续暴雨，国道316线K2394+500米处发生大规模山体塌方，公路边坡开始出现大规模垮塌，长达100米的公路路基坍塌，塌方量大约有2万多立方米，导致国道316线交通中断，过往车辆被迫绕道行驶。

e. 北京时间8月15日下午，国际象棋世界青年锦标赛在希腊雅典收兵，中国江苏17岁少女郭琦以不败战绩夺得冠军，中国国际象棋协会在第一时间发去贺电。

例（2）a至e分别是例（1）a至e五个新闻标题下正文的第一自然段，事件进程句都是全篇段首的第一句。而且，不论是表示事件存在的“发生”类动词（例2a至c），还是表示事件进程的体动词都没有例外，后者包括“持续”类动词（例2d的“持续”）以及“结束”类动词（例2e的“收兵”）。

如果说新闻语篇对新闻事件的报道，采用的是一种固定的语篇结构方式，那么下面再来看小说等叙事性文体里的情况。如：

（3）有一次挑松毛，赶上一场冬雨，家贵婶在前面滑了一跤，扁担也撅折了。（张弦《被爱情遗忘的角落》）

（4）由于不久前刚下过一场雨，略微泛湿的土皮上又长出一层茸茸绿草，这时候早晨的薄雾还没有散尽，远方的村落迷迷离离。（张炜《美妙雨夜》）

（5）下一场大雨它就会片片剥落，像一只得了皮肤病的乌龟。（王小波《2015》）

（6）要是没有这场雨，县里要站上把大伙的锦花都收了，在院墙外面立囤。（郑万隆《古道》）

（7）那天村里挑羊粪去肥田，那时候田里插满了竹竿，原先竹竿上都是纸做的小红旗，几场雨一下，红旗全没了，只在竹竿上沾了些红纸屑。（余华《活着》）

（8）一顿饭吃下来，七八个同学得到了一致的认识：这种丈夫真是要不得！（池莉《一丈之内》）

复句可以看作是一种"具体而微"的浓缩语篇。例（3）是顺承复句，例（4）是因果复句，例（5）是条件复句，例（6）是虚拟假设复句，例（7）是紧缩条件复句，例（8）也可以看成是一种时间条件复句。在上述复句中，表示事件进程的分句都是处于整个结构的前半部分，作为后续分句的前提存在。从体意义上看，有的是表示事件发生、开始的，如例（3）；有的是表示事件终结的，如例（4）（8）；有的表开始还是终结，并不明确，如例（5）（6）（7）。

如果把隐含有谓词的"事件名词 + 方位词"结构，以及不带谓词的"流水句"等一并囊括进来，会发现：表示事件进程的结构，都是作为整个语篇的背景和烘托存在的。如：

（9）一场春雨后，麦苗立刻见长了。（《现代汉语倒序词典》）

（10）昨夜一场风雨，出了些许小事：建筑设计所的围墙倒塌了！（陆文夫《围墙》）

（11）春夏季节，水足溪满，一场暴雨，猛涨三尺，溪面丈余，浊浪翻滚，架不成桥，砌不成墩。（彭见明《那山那人那狗》）

例（9）是隐含终结类谓词的方位短语，即"一场春雨过去后"。例（10），"昨夜"与"一场风雨"之间，可以说隐含了"下"类虚义动作动词，或者"有"类发生动词。例（11）"一场暴雨"出现在类似骈文的四字一句的"流水句"中。但所有这些语例中，事件名词语都是出现在句首，或结构的偏前位置，这充分证明了事件进程句是一条叙事副线，起陪衬、导入其他事件，给其他事件铺路搭桥的作用。下面再来看一些复杂的语篇，如：

（12）那天上午，在靠近保山的山间公路发生了一场车祸，一辆载货卡车和一辆长途汽车在转弯处迎头相撞。所幸两车速度不高未翻到崖下，也未造成严重伤亡，只是两车车头损坏，长途车司机受了轻伤，但相撞的两车横直，道路堵塞了交通达四小时。待交通监理人员从保山赶来勘查了现场判定了肇事责任，这才开来一辆吊车将损坏的两车吊至路旁<u>恢复了公路畅通</u>。<u>这期间</u>有数百辆各型客货车堵在山间公路上连绵十余公里，汽车喇叭此伏彼起响成一片，车上的人纷纷下来站在公路上互相聊天到处走动。雾里人车绰约彼此不见面目只闻脚步杂沓人语嘈乱，开关车门声砰砰不绝于耳，路边林中有攀枝折叶声和撒尿的哗哗声。很多人为了大小便或是出于无聊走入林中甚至穿过林子来到陡峭的崖边向下张望。山谷里流过的河水声如疾鼓，透过浓烟般的白雾似乎近在咫尺脚下，其实深达百丈。有个蹲在崖畔草丛中小解的少女仿佛听到了附近崖边有人短促地喊了一声便无声无息了。她站起来向那边张望，大雾弥漫之中不见人影，只听到一阵远去的悉卒声，有不止一个人拨枝踏草而去。<u>接着</u>，她听到公路上的汽车一辆接一辆地发动引擎，<u>公路畅通了</u>，人们在雾里互相呼喊纷纷跑出林子寻找各自的车辆。她也飞快地穿出林子跑上公路上了她搭的那辆卡车，随着前面的车辆颠簸驶远。

（王朔《玩的就是心跳》）

这是小说对"车祸"这一事件的文学描写。事件进程句也是作为该自然段的首句出现，成为整段叙事的大背景（background）。然后依次交代了车祸发生的原因、车祸的伤亡、车祸造成的交通堵塞、车祸后的处理、公路上人们的反应，还重点刻画了一位少女。整个叙事有条不紊，中间（文中加点部分）还穿插了一些交代事件进展的句子，包括"待""这期间""接着"之类的时间词，来展示事件的时间流程。

有时，表示事件开始和终结的句子会同时出现，分别占据篇章的首尾两个位置，如：

（13）辣辣奔上来捂女儿的嘴，冬儿灵活地闪开了。冬儿叫道："我要说，要说。"脸胀得紫紫的，脖子上青筋鼓起老高。<u>母女终于爆发一场面对面的恶战</u>，都直截了当地刺伤对方，话语里全是赤裸裸的仇恨。辣辣"婆娘长婊子短"的骂些脏话，冬儿的伶牙俐齿显然占了上风。<u>李启孝的夜半送米</u>，<u>福子的夭折</u>，<u>得屋身无分文的出走</u>，<u>贵子的孤僻</u>，<u>艳春的缺少家教</u>，<u>社员的偷东西</u>，<u>孩子们褴褛而肮脏的衣服</u>，<u>头发里的</u>

虱子，满地的痰和渣滓，家具上随意擦上的鼻涕……。冬儿跳着她的脚一一数落，辣辣眼珠都气翻了。直到艳春回来劝开母亲和妹妹，咬金四清都上来扯的扯，拉的拉，王家历史里最尖锐的也是空前绝后的一场母女舌战才告结束。（池莉《你是一条河》）

如果说例（12）的"车祸"是个瞬间性事件，所以整个篇章的描述重点是"车祸"之后的状态和结果。那么，例（13）里的吵架这场"恶战"则是个可持续事件，所以篇章绘声绘色地描写了事件的整个持续过程。表示事件开始和终结的两个事件句，就像两个背景边框，把这些内容（文中加虚线部分）嵌在中间凸显成前景（foreground），它们则在周边起到提示时间线索的作用。

廖秋忠（1992）曾经用"框——梱"关系来隐喻篇章中的语义依存关系。其中有一类是情景为框，人物、无生命物为梱的情况，比如：

（14）我们乘每周一次的班车从喀什出发，去帕米尔高原上的塔什库尔干塔吉克自治县（A）。乘客（B1）不多，道路（B2）非常崎岖，汽车（B3）的颠簸是我有生以来所未经历过的。（廖秋忠，1992）

例（14）里，句 A"我们乘车去塔什库尔干塔吉克自治县"是一个事件，这个事件在前头出现，是个"框"；后续句里的人物 B1、无生命物 B2 和 B3 都是依托前一个事件或者说"框"存在的"梱"。

我们赞同上述观点，即后续句里的 B1、B2、B3 等名词性成分，都是依靠始发句 A 而存在的梱。用这一方法也可以分析上述例句。比如，例（12）"那天上午，在靠近保山的山间公路发生了一场车祸"这是个"框"句，后边的"一辆载货卡车""一辆长途汽车""长途车司机""道路"等都是依附于上面的"梱"。

但是，我们还想在这些观点的基础上继续引申下去，即始发的事件句的确是一个定位的"框"，它起到确定大范围的作用。但后续的 B 句与之相比，要来得更重要一些。为什么呢？因为窗框中的窗梱（窗格子）本身就比周围的边框要凸显，如果这些窗梱再跟中间的玻璃、糊窗户的纸等其他物件发生联结、整合关系，形成一个窗户，就像镶嵌在照相框中的完整图片

（figure）一样，那毫无疑问，框中的内容才是处于前台的最重要的前景（foreground）。

# 二　准时间参照功能

从更大的语篇环境看，事件进程句所构成的时间参照，只能称为准时间参照。这是因为：

① 事件进程句的句首（有时是句中），总会出现时间词语（例中加点部分）。前文出现过的例子，以下略做删减，照原序号抄录：

> （2）北京时间8月15日下午，国际象棋世界青年锦标赛在希腊雅典收兵……。
>
> （15）几十年来，我们每天早晨六点十分起床，六点三十五分，徐姐给我们准备好了早餐：烤馒头片、大米稀饭、腌大头菜。七点十分，各自出发上班上学。（王蒙《坚硬的稀粥》）

例（2）"北京时间8月15日下午"，例（15）"六点三十五分"都是比较精确的历法时间。语例中更多的是以说话时间为参照的模糊时间成分。如：

> （4）由于不久前刚下过一场雨……。
>
> （12）那天上午，在靠近保山的山间公路发生了一场车祸。
>
> （16）那时候战争已经结束，小镇上洋溢着和平的气氛，人们都沉浸在安居乐业的梦幻里。（路远《白罂粟》）
>
> （17）有一回李亚出了车祸，大腿被划拉开一道口缝了十几针，打电话告诉了亦光。（方方《白雾》）

例（4）"不久前"是时间性方位短语；例（12）"那天上午"和例（16）的"那时候"，都是指代性的时间短语；例（17）"有一回"是动量短语充当的时间成分。

② 有时候，句首的专职时间词后，还会有其他的时间表达成分，事件进程句跟在它们后面，也沾染了些时间含义。如：

（18）第三年，七七事变，抗日战争爆发，她所向往的大学，都迁到四川、云南。（汪曾祺《徙》）

例（18），"第三年"是时间序列词，专有名词"七七事变"也是指特定的日期。

③ 有时候，事件进程句也可以通过跟后文的时间词语呼应，获得时间含义。如：

（19）北平有多少变乱啊，有时候兵变了，街市整条的烧起，火团落在我们院中。有时候内战了，城门紧闭，铺店关门，昼夜响着枪炮。（老舍《我的母亲》）

（20）一个没有读过书的真的工人或农民，遇到变乱也会镇定，因为平日就以诚实勤苦维持生活，到大难临头也还会不慌不忙的去找正路儿走。（老舍《火葬》）

④ 更多时候，事件进程句是在"……前/中/后、……时/的时候/期间、……以来、从……到……"等时间构件的帮助下，形成一个时间参照。如：

（21）在解放战争正在激烈地进行，国民党加紧严酷的统治的当时，能写出这样的诗是需要非常的勇气的。（曾卓《诗人的两翼》）

（22）直到抗日的战争发生，她才真的关切着一山。（老舍《火葬》）

李向农（1997）把这种情况称为代体时间，就是本身不具有时间属性的词语，通过某种媒介而具有指称时间的功能。

在实际语篇中，经常可以看到的情形是：真正的时间表达成分先出现，事件进程句在其后出现，用作后续事件的时间参照。如：

（23）1955 年他从台湾返回大陆已是第二次。第一次是在1949 年的5 月。两次都经历了风险。第一次，解放战争正激烈地进行。他搭乘一条运煤的船，回到烽火硝烟的大陆。（曾卓

《文学长短录》)

反过来说，如果语篇中没有时间词语来提示时间线索，只出现事件进程句，其时间定位功能则是比较模糊的。如：

> (24)"千代子，我们不是胡闹，对吗？不是别人那样找快乐。我要娶你，战争结束了，我不是亡国奴了，能挣钱了，马上娶你，你答应吗？"(邓友梅《别了，濑户内海！》)

例（24），如果说事件进程句有时间定位功能的话，则是完全依赖对话语境中说话人当时说话的时间来做的推测——"（未来）战争结束"或者"等战争结束之后"等。显然，这里的"战争结束了"，之所以能够成为后续主体事件的一个时间参照，主要就是因为该事件在时间轴上，相对于其他事件，发生得最早，即，"战争结束了→我不是亡国奴了→能挣钱了→马上娶你"这一事件先后发生的事件链（chain），导致前一个事件无形之中，成为下一个事件时间定位的坐标。

## 三 篇章管界功能

廖秋忠（1992）指出，有些词语在句子中有一个支配、修饰、统领的范围，这就是管界。如果管界跨越了句子的边界，就是篇章管界。我们发现，事件进程句构成的准时间参照，也存在篇章管界的问题。下面把上文未出现的篇章补全。如：

> (25) 1 第三年，七七事变，抗日战争爆发，【她所向往的大学，都迁到四川、云南。/2 日本人占领了江南，本县外出的交通断了。/3 她想冒险通过敌占区，往云南、四川去。/4 全家人都激烈反对。/5 她只好在这个小城里困着。】(汪曾祺《徙》)

例（25）的这个自然段，由5个句子组成。其中，"抗日战争爆发"这一事件进程句，在第1句里，是时间词"第三年""七七事变"的句内管界。但是这一句的管界范围（例中用括号【 】表示），并不局限于本句，而是一直延伸到第5句为止。再如：

　　（26）1 1955 年他从台湾返回大陆已是第二次。2 第一次是在1949年的5月。3 两次都经历了风险。4 第一次，解放战争正激烈地进行。【5 他搭乘一条运煤的船，回到烽火硝烟的大陆。6 经广州，到长沙，穿越过国民党军队的封锁线，来到刚解放的武汉。7 当时，在海峡那边的台湾还是比较平静的。8 他原在海轮上当水手，午后转到一所中学教书，生活还算稳定。9 他却冒着风险，在硝烟中奔向了革命的怀抱，在激动、欣喜的心情中等待分配工作。10 他没有想到，是让他——重返台湾。11 他在感情上难以接受，向我坦露过他的苦恼：他不正是不愿意过那样的生活，怀着向往，才千辛万苦地回来的么？12 但是，他还是悄悄地走了。13 当时解放军正在向南推进，广州还未解放。14 他必须又一次冒着硝烟，穿越过国民党军队的封锁线。15 我怀着祝福的心和不久将再见的希望同他握别。】16 那以后，就完全不知道他的消息。17 他平安地到达了么？18 在那边，能不能找到一个安身之地？……19 六年过去了。（曾卓《文学长短录》）

　　例（26）的自然段由 19 个句子组成。首先"解放战争正激烈地进行"这一事件进程句，是第 2 句的篇章管界，也是第 4 句内"第一次"的句内管界。该事件句的管领范围十分宽，从第 5 句一直到第 15 句都在它的管辖范围内。或者说，作为并行时序参照的持续体事件句，从第 5 至第 15 句的事件都是与之相伴发生的。

# 参考文献

李　杰　2009　《试论发生句——对隐现句和领主属宾句的句式意义的重新审视》，《世界汉语教学》第 1 期。

李向农　1997　《现代汉语时点时段研究》，华中师范大学出版社。

廖秋忠　1992　《廖秋忠文集》，北京语言学院出版社。

朱行帆　2005　《轻动词和汉语不及物动词带宾语现象》，《现代外语》第 3 期。

（韩蕾　华东师范大学中文系）

# 论表比喻的"属"字句<sup>*</sup>

## 李胜梅

**提要** "属"字句,有的仅客观陈述属相,有的仅主观表示比喻,有的是双关,既陈述属相也表示比喻。篇章中,当其客观陈述属相为下文说明原因或理由时,后续部分导引出结果或结论;当其通过属相表达比喻时,后续部分出现"喻解"或"喻展"。作为一组同义比喻句式,"属"字句与"像"字句和"是"字句有诸多不同:喻体的语义特征和句法性质、主谓宾搭配的常规程度、本体和喻体之间的语义范畴的跨度、修饰和否定成分的位置、言语风格、语体特征。客观陈述属相的"属"字句,与表比喻的"像"字句和"是"字句在篇章中前后出现,语义表达和修辞效果等方面现成互补,和谐配合。

**关键词** "属" 比喻词 比喻句 同义句式

## 一 "属"字句的几种结构与比喻

本文分析的是义项为"用十二属相记生年"的动词"属"充当谓语构成的句子。从结构看,我们将"NP$_1$+属+NP$_2$"称为"属"字句的基础结构,这是陈述自然属相的常用句式;将"NP$_1$+是+属+NP$_2$+的"称为"属"字句的变式结构(李胜梅,2013),这是一个多义结构。本文进一步探讨表比喻的"属"字句。NP$_1$绝大多数是指人名词或代词,但也有少数是指物的,本文仅讨论NP$_1$指人时的情况。

---

\* 基金项目:江西省社会科学研究"十一五"规划项目(批准号:08WX83);江西省高校人文社会科学重点研究基地 2010 年度招标项目(项目号:S01015)。

从是否表示比喻和如何表示比喻这个角度看，"属"字句主要有如下四种结构：

（一）$NP_1$ + 属 + $NP_2$（十二生肖名词）。1. 绝大多数是客观陈述属相，说明年龄，说明出生年份，并非比喻，无言外之意要表达或推导。如"张三属马"。此类"属"字句，典型、常用，主谓宾常规搭配。2. 少数情况是表示比喻，如："我属兔，我只有逃跑。"这种情况是双关结构。

（二）$NP_1$ + 属 + $NP_2$（十二生肖名词之外的动物植物人物事物器物等名词）。字面是陈述属相，但所谓的属相客观上不存在，是表达者的主观设喻。如"张三属狐狸"。但一般来说，若表达比喻，不用这个句式，而常用"属"字句的变式结构"是……的"句（如"张三是属狐狸的"）。所以此类不常用。

（三）$NP_1$ + 是 + 属 + $NP_2$（十二生肖名词） + 的。如"张三是属猴子的，机灵得很"。此类常用，但表义有多种可能，是多义结构，有如下几类：1. 既陈述属相，也表示比喻，此为双关；2. 仅陈述属相，是强调句，不是比喻，不是双关；3. 字面看似陈述属相，其实仅表示比喻。

（四）$NP_1$ + 是 + 属 + $NP_2$（十二生肖之外的名词） + 的。是比喻句，不是双关手法，不是歧义结构。如"张三是属狐狸的，狡猾得很"。此类常用，是比喻的一种特殊类型。

# 二　"属"字句的后续言语单位

"属"字句的实际语义如何，与后续言语单位关系密切。因此，"属"字句的结构和语义不能孤立地在句内描写，应该放在语篇中考察。

## （一）"属"字句客观陈述属相时

1. 基础结构（"$NP_1$ + 属 + $NP_2$"），后续句一般陈述年龄和人物生平信息等。

> （1）鲁迅属蛇，朱安属兔。鲁迅生于 1881 年，朱安生于 1879 年，比鲁迅大两岁。（《鲁迅研究月刊》1996 年第 5 期）

陈述与出生年份及年龄等有关的自然信息，无言外之意。要说明人物之间的年龄关系时，属相是有力的可信的客观证据。

2. 变式结构（"NP1 + 是 + 属 + NP₂ + 的"），是强调句，往往是为下文说明原因或理由，后续部分一般是正句或主句（从句法性质看，是句子或分句），导引出结果或结论。如：

> （2）清太后慈禧是属羊的，因而讳忌唱戏时提到"羊"字。连剧目、台词都要改。像《变羊记》，《牧羊圈》，《苏武牧羊》等都不能演。

"……是属羊的"，说明原因。下句表示结果。两句之间还用了"因而"，这类共现词语也能在一定程度上说明这一点（因果关系）。

这样的"属"字句，把出生年份及属相当作主句或正句的原因来强调，当作主句或正句的理由来突出，为下文推导出结论提供理由和证据。

（二）"属"字句通过属相表达比喻时，多为变式结构，很少用基础结构

全句带上了表达者鲜明的主观认识，不重在客观属相事实的陈述，其后续成分描述的是这个比喻句的相似点，从修辞结构成分来看，是"喻解"部分和"比喻的延展部分"（李胜梅，1994）。有的"喻解"类似于歇后语的注解部分。

后续言语单位，从句法性质看，可能是形式简短的短语、小句或紧缩句，也可能是较长的句子或句群。这与用作喻体的 NP₂ 的常用程度有关：现成的歇后语，形式简短，而临时组织的，一般来说，形式较长。

1. 常用喻体的典型比喻含义

用作喻体的"属相"（无论是真实的十二生肖还是临时借用的十二生肖之外的各种"物"）如果是常用的，其典型特征比较突出，那么其比喻含义较为固定常用，人们较为熟知，听读者能准确理解。如："他是属狐狸的"，首选的理解是："很狡猾。"（或"狡猾得很"）"那个人是属曹操的"，首选的理解是：那个人"多疑/疑心太重"。"属"后一般用成歇后语形式，形式简短。

由于听读者容易理解其比喻含义，实际使用时，少数情况下其后续的喻解部分可以不出现于篇章中。如马舜（1987）举过一例：

> （3）工地的流动墙报上，经常出现"欧阳海"这三个字。同志们

都说他是属"虎"的。（金敬迈《欧阳海之歌》第 125 页）

马舜认为，"属虎的怎样，作者并没有说，可读者一想就会明白，一想就能体会到同志们对欧阳海那种小老虎精神的赞美之情"。例中"他是属虎的"，"意即欧阳海干起活来像只小老虎，勇猛而不可挡，顽强而不觉累。而不是要告诉人们欧阳海是什么"。这样解释，符合我们听读者的语感，也应该是符合表达者的原意的。

但是，后续部分不出现具体解说的情况，毕竟是极少数。而且此类用例中的喻体宾语所指之"物"，其特性都是非常显著的、突出的、为人所熟知的，不会出现误解或费解的情况。

2. 常用喻体的多个比喻含义或不常用含义

有的喻体，虽然比较常用，但有多种特性，有"多边"联想可能，也就是说，一个喻体不止一种解说，不止一个比喻含义形式。大都比较简短，多表现为歇后语的形式。如：歇后语前一部分是"属老鼠的"，后部分常见的有："爱偷""靠偷过日子""胆小""有洞就钻""撂下爪子就忘"等。"属鸭子的"，后部分常见的有："嘴硬""肉煮烂了嘴也是硬的""就剩两片嘴了""填不饱（肚子）"。"属喇叭的"，后部分有"嗓门大""总敞着口"等。这种情况的后续喻解部分一般都会出现，使表意明确。

有时喻体尽管是常见事物，词也比较常用，但设喻者不用其常见的比喻用法，要表达的不是 $NP_2$ 凸显的、为人熟知的典型特征，并非就其典型特性加以联想发挥，而是临时发挥自己的富有个性的想象，对喻解作出自己的主观描述。这种情况下，一般不用类似歇后语形式。由于描述的是设喻者临时"发掘"出的相似点，当然需要充分说明，因此一般会出现比的进一步延展，即"喻展"，常常是句子，有时是几个句子。

(4)　"我属蜗牛。""属蜗牛？"她又怔了。"为什么属蜗牛？""脑袋缩在壳里，没种！窝囊！"（琼瑶《聚散两依依》）

一般来说，人们对蜗牛的认知是行动慢（所以有"像蜗牛一样慢腾腾"的说法），而不是"窝囊"。该例在人物对话的后续部分作了进一步解说（下划线部分）。

3. 不常用喻体

$NP_2$ 不是常用喻体，设喻者临时选择，发挥想象，充分"发掘"其与本体之间的相似点，那么在下文一定出现临时性的、具体的详细解说。如：

> （5）说起肖贵老汉来，肖龙湾的人都说，他是属铁筢子的，<u>不管啥事，总得想个巧儿，挠一筢，沾点小便宜</u>。（北京大学 CCL 语料库）

例中用"铁筢子"做喻体，后续的句子作了充分解说。

## 三　"属"字句与两类同义比喻句式的比较

"属"字比喻句，一般可以转换为表比喻的"像"字句和"是"字句。"像"字句是明喻的一种典型句式，"是"字句是暗喻的一种典型句式，两者都是现代汉语最常用的、最典型的比喻句式。具体说来，我们要比较的是下列句子：

> （6）$a_1$. 张三属猴。
> $a_2$. 张三属狐狸。
> $b_1$. 张三是属猴子的，（天生）机灵得很。
> $b_2$. 张三是属狐狸的，（天生）狡猾得很。
> c. 张三像猴子/狐狸一样机灵/狡猾。
> d. 张三是猴子/狐狸，机灵/狡猾得很。

$a_1$ 的 $NP_2$ 是十二生肖名词，$a_1$ 句是真，是客观属相事实的陈述。$a_2$ 的 $NP_2$ 是十二生肖之外的名词，$a_2$ 句是假，是语用的特殊推动而形成的比喻，是主观认识。$b_1$ 的 $NP_2$ 是十二生肖名词，可能真也可能假，可能是客观属相事实的陈述，也可能是特殊语用推动而形成的比喻表达。$b_2$ 的 $NP_2$ 是十二生肖之外的名词，是假，只能是语用的特殊推动而形成的比喻。

### （一）喻体不同

1. 喻体的句法性质和结构形式不同

"属"字句的 $NP_2$，从指称性质看，是通指，不是对某个个体的单指；内部结构简单，一般没有定语修饰，是光杆名词。所指称的对象大多数有典型特征，为人们所熟知，所描述的是静态的特征而不是动态的变化。

而"像"字句和"是"字句中的喻体，可以是体词性的，也可以是谓词性的；可以是通指，也可以是一个具体的对象；可以是光杆名词、光杆动词，也可以是结构复杂的短语和小句，可以有复杂的修饰语。如：

> （7）他像个受了天大委屈、突然见到了爸爸的小男孩似的，嘴唇打着哆嗦，眼泪滚滚而出。（莫言《师傅越来越幽默》）

喻体"（一）个受了天大委屈、突然见到了爸爸的小男孩"，是一个结构复杂的体词性偏正短语，修饰语长。这样的复杂短语喻体不可以进入"属"字比喻句。

2. 喻体及相应比喻含义的不同

"属"的喻体，若是十二生肖名词，由于汉语生肖文化的特殊性，一般来说，比喻含义明确、固定，若是"非十二生肖"词语，则既有常用喻体，也有不常用喻体，其比喻含义，多数是人们熟知的，少数是设喻者的临时想象。也就是说，"属"后宾语作为喻体其相应的比喻含义多数较为成熟。

"是"后的喻体，多数是常用喻体，有较为固定的比喻含义（但不一定已经凝固为该词语的比喻义），也就是说，喻体及其相应的比喻含义也较为成熟。

"像"后的喻体，多数是临时选择的，喻解需要临时说明，少数是较为固定的喻体。

总的来说，从喻体的常用程度和所表示的比喻含义的固定程度看，"属"的喻体宾语≥"是"的喻体宾语≥"像"的喻体宾语。"属"字句的喻体，更常用，而"像"字句和"是"字句的喻体虽然一般也是人们熟知的、常用的，但重在设喻者的临时想象。

用"属"来表示比喻关系时，无论喻体是否十二生肖名词，都是用特征显著的各种"物"（动物、植物、历史人物、神话人物、事物、器物等）来描述本体 $NP_1$（一般是习性、性格、品行、行为方式等），使之某一特征得以凸显（本来听读者没有观察到的），天生就有与 $NP_2$ 相似的习性（特别是脾性），通过这种形象的方式使听读者易于观察、易于理解本体的特点。如"属猫的，天生有九条命"，更是直接出现了"天生"一词。而"像"字句和"是"字句，其喻体的比喻含义，并非重在突出 $NP_1$ 的天生习性。

## （二）　主谓宾搭配不同

1. 主谓宾搭配及相应的比喻新颖程度

"属"字比喻句的喻体宾语是十二生肖名词时，从语义特征和句法两方面看都是常规的动宾搭配。当"属"的喻体宾语是十二生肖之外的动物植物人物器物等名词时，动宾搭配是临时性的、修辞性的，陌生化程度高，刺激力度大，比喻表达的新颖程度高，临时性的修辞努力更强。换个角度看，"属"字比喻句的这些特点，与喻体宾语是否生肖名词密切相关。

而"像""是"与喻体宾语的搭配，"本体"主语与比喻词"像""是"的搭配，在句法上都是常规组合，其主谓搭配、动宾搭配及句子结构的新颖程度，都不如"属"字句。"像""是"比喻句的新异程度，主要看本体主语与喻体宾语之间的语义范畴的距离和情感跨度的大小等。

"像""是"比喻句可以说是最常用的比喻句了，熟知度高、使用频率高，与"属"字比喻句相比，其比喻的新颖度也就相对不高了。

2. "属""是""像"基本义对句式表义的影响

"属""是""像"基本义不同（分别表示：属相、判断、相似），决定了它们所构句式表义不同。比较下面三例：

> （8）a. 他是属牛的，脾气犟得很。（例见林文金，1985：18）
>
> 　　b. ……十分钦佩地说："老陈这个人，真是一头拼命干的'老黄牛'。"（CCL）
>
> 　　c. 老张就像一头老黄牛，老老实实，埋头苦干。（自拟）

"属"字比喻句，有时兼双关，既陈述属相，也同时表达比喻，如 a。"像"字比喻句、"是"字比喻句，一般都不是双关。例（8）b 这样的"是"字句，不是真值判断，而是比喻，是对本体在比喻中加以判断和归类。例（8）c 这样的"像"字句，只能是比喻，用"像"突出本体和喻体之间的相似性。

## （三）　修饰和否定的不同

1. 修饰和限制成分的句法位置和形式不同

史有为先生提出一个例句（2013 年 5 月"汉语句式研究学术研讨会"）：

（9）他像是属××的。

这启发我思考"是……的"的强调程度或情态变化等问题。当用于表达比喻关系时，"属"字句中的"是……的"这个框架可以受副词性成分修饰，如："张三像（或"好像""很像"）是属老鼠的"，"张三可能是属老鼠的"。这类注意分寸的措辞，可使言语表达更委婉，是对口气的委婉程度的调节。由此形成的句式，增加了委婉的口气。

（10）我好像应该是属耗子的，撂下爪子就忘。（QQ 日志例句）

"好像"，一般看作副词；"应该"，有"助动词"（吕叔湘，1980：551）、"情态动词"、副词等看法，我们暂不讨论它们的词性。若单从语义看，"好像""应该"都表示揣测口气。

考察语料，可以看到，这类修饰成分不出现于"属"之前，"属"自身没有程度差异，不进行口气调节。"像""很像""可能"等词语一般用于口气表达手段"是……的"之前，调节句中"是……的"的程度。"属"字句是作为一个整体来进行口气调节的。

而表比喻的"像"字句和"是"字句中，"像""是"之前常有副词性词语修饰，用以调节其口气的准确程度和合适度，如"就""简直""有点儿""好像""应该"等。如：

（11）老徐应该是娱乐圈里的一棵摇钱树。（博文例句）

2. 否定的句法位置和形式不同

（12）秋瑾生于1878 年，属虎，不属兔。

这是客观陈述属相事实的肯定形式和否定形式，否定副词直接出现于"属"之前。

而表示比喻的"NP$_1$ + 是 + 属 + NP$_2$ + 的"句，否定副词"不"不在"属"前，在"是"前。

（13）我又不是属老鼠的，撂下爪子就忘。　　（例见温端

政，1985：4）

也就是说，否定的不是"属＋NP₂"，而是"是……的"这个附着在全句基础结构上的表达口气的语法手段。例（13）这样的句子，一般不会说成"我不属老鼠"。

而"像""是"前都可以出现否定形式，构成比喻的一种特殊类型：否喻（或称"反喻"）。如：

> （14）一颗脑袋落地，历史证明是接不起来的，也<u>不像</u>韭菜那样，
> 割了一次还可以长起来，割错了，想改正错误也没有办法。
> （《毛泽东选集》第五卷，第282页）
> （15）革命<u>不是</u>请客吃饭，不是做文章，不是绘画绣花，……革命
> 是暴动，是一个阶级推翻一个阶级的暴烈的行动。（《毛泽东
> 选集》第一卷，第17页）

### （四）言语风格的不同

"属"字比喻句，将本体的特点，描述为天生的性格、习惯，对其原因作出趣味解释。常常是开玩笑的说法，通俗易懂，风趣诙谐，有明显幽默效果。而"像""是"比喻，句式并无突出的诙谐意味、并无明显幽默效果。

"属"字比喻句，不直接陈述本体的特性，而是先说其属什么，给听读者推导实际含义的过程和乐趣，含蓄委婉不直露而意味丰富。"像"字句、"是"字句，结构本身没有明显的委婉性。如：

> （16）一种人是属猪的，光吃饭不干活；一种人是属狗的，光吃饭
> 还咬人。（评剧《朝阳沟内传》）

马舜（1987）分析该例：若不说"光吃饭不干活"的人"是属猪的"，若不说"光吃饭还咬人"的人是"是属狗的"，而说"有的人像猪一样，光吃饭不干活，有的人像狗一样，光吃饭还咬人"就直且露，刺激性强，有骂人之嫌。若是批评人就不易被人接受，很难收到预期效果。如此说来，比较而言，"NP₁＋是＋属＋NP₂＋的"句更委婉，"像"字句更直露。再看下组三句：

(17) a. 我这人<u>是属热水瓶的</u>，<u>别看外头冷，里头热着哪</u>！（例见盛若菁《比喻语义研究》，西南交通大学出版社 2006 年版，第 103 页）

b. 女人就<u>像暖水瓶</u>，外头冷，里头热；男人就<u>像铝水壶</u>，里外都热，但一会就凉下来。（电视剧《渴望》台词）

c. 女生是花瓶，老婆是<u>热水瓶</u>，老伴儿是保温瓶。（博文例句）

与（17）b、（17）c 相比较，（17）a 的"属"字句显得更幽默、更委婉。

（五）语体特征的不同

仅表属相的"属"字句，无论"NP$_1$＋属＋NP$_2$"还是"NP$_1$＋是＋属＋NP$_2$＋的"，口语、书面语皆用，书面语中常用于人物传记介绍人物生平。表比喻的"属"字句，多用于口语对话，很可能与人物年龄和生平有关。而"像"字句、"是"字句，口语、书面语皆用，与人物年龄和生平并无直接关联。

同其他明喻和暗喻的比喻词相比，"'属'＋喻体宾语"没有硬作比喻的明显标记，用陈述属相的轻松方式，显得自然、生活化、口语化，却将作为本体的人的本质特点在幽默的玩笑形式中形象而意味丰富地、深刻地揭示出来。而使用了"像""是"等比喻词的明喻和暗喻，听读者可以根据这样的比喻标记词明确判断其所用的修辞格是比喻。

## 四　"属"字句与表比喻的"像"字句、"是"字句在篇章中的组合

（一）不表比喻的"属"字句与其他比喻句的篇章共现

考察语料发现，当客观陈述属相与用属相名词做喻体这两层意思在篇章中分开表达时，客观陈述属相的用基础结构"NP$_1$＋属＋NP$_2$"，主观表示比喻关系的则用明喻句"像"字句（有时也用暗喻句"是"字句），两者在语篇中前后相邻出现，构成更大的语篇结构单元。如：

(18) 李永波属虎，在球场上多像只小老虎，蹦呀，跳呀，奔呀，笑呀，把个小小的羽毛球，玩儿得呼呼生风。（国家语委语料库）

(19) 张三属牛。他就是一头默默耕耘的老黄牛。（该例自拟）

上述二例都是"NP$_1$＋属＋NP$_2$"句在前，客观陈述属相，接着后续句引出比喻"NP$_1$＋像＋NP$_2$""NP$_1$＋（就）是＋NP$_2$"，顺势以 NP$_2$ 为喻体。上句的客观属相句与下句的顺势设喻句，都是单义的，都不是歧义结构，语义表达各司其职。前句客观铺垫，后句主观想象，前后配合和谐有序。

### （二）表比喻的"属"字句与其他比喻句的篇章共现

如果 NP$_2$ 不是常用喻体，或者是常用喻体的不常用比喻含义，那么是设喻者临时发挥想象，需要充分"发掘"喻体与本体之间的相似点，下文一定出现临时性的具体的详细解说，有时还需要其他比喻句式与之配合，在下文进一步加以说明。如：

(20) "你啊，你是属青蛙的！""胡说八道！""如果不属青蛙"，他慢吞吞的说，"怎么腮帮子一天到晚鼓得像青蛙的大肚子一样呢！"（琼瑶《聚散两相依》）

听话人不一定能听明白"属青蛙的"的实际比喻含义，因此下文必须出现具体的详细的解释。这样的比喻，临时性的修辞努力更强，用词、用句的新颖程度更高。

该例是在后面的话轮中出现"喻展"部分，对话逐"轮"生动、深入。"属"字比喻句（"……属青蛙的"）在前，表意曲径通幽，含义需要推导，含蓄、生动、幽默。下文的"像"字比喻句（"……像青蛙的大肚子一样"），形象、通晓。在篇章中二者共现，前后语义互补，修辞效果相得益彰。

## 参考文献

李胜梅　1994　《喻展：比喻的又一重要成分》，《鞍山师范学院学报》第 1 期，第 86—88 页。

李胜梅　2013　《"属"字句：从句法层面到修辞层面》，《毕节学院学报》第 3 期，第 1—8 页。

林文金　1985　《辞格》，上海教育出版社。

吕叔湘　1980　《现代汉语八百词》，商务印书馆。

马　舜　1987　《试谈"属"做喻词的比喻》，《逻辑与语言学习》第 6 期，第 43—44 页。

温端政　1985　《歇后语》，商务印书馆。

（李胜梅　河北大学文学院/南昌大学客赣方言与语言应用研究中心）

# 从"动词核心"看隐性使动句<sup>*</sup>

刘培玉　刘人宁

**提要**　使动句有两个显性语义构件和一个隐性语义构件,其语义构件的组构框架是"致事 + 使 + 役事 + 补事",其句法映射框架是"主语 + 谓语中心 + 宾语 + 补语"。使动句是在"使"字结构的基础上通过作格动词提升和致使动词插入等操作手段生成的。使动句构造的制约机制是:淡化致使方式、凸显役事、V 是兼类词——既是表性状的作格动词又是致使动词、隐含致使义。使动句的致使义从根本上说来自于底层结构的单纯致使动词"使"。

**关键词**　使动句　构造　制约机制

# 一　引　言

## (一) 使动句的致使义从哪儿来

现代汉语使动句是由具有使动用法的致使动词带宾语作谓语,表致使意义的句子。例如:

(1) 我们健全了农村基层组织。

上例的"健全"有使动用法,表示"使……健全"的意义,是致使动

---

＊　本文曾在南昌大学举办的"汉语句式问题国际研讨会"(2013 年五月)上宣读,原文是《使役情景映射的句法框架》,此次发表做了修改。

词，记作"健全₁"。① 谭景春（1997）认为致使动词是由非致使动词转变过来的，因此有与之对应的非致使动词。如例（1）可变为：

（2）农村基层组织健全了。

上例的"健全"没有致使义，是非致使动词，也称作格动词，② 记作"健全₂"。

范晓（2000），陈昌来（2001），何元建、王玲玲（2002），宛新政（2005）都认为使动句可变换为"使"字句。如例（1）可变换为：

（3）我们使农村基层组织健全了。

上例的"健全"没有致使义，是非致使动词"健全₂"

使动句的致使义从哪儿来？关于这个问题，语法学界有四种观点：一是来自于动词的"使动"义（范晓，2000）；二是来自于动宾结构（谭景春，1997）；三是来自于使动句深层结构里的零使役动词（即零形式轻动词V——笔者注）③（何元建、王玲玲，2002）；四是由使动句和动词整合而成的，但主要由使动句的句法结构决定（张豫峰，2012）。

## （二）关于使动句的构造

范晓（2000）认为使动句由两个动核结构构成，但范先生没有说明两个动核结构是如何构成使动句的。

何元建、王玲玲（2002）认为使动句的深层结构含有一个零使役动词V，零使役动词V相当于一个词缀，它吸引作格动词上移，并与之合并。他们认为例（1）的构造过程为：

我们V（农村基层组织健全了）→我们健全了ᵢV（农村 tᵢ基层组织）④

---

① 文中动词右下角的"1"代表该动词是致使动词，右下角的"2"表示该动词是非致使动词。

② 何元建、王玲玲（2002）称致使动词为役格动词，称非致使动词为作格动词。

③ 何元建、王玲玲（2002）文中的使役动词指表示致使义的"使/叫/让"，零使役动词就是零形式的使役动词。

④ "tᵢ"表示"健全了"移走后留下的语迹，二者下标相同。下文同。

何元建、王玲玲（2002）认为汉语没有致使动词"健全₁"，作格动词"健全₂"直接用为使动；作格动词直接用为使动是因为作格动词能够跟零使役动词 V 一起使用。但何元建、王玲玲（2002）没有解释零使役动词 V 出现的条件限制，他们认为："什么时候用一个实实在在的词，什么时候用零形式，是受比句法更高层次的系统决定的。句法的作用仅仅是，如果词库输出的是一个实实在在的词，它就生成使动句；如果词库输出的是零形式，它就生成役格句。"① 因此他们不能解释下例为什么不含零使役动词 V。

（4）乌克兰爆发了一场橙色革命。

本文在邢福义先生"动词核心名词赋格"理论指导下探究使动句的构造过程及其制约机制，并就相关问题展开讨论。

## 二　使动句的语义构件及其组构框架

邢福义先生（1995）认为小句成活需要具备三个因素：语气、可成句构件语法单位和意旨的有效表达。可成句构件语法单位可以是一个词，也可以是一个短语。短语是由更小的语义构件构成的，那么现代汉语使动句包含哪些语义构件？这些语义构件是怎样组构在一起的？

### （一）使动句的语义构件

使动句是致使句式的一种，代表一个使役事件。② 科姆里（1989）、范晓（2000）、熊仲儒（2004）和周红（2006a）都认为使役事件包括两个子事件：S1 和 S2。S1 是使因事件，S2 是致果事件。S1 和 S2 或是一个动作事件，或是一个状态事件。我们用"NP1 + $V_1$ +（$NP_2$）"③ 表示 S1，用"NP3 + V2 +（NP4）"表示 S2。使因事件和致果事件是所有致使句式都具备的显

---

① 何元建、王玲玲（2002）文中的"实实在在的词"指的是"使"，使动句指表致使的"使/叫/让"字句，役格句即指本文的使动句。

② 使役事件也叫致使事件、使役情景、使成情景、致使情景等。

③ "（）"表示括号里的成分可有可无。$V_1$ 理论上可以是一价动词、二价动词和三价动词，V2 理论上可以是一价动词和二价动词。V 广义上包括形容词。限于篇幅，本文的 V 仅指一价动词或二价动词。

性语义构件，使动句同样包括使因事件和致果事件这两个显性语义构件，但其使因事件 S1 的动核 $V_1$（有时包括 $NP_2$）常常省略或者隐含，如例（1）的两个构件分别是"我们（$V_1NP_2$）"和"农村基层组织健$_2$了"。在有些情况下，使因事件 S1 的动核 $V_1$（有时包括 $NP_2$）也出现，例如：

（5）近海休渔断了货源。（宛新政例）

（6）姐姐，我欠房租了，你不付钱苦了我啦。（宛新政例）

第一例的两个显性语义构件分别是"近海休渔"和"货源断了"，第二例的两个显性语义构件分别是"你不付钱"和"我苦了"。两例使因事件的动核 $V_1$ 及其宾语都出现了。

使役事件的两个子事件之间存在致使关系，范晓（2000）认为"致使"反映着两个事件之间的一种关系或联系，周红（2006a）认为致使关系是两个事件之间的作用与被作用的关系。因此致使义是使役事件的一个语义构件，也是所有致使句式的一个语义构件。

在现代汉语里，致使义的表现形式有两种：显性形式和隐性形式。致使义表达的显性形式是致使关系用表示致使的单纯致使动词"使"、语素"使"和类似形态的词缀"化"来表达。例如：

（7）你这样做使我很为难。

（8）奴隶主迫使奴隶干艰苦劳动。（范晓例）

（9）人们在工厂周围种植植物，美化环境。（张豫峰、宋桔例）

在第一例里，致使义用单纯致使动词"使"表示。在第二例里，致使义用语素"使"显示，语素"使"与另一个表示动作方式的语素一起构成"V 使"类复合动词在句中做谓语中心，这类动词有"唆使、迫使、驱使、促使、指使、逼使、支使"等。范晓（2000）认为"使"是致使的语义标志，因此用单纯致使动词"使"和语素"使"表示两个子事件之间的致使关系是致使义表达的显性形式。在第三例里，致使义用类似形态的词缀"化"表示。① 人们可通过词缀"化"识别词汇里的致使义，因此用词缀来

---

① 周红（2003）认为汉语的致使标记除了"使"外，也有一些类似形态变化的致使标记，即后缀"化"，"化"的意思是"使……变得"。

表示事件之间的致使关系也是致使义表达的显性形式。

　　致使义表达的隐性形式是指致使关系隐含在致使句式的某个成分里，或者说致使义以零形式存在某个成分里。例如：

　　　　（10）每当遇到敌人时，它便从肛门口的臭腺中分泌出恶臭的气
　　　　　　　　体，逼迫敌人不得靠近，从而趁机逃之夭夭。（北大语料库）

　　与"迫使"相比，"逼迫"里没有出现表示致使义的语素，但致使义以零形式隐含在动词里。严戎庚（1987）认为兼语句中的语法关系是使令关系，全句的使令关系使谓语动词有了使令意义。① 因此，"逼迫"类动词主要凸显致使方式，隐含地表达致使义。上例的"逼迫"也可以换成"逼使/迫使"。再如：

　　上例（8）的"迫使"也可以换成"逼迫"。

　　　　（11）腐朽的清朝政府和英国侵略者签订中国近代史上的第一个不
　　　　　　　　平等条约——《南京条约》。（毛泽东《论持久战》）

　　使动句里没有出现表示致使义的动词"使"、语素"使"和词缀，两个子事件之间的致使义是隐含地表达的，因此致使义是使动句的一个隐性构件，致使义隐含在致使动词里（见下文分析）。

　　从上面的分析可知，使动句有两个显性语义构件和一个隐性语义构件。

## （二）使动句语义构件的组构框架

　　"使"字结构是使动句语义构件的组构框架，理由有两个：

　　第一，使役事件投射到句法层面是否构成致使句式，关键是看使役事件里的致使关系是否在句法层面得到体现。

　　使役事件的两个子事件之间存在两种关系：致使关系和因果关系。使役事件投射到句法层面可构成两种句式：因果句式和致使句式。例如由动作子事件 S1 "the bus didn't come" 和状态子事件 S2 "I was late for the meeting" 构成的使役事件映射到句法层面可构成如下的句子：

---

　　① 严戎庚所说的使令关系/意义指的是致使关系/意义。

（12）The bus didn't come, so I was late for the meeting.

（13）That the bus didn't come caused me to be late for the meeting.

第一例凸显两个子事件之间的因果关系，是因果句式；因果关系用连词 so 显示，两个子事件都以小句的形式出现。第二例凸显两个子事件之间的致使关系，是致使句式；致使关系通过致使动词 cause 体现出来，状态子事件 S2 不能以小句的形式出现。再如由使因事件"我接到一个贺函"和结果事件"我十分愉快和感激"构成的使役事件映射到句法层面可构成如下的句子：

（14）接到你们的贺函，使我十分愉快和感激。

（15）接到你们的贺函，我十分愉快和感激。

第一例是致使句式，凸显致使关系，两子事件之间的致使关系用"使"字表示；第二例是因果复句，凸显因果关系，两子事件之间的因果关系靠语序表示。

第二，所有致使句式都可以通过语义分解离析出"使"来。

张豫峰（2008）认为现代汉语的"使"字句是最典型的致使语态句，在现代汉语中能转换为"使"字句的句式往往都是致使语态句。

范晓（2000）认为现代汉语的致使句有"使"字句、"V 使"句、某些表致使义的"把"字句、"使动"句、"使令"句、"使成"句以及某些"V 得"句，范先生认为前四种致使句的特点是有标志"使"或可自然地变换成"使"字句；后三种致使句内部隐含着致使关系：使令句里的致使意义隐含在"使令"动词里，如"母亲派遣亲信的老妈子去"，意即"母亲派遣（使）亲信的老妈子去"；"V 得"句里的致使意义隐含在"V 得"里，如"我们打得敌人大败而逃"意即"我们打敌人，使得敌人大败而逃"；使成句里的致使意义隐含在谓语中心动词里，如"武松打死了老虎"相当于"武松打老虎使老虎死了"。周红（2003、2006a、2006b）认为现代汉语的致使句有抽象递系句、具体递系句、致使宾语句、动结句、"得"字动结句、致使性重动句、"把"字句和"被"字句；周红（2006a）认为抽象递系句是典型的致使句，是否变换成抽象递系句（以"使"字句为代表），是判断致使的重要依据。周红（2006a）认为后面七种致使句式都可以变换为"使"字句。她的例子如下：

（16）我劝你鼓起勇气奋斗。→我劝你 + 使你鼓起勇气奋斗

（17）我们要不断地充实自己。→我们要不断地使自己充实

（18）哥哥骂哭了弟弟。→哥哥骂弟弟 + 使弟弟哭了

（19）她抱着小本子呜呜的哭，哭得丈夫和儿子也忍不住呜咽。
　　　→她抱着小本子呜呜的哭，使丈夫和儿子也忍不住呜咽

（20）他想儿子想得都要发疯了。→他想儿子 + 使自己都要发疯了

（21）风玩弄着伞，把它吹得向四面偏倒。→风吹着伞 + 使伞向四
　　　面偏倒

（22）大炮在空中怒吼，房屋被震撼得轧轧地响。→ 大炮震撼着房
　　　屋 + 使房屋轧轧地响

　　邢福义先生（1998）认为："构件语法单位进入句子，便成为句子的组成部分，被配置在显示特定句法功能的关系位置之上。……讨论句子如何形成核心，以及如何围绕核心赋予句子特定的格局，那么，便是从内在机制的角度考察句子的格局。"在使动句的三个语义构件里，致使义是核心构件，使因事件和致果事件是非核心构件。人们在对使役事件的语义结构进行整合时，立足于两个子事件（S1 和 S2）之间的致使关系，对 S1 和 S2 进行拆分重组。整合后的使役事件语义结构的核心是体现致使义的三价单纯致使动词"使"。"使"字结构是由单纯致使动词"使"的词义决定的，"使"字表明"本体"的变化是受"客体"的影响，被"客体"所带动的，① "使"给使因事件 S1 指派致事的语义角色，给致果事件的主体 NP3 指派役事的语义角色，给致果事件的谓词 V2 指派补事的语义角色。三价单纯致使动词"使"及其论元构成的语义结构框架是"致事 + 使 + 役事 + 补事"（称作 A 式）。"使"相当于一个句法界限：界限之前是使因事件，界限之后是致果事件。

　　A 式是使动句语义构件的组构框架，现代汉语使动句是在 A 式的基础上通过对使役事件的成分进行提升、移位、合并、删除和添加等操作手段生成的。由于表致使的动词"使"和致果谓词 V2 都独立显现，因此 A 式是典型的分析型致使结构。

　　当 A 式向句法结构映射时，致事投射到句首位置做主语，体现致使关系的单纯致使动词"使"投射到致事之后做谓语中心，役事投射到单纯致

---

　　① 见邢福义（1979）的文章。邢福义（1979）所说的"本体"指的是致果事件的主体，邢先生所说的"客体"指的是使因事件。

使动词"使"之后做宾语,补事投射到句尾做补语,即构成"主语+谓语中心+宾语+补语"的句法组构框架。有人认为"使"是个二价动词,其两个论元是 S1 和 S2;因此认为 S1 是主语,S2 是宾语。① 由于汉语没有形态变化,且从语义上看"使"前后确实都是个主谓短语,因此这种分析似乎有一定道理。但是,在有形态变化的语言里,役事投射为宾语,如例(13)。陆俭明(2002)认为现代汉语兼语式的兼语应为宾语,因为同一个成分不能被指派分别担任两个动词里的两个不同角色。他引用胡明杨(1957、1987)的例子说明:在浙江海盐通园话里,如果兼语式的兼语是第一和第三人称代词,则只能采用宾语形式。②

## 三　使动句的构造过程及其制约机制

### (一) 使动句的构造过程

Lakoff(1970)认为:致使词语是由所对应的表始动词在语句的深层结构中提升而形成的,即实现所谓的致使转换。McCawley(1968)将"kill"分解为"CAUSE BECOMENOT ALIVE",他认为"kill"的出现是通过谓词提升,即将谓词从低级的语句 S 向高级语句 S 提升,使其共处一个层次并形成相应的单一成分后再经过词汇插入转换而形成的。③ 这对我们研究使动句的构造过程具有很大的启发意义。使动句都可以变换成"使"字结构,且"使"字结构也是使动句构造的底层基础结构,因此可以认为使动句是在底层基础结构"使"字结构的基础上通过提升作格动词 $V_2$ 和插入致使动词 $V_1$ 等操作手段生成的。这样使动句的构造过程可概括为四个步骤:一是投射,首先将体现致使关系的单纯致使动词"使"投射为谓语中心,然后将使因事件投射到"使"字的前面做致事,将致果事件的主体投射到"使"字之后做役事,将致果事件的谓词 $V_2$ 投射到役事之后做补事,构成底层基础结构"使"字结构。二是提升,将致果事件的谓词 $V_2$ 提升到单纯致使动词"使"和役事之间,使"使"与作格动词 $V_2$ 共处于一个层次,形成"使……$V_2$"格式。三是词汇插入,用致使动词 $V_1$ 替换"使……$V_2$"。四是消除没有语音形式的语迹或隐含

---

① 参见万莹(2001)的文章。

② 转引自陆俭明(2002)的文章。

③ 转引自梁晓波、孙亚(2002)的文章。

成分。如例（1）和例（4）的构造过程分别是：

我们（$V_1$ $NP_2$）使农村基层组织健全$_2$了→我们（$V_1$ $NP_2$）使……健全$_2$了农村基层组织 $t_2$[①]→我们（$V_1$ $NP_2$）健全$_1$了农村基层组织 $t_2$→我们健全$_1$了农村基层组织

近海休渔使货源断$_2$了→近海休渔使……断$_2$了货源 $t_2$→近海休渔断$_1$了货源 $t_2$→近海休渔断$_1$了货源

### （二）使动句构造的制约机制

#### 1. 淡化致使方式

致使方式是使因事件作用于致果事件主体的具体手段，致使方式在句法层面的位置有三种：第一，与致使语素"使"合并充当谓语中心，如例（8）；第二，独立做谓语中心，如例（10）；第三，位于致事里，如例（5）的 $V_1$ "休"是致使方式，"休"也可以出现在谓语核心位置上，如可以说"近海休渔休断了货源"。例（6）的 $V_1$ "付"不是致使方式，"付"不能出现在谓语核心位置上，如不能说"你不付钱可付苦了我啦"。例（6）的致使方式隐含了，也可以将例（6）隐含的致使方式补出来。如：

（23）姐姐，我欠房租了，你不付钱可害苦了我啦。

致使方式处于谓语核心位置的句子不能通过句法操作手段生成使动句，如例（8）和例（10）。致使方式处于致事里的句子有可能通过句法操作手段生成使动句，如例（5）；不含致使方式或者致使方式隐含的使役事件投射到句法层面后有可能通过句法操作手段生成使动句，如例（6）和例（1）。致使方式是致事作用于役事的具体手段，是连接致事和役事的桥梁，本应位于致事和役事之间的谓语核心位置，但使动句谓语核心位置上不能出现致使方式，因此使动句是淡化致使方式的致使句式。

#### 2. 凸显役事

使役事件表示致事作用于役事，导致役事出现某种结果。按照时间顺序，致使结果补事位于句尾，役事位于补事之前。在现代汉语里，"使"字句是典型的致使句式，"使"把致事、役事和补事按照时间顺序串连起来，

---

① "$t_2$"是"健全$_2$"移走后留下的语迹。下同。

客观地体现了两个子事件之间的作用关系。在"使"字句里，补事位于句尾焦点位置，是凸显成分。与"使"字句不同，使动句的役事位于句末焦点位置，是凸显成分。[①] 例如：

> （24）书卷气的淡薄，对城市直接和间接的危害，不容低估。腹有诗书气自华，读书能纯洁人的心灵，高雅人的情操；文化的浸染和熏陶使人向善向美，远离无聊庸俗。

在上例中，"文化的浸染和熏陶使人向善向美，远离无聊庸俗"是"使"字句，"人"是役事，"向善向美，远离无聊庸俗"是补事，补事位于役事之后，是句尾焦点。"读书能纯洁人的心灵"和"（读书能）高雅人的情操"是使动句，"人的心灵"和"人的情操"是役事，"纯洁"和"高雅"是补事。按照时间顺序原则，役事本应位于补事之前，但使动句的役事位于句尾，是句子的焦点，是凸显成分。

3. V 是兼类词

为了凸显役事，在基础结构"使"字结构的基础上将作补事的作格动词 $V_2$ 提升到"使"和役事之间，让役事位于句末焦点位置；然后再插入致使动词 $V_1$ 将句子变换成使动句。但不是所有的"使"字结构都可以通过作格动词提升和致使动词插入手段转换为使动句，只有 V 是兼类词——既是致使动词 $V_1$ 又是表性状的作格动词 $V_2$——的"使"字句才能通过作格动词提升和致使动词插入转换成使动句。致使动词 $V_1$ 的词义相当于"使……$V_2$"，因此可以替换"使……$V_2$"。例如：

> （25）a. 这样做可能会使教学水平降低$_2$→b. 这样做可能会使……降低$_2$教学水平→c. 这样做可能会降低$_1$教学水平

"降低"兼属致使动词和作格动词，可以出现在"使"字句和使动句里，这类转换是成功的。如果 V 不是兼类词，这类转换就不成功。例如：

> （26）a. 村长的态度使村民失望$_2$了→b. 村长的态度使……失望$_2$了

---

① 参见张豫峰（2012）的文章。

村民→#c. 村长的态度失望₂了村民

由于"失望₂"只是形容词，不兼属致使动词，没有致使义，因此没有与"失望₂"相对应的同形致使动词"失望₁"来替代"使……失望₂"，因此上例不能经过作格动词提升和致使动词插入转换成使动句。

4. 隐含致使义

致使关系是将使役事件的两个子事件连接起来的纽带，但是使动句里没有出现表示致使义的动词"使"、语素"使"和词缀，因此使动句不凸显两个子事件之间的致使关系。当用致使动词 V₁ 替换"使……V₂"后，底层基础结构用"使"字体现的致使义就隐含在致使动词里。

# 四　相关问题的讨论

## （一）关于构式和动词的关系

Adele E. Goldberg（1995）认为"构式本身具有意义，该意义独立于句子中的词语而存在"。"构式的意义通过一组角色表达。"如果构式独立于动词而存在，那么构式的一组角色是由什么成分指派的呢？尽管 Adele E. Goldberg（1995）一再强调构式的意义独立于动词而存在，但她也承认有些动词表示的事件类型是构式表示的更普遍的事件类型的一个实例，例如：

（27）She handed him the ball.

（28）She put the phone on the desk.

她认为"'hand'的词汇意义表示一个转移事件；同时，转移也是与双及物构式相联的意义"。"'put'的词汇意义表示一个致使－移动事件，致使移动当然也是与致使－移动构式相联的意义。"Clark（1978）观察到儿童最早使用的动词中通常包括"通用动词"，例如 go、put、make、do 和 get。这些动词表示的意义与论元结构构式的意义极其相似。例如，go 的意义与非及物移动构式相联；put 的意义与致使－移动构式十分接近；make 的意义与动结构式相连。① 这印证了邢福义先生的"动词核心名词赋格"的理论，

---

① 转引 Goldberg、Adele E（1995）的著作。

邢福义先生（1998）认为"除了单词句，小句都有核心，一般为动词"。因此我们认为在有些情况下某种构式一定基于该种构式的原型动词的词义，如双及物构式基于 give 的词义，致使移动构式基于 put 的词义，非及物移动构式基于 go 的词义。构式多种多样，构式的格局是由核心动词和赋格名词（有时也包括赋格谓词——笔者注）构成的，因此构式的意义是由核心动词决定的。这些决定构式论元结构的动词是该构式的基因动词。那么现代汉语致使句式的基因动词是什么呢？我们认为现代汉语致使句式的基因动词是将两个子事件连接在一起的单纯致使动词"使"，致使句式的一组语义角色——致事、役事和补事——是由致使动词"使"指派的。由于种种条件的限制，基因动词"使"在致使句式里或隐或现，这导致现代汉语的致使句式多种多样，

从表面上看，使动句的致使义来自于致使动词的致使义；但从根本上说，使动句的致使义来自于底层基础结构的核心动词"使"。因为使动句是在"使"字结构的基础上经过作格动词的提升和致使动词的插入生成的。是先有"使"字结构，后有使动句。在使动句里，核心动词"使"隐含在致使动词里。

## （二）关于施事改致事的使动句的构造问题

何元建、王玲玲（2002）讨论了非施事致事和施事致事的使动句的构造过程。例如：

（29）树影吓了我一跳。

（30）他吓了我一跳。

例（29）的致事"树影"是非施事致事，何元建、王玲玲（2002）认为非施事致事是独立致事。何元建、王玲玲（2002）认为例（29）的构造过程是：

树影 V（我吓了一跳）→树影 吓了$_i$V（我 $t_i$ 一跳）

例（30）有歧义，一是表示致事"他"是无意识的独立致事，何元建、王玲玲（2002）认为无意识致事的使动句的构造过程与例（29）相同：

他 V（我吓了一跳）→他 吓了$_i$V（我 $t_i$ 一跳）

二是表示致事"他"是有意识的施事。何元建、王玲玲（2002）认为施事改致事的使动句的构造过程是：

V（他吓了我一跳）→他$_k$ V（t$_k$吓了我一跳）→他$_k$吓了$_i$ V（t$_k$ t$_i$我一跳）①

我们认为何元建、王玲玲（2002）对施事改致事的使动句的构造过程的分析不正确，现代汉语里的"吓"有三种用法：一是动作动词，如例（31）；二是致使动词，如例（32）；三是非致使动词，如例（33）。

（31）你去吓吓他。

（32）井边的粗绳子吓了他一跳。

（33）他吓了一跳。

当例（30）的"他"是施事时，使动句包含的两个子事件分别是：S1"他吓我"和"我吓了一跳"，原因事件"他吓我"里的动词"吓"是动作动词。致事"他"是由使因事件 S1 的施事提升的，但谓语中心动词"吓"不是由使因事件 S1 的表示动作的"吓"提升的，而是由致果事件 S2 的表示结果的非致使动词"吓$_2$"提升的。其构造过程是：将非致使动词"吓$_2$"提升到单纯致使动词"使"和役事之间，使"使"与非致使动词"吓$_2$"共处于一个层次，形成"使……吓$_2$"格式；再用致使动词"吓$_1$"替换"使……吓$_2$"；最后将使因事件"他吓我"的述宾结构"吓我"删除掉，用施事转喻整个使因事件。如下所示：

他吓我 使 我吓$_2$了一跳→他吓我使……吓$_2$了我一跳→他吓我吓$_1$了我一跳→他吓$_1$了我一跳

# 参考文献

伯纳德·科姆里　1989　《语言共性和语言类型》，沈家煊译，华夏出版社。

陈昌来　2001　《论现代汉语的致使结构》，《井冈山师范学院学报（社科版）》第 3 期。

范　晓　2000　《论"致使"结构》，《语法研究和探索（十）》，商务印书馆。

---

① "t$_k$"是施事"他$_k$"移走后留下的语迹。

何元建　王玲玲　2002　《论汉语使役句》，《汉语学习》第 4 期。

陆剑明　2002　《关于递系式》，《纪念王力先生百年诞辰学术论文集》，商务印书馆。

梁晓波　孙　亚　2002　《致使概念的认识观》，《外国语》第 4 期。

谭景春　1997　《致使动词及其相关句型》，《语法研究和探索（八）》，商务印书馆。

万　莹　2001　《显性单纯致使句兼语式质疑》，《中南民族学院学报（人文社科版）》第 4 期。

宛新政　2005　《试论现代汉语使动句的句法、语义和语用特征》，《阜阳师范学院学报》第 1 期。

邢福义　1995　《小句中枢说》，《中国语文》第 6 期。

邢福义　1998　《论"名词赋格"》，《李新魁教授纪念文集》，中华书局；又见邓天玉　2014　《邢福义为学路》，世界图书出版广东有限公司。

邢福义　1979　《论意会主语"使"字句》，《江汉语言学丛刊》第 1 期。

熊仲儒　2004　《现代汉语中的致使句式》，安徽大学出版社。

严戎庚　1987　《论兼语句在句型系统中的地位》，《新疆大学学报》第 2 期。

张豫峰　2007　《关于现代汉语致使态的思考》，《汉语学习》第 6 期。

张豫峰　宋　桔　2007　《"化"尾动词构成的致使语态句分析》，《复旦学报》第 4 期。

张豫峰　2008　《现代汉语致使语态句分析》，《中州学刊》第 2 期。

张豫峰　2012　《使动句致使意义实现的机制及其语用价值》，《复旦学报》第 4 期。

周　红　2003　《汉语和英语的致使句》，《烟台师范学院学报》（哲社版）第 1 期。

周　红　2006　《汉语致使范畴建构研究》，《渤海大学学报》（哲社版）第 1 期。

周　红　2006　《从"致使性"特征看动词的类型及其语义句》，《长春师范学院学报》（社科版）第 5 期。

Goldberg，Adele E.　1995　《构式：论元结构的构式语法研究》，Chicago：The University of Chicago press，吴海波译，北京大学出版

社，2007。

Lakoff，G. 1970. *Irregularity in Syntax*，New York：Holt，Rinhard & Winston.

McCawleyJames D. 1968. *Lexical Insertion in a Transformational Grammar without deep structure*，Papers from the Fourth Regional Meeting of the Chicago Linguistic Society，71—80.

（刘培玉　长沙理工大学中文系
刘人宁　华中师范大学语言与语言教育研究中心）

# "有 + NP + VP" 句式考察

徐阳春　陈　鑫

**提要**　有的 "NP + VP" 需要添上 "有" 构成 "有 + NP + VP" 才能成立，其原因是该结构中的 NP 可别度低，表达上显得突兀。添上 "有" 字后，NP 成了宾语，而宾语则可以是低可别度的；"有" 表示 "存在" 之意，先说 "有这样一个 NP"，再说 "NP + VP" 的动作，符合认知规律。本文还区分了作为条件分句的 "有 + NP + VP"；这种结构的 "NP + VP" 本身是成立的，因为其中的 NP 可别度高。

**关键词**　有 + NP + VP　隐现　可别度

## 一　引言

本文讨论的 "有 + NP + VP" 为非主谓结构。请看下例：

（1）a. *一个人打电话给你。

　　　b. 有一个人打电话给你。

（2）a. 老王打电话给你。

　　　b. *有老王打电话给你。

例（1）的主语前面要添上 "有" 才是合格的说法，而例（2）则相反，主语前面添了 "有" 反而不合格。对这类语言现象，孟艳丽（2009）、袁毓林等（2009）等一批学者做过较为系统的研究，总体上有两种解释：

一是以孟艳丽等先生为代表，认为上例的 "有" 是一个表示不定指的语法标记词，标记不定指话题。例（1）"一个人"为不定指，因而需要出现不定指标记"有"；例（2）"老王"为定指，因而不需要出现不定指标记"有"。

二是以袁毓林等先生为代表，认为上例"有"是一个存在算子，具有使无定性成分成为话题的功能。上例（1）出现"有"帮助不定指"一个人"成为话题；例（2）"老王"是定指，可以成为话题，因而不需要"有"的帮助。

上述两种解释有一个共同点，就是如果"NP + VP"结构中 NP 为不定指，不能作为话题，则需要"有"来帮助。这种解释是很有见地的，然而需要进一步回答的问题是：话题实际上是定指的，出现"有"以后 NP 仍是不定指，如何成为话题？另外，还有两个问题需要回答：其一，NP 为不定指时前面可以不出现"有"，如例（3）（4）；其二，"有"不只出现在不定指 NP 前，还能出现在定指 NP 前（蔡玮，2003），如例（5）（6）：

（3）一个男人走进视野。（北大语料库《读者》）

（4）一个浪头打过来，游在头里的高老二倒下了。（北大语料库《1994 年报刊精选》）

（5）有杨部长亲自掌握，徐义德违法，就要依法办他。（周而复《上海的早晨》）

（6）有老王作向导，心里觉得很踏实。

本文拟在前辈时贤研究的基础上试图回答上述问题。下面具体阐述。

## 二 "有 + NP + VP" 句式的成因分析

### （一）可别度

#### 1. 可别度的定义

陆丙甫（2005）对可别度及其对语序的影响做了阐述。可别度（identifiability）是以"指称性"为核心成员的原型概念，指 NP 所指对象的可识别的程度。定指或范围有定的 NP 可别度高，反之可别度低。可别度的高低与指称和数量有关，陆先生认为定指比不定指、大量比小量可别度更高。从认知上看，人们表达总是从已知到未知，表现在语序上是越靠左边越需要可别度高的词语，表现在句法位置上则是主语位置需要可别度高的词语，宾语位置则往往是可别度低的词语。例如：

（7）a. 来了一个客人。

　　　b. 那个客人来了。

　　　c. ＊来了那个客人。

（8）a.（？）来了部分／少数客人。

　　　b. 全部／多数客人都来了。

　　　c. ＊来了全部／多数客人。

上例（7a）"一个客人"为不定指，可别度低，与宾语位置匹配，因而合格。（7b）（7c）"那个客人"为定指，可别度高，与主语位置匹配，与宾语位置则不匹配，因此，（7b）合格而（7c）不合格。同样，例（8a）"部分／少数客人"数量不大，可别度不高，若其范围无定，即泛指的"客人"，则与宾语位置匹配，整个句子合格；若其范围有定，即某个范围的"部分／少数客人"，则与宾语位置不能匹配，故加上问号。①（8b）（8c）"全部／多数客人"为大量，范围有定，与主语位置匹配，与宾语位置则不匹配，因此，（8b）合格而（8c）不合格。

2. 可别度的静态与动态

有的 NP 单独看是定指的，但是听话者不知晓，② 因而可别度反而不高；有的 NP 单独看是不定指的，但是联系全句看却是高可别度的。可见，可别度的高低，不仅要看 NP 本身，还要看交际对象和语境。例如：

（9）（？）尤今要来南昌了。

（10）a. 人固有一死，或重于泰山，或轻于鸿毛。

　　　b. ＊人找你。

上例（9）中的"尤今"是专名，其本身的可别度是很高的，但是进入交际，听话者是否知晓？如果说话者认为听话者知道"尤今"这个人，即

----

① 这时"部分／少数客人"放到主语位置就合格了。这种情况往往是对举说出，如"部分／少数客人来了，多数客人还没有来"。详见下文 3.1。

② 当然也可能有这样的情况：某个专名说话者自己也不知晓。

"尤今"对听话者来说可别度高，那么该句合格；如果说话者认为听话者不知道"尤今"是什么人，即"尤今"对听话者来说可别度低，那么该句不合格，这时合格的说法是"有个叫尤今的人要来南昌了"（详见下文）。例（10）主语位置都是"人"，但是（10a）合格，而（10b）不合格，原因在于前者的"人"是类指，所指是一个类的整体，属于有定范畴（刘丹青，2002；白鸽，2013）；后者的"人"是不定指，是小量。后者如果改成"很多人找你"就合格了，因为"很多人"和类指的"人"一样，是大量。至于为什么（10a）中的"人"是类指，而（10b）中的"人"为非类指，刘丹青（2002）有过很好的解释："类指主语适合属性谓语而排斥事件谓语。"（10a）的谓语是属性谓语，因而主语"人"类指；而（10b）的谓语是事件谓语，因而主语"人"是非类指。

3. 可别度的提升方式

定指和大量可别度高自不必说，此外增加参照也能提高 NP 的可别度。Xu（1997）、沈家煊、王冬梅（2000）都曾从不同角度指出，在交际过程中，说话人常采用凸显的参照体来确指目标。我们认为这可以通过以下途径来实现：

第一，以限定成分为参照，提高目标（NP）的可别度。例如：

    （11）a. *一个人来了。

        b.？一个年轻人来了。

        c. 一个戴着礼帽的年轻人来了。

上例从 a 到 c 句限定成分越来越多，使句首的 NP 越来越具体，因而可别度越来越高，c 句基本上是合格的说法。又如：

    （12）a.（？）尤今要来南昌了。

        b. 著名作家尤今要来南昌了。

上例 a 句前面的问号表示该句可能合格也可能不合格，关键在于听话者是否知道"尤今"（见上例（9））；如果认为听话者不知晓，改为 b 句合格度就大了，因为增加了"著名作家"这样的限定性成分，听话者能知道"尤今"是什么人，因而该句合格。

第二，以特定处所或时间为参照，构成存在句式，提高目标（NP）的可别度。例如：

（13）＊人在教室里说话→教室里有人在说话。

（14）？一个小孩昨天爬到树上去了→昨天有一个小孩爬到树上
去了。

存现句的处所、时间实际上就是后面 NP 的参照，这个参照提高了 NP
的可别度，听者能得到更具体的信息。存在句式的意义本来就是"某处/某
时有某物/某人"，"某处/某时"作为"某物/某人"的参照，使之更为凸
显，更加容易识别。因此当 NP 可别度低的情况下，说话者往往通过存在句
式来提高它的可别度。上例（13）和（14）箭头左边"人"和"一个小
孩"可别度低，分别在前面添上"教室里有"和"昨天有"构成箭头右边
的存在句，合格度就高了，因为增添了"某处/某时"的参照，NP 更容易
识别了。

### （二）可别度与"有 + NP + VP"

出现在主语位置的 NP 应该具有高可别度，否则就会出现不协调。要让
低可别度的 NP 与其所处句法位置协调，至少有三种办法：第一和第二种办
法，如上文所述，可以通过增加 NP 的限定成分或构成存在句式来提高 NP
的可别度，使之和谐协调。第三种办法就是把低可别度的 NP 移位到宾语位
置，因为宾语位置与低可别度词语是匹配的。例如：

（15）＊一个客人来了→来了一个客人

（16）？少数客人来了→来了少数客人

但是这三种办法各有局限：增加 NP 的限定成分则改变原句的意义；存
在句需要明确的处所或时间，当处所或时间不明确时，也难以构成存在句
式；移位更是受到限制，因为很多主语位置上的 NP 都不好移到宾语的位
置。解决主语位置 NP 可别度低的最便利的办法是在其前面添加"有"构成
"有 + NP + VP"，上例（9）—（16）因 NP 可别度低而不合格或合格度不
高的句子，添上"有"就都合格了。例（9a）稍微特别一点，要改成"有
个叫尤今的人要来南昌"。添上"有"就能由不合格变为合格，理由如下：

从句法上看，"有 + NP + VP"可看作一种广义的存在句。"有"字前面

隐含了时、地主语，不必添补出来；有时即使补上了也会显得很别扭（张豫峰，1999）。如果说存在句可以作为参照结构而提升 NP 的可别度，那么这种隐含了时、地主语的"有 + NP + VP"则具有同样的功能。另外"有"是动词，其后 NP 就是宾语；宾语与低可别度也是相匹配的。试区分：

> （17）a. 客人要去三清山。
> 　　　 b. 有客人要去三清山。
> （18）a. 谁能回答这个问题？
> 　　　 b. 有谁能回答这个问题？

例（17）a 中的"客人"是双方都知道的"客人"，因而可别度高，可以出现在主语位置上；(17) b 中的"客人"双方不知道或至少是听话者不知道的，因而可别度低，需要出现"有"使之成为宾语。例（18）a 中的"谁"针对的是特定范围的提问，可别度较高，而 b 中的"谁"范围无定，相当于"什么人"，可别度较低；直接的证据就是 b 句后面加上语气词"吗"显得很自然，而 a 句带上"吗"就显得很别扭。或许我们会问，上面两例的 b 句是因为添加了"有"才使其后的 NP 可别度变低的吗？我们的回答是相反的，是因为 NP 可别度低才出现"有"构成"有 + NP + VP"这一句式的。

从认知上看，可别度低的词语放在说话的起点，让人觉得很突兀。可别度低即不容易识别，双方或至少听话者不知晓。使用"有 + NP + VP"这种广义的存在句式，先告诉对方"有 NP"，即"存在某 NP"，然后再出现"这个 NP 进行某个 VP 动作"，就顺理成章了。NP 是兼语，第一次作为"有"的宾语，是新信息；第二次作为后面 VP 的主语，即为已知信息了。再看下例：

> （19）公司刚一开张，就<u>有一家企业找上门来说</u>苦于找不到符合条件的担保，银行 20 万元贷款无法发放。（北大语料库《1994 报刊精选》）

上例下划线部分表示的就是"有一家企业，这家企业找上门来说……"，假如把"有"去掉，就不符合语感，因为这样违背了从已知到未知的认知顺序。

（三）古汉语的印证

"有 + NP + VP" 句式古已有之。表现在两个方面：

第一，"有"出现句首，且隐含不定指的人或物。例如：

> （20）以杞包瓜，含章，有陨自天。（《周易·姤》）
>
> （21）林楚怒马及衢而骋，阳越射之，不中，筑者阖门。有自门间射阳越，杀之。（《左传·定公八年》）
>
> （22）帝曰："咨！四岳，有能典朕三礼？"（《尚书·尧典》）

上面三例都含有"有 + NP + VP"结构，只是其中的 NP 因可别度低（泛指）而隐含了：例（20）"有"后面隐含了"某物"，例（21）"有"后面隐含了"某人"，例（22）"有"后面隐含了"谁"。"有"后面的"谁"也是不定指，相当于"什么人"（见上例18b）。

第二，当专有名词出现于主语位置，且被认为对听话者是未知信息时，常会和"有……者"搭配使用。例如：

> （23）有于嵩者，少依于巡。（《张中丞传后叙》）
>
> （24）有颜回者好学，不迁怒，不贰过。（《论语·雍也篇》）
>
> （25）有陈豹者，长而上偻，望视，事君子必得志，欲为子臣。（《左传·哀公十四年》）

上面三例都含有"有 + NP + VP"结构，所不同的是，因为是文言文，多了一个"者"字，其中的"有 + NP + VP"结构都可以理解为"有个叫于嵩/颜回/陈豹的人怎么怎么样"。论理专名的可别度很高，其前面不必出现"有"。但是可别度的高低是就交际双方，特别是听话者而言的，听话者容易识别的词语是高可别度的，反之是低可别度。当说话者认为听话者对某个专名可能不知晓时，这个专名也还是低可别度的，需要出现"有"，构成"有 + NP + VP"结构；先告诉对方"有某人"，再说"这个人怎么怎么样"，这符合认知顺序。

近代白话中省去了"者"，但意思仍是一样。祁从舵（2011）发现若句首为不熟悉的人名，其结构要复杂些，常采用"有·专名 + VP"结构。这里的"专名"就是 NP，是语篇中首次出现的人物（包括对话中听话者首次接受的人物）。下面引自祁例：

（26）有李万卷，白侍郎相引，礼谒大师。（《祖堂集》卷一五）

（27）时有期城太守杨衍问师曰："西国五天，师承为祖，未晓此意，其义云何？"（《祖堂集》卷二）

### （四）英语的印证

英语也有类似汉语"有＋NP＋VP"的结构，不同的是"有"的位置是 there be。当"NP＋VP"中的 NP 为低可别度时，其前面也会出现 there be，否则不需要。例如：

（28）a. There was a painting hanging on the wall.

b. ? A painting was hanging on the wall.

（29）a. ＊There were all the people working in the fields with horses.

b. All the people were working in the fields with horses.

（30）a. ＊There were most people working in the fields with horses.

b. Most people were working in the fields with horses.

例（28）的 NP 是低可别度的，因而要添上相当于"有"的 there be，否则合格度不高。例（29）中的 NP 都是高可别度（定指）的，不需要 there be，否则不合格。例（30）中的 NP 也是高可别度（接近全量）的，因而也不需要 there be。

英语口语中有些表达（Quirk，1985）更接近汉语的"有＋NP＋VP"的结构，其中的 NP 都是低可别度的，类似汉语的兼语。例如：

（31）There's a table stands in the corner.

（32）There's something keeps upsetting him.

（33）There's a man lives in China.

## 三　"有"字的隐现

上文阐述了"有＋NP＋VP"结构的成因，"有"字的隐现与 NP 可别度的高低有关。这里具体阐述一下"有"字的隐现情况。"有"字隐现不外乎三种情况：必须出现"有"；不能出现"有"；两可情况。当 NP 的可别度低时，其前面必须出现"有"，这一点上文已有充分的例证，此不赘述。下面着重论述不能出现"有"和两可的情况。

**（一）不能出现"有"的情况**

出现"有"的条件是 NP 的可别度低，那么，不能出现"有"的条件就应该是 NP 的可别度高。例如：

（34）（＊有）王老师到处找你。

（35）（＊有）绝大多数人回家休假了。

上例"王老师""绝大多数①"都是高可别度的 NP，前面不能出现"有"，在情理之中。这里需要解释三类"反例"：

第一类是上例（3）和（4），这两个例句分别为"一个男人走进视野"和"一个浪头打过来，游在头里的高老二倒下了"，其中的 NP 是低可别度的，却不好出现"有"，如何解释？

我们认为，这种现象与句子表达的突然性事件有关。例句中的 NP 分别为"一个男人"和"一个浪头"，都是低可别度的 NP，之所以没有添上"有"跟全句表示突然性动作有关。王灿龙（2003）把这类突然动作叫作"偶发性动作"，把其中的 NP 称作"不速之客"。上文谈到，以低可别度的 NP 作为说话的起点会显得突兀。例（3）和例（4）表示的突然性动作与这种突兀刚好是协调的，因此可不用"有"。假如出现"有"构成"有＋NP＋VP"，表示"先存在 NP，再就是 NP 如何 VP"，反而与所表示的突然之意有点不协调。英语也有类似的情况，下例的意思是"外面台风在怒吼"，台风怒吼是突然性动作，因而 a 句合格度高，b 句加了 there is（相当于"有"）反而合格度低。

（36）a. A typhoon is raging outside.

　　　b. ? There is a typhoon raging outside.

---

① "绝大多数"接近全量，不仅数量大，而且范围有定，因而其前面不能出现"有"。不接近全量但主观倾向数量大的 NP，会出现两可现象。详见下文"表示主观大量的 NP"。

第二类是下例（37）和（38）。句子不表达突然性事件，NP 本身是低可别度的，却也不出现"有"，又如何解释？

（37）一个人做点好事并不难。

（38）（你）一个人在这里生气有什么用？

上例中的"一个人"单独看都是低可别度的，但是联系全句看，实际上是高可别度的：例（37）中"一个人"是类指，类指不仅数量大而且范围有定，因而不能出现"有"。例（38）中"一个人"是特指的某一个人，比如前面可以补出"你"，因而不能出现"有"。

第三类是对举情况。当两个以上的句子对举使用时，每个句首的 NP 看似低可别度的，实则都是特定范围之内的。例如：

（39）人在教室说话，马在外面嘶鸣。

（40）一个学生考取了清华，两个学生考取了北大。

例（39）的第一句就是上文不合格的例（13），但是后面增加了对举的句子，却合格了。原因在于"人"怎么样，"马"怎么样，这样一对举，实际上是在描写特定的"人"和"马"，因而句子合格。例（40）的第一句若单说则合格度不高，但是后面增加了对举的句子，却也合格了。同样是由于"一个学生"怎么样，"两个学生"怎么样，这样一对举，"一个学生"和"两个学生"也就是特定范围的了，因而句子也合格。

由此可见，NP 可别度的高低不仅要看该词语本身，还需要联系全句来考察。

## （二）两可情况

### 1. 表示专名的 NP

这种两可情况，我们在上文已经谈到了。所谓可别度的高低主要是就交际双方，特别是听话者而言的。这就需要我们区分专名 NP 自身的可别度和对听话者而言的可别度。这里再举一例：

（41）a. 约翰会在机场接你。

　　　b. 有个叫约翰的人会在机场接你。

上例"约翰"这个专名本身是定指的，因而也应该是高可别度的。但是这个专名听话者知晓吗？如果认为听话者知晓，该专名对听话者来说也是高可别度的，不需要出现"有"，如（41a）；如果认为听话者不知晓，尽管是专名，对听话者来说也是低可别度的，需要添加"有"，并且构成"有个叫 NP 的……"，如（41b）。

2. 表示主观大量的 NP

量的问题要复杂一点。表示全量或接近全量的词语（如"全部""大家""每个""绝大多数""大部分"等）不仅是大量而且有特定范围，因而对于交际双方都是可别度都很高的词语，其前面不能出现"有"，如上例（8b）。表示主观大量的词语如"很多""好多""相当多""好几""成百上千""成千上万""无数"，带有主观倾向性，即说话者主观认为"多"。例证是"好几个"一般不会超过十个，但是"好几个"因为主观倾向"多"，所以其前面可以不出现"有"；而"十个""一百个""三万个"的前面则要出现"有"，因为它们只表示数量，没有主观大量的倾向性。

表示全量（或接近全量）的词语与表示主观大量的词语有一个区别：前者因为是"全量"，因而范围是有定的；后者可以是特定范围的大量，也可以是泛指其多，无特定范围。这样，表示大量的词语如果范围有定，不出现"有"；否则要出现"有"。试比较下面的两可情况：

（42）a. 许多人在用马耕作土地。

　　　 b. 有许多人在用马耕作土地。

上例 a 句 NP 要表示的是双方知道的"许多人"，隐含了特定范围，即特定范围中的"许多人"，因而不出现"有"；b 句 NP 则不表示特定范围的"许多人"，只表示人数多，因而出现"有"。英语也有对应的情况：

（43）a. Many people are working in the fields with horses.

　　　 b. There are many people working in the fields with horses.

上例 a 句中的 many people 隐含着较为确定的范围，而 b 句的 many people 则显示出不确定性①。我们还可以通过下例（44）和（45）的对比来作进一步的例证：

(44) a. 成千上万的人在观看足球赛。
     b. 有成千上万的人在观看足球赛。

(45) a. 成千上万的革命先烈，为着人民的利益，在我们的前头英勇地牺牲了。
     b. ＊有成千上万的革命先烈，为着人民的利益，在我们的前头英勇地牺牲了。

　　放在主语位置的 NP 具有定指性，放在宾语位置的 NP 则具有不定指性；或者反过来理解，因为具有定指性才放在主语位置，具有不定指性才放在宾语位置的。例（44）的"成千上万的人"可以是来自特定范围的人，也可以是不定指的，因而有 a 和 b 两种结构。例（45）的"成千上万的革命先烈"则是特定范围的，可别度高，因为"革命先烈"是个事实上已经确定的稳定集合，是共识的一部分。因此例（45）a 句成立，b 句不成立。

　　还有例证，英语同一个名词性从句放在主语位置与放在宾语位置，可别度有差别（Kiparsky and Kiparsky，1970）：

(46) a. That Tricia messed up her hair was reported by UPI.
     b. UPI reported that Tricia messed up her hair.

　　上例 a 句报告的事件处于主语位置，具有定指性，因而一定是事实；而 b 句报告的事件处于宾语位置，具有不定指性，因而不一定是事实。或者反过来解释，所报告的事件因为是定指的事实，所以放到主语位置上；因为不一定是定指的事实，所以放在宾语位置上。

　　综上所述，"有"字的隐现与 NP 的可别度有关：第一，NP 可别度低而不添加"有"会显得突兀，因而适合于表达突然性事件。除此之外，凡是 NP 为高可别度的，不出现"有"，反之则出现"有"。第二，可别度的高低

———————

① 中国人民大学孔子学院胡靖老师在津巴布韦大学任教时专门与以英语为母语的语言学专业的学生讨论过这一问题，证实了这一语感（个人交流）。

是对交际双方，特别是听话者而言的：即使是专名，如果听话者不知晓，那它也还是低可别度的。

# 四　另一类"有＋NP＋VP"

下面我们来考察上例（5）和（6），这两个例句分别为"有杨部长亲自掌握，徐义德违法，就要依法办他"和"有老王作向导，心里觉得很踏实"，其中的"杨部长"和"老王"对交际双方都是高可别度的，反而要添加"有"字，而且出现这个"有"字语句更顺畅，为什么？

为了讨论方便，我们把上面两个部分讨论的"有＋NP＋VP"称作 A式，把这部分要讨论的上例（5）和（6）所涵盖的"有＋NP＋VP"称作 B式。A式的特点是可以独立成句，但是由于其中的 NP 可别度低，去掉"有"字则不能独立成句。B式的特点是不能独立成句，只作为条件分句，①但是由于其中的 NP 可别度高，去掉"有"字反而能独立成句。如上例（5）和（6）中的"有杨部长亲自掌握"和"有老王作向导"这两个"有＋NP＋VP"结构，只能作为后续句的条件分句；但是由于其中的 NP 可别度高，去掉"有"说成"杨部长亲自掌握"和"老王作向导"则都可以独立成句。类似的情况又如：

（47）（只要）有太阳出来，就好办。

（48）有父母支持，婚事会更顺利。

（49）有多数人参加，活动能照常进行。

上例的"有＋NP＋VP"都表示条件，其中的 NP 都是高可别度的，不能离开后续句而单独成句；②但是由于其中的"太阳""父母"和"多数人"都是高可别度的，去掉"有"反而能离开后续句而独立。

我们还注意到，A式带上适当的连接成分也能作为条件分句的，这时与B式如何区别？试比较：

---

① 这里的条件是广义的，包括了假设条件和因果条件。

② 上述三例的"有＋NP＋VP"如果添上一个适当的主语，就都可以独立成句。如上文所述，本文讨论的是非主谓的"有＋NP＋VP"，不涉及"NP1＋有＋NP₂＋VP"。

（50）a. 有一个当地人作向导。

　　　b.（因为）有一个当地人作向导，我们顺利地找到了出口。

（51）a. ＊有老王作向导。

　　　b. 有老王作向导，我们顺利地找到了出口。

上例（50）和（51）形成对比，例（50）a 和 b 中的"有＋NP＋VP"属于 A 式，因为它可以单独成句；在 b 中作条件分句，常常要添加"因为"、"由于"等连词。例（51）a 和 b 中的"有＋NP＋VP"属于 B 式，因为它不能单独成句；在 b 中作条件分句，一般不需要出现"因为""由于"等连词。

"有＋NP＋VP" A、B 两式的语法特点可以对比如下表所示：

| 类型 | NP 的可别度 | 结构成立的条件 | "有"字的隐现条件 |
|---|---|---|---|
| A式 | 低 | 可独立成句；去掉"有"则不能 | 1. 必须出现"有"：NP 可别度低<br>2. 不能出现"有"：<br>a）NP 可别度高；<br>b）NP 可别度低，但全句表示突然性事件；<br>c）NP 可别度看上去低，但实际为类指或定指；<br>d）NP 可别度看上去低，但由于对举，实则有特定的范围。<br>3. 两可情况：<br>a）NP 为专名，若是双方共知的，不出现"有"；若对听话方是未知的，则出现"有"；<br>b）NP 为主观大量，若隐含确定范围，则不出现"有"，否则需要出现"有" |
| B式 | 高 | 不能独立成句；去掉"有"则能 | 其中的"NP＋VP"本身成立，如果要作为条件分句则出现"有"，否则不出现"有" |

# 参考文献

白　鸽　2013　《类指现象的跨语言研究》，中国社会科学院语言研究所博士论文。

蔡　玮　2003　《"有"字句中的预设》，《修辞学习》第 2 期。

陆丙甫　2005　《语序优势的认知解释：论可别度对语序的普遍影响》，《当代语言学》第 1—2 期。

刘丹青　2002　《汉语类指成分的语义属性和句法属性》，《中国语文》

第 5 期。

孟艳丽　2009　《"有"的语法意义及其成因》,《解放军外国语学院学报》第 1 期。

祁从舵　2011　《论"有·专名 + VP"的语篇特征与传信功能》,《北方论丛》第 3 期。

沈家煊　王冬梅　2000　《"N 的 V"和"参照体—目标"构式》,《世界汉语教学》第 4 期。

王灿龙　2003　《制约无定主语句使用的若干因素》,《语法研究和探索》(十二),商务印书馆。

袁毓林　李　湘　曹　宏　王　健　2009　《"有"字句的情景语义分析》,《世界汉语教学》第 3 期。

张豫峰　1999　《"有"字句的语用研究》,《河南大学学报》第 3 期。

Kiparsky, Paul & Carol Kiparsky. 1970. Fact, in Manfred Bierwisch and Karl Erich Heidolph ed., Progressive in linguistics: 143—173, The Hague Mouton.

Quirk, Randolph, et al. 1985. *A Comprehensive Grammar of the English Language*, Longman. pp. 1250, 1407.

Xu, Liejiong. 1997. Limitation on subjecthood of numerically quantified noun phrases: a pragmatic approach. In Xu (ed.) *The Referential Properties of Chinese Noun Phrases*, Paris: Ecole des Hautes Etudes en Sciences Sociales.

(徐阳春　南昌大学中文系

陈　鑫　南昌大学中文系)

# "NP 的 VP" 短语语式初探*

## 陈庆汉

**提要** "语式"指短语的抽象的语法结构格式。从语义和句法的结合式来看，我们把 NP 的 VP 短语的语式先分为两大类。第一大类，"NP 领事 + 的 + VP 名物化名核"。这种语式内部可分为三个下位类型："NP 施事 + 的 + VP 名物化动核""NP 系事 + 的 + VP 名物化性状核" "NP 受事 + 的 + VP 名物化动核"。第二大类，"NP 限事 + 的 + VP 名物化名核"，从语义上限事分别表示时点、时量、数量、工具、处所、方式、性质等语义格，可分为"NP 时点 + 的 + VP 名物化动核""NP 时段 + 的 + VP 名物化动核""NP 性质 + 的 + VP 名物化动核""NP 工具 + 的 + VP 名物化动核""NP 处所 + 的 + VP 名物化动核""NP 方式 + 的 + VP 名物化动核""NP 数量 + 的 + VP 名物化动核"等 7 个下位类型。

**关键词** NP 的 VP 语式 语型 语模 语式义

"语式"这一术语是范晓（2012）在《试论语式》一文中提出，语式"指短语的抽象的语法结构格式"，"具体可表述为：由词类序列形式显示的包含句法结构、语义结构和语用功能的形义匹配的短语结构格式"，还讨论了语式分析的方法和原则。范晓（2012）又发表了《述宾短语的语式分析》，在对具体的短语的语式的研究上起了先导作用。本文对汉语 NP 的 VP 短语的语式进行初步的探讨，以期把 NP 的 VP 短语的讨论推进一步。

---

* 本文系 2012 年国家社科基金项目（12BYY096）《认知语法框架中汉语 N 的 V 短语研究》和 2011 年河南大学人文重点社科基金项目（2012RWZD09）的阶段性成果之一。

本文语料主要来自北京大学中国语言学研究中心语料库。

# 一　NP 的 VP 短语研究概述

"NP 的 VP"指一个名词性词语和一个动词性词语（含形容词性词语）的中间插加一个"的"构成的短语，如"这本书的出版""狐狸的狡猾""昨天的讨论"等。对 NP 的 VP 短语的研究关涉到汉语词类的划分和动词的转类问题，百余年来汉语语法学界一直没有停止过对它的研究。20 世纪 50 年代《暂拟汉语教学语法系统简述》提出了"名物化"的观点，认为 NP 的 VP 是"名物化"中的一种。20 世纪六七十年代朱德熙等（1961）否定了"名物化"的说法，认为汉语动词具有多功能性，中心语"V"仍是动词。20 世纪 80 年代以来学界运用三维语法理论（胡裕树、范晓，1994）、功能语法学（张伯江，1992；詹卫东，1998）、认知语法学（沈家煊，1999；王冬梅，2001、2002）、形式语法学（陆俭明，2003；司富珍，2004）对 N 的 V 短语的句法、语义、语用、N 的 V 与向心结构理论的关系等方面进行重新思考，形成了很多的共识，但仍存在着一些不同意见和薄弱环节，主要有以下 4 个方面。

（1）关于 NP 的 VP 短语中心语"V"的语法性质的讨论：主张中心语 V 是动词的有朱德熙等（1961），李宇明（1986），张伯江（1993），范晓（1986、1992），胡裕树、范晓（1994），章也（2004）等。主张中心语 V 向名词转变的人更多一些：主要有《暂拟汉语教学语法系统》（1956）的"名物化"观点；陈宁萍（1987）的动词向名词漂移说；胡明扬（1996）的向名词过渡的观点；沈家煊（1999）、王冬梅（2002）指出中心语 V 表现出程度不等的名词化倾向。

（2）关于 NP 的 VP 短语内部句法结构关系：主要有两种看法。第一，吕叔湘、朱德熙（1952），姚振武（1995），章也等（2004）都认为是比较特殊的主谓结构。第二，胡裕树（1981），黄伯荣（1983），张伯江（1993），胡明扬（1995），詹卫东（1998），沈家煊、王冬梅（2000）都认为是"定语 + 的 + 中心语"的偏正短语。

（3）关于 NP 的 VP 短语内部的语义关系：目前对此研究还较薄弱。张伯江（1993）、詹卫东（1998）认为 N 与 V 之间主要是施事与动作、受事与动作的关系。陈庆汉（2010）考察 N 与 V 之间的语义关系远不止这些。

（4）关于 N 的 V 短语与向心结构理论：朱德熙（1961）认为 N 的 V 整体是名词性而中心语 V 仍是动词，与布龙菲尔德向心结构理论相矛盾。朱德熙（1984）、范晓（1986）、施关淦（1988）、吴长安（2006）、沈家煊（2009）等等都对此问题进行了探讨并得出不同的看法。向心结构理论跟汉语 NP 的 VP 短语的关系到底怎样尚需进一步研究。

针对 NP 的 VP 短语研究中存在的种种分歧我们拟另行撰文讨论。本文对 NP 的 VP 短语语式的研究是以下观点为基础的：

1. NP 的 VP 是汉语中把"NP + VP"谓词性短语变为名词性指称形式的一种常用格式。

2. NP 的 VP 短语从句法上看属于"定语 + 的 + 中心语"的名词性偏正短语。从语义上看，由于 NP 的 VP 短语生成的特殊性，其表层是名核结构，深层还保留有动核结构的种种语义关系。

3. NP 的 VP 的中心语 V 由于受"NP 的__"框架的制约，语义上已经名物化，句法平面上其词性已经发生程度不等的名化。

## 二　NP 的 VP 短语语式分析

现代汉语名词性偏正短语的句法结构为"定语 + 的 + 中心语"，内部语义关系可分为 3 种：领属关系（如"我的弟弟"）、限制关系（如"三位客人"）和修饰关系（如"美丽的家乡"）。NP 的 VP 偏正短语由于其构成材料的限制，经我们考察，内部语义关系只有领属和限制两种，如"侵略者铁蹄的践踏"中定语"侵略者铁蹄"是领事，中心语"践踏"是名物化属事，二者之间是领属关系；又如"公园里的舞龙灯"中"公园里"限定中心语"舞龙灯"发生的处所，二者之间是限制关系

对 NP 的 VP 短语归纳和划分语式时，我们考虑了三方面因素：1. 考察 NP 的 VP 短语的句法结构和句法成分，从这个角度分析出的类是语型。2. 考察 NP 的 VP 短语的语义结构和语义成分，从这个角度分出的类是语模。3. 考察 NP 的 VP 短语的语用功能意义，即 NP 的 VP 短语的整体格式意义，也叫语式义。具体的操作方法是根据 NP 的 VP 短语的"句法—语义"结构方式，先将其语式初步划归为两大类，然后按照其语式义再划分为若干下位类型。

一、NP 领事 + 的 + VP 名物化名核

这样的 NP 的 VP 短语是领属关系，其中"NP"是领事，"VP"名物化后充当了名核，也是属事。例如：

　　猫的扑鼠 \ \ 千军万马的厮杀 \ \ 妻子的温柔

　　老秀才的管束 \ \ 旧房的倒塌 \ \ 它的衰落

根据 NP 与 VP 之间的语义关系可分为三个下位类别。

（一）NP 施事 + 的 + VP 名物化动作核

语型：定语 + 的 + 中心语

语模：施事 + 名物化动作核

语式义：指称"特定施事及所发出的动作"这个事件。

这种语式根据语料调查，中心语 V 常是一价动词和二价动词，三价动词很少见到。

1. NP 施事 + 的 + VP 一价动核

NP 的 VP 常充当主语：

（1）我的离去，是救你而非害你，是怜你而非恨你！

（2）他们的逃跑是那样训练有素，毫不拖泥带水，就像鱼从水面上沉到水底一样，顷刻之间便消逝得无影无踪。

（3）马达的吼叫，皮带的拍击，锭子的转动，齿轮的轧轹，好像压缩了空气一般的紧装在这红墙的厂房里面。

（4）她的笑，说实话，并不比哭更体面一些。

（5）他们的庄严又缓慢的移动，就像天上的云霞一样不慌不忙。

（6）他的奔走，在这些日子，比以前更加活跃了许多。

NP 的 VP 常充当宾语：

（7）听一听院里，他希望听到学生们的欢笑与喊叫。

（8）我们谈了别后的很多事情，谈到三姐的惨死，谈到二叔的死，谈到家庭的种种怪 现象。

NP 的 VP 还可充当介词的宾语：

（9）临街的房屋都随着汽车的颠簸而颠簸。

2. NP 施事 + 的 + VP 二价动核

NP 的 VP 常充当主语：

> （10）全家的反对冠家，使他不敢特立独行，而太太的管束又教他
> 　　　不敢正眼看高弟与招弟。
> （11）曼殊的学习写诗，在文学史上应该算的上一项奇迹。
> （12）他们的研究和翻译新的医学，并不比中国早。

NP 的 VP 常充当宾语：

> （13）没有他们的艰苦探索，就没有今天人类的智慧。
> （14）我怀疑我们以前对这首民歌的理解过于肤浅了。
> （15）徐姐终于破涕为笑，感谢家人对她的抬举。
> （16）爷爷通了徐姐也就通了，根本不需要人为地制造民主进程与
> 　　　徐姐之间的激烈的斗争。

NP 的 VP 常充当介词的宾语：

> （17）因为在侵略者铁蹄的践踏下，许多青年有为的生命，许多优
> 　　　秀卓绝的文学才能已经变成了白骨黑灰。
> （18）我靠着逐渐暗淡的最后的阳光的指引，走过十八年前的
> 　　　故居。

（二）NP 系事 + 的 + VP 名物化性状核

语型：定语 + 的 + 中心语

语模：系事 + 名物化性状核

语式义：指称"特定的系事及所联系的性状"这个事件。

根据 V 的情况又分两个小类。

1. NP 系事 + 的 + VP 状态核

这种 NP 的 VP 短语，其中 NP 是系事，VP 的核心是状态动词。

NP 的 VP 常充当主语：

> （19）大海有多沉着，这海潮的起伏就有多沉着。
> （20）晋商的鼎盛春秋长达数百年，它的衰落也不过是近几十年

的事。

NP 的 VP 充当宾语:

(21) 所有这些豪言壮语都影响不了物质的铁一般的规律:<u>细胞的老化，石灰质的增多，记忆里的衰退</u>……

2. NP 系事 + 的 + VP 性质核

这种 NP 的 VP 短语，其中 NP 是系事，VP 的核心是形容词。

NP 的 VP 常充当主语:

(22) <u>老太爷的不舒服，婆婆的病，丈夫的忧郁，老三的出走，家计的困难</u>，都给她增多了关切与工作。

(23) <u>方林的女性的沉稳与细腻，刘春山的男性的成熟与刚毅，朗莎的纯真与多情，热龙的鲁莽与热烈，顿珠的虚伪与奸诈</u>，都在剧中通过人物各自的戏剧动作得到了较充分的展现。

(24) 她的最大的变化是她的内心，<u>女人的狡猾</u>是藏在心底的。

NP 的 VP 常充当宾语:

(25) 人们可以称赞他们"随机应变"，但对"机"的发现，正由于<u>视野的开阔，目光的敏锐</u>。

(26) 他认识了<u>拳头的伟大与光荣</u>。

(27) 他是带有乡土气息的纯朴厚道，带着一种<u>农民的狡猾，农民式的狡猾</u>。

(28) 我辨认了<u>星月的光明，草的青，花的香，流水的殷勤</u>。

(三) NP 受事 + 的 + VP 名物化动核

语型:定语 + 的 + 中心语

语模:受事 + 名物化动作核

语式义:指称"特定受事及所承受、关涉的动作或行为"这个事件。

NP 的 VP 常充当主语:

（29）<u>钱先生的被打与被捕</u>，使他知道了敌人的厉害。

（30）<u>龙图腾的形成</u>，体现了多个原始民族之间的被征服和融合。

（31）<u>"泰坦尼克"号沉船的被寻获</u>，那价值连城的珠宝金银犹如热风，更掀起了空前的寻宝热潮。

（32）<u>连火和草药的发明应用</u>，也和民众无缘，全由古圣王一手包办。

（33）北平的陷落，<u>小崔的被杀</u>，<u>大哥的被捕</u>，他都没动过心。

（34）记者采访发现，<u>这一天价"情人节套房"的推出</u>，受到不少消费者和业界人士的质疑。

NP 的 VP 常充当宾语：

（35）如果你指出便秘是主要危险，就会引起普遍拉稀，并导致<u>泻药的脱销</u>与对医生的逆反心理。

（36）对钱家父子，他更特别的留着神不谈文艺理论，以免意见或成见的不同而引起<u>友谊的损伤</u>。

（37）离开了<u>事实的发掘</u>，谈不上理论的建树，也谈不上汉语语法研究的成熟。

NP 的 VP 充当介词的宾语：

（38）60 年后，<u>随着先进技术和高等人才的不断引入</u>，敦煌保护事业进入了科学保护阶段，敦煌研究院发展成为了中国石窟和土遗址保护的科研基地，并成为国际敦煌学研究的重要中心之一。

（39）在这种<u>对外来文化的选择接受</u>中，或许有某种社会心理背景的内在原因起作用。

（40）大面积的，扇面形的云霞，从<u>白棉花球的堆积</u>，变成了金色的菠萝。

二、NP 限事 + 的 + VP 名物化名核

这种 NP 的 VP 短语其中 NP 起限制作用，VP 名物化后充当名核。

语型：定语 + 的 + 中心语

语模：限事定元 + 名物化名核

根据限事的语义，可分为 7 种情况：

（一）NP 时点 + 的 + VP 名物化动核

语式义：指称在某时点所出现的动作、行为或性状，消除其述谓性。

NP 的 VP 充当主语、宾语和介词的宾语：

> （41）倒是<u>清晨和傍晚的散步</u>，<u>涨潮和落潮时的捡拾贝壳</u>，似乎还能多吸引一些人。
>
> （42）作为共和国的第三代人，"老三届"曾以少年的纯真沐浴过<u>五十年代的清纯</u>；以青年的热情领受过"文革"的狂热；又以中年的成熟投入方兴未艾的改革大潮。
>
> （43）在<u>昨天的讨论</u>中，阿根廷众议员激烈谴责美国侵略，他们提出了十五项谴责美国侵略的提案。

（二）NP 时段 + 的 + VP 名物化动核

语式义：指称在某一时段所延续的行为、动作或性状，消除其述谓性。

NP 的 VP 充当宾语：

> （44）经过了<u>半个世纪的思恋</u>，经过了许多磨难，你我都白了头——浪花！
>
> （45）为了设计这一程序，我们全家进行了<u>三十个白天三十个夜晚的研讨</u>。
>
> （46）这样的几分钟会激起<u>十年的憎恨</u>，<u>一生的复仇</u>。
>
> （47）但是有些记忆经过了<u>多少时间的磨洗</u>也不会消失。

（三）NP 性质 + 的 + VP 名物化动核

语式义：指称具有某种性质的动作、行为或性状，消除其述谓性。

NP 的 VP 多充当宾语和介词的宾语：

> （48）在这样一个个人命运和民族命运紧密的联系在一起的时代，我还受着<u>个人情感的熬煎</u>。
>
> （49）从<u>下意识的不敬</u>开始演变出<u>上意识的不满意</u>。
>
> （50）因此唯一值得称颂的道路只有让所有的农民都投入<u>政治性的反抗</u>。

（51）他在中国待过多年，从小就受到<u>中国文化的熏陶</u>。

（52）金融事业的竞争，说到底是<u>信誉和道义的竞争</u>。

（53）他们的行为缺少<u>高层次理性力量的支撑</u>，他们的成就没有被赋予雄辩的历史理由。

（54）我心头顿时感着<u>神异性的压迫</u>。

（55）在人文精神的讨论中，不同类型知识分子的不同立场是：学院自由派认为，人文精神从近代以来就处于被遮蔽被冷落境地，目前需要的是反思与重建。

（四）NP工具 + 的 + VP名物化动核

语式义：指称凭借某种工具而进行的行为或活动，消除其述谓性。

小提琴的伴奏 \ \ 皮鞭的抽打 \ \ 鱼雷的袭击 \ \ 钢琴的弹奏（陈昌来，2009年用例）

（五）NP处所 + 的 + VP名物化动核

语式义：指称在某处所发生的行为、活动，消除其述谓性。

NP的VP常充当主语、宾语：

（56）<u>公园里的舞龙灯</u>刚刚开始。

（57）<u>中国的焚书禁报</u>，封闭书店，囚杀作者，实在远远在德国的白色恐怖之前。

（58）今年<u>上海的过旧年</u>，比去年热闹。

（59）她们正在七嘴八舌地议论<u>车间的评奖</u>。

（六）NP方式 + 的 + VP名物化动核

语式义：指称以某种方式进行的动作、行为或表现出的性状，消除其述谓性。

NP的VP常充当宾语：

（60）他是带有乡土气息的纯朴厚道，带着一种<u>农民的狡猾</u>，农民式的狡猾。

（61）通过<u>新闻媒介的传播</u>，我们欣喜地获悉你在全国作文大赛中一举夺魁。

（七）NP 数量 + 的 + VP 名物化动核

语式义：指称具有特定数量的动作、行为，消除其述谓性。

NP 的 VP 常充当宾语：

（62）权力就是腐蚀，一分权力就是一分腐蚀，百分之百的权力就
　　　是百分之百的腐蚀。

（63）以后还有第五次、第六次的轰炸。

（64）干好这事得经过一万次的努力。

# 三　结论

　　第一，汉语语法学界对 NP 的 VP 短语的句法、语义、语用等方面的认
识至今仍有很多分歧和不足，需要我们在前人已有的研究基础上认真地梳理
和分析，力求对 NP 的 VP 短语的语法性质有一个较稳妥的认识，然后在这
个基础上才能对 NP 的 VP 短语的语式进行更深入的分析。

　　第二，根据我们对 NP 的 VP 短语语式的初步考察，从语义和句法的结
合式来看可初步分为两大类：第一大类，从语义上看由领事 NP 和名物化
VP 构成，记为 "NP 领事 + 的 + VP 名物化名核"。这种语式内部可分为
三个下位类型。1. 由施事 NP 和动核 VP 构成的 "NP 的 VP"，如 "他们的
逃跑、全家的反对冠家" 等，可记为 "NP 施事 + 的 + VP 名物化动核"。2.
由系事 NP 和性状核 VP 构成的 "NP 的 VP"，如 "细胞的老化，石灰质的增
多，记忆里的衰退、她的谦和" 等，可记为 "NP 系事 + 的 + VP 名物化性
状核"。3. 由受事 NP 和动核构成的 "NP 的 VP"，如 "钱先生的被打与被
捕、这本书的出版" 等，可记为 "NP 受事 + 的 + VP 名物化动核"。第二大
类，从语义上看是由限事 NP 和名物化名核构成，可记为 "NP 限事 + 的 +
VP 名物化名核"，限事分别表示时点、时段、数量、工具、处所、方式、
性质等语义格，如 "清晨和傍晚的散步、一万次的努力、皮鞭的抽打、公
园里的舞龙灯、农民式的狡猾" 等，可分别记为 "NP 时点 + 的 + VP 名物
化动核" "NP 时段 + 的 + VP 名物化动核" "NP 性质 + 的 + VP 名物化动核"
"NP 工具 + 的 + VP 名物化动核" "NP 处所 + 的 + VP 名物化动核" "NP 方

式＋的＋VP名物化动核"　"NP数量＋的＋VP名物化动核"等7种下位类型。

第三，NP的VP语式的造句功能尚需进一步研究。据当前的研究，NP的VP经常充当主语、宾语、介词的宾语，在进入特定句子时，NP的VP语式作为动元，与句子的谓词有哪些句法、语义、语用上的适配要求和条件，能够组成那些句式，这些都需进一步去探讨。

# 参考文献

陈庆汉　2005　《"N的V"短语中心语"V"语法性质研究述评》，《汉语学习》第3期。

陈庆汉　2005　《20世纪"N的V"短语研究评析》，《河南大学学报》第5期。

陈庆汉　2010　《"N的V"短语的语义结构》，《信阳师范学院学报》第1期。

陈昌来　2009　《"在N的V下"中V的特点及其与"N的V"的关系》，《对外汉语研究》第5期。

陈宁萍　1987　《现代汉语名词类的扩大——现代汉语动词和名词分界线考察》，《中国语文》第5期。

方　梅　2011　《北京话的两种行为指称形式》，《方言》第4期。

范　晓　1986　《略论语法结构的核心成分》，《济宁师专学报》第4期。

范　晓　1992　《VP主语句》，《语法研究与探索》第6辑。

范　晓　2012　《试论语式》，《河南大学学报》第6期。

范　晓　2012　《述宾短语的语式分析》，《语言研究集刊》第9辑，上海辞书出版社。

郭　锐　2002　《现代汉语词类研究》，商务印书馆。

胡明扬　1995　《现代汉语词类问题考察》，《中国语文》第5期。

胡裕树　1981　《现代汉语》，上海教育出版社。

胡裕树　范晓　1985　《试论语法研究的三个平面》，《新疆师范大学学报》第2期。

胡裕树　范晓　1994　《动词形容词的"名物化"和"名词化"》，《中国语文》第2期。

黄伯荣　廖序东　1983　《现代汉语》（上、下册），甘肃人民出版社。

李大勤　1992　《"对（NP 的 VP）"中"V"的性质》，《徐州师范学院学报》第 4 期。

李　敏　2005　《"N 的 V"结构的性质》，《河南大学学报》第 3 期。

李宇明　1986　《所谓的"名物化"现象新解》，《华中师大学报》第 3 期。

李云靖　2008　《"NP＋的＋VP"结构的构式语法阐释》，《语言教学与研究》第 2 期。

陆俭明　2003　《对"NP＋的＋VP"结构的重新认识》，《中国语文》第 5 期。

任　鹰　2008　《"这本书的出版"分析中的几个疑点——从"'这本书的出版'与向心结构理论难题说起"》，《当代语言学》第 4 期。

司富珍　2004　《中心语理论和汉语的 deP》，《当代语言学》第 1 期。

沈家煊　1999　《不对称和标记论》，江西教育出版社。

沈家煊　王冬梅　2000　《"N 的 V"和"参照体—目标"构式》，《世界汉语教学》第 4 期。

沈家煊　2009　《我看汉语的词类》，《语言科学》第 1 期。

施关淦　1988　《现代汉语中的向心结构和离心结构》，《中国语文》第 4 期。

石定栩　2004　《动词的名词化和名物化》，《语法研究与探索》（十二），商务印书馆。

王冬梅　2001　《现代汉语动名转换的认知研究》，中国社会科学院研究生院博士论文。

王冬梅　2002　《"N 的 V"结构中 V 的性质》，《语言教学与研究》第 4 期。

吴长安　2006　《"这本书的出版"与向心结构理论难题》，《当代语言学》第 3 期。

徐阳春　2005　《也谈"NP＋的＋VP"结构》，《南昌大学学报》第 5 期。

姚振武　1995　《现代汉语的"N 的 V"与上古汉语的"N 之 V"（上）》，《语文研究》第 2 期。

姚振武　1995　《现代汉语的"N 的 V"与上古汉语的"N 之 V"

（下）》，《语文研究》第 3 期。

詹卫东　1998　《关于"NP 的 VP"偏正结构》，《汉语学习》第 2 期。

詹卫东　1998　《"N 的 V"偏正结构在组句谋篇中的特点》，《语文研究》第 1 期。

张伯江　1993　《"N 的 V"结构的构成》，《中国语文》第 4 期。

章　也　任晓彤　2004　《试论汉语中的"N＋的＋V"结构和"N＋之＋V"结构》，《内蒙古师范大学学报》第 1 期。

赵惜微　1987　《试论 N 的 V 词组》，《北方论丛》第 5 期。

赵惜微　1997　《N 的 V 句语义结构分析》，《学术交流》第 2 期。

周国光　2007　《"NP 的 VP"结构和相关难题的破解》，《汉语学报》第 3 期。

朱德熙　卢甲文　马　真　1961　《关于动词形容词"名物化"的问题》，《北京大学学报》第 4 期。

朱德熙　1984　《关于向心结构的定义》，《中国语文》第 6 期。

（陈庆汉　河南大学国际汉学院）

# 论汉语条件句的形成机制及分类

马　奈

**提要**　本文以对比语言学的视角观察汉语条件句的形成过程，从句法、语义、语用角度分析汉语条件句及相关语言现象，解释了汉语条件句是如何形成的这一重要问题，说明了"恒常结合"的关键作用，并据此界定了汉语复句体系中条件句的范围，进行了重新分类，揭示了不同类型的条件句内部关系的差异。

**关键词**　条件句　因果关系　恒常结合　分类

## 一　引言

长期以来，条件句作为反映人类对于客观世界的认识过程的一种表达方式，在国内外受到广泛关注，涌现出大量的研究成果。关于汉语条件句的句法、语义、语用特征及其在整个汉语复句体系中所处的位置等问题，自黎锦熙《新著国语语法》、吕叔湘《中国文法要略》起，到王维贤《现代汉语复句新解》、邢福义《汉语复句研究》，前辈们都做出了深入的分析与研究。但是，从汉语复句的分类来看，不管是"两分法"的偏正（主从）复句还是"三分法"的因果类复句，条件句都难以与表达因果、让步等关系的复句完全划清界限；从条件句的下位分类看，不管是根据语义关系还是条件标记，迄今为止都没有统一的、具有概括性的分类。正如王维贤先生所言："由于对意义关系认识的不一致，因而对复句分类或归类往往难以把握标准。"

本文在总结前人研究成果的基础上，从句法、语义、语用角度分析汉语条件句及相关语言现象，以对比语言学的视角观察汉语条件句的形成过程，并由此界定汉语复句体系中条件句的范围，进行再分类。

# 二　条件句的生成机制

在传统语法中，条件复句与假设复句通常被分开讨论，但是"假设复句与条件复句有相通之处，因假设复句的偏句也包含条件的意思，条件复句的偏句也包含假设的意思"（刘月华等，2001），汉语里条件和假设不易区分，也不必要区分，所以本文赞同王力、胡裕树、丁声树等的观点，对条件和假设不做区分，统称为条件句。

值得注意的是，条件句与其他复句的关系时常被论及。比如邢福义（2001）将假设复句、条件复句分别称为假设性因果推断句、条件性因果推断句，黎锦熙（1924）则将假设复句解释为假定的因果句。此外，吕叔湘（1942）指出，有几类时间关系句必然地含有条件关系在内。由此可见，条件句与因果关系、时间关系密切相关，那么这三者之间究竟构成什么样的关系呢？

以往的研究并没有搞清楚"条件句是如何产生的"这一重要问题，因此无法确定条件句的整体范围及其内部关系。那么如果要用统一的标准来区分条件句与其他复句的关系、明确条件句内部的分类，必须从条件句的形成机制入手。

戴浩一（1988）指出时间顺序原则是汉语的一条总的句法限制，第一个句子中事件发生的时间总是在第二个句子之前。同时，我们可以观察到由时间连接词连接起来的句子具有多义性。

（1）雷磊第一个交了卷，就匆匆忙忙地走了。（邢福义，2001：531）

（2）妈妈手脚不便，无法照料儿子，就由父亲陪床。（同上）

（3）人活着，就有希望。（同上）

比如在上述三例中前后分句的事件之间是先行后续关系，而"就"分别表示连贯、因果和条件关系。这种现象同样体现在其他语言中，即只存在时间先后关系、不使用标记就能表达因果、条件等关系。

（4）John came in and Bill jumped out the window.

（5）Come one step closer and I will give you five dollars.

（6）彼はデリダとフロイトを読ん<u>で</u>、頭がおかしくなった。

　　（他读了德里达和弗洛伊德，想法变得古怪了）

（7）彼に会っ<u>たら</u>、これを渡してくれ。

　　（你见到他后，把这个交给他）


　　英语中的 and 在（4）（5）中分别表达因果关系和条件关系，日语中的て（音变为で）单纯表示两个事件或动作的连续，在（6）中表达因果关系，たら表示动作的完成，在（7）中表达条件关系。因此我们推测因果与条件关系都是从时间关系中衍生出来的。

　　在哲学史上，因果关系中的时间性质历来备受关注。康德认为"过去时间之现象规定后继时间中之一切存在"（《纯粹理性批判》，三联书店1957 年版），那么时间关系可以自然而然地产生因果关系，如（4）（6）。休谟也承认因果关系中的时间关系，同时认为"因果之被人发现不是凭借于理性，乃是凭借于经验"，"原因和结果显然是我们从经验中得来的关系"（《人性理解研究》，商务印书馆 1957 年版）。休谟强调原因与结果的"恒常结合"，他把事物与现象恒常结合的过程称为"习惯"，"凡不经过任何新的推理或结论而单是由过去的重复所产生的一切，我们都称之为习惯"，并把"习惯"看做因果关系的最终基础和"人生的最大指导"。以二者的观点来观察下面两个例子：


　　（8）因为市场需求大幅增加，所以物价上涨了。

　　（9）如果市场需求大幅增加，物价就会上涨。


　　（8）此时表示的是已然的一次性事件，"市场需求增加"先发生并引起"物价上涨"，但是这种因果关系并非在其出现之初人们立刻就能认识到的，而是经过人类社会漫长的发展历程，对于经济运行状况反复观察而得出的普遍规律。而（9）在描述两个事件之间的关系时用"如果……就……"，此时体现的就是"需求增加"和"物价上涨"的恒常结合或"习惯"，是未然的、潜在化的。

　　由于汉语不依赖于形态变化，我们无法直观地观察到这种"恒常结合"的过程，因此我们选择有丰富形态变化的日语来检验。


　　（10）a. ある年暖かくなる<u>と</u>、ツバメが軒下に巣を作っ<u>た</u>[过去]。

（有一年，天气暖和了，燕子在屋檐下筑巢。）

b. 以前は暖かくなると、ツバメが軒下に巣を作ったものだった[过去]。

（以前，每当天气暖和时，燕子就在屋檐下筑巢。）

c. 毎年暖かくなると、ツバメが軒下に巣を作る[非过去]。

（每年天气一暖和，燕子就在屋檐下筑巢。）

d. 来年も暖かくなると、ツバメが軒下に巣を作るだろう[推测情态]。

（明年如果天气暖和了，燕子还会在屋檐下筑巢吧。）

从（10a）到（10d）分别表达过去的一次性事件、过去的反复性事件、现在的反复性事件和对未来发生的事件的推测，我们可以直接观察到"天气变暖"与"燕子筑巢"的经验关系的恒常结合过程。

(11) 如果糖的代谢失调，就会出现低血糖、高血糖、糖尿等病症。

(11') 糖的代谢失调，会出现低血糖、高血糖、糖尿等病症。

(12) 二氧化碳有个怪脾气，如果它在空气中的浓度超过5%，就会刺激人的呼吸中枢神经，使呼吸量增加2倍，并且有不舒服的感觉。

(12') 二氧化碳有个怪脾气，它在空气中的浓度超过5%，会刺激人的呼吸中枢神经，使呼吸量增加2倍，并且有不舒服的感觉。

(13) 大部分鱼类如果离开了水就会缺氧窒息而死。

(13') 大部分鱼类离开了水会缺氧窒息而死。

（11）—（13）也反映的是原因和结果的恒常结合，是一种规律性、法则性。需要注意的是，尽管大多数条件关系中包含了因果关系，但并不是所有具有因果关系的事件都能最终形成条件关系，形成的关键在于"恒常结合"，它是意合法的条件关系的基础，即使不使用条件连词也不影响意义的表达，正如贺阳（2005）的研究结果表明，"五四运动"后连词的大量使用只不过是"欧化"的影响与"表义严密化的需要"。刘丹青（2012）提出"主次复句"是汉语中的显赫范畴，侵占了主从复句的领地。条件句中前分句是否使用连词并不改变其语义关系，这说明条件关系的语义基础是固定的，正是来源于"恒常结合"。

因此我们认为，具有时间先后关系的原因和结果的恒常结合产生规律性、法则性，它体现在语言上就形成了条件句；条件句形成后，可以帮助我们理解事物和现象、并预测发展与变化。比如基于（9）可以解释（14）的现象。

（14）物价会什么会上涨？因为市场需求大幅增加了。

像这样，条件句的形成与运用符合"从个别到一般，从一般到个别"的辩证原理，反映了人类认识事物的过程。

那么，从条件句的形成过程看，第一，在时间上从句事件先发生，之后引起主句事件，因此可以说主句事件能否产生是依赖于从句事件的，即主从句之间是顺接关系，而所谓的"无条件句"的主句事件并不依赖于从句事件，表达的是逆接关系，不符合条件句的形成过程，所以划入条件句并不合适。

（15）不管有多大困难，我也要干下去。
（16）无论选小张还是选小李，他都同意。

第二，"就""一……就……"之所以能够成为跨复句大类的关系标志，恰恰反映了条件句的形成过程，即用来表示连贯或相承，而这种时间先后关系又常常含有因果关系，在时间和因果的基础上又产生条件关系，它们在用法上形成连续统。

## 三　条件句的分类及依据

如前所述，条件句是以原因结果的恒常结合为基础而产生的，但是因果关系内部也有不同的属性，那么我们应依据因果关系的不同对条件句进行下位分类。吕叔湘（1942）指出"原因"是个总括的名称，细分起来至少有"事实的原因""行事的理由""推论的理由"，也就是说既可以是客观现实中事件间的因果关系，也可以是主观认识或言语行为与事件间的因果关系，本文称为"事理原因"和"判断、行为的理由"。那么，这两种不同的关系在条件句中是如何体现的呢？根据语义关系以及认识方式的不同，本文认为汉语条件句可以分为恒常条件句、假设条件句、推断条件句和疑似条件句，其中假设条件句又可细分为一般假设条件句、违实条件句和修辞条件句。

## （一）恒常条件句

恒常条件句表达的是自然和社会规律、特定事件的反复或个人习惯，是不局限于特定时空的一般性命题，主要标记有"（只要）—……就……""如果……就……"。这类句子的前后分句是先行后续的关系，以客观性因果关系为基础，经过反复观察得出因果规律（法律条令可以视为法则性规律的派生），是非一次性和非确指性的，句末均为陈述语气，反映条件句的形成过程，是条件句的原型。

> （17）若勾三，股四，则弦五。
> （18）被判处管制、拘役、有期徒刑、无期徒刑的犯罪分子，在执行期间，如果认真遵守监规，接受教育改造，确有悔改表现的，或者有立功表现的，可以减刑。
> （19）一些所谓民主斗士只要一拿到权力，他们之间就会打起来。
> （20）日本法律规定，不到二十岁，不能抽烟。
> （21）这是他的特点，一不顺心，就觉得耳朵里痒痒。

当然，个人习惯不必一定含有因果规律，只不过是重复性现象，所以在传统哲学中有人认为并不存在完全客观的因果规律，这些所谓"规律"都是人们主观认定的。但是我们需要注意的是，正是"恒常结合"为发现因果规律——即恒常条件的产生——提供了可能性，是人类认识世界的一个重要环节，所以没有必要做严格区分。

## （二）假设条件句

当条件分句表示未然事件，结果分句表示在此情况下会出现的结果，整个句子表示未然的一次性现象，此时就是假设条件句。[①]

一般假设条件句存在实现的可能性，与恒常条件句局限于陈述语气相比，一般假设条件句的句末可以出现陈述（22、23、24、25）、疑问（26）、

---

① 此处不把"如果……就……""只要……就……""只有……才……"区分开来，是因为它们表示的都是非现实事件，关于这三组关联词之间的区别与联系，请参照邢福义（2001）。

祈使（27）、感叹（28）等各种语气，主观性越来越强，主从句事件之间的时间先后关系的制约得以解除（24、25）。一般假设条件句或以事理原因为前提，表达待实现的原因结果的关系，条件分句与结果分句之间的因果关系得以保留，如（22）；或通过语境表明判断、行为的理由，条件分句与结果分句变成了前提与结论的关系，如（27）的上文表明说话人不想让他人知道"那件事"，以条件分句为前提，结果分句提出请求。

（22）一是引出大段大段与自己观点合拍的马列的话；二是引出大段大段与对方观点类似的托洛斯基的话，考茨基、布哈林、杜林等人的话。这就看谁功夫深了。只要你能不断大段大段地引出，对方必定就心虚害怕，旁观者也不由得站到你一边。

（23）只有给他一个狠狠的打击，使他无路可走，使他饿肚子，他才会有所收敛。

（24）你要是去登山，得先准备好装备。

（25）如果比赛取消了，昨天就下雨来着。

（26）姜赵氏没有言语，她内心很矛盾。如果把地卖了，她还算什么"财主"呢？她对得起姜家的祖先吗？

（27）"今天舍下那件事，一言难尽，改天我再谈，不过，你到小曹庄碰见了根宝，他要是还没知道，你万不要提起。"

（28）他们看不到农民走社会主义道路的积极性，两只眼睛死盯着富裕中农，迎合富裕中农的心思和习惯想问题和办事情；而且像赌钱的人那样，想跟党较量一下输赢。要是由着这些同志的话，中国就会走上邪路，人民夺到手的政权就会失掉！

　　违实条件句则表达不可能实现的事件，通过假想与已然的客观因果事实相反的情况，来表达说话人的感叹、后悔、不满、庆幸等主观感情，与因果复句互为表里。

（29）姐姐谈到静珍姨姨的时候还说，如果姨父不死，姨姨的生活就会好些。

（30）不知道。别说我不知道，就是好多人也不一定知道吧。要是知道，就不会有人租给我房子，就不会有那么多储户来存钱，我也不会落到今天这个地步。

比如（29）表达的就是对于"因为姨夫死了，所以姨姨的生活不好"的感叹、怜悯，（30）表达的是"因为我和好多人都不知道，所以我会落到今天这个地步"的不满、懊恼。违实条件句的内部关系正是这种"客观因果＋主观感情"。

修辞条件句虽与违实条件句一样都表达不可能实现的事件，但"说出"条件分句是"说出"结果分句的原因，前后分句在"荒谬性"上产生关联，表达的是说话人对条件分句事件的否定，是语用层面的修辞性用法。一般假设条件句出现的是显性情态，而修辞条件句中出现的是隐性的否定情态，主观性高于一般假设条件句。

（31）他<u>要是</u>能当市长，我还能当省长呢。

## （三）推论条件句

"既然"句式通常被认为是因果复句的一种（胡裕树、王维贤、刘月华等），或是因果类复句中的推断句（邢福义，2001），而江蓝生（2002）认为使用"既"的推论句是广义条件句。但是通过观察下列句子，我们可以看出"既然"句式符合条件句的句法语义，所以本文将其称为推论条件句。

张斌（2001）认为"既然"强调的是推断，"因为"强调的是说明。可以说二者之间不可调和的差异正在于此。"因为"连接的因果复句的后分句中既可以表示现实的事件又可以表示非现实事件。

（32）因为长期卧床，所以得了褥疮。
（33）因为有纪律约束，我们不能擅自行动。

但是"既然"连接的两个分句不管是据因断果（34、35）还是据果断因（36），后分句均为非现实事件或说话人的主观性表达（必要性、可能性、肯定性），可以不受时间先后关系制约。

（34）既然领导定了我带工，我服从分配。
（35）查档案既无结果，还得做调查。

　　（36）既然党组织叫他联系，一定没有问题。

　　"既然"的不同于"因为"的特性还体现在前分句中。Palmer（2001）将现实与非现实看成认知方式的不同，非现实标记的选择依赖于确证（assertion）和未确证的区别。在压合句式中，前分句表达说话人的怀疑态度，对说话人来讲是非现实的。

　　（37）既然读过大学，为什么却不认得几个字？
　　（38）既然那么穷，为什么却天天有肉吃？

　　Akatsuka（1983）指出，说话人刚刚获得的新信息对于说话人来说是非现实的。在（39）、（40）中，前分句是说话人刚刚从对方获得的信息，"既然"与"如果""如果……的话"可以互换，但不能与"因为""由于"互换。

　　（39）田为松生怕失去捞钱的机会，恬不知耻地说："我是拥护三民主义才给写信的，但眼下我的经济状况很糟，既然你们欢迎我加入组织，能否支持我一点钱？"
　　（39'）田为松生怕失去捞钱的机会，恬不知耻地说："我是拥护三民主义才给写信的，但眼下我的经济状况很糟，如果你们欢迎我加入组织，能否支持我一点钱？"
　　（40）王友清连忙点头说："上策，这是上策！"谷新民说："你和我的想法如果完全一致的话，我再给你看一个东西。"他从抽屉里的那个宗卷里又拿出一张纸条，递给王友清。
　　（40'）王友清连忙点头说："上策，这是上策！"谷新民说："你和我的想法既然完全一致，我再给你看一个东西。"他从抽屉里的那个宗卷里又拿出一张纸条，递给王友清。

　　考虑到前后分句的非现实性以及与"因为"、"由于"的互换可能性，我们认为"既然"句式应该作为条件句的一个下位分类来看待更合适。

（四）疑似条件句

　　疑似条件句的前后分句之间看似毫无关联性，既不存在事理原因，也不存在判断、行为的理由，但是（41）实际上是（41'）主观化的结果，（41）隐含了"你可以吃，你随便拿"这样一种"许可"的言语行为，即省略了（41'）的结论，本应作为前提存在的分句移动到结果分句的位置上。这类句子的主观化的程度最高，解除了条件句关联性的限制，完全成为话语功能，用会话隐含义或语用推理来表达未用语言形式表达的意义（Traugott，1995）。

（41）你<u>要是</u>饿了，冰箱里有面包。

（41'）冰箱里有面包，你要是饿了，你可以吃/你随便拿。

（42）的条件分句只不过是出于礼貌，提出一种"适宜条件"，结果分句表示"建议"的言语行为，即使删除条件分句也不影响句子的意思。

（43）关于这个问题，<u>如果</u>朋友们愿意详细了解<u>的话</u>，可以看看中国共产党第八次全国代表大会通过的党章，党章中总纲和党员两个部分可以回答这个问题。

# 四　结语

具有时间先后关系的原因和结果的"恒常结合"产生规律性、法则性，它体现在语言上就形成了条件句；条件句形成后，可以帮助我们理解事物和现象、并预测期发展与变化。"恒常结合"是意合法的条件关系形成的关键，也是主次复句成为汉语中显赫范畴的桥梁之一。

根据语义关系以及认识方式的不同，汉语条件句可以分为恒常条件句、假设条件句、推断条件句和疑似条件句，恒常条件句是条件句的原型，假设条件句又可细分为一般假设条件句、违实条件句和修辞条件句，"既然"句式应该作为条件句的下位分类即推断条件句来看待。

## 参考文献

戴浩一　1988　《时间顺序和汉语的语序》，《国外语言学》第 1 期。

贺　阳　2005　《现代汉语欧化语法现象研究》，中国人民大学博士学位论文。

胡裕树　1962/1995　《现代汉语》，上海教育出版社。

江蓝生　2002　《时间词"时"和"后"的语法化》，《中国语文》第 4 期。

康　德　1957　《纯粹理性批判》，三联书店。

黎锦熙　1924　《新著国语文法》，商务印书馆。

刘丹青　2012　《汉语的若干显赫范畴：语言库藏类型学视角》，《世界汉语教学》第 3 期。

吕叔湘　1942　《中国文法要略》，商务印书馆。

刘月华等　2001　《实用现代汉语语法（增订版）》，商务印书馆。

刘正光　2011　《主观化对句法限制的消解》，《外语教学与研究》第 3 期。

沈家煊　1999　《不对称与标记论》，江西教育出版社。

沈家煊　2001　《语言的"主观性"和"主观化"》，《外语教学与研究》第 4 期。

邵敬敏　2007　《建立以语义特征为标志的汉语复句教学新系统刍议》，《世界汉语教学》第 4 期。

王春辉　2011　《条件句中的"条件"》，《首都师范大学学报》第 4 期。

王　力　1944　《中国语法理论》，商务印书馆。

王维贤等　1994　《现代汉语复句新解》，华东师范大学出版社。

邢福义　2001　《汉语复句研究》，商务印书馆。

休　谟　1957　《人性理解研究》，商务印书馆。

休　谟　1980　《人性论》，商务印书馆。

张　斌　2001　《现代汉语虚词词典》，商务印书馆。

Akatsuka Noriko. 1983. *Conditionals*. Papers in Japanese Linguistics.

Traugott Elizabeth. 1995. *Subjectification in Grammaticalization*.

（马奈　北京外国语大学）

# "一边 A，一边 B" 的形成及其句式特征

张恒悦

　　"一边 A，一边 B" 是现代汉语常用复句句式之一。此前学者对这一句式的考察取得了不少的成果。比如，王弘宇（1997）讨论了该句式的内部语义关系及 A 与 B 能否换位的问题，王伟丽、邵敬敏（2000）分析了该句式与 "一面 p，一面 q" 等相关句式的使用差异，王红斌（2007）聚焦该句式对动词和动词性结构的选择，李艳华（2009）则重点剖析了该句式所遵循的句法象似性问题等。先贤的这些研究虽然从不同的立场出发揭示出一些发人深省的现象，但总的说来，其研究视点都限于共时的范围。

　　表示两种动作或事件同时发生的复句一般来说并不是语言的原初形态。比如，英语中由 while 引导的复句，以及日语中由ながら连接的复句都是在相关连词语法化之后才出现的。据我们的考察，汉语中的 "一边 A，一边 B" 句式也不是自古就有的。那么，该句式是怎样产生的？经由怎样一个过程演变为今天的状态？对这个问题至今尚未见充分的论述。因此，本研究的一个目的就是从历时的角度对 "一边 A，一边 B" 的句式形成进行描述。

　　另一方面，即使在共时的层面上，至今为止的研究也难以说尽善尽美。"一边 A，一边 B" 句式看似简单，但外国学生在使用上经常出现问题。以下（Ⅰ—Ⅲ）a 就是外国学生造出的病句，而与之颇为相似的（Ⅰ—Ⅲ）b 却都是很自然的句子。造成这些差异的原因何在？此前的研究未能给出合理的解释。

　　Ⅰ　a. ＊他一边打伞一边骑自行车。

　　　　b. 他一边打电话一边骑自行车。

　　Ⅱ　a. ＊姐姐一边写一边画。

　　　　b. 姐姐一边写小说，一边画画儿，日子过得很悠闲。

　　Ⅲ　a. ＊爸爸一边喝一杯啤酒，一边聊天儿。

　　b. 爸爸一边喝啤酒，一边聊天儿。

　　因此，本研究的另一个目的是以对"一边 A，一边 B"的历时分析为基础，进一步观察共时平面上该句式的句法特征，并为"一边 A，一边 B"句式的一些本质性特征找到动因和理据。

# 一　"一边 A，一边 B"的形成轨迹

　　"一边"最早可见于战国语料，是以单个形式出现的。例如：

　　　（1）今王良、造父共车，人操<u>一边</u>辔而出门间，驾必败而道不至也。（《韩非子》）

　　这里的"一边"，显然已经脱离了"边"的本义——"山崖的边缘"（《说文》：边，行垂崖也。《尔雅》：边，垂也），具有了指示方位的功能。东汉语料中出现的例（2）亦如此。

　　　（2）"堕马髻"者，作<u>一边</u>。（《后汉书·五行志一》）

　　据姚振娟（2003）调查，唐以前"一边"的这种用法非常少，仅此两例。这与我们的调查结果是一致的。虽然如此，我们发现六朝时期，"一边"的成对使用已开始出现。

　　　（3）县民李胤之，掘地得一牙像，方减二寸，两边双合，俱成兽形，其内一边佛像一十二躯，<u>一边</u>一十五躯，刻画明净，巧迹妙绝，将神灵所成，非人功也。（《全梁文》）

　　例（3）中的两个"一边"毫无疑问继承的是此前所发展的指示方位的语义功能，但为什么两个"一边"成对使用却另有原因。事实上，在六朝时期，对同一对象的两个对称的组成部分的不同状态进行描述的表达范畴已经形成，即"一名……，一名……"这样一种对举形式。典型的情况是以人的身体部位为着眼点的例子，如：

  （4）毕茂世云："<u>一手</u>持蟹螯，<u>一手</u>持酒杯，拍浮酒池中，便足了
    一生。"（《世说新语》）

  （5）人面，蛇身，赤色，居钟山下。<u>一目</u>国在其东，<u>一目</u>中其面
    而居。（《山海经》）

  例（4）说的是两只手所处的不同状态，例（5）对两只眼睛的不同情
况进行了对比。

  物体的两个对称的部位如果出于不同的状态也可采用这一形式。例
（6）是对饼的两个平面进行对比。

  （6）干剂于腕上手挽作，勿著勃。入脂浮出，即急翻，以杖周正
    之，但任其起，勿刺令穿。熟乃出之，<u>一面</u>白，<u>一面</u>赤，轮
    缘亦赤，软而可爱。（《齐民要术》）

  因此，"一边"的成对使用是以以上情况为背景的①。这样，其句式义
便带上了对空间上相分离的两个部分进行对比、评论的意味。正如 例（3）
所示，两个相同形式的"一边"，实际上分别指称两个对立的方位，而其后
的部分也分别表述对立的状态。

  上述"一边"成对使用时表示对比的用法，其后一直在延续，直至现
代汉语中也不曾消失。例（8）中甚至可以添加副词"却"凸显转折之意。

  （7）一条直路把村庄分成两边，<u>一边</u>是赵府，<u>一边</u>是孟宅。（《当
    代》）

  （8）同样是西瓜，<u>一边</u>是惨淡经营，<u>一边</u>却成了大家争相抢购的
    "香饽饽"。（《当代》）

  另一方面，到了唐代，"一边"的成对使用出现了新的用法。

  （9）犹如虚空，无所取著，然后随方应物，能所皆忘，是为大舍。

---

  ① 六朝时"一边 A，一边 B"与"一面 A，一面 B"同时作为对举格式出现，这也许是现代
汉语中两种形式相平行，常常可以互换的源头。本文只以"一边 A，一边 B"为讨论对象，不谈论
"一面 A，一面 B"的问题。

> 若<u>一边</u>行道布德，<u>一边</u>旋舍，无希望心，是为中舍。(《黄檗山断际禅师传心法要》)

例（9）中的两个"一边"并不指称方位，而承担连接两个动词，表示两个动作同时进行的语法功能。本文所讨论的对象——"一边 A，一边 B"表示并列关系的复句句式由此诞生。

值得注意的是，这种起连接作用的"一边"和指称方位的"一边"存在着内在的关联。前者由后者虚化（semantic bleaching）而来。而促成这种虚化的动因有两点。

其一，是"一边"之后成分的变化。如例（3）所示，本来在表示对比对立关系的情况下，"一边"之后的成分是静态的，而两个"一边"分别充任其主语，为句子的焦点所在。然而，在"一边 A，一边 B"［如例（3）］之中，AB 转为动态性成分，这就使"一边"失去了作为主语存在的可能，退出焦点的位置，从而走向虚化。事实上，在现代汉语中，"一边"之后成分的性质仍然是决定对"一边"作不同理解的关键。

> （10）跑道<u>一边</u>高<u>一边</u>低，天亮后飞机无法降落。(《人民日报》)
> （11）在开阔的石滩上<u>一边</u>洗澡，<u>一边</u>嬉闹。(CCL 语料库)

其二，伴随着动态性成分的出现，由两个"一边"所连接的成分拥有了共同的主语。由于主语的一统化，"一边 A，一边 B"也实现了认知上的一统化，即 A 和 B 在认知过程上的交融。于是，"一边"从表示空间的词语演化为表示时间的词语。

英语中连词 while 与"一边"相似，也经历了由实词①虚化而来的语法化过程。而且，while 也能够在表示两个动作同时进行（例（12））的同时表示两个从句的对比或对立［例（13）］。

> （12）While he was reading the newspaper, I watched the games.
> （13）I got a C in math, while he got an A.

然而，while 复句表示同时进行的用法为源，而表示对比对立的用法为

---

① while 由名词演变而来，现代英语中 while 作为名词的用法依然存在，如 for a while。

流，即后者是以前者为基础进一步主观化（subjectification）的结果（文旭，1999；沈家煊，2001）。因此，在共时的平面上，"一边"引导的复句和while复句虽然表现出共性，但在历时的演变中却不尽相同。汉语中"一边"引导的表示对比对立的复句在先，而表示同时进行的复句由此衍生而出，这一点是"一边 A，一边 B"形成过程中的一项重要环节，也是考察"一边 A，一边 B"句式时不应忽视的一个视点。

## 二　"一边"的连接作用

英语的 while 在连接两个从句时一般出现于主语之前。相比之下，汉语配对的两个"一边"始终出现于动词结构之前。

（12）他一边流着泪，一边甩着头。

（12'）＊一边他流着泪，一边甩着头。

从汉语内部看，"一边"和相关句式"一方面……，一方面……"相比，也显出不同。正如王伟丽、邵敬敏（2000）所指出，"一方面……，一方面……"也可以置于主语之前。例如：

（13）一方面，他愿早早的到学校里，好多帮兰东阳的忙；另一方面，他似乎也有点儿躲着大哥的意思。（《四世同堂》）

这样看来，"一边"似乎和动词结构关系紧密，与日语中表示同时进行时只黏着在动词词尾的ながら①颇为相近。

然而，仔细观察，可以发现两者存在着差异。ながら不能在主语不同的两个分句间使用，而"一边"则既可以用于主语相同的情况，又可以用于主语不同的情况。

（13）彼らは歌いながら踊っている。（他们一边唱一边跳。）

（13'）＊彼らは歌いながら、私達は踊っている。（他们一边唱，我们一边跳。）

---

① 　ながら也可以黏着在名词及形容词之后，但那种用法表达的是对比转折之义。

因此，"一边"并不单纯地连接由同一施事发出的动作，也能够连接由不同施事引起的事件。从这个意义上说，"一边"在语法化过程中没有改变句法位置，即一直保持在谓语部分之前，把主语的位置空出来，便为该句式的连接功能的扩展提供了可能。

值得一提的是，"一边"由于成对使用，使被连接的动词结构分别拥有一个时间标志，这就使通过"一边"的增加来表示同时发生的动作数的增加变得轻而易举。现实中，汉语允许通过三个"一边"来连接两个以上的动作，如例（14）。而 while 和ながら都只限于对两项动作的连接。

（14）他一边听电话，一边记，一边招呼客人坐下。

## 三　"一边 A，一边 B"的语义结构

王弘宇（1997）对"一边 A，一边 B"的内部语义关系有较为详细的分析，归纳出七种语义关系，并指出在其中的五种关系（A 是 B 的前提性关系，A、B 是急缓关系，A、B 是主次关系，A、B 是修饰关系，A、B 是因果关系）之中 A、B 的位置不互换，而另外两种关系（A、B 是并举关系，A、B 是矛盾关系）之中 A、B 可以互换。由此可见，A 与 B 的语义关系是非均质的：在大多数情况下，A、B 的语义关系不对等，向主从复句倾斜；而在少数情况下，A、B 的语义比重相近，主要保持的是并列复句的特色。毫无疑问，这种非均质的语义关系的形成与"一边 A，一边 B"最初源自表示对比对照的对举形式有关，是"一边"的虚化过程的投影。

那么，向主从复句倾斜的"一边 A，一边 B"之中，孰为主？孰为从？王弘宇（1997）认为"重心是位置处后的 B"，王伟丽、邵敬敏（2000）也认为"语意重心居末"。我们赞同这种看法，也认为 A 轻 B 重，即 A 为从 B 为主。如（15）的重心是"回头看去"而不是"应着"。

（15）记者一边应着一边回头看去，此时，梁文珍 5 个月大的儿子已在保姆怀中甜甜睡去。（CCL 语料库）

不过，B 何以为重为主？我们不同意王伟丽、邵敬敏（2000）提出的"因为未知信息或强调信息往往出现在句子的末尾，从而让听话人格外注

意"的解释。

　　我们认为 B 之所以在认知上感觉重于 A，是因为 A 只是被设置为与 B 相伴随的时间背景，而 B 才是真正置于时间轴加以对待的。这一点从时体助词的使用上可以得到证明。一般来说，充当 A 的动词只能附加表示持续的"着"，而不能附加表示完结的"了"。例如：

> （16）工会干事张晓松一边模仿着印度尼西亚演员的动作，一边兴奋地说。（CCL 语料库）
>
> （16'）*工会干事张晓松一边模仿了印度尼西亚演员的动作，一边兴奋地说。

　　这是因为作为伴随 B 的时间背景，A 在时间上以尽可能长为佳。"着"可以说是适应了这一语义结构，但"了"因为带来终结点而对语义结构有所冲突。

　　当然，作为整体倾向，出现于 A 的动词以光杆形式为多，如（17）。但即使是光杆动词"抹（眼泪）"，所唤起的意象（image）也并不是一次性的或者完结性的动作，而是持续性的动作。因此，A 在无标的情况下，持续性为其默认值。

> （17）这位 22 岁的姑娘一边抹眼泪，一边走出赛场。（CCL 语料库）

　　相比之下，充任 B 的动词则不受这个限制。从（18）（18'）的对比中可以看到，B"观看"既可以跟"了"也可以跟"着"结合，这说明 B 才是履行表达时制的部分，是句式的中心所在。

> （18）一边吃晚餐一边观看了博卡青年队同纽维尔斯队的上半场比赛。（CCL 语料库）
>
> （18'）一边吃晚餐一边观看着博卡青年队同纽维尔斯队的上半场比赛。

　　以上述考察为基础，本文开头所示的外国学生所做病句（Ⅲa）就可以得到解释。该句的问题出在数量词"一杯"的使用上。数量词具有对所修饰名词进行"有界"限定的作用。"一杯啤酒"成为"有界"，就意味着"喝"这一动作是带有终止点的，而这无疑会破坏 A 的持续性。

（19）丁小姐一边接（＊一个）电话，一边给身旁的指导工交代什么。（CCL 语料库）

（20）熊世英一边切（＊一把）菜，一边高兴地说：……（CCL 语料库）

因此，充当 A 的动词结构如果包含宾语，宾语前拒绝数量词是保证其语义结构的重要手段。

## 四 可进入 A、B 的动词性成分

与"一边"相比，日语的ながら能连接的动词范围要宽泛得多。下面在日语中很自然的例子对译成汉语就有问题。

（21）原動機付自転車が交差点を右折するときは、あらかじめできるだけ道路の中央により、交差点の中心のすぐ内側を徐行しながら通行しなければならない。

（＊小型摩托车在十字路口右转弯时，必须事先尽量向道路中央靠近，在十字路口的中心的最内侧一边慢行一边通过。）

（22）今日、雨が降っていたので傘をさしながら自転車を運転していたのですが……。

（＊今天下雨了，所以我是一边打伞一边骑自行车的。）

究竟可进入 A、B 的动词性成分有什么特点？王红斌（2007）通过对 3500 万字语料的调查，总结出常现于 A、B 的中心动词有三大类：

1. 与人的肢体、器官机能有关的动词，如"走""打""写""画""喊""叫""说""唱""吃""喝"等。

2. 心理谓词，如"想""琢磨"等。

3. 动作动词，如"等""睡觉"等。

然而，光凭这样的分类，并不能解释以下现象：

　　（23）＊一边写一边画

　　（24）＊一边喊一边叫

　　（25）＊一边蹦一边跳

　　例（23）的"写"和"画"都是用手的动作，（24）的"喊"和"叫"都是用嘴的动作，"蹦"和"跳"都是用腿的动作。由此可知，如果是同一肢体器官发出的两个动作是不宜使用"一边"来连接的。那么，为什么同一肢体器官的动作不能进入 A、B？我们认为这是由于同一肢体器官所发出的动作过于相似，在认知上难以彼此分离的缘故。试比较："一边听一边说""一边打一边骂""一边走一边想。"（21）（22）也可以做相同的解释：（21）中，"慢行"本身已经含有"行"，在认知上与"通行"无法分离；（22）中，"打伞"与"骑自行车"都需要手，与其说是分离的关系，不如说是合作的关系，尤其雨中打伞诉诸视觉的是一种整体意象，那么，用"一边"来加以分离就不够合适。事实上，如果连接同一肢体器官发出的两个动作，汉语中多用"又…又…"形式，如"又写又画"，"又喊又叫""又蹦又跳"等。王丽彩（2007）在分析"又…又…"和"一边…一边…"的差异时指出，A、B 两个动词的语义联系越近越容易进入前者，反之，语义联系越远越容易进入后者。可见，充当 A、B 的动词在认知上具有分离性是"一边 A，一边 B"成立的一个重要条件。

　　为什么 A、B 在认知上具有分离性？我们认为这个问题与"一边 A，一边 B"的来源有关。如前文所述，"一边 A，一边 B"来源于由两个表示方位的"一边"带动的对举结构。由于分处于对立的两个方位，其相关成分在认知上必然是分离的。"一边 A，一边 B"虽然是"一边"语法化的产物，但其来源句式上的特点得以保留。

　　至今为止的研究讨论 A、B 时，一般都把讨论对象限定在光杆动词范围之内。实际上，可充任 A、B 的结构形式是丰富多彩的，有动宾结构，状中结构，连动结构，把字句，被字句，使役句等。当 A、B 以复杂的形式出现时，对中心动词的要求就宽松得多。试比较：

　　（26）a.＊姐姐一边写一边画。

　　　　　b. 姐姐一边写小说，一边画画儿，日子过得很悠闲。（同Ⅱ）

　　（27）a.＊老爷一边吩咐一边吩咐。

b. 老爷接了单，一边吩咐养牲所收养白象等类，一边吩咐内
贮官收下罗斛香等类。（CCL 语料库）

如（26a）所示，光杆的"写"与"画"不能用"一边"来连接，然
而，分别带上宾语的（26b）却是成立的。之所以发生这样的变化，我们认
为是因为通过宾语的添加"写小说"与"画画儿"能够分别唤起关于完全
不同的两个事件的意象的缘故。换句话，是因为通过宾语的添加，A、B 在
认知上的分离性大大提高了的缘故。（27）的例子更有趣，无论如何"一
边"不可能用来连接完全相同的动词。但是，（27b）没有什么不自然。这
是由于"吩咐"的对象和内容完全不同，这就使 A、B 在认知上成为完全可
以分离来捕捉的事件。也就是说，这里支配 A、B 成立与否的关键仍然是认
知上的分离性。

## 五　结语

本文从此前研究不曾涉及的历时的角度对"一边 A，一边 B"的来源及
形成过程进行了探讨。在此基础上从共时的层面对该句式的语义句法特点进
行了分析，并挖掘其理据与动因。以期对汉语理论和教学的探讨有所裨益。

## 参考文献

沈家煊　2001　《语言的主观性和主观化》，《外语教学与研究》第
　　　　　　　4 期。

李艳华　2009　《"一边 p，一边 q"的句法象似形》，《汉语学习》第 5
　　　　　　　期。

王红斌　2007　《"一边 p（v/vp），一边 q（v/vp）"对动词和动词性
　　　　　　　结构的选择》，《语文研究》第 1 期。

王弘宇　1997　《"一边 A，一边 B"的内部语义关系分析》，《中国语
　　　　　　　文》第 2 期。

王丽彩　2007　《"连/又/一边 Vp1，带/又/一边 Vp2"格式探析》，
　　　　　　　《汉语学习》第 6 期。

文　旭　1999　《国外认知语言学研究综述》，《外国语》第 1 期。

姚振娟　2007　《关系词"一边"的固化及其相关问题考察》，华中师

范大学本科毕业论文。

村木新次郎　20 06　「—ながら」の諸用法、『日本語文法の新地平 3』。くろしお 出版。

和田礼子　199 8　「逆接か同時進行かを決定するナガラ節のアスペクトについて」『日本語教育』97、日本語教育学会。

Croft, William and D. Alan Cruse. 2004, *Cognitive Linguitics*. Cambridge： Cambridge University Press.

（张恒悦　大阪大学言语文化研究科）

# 从"在"字句式习得看儿童的早期句法发展

张云秋　郭　婷

**提要**　本文通过"在"字句式习得探讨早期儿童句法发展的理论问题。总的来说，产出性数据基本支持以基于用法的早期句法发展理论，实验数据基本支持以基于规则的早期句法发展理论。但同时我们也看到不同类型的数据都具有两面性和不充分性，因此两种理论不能互相否定，它们分别从不同的侧面揭示了儿童句法发生发展的真实面貌。

**关键词**　"在"字句　习得　早期儿童　句法发展

## 一　问题的提出

儿童早期句法发展有两大对立性理论：一派是以乔姆斯基为代表的天赋理论，认为早期句法发展是基于规则的（Chomsky，1965、1986；Crain，1998；Pinker，1987）。儿童的语言知识是天生的，并以普遍语法的形式存在于人的大脑中，早期儿童所获得的输入尽管非常贫乏，但他们并不依赖于有限的输入习得句法，而是依赖于天赋的句法规则，因此早期句法发展往往是突变的、迅速的；另一派观点是以托马塞罗为代表的建构主义理论，认为早期句法发展是基于用法的（Tomasello，1992、2003；Lieven et al.，1997）。儿童语言的发展是认知及其他社会能力发展的副产品，成人在儿童语言发展中的作用很大，儿童句法发展是在与他人交际中循序渐进地建构出来的，开始先学习使用一些具体的词语或语素，然后从一些具体的句法结构逐渐发展到抽象的句法结构，因此早期句法发展呈现模仿学习与符号渐次组合的特点。

早期儿童的句法发展是一个非常有意义的课题，在这个问题上国外有一些深入的研究，但是用汉语儿童语言习得数据探讨早期句法发展的研究成果还非常缺乏，可见的研究包括 Erbaugh. M（1982），Xiao et al.，（2006），Lee and Naigles（2008），杨小璐、肖丹（2008）等。杨小璐（2012）对国外两大早期句法发展理论进行了中允的介绍和评价，希望这样的评述能够推进汉语儿童早期句法发展的研究。在此之前，杨小璐、肖丹（2008）曾通过对一名儿童两岁半前"把"字句自然产出语料的分析探讨普通话儿童早期句法的发展，认为基于使用的早期句法发展理论无法解释该儿童早期"把"字句的习得特点和规律，早期"把"字句的发展既非模仿学习、也非符号组合的结果，而可能是早期参数设定的结果，即早期句法发展是基于规则的。上述评介和研究引发了我们极大的兴趣，为此，我们在儿童习得的各种句式中选择"在"字句的习得数据来进一步探讨早期句法发展问题。"在"字句具有结构的非单一性和语义的一致性，是一个原型句式范畴，可以考察语义基本等同的情况下儿童对具有渐次组合特征的句法结构的习得情况，因此，从某种意义上说儿童对"在"字句的理解与产出的确是考察儿童早期句法发展的窗口（张显达，2009）。

关于"在"字句的习得，Li Ping（1991）曾考察了汉语儿童的"在"字结构和"把"字结构，分析了儿童习得"在"字结构的心理机制。刘轶（2009）也曾对一名北京话儿童"在"字句的习得时间及句法组合特征进行了基本描述。张显达（2009）对三名台湾儿童"在"字的习得进行了考察，认为"在"的发展是儿童汉语语法发展的窗口，同时探讨了语句平均长度（MLU）与不同"在"字发展的关系以及成人输入的作用。总体来看，与早期句法发展理论密切相关的"在"字句习得研究在数据处理及理论解释方面仍然有很大的空间。

## 二　"在"字句式的句法语义特征及本文研究对象

关于"在"字句句法语义特征，汉语学者做了很多研究工作（如王还，1957、1980；范继淹，1982；朱德熙，1990；张袄，1997；余咏梅，1999；沈家煊，1999；金立鑫，2000；林齐倩，2003 等），他们对"在"的词性、"在 + 处所"短语的分布特征、语法意义及不同格式之间的关系、"在"字句的句式义及认知解释等进行了较为全面的研究，其结论为考察儿童"在"字句的习得提供了很好的理论框架。

简单地说，"在"字句从"在"的词性和句子整体功能方面看主要包括三种情况，词性不同，句法功能也不同：一是动词，表示人或事物的存在位置，也可以单纯表示存在，在句子中做谓语，如例句（1）（2）；二是介词，表示动作行为发生的处所、时间、范围等，"在"引导的介词短语可以放在动词前面，也可以置于动词后，有的也可以放在句首，做状语，如例句（3）（4）句；三是副词，进行体标记，在句中做状语，如例句（5）。见下：

（1）手机还在（，钱包不见了）。

（2）我在学校。

（3）a. 我在黑板上写字。

　　　b. 在黑板上我写字。

（4）a. 我写在黑板上。

　　　b. 我写字在黑板上。

（5）我在写字。

一般认为上述各句中"在"的三种词性及意义存在演变关系，因而具有同一性。我们用下面示意图表述"在"的这种演变关系：

$$在_v \to\to\to 在_p \to\to\to \begin{cases} 正在\to\to\to 在_{asp} \\ 在_{asp} \end{cases}$$

上图说明关于"在"的历时演化过程有不同观点，主要集中在体标记的产生上，即体标记"在"的衍生有两种可能，一是介词"在"进一步语法化（词汇化）为词内成分形成"正在"，然后词内成分"正"脱落，"在"成为独立的体标记（aspect marker）；二是介词"在"进一步演化直接虚化为体标记"在"。尽管不同学者对体标记"在"的产生过程及条件观点不同，但都认为"在$_{asp}$"与"在$_v$"和"在$_p$"有演变关系。

为了论述的方便，我们将上述各类"在"字句码化为 Z0 =（1）、Z1 =（2）、Z2 =（3a）（3b）、Z3 =（4a）（4b）、Z4 =（5）。从"在"是否有后续成分或者后续成分的性质方面，可以把"在"字句分为孤立"在"字句（Z0）、"在 + NP"句（Z1、Z2 和 Z3 句）和"在 + VP"句（Z4）。

从早期句法发展的角度看，我们主要考察"在"字句中的"在 + NP"句（即 Z1、Z2 和 Z3）。从句法功能上看，Z1 句表示人或事物所处的位置，句中"在"为"在$_v$"，做谓语；Z2 句表示动作行为发生的处所、时间或范围，句中的"在"为"在$_p$"，与名词构成介词短语做状语；Z3 句表示动作行为达到的处所（范继淹，1982），句中的"在"也是"在$_p$"，与名词构成介词短语后做补语。尽管三类"在"字句中的"在 + NP"语义特征不完全一致，但基本与动作行为及处所位置有关，可以最大程度上凸显儿童的句法知识。同时，Z2、Z3 结构中内嵌 Z1，就组合来说三种句子具有较强的渐次组合特征。因此，通过三类句子的习得数据可以很好地观察儿童什么年龄对"在"字句的上述各特征表现出敏感，并且这种敏感是突变的还是渐次的。下文若没有特别说明，"在"字句均指 Z1、Z2 和 Z3 句。

## 三　　数据来源

本文的数据包括两个方面：一是儿童自然产出的语料；二是通过实验所获取的数据。我们希望通过考察不同方法所得数据，更为全面地了解儿童句法发展的真实面貌。

自发产出数据来自于首都师范大学言语习得实验室所建的汉语儿童早期语言发展动态语料库。我们选取其中一名女童 LXY 从 01—04 到 04—09 岁约 80 个小时的录音录像语料，该女童语言、认知及生理发展正常，语料性质为成人与儿童自然交流的语料。我们根据"儿童语言数据交互系统"（CHILDES）将 LXY 的录音录像材料转写成符合特定规范的计算机文本文件，使用语料时用 CLAN 相关程序对语料进行检索和统计，同时也加上人工辨析。数据处理方面我们根据研究目标的不同分两步：第一步从第一例"在"字句的出现到 02—03 岁数据，主要考察各类"在"字句的最初习得，按月份统计，之所以考察到 02—03 岁是因为到这个年龄段，儿童产出了全部"在"字句并相对稳定下来；第二步从最初习得到 04—09 岁，全面考察"在"字句的发展特征，按 6 个月为一阶段进行统计。

实验数据来自于北京市朝阳区某居民区个体幼儿园、海淀某亲子中心、笔者同事及邻居的孩子，共 18 名幼童。实验句式为 Z1、Z2、Z3。实验方法为图片选择任务，图片选择为二选一。图片用电脑显示，诱导语也事先合成用电脑播放以避免受现场环境干扰而使每个孩子接受诱导语的客观性不平均。儿童年龄为 01；06—01；11 岁，平均年龄 01—084 岁。被试儿童最小年龄为 01—06 岁最大年龄为 01—11 岁是出于这样的考虑：自发语料被试儿童产出 Z1 的年龄是 01—07 岁，产出 Z2、Z3 的年龄是 02—00 岁，那么我们想看看儿童在产出 Z1 的时候或者产出 Z1 之前能否完全理解 Z1、Z2 和 Z3 三类结构。如果能，则一方面说明儿童早期句法的理解性习得是突变的，否则是渐变的；另一方面，由于个体差异儿童自发产出 Z1 的年龄可能不同，本文个案儿童语言发展速度较快，产出时间较早，但是即便如此，参与图片选择实验的儿童都没有超过 02—00 岁，也就是说在儿童产出 Z2、Z3 类句子之前，上述对实验数据的理论推测仍然是有效的。

# 四　习得数据

## （一）产出性习得数据

### 1. 基本情况

LXY 说出的第一例 Z1 是 01—04 岁，但是该 Z1 为偏误模仿用例，还不能看作习得。我们对 LXY01—04 到 04—09 岁约 80 个小时的语料进行穷尽性考察，剔除重复性、诗歌背诵、错误用例及功能无法判断用例后，共得到全部类型"在"字句 476 句，其中 Z1、Z2 和 Z3 句共 370 句。按年龄段统计，02—03 岁之前共产出全部"在"字句 130 个，其中 Z1、Z2 和 Z3 共 93 句，除了 Z2b 之外都已经习得，不过 Z2b 在成人语料中的出现频率也是比较低的，所以，我们仍然可以说 LXY02—03 岁前已经基本习得了 Z1、Z2 和 Z3。见下表：

表1　　　　　　　　LXY02—03 岁前习得全部"在"字句概况

| "在"字句 | Z0 | Z1 | Z2 | Z3 | Z4 | 总计 |
|---|---|---|---|---|---|---|
| 例数 | 5 | 79 | 7 | 7 | 32 | 130 |
| 习得时间 | 01—05 | 01—07 | 02—00 | 02—00 | 01—10 | |

其中产出的 Z1、Z2 和 Z3 举例如下：

（1）HXT：妈妈袜子在哪？
　　　　LXY：在里面。（Z1　01—07.22）
（2）HXT：回来在这里玩。
　　　　LXY：在这里玩。（Z2a　01—11.12）
（3）HXT：该起床了。
　　　　LXY：坐在那儿。（Z3a　02—00.25）
（4）HXT：咦？在手上绕一圈儿？
　　　　LXY：绕一圈儿在手上。（Z3b　02—00.25）

三类"在"字句不同年龄段习得数据见下表：

**表 2**　　　　　　　　　**LXY 各年龄段不同 Z1、Z2 和 Z3 习得概况**

| 年龄 \ 频次 \ 类型 | Z1 | Z2 | Z3 | 年龄段频数 |
|---|---|---|---|---|
| 01；04—01；05 | 0 | 0 | 0 | 0 |
| 01；06—01；07 | 5 | 0 | 0 | 5 |
| 01；08—01；09 | 12 | 0 | 0 | 12 |
| 01；10—01；11 | 35 | 2 | 1 | 38 |
| 02；00—02；01 | 15 | 4 | 4 | 23 |
| 02；02—02；03 | 12 | 1 | 2 | 15 |
| 02；04—02；09 | 28 | 10 | 4 | 42 |
| 02；10—03；03 | 48 | 14 | 23 | 85 |
| 03；04—03；09 | 43 | 13 | 16 | 72 |
| 03；10—04；03 | 13 | 4 | 20 | 37 |
| 04；04—04；09 | 18 | 12 | 11 | 41 |
| 类型频数 | 229 | 60 | 81 | 370 |

2. 产出语料中的特征性数据

（1）模仿学习数据

首先 LXY 三类"在"字句全部产出的时间为 02—00 岁左右，但是此年龄段之前的产出多为模仿性产出，包括两种模仿：一为直接模仿，即直接模仿成人的语句（见例 5），都在 01—10 岁前产出；二为顺应模仿，即回答成人同类结构疑问句时的模仿（见例 6），从 01—05 到 02—00 岁一直有较大量的产出。语例如下：

　　（5）HXT：姐姐在哪儿？姐姐在楼下。
　　　　　LXY：姐姐在楼下。　　（01—07.22）
　　（6）HXT：企鹅宝宝在哪儿呢？
　　　　　LXY：企鹅宝宝在这。　　（01—08.19）
　　（7）HXT：企鹅宝宝在哪儿呢？
　　　　　LXY：企鹅宝宝在这。
　　　　　HXT：大象呢？

　　LXY：大象在这。　　（01—08.19）

　　（6）（7）两类句子是问答式，说明儿童的顺应模仿是不可避免的，所以模仿性产出主要指的是直接模仿。02—00岁前儿童三类"在"字句直接模仿性产出的比例是：Z1为25/69例、Z2为3/6例、Z3为2/5例。这个比例还是很高的，说明外部输入对习得有一定的影响。

　　（2）"在"字句的词语使用特征

　　首先看动词的使用特征。LXY的Z2、Z3是在02—00岁产出的，这两类"在"字句动词的使用数量非常少，包括"站、玩、睡觉、坐、买、绕、飞、放"8个动词，其中"坐"使用频率较高，5次，然后是"玩"，3次，其他动词都只各产出1次。但是02—03岁之后动词数量大大增加，除了之前习得的8个动词外，还包括以下一些，如"看书、飘来飘去、见、爬、死掉、趴、骑、搁、呆、放、躺、绊倒、打、藏、躲、加、打滚儿、跳来跳去、杵、吹、跳舞、游来游去、跑、装、听、挂、走、倒、拿、住、摔、等、戴、摆、掉、收、睡觉、拍、转圈"等等。

　　再看"在"后NP的使用特征。我们发现儿童首先对处所性"在+NP"结构最为敏感，02—03岁前习得的"在+NP"字结构均为处所性的，表示人或事物的位置，"NP"的数量也有限，限于一小部分指示词、方位词及处所名词，其中使用频率最高的为指示词"这、那"和复合方位词，前者为61例，后者为14例，占"在"字句总数的57%。02—03岁前各年龄段使用的处所词如下：

　　01—07：外面1、楼下1、那1、里面1

　　01—08：这6

　　01—09：这1、家2、201（指的是房间）1、大洞里1

　　01—10：这15、那1、后面1、天上2、屋里1、什么地方1

　　01—11：这10、这里4、后边1

　　02—00：这5、这里2、那2、哪1、后面2、上面1、里面1、天上1、手1、宝宝嘴里1、厨子里1、卫生间里1、花丛里1

　　02—01：这6、这里3、哪1、后面3、外面1

　　02—02：这7、这上1、那2、哪边2、后面1、里面1

　　02—03：这4、这里2、这边3、那里1、哪里1

以上"NP"的使用特征与成人的很不一样，成人语言"在"字句中的"NP"不仅可以表示处所，还可以表示时间、范围、条件等，但 LXY 在 02—03 岁之前习得的"NP"只是处所性的，多为指示词和复合方位词，在特定语言环境中所指很具体。02—03 岁后 LXY"在 + NP"结构中的"NP"有一些变化，"NP"除了指示词和方位词之外还包括时间性成分、抽象的处所性成分和结构更为复杂的 NP，如：

> （8）HXT：干嘛呀，给他？
>       LXY：挖土呗，小恐龙在之前死掉了。（02—07.14）
> （9）LXY：对啊，在秋天拍的。（04—06.07）
> （10）LXY：我和宝宝在一起做游戏。（02—10.14）
> （11）LXY：在周围转圈啊。（04—00.08）
> （12）LXY：小猪在悬崖底下。（02—11.10）
> （13）LXY：每天我都在维尼的肚子上摸一摸。（04—07.19）

（3）渐变性习得数据

就"在 + NP"句的习得看，被试儿童 LXY 首先在 01—07 岁习得了 Z1，为动宾关系双词句，五个月后差不多同时习得内嵌 Z1 的 Z2 和 Z3，为三词句和多词句。我们可以看到儿童首先对 Z1 敏感，然后才对 Z2 和 Z3 敏感。这说明儿童对"在"字句的句法语义特征习得是顺序发生的。语义上，"在"字句中的"在"无论是动词还是介词后面成分都可以表示处所、时间、范围或者条件，但儿童首先对处所性最为敏感，然后才对时间或者抽象性处所敏感；句法上，"在"词性不同句法功能就不同，习得数据表明儿童首先对陈述性功能敏感，然后才对限定性和补足性功能敏感。也就是说，儿童以 Z1 为基础，在成人的输入引导下逐渐积累，习得 Z2、Z3，进而习得了多词"在"字句。

（二）理解性习得数据

1. 实验说明

实验分两个步骤，第一步测试儿童对 Z1 的理解，儿童需要从两幅图片中选择一幅，选择正确与否都进入第二步测试。第二步实验测试儿童对 Z2、Z3 的理解，图片选择实验所使用的实验句共两组六例，见下表：

| 表3 | 图片选择实验用例句 |
|---|---|
| 第一组 | 第二组 |
| 1. 小猴子在床上扔苹果 | 1. 小兔子在桌子上扔萝卜 |
| 2. 小猴子站在床上 | 2. 小兔子站在桌子上 |
| 3. 小猴子把苹果扔在床上 | 3. 小兔子把萝卜扔在桌子上 |

每测试一个句子使用三幅图片，一幅是正确图片，两幅是非正确对照图片。每组图片的区别只能有一个（最小对比对），那么非正确对照图片与正确图片分两次选择就是要排除图片中非单一因素对儿童选择的影响。若两组都选择正确，说明儿童对图片所代表的句法和语义特征是理解（即习得）的。两次测试中正确图片的左右位置不同以避免儿童就近选择或者受前一组选择习惯的影响，实验图片举例见下图：

第一组                                         第二组

2. 实验数据

被试儿童图片选择实验测试基本数据见下表：

| 表4 | | 图片选测实验数据 | | | |
|---|---|---|---|---|---|
| 年龄 | 人数 | 第一步测试 正确数及百分比 | | 第二步测试 平均正确数及百分比 | 对"在"字句的 理解（敏感） |
| 01—06 | 2 | — | | — | 无效被试 |
| 01—06 | 2 | 1 | 50% | 3.5 29% | 不敏感（不理解） |
| 01—07 | 3 | 3 | 100% | 7 58% | 可能敏感（可能理解） |
| 01—08 | 3 | 3 | 100% | 8 66.6% | 可能敏感（可能理解） |
| 01—09 | 3 | 3 | 100% | 12 100% | 敏感（理解） |
| 01—10 | 3 | 3 | 100% | 12 100% | 敏感（理解） |
| 01—11 | 2 | 2 | 100% | 12 100% | 敏感（理解） |

具体来说，18名被试儿童中有2名不配合测试，因而无效，在统计理解率时不计入，其他16名儿童都能配合实验，数据有效。其中又分三种情

况：（1）2 名 01—06 儿童对 Z1、Z2 和 Z3 图片选择的正确率很低并且没有规律，我们还不能排除选择正确的情况是偶然还是已经能够正确理解这些句子的内涵，可以认为 01—06 儿童对三类"在"字句不敏感；（2）8 名 01—09 岁至 01—11 岁儿童对所有不同组别的图片选择任正确率均为 100%，可以认为儿童对三类"在"字句内涵是完全敏感的。（3）比较麻烦的是 01—07 和 01—08 岁两组 6 名儿童的数据，他们都对 Z1 敏感，但是对于 Z2 和 Z3，3 名 01—07 岁儿童每组第一次测试配合较好，但第二次测试或者没有完全配合或者不配合，3 名 01—08 岁儿童第二次测试也有不配合或者不耐烦的情况，不过第二次测试正确率比 01—07 岁儿童正确率稍高一些。如果严格按着"两组都选择正确，才说明儿童对图片所代表的句法和语义特征是理解的"这一标准，那么，这 6 名儿童没有理解 Z2、Z3，但是理解了 Z1，即儿童此年龄段还没有习得三类"在"字句，而只习得了 Z1。但是我们也看到 6 名儿童的错误选择主要集中在第二次测试上，最可能的原因是实验时间长而不能集中注意力，综合两组第一次测试情况我们推测他们对 Z2、Z3 的内涵应该是理解的。

为了验证上述猜测，我们对 6 名儿童进行第二次测试，但把 Z2、Z3 两组的两次测试图片颠倒了次序，即把 6 名儿童可能因注意力不集中而导致不选或选错的图片放在前面，之前选对的图片放在后面。测试时间为一个星期后，但由于笔者不能控制的原因只有 4 名儿童参加，不过测试结果令我们欣喜，即参加实验的儿童仍然对第一次测试图片的匹配是正确的，第二次测试则或者不配合或者有选择错误。

3. 结论

第一，实验数据大体支持基于规则的早期句法发展理论，但数据也显示儿童最早到 01—07 岁才对"在"字句的句法语义特征敏感，01—06 岁无法理解"在"字句。第二，实验数据也表明儿童 01—09 岁就对 Z2 和 Z3 完全敏感，这个时间比自发产出时间早三个月，也可以说大大早于自发产出时间。

# 五　早期句法发展的理论探讨

## （一）关于输入的作用

基于用法的早期句法发展理论强调用法的作用，非常看重成人在儿童语言习得中的作用，认为儿童是最好的学徒，他们早期所习得的话语都来自周围人的输入。本文被试儿童 LXY 首次产出的"在"字句不论是 Z1 还是 Z2、Z3，都为模仿性产出，即模仿成人的"在"字句输入，然后通过与成人或周围人的交际逐渐自主产出意义明确、语境适用的"在"字句。一直到02—00 岁左右，LXY"在"字句的模仿性产出比例仍然很高，其中 Z1 为36%、Z2 为 50%、Z3 为 40%，平均比例为 43%。也就是说，自发产出的数据支持建构主义理论关于输入在早期句法发展中起重要作用的观点。另外，我们还对包括 LXY 在内的两名儿童 Z4 的成人输入情况做了较为详尽的统计，其中 LXY 产出 Z4 的时间为 01；10 岁，在此之前其母亲 HXT 在 9 个多小时的语料中直接性输入为 70 次，可谓高频输入；另一名儿童 SYY，02—03 岁产出 Z4，比 LXY 晚得多，SYY 在 01；10 岁之前获得的直接性输入只有 3 次，一直到 02—03 岁全部输入只有也 14 次，可谓低频输入。这样看来，有无输入以及输入频率的高低与儿童能否习得有较强的正相关，甚至与习得时间可能也有一定的关联。

但是关于输入与习得的关系，我们一般的思路是：先看儿童产出了什么成分以及产出的数量和时间，然后再看该成分的输入情况，而很少先看儿童获得了哪些输入，这些输入的语言成分是否很快有产出。上文的输入数据说明儿童得到的输入是他们习得目标语过程中参数化的重要诱发因素。但是获得输入就一定有产出吗？回答是否定的。我们也穷尽性考察了 LXY 习得 Z1之前获得的 Z2、Z3 输入，发现仅儿童母亲 HXT 的输入就有 48 次，这样的输入也不算低频，但是儿童并没有与 Z1 同时习得 Z2、Z3，而是在习得了Z1 5 个月之后到 02—00 岁才习得。这说明在"在"字句的习得中输入的作用虽然很重要，但不是唯一的促发因素。

天赋理论认为儿童的语言输入很贫乏，却能在短短的几年里熟练掌握母语，并对一些语言共性表现出清楚的掌握，原因在于语言知识（包括一些元素、结构和原则）是先天地被刻录在人的基因里面（李行德，2008；169—191），因此儿童习得语言的过程是参数化的过程。基因表达具有阶段性，那么语言习得也具有顺序性。那么有输入无产出的情况是否可以这样理解：某些语言成分尽管输入量很大，但刻录于基因里的相关语言知识在该阶段还没有分化出来，所以仍然不能习得产出？

在天赋理论中，输入指的是语言规则（或曰语言知识）的输入，从这个意义上说输入确实贫乏，因为我们与小孩说话或者教小孩说话一般不会教他们抽象的规则。不过儿童是否可以凭借他们的内化能力以日常生活中得到的直接或间接语句输入为样本概括抽象出正确的语言知识并运用这些知识造出新的句子来呢？如果可以的话，儿童还是得到了间接的语言输入，并且这样的输入不算贫乏。

综上，我们可以认为输入在儿童习得目标语过程中具有重要的作用，是目标语习得（即参数化）的必要条件，没有输入儿童就没有参数化的样本。但输入的诱发作用又服从于天赋的生物学机制，天赋机制规定了输入在何时发挥作用。也就是说，早期句法的发展是天赋机制和环境因素共同作用的结果。

## （二）关于渐变与突变

基于用法的早期句法发展理论认为早期句法的发展是渐变的，最初的句法习得主要围绕动词进行组合，某个句法结构习得时该结构中的动词往往在之前反复使用过，儿童就是这样逐渐积累，从具体的词语习得和具体的语言结构习得一直到抽象的句法结构。本文自发产出性数据也支持这一观点。Z2、Z3 中的"坐"和"玩"为高频动词，尤其是"坐"，在 LXY01—06 岁之前的语料中出现频次为 20 次，仅次于"拿"（29 次），"玩"则在 01—07 至 02—05 岁的语料中出现 122 次，即动词"坐""玩"在进入 Z2、Z3 前都多次使用过。同时，前文数据说明"在"字句的句法语义特征习得并非一蹴而就：从双词句的 Z1，到多词句的 Z2、Z3；从处所性的 NP，到时间性、范围性的 NP；从 02—03 岁前的 8 个动词，到 02—04 岁后的几十个动词，都说明早期句法的发展不是突变而是渐变的，复杂"在"字句来自于先前使用过的简单句，"在"字句的建构过程中儿童运用了增补、扩展和置换等方式（Tomasello，1992）。

但我们也看到自发数据中 Z2 和 Z3 是同时习得的，没有先后顺序。我们对语料库中另外两名儿童 SYY 和 WSY 的 Z2、Z3 习得情况也进行了考察，两名儿童的 Z2、Z3 也是晚于 Z1 而同时习得，年龄为 02—01 岁。如果从 Z2 和 Z3 格式的历史演变情况以及两类"在"字句中的"在"与 Z1 的语义联系上看，Z2 应先习得，Z3 应后习得，但事实不是这样。我们又考察了 Z2 和 Z3 在 02—00 岁前的输入情况及平均语句长度（MLU），结论是 Z2 的输入量略高于 Z3（86/60），平均语句长度两者没有显著的区别。另外我们也考虑到是不是 Z3 中"在"虚化程度高、与动词的黏附性强因而影响了 Z3 的习得，比如很多学者认为"V＋在＋NP"应切分为"（V＋在）＋NP"而非"V＋（在＋NP）"，即 Z3 中的"在"黏附于前面的动词，那么儿童可能把 Z3 当成动宾结构来习得，但是对 LXY 早期产出的动宾结构进行考察，发现该儿童动宾结构 01—06 岁就有较多的产出（27 例），到 01—08 岁整体数量超过了主谓结构（动宾 111 例、主谓 42 例）。这样看来，Z2、Z3 的同时习得很难从认知功能动因以及输入影响上得到解释。

另一方面，基于规则的早期句法理论认为儿童的句法发展是突变的、迅速的，本文实验数据总体上支持这一观点。特别值得注意的是 01—09 岁之后的实验数据，几乎所有配合实验的儿童都能进行正确的图片匹配。从时间上看儿童理解三类"在"字句早于产出，也就是说，儿童在能够产出 Z2、Z3 之前就对"在"字句的基本句法语义特征完全敏感。

但反观实验性数据，我们同样看到在图片选择实验中图片匹配的正确率随儿童年龄的增长而提高，01—07 岁以下儿童完全不能正确匹配，正如基于规则理论阵营内的成熟论所看到的，"普遍语法并非一开始就能在所有方面运作自如，有些句法结构需要时间成熟"。这说明早期儿童对句法知识的理解是阶段性的。总的来说，早期句法的突变不是绝对的，是连续中的突变。这样看来，自发产出数据不能完全支持早期句法的渐变性观点，实验数据也不能完全说明句法发展的突变性观点。

## （三）机制与过程

前文的分析表明，成人输入的作用不是绝对的，句法的突变发展也没有那么简单。根据近年的生物语言学观（Chomsky, 2006；Pinker, 1994 等），我们愿意相信儿童天生就具备类似于成人的句法范畴和句法规则，但是句法规则的理解和产出都是分阶段的，什么阶段理解和产出什么样的句法规则可能受认知水平、语用系统和语言环境等多方面因素的影响。也就是说，在早期句法发展中天赋的生物因素和认知、环境因素是相互作用的，其中生物意义上的基因表达是底层的制约因素，认知、环境因素则是诱发动因。

事实上我们一方面看到早期的句法发展是循序渐进的，另一方面也很难想象儿童句法的发展不是基于规则。也许更为恰当的理解应该是：早期句法发展的内在机制是基于规则的，而发展过程是基于用法的。若此，两种早期句法发展理论就不是对立的，因此也不能互相否定，它们分别从不同的侧面揭示了儿童句法发生发展的某些真实面貌。

# 六　余论：何谓"习得"与"输入"？

我们以"在"字句为对象试图通过自发产出数据和实验数据来探讨早期句法发展问题，并认为早期句法发展的机制是基于规则的，但过程是基于用法的，即早期句法的发展是天赋生物因素和外部环境等因素共同作用的结果。就理论主张来说，很多学者持有儿童语言发展是先天与后天互相作用的观点，但通过习得实例进行验证并非易事，不同理论对一些基本问题内涵的界定有差异，早期句法发展理论的分歧长期存在也就不可避免。

首先，何谓"习得"？两派早期句法发展理论对"习得"的定义是不同的：儿童能够理解句子的内容是否就意味着已经具备了这些句子结构所蕴含的语法知识？如果回答是肯定的，那么早期句法的发展倾向于突变；如果只有正确产出某类句子才意味着习得了该类句子，那么早期句法的发展倾向于渐变。"习得"内涵不同，获取数据的方式也不同，而数据类型的不同又各自支持不同的观点。所以单凭数据，很难评判孰是孰非或者孰高孰低，关键是对"习得"的理解。其次，何谓"输入"？天赋理论认为输入是语言知识的输入，若此，儿童获得的输入确实贫乏，那么儿童可以在几年之内获得一种语言，只能说明有与生俱来的语言知识已经进行了参数设定，在一定的阶段就会突变习得；建构理论则认为输入就是儿童周围人的日常语言输入，那么儿童得到的输入并非贫乏，输入在儿童语言发展中作用重大，儿童在与周围人的交流中逐渐理解词语的意义、句子的用法，从简单到复杂逐渐习得了语言。

一般而言，儿童对语言的理解早于产出，本文"在"字句习得也同样如此。儿童的理解性习得在先（01—09 岁），产出性习得在后（02—00 岁）。那么从理解到产出，儿童的生理、认知和语言环境到底发生了怎样的变化？是什么因素使儿童对语言的理解早于产出？又是什么因素使儿童即使理解了语言却迟迟不能产出？我们认为这是更值得深入研究的问题。

## 参考文献

范继淹　1982　《论介词短语"在＋处所"》，《语言研究》第 1 期，第 71—86 页。

冯雪冬　2009　《时间副词"在"语法化历程考察》，《宜宾学院学报》

第 1 期，第 109—110 页。

金立鑫 2000 《语法的多视角研究》，上海外语教育出版社，第 252—262 页。

侯江飒 2012 《二至四岁汉语聋儿言语测听词表制定的若干问题》，首都师范大学硕士学位论文，第 29—34 页。

李行德 2008 《汉语儿童对数量名词短语辖域关系的认识》，《当代语言学理论和汉语研究》（沈阳、冯胜利主编），商务印书馆，第 169—191 页。

李若凡 2014 《普通话儿童论元结构的最初习得》，首都师范大学文学院硕士学位论文，第 14—20 页。

李宇明 2004 《儿童语言的发展》，华中师范大学出版社，第 296—301 页。

林齐倩 2003 《"VP + 在 L"和"在 L + VP"》，《暨南大学华文学院学报》第 3 期，第 72—78 页。

刘 轶 2010 《四岁前汉语儿童"在"的习得研究》，首都师范大学文学院硕士学位论文。

邵洪亮 2005 《"V 在 L"格式的发展和虚化历程》，《上海师范大学学报（哲社版）》第 4 期，第 119—124 页。

沈家煊 1999 《"在"字句和"给"字句》，《中国语文》第 2 期，第 94—101 页。

石毓智 1995 《时间的一维性对介词衍生的影响》，《中国语文》第 1 期，第 1—10 页。

王 还 1957 《说"在"》，《中国语文》第 2 期，第 25—26 页。

王 还 1980 《再说说"在"》，《语言教学与研究》第 3 期，第 25—29 页。

王 伟 2009 《论"在"的语法化》，《西安外国语大学学报》第 9 期，第 29—31 页。

杨小璐 2012 《儿童早期句法发展：基于规则还是基于使用》，《外语教学与研究》第 4 期，第 606—615 页。

杨小璐 肖 丹 2008 《现代汉语把字句习得的个案研究》，《当代语言学》第 3 期，第 200—210 页。

余咏梅 1999 《论"在 + 处所"的语义功能和语序制约原则》，《中国语文》第 1 期，第 21—29 页。

张亚军　2002　《时间副词"正""正在""在"及其虚化过程考察》，《上海师范大学学报》第 1 期，第 46—51 页。

张　祯　1997　《论决定"在 L + VP"或"VP + 在 L"的因素》，《语言教学与研究》第 2 期，第 41—60 页。

朱德熙　1981　《"在黑板上写字"及相关句式》，《语言教学与研究》第 1 期，第 4—18 页。

Chomsky, N. 1965. *Aspect of The Theory of Syntax.* Cambridge MA：The MIT Press.

Chomsky, N. 1986. *Knowledge of Language：Its Nature, Origin and Use.* Westport CT：Praeger.

Chomsky, N. 2006. *Language and Mind.* (3rd edition) New York：Cambridge University Press.

Crain, S. & Thornton, R. 1998. *Investigation in Universal Grammar：A guide to Experiment on the Acquisityion of Syntax and Semantics.* Cambridge, Massachusetts Lond, England：The MIT Press. 29—44.

Erbaugh, M. 1982. *Coming to Order：Natural Selection and the Origin of Syntax inthe Mandarin Speaking* Child. Ph. D. diss, University of California atBerkeley.

Hintat Cheung（张显达）. 2009. '*zai4*'-*A window to the development of child Mandarin grammar.* Workshop onMilestones in the First Language Acquisition of Chinese, Hongkong.

Lee, J. &. Naigles, L. 2008. *Mandarin Learner Use Syntactic Bootstrapping in Verb Acquisition.* Cognition 106：1028—1037.

Lieven, E., J. M. Pine and G. Baldwin. 1997. *Lexically-based Learning and Early Grammatical Development.* Journal of Child Language24, 187—219.

Li Ping（李平）. 1991. *Zai and Ba onstructions in Child Mandarin.* CRL Newsletter Vo. l 5, No. 5. Centerfor Research in Language, University of California, SanDiego, CA.

McDaniel, D. et al. 1996. *Methods for Assessing Children's Syntax.* Cambridge MA：The MIT Press. 125—146.

MacWhinney, B. 2000. *The CHILDES Projec*t. Mahwah, NJ：Lawrence Erlbaum.

Pinker, S. 1987. *The Bootstrapping Problem in Language Acquisitio*n. In B. MacWhinney, ed., Mechanisms ofLanguage Acquisition. Hillsdale, NJ: Lawrence Erlbaum. 339—441.

Pinker, S. 1994. *The Language Instinc*t. New York, William Morrow.

Tomasello, M. 1992. *First Verb: A Case Study in Early Grammatical Development*. Cambridge: Cambridge University Press.

Tomasello, M. 2003. *Constructing a Language: A Usage-based Theory of Language Acquisition.* Cambridge, MA: Harvard University Press.

Xiao, L., X. Cai & T. Lee. 2006. *The Development of the Verb Category and Verb Argument Structure Before Two Years of Age. In Y. Ots Tokyo Conference on Psycholinguistic*s. Tokyo: Hituzi Syobo. 299—322.

（张云秋　首都师范大学文学院
　郭　婷　首都师范大学文学院）

# 从《现代汉语基本句型》看句型成分[*]

郭曙纶

**提要** 本文仔细统计分析了《现代汉语基本句型》中 278 个句型使用到的 81 个句型成分，发现它们可以分为处于不同层次的 3 类：第一层次是句子成分，第二层次是词类词组，第三层次是特定词语或包含特定词语的成分。这些句型成分中使用最多的是主语，占 20% 多；其次是动词，占 17% 左右，再次是宾语和动词词组等，占 6% 左右。

**关键词** 现代汉语　基本句型　高频句型　句型成分　句子成分

## 一　引论

根据邵敬敏（2011），新时期 30 年的汉语句型研究中，理论探索方面主要集中在 20 世纪 80 年代，如邢福义（1983），试图把结构主义的层次观点和传统语法的动词中心说观点结合在一起；邵敬敏（1984）则坚持句子是由各造句单位在基础短语做核心的基础上逐层叠加生成的，不仅句型本身有层次性，而且句型内部的类型也有层次性（因此这一句型系统是有限的、有层次的、有序列的生成性的结构系统）。

中国社会科学院语言研究所现代汉语研究室（1987）编的《句型和动词》，"研究方法锐意求新，讲求实用，句型的描写也不是追求构拟体系，

---

　＊ 本课题的研究得到上海市教育委员会科研创新项目人文社科类重点课题《汉语句型语料库建设及常用动词句型语义研究》（项目编号：12ZS018）、上海市教育科学研究市级项目《基于语料库的小学语文教材对比统计研究》（项目编号：B11008）、上海市哲学社会科学规划课题《面向中文信息处理的汉语动词句法语义研究》（项目编号：2011BYY005）和教育部哲学社会科学研究重大课题攻关项目《全球汉语中介语语料库建设和研究》（项目批准号：12JZD018）子课题《上海地区外国留学生汉语文本语料的收集与标注》的资助，谨此致以诚挚的谢意。

而是侧重对具体句型作深入细致的描写"（郅评，1989）。如李临定（1987）就提出了划分句型的一系列具体的原则和标准。而在具体句型的研究方面，研究成果集中体现在李临定（2011）、陈建民（1986）和北京语言学院句型研究小组（1989a、1989b、1989c、1990、1991，以下称为《现代汉语基本句型》）等。这些成果主要是从语言实际出发，归纳总结了汉语常用的基本句型，前两本书对一些句型还都进行了比较细致地描写与分析。陈建民（1986）提出了确定句型的三条重要原则：对立性原则、省略性原则和区别性原则。《现代汉语基本句型》则给出了一个完整的汉语句型列表及相应的例句。而陆丙甫（1993、2010）则提出以动词为核心来展开句型的研究。

　　本文主要以《现代汉语基本句型》为例，结合罗振声（1995）的《现代汉语句型频度统计模型的研究》（该文是根据《现代汉语基本句型》来进行句型语料库的标注与统计的），参考其他先生的研究来探讨在现代汉语单句（本文暂不讨论复句）句型划分中句型成分的相关问题。之所以选择《现代汉语基本句型》作为讨论的对象，因为这是目前为止我们所见最为完整的句型分类，共有 278 个句型。

　　在划分、确定这 200 多个句型时，究竟用了多少个句型成分呢？统计的具体数据见表 1。

## 二　《现代汉语基本句型》的句型成分

　　我们仔细统计了他们使用到的句型成分（句型成分可以理解为句型的组成成分，也可以理解为一个句型与另一个句型相区别的成分），进行适当归并之后得到 81 个，它们的使用总次数是 1318。其中包含特定词语的句型成分共 37 个，占 81 个句型成分的 45.68%。这 37 个包含特定词语的句型成分基本上都是虚词。具体数据详见表 1。

　　在统计时我们做了一些归并工作。比如，《现代汉语基本句型》在个别地方区分了"主语〔施事〕""主语〔受事〕""主语〔处所〕"等主语的语义类别，我们将语义类别忽略了，都算作"主语"；再如，"'被/让/叫/给'宾语"等，我们处理成了"'给'宾"。

| 表1 | | | 句型成分统计总表 | | |
|---|---|---|---|---|---|
| 句型成分 | 使用次数 | 百分比（%） | 句型成分 | 使用次数 | 百分比（%） |
| 主语 | 278 | 21.09 | 动词 | 231 | 17.53 |

| 句型成分 | 使用次数 | 百分比（%） | 句型成分 | 使用次数 | 百分比（% |
|---|---|---|---|---|---|
| 宾语 | 89 | 6.75 | 动词词组 | 56 | 4.25 |
| 形容词 | 50 | 3.79 | "了" | 45 | 3.41 |
| "是" | 41 | 3.11 | "不" | 30 | 2.28 |
| 状语 | 29 | 2.20 | "没有" | 29 | 2.20 |
| 兼语 | 25 | 1.90 | "的" | 23 | 1.75 |
| "有" | 20 | 1.52 | "把"宾语 | 17 | 1.29 |
| "被" | 16 | 1.21 | "叫" | 15 | 1.14 |
| "让" | 15 | 1.14 | "给"宾语 | 14 | 1.06 |
| "去" | 14 | 1.06 | "来" | 14 | 1.06 |
| "过" | 13 | 0.99 | 时量补语 | 12 | 0.91 |
| 谓语 | 12 | 0.91 | 动量补语 | 11 | 0.83 |
| 其他成分 | 11 | 0.83 | "得" | 10 | 0.76 |
| 结果补语 | 10 | 0.76 | 趋向补语 | 10 | 0.76 |
| 形容词词组 | 9 | 0.68 | "没" | 9 | 0.68 |
| "着" | 8 | 0.61 | 介词词组补语 | 8 | 0.61 |
| 名词 | 8 | 0.61 | 数量词组 | 8 | 0.61 |
| 程度补语 | 7 | 0.53 | 主谓词组 | 7 | 0.53 |
| "还是" | 6 | 0.46 | 情态补语 | 6 | 0.46 |
| 疑问代词 | 6 | 0.46 | 名词词组 | 6 | 0.46 |
| "进" | 5 | 0.38 | "上" | 5 | 0.38 |
| "下" | 5 | 0.38 | 补语 | 5 | 0.38 |
| "的"字词组 | 4 | 0.30 | 可能补语 | 4 | 0.30 |
| "吗" | 4 | 0.30 | "给" | 3 | 0.23 |
| 处所词 | 3 | 0.23 | 复合趋向补语 | 3 | 0.23 |
| 名词或名词词组 | 3 | 0.23 | 能愿动词 | 3 | 0.23 |
| "是不是" | 3 | 0.23 | 代词 | 3 | 0.23 |
| 双音动词 | 2 | 0.15 | "被"宾语 | 2 | 0.15 |
| 直接宾语 | 2 | 0.15 | 中心语 | 2 | 0.15 |
| 介宾词组 | 2 | 0.15 | "都" | 2 | 0.15 |
| 定语 | 2 | 0.15 | "一" | 2 | 0.15 |
| "呢" | 2 | 0.15 | "也" | 2 | 0.15 |
| "别" | 1 | 0.08 | 象声词 | 1 | 0.08 |

| 句型成分 | 使用次数 | 百分比（%） | 句型成分 | 使用次数 | 百分比（% |
|---|---|---|---|---|---|
| "不要" | 1 | 0.08 | 谓语中心语 | 1 | 0.08 |
| 叹词 | 1 | 0.08 | 肯定可能补语 | 1 | 0.08 |
| "多么" | 1 | 0.08 | 兼语间接宾语 | 1 | 0.08 |
| "所" | 1 | 0.08 | 动补词组的正反疑问形式 | 1 | 0.08 |
| 数量补语 | 1 | 0.08 | "很" | 1 | 0.08 |
| 否定可能补语 | 1 | 0.08 | 否定形式的谓语 | 1 | 0.08 |
| 间接宾语 | 1 | 0.08 | "吧" | 1 | 0.08 |
| "为"宾 | 1 | 0.08 | 合计 | 1318 | 100.00 |

从表 1 数据可知，句型成分中"主语"是使用最多的。这很容易理解，在汉语单句句型中，主谓句是最多的。其次是"动词"，再次是"宾语""动词词组""形容词""了""是""不"等。主谓宾定状补这六大成分，都可以成为句型成分，只是使用次数的多少有别而已，最少的是定语。补语划分出了较多的小类，所有 13 个小类加在一起共使用 79 次，仅次于主语和宾语，排名第三。按词性划分看，主要是动词（包括能愿动词和双音动词）、动词词组充当句型成分，其次是形容词、形容词词组，也有少数是名词（包括处所词）、名词词组（包括数量词组），还有代词（包括疑问代词）、主谓词组，象声词、叹词也各使用了 1 次。

因此，从《现代汉语基本句型》来看，句型成分大致可以分为 3 大类：第一类是句子成分，主要是主语、宾语和补语，占所有句型成分使用总次数的 40.44%；第二类是词类、词组，主要是动词、动词词组、形容词、形容词词组，占所有句型成分使用总次数的 30.35%；第三类是特定词语或包含特定词语的成分，主要是一些虚词，也有动词，如"了""是""不""没有""的""有"等，占所有句型成分使用总次数的 29.21%。

根据罗振声（1995）的研究，前 111 种句型占了整个句子数量的 99.01%，我们将这 111 种高频句型中的句型成分进行了统计，共使用了 69 个句型成分，它们的使用总次数是 493。其中包含特定词语的句型成分共 32 个，占 69 个句型成分的 46.38%。具体数据见表 2。

表2                     高频句型句型成分统计表

| 句型成分 | 使用次数 | 百分比（%） | 句型成分 | 使用次数 | 百分比（%） |
|---|---|---|---|---|---|
| 主语 | 111 | 22.52 | 动词 | 82 | 16.63 |
| 动词词组 | 30 | 6.09 | 宾语 | 29 | 5.88 |
| 状语 | 27 | 5.48 | 形容词 | 19 | 3.85 |
| "了" | 14 | 2.84 | "是" | 13 | 2.64 |
| "不" | 9 | 1.83 | "把"宾语 | 8 | 1.62 |
| "没有" | 8 | 1.62 | 兼语 | 7 | 1.42 |
| 形容词词组 | 6 | 1.22 | "被" | 6 | 1.22 |
| 其他成分 | 6 | 1.22 | 结果补语 | 5 | 1.01 |
| "去" | 5 | 1.01 | 名词 | 5 | 1.01 |
| "有" | 5 | 1.01 | "来" | 5 | 1.01 |
| 谓语 | 5 | 1.01 | 名词词组 | 4 | 0.81 |
| 数量词组 | 4 | 0.81 | 介词词组补语 | 4 | 0.81 |
| "过" | 4 | 0.81 | "让" | 4 | 0.81 |
| "给"宾语 | 4 | 0.81 | "的" | 4 | 0.81 |
| "叫" | 4 | 0.81 | "着" | 3 | 0.61 |
| 时量补语 | 3 | 0.61 | "得" | 3 | 0.61 |
| 主谓词组 | 3 | 0.61 | "的"字词组 | 2 | 0.41 |
| "没" | 2 | 0.41 | 代词 | 2 | 0.41 |
| 能愿动词 | 2 | 0.41 | 动量补语 | 2 | 0.41 |
| 疑问代词 | 2 | 0.41 | 情态补语 | 2 | 0.41 |
| 双音动词 | 2 | 0.41 | 象声词 | 1 | 0.20 |
| "进" | 1 | 0.20 | 数量词 | 1 | 0.20 |
| "很" | 1 | 0.20 | 数量补语 | 1 | 0.20 |
| "给" | 1 | 0.20 | 形容词重叠式 | 1 | 0.20 |
| "不要" | 1 | 0.20 | 直接宾语 | 1 | 0.20 |
| "别" | 1 | 0.20 | 中心语 | 1 | 0.20 |
| 叹词 | 1 | 0.20 | "是"……"的" | 1 | 0.20 |
| 补语 | 1 | 0.20 | 动词谓语句 | 1 | 0.20 |
| 否定形式的谓语 | 1 | 0.20 | "下" | 1 | 0.20 |
| "为"宾语 | 1 | 0.20 | 趋向补语 | 1 | 0.20 |
| "是不是" | 1 | 0.20 | 带"化"的动词 | 1 | 0.20 |
| 间接宾语 | 1 | 0.20 | "上" | 1 | 0.20 |

| 句型成分 | 使用次数 | 百分比（%） | 句型成分 | 使用次数 | 百分比（%） |
| --- | --- | --- | --- | --- | --- |
| 介宾语兼语 | 1 | 0.20 | 介词词组 | 1 | 0.20 |
| "呢" | 1 | 0.20 | "吗" | 1 | 0.20 |
| "所" | 1 | 0.20 | 合计 | 493 | 100.00 |

比较表 1 和表 2 的数据后可知，在高频句型成分中，使用最多的句型成分还是"主语"，其次是"动词""动词词组""宾语""状语""形容词""了""是""不"等，具体顺序跟表 1 有一些差别。如，表 1 中的"'宾语'"排在"动词词组"之前，"状语"则在"'不'"之后。

从表 2 数据来看，高频句型的句型成分也大致可以分为同样的 3 大类：第一类是句子成分，主要是主语、宾语和状语，占所有高频句型句型成分使用总次数的 42.39%；第二类是词类、词组，主要是动词、动词词组、形容词、形容词词组，占所有高频句型句型成分使用总次数的 33.87%；第三类是特定词语或包含特定词语的成分，主要是一些虚词，如"了""是""不""把宾语""没有"等，占所有高频句型句型成分使用总次数的 23.73%。

# 三　关于句型成分的讨论

下面我们按照上述 3 大类句型成分来分别进行讨论。

## （一）关于句子成分

胡裕树（1995）认为，"句子当中增添独立成分不影响句型"，"扩展（增加修饰语）不影响句型"。

邵敬敏（2001）认为，"扩展一般不影响句型"，"句子的特殊成分不影响句型"（在邵敬敏（2001）中，特殊成分包括"独立成分以及提示成分"）。

从字面上看，这两本教材的看法有一致的地方，都是扩展不影响句型，独立成分不影响句型。也就是说，两本教材都认为定语和状语这两个句子成分不是句型成分，独立成分也不是句型成分。

不过实际上，两本教材的看法也有不一致的地方。

首先，邵敬敏（2001）认为，"扩展一般不影响句型"，"但是要注意，有时候，定语或状语对句型也是有影响的"。例如：

(1) 我们要为她着想。
(2) 他高高的个子。

状语"为她"、定语"高高的"在上面句子中都不能缺少，属于句型成分，否则"我们要着想"和"他个子"都不成话。

因此，邵敬敏（2001）认为定语和状语在句中不能缺少的情况下也是句型成分。

这跟《现代汉语基本句型》的处理倒是基本一致的。在《现代汉语基本句型》中，状语作为句型成分共使用了 29 次，定语作为句型成分则只使用了 2 次。这与主语、宾语和补语相比，要少得多。

其次，《现代汉语通论》认为，提示成分也不影响句型。如：

(3) 香港，这是一颗东方明珠。

"香港"作为提示成分，不影响句型，因此这个句子是述宾谓语句。

对于这样的句子，有的教材并不把"香港"处理为提示成分（有的也没有"提示成分"这个概念）。如此一来，这个句子就会把"香港"处理为大主语，整个句子成了主谓谓语句。《现代汉语基本句型》差不多就是这样处理的。

而陈昌来（1994）则认为，六大成分"不应再有句型成分和非句型成分之分，只有上位句型成分和下位句型成分之分，上位句型成分体现上位句型的特点，下位句型成分体现下位句型的特点，各处于不同层级中"。这种观点实际上认为六大句子成分都是句型成分，只是层级有别而已。

## （二）关于词类词组

在我们所见到的相关论述中，几乎没有人提及词类、词组可以作为句型成分，只是在陈昌来（1994）中提到，"对句子结构来说，其主要特点应由结构关系和构成单位的性质来体现"。这似乎暗示，反映构成单位性质的特定词类、特定词组可以作为句型成分。而在《现代汉语基本句型》中，动词词组、形容词词组等也基本上是作为充当某个句子成分的具体词类出现，如动词词组和形容词词组基本上可理解为由动词词组或形容词词组充当的谓语。因此，在整个《现代汉语基本句型》中，谓语作为句型成分出现得不算多。

从理论上来说，如果词类、词组可以作为句型成分，这就意味着某一个以句子成分构成的句型下面可以有许多相应的由某种词类、词组来充当其中某个句子成分的下位句型。而目前我们在句型划分时也正是这么做的，只是做得并不彻底。如现在通行的句型系统中，多数是先将所有句子分为单句和复句，然后单句下再分为主谓句和非主谓句。然后主谓句再根据充当谓语成分的词类、词组的不同再划分出名词谓语句、动词谓语句、形容词谓语句和主谓谓语句等。非主谓句也根据句子的词类、词组的不同再划分出名词非主谓句、动词非主谓句、形容词非主谓句和叹词非主谓句，如此等等。但是却较少根据充当主语的词类、词组的不同再划分出不同的下位句型。这主要是因为学界认为充当主语的词类、词组的不同对句型划分没有影响，或者说影响不大。

## （三）关于特定词语

在我们所见到的相关论述中，也几乎没有人提及特定词语或包含特定词语的成分可以作为句型成分。倒是在句式研究中，人们经常以特定词语的有无作为某个句式的判定依据，如我们常说把字句、被字句、是字句等。

或者只是在一些所谓低层次的句型中，才会使用特定词语（有人称为"鉴定字"）作为划分句型的标准，即把特定词语或包含特定词语的成分看作句型成分（陈昌来，1994）。

但是，从前面的统计数据中，我们可以看到，特定词语或包含特定词语的成分在整个句型成分中占了百分之二十几到近百分之三十，应该说也不算少了。其中使用最多的是"了"，其次是"是"，另外使用较多是表示否定的"不"和"没有"。就使用最多的"了"来说，"了"的有无确实区分了不少句型，如无"了"句型为"（状语+）主语 ‖（状语+）+动词+宾语"，而相应的有"了"句型则为"主语 ‖ 动词+'了'+宾语+'了'"、"主语 ‖ 动词+宾语+'了'"和"主语 ‖ 动词+'了'+宾语"。但在语料的具体统计中，这一无"了"句型远多于其相应的3个有"了"句型。根据罗振声（1995）的数据，我们统计得到所有无"了"句型是所有相应有"了"句型使用次数的8.67倍。对此我们将会另外撰文予以专门讨论。

根据以上讨论，可以看到，虽然我们在讨论句型成分时，分为了 3 种类型，但实际上这 3 种类型并非在同一个层次上。第一类是处于第一层次，是真正的句型成分，得到学界的普遍认可，也得到了广泛的讨论。第二类是处于第二层次，第三类是处于第三层次，严格说来，它们都不是句型成分，尤其是第三类。因为句型是句子的语法结构分类，是对一个个具体句子的概括，是不应该包括具体词语在内的；否则，句型的概括性就要大打折扣了。

可以这样说，在理论分析中，其实句型成分只涉及主谓宾定状补这 6 大句子成分，但在实际操作中，我们又常常有意无意地拿第二类句型成分甚至第三类句型成分来划分、确定句型。这或许就是在一般的现代汉语教材中往往只列出了十几个句型，而在《现代汉语基本句型》中却有近 300 个句型的原因吧。

句型成分的确定是为了划分句型的，然而究竟如何根据句型成分来划分句型，这仍然是一个非常棘手的问题。对此需要再做专门的研究探讨，本文只能就此打住，留待今后撰文专门来讨论这个问题。

## 四 结论

综上所述，《现代汉语基本句型》使用了 81 个句型成分，这些句型成分共使用了 1318 次。其中包含特定词语的句型成分共 37 个，占 81 个句型成分的 45.68%。这 81 个句型成分可以分为处于不同层次的 3 类：第一层次是句子成分，第二层次是词类词组，第三层次是特定词语或包含特定词语的成分。严格说来，后两类不能算是句型成分。这 3 类句型成分在使用频率上大致按照第一类、第二类、第三类从高到低倒序排列，尤其是在高频句型中，使用频率的差别更为明显一些。高频句型使用的句型成分共 69 个，总使用次数为 493。其中包含特定词语的句型成分共 32 个，占 69 个句型成分的 46.38%。

《现代汉语基本句型》使用最多的句型成分是主语，占 21%；其次是动词，占 18%；然后是宾语、动词词组、形容词等，分别占 7% 到 4%。而其中高频句型使用最多的句型成分仍然是主语，占 23%；其次是动词，占 17%；然后是动词词组、宾语、状语等，分别占 6% 左右。这里，动词、动词词组和形容词实际上是指由动词、动词词组和形容词充当的谓语。

本文只是就《现代汉语基本句型》中 278 个句型中用到的句型成分进行统计分析，至于这些句型成分使用是否合适以及如何运用这些句型成分来划分句型则并没有进行讨论。因为这需要另外撰文，才能进行更为充分的讨论分析。

## 参考文献

北京语言学院句型研究小组　1989a　《现代汉语基本句型》，《世界汉语教学》第 1 期。

北京语言学院句型研究小组　1989b　《现代汉语基本句型（续一）》，《世界汉语教学》第 3 期。

北京语言学院句型研究小组　1989c　《现代汉语基本句型（续二）》，《世界汉语教学》第 4 期。

北京语言学院句型研究小组　1990　《现代汉语基本句型（续三）》，《世界汉语教学》第 1 期。

北京语言学院句型研究小组　1991　《现代汉语基本句型（续完）》，《世界汉语教学》第 1 期。

陈昌来　1994　《试谈句型研究中的几个问题》，《烟台大学学报》（哲学社会科学版）第 4 期。

陈建民　1986　《现代汉语句型论》，语文出版社。

胡裕树　1995　《现代汉语》，上海教育出版社。

李临定　1987　《划分句型的原则和标准》，中国社会科学院语言研究所现代汉语研究室《句型和动词》，语文出版社。

李临定　2011　《现代汉语句型（增订本）》，商务印书馆。

陆丙甫　1993　《核心推导语法》，上海教育出版社。

陆丙甫　2010　《汉语的认知心理研究》，商务印书馆。

罗振声　1995　《现代汉语句型频度统计模型的研究》，《语言研究》第 1 期。

邵敬敏　1984　《句型的分类及其原则》，《杭州大学学报》增刊。

邵敬敏　2001　《现代汉语通论》，上海教育出版社。

邵敬敏　2011　《新时期汉语语法学史（1978—2008）》，商务印书馆。

邢福义　1983　《论现代汉语句型系统》《语法研究和探索（一）》，北京大学出版社。

郅　评　1989　《汉语句型研究的新进展——〈句型和动词〉阅读札
　　　记》，《赣南师范学院学报》第3期。
中国社会科学院语言研究所现代汉语研究室　1987　《句型和动词》，
　　　语文出版社。

（郭曙纶　上海交通大学国际教育学院）

# "被"字句变换为"把"字句的
# 制约因素考察

王淑华　郑梦苑

**提要**　"被"字句和"把"字句具有变换关系，但不是所有"被"字句都可以变换为"把"字句。就"被"字句的内部构成成分来说，主语、状语、"把"宾语、动词、动后成分以及主语、"把"后宾语担任的语义角色都对变换构成制约；就整体属性来说，特殊形式的"被"字句在变换时要受到制约，但句式语义不影响变换；就使用环境来说，强调语境、对举语境、"串珠式"话题链会对变换构成制约。

**关键词**　"被"字句　"把"字句　变换　制约因素

## 引言

"被"字句和"把"字句是汉语中两种高度相关的句式，早有诸多学者认识到了它们在句法语义上存在的对应性和变换关系。但并非所有的"被"字句都可以变换为"把"字句，这类在变换中表现出来的不对称现象更值得我们关注。"被"字句和"把"字句变换时不对称的现象，主要表现在有些"被"字句转换成"把"字句后不自然、不合法或不能成立[①]。例如：

(1) 你被金钱诱惑过吗？
(1a)？金钱把你诱惑过吗？
(2) 年前厂里又被工商局罚了一万元。

---

[①] 文中未标注的实例均来自于北京大学中国语言学研究中心语料库，少量实例转引自他人论著，将在文中标出。

（2a）？年前工商局又把厂里罚了一万元。

（3）涨红了脸的四小姐就被大家都看见了。

（3a）＊大家就都把涨红了脸的四小姐看见了。

（4）所以张山此举已被大家理解和接受。

（4a）＊所以大家已把张山此举理解和接受。

　　为了讨论的方便，我们将"被"字句记为"A（＋Y）＋被＋B＋V（＋X）"（Y 为状语，X 为动后成分），"把"字句记为"B（＋Y）＋把＋A＋V（＋X）"。下文将采取演绎和归纳相结合的方法，运用变换理论，依次探讨"被"字句的句内各构成成分、"被"字句的整体属性、使用环境对"被"字句变换为"把"字句产生的影响。①

# 一　"被"字句句内构成成分对变换的制约

## （一）　A 对变换的制约

　　"被"字句的主语以名词性词语为主，还可以是动词性词语、形容词性词语、主谓短语和零形式等。非名词性成分出现在主语位置上时，在语义平面上是"名物化"。上述各种形式中，对变换造成制约的主要是 A 为零形式的情况（不包括 A 承前或蒙后省略可以补出的情况）。

　　"被"字句变换为"把"字句时，其主语 A 占据的是"把"后宾语的位置。在一定的语境中，"把"字句的主语可以不出现，但"把"后的宾语是必须出现的。因此，零主语"被"字句在变换为"把"字句时受到一定的制约。

（5）她最怕蛇了，可偏偏被她踩着了蛇，你说她能不叫唤吗？（朱义莎）

（6）（人体特异功能的研究权威们自然比他们要高明一点。稍不留心，）就被他们钻了空子。

---

例（5）把宾语"蛇"移至"把"后，"蛇"由原来的"不定指"变为了"定指"，意义发生了变化；例（6）中"钻空子"是一个比较固定的组合，该句也不能变换为"把"字句。

（二）Y 对变换的制约

"被"字句中，当状语指向主语或整个谓语部分的时候，多是位于"被"字短语之前，和主语以及整个谓语的距离都比较近；当状语指向"被"后名词或谓语动词的时候，多是位于"被"字短语之后谓语动词之前，和"被"后名词以及谓语动词的距离比较接近。这在一定程度上反映了距离相似性，即概念上相近的距离，其语言形式在空间上也比较接近。

（7）半夜，我被婆婆轻柔地推醒了。

（7a）半夜，婆婆轻柔地把我推醒了。

（8）半夜里，她迷迷糊糊地被妹妹推醒。

（8a）＊半夜里，妹妹把她迷迷糊糊地推醒。

（8b）？半夜里，妹妹迷迷糊糊地把她推醒。

例（7）和例（8）谓语中心词相同，主语和"被"后的宾语都是表人的名词和代词，唯一的区别就在于句中的状语。例（7）中的状语语义指向"被"后名词，变换后自然地移到主语之后，仍然遵循距离像似性原则；例（8）变换后形成的（8a）不自然，（8b）虽然能成立，但"迷迷糊糊"的语义指向"妹妹"，导致句义发生了改变，因此是不合法的变换。

这种因为状语而导致变换不能成立的现象在同一个例子中表现更为鲜明。例如：

（9）你有点被马尔福迷惑了。

（9a）？马尔福有点把你迷惑了。

（9b）＊马尔福把你有点迷惑了。

（9c）马尔福把你迷惑了。

（10）那些小经销商会因为资金不足被市场淘汰。

（10a）？市场会因为资金不足把那些小经销商淘汰。

（10b）＊市场会把那些小经销商因为资金不足淘汰。

（10c）市场会把那些小经销商淘汰。

例（9）（10）中的表程度和原因的状语是指向整个谓语部分，变换为"把"字句时，"被"后名词移到主语位置，和谓语中心词被"把"字短语分隔开来，导致状语无法在句中找到合适的位置，因此去掉状语以后句子就合法了。

### （三）B 对变换的制约

1. B 由古汉语人称代词"其"充当

（11）汪某被其深深打动。
（11a）？其把汪某深深打动。
（12a）两名中国选手也被其击败。
（12b）？其也把两名中国选手击败。

"其"是第三人称代词，在古汉语中的主要句法功能是充当定语，做主语一般是有条件的，或者位于主谓结构之中，或者是分句的主语，或者是复指性质的主语。在上述"被"字句中，"被"和"其"组成了一个双音节的韵律单位，和句法上的组合协调一致。变换为"把"字句以后，居于句首做主语，在语感上不太自然。

2. B 由光杆名词"人"充当

"被"字句中，"被"后的宾语常常由"人"充当。当"人"是泛指时，这类"被"字句变换为"把"字句时，要将"人"换为双音节的"人们"。例如：

（13）蟑螂……很难被人捉到。
（13a）？人很难把蟑螂捉到。
（13b）人们很难把蟑螂捉到。

但在有些例句中，"被"后的"人"不是泛指，而是隐指（张斌，2010：806）。这里的"人"虽是实有所指，但在本句中是作为背景成分出现。因为在说话人看来，受话人是否知道"人"的确切所指，对话语的理解、交际的延续都无关紧要。这类"被"字句变换为"把"字句时，要加"有"来指明其有指性和无定性。

(14) 车被人偷走了。

(14a) ＊人（们）把车偷走了。

(14b) 有人把车偷走了。

(15)（3月16日，）停靠在惠灵顿港的一艘澳大利亚海军油船被人刷上了"约翰·霍华德——美国人的走狗"的标语。

(15a) ？人（们）把停靠在惠灵顿港的一艘澳大利亚海军油船刷上了"约翰·霍华德——美国人的走狗"的标语。

(15b) 有人把停靠在惠灵顿港的一艘澳大利亚海军油船刷上了"约翰·霍华德——美国人的走狗"的标语。

## （四）V 对变换的制约

前人多次指出，"被"字句容许的动词范围要比"把"字句的范围宽泛。如果动词仅能出现于"被"字句中，那么由它们构成的"被"字句不能变换为"把"字句。例如：

(16) 她已不再被药物操纵。

(16a) ＊药物已不再把她操纵。

(17) 从上世纪60年代开始，这一疗法被世界许多国家采用。

(17a) ＊从上世纪60年代开始，世界许多国家把这一疗法采用。

仅能出现于"被"字句中而不能出现在"把"字句中的动词有：（1）一些不及物动词。如逃走、振奋、惊呆等；（2）一些感知和对待动词。如"看见、碰见、听见、觉得、发现、认识、遗忘、理解、喜欢、痛恨、困扰、接受、爱上、看中、看好、看重、相中、知道、熟知、信任、看不起、瞧不起、欢迎、碰到、重视"等；（3）一些言语动词。杨国文（2002）指出，"被"字式出现在言语过程中的比例相对来说也比较高，为10.9%，如诽谤、赞扬、奉承、诬告、拒绝、责问、唾骂、命令等；（4）一些较为固定的组合，如开罚单、炒鱿鱼、牵着鼻子、钻空子等。

## （五）X 对变换的制约

一般认为，"被"字句中，除内部结构为述补关系或本身含有"影响"义以外，动词不能以光杆的形式出现，必须带上其他成分，如补语、宾语、助词"着、了、过"等，句子才能成立。在这几种形式中，当动后成分仅仅为"过"的时候，变换受到制约。例如：

（18）对方的大多数球员都被他骂过。

（18a）＊他把对方的大多数球员都骂过。

（19）（在这一基础上，）双方的友好合作关系从未被阴影笼罩过。

（19a）＊阴影从未把双方的友好关系笼罩过。

例（18）—（19），变换为"把"字句后，或者不自然，或者不能成立。但同样的动词以其他形式形成的"被"字句，则可以顺利变换为"把"字句。

（20）我被警察骂哭了。

（20a）警察把我骂哭了。

（21）29 日中午起，京城被漫漫黄沙笼罩，能见度急剧降低。

（21a）29 日中午起，漫漫黄沙把京城笼罩，能见度急剧降低。

动词后的"过"表示"完成"或"经历"，对 A 来说，"被骂过、被烧过、被咬过、被笼罩过"作为一种经历可以看作广义的受到影响，因此他们可以出现在"被"字句中。但在"把"字句中，"V＋过"仅能表示施动者完成了某动作，无法表示"把"后宾语受到的具体影响，因此，如果动词本身不含"影响"义的时候，这些"V 过"类"被"字句不能变换为"被"字句。

"被"字句中，动后成分为补语时，其语义多指向主语。但也有少数"被"字句中的补语语义指向为"被"后的宾语。这类"被"字句变换为"把"字句时，受到限制。

（22）青菜豆腐的工作餐被她吃得极其优雅。

（22a）＊她把青菜豆腐的工作餐吃得极其优雅。

（23）那块地方被他逛得特熟。（杨国文例）

（23a）？他把那块地方逛得特熟。

### （六）V 与 A、B 间语义关系对变换的制约

在"被"字句"A（＋Y）＋被＋B＋V（＋X）"中，A 位置经常是受事成分占据，B 位置经常是施事成分占据，其他语义角色如工具、处所、原因等也可以出现在 A 和 B 位置上。（张伯江，2000）指出"被"字句的 A 位置既可以容纳直接受动者，也可以容纳间接受动者，但变换为"把"字句后，"A"居于"把"后，只能是直接受动者。汉语中，受事成分作为动作直接涉及的对象，在动作结束后，一般会发生某些变化，是典型的直接受动者。当 A 位置是一些非受事成分即为 V 的间接受动者时，"被"字句变换为"把"字句要受到一定的制约。例如：

（24）他被警察罚了 500 元。

（24a）＊警察把他罚了 500 元。

（24b）？警察把他的 500 元罚了。

（25）（我真想告诉妈妈，）我被小偷偷了薪水。

（25a）＊小偷把我偷了薪水。

（25b）小偷把我的薪水偷了。

（26）白茹却被这赞美声羞红了脸。

（26a）？这赞美声却把白茹羞红了脸。

（27）我简直被他烦死了。

（27a）他简直把我烦死了。

例（24）—（27）中的主语是动词的与事、感事。例（24）—（25）使受事成分充任"把"后宾语时，句子基本可以接受。但例（26）（27）变换为"把"字句，表示的不是"处置"义，而是"致使"义。

邵敬敏（2005）指出，"被"字句中的 B 除了部分是由具有生命度和自主性的施事充当以外，还有相当一部分由准施事（隶属于人的思想、意志、信念、精神等）、喻施事（水、气、光、烟、雾、电、声音、气味、颜色之类带有散发性能量的物体）、伪施事（无生命力也无意志力的物体，因外力的作用而似乎获得了主动性）充当。当 B 是部分"伪施事"（工具）时，变换会受到一定的制约。例如：

（28）他们忽然被箭射伤。

(28a) ＊箭忽然把他们射伤。

(29) （在白庙派出所，）他和被抓去的所有的人，都被绳子五花大绑。

(29a) ＊绳子把他和被抓去的所有的人五花大绑。

究其原因，是因为"把"字句主要表示"处置义"，一般而言，只有具有生命度、有自主性的物体才能进行"有意识的处置"，无生命度和无自主性的物体是不能进行"有意识的处置"的，因此，如果它们充任"把"字句中的主语，只能表示"致使义"。但表示"致使"义的"把"字句，句中谓语中心词多是不及物动词或形容词，例（28）—（29）中的动作性比较强的自主动词较少。

## 二 "被"字句的整体属性对变换的制约

### （一）特殊形式的"被"字句对变换的制约

特殊的"被"字句主要有三种类型："被……给……""被……把……"和"被……所……"。其中，"被……给……"可以直接变换为"把"字句，故不再赘述，另两种情况我们分别予以说明。

1. "被……把……"

"被""把"同现句中，主语和"把"后的名词一般都具有领属关系。例如：

(30) 队长被他们把胳膊扭到后面。

(31) 她在街上被一个小偷把包抢走了。

这种句式转换为单纯的"把"字句时，原句中的领属关系要通过一个名词短语来表示。

(30a) 他们把队长的胳膊扭到后面。

(31a) 在街上，一个小偷把她的包抢走了。

当领属关系不是非常典型时，变换受到一定的限制。例如：

（32）中国队……被美国队把比分反超为 26∶25。

（32a）＊美国队把中国队的比分反超为 26∶25。

2."被……所……"

"被……所……"结构带有较强的文言色彩，"所"后的动词一般以光杆形式出现。如果"所"后动词是双音节，变换为"把"字句时，删去"所"后有时要添加一定的完句成分。

（33）我被日本文化所吸引。

（33a）日本文化把我吸引(住) 了。

（34）昔日奔腾咆哮的滚滚黄河被白色的冰川所覆盖。

（34a）白色的冰川把昔日奔腾咆哮的滚滚黄河覆盖了/着。

"所"后动词如果是单音节时，受汉语双音节趋势的影响，"所 V"有强烈的成词倾向，这类"被"字句一般不能变换为"把"字句。

（35）800 多名避难群众，被日本的毒瓦斯所害。

（35a）＊日本的毒瓦斯把 800 多名避难群众害。

（36）公元 668 年，高句丽被唐朝军队所灭。

（36a）＊公元 668 年，唐朝军队把高句丽灭。

## （二）"被"字句的句式语义对变换的制约

薛凤生（1994）把"把"字句（A 把 B＋C）的句式义诠释为"由于 A 的关系，B 变成 C 所表述的状态"，"被"字句（A 被 B＋C）的句式义诠释为"由于 B 的关系，A 变成 C 所描述的状态"，从中可以清楚地看出这两种句式在语义上的联系。这种联系后来有不少研究者将之归结为"致使"。共同的句式语义是这两种句式能够互相变换的基础。

李肖婷（2007）将"被"字句分为致使情景句、标示经历者事件句和状态描写句三个小类，认为标示经历者事件句和状态描写句虽然可以置于一个大的致使情景之中，但本身并不能标示致使情景，不表示致使语义，因此不能变换为"把"字句。我们赞同李文的部分观点。李肖婷将经历者事件句可以分为三小类：感官类经历者事件句、一般经历者事件类和"……

被……把……"结构句。"……被……把……"结构句在 2.1.1 中已经讨论，此处不再赘述。感官类经历者事件句句中动词多为感官动词，也就是我们上文所说的"认知动词"，它们不能出现在"把"字句中，因此由这类动词充任谓语中心的"被"字句不能变换为"把"字句。但一般经历者事件句是可以变换为"把"字句的，只是动词后面的宾语需要经过移位操作，这一点和一般"被"字句的变换略有不同。如：

(37) 他被敌人打断了腿。(李肖婷例)

(37a) ＊敌人把他打断了腿。

(37b) 敌人把他的腿打断了。

(38) 它被夹子夹伤了腿。

(38a) ＊夹子把它夹伤了腿。

(38b) 夹子把它的腿夹伤了。

李文还认为状态描写句不能变换为"把"字句，但经我们调查，这类"被"字句中，有一些是可以进行变换的。

(39) 果树被灌木丛包围着。

(39b) 灌木丛把果树包围着。

(40) 曹军的战船被铁索拴着，仓促间无法分开。

(40a) 铁索把曹军的战船拴着，仓促间无法分开。

考虑到句式语义是对多个例句的高度抽象和综合，而变换却经常受到句中具体成分的影响，因此，我们认为"被"字句整体的句式意义并不对变换构成类的制约。

## 三　"被"字句的使用环境对变换的制约

上文我们讨论了"被"字句的句内各构成成分和整体属性对"被"字句变换为"把"字句的制约，这是针对孤立的静态的"被"字句而言的。一个使用中的、动态的"被"字句，能否变换为"把"字句，要受到外部使用环境的制约。

## （一） 强调语境对变换的制约

汉语中表示强调的方法和格式很多。我们这里讨论其中的两种。第一种是"是……的"格式。"被"字句出现在这种格式中时，变换为"把"字句，需要进行移位操作，使被强调的成分紧跟"是"后。

(41) 这架直升机是被地面火箭击落的。

(41a) 是地面火箭把这架直升机击落的。

(42) 他们是被不明身份的歹徒刺死的。

(42a) 是不明身份的歹徒把他们刺死的。

第二种是"连……也/都"句。紧跟"连"后的成分是被强调的部分，通常表示一种极端的情况。这类"被"字句变换为"把"字句时，紧跟"连"后的 B 成分无法成为被强调的成分，而原句中被强调的成分 A 出现于"把"后，有其他成分将之与"连"隔开，因此，变换后的"把"字句无法成立。

(43) 连转播权都被企业买断了。

(43a) ＊连企业都把转播权买断了。

(43b) ＊连企业把转播权都买断了。

(44) （旅游业荒废，民不聊生，甚至）连圣地都被糟蹋。

(44a) ＊（旅游业荒废，民不聊生，甚至）连把圣地都糟蹋。

## （二） 对举语境对变换的制约

对举语境通常由两个或两个以上的小句组成，它们相互对照、衬托，表达相反、相似或相关的语义。"被"字句经常出现的对举语境有两种：一种是同一事件的主动和被动对举，例如：

(45) 企业……与其被人推向市场，不如主动走向市场。

(46) 指挥艺术的最高境界，莫过于调动敌人而不被敌人调动。

另一种是两种或两种以上不同个体、不同情况形成的相关、相类的情况进行对举。

（47）赵博生在会上宣布要举行起义，多数军官表示拥护，少数反对的被手枪队逮捕。

（48）赵玉拴摔成脑震荡，高连兵摔断了腿，李国林被树杈把头皮揭了下来……

无论是哪一种情况的对举，换为"把"字句以后，对比都没有原来的强烈，因此不宜变换。

### （三）话题链对变换的制约

当"被"字句处于复句之中，和前后小句共用相同的结构话题，也就是处于"串珠式"的话题链中时（范开泰，1985），由于受上下文连贯性的制约，不宜变换。例如：

（49）她被我盯得不好意思，扑哧一声笑了起来。

（50）班超促使鄯善亲汉之后，威震西域，被汉明帝任命为汉使，持节办事。

上述例句中的"被"字句，虽然可以勉强将之变换为"把"字句，且意思基本未变，但变换后一没有原来简洁流畅的表达效果，二需要给其他的分句补上话题式主语。

当"被"字句处于复句之中，和前后小句不共用结构话题时，大部分可以变换为"被"字句。例如：

（51）公元618年初，隋炀帝被大臣宇文化及杀死，隋朝灭亡。

（51a）公元618年初，大臣宇文化及把隋炀帝杀死，隋朝灭亡。

（52）啤酒被人们誉为"液体面包"，它具有较高的营养价值。

（52a）人们把啤酒誉为"液体面包"，它具有较高的营养价值。

## 四 结论

综上所述，"被"字句变换为"把"字句时，静态的"被"字句变换为"把"字句时，受句内构成成分和整体属性的制约。

就句内构成成分来说，当"被"字句的主语是零形式时，状语的语义指向"被"字句的主语和整个谓语结构时,"被"后成分是"其"、隐指的"人"时,动词是"把"字句不能容许的动词时,动后成分为"过"、语义指向"被"后成分的补语时,部分"被"字句的主语为间接受动者、"被"后宾语为"伪施事"时,变换为"把"字句时受到制约。

就整体属性来说,就特殊形式的"被"字句来说,"……被……把……"句变换为"把"字句时,原句的主语要移位为原"把"后宾语的定语;"……被……所……"句变换为"把"字句时,"所"后动词如果是单音节,变换受限。"被"字句的句式语义对变换不构成明显的影响。

动态的"被"字句变换为"把"字句时,受使用环境的制约。"被"字句居于"连……也/都……"作为标志的强调语境时,变换受限;如果强调格式是"是……的",变换为"把"字句时,"是"要进行移位,居于强调成分之前。"被"字句居于对举语境和"串珠式"话题链中时,一般不宜变换。

## 参考文献

范开泰 1985 《语用分析说略》,《中国语文》第 6 期。

李肖婷 2007 《现代汉语"被"字句句式语义考察》,北京语言大学硕士论文。

邵敬敏 赵春利 2005 《"致使把字句"和"省隐被字句"及其语用解释》,《汉语学习》第 4 期。

薛凤生 1994 《"把"字句和"被"字句的结构意义——真的表示"处置"和"被动"》,《功能主义和汉语语法》,北京语言学院出版社。

杨国文 2002 《汉语"被"字式在不同种类的过程中的使用情况考察》,《当代语言学》第 1 期。

张 斌 2010 《现代汉语描写语法》,商务印书馆。

张伯江 2001 《被字句和把字句的对称与不对称》,《中国语文》第 6 期。

朱义莎 2005 《现代汉语"被"字句的句式语义研究》,四川师范大学硕士论文。

(王淑华 上海大学中文系
郑梦苑 上海大学中文系)

# 三音节连词"且不说"的句式分析[*]

## 李思旭　王　娴

**提要**　本文描写了三音节连词"且不说"所构成的一般句式和特殊句式：一般句式分析了所连接的前后两个小分句之间的逻辑关系——递进、让步、假设关系；特殊句式在用法上则更加灵活多变。对比分析了"且不说"与"不说、不要说、不用说、暂且不说、姑且不说"等近义词之间的共性和差异，最后从历时角度探讨了"且不说"词汇化过程。

**关键词**　且不说　句式　连词化　历时演变

## 一　引言

近年来，汉语学界对"不说"进行了多方面的研究，如对连词"不说"所构成的句式及其语义语用功能的研究（李宗江，2009），对递进连词"不说"及其语法化过程的分析（李敏，2005），对"不说"词汇化过程及其构成复句的语义语用解释（周雄才，2012）等等。可见，双音节连词"不说"的语法现象已经被大家注意到，但是三音节连词"且不说"的研究却非常少。

本文就以三音节连词"且不说"为研究对象，结合前人的相关研究，重点讨论了"且不说"的语义功能。首先，"且不说"在现代汉语中的一般句式，主要用于表达递进关系，与一些关联词连用，既可以前置，又可以后置。其次，探讨了"且不说"所构成的特殊句式及其语法意义。再次，尝试分析了"且不说"与"不说、不要说、不用说、暂且不说、姑且不说"

---

　*　本研究获得2012年国家社科基金、安徽大学博士科研项目、安徽大学第二批青年骨干教师培养项目的资助，在此一并致谢！

等相近词之间的共性与差异。最后从历时角度探讨了"且不说"词汇化过程。

# 二　"且不说"构成的句式

## （一）"且不说"构成的一般句式

作为连词，"且不说"主要用于以下四种常见句式中。

1. 且不说 X，就是（即便、连）Y

这里的 X 一般是小句，也可以是短语。Y 前面除了关联词"就是、即便、连"外，还可以是表示范围的副词，如"光、只、单、就"等，这些表示条件关系的词引导一种递进复句。"且不说"既可以前置于 X，也可以后置于 X。如：

(1) 且不说西部欠发达地区，就是沿海城市，周边先富起来的也只是有限的一部分。（《中国农民调查》）

(2) 且不说对大量入市的棉花逐批逐包的检验，即便是抽检，难度亦相当大。（《报刊精选》1994 年）

(3) 且不说唐人所言是真是假，单就《金陵春梦》一书在当时所激起的反响确是十分巨大。（《报刊精选》1994 年）

(4) 且不说这些莘莘学子们是否具有翻译世界名著的能力，光是这样五花八门地，胡拼凑成的所谓新译本，不看也罢。（闻冰《"名著热"中的怪事》）

(5) 忙得焦头烂额且不说，产品一不对路，就全砸在手里了。（《人民日报》1993 年）

在例 (1) 中的 X、Y 都是名词短语，例 (2) (3) (4) 中"且不说"引导的是一个小分句，位于句首，但在例 (5) 中，后置的"且不说"前面是一个中补短语。X 的范围或比 Y 要大。如例 (1) 中"沿海城市""先富起来也只是有限一部分"，更别说"西部欠发达地区"，"西部欠发达地区"明显比"沿海城市"更为贫穷落后。前置的"且不说"可替换成"别说、不要说、不用说"等，这时，就带有强烈的肯定语气。

此外，有时一个句子中可以出现两个或两个以上"且不说"。

(6) 且不说尹義、傅绵华，且不说韦唯、均剑，我区的一批歌坛新秀脱颖而出，屡屡在全国各种歌咏大赛上折桂。(《报刊精选》1994 年)

(7) 且不说时代需要英雄，且不说英雄是艺术的永恒的主题，也不说我们的时代是英雄辈出的时代，艺术有责任去表现他们，单说这样的心态，就是不健全的，不完整的。(《人民日报》1996 年)

(8) 且不说傅雷夫妇，上海有个著名大学的外国文学系里，就有三对夫妇和一位女教授含冤死去。且不说别、车、杜被当作垃圾扫出去，《浮士德》的全部译稿上下两大部都作为毒草给抄去销毁了，推敲几十年的《汉姆莱特》新译稿也给扔到抄家物资的仓库角落里了。且不说那个《纪要》见人就斫，光是上海"写作班"炮制的那篇咒语，就足以置一切外国文艺以及一切与外国文艺有关的工作者们于死地了。(《读书》)

在例（8）中，三个"且不说"程度是逐层降低，从"含冤而死"到"译稿扔到仓库里去"到"那篇咒语足以置文艺工作者于死地"，悲惨程度是越来越低的。

2. 且不说 X，还（也、甚至）Y

X、Y 表示小分句，Y 前面是表示递进关系的关联词，引导一种衬托递进复句。"且不说"可前置 X，也可后置 X。董秀芳（2003）指出，"不要说、别说"等构成的句式，是"引出一种由事理决定的某程度量级上较低的情况，后一分句则是引出一个该程度量级上更高的情况"。如：

(9) 治疗时间长且不说，还易留下后遗症。(《市场报》1994 年)

(10) 且不说十多年我们与世隔绝，现在也还有点儿在桃花源里搞外国文学的味道。(《读书》)

(11) 日常的供应不足或大量烂菜暂且不说，每到季节交替时，菜场不仅不承担平抑菜价的责任，甚至不与个体户串起来，把平价菜卖给大户，间接地抬高了菜价。(《报刊精选》1994 年)

前置的"且不说"在某些情况下，可以由"不但、不仅"等连词替换，后一小句中的关联词用"而且、并且"连接。如：

(12) 严令禁止听歌、看电视、看成人小说近乎不可能：<u>且不说</u>效果不佳，<u>而且</u>是"东边日出西边雨"，家里禁了，可以到社会上去看去听。(《人民日报》1994年)

(13) <u>且不说</u>需要投入数千万元，<u>并且</u>从引进、投产到达标运营，至少要耽误一年时间，也就是晚进入市场一年。(《人民日报》1996年)

"且不说"作用是引进一个较低的程度量级，用以衬托下一句较高的程度量级，前面分句是后面分句的衬托，后面分句的意思推进一层，这是一种强调的说法（李宗江，2009）。《现代汉语词典》（第五版）对于这种逻辑语义关系，认为"通过降低对某人、某事的评价，借以突出另外的人或事物"。《现代汉语八百词》也认为是"先把某一人或事物往低处说，借以突出另一人或物的重要性"。

上面例（9）—（11）句式与（12）（13）句式区别在于：（9）—（11）句式中 X 和 Y 两者是"前重后轻"，而（12）（13）句式中 X 和 Y 两者是"前轻后重"。如：

(14) <u>且不说</u>希望马家军每次参加世界大赛都要破纪录，<u>即使</u>姑娘们取得了二名也是我们不能接受的，这太可怕了。(《报刊精选》1994年)

(15) 输了，丢脸面<u>且不说</u>，最要紧的是以后就更难在国际赛坛上一争雌雄了。(卜庆祥《"马家军"称雄世界记》)

在（9）—（11）句式中，X 和 Y 表示一件事可能达到的不同程度、层次和级别或者表示两种不同事件，偏于名词性，X 是表示比 Y 程度更高的情况，如例（14）。在（12）（13）句式中，X 和 Y 表示一件事的不同性质、不同特征或者一个特征在不同范围中的表现，偏于动词性，X 是表示两者中较低重要的性质或者事件，如例（15），丢脸面和更难在国际赛坛上一争雌雄之间，前者程度是较低的。

3. 且不说 X，但（总是）Y

小句 X 一般是疑问形式，Y 前面一般是表示转折的关联词。这种句式中，"且不说"前置的情况较多，帮助表示一种让步关系。因此这个句式又称让步递进式，一般都是"以深证浅"的句型，所谓"以深证浅"，即以"深"的方面为理据，对"浅"的方面做出推断（韩淑静，2011）。如：

> （16）且不说百姓买国债是不是像当年抗美援朝那般热火朝天，<u>但</u>排长队的事确实出现了。（《报刊精选》1994年）
>
> （17）<u>且不说</u>国际田联的决定有没有道理，<u>但</u>小地方办好大比赛，不仅外国有，中国也有。（《人民日报》1995年）
>
> （18）究竟怎样炼丹，能否成仙<u>且不说</u>，山上的生活清静总是实在的。无怪爱好清静的人，入山惟恐不深。（许钦文《重游玉皇山小记》）

这里的"且不说"可替换成"且不管、且不论"等，它引出的是一个条件句，后面的分句代表排除任何条件的结果。如例（16），"抗美援朝"影响程度比"买国债"的程度更深，符合了"以深证浅"。

4. 且不说X，如果（倘若、若）Y

X小句是已知信息，用表示假设关系的关联词连接，Y小句表示一种预测信息，是假设的情况，不可能实现。"且不说"一般前置于X，后置的情况极少。如：

> （19）且不说美国自封"领导者"得到多少人的认可，<u>如果</u>任凭这样的"领导者"干预正常国际秩序，天下不是要大乱吗？（《人民日报》1993年）
>
> （20）且不说令人咋舌的会务费个人难以承受，<u>倘若</u>用公费支付则有公费旅游之嫌，与党的反腐倡廉方针相悖。（《人民日报》1996年）
>
> （21）且不说其真实性如何，<u>若</u>真是6000多万人口都挤在4万多平方公里的土地上，光是垃圾如何排就是大难题。（《报刊精选》1994年）

以上例句中，"干预正常国际秩序""公费支付""6000多万人口挤在4万多平方公里土地上"这些都是假设的前提，是说话者自己想到的某一系列结果，这里的"且不说"其实是一种话语标记，用来提示说话者所提供的新信息。

以上四种常见句式，都是"且不说"所在的小句和关联词所在小句构成的复合句式，虽然句式不同，但从逻辑语义的表达上都是递进关系，这是与"不说"相似的地方，除了这些，"且不说"还有些特殊的用法。

## （二）"且不说"构成的特殊句式

1. X 尚（暂、姑）且不说，Y

这种结构中，"且不说"后置于 X 的情况较多。如：

> （22）投资者开发困难重重尚且不说，我们十分担忧的是，钱分到户花光了，这些失去土地的农民及他们的子子孙孙今后怎么办？（《报刊精选》1994 年）
>
> （23）许多人感到不可思议：这么长的钢轨（25 米），又那么重，能不能扛动暂且不说，哪里收购站又敢收？（《报刊精选》1994 年）
>
> （24）洗菜切菜、蒸馍焖饭等活计姑且不说，年逾半百的老曹每天要翻沟越坎到一公里以外去挑生活用水。（《人民日报》1993 年）

虽然"姑且"与"暂且"意思相近，但"姑且不说"前置于 X 情况较"暂且不说"多。如：

> （25）姑且不说他们那厚厚一叠条理分明、赏罚有序的上海市文化娱乐市场管理的各种法规，单说管理机关人员的操劳与认真就令……（《人民日报》1993 年）
>
> （26）抽烟其实是一种习惯，暂且不说是一种恶习，但这毕竟是一种不大好的习惯。（《市场报》1994 年）

2. "且不说"作独立语

一般位于句首或句中，它能使句子表意严密化，补足句意，包括说话者对话语的态度，一般表达的是一种不赞同、批评的态度，具有主观性。"（姑）且不说"单独做插入语，加上"别的"，亦可。如：

(27) 且不说别的，就拿黑格尔和费尔巴哈这两本书中涉及的科学
态度来说，有许多论述就值得反复地读和仔细地想。(《读
书》)

(28) 然而穷天极地游历了一番，才知道天国算个什么东西，别的
且不说，那里竟连一个半个配得上给自己做朋友的人也休想
找到！(《读书》)

(29) 且不说，这么多企业改造环境设施要多少钱，光说关掉 5 家
大厂，财政上就承受不了。(谌容《梦中的河》)

"且不说"后面引导的句子，既有表达观点，也有表达事实的。例
(28) 中后面是说话人为了突出批评"天国"而虚化或者省略了其余坏处的
对比，直接用"别的"来代替，也是说话人的观点。例(29) 中，说话者
针对财政承受不了改造环境的资金，表明了不赞同的态度。在这种情况下，
所谓的递进关系由当时说话人营造的语境决定了。

有时，代词 + "且不说"也可作独立成分，代词前置、后置于"且不
说"皆可。如：

(30) 且不说它，这里倒愿意换个角度来谈一谈，那就是翻译家的
籍贯生地和他们的口音。(《读书》)

(31) 这且不说，经办案人员立案侦查认定，他收受货主的贿赂款
也不只是一两万元，而是 37000 元。(《报刊精选》1994 年)

(32) 我看并未溢美，这些且不说了；而诗有别才，非关学也，既
是名言，何况他从不是以学问为诗。(《读书》)

3. "且不说"不出现在主句中，其构成的小句作为解释、补充、说明
的内容，放在小括号内。"且不说"后面可以是句子，也可以是短语。如例
(33) 中，"且不说"引导的是一个小句，例(34) 中引导的是动宾短语。

(33) 法国人态度之极端复杂以及来自西班牙之危险——所有这一
切（且不说实际战斗之激烈了），对这位司令官说来，无疑
是一场极端严酷的考验。(《第二次世界大战回忆录第四卷
〈命运的关键〉》)

(34) 因为培养用眼睛听声音（且不说看声音）的习惯并非是一朝

一夕之功。(《追忆似水年华》)

4. "且不说"作为连词，可以看成一个整体。如果分开来看，重点在"说"上的时候，就变成了动词，具有动词性，这时在句中一般充当谓语成分，这也是"且不说"的原始意义，即动词短语。如：

(35) 高大成站在地势较高的地方，且不说话，向全场的伪军端详了很久。(李英儒《野火春风斗古城》)

(36) 为什么是这样，我们且不说它，但无论如何他在吉萨没有自己的陵墓，没有自己的金字塔建筑。（李晓东《百家讲坛〈揭开狮身人面像神秘的面纱〉》）

以上例句中的"说"都是具有"说话"的意思，是为了引用一个用言语表达的命题。"说话""说它"都是言语行为，有实在意义。只不过后来，"且不说"语义虚化了，变成连词性，"说"就成了一个类似后缀的成分。

## 三　"且不说"与相近词语的比较

### (一)"且不说"与"不说"

1. 两者之间的共性

可以说，"且不说"与"不说"在某种程度上都发生了词汇化，即在句法上作为一个单位来使用，中间都不能插入其他成分。因此，有人认为它们是词，有人认为不是，把它们归为短语的行列。但不管怎么说，两者都具有一定的词汇性质，有向词发展的强烈倾向，这是它们之间最大的共通处。如：

(37) 突然发生了井喷，钻机上几十斤重的方瓦冲天而起，如不赶快压井，不说井毁人亡，几十米高的井架也将陷入地下。(《中国儿童百科全书》)

(38) 北京乙烯工程是国家"八五"重点项目，是北京市工业一号工程，是北化集团的希望工程，不说其政治意义，就其经济效益而言，如果工程晚投产一天，就要损失 200 万元利税，

100 万元利息，相当于六化建一千名职工一年的工资奖金总和。（《报刊精选》1994 年）

上面的两个例句中的"不说"，"说"本义的"言语"意义已表现得很不明显，其语义功能主要是一种递进作用，相当于"除了"的肯定性使用，类似于英文中的 besides。由于"不说"的语法化时间不长，其语法化程度较低，所以它的语法化也在演变中，而"且不说"就是在"不说"的前面加上"且"。如果"不说"是表示递进关系，作为对"不说"语法意义的遗留继承，"且不说"也就带有递进的意义。如：

(39) 因为王有龄的灵柩到上海，<u>且不说</u>胡雪岩凭棺一恸，决不可免；就是他在情分上亦不能不吊祭一番。（高阳《红顶商人胡雪岩》）

(40) "一顶小轿抬进门，东也磕头，西也磕头，<u>且不说</u>罗四姐委屈，我们做媒人的也没有面子。"（高阳《红顶商人胡雪岩》）

2. 两者之间的差异

"且不说"是在"不说"的基础上发展而来的。因此，它们的语义功能有诸多相似之处。"不说"能表示递进、让步、假设等关系，"且不说"也具有这些功能。但"且不说"有一个功能是"不说"不具备的，那就是"且不说"能充当独立语成分，在句中做插入语。如：

(41) 汽车条件不具备，<u>且不说</u>，那么驴车马车牛车或手推车行不？（《人民日报》1994 年第 2 季度）

(42) "我当然要说，<u>不说</u>，再闷在心里，就把我的心闷炸了！"（吴强《红日》）

(43) 对于 1908 年的通古斯上空光临了一次大火球这件事情，都三缄其口，<u>不说</u>，不想说，或者怕说，普遍地认为，那是老天爷，是上苍的一种惩罚。（李竞《百家讲坛〈通古斯事件之谜〉》）

例（41）中，"且不说"跟前后别的词语或句法成分没有结构关系，即不互为句法成分，只是一个表达上有作用的成分。例（42）（43）中"不说"在句中都是有语法意义的，是充当谓语成分存在的。这是"且不说"与"不说"的最大区别之处。

（二）"且不说"与"不要说"、"不用说"

1. 三者之间的共性

在2.1.1中"且不说"所构成的句式中提到，前置的"且不说"可以替换成"不要说、不用说"等，可见，三者之间具有某种程度的相似性。"不要说"、"不用说"作为连词短语时，和"且不说"一样，都可以充当独立成分，做插入语。如：

（44）乞食的人竟有一妻一妾（《离娄》），<u>且不说</u>，以《万章》一篇为例。其中舜的故事成批，一个接一个，上继尧，下接禹，很完整。（《读书》）

（45）因此它的意义，不限于一个女性，<u>不要说</u>，光光讲"女强人"，或者说，谈到这些，我们才来谈《红楼梦》的意义。［吕启祥　百家讲坛《王熙凤的魔力与魅力》（下）］

（46）高原是我们的语文老师，<u>不用说</u>，他长得很帅。更要命的是，他还很有才华。（《中国北漂艺人生存实录》）

还有一点值得注意，这三者"说"的语义已经泛化，很难说表示某种具体的言语行为，这也是"说"词汇化的表现之一。就像例（44）（45）（46）中就已经不存在发出言语行为的施事者了。

另外，三者在作连词功能时，都可以反复使用以连接多个分句。如：

（47）例如三秦出版社由穆道梁先生校点了《蝴蝶缘·银屏梅》合订本，<u>且不说</u>正文中的大量失误，单用《银屏梅》合订本，<u>且不说</u>正文回目互校，便发现错字漏字多处。（《报刊精选》1994年）

（48）如果过去没有"左"的干扰，没有一九五八年的波折，尤其是没有文化大革命，<u>不要说</u>像我们现在这样吸收世界先进经验，<u>不要说</u>好多的雄心壮志，只要老老实实按部就班地干，我们的工农业生产和科学、教育一定有了很大发展，人民的

生活一定有了较大的改善。(《邓小平文选2》)

(49) 当当此刻不用说，在肖莉家里；不用说，晚饭也在人家家里吃的。(《中国式离婚》)

2. 三者之间的差异

主要表现在：

第一，与"且不说"不同，"不要说"、"不用说"引领的分句可以放在句末，作为整个复句的结束。这种情况时"不要说"、"不用说"前往往会加"更"。如：

(50) 然而事实上，直到去年，中国大学生还是被禁止结婚的，更不要说公开操办婚礼了。(《新华社2004年新闻稿》)

(51) 此前夺标呼声最高的韩国名将、上届悉尼残奥会该项目冠军、世界纪录和残奥会纪录保持者金寅艳却因第九发打出大失水准的8·7环，彻底失去了夺牌希望，更不用说卫冕了。(《新华社2004年新闻稿》)

第二，从三者句中所在位置来看，"且不说"可以后置，而"不要说"、"不用说"后置时是动词性短语，即作为连词性时不能后置。如：

(52) 没有供电和供水设施、没有现成房子且不说，其周围环境非常复杂，反政府非法武装和各种犯罪活动十分猖獗。(《新华社2004年新闻稿》)

(53) 周炳高兴了，用很快的调子说下去道：我们一家不用说。(欧阳山《三家巷》)

(54) 他支持我这时候和国庆站在一起，但他警告我什么话都不要说。(余华《在细雨中呼喊》)

第三，在做连词性成分时，三者中"且不说"所表示的前后对比程度最低，"不要说"居中，"不用说"前通常加"更"构成的"更不用说"对比程度最高。从而形成一个对比程度由高到低的等级序列：更不用说＞不用说＞且不说。如：

(55) 这里的一般训练都会让队员觉得很吃力，<u>更不用说</u>对抗激烈的比赛了。(《新华社 2004 年新闻稿》)

(56) <u>不要说</u>难以维持 9.1% 的增长速度，即使保持 7% 的速度也有相当大的难度。(《新华社 2004 年新闻稿》)

(57) <u>且不说</u>这样做会影响到地区稳定和国家关系，就其目前的军事和经济实力来说，俄罗斯对此恐怕也吃不消。(《新华社 2004 年新闻稿》)

例（55）中，"一般训练"与"对抗激烈的比赛"是相差甚远的，没有艰苦训练，想"对抗激烈的比赛"是不可能的，这是一种必然性的后果。例（56）维持 9.1% 和 7% 的增速是有"相当大的难度"，但也不是不可能。例（57）"且不说"本身就带有让步的意思，"地区稳定和国家关系"和"军事和经济实力"两者对俄罗斯而言，是几乎同等重要的。由此可见，"且不说""不要说""不用说"的对比程度是逐渐增加的。

### （三）"且不说"与"暂且不说""姑且不说"

#### 1. 三者之间的共性

"暂且不说"、"姑且不说"是"且不说"的一种变体，因此，它们在句中的位置和"且不说"一样比较灵活，可位于句首、句中、句末。2.3 提到的句式中，X 是代表疑问形式的小句，在这个结构中，"且不说"可前置、后置于 X，同样地，"暂且不说"与"姑且不说"也适用于这种结构。如：

(58) <u>暂且不说</u>八一队主场 62 场不败的战绩，单是巩晓彬和刘铁能不能上场还是未知数，就让山东队未战先气衰。(新华社 2002 年 4 月份新闻报道)

(59) 这样的规定对不对<u>暂且不说</u>，但起码杜绝了捐款被一些有权的人拿去谋私。(《报刊精选》1994 年)

(60) <u>姑且不说</u>中国十七世纪是否真的已经面临步入近代大门的历史课题，即便有这样的课题，把没能完成的责任归于外国传教士没有把西方近代科学引入，未免太不公允，方法上也未必合适。(《读书》)

(61) 妃子笑不笑<u>姑且不说</u>，作家们的夫人一个个乐得合不拢嘴倒

是实情。（曹土生《斗门作家楼》）

以上例句中，前一个疑问形式的小句通常都是像"是不是、是否、笑不笑"这样的正反问格式，后一小句则表示一种让步关系，这是三者之间的共同之处。

2. 三者之间的差异

前文提到"且不说"可以做独立语成分，但不能独立成句。而"暂且不说"可以独立成句，通常位于句末。如：

（62）他领着伪军上哪儿去了？<u>暂且不说</u>。（刘流《烈火金刚》）

"姑且不说"也不能独立成句，它经常作为话语标记，位于句中。如果后面加虚词如"了、吧"等，可位于句末，表示一种无奈之举。如：

（63）北京部分书店曾部分地恢复正常的"开架售书"，没过多久，又都改回去了。原因何在？我不甚了了，<u>姑且不说吧</u>。（《读书》）

（64）"小说"一词在古代汉语和现代汉语中的概念差异，<u>姑且不说了</u>。（《读书》）

# 四 "且不说"的来源及演变

## （一）"且不说"来源

"且不说"最早出现是在唐代的佛教典籍中，佛家典籍有许多是经过翻译和语录而来的，因此带有明显的口语化色彩。如：

（65）以对他故、义准知故、顺陈那故、略叙宗故、非极研寻故<u>且不说</u>，第二卷中自当建立。（唐·窥基《成唯识论述记·卷一》）

在这里，很明显"且不说"是动词性短语，这个例句意思即，因为种种原因就暂且不说了，到第二卷中自然会立论。到了宋代，这种佛教典籍中口语化现象更为普遍。

> (66) 二十八代祖师皆说传心，<u>且不说</u>传语。（宋·惠洪《林间录·卷上》）
>
> (67) 看他须菩提善说般若，<u>且不说</u>体用。（宋·圆悟禅师《碧岩录·卷九》）

上面例句中，"且"与"不说"两词是截然分明的，"且"是作为副词意义使用，与"不说"构成的短语在句中有实在意义。"说"实指说话的行为或者动作，"不说"是对其宾语对象的完全否定。

到元末明初，"且不说"经常用于转移话题的目的，以引出下一个要说的内容，后面一般接"只说、却说、再说"等。如：

> (68) <u>且不说</u>众道士回家去了，只说宋江与军师吴学究、朱武等计议。堂上要立一面牌额，大书"忠义堂"三字。（明代《水浒全传（中）》）
>
> (69) <u>且不说</u>吴用、李逵还寨。却说卢俊义自从算卦之后，寸心如割，坐立不安。（明代《水浒全传（中）》）
>
> (70) <u>且不说</u>王庆越城，再说张世开的妾庞氏只同得两个丫鬟，点灯出来照看。（明代《水浒全传（下）》）

以上例句中，"且不说"跟后面的"只说、却说、再说"对举，还是短语。后面小句中的信息才是说话者想重点突出的，"且不说"所在的小句是次要信息。这在小说故事讲述中用得极为频繁。

（二）"且不说"的虚化

"且不说"的词汇化是由"说"的虚化开始的，当下文不再出现"说、讲"等动词时，上文中的"且不说"本身就失去了形式上与下文的对立和意义上的实指作用，只标明前后两事的重要程度差别，"且不说"由此虚化并带有连词性。从现存资料来看，这种现象较早出现在明嘉靖时期。

(71) 若不存尽此心性，何处有位育？学者<u>且不说</u>位育，只存心
　　　性。(明代《新泉问辩续录》)

(72) 八戒却同行者到高岸上，见了三藏。三藏欠身道："徒弟辛
　　　苦呀。"八戒道："<u>且不说</u>辛苦，只是降了妖精，送得你过
　　　河，方是万全之策。"(明代《西游记(上)》)

例(70)中，"位育"和"心性"在学者心中是有重要程度上的差别
的。例(71)中八戒说"不辛苦"是针对师父的话说的，和"辛苦"相
比，更重要的是"送你过河"。

(三)"且不说"连词化

"且不说"的连词化出现在清代。它已经不再表示说的动作，而是表示
两个小句之间的标识。这就与现代汉语中"且不说"作为连词性质是一脉
相承了。例如：

(73) 这西湖，乃是天下第一个真山真水的景致！<u>且不说</u>那灵隐的
　　　幽深、天竺的清雅，只这出了钱塘门，过圣因寺，上了苏
　　　堤。(清代《儒林外史(上)》)

(74) (旦)到说我爱富嫌贫！走来，<u>且不说</u>穿的吃的，就是这间
　　　房子，东边飘过雪来，西边括过雨来，外边大下，里头小
　　　下，外边不下，里头还下，亏你还要说嘴！(清代《烂柯
　　　山·逼休》)

时间词和"且不说"组合，一般位于句首。时间词主要有"今、如今、
现"等。虽然不能像现代汉语那样可以作独立成分，但却是作为关联词的
形式存在的。

(75) 如今<u>且不说</u>中宗昏暗，韦后弄权，且说那时朝臣中有两个有
　　　名的才子。(清代《隋唐演义(下)》)

(76) 今<u>且不说</u>叔宝归寨，再说敬德回营，有几个小卒高兴，把阵
　　　前赌赛之事，说与宋金刚得知。(清代《隋唐演义(下)》)

至此，我们可以认为，"且不说"到清代才完成虚化过程。利用北大语

料库古代汉语 102 个"且不说"例句,由下表可以看出,到清代,"且不说"作连词的比例从 12.5% 上升到 30.7%,"且不说"虚化的趋势越来越明显。这反映了认知语言的一个普遍规律——从言说义向认知义的转变,也符合人类从具体向抽象的认知模式(董秀芳,2003)。

| | 明嘉靖以前 | 嘉靖至明末 | 清代 |
|---|---|---|---|
| "且不说"作动词性 | 26 | 21 | 36 |
| "且不说"作连词性 | 0 | 3 | 16 |
| 连词所占比例 | 0% | 12.5% | 30.7% |

此外,上文所论的"且不说"的两个变体形式中,"暂且不说"在清代已出现。"姑且不说"出现较晚,民国时才用于小说中,后面一般接宾语。和现代汉语一样,都带有一种让步意味。如:

(77)暂且不说这六个人追赶四个贼人,单说石铸众人见尹家寨有四、五百喽兵往前围过来。(清代《彭公案(四)》)

(78)本大臣想来,天下哪有这样好的馆地。现在姑且不说这个。但是天义乃是你的一母所生,你做哥哥的也应该给他一半。(民国《大清三杰(下)》)

## 五 结语

本文在前人研究的基础上,对"且不说"句式进行了详细的考察,主要讨论了"且不说"的句式及语义关系。首先分析了现代汉语"且不说"构成的句式及语义关系,这主要从两个方面进行介绍:一是从"且不说"构成的一般句式入手,二是从"且不说"构成的特殊句式出发。其次从语义角度讨论"且不说"与"不说""不要说""不用说""暂且不说""姑且不说"之间的共性与差异,最后讨论古汉语中"且不说"的来源及其词汇化过程。

# 参考文献

董秀芳　2003　《"X说"的词汇化》,《语言科学》第2期。

董秀芳　2007　《词汇化与话语标记的形成》,《世界汉语教学》第1期。

韩淑静　2011　《"不说"递进复句的研究》,浙江师范大学硕士论文。

李思旭　2012　《从词汇化、语法化看话语标记的形成——兼谈话语标记的来源问题》,《世界汉语教学》第3期。

李宗江　2009　《连词"不说"的语义和语用功能》,《汉语学报》第3期。

李　敏　2005　《递进连词"不说"及其语法化过程》,《暨南大学华文学院学报》第2期。

吕叔湘　2005　《现代汉语八百词》,商务印书馆。

钱　瑜　2009　《汉语"不要说"句式的语义、语用分析》,《现代语文》第11期。

肖任飞　张芳　2014　《熟语化的"(更)不用说"及相关用法》,《语言研究》第1期。

周雄才　2012　《"不说"的多角度研究》,上海师范大学硕士论文。

中国社会科学院语言研究所　2008　《现代汉语词典》(第五版),商务印书馆。

(李思旭　安徽大学文学院

王　娴　安徽大学文学院)

# 广丰方言的副词"罔"及相关句式

## 胡松柏　彭水琴

广丰县①位于江西省东北部，县境西边与省内上饶县、上饶市信州区毗连，北边与省内玉山县毗连，东边、南边与浙江省江山市、福建省浦城县毗连。广丰方言属于吴语处衢片。本文讨论广丰方言中的副词"罔"及与"罔"有关的句式的用法特点。

一

广丰方言中副词"罔 $[\mathrm{m\tilde{\Lambda}\eta}^{53}]$"（读阴上调），大致相当于普通话的"姑且"、"暂且"，即表示暂时地做某事。例如：

> （1）出门未攞到合适嗰事做，罔打几日零工起。（出门没有找着合适的活儿干，暂且先打几天短工。）

"罔"与普通话的"姑且""暂且"不能简单对应。"我这里有台旧洗衣机，你姑且用着""这是后话，暂且不提"②，广丰方言中没有与这两句大致对应的"×阿许来有个来旧嗰洗衣机，尔罔使到""乙是过日嗰事，罔弗话"的说法。广丰方言不同于普通话的是，在使用表示"姑且""暂且"语义的"罔"构句时，说话者心目中是带有对于尚未发生的另一动作行为的期待的。如例(1)中，说话者期待"攞到合适嗰事（找着合适的活儿）"能够发生，而"打零工（打短工）"只是暂时的权宜之计。这类典型的表示暂时地做某事的句子，句中都会出现对所期待的后续动作行为的表述，而暂时所

---

① 2015年2月，国务院批准广丰撤县设区，为上饶市广丰区。

② 例见《现代汉语词典》（第5版）（中国社会科学院语言研究所词典编辑室，商务印书馆2008年版），第486、1696页。

做的某事，则常有时间词"起"用以表示动作行为先期进行。广丰方言中此类句子以表明对后续动作行为的期待为构句条件，故以下句子是可以说的：

> （2）乙个来旧洗衣机尔罔使下起，过日跟尔买个来新嗰。（这台旧洗衣机你暂且先用一下，以后给你买一台新的。）

在未有更符合期望值的后续动作行为（也包括状态）发生的情况下，"罔"对暂时所做某事是持一种有保留（即退一步）的肯定的。例如：

> （3）三餐哐［tiɪʔ⁵］老板嗰，一日做八个钟头，乙号事罔做得个下嗰。（三顿吃老板的，一天干八个小时，这种活儿暂且还是可以做一做的。）

例（3）所表达的语义是：在没有其他待遇更丰厚的工作岗位的情况下，眼前的这份工作还是值得去做的。

"罔"从表示"姑且""暂且"出发，除引申出表示"肯定"的语义以外，还用来表示动作行为的"随意""轻微"。例如：

> （4）渠是随嘴出罔俺答应嗰，尔即兑得是真嗰。（他是嘴里随便说出来这样答应的，你就以为是真的。）
> （5）乙个饼尚好哐嗰，尔罔哐个丝觑下。（这种饼还好吃的，你稍微吃一点儿看看。）

"罔"由表示"随意"、"轻微"再引申为表示"尝试"，如上述例（5）中后句"觑下"删去，说"尔罔哐个丝"，"罔"即已经有了表示"尝试"的语义。

在语用中，表示"尝试"的"罔"常用于祈使句，这类句子常常带有威吓的意味。例如：

> （6）尔罔去个下手啦！跟尔骹筒骨打断三矬。（你去一下试试！把你的脚打断成三截。）
> （7）尔罔骂个句添！打死尔白死。（你再骂一句试试！打死你，死

了白死。)

例 (6) 中听话者的"去"尚未发生，说话者意在以反语的形式制止其动作行为发生；例 (7) 中听话者的"骂"已经发生，说话者意在以反语的形式制止其动作行为再次发生。

"囥"作副词还可以有重叠的"囥囥 [ mʌ̃ŋ⁵³→⁴⁴mʌ̃ŋ⁵³ ]"的用法。"囥囥"大致相当于普通话的"总""尽 jǐn"，有"一直""总是""总在"的意思，表示较长时间地做某事或处于某种状态。例如：

(8) 天光爬起囥囥弗得出门，躲得处里旋来旋去弗晓得做咋什。（早上起来总是出不了门，在家里转来转去不知道干些啥。）

(9) 走路碰着石头都有事话，囥囥跟侬谈到天，正经啯事个丝弗上紧。（走路遇见石头都有话说，尽在和别人聊天，正经的事情一点儿都不抓紧做。）

"囥囥"与普通话的"总""尽 jǐn"不能完全对应。"天总不放晴""晚饭后他总是到湖边散步"①，广丰方言中可以有与前句大致对应的"天囥囥弗晴"的说法，但没有与后句对应的"咥末黄昏渠囥囥到湖边打荡"的说法。这表明"囥囥"有"一直"的意思，却没有"一向"的意思，即表示某个动作进行或某种状态持续了一个较长的时间，而不是表示在一个较长的时间内多频次进行某个动作或出现某种状态。

"囥囥"语义由"囥"引申的路径是："囥"表示暂且做某事，重叠后动作行为进行的时间得到加强，使得"暂且"的时间段有所延长，成为在说话者的意识中认为是相对较长的时间。

二

广丰方言中，副词"囥"经常用于一些固定的格式，包含这些固定格式的句子可以称为"'囥'字句"。

广丰方言中的"囥"字句有三类。A. "囥 + 俺 [ ã⁵³ ]这样 / 喊 [ xã⁵³ ]那样

---

① 例见《现代汉语词典》（第 5 版）第 1813 页。

+动词+信［sĩnº］"

"俺［ã⁵³］"和"喊［xã⁵³］"是指示性状、方式的指示代词,分别属于近指和远指,相当于普通话的"这样、这么"、"那样、那么";"信［sĩnº］"是"丝［sɿ⁴⁴］儿［nᵢº］"的合音①,相当于普通话的"(一)些儿"。

A类"罔"字句表示对已经发生的动作行为的结果的否定。例如:

(10) 嚎渠去掌秤真是罔俺称信嘞,秤花都认弗清楚,裤都□［sʌu²⁴］卖蚀末。(叫他去掌秤真是姑且这么称一下,秤星都认不清,裤子都要卖赔掉了。)

(11) 书罔俺读信,读末大学请假条都写弗来。(书姑且这么读了一下,读了大学请假条都不会写。)

(12) 记着去年唛?渠许头事真是罔喊做信嘞,无个来佌话渠好。(记得去年吗?他那件事真是姑且那样做了,没有一个人说他好。)

"秤罔俺称信""书罔俺读信""事罔俺做信"是说称秤、读书、做事的结果非常不好,不被说话者认可,只能算是姑且进行了一下动作("信"表示动作量小,"稍微"的意思),根本没有什么价值。

格式中的指示代词,一般多使用表示近指的"俺(这样、这么)",因为格式中指示代词主要用于对动态或状态的慨叹。只有例(12)中的那样强调非说话时地的异时、异地,才用表示远指的"喊(那样、那么)",句中"去年""许头事(那件事)"也都映衬了远指的意味。

A类"罔"字句凝练出一些常见的简洁说法,成为一种独立的语篇成分,表示对别人的话语、行为的不以为然乃至质疑、反诘。例如:

(13) 罔俺话信!街行边大蛮日上弗解着贼的。(谁说的!街道边上大白天不会遭贼的。)

(14) 罔俺撰信!好好个头事等尔做坏啵。(怎么搞的!好好的一件事情被你搞坏了。)

---

① 这种合音属于小称音变。广丰方言中的小称音变是把"儿"尾以鼻音尾的形式后附于发生小称音变的音节之后。由于部分阳声韵韵尾弱化,发生小称音变的音节多读鼻化韵,如"信［sĩnº］"。

B. "有得 + 动词1 + 罔 + 动词2"（B1）

"□〔sʌu²⁴〕要① + 动词1 + 罔 + 动词2"（B2）

B类"罔"字句有 B1、B2 两小类。格式中的动词1和动词2同形。例如：

> （15）大侬有得靠罔靠下，过日大侬未在末想靠都无场地靠。（父母能够依靠姑且依靠一下，以后父母不在了想依靠都没有地方依靠。）（B1）

> （16）乡下侬的衰侬书□〔sʌu²⁴〕读罔读，读末亦攞弗到几好嗰事做，弗值早信出去打工。（乡下人的小孩要读书姑且读一下，读了也找不到多好的工作做，不如早点出去打工。）（B2）

B类"罔"字句表达说话者对现实情势下动作行为的一种价值判断。B1类格式中的"有得"表示客观环境存在着进行动作的可能性，"大侬有得靠"是"有父母可以依靠"，"罔靠"是认为"应该趁可以依靠时姑且依靠一下"，句外之义是"父母可以依靠"的现实情势不复存在时，"靠"的动作行为就没了可能。B2类格式中的"□〔sʌu²⁴〕"表示主观意愿想进行某动作，"书□〔sʌu²⁴〕读罔读"是认为"想读书的话是可以姑且读一读的"，句外之义是在现实情势下"书未必值得读"。两类B类"罔"字句，相同的是都是对现实情势的一种看法，不同的是两种看法是有对立的。可以比较：

> （17）（现在机会好，）钱有得赚罔赚，（以后没有机会了就赚不着了。）

> （18）（八十多岁了，）钱□〔sʌu²⁴〕赚罔赚，（赚来了也花不了多少。）

例（17）的主旨是说要抓紧时机赚钱，也稍带表示了对赚钱的肯定。例（18）的主旨则是对赚钱的不以为然。如果换成普通话中别的说法表示，例（17）可以说"钱趁能赚的时候赶紧赚"，例（18）可以说"钱要赚可

---

① "□〔sʌu²⁴〕"读阳上调，相当于普通话的"要"。

以赚一下，其实赚不赚都无所谓了"。

仅从格式的结构上看，B1、B2 两式似乎差不多，格式后半段"罔 + 动词 2"相同，前半段的"有得 + 动词 1"和"□〔sʌu²⁴〕+ 动词 1"也没有什么明显对立。然而整个格式的语义两者则显示出对立来。如前两例中对赚钱行为的看法，虽然算不上针锋相对，却也是大相径庭的。这种语义对立，更多的是蕴含在格式之外，如前两例中格式后面括号内所表达的。同时，两种看法的对立之所以还不显得那么尖锐，是格式后半段的"罔 + 动词 2"由于"罔"所含有的"姑且"的情态意义对于动词的肯定或否定都是相对轻缓的：姑且赚一些钱吧（以后没得赚的时候就赚不着了/赚不赚、赚多赚少也不是很重要了）。

顺便一提，广丰方言中"书□〔sʌu²⁴〕读罔读"的说法大致相当于吴语很多地点方言所说的"书唔没（没有）读头"和赣语很多地点方言所说的"书冇（没有）什哩（什么）读得"。

C. "谓词 1 + 罔 + 谓词 2"

C 类"罔"字句用于构成转折复句，充当表示"事实让步"的前一分句。格式中"谓词 1"和"谓词 2"同形，中间以"罔"字联系，"谓词 1"实为话题，"谓词 2"是对话题的陈述。例如：

（19）崇罔崇，娆头浓；矮罔矮，个腹唧拐。（长相虽然丑，妖娆的做派还是很足的；个头虽然矮，一肚子都是坏主意。）

（20）渠读书罔读书，担担唧力还是大得显唧。（他虽然读书，挑担的力气还是很大的。）

例（19）（20）中的"崇（丑）""矮"是形容词。例（13）中的"读书"是动词，不过这里的动词只是说明主体处于进行某种动作行为的状态之中。格式构成的让步分句所描述的都是不如意的状态，即便是例（13）中的"读书"，对于挑担力气的养成也是一种消极的因素。C 类"罔"字句表示一种对既有现实情势有保留的退一步的承认，例（19）中"矮罔矮"是说"个头矮，暂且也就算是矮吧"。整个句子通过转折，则表示了对后一分句所表示的状态的肯定，例（19）中对"个腹唧拐"的评说，实际上也是带欣赏意味的。

## 三

根据本文作者的了解，与广丰方言同属于赣东北吴语的上饶方言（以上饶市区信州区城区的话为代表，通行区域包括上饶县大部分县域）、玉山方言（以县城冰溪镇话为代表，通行于大部分县域）以及赣语铅山方言（铅山在上饶县以西，铅山方言以县城河口镇的话为代表，通行于大部分县域）也有副词"罔"，并使用一些以"罔"构成的词语或格式。例如：

上饶方言："罔〔$mɔ̃ŋ^{53}$〕"（读阴上调）

渠是嘴罔□〔$ȵiã^{53}$〕话话下啯，不要听。（他是嘴巴姑且这么说说的，别听。）

快点走，不要罔管在么里话事。（快点走，不要尽在那里说话。）

渠人穷罔穷，志气还是有啯。（他人虽然穷，志气还是有的。）

玉山方言："罔〔$miã^{55}$〕"（读阴上调）

渠是嘴罔样话啯，弗□〔$lau^{213}$〕听。（他是嘴巴姑且这么说说的，别听。）

铅山方言："罔〔$mon^{45}$〕"（读上声调）

渠是嘴巴罔□〔$ȵiã^{53}$〕话话下啯，不要听。（他是嘴巴姑且这么说说的，别听。）

渠人穷罔穷，志气还是有啯。（他人虽然穷，志气还是有的。）

就本文作者所知，其他吴语和赣语的地点方言，尚未见有与广丰方言用法接近的"罔"。倒是在闽语中的一些方言点有所表现。例如闽语建瓯方言中"罔〔$mɔŋ^{21}$〕"（读上声调）有以下用法①：

【罔】①只管，尽管：你～话，我怀惊你尽管说，我不怕②随便，不在意：瞄住目睭～行闭着眼睛随便走就是了③虽然：破～破，故会穿得虽然破，还可以穿④尝试着，凑合着：做睇觑，怕弅做得起来试着做做看，

---

恐怕做不成⑤连词，连用于两个动词或形容词之前，相当于北京话的"越…越…"：～行～快⑥副词，边～边～：～话～觑边说边看

【冏话冏去】①由他说去：～，怀让理佢由他说去，不必理他②边走边说

【冏去】①算了吧，凑合着，用于规劝：～了，怀让再争了算了吧，不要再争了②可以去，只管去：无事～，口样里我会照顾没事，只管去好了，这里我会照顾

【冏算】①就算当做：佢太小，～一只他太小，就算作一个吧②试着算算：～睹觑有几多钱试着算算看有多少钱

闽语厦门方言和漳州方言中"冏［bɔŋ⁵³］"（读上声调）有以下用法①：

【冏】副词，相当于普通话的"姑且"：一日有三顿烧三餐热饭菜，日子～度～好｜我对桌球无兴对乒乓球没兴趣，挂好对遮过刚好从这里经过，听见里面拍桌球，入去～看一下。

【冏用】姑且用一下

【冏度】姑且度日；得过且过。

【冏讲】姑且说一下，有用无用没关系。

【冏去】凑合，过得去：伊头一摆头一次做即款代志，虽冏虽然无偌好不怎么好，～～。

【冏趖】没有目的地走；闲逛：闲闲无代志，出来去～。

广丰方言、玉山方言和上饶方言的情况，表明副词"冏"及"冏"字句是现代尚见于南部吴语西边一隅的有特色的语法状况。铅山县、上饶县是汉语赣语与吴语的交界地带，铅山方言中的"冏"及"冏"字句，可以大体上看做是吴语影响赣语的结果。至于闽语（既有闽北方言，也有闽南方言）中的"冏"及相关格式，则是早期吴语与闽语有着密切联系的最有力证明。

# 参考文献

中国社会科学院语言研究所词典编辑室　2008　《现代汉语词典》第5

版，商务印书馆。

李如龙　潘渭水　1998　《建瓯方言词典》，江苏教育出版社。

周长辑　2007　《闽南方言大词典》，福建人民出版社。

（胡松柏、彭水琴　南昌大学人文学院中文系、客赣方言与语言应用研究中心）

# 现代汉语 SVCO 与 SVOVC 句式比较

徐采霞

**提要** 现代汉语动词后宾语和补语同现时，可以组合成表意相近的 SVCO 和 SVOVC 两种句式，但两种句式在句法、语义和语用方面存在差异。语义靠近原则、句法—语义象似性原则以及焦点理论可以对两种句式之间的异同作出认知解释。

**关键词** SVCO SVOVC 语义指向 象似性 语用焦点

汉语谓语动词 V、宾语 O 以及补语 C 三个基本句法成分在线性排列上有 VCO、VOC、VOVC、OVC、"把"字句、"被"字句等多种平行句式。其中，"把"字句和"被"字句借助于虚词等语法标记，VCO、VOC、OVC 利用了语序，而 VOVC 是靠重复谓语动词来实现宾补共现的。以上句式表意相近，分布上不完全互补。这些句式在使用时受到什么限制？其中起决定性作用的因素是句法、语义还是语用？不同句式之间可否相互转化？这些都是汉语学界感兴趣的问题。本文选择对外汉语教学中留学生习得难度较大，而且比较难辨析的 SVCO 和 SVOVC 两种句式，从句法、语义和语用三个平面进行比较，并尝试作出认知解释。

## 一 SVCO 句式与 SVOVC 句式的句法比较

### （一）构成成分比较

句式的构成成分及其相互之间的关系影响着句式的形成、意义及应用。SVCO、SVOVC 两种句式都具有 V、O、C 三个成分，但线性序列上的排列却有所不同，导致这两种句式在使用上受到不同的限制。SVCO 句中补语和宾语位于动词一侧，宾语位于补语之后；SVOVC 句则通过动词重复将 O 向前移动，紧邻着 V，这符合语义靠近原则，即语义上关系紧密的成分，在句法排列上也紧密相邻。两种句式表现出一个共同的特点，就是动词和补语总是紧密地连在一起，中间一般很少插入其他成分。从表面上看似乎违反了语义靠近原则，但是这与汉语的动补结构的发展有关。

1. 动词 V

检索现代汉语语料（本文所有语料均出自北京大学现代汉语语料库）我们发现，SVCO 句中的"V"既可以是及物动词也可以是不及物动词，有些不及物动词，如："笑""醒"等，一般只能进入 SVCO。不及物动词约占我们从 CCL 语料库中检索出的 SVCO 总句数的 48%。

> （1）有人笑岔了气，连同椅子一起仰翻在地上。（陈世旭《将军镇》）

而 SVOVC 句中的"V"主要为及物动词，只有少数可以后接介词短语的不及物动词可以进入 SVOVC，且动词为行为动词，动作性比较强，如"打、搞、吃、喝、穿"等。如：

> （2）那边酒馆里的程先生，喝酒喝到一个段落，已伏在桌上起不来了。（王安忆《长恨歌》）

我们查阅《商务馆学汉语词典》所收录的所有词条，其中能进入 SVOVC 句的动宾复合词共 97 个，如"吹牛、革命、加工、离婚、立功、请客、奏乐、招生"等。本文所搜集的 578 例 SVOVC 句中共 194 例由以上动宾复合词组成，占总数的 33.6%。如：

> （3）我没想到一个女孩子吸烟吸得这么厉害。（铁凝《大浴女》）

综上所述，SVCO 中 V 是否及物并不能直接影响动补结构的及物性，"笑"是不及物动词，但是动补结构"笑岔"却可以带宾语。一般来说，不及物动词一般只能进入 SVCO 句式。而 SVOVC 中的 V 主要为及物性较强的及物动词。一般情况下及物性较强的 V 在句子中常常带 O。根据语义靠近原则，动词往往与宾语在线性排列上紧密相连，故进入 SVCO 的可能性相对减少。而及物性较弱的动词，一般不能用 VOVC。

2. 宾语 O

SVCO、SVOVC 两种句式中的宾语一般均由名词或名词性短语充当，如：

（4）随着艾格的喃喃自语，卡普和摄像员**绷紧了神经**。（《读者》（合订本））

（5）我**读书读得太少了**，我想回那核桃林中再读一遍。（《报刊精选》1994 年）

少数谓词性短语或其他复杂成分也可以充当 SVOVC 句、SVCO 句中的 O。如：

（6）多少年来我们**挨骂挨得多了**，骂倒了吗？（《邓小平文选3》）

SVCO 句、SVOVC 句的 O 还有很大一部分由动宾复合词中的体词性语素充当。而当 O 为动宾复合词中的体词性语素时，只能采用 VOVC 形式。如：

（7）去非洲六年就挣这点钱，我让你**辞职辞对了**吧……（《中国式离婚》）

SVCO 句、SVOVC 句中的 O 多为无定的抽象概括性词语，表定指的较少。本文经语料库检索而搜集的 578 例 SVOVC 句中宾语为专有名词的 7 例、宾语为人称代词的 12 例、"这＼那＋（量词）＋名词" 1 例；所搜集的 212 例 SVCO 句中宾语为专有名词的 1 例、宾语为人称代词的 4 例、宾语为"领属性定语＋名词"的 15 例。如：

（8）**惹翻了东阳**，他也会被日本人活埋在城外的。（老舍《四世同堂》）

3. 补语 C

SVCO 的 C 从句法形式特点上看是黏合式补语，动词和补语之间不带补语标记"得"。从补语的语义类型上看，可以是结果补语、趋向补语、程度补语、可能补语以及表动量的数量补语等。如：

> （9）深夜会散后，戚院长拨通了<u>渭南测控中心</u>的电话，找中国返回式卫星总设计师林华宝。（《报刊精选》1994 年）

SVOVC 句中的动词和补语之间可以带补语标记"得"，记作"VOV 得 C"，主要表状态和程度。本文所搜集的 578 句 SVOVC 句中带"得"的有 217 例，约占 37.5%。如：

> （10）阿炳本来<u>念书念得好好的</u>，是你叫他不念了。（欧阳山《三家巷》）

SVOVC 句中不带"得"的 C，主要是结果补语、趋向补语、程度补语、数量补语等。从补语的语义类型上看，与 SVCO 中的黏合补语的情况基本相同。

## （二）句类分布

SVCO 构式用来陈述一个事件，句子的语气表现为陈述语气，主要用于陈述句。经过语料库的检索，我们也发现了一些用于其他语气类型的语料，统计结果为：感叹句占 4.2%、疑问句占 4.2%、祈使句占 2.8%。总体上看，SVCO 构式多用于陈述，其他语气类型中的用法出现的频率较低。如：

> （11）请您<u>打开门</u>！

SVOVC 构式主要用于陈述句，用于陈述句的比率占总数的 89.3%。也有少数用于其他语气类型，其中感叹句占 5.7%、疑问句占 4.8%。在我们所搜集的语料中只有一例为祈使句。

> （12）自己人<u>催欠款催得这么厉害</u>！（高阳《红顶商人胡雪岩》）

## 二 SVCO 句式与 SVOVC 句式的语义比较

### （一）补语 C 的语义指向

SVOVC 句中的大部分补语 C 语义指向主语，主要指向施事，其中 VO 和 VC 往往表示同一事物的原因和结果，具有一定的因果关系。如：

> （13）"（股民们）炒股票炒得跳楼"，不再是谈谈而已。（《报刊精选》1994 年）

补语 C 的语义指向主语，主要说明主语的相关情况，对 O 的关注相对较低。而 O 在 SVCO 句式中为焦点，关注度较高，所以 SVCO 句中补语 C 不倾向指向主语，补语 C 指向宾语 O 的情况比较多，且 SVCO 中动词 V 所指向的宾语 O 类型比较丰富，可以是受事、工具、从属、伴随和旁及宾语等。

SVCO 句的 C 语义指向 V 的情况主要是表可能或表趋向，其中 C 主要由"起""出""到""上""下""过""住""完"等充当。

> （14）在雨中等待比赛的观众撑起了五颜六色的伞，仿佛千百朵鲜花散落在绿色的球场上，美轮美奂。（《新华社2004年新闻稿》）

而在 SVOVC 句中，C 指向 V 的句子不少，其中的 VO 主要为动宾短语词或 V 和 O 存在动宾关系。如：

> （15）她抽签抽到了一匹名叫"卡里纳"的烈马。（《新华社2004年新闻稿》）

可见，在重动句中的补语 C 语义指向 V，主要说明或描写动作，人们关注的既可以是主语也可以是宾语，这与具体句子中动作的方向和人们关注的倾向有关。另外，有一些 SVOVC 句中补语 C 的语义既指向主语又指向 V，这类语义双指的补语 C 往往由形容词充当，既可以评价主语的态度又可以评价动作行为的状态或程度。如：

（16）苏联老大哥就是不错，社会主义就是好，这服务员<u>擦鞋擦得</u>
　　　<u>真棒！</u>（孙焕英《笑史拾趣》）

上例中的"棒"既可以指向"这服务员"，表示服务员做完擦鞋的动作
后，说话者对"服务员"的评价；"棒"又可以指向"擦"，是对"擦"这
个行为进行评价。

汉语的补语主要功能是对动词或动词的动元等相关因素进行补充和说明
的成分，根据距离像似性原则，表层结构层面补语 C 与宾语 O 的句法位置
距离比补语 C 与主语 S 的距离近。深层结构中补语 C 与宾语 O 之间的节点
也比补语 C 与主语 S 之间的少，故 SVCO 句式中 C 与 O 的语义关系较紧密，
所以 SVCO 句中 C 的语义倾向指向宾语 O。根据我们的统计，在 SVCO 句和
SVOVC 句语料中，补语 C 的语义指向 V 的情况占两种句式总句数的 30%
以上。

### （二）在不同句类中的分布

SVCO、SVOVC 两种句式主要都用于陈述句，疑问句所占比例都在
4%—5%之间。SVOVC 句一般不用于祈使句，SVCO 句用于祈使句的情况也
比较少。可见两种句式都倾向于表示已然事件。另外，SVCO 句倾向客观表
述动作所引发的自然而且高频的结果，如：

（17）烧鸡刘一时傻眼儿了，她倒一下子<u>醒过了神儿</u>，猛地夺门就
　　　向胡同深处扑去。（冯苓植《猫腻》）

例（17）中的"神"醒过来并不能为主观所控制，而且动词和补语之
间具有高频共现的特点，是符合人们认知经验的表达。SVOVC 句也可以用
于表述自然产生的结果或状态，如"他抽大烟抽上瘾了"；还可以用于表示
评价，如"他帮忙帮得恰到好处"。但大部分的 SVOVC 句往往具有强调作
用，强调动作行为造成的结果或影响。有时这些结果或影响并不是人们所期
望发生的，可以表示消极意义。

（18）今天是他第一次破例，什么他都忘记，只见跌脚跌得更深

了！（萧红《生死场》）

综上所述，SVOVC 适合表达说话人的主观情态，而 SVCO 句倾向于表述客观结果，少数表示消极语义。这是因为 SVOVC 句通过动词重复，把动作行为的过程编码为句子的背景信息，而补语则表示动作结果或状态。而 SVCO 往往只描述结果，从而弱化了对动作过程的关注。

## 三 SVCO 句和 SVOVC 句的语用比较

### （一）信息焦点

本文所指的信息焦点是说话人所要表达的重点，也是听话人所关注的对象。它既可以是自然焦点，也可以是话题焦点。

SVOVC 句的焦点问题是汉语学界讨论的热点问题，成果不少，主要观点有两大类别：一类认为补语或动补结构是句子的焦点。有的认为该句式强调的是补语；有的认为与宾语相比，补语更具有充当句子焦点的可能；有的认为动补结构是句式的表达重点或语义焦点；另一类认为动宾结构和动补结构都是焦点。有的认为很难判断动宾还是动补为焦点，可以看作双语义焦点；有的认为动宾和动补在句法上平等，语义上互补共存。

我们认为 SVOVC 句的信息焦点是补语 C。首先，现代汉语的句子的自然焦点在句末，而该句式中的补语 C 正好处于句末焦点的位置。其次，VO 具有一定的话题性质，可以看作是信息传递中的背景信息，旧信息，在言语交际中并非人们重点关注的焦点。在口语表达中，VO 后可以有语音停顿，引起听话人对下文的期待，而表示动作的状态、程度、时间、结果等的补语自然成为关注的焦点。

那么焦点到底是补语 C 还是动补结构 VC 呢？我们认为是补语 C，因为 C 前的 V 已经在 VO 中出现，并未传递新信息。如：

（19）我恨旧社会恨到快要发狂了，真愿意尽一切力量给它打击。（《读书》）

上例中，SVOVC 句作为复句的一个分句，表达了想给"它"（旧社会）一个打击的原因，所以逻辑上的焦点是对旧社会的恨到了"快要发狂"的程度。

> (20) 节前天天都得加班，他所在的整形外科光顾者比平常多了三
> 成，每天<u>开刀开到半夜</u>。（《新华社 2004 年新闻稿》）

上例整个复句中围绕说明和描写"节前他很忙"，所以 SVOVC 句的信息焦点应该是表示时间的介宾短语"到半夜"的补语。

与 SVOVC 句不同，在 SVCO 句中宾语位于句尾，是句子的自然焦点。说话人说明和强调宾语 O，听话人关注的焦点自然落在了位于句末的宾语 O 上。如：

> (21) 服务员笑了一笑，答道："恭喜小姐，你<u>抽中了本餐厅'再</u>
> <u>来一客'的奖</u>！"（《读者》（合订本））
> (22) 他不敬业，不爱工作，他认为工作本身，就是一个"监牢"，
> 只要他<u>赚够了吃饭钱</u>，他就开始游手好闲。（琼瑶《梦的衣
> 裳》）

例（21）中的宾语"本餐厅'再来一客'的奖"、例（22）中的宾语"吃饭钱"是作为新信息出现的，是句子的自然焦点。

综上所述，SVOVC 句的焦点是 C，而 SVCO 句的焦点是 O。二者都占据了句子自然焦点的句末句法位置，是说话人或听话人所关注的焦点。

## （二）表达效果

与 SVOVC 句相比，SVCO 更常运用夸张的修辞手法，具有通过夸大客观事实来抒发说话人主观情态的功效，并不限于对事实的客观描述。

> (23) 美国阿塔利公司的同类产品，一举攻占美国市场，<u>赚的钱撑</u>
> <u>破了口袋</u>。（《报刊精选》1994 年）

其实"钱"并不会撑破"口袋"，这里是运用夸张的手法，夸大了"撑"的作用力，为的是说明阿塔利公司的同类产品的市场很好，赚的钱很多。

（24）爸爸用一种苦涩不过的语气说："她差点<u>哭断了气</u>。"（方方《暗示》）

该例同样是用夸张的手法描写"她"伤心的程度很深，并没有真的"断气"。

句式 SVOVC 则通过 V 的反复形式实现动、宾、补的共现。从形式上看，具有强调的作用；在语音上具有节奏感，有独特的韵味。

根据 VO 和 VC 之间的语义关系可以把 SVOVC 句式分成致使性和非致使性两类。由于句式语义结构不同，这两种类型的 SVOVC 所强调的对象也有所不同。下面我们就以这两类 SVOVC 句来分析句式的强调凸显作用。

致使性的 SVOVC 句强调动作行为对施事、受事或与事的影响。如：

（25）在这七色迷目，五声乱耳的，有人<u>捞钱捞疯的年月</u>，军中神农氏人的作为可钦也夫，可敬也夫！（《报刊精选》1994 年）

例（25）强调动作行为"捞钱"对施事的影响，使其变"疯"。非致使性的 SVOVC 句强调动作行为持续的时间或次数、作用程度、延续的过程或结果等。如：

（26）<u>我教英文诗教了几十年</u>。（余光中《创作与翻译》）

例（26）采用 SVOVC 句式强调教英文诗持续的时间长，如果换成 SVCO 句"我教了几十年英文诗"，就没有了这样的强调效果。

可见，两种句式各有自己独特的表达效果，SVCO 句更常用于具有夸张表达效果的语句中。SVOVC 句则通过动词的重复，把强调的表达效果表现出来。

（三）语体功能比较

SVCO 句广泛用于日常口语中，其中 VC 构成的动结式存在凝固化倾向，有些甚至不仅凝固成词，而且其语义超越了字面意义而具有了引申意义，随着语义范围的扩大，使用频率也不断增高，如"笑弯了腰、睡过了头、拉长了脸"等。

SVOVC 句在口语中的使用频率相对低些，主要用于讲述故事或交代事情的前因后果，也可用于大众演讲中。我们在《百家讲坛》等电视节目中搜集到 SVOVC 句式的使用语料有 34 例，要高于 SVCO 句式的使用。

我们在搜集语料过程中还发现，SVOVC 句式还常用于微博、QQ 留言等网络语体。因为这类语体往往有字数限制，要在较少的字数范围内表达较多的信息，此外，网络语言往往抒发鲜明的感情，SVOVC 句式可以满足以上两方面的要求，既可以说明动作的对象、状态或结果，也可以说明动作的过程，传递的信息量较大。另外，SVOVC 句通过动词重复具有强调作用，有助于感情的表达。如：

> （27）这是一位 94 岁的老奶奶，老伴死了，两个儿子在外打工，
> 每天捡垃圾捡到凌晨两点，不足五点又要去捡，每天只赚 5、
> 6 块，生病了也不去医院。（腾讯微博）

例（27）是一条公益微博，意在唤起人们对这位可怜老人的关注，采用 SVOVC 句式既说明了捡垃圾这一谋生方式，又表明了老奶奶捡垃圾的艰辛，唤引起人们的同情和关爱。

综上所述，SVCO 句和 SVOVC 句这两种句式都具有很强的口语化特点，但也存在一定的差异。其中，SVCO 句运用较为广泛，因为该句式中动词与其他成分的线性排列，符合现代汉语的基本语序，且句式比较简练，符合语言的经济性原则。SVOVC 句常用于报纸、新闻或文章标题、谚语等，还可用于微博等网络语体中。这主要是由于 SVOVC 句通过动词重复，有助于清楚交代事件发生的背景信息以及动作所引发的事件性状的改变。人们的语言使用中对这两种句式的选择是句法、语义和语用因素相互制约的结果，决定性的因素是在具体语境条件下的语用动机。

# 参考文献

范　晓　1993　《复动"V 得"句》，《语言教学与研究》第 4 期。

李咸菊　2004　《重动句几种语用功能微探》，《四川教育学院学报》
　　　　　　　第 7 期。

刘维群　1986　《论重动句的特点》，《南开学报》第 3 期。

鲁健骥　吕文华　2007　《商务馆学汉语词典》，商务印书馆。

石毓智　2003　《现代汉语语法系统的建立——动补结构的产生及其影

响》，北京语言大学出版社。

唐翠菊　2001　《现代汉语重动句的分类》，《世界汉语教学》第 1 期。

王灿龙　1999　《重动句补议》，《中国语文》第 2 期。

（徐采霞　南昌大学客赣方言与语言应用研究中心、南昌大学中文系）

# 南昌方言致使句编码机制考察[*]

刘小川　万丽萍

**提要**　南昌方言的致使句有较为复杂的结构形式，从类型上分有分析型、形态型和词汇型三类。不同的形式在结果主体的自控度、事件－结果的直接性等级和原因主体的意图性三个参项上形成较为一致的连续统。南昌方言中的"X 人"现象属于词汇型致使结构。它在句法上出现的"价变""压缩"同样是句法象似性的表现。

**关键词**　南昌方言　致使结构

## 引言

致使结构（causative）在语义上可以理解为两个事件之间形成了因果关系，可以表述为"事件 1 使事件 2 得以出现"。Causative 在国内有多种译法，廖秋忠（1991）把 causative 译为"使成式"，类似还有沈家煊 1989 年和 2010 年将 Comrie《Language Universals and Linguistics Typology》第二版中的"causative constructions"均译为"使成结构"，但沈家煊（2000）、何元建（2002、2004）和朱琳（2011）则译为"使役"，如范晓（2000）、宛新政（2005）和牛顺心（2008）等译为"致使"结构也较有代表性。

以往学界对致使结构的分析从结构描写入手，对其中的各类形式的分析较为成熟。问题集中在致使结构的形式与意义的关联关注较少，尤其是致使结构表达的形式编码规律仍有讨论必要。本文以笔者所使用的南昌方言中的致使结构为考察对象，在描写其语言策略的基础上，通过语义分析，揭示语言形式与意义的关联："可别度领先"原则、句法象似性和语义紧密度的互动表现。

---

* 本文得到教育部人文社会科学研究项目（09YJC740039）的资助。

# 一　南昌方言致使句类型

在不同的语言或方言中，致使结构有不同的语言策略。一般来说，可以分为分析型、形态型和词汇型三种类型。在南昌方言中，这三种类型都存在。

## （一）分析型致使句

分析型致使结构的典型情形是表达使成概念和表达结果各有一套独立谓语（Comrie，1989：167）。在南昌方言中，表达使成概念的谓语有虚化的现象，成为一个表达使成义的介词，这与普通话的现象类似。南昌方言中分析型致使结构有四种构成方式。

1. 兼语型 $S_1V_1 + O_1$（$S_2$）$V_2$

第一种是采用两套动词性谓语，分别说明两个有因果关系的对象，句法上构成兼语短语。$V_1$ 主要是："让、请、逼、要、求、召、劝、唆、托、邀、调、推、告诉、通知、安排"等。从语义看，表达的内容是 $S_1$ 使 $S_2$ 做某事。如：

（1）渠唆崽去买菜。
（2）小李逼娘拿钱买房子。
（3）老师叫渠抄了一百遍名字。
（4）你召女婿来修下看。

这一类较为特殊的是由"叫、让"等动词构成，意义较为虚。

（5）你现在个样子叫人几伤心。
（6）许味道让我坐不住。

2. "介 – 动"型 S1Pre + S2（介宾）V2

典型的是"拿"字句。南昌方言中的"拿"用法类似于普通话中的"把"，在表达处置义的同时也带有使成义。如：

（7）我拿书丢掉了。

（8）许把火拿渠烧伤了。

（9）几碗饭就拿你撑得走不动路哇。

3. 动 + 得 + 主谓短语 $S_1V_1$ + 得 + $S_2V_2$（以下简称"得"字型）

第三种情况较为特殊，它需要标记词"得"才能构成完整的致使结构。如：

（10）老师话得渠哭了。——＊老师话渠哭了。

（11）石头打得渠鼻公流血 石头打得他鼻子流血。——＊石头打渠鼻公流血。

部分兼语型也可以插入"得"，有的则不能。从句法关系看，从兼语关系变成了动补关系，补语部分表示的是结果义。如下：

（1a）渠唉得崽去买菜。

（2a）小李逼得娘拿钱买房子。

（3a）老师叫得渠抄了一百遍名字。

（4a）＊你召得女婿来修下看。

在南昌方言中，前述"要、召、调、告诉、通知"等词不能在后面加"得"，而"让、请、逼、求、劝、唉、托、邀、推、安排"则可以。从语义看，不能加"得"构成动补短语的"要"组动词的动作义都较弱，而"让"组的动作义则较强。

4. 述补短语 SVCO

述补短语的中心语可以是动词，也可以是形容词，补语表达的是结果义。

（12）你去晒干衣服。

（13）渠上午跌破了头。

（14）你去铺平整床。

（15）码整钱 把钱堆放整齐。

（16）渠跪伤了脚指头。

动补短语构成的致使结构，以单音节＋单音节的形式常见，这一类短语有词汇化的倾向。如"踩蹋了"（熊正辉，1994）记为一个词，它的意思是"踏空，没有踏着应踏的地方"。在南昌方言中，"脚蹋了下"，可以表示"脚踏空"的意思。

形容词充当谓词加宾语和补语，表使令意义，如下：

（17）昨日个事急得我口发渴。
（18）洗衣裳忙了渠一下午。
（19）热了我大半年时间。

## （二）形态（屈折）型致使结构

通过变换声调的方法来构成致使结构。这种方式在南昌话很少，如：

（20）空抽屉出来把抽屉空出来。

（20）中的"空"声调为上声213，读音与"口袋空"的"空"读音不同，后者为阴平42，二者在南昌话构成对立关系。这和普通话中的"排头空两格"与"空间"的对立相同。这种用法在南昌方言中只有青年层中才有，显然这是受普通话的影响所致。老年层的用法是"腾"，如"腾出一间房间"、"腾出桌子放菜"等。

以变调的方式表达使成关系，不仅仅为汉语所有。孙宏开（1998）描写了拉萨藏语、载瓦语中的屈折变化来表示"使动"。如：

拉萨藏语：$par^{14}$ 燃烧——$par^{55}$ 使燃烧 $tsa^{121}$ 滤——$tsa^{53}$ 使过滤
载瓦语：$tsun^{31}$ 燃烧——$tsun^{5}$ 使燃烧 $pan^{51}$ 结束——$pan^{55}$ 使结束

## （三）词汇型致使句

词汇型致使结构有三类。第一种是典型，类似于英语中"异干交替"（suppletive pairs, Comrie, 1989：168）"kill／die"，二者形成补充的关系。

这种致使结构本文不做重点考察。第二种形式是"动词/形容词/＋宾语 SV/A/N＋O"，在谓词上没有形态变化，事件 1 与事件 2 的谓词相同。这种用法是古代汉语"使动"的遗留，如古汉语中的"死之""伤之""断之"等。第三种是吕叔湘先生在 1987 年《说"胜"和"败"》中提到的"……现代汉语里，动词的使动用法已经不能广泛应用，一些形容词的使动用法如端正态度、严格纪律等等，是最近三四十年里才出现的"。这是一种黏合式述补结构，在南昌方言中主要出现在青年人群中。

在第二类词汇型致使结构中，动词有及物与不及物两类。南昌方言中由及物动词＋宾语构成致使结构的情况，如：

（21）许件事真系笑人家。

（22）你买个筷子挫人。

（23）渠塞了许只瓶子。

由不及物动词＋宾语构成。如：

（24）你去化了糖。

（25）渠败了屋。

（26）许几只车子断了去医院个路。

（27）厂里干了塘捉鱼。

（28）系渠吹掉了许一对。

形容词＋宾语的情况。如：

（29）箇么多水满了缸。

（30）箇碗水烧人家哩（这碗水我感觉烫）。

（31）你直下车龙头就不会倒了。

（32）渠狠样做是好气人。

名词＋宾语，这种情况较少。如：

（33）好烟人家哩。

# 二　南昌方言致使句的语义分析

## （一）致使句的语义成分

Comrie（1989：165）曾以"公共汽车未按时到达—我开会迟到"为例，指出任何一个使成情景由两个情景成分组成，即原因（cause）和结果（effect/result）。如前述，原来和结果可以各自有独立的谓语。原因和结果之间可以有连接成分。在南昌方言中，可以用"得"连接两个主谓短语构成致使结构，如（10）"老师话"和"渠哭了"。

原因部分的"主语"可以在语境作用下隐含。如（15）和（20）。原因部分的"谓语"可以有多种情况，如兼语短语、动词或形容词的使动用法、述补短语等。

结果部分的"主语"也可以是多种语义成分。具体而言，可以是"兼具受事 – 施事（邀渠来）、受事（伤了我个手）、起事（要渠当老师）"，还可以是感事（潲人家、麻嘴巴）、方位（拔得桌子上尽是灰）等。

## （二）几组致使结构内部的语义关系

首先是原因与结果之间的蕴涵关系。可以是原因蕴涵结果，如异干交替型致使结构"渠杀了邻居屋里一家人他杀了邻居全家人"中，原因"杀"蕴涵了结果"死"。也可以是结果蕴涵原因，如（25），"败了屋"是结果，渠做什么导致这个结果被蕴涵。如上述吕叔湘先生所提的端正态度、严格纪律均是结果蕴涵原因。

考察分析型与词汇型致使结构，两种不同的致使结构也构成了直接原因与间接原因的对立。比较例句存在的语义差异：如例（10）"老师话"与"渠哭"之间可以理解为直接原因，也可以是间接原因。理解为直接原因的情况，比如老师说的时候语气重，而"渠"感受委曲或很恐惧。间接原因可以在老师说了一些事情，与"渠"相关，而"渠"可以是受感动而哭，也可以是其他原因而哭。直接原因较为典型的是例（24）你去化了糖。"糖"在正常条件下，必然因"化"的动作进行而导致"化"的结果。又如：

直接，必然/非必然：（30）箇碗水烧人家哩。水烫不烫因人而异。

直接/间接，必然/非必然：（13）渠上午跌破了头。可以有多种理解，比如直接跌破了头或跌的时候撞上石头破了头。相应地，也可以必然与非必然的理解。

间接，非必然：（4）你召女婿来修下看。召女婿与女婿来是间接的，女婿并不一定会来。

在分析过程中，显然存在着两个事件主体的自控度问题。Comrie（1981、1989）均指出"典型的宾语是自控度较低的宾语"，并以"自控度"建立起"工具格 > 与格 > 宾格"等级。一般情况下，主语为典型的施事，其自控度要高于典型的宾语。自控度与生命度是两个不同的概念，生命度主要就意识、有生等语义特征而言，可控度是被使者对其产生的结果之间的主观控制而言。生命度高的个体可以有高的自控度，也可以有极低的自控度。就自控度的对比，以（4）与（24）为例，二者形成对立。（4）中"女婿"对"来不来"可以依据自身主观的意愿，（24）"糖"无意识，自控度极低。在（33）中，"人家"对于"烟"的感觉也是低自控度。

与自控度相关的另一问题就是事件 1 主体的"意图"。意图的有无、强弱也不是绝对的对立。如（2）"小李逼得娘拿钱买房子"，小李的意图就很强，（22）"你买个筷子挫人"，筷子无意图可谈。就总体倾向而言，分析型的主体意图要强于词汇型。意图性比较复杂的是"异根交替"型。这一类型的致使结构，事件 1 主体可以是意图性较高的成分，也可以是意图性较低的成分。如南昌话中：

（34）我又冒想伤渠。

（35）渠故意伤爷娘个心。

因此，这一类型事件 1 主体的意图性并不确定，二者的关联度不高。如果把肯定与否定的因素排除掉，同样难以确定意图性的强弱。如：

（36）渠伤了爷娘个心。

这一句可以是意图性强（故意）的理解，也可以意图弱（无意）的理解。同样英语中的"Tomkilled Jack"也可以有相同的两种理解方式。汉语中的形态型致使结构不丰富，就（20）一类而，"你"与"空抽屉"也是有两种理解。

# 三　编码规律及动因竞争

## （一）基于象似性分析及其印证

Haiman（1983）和Dixon（2000）均认为，致使结构的形式与意义之间存在着象似性关系：直接致使义总是用更紧凑的语言形式表达，而间接致使义总是用不太紧凑的语言形式表达。也就是说，原因和结果的概念距离较远，那么形式较为松散；原因和结果的关系较为密切，那么致使结构的形式也较为紧凑。南昌方言中的致使结构也可以根据形式与意义的这种对应关系，建立下面的连续统：

直接原因————————————————间接原因
自控度低————————————————自控度高
意图性低————————————————意图性高

形态型/异根交替/词汇型/分析型

名词－形容词－不及物动词－及物动词｜述补型－动介型－兼语型－"得"字型

这种差异可以表述为动作发出者对动作的控制程度的区别，如"在床上跳"和"跳（在/到）床上"。控制程度越强的语义结构中，二者的语义关系越密切，结构也就越紧凑；控制程度越弱的则相反。

在南昌方言中，有一种"X人"式的复合词现象，较为特殊："人"对"X"的控制程度极低。这就需要进行深入分析了。陈昌仪（1991：364）、熊正辉（1995）和张燕娣（2007：154）均描写了这一类复合词。以下略举数例；

炕人：身体感觉到热。

足人：食物吃太多。

闭人：令人喘不过气的感觉。

撑人：食物吃太多无法再吃下去。

夹人：衣服小而不舒服。南昌方言中有与湘方言相同的"箍人"。

挫人：衣物或器物有刺，感觉不舒服。

扎（tu^{k5}）人：戳人，类似"挫人"。

腻人（nia^{21}）：食物太甜或太油腻而感觉难受。

"X人"表达的意义，可以总结为："人（家）"并不需要对形容词或动词引发的"事件"做出后续反应，而只是表达主观感受。这种主观感受常常生理上的反应。具体而言，其内部可以分为三类。当 X 是形容词 A 时，整个结构表达的意义是"说话人认为某事物具备了 A 的性质，使人感受到 A"。当 X 是动词 V 时，该动词往往是心理、生理反应类动词，整个结构表达的意义是"某事物使人感受到了 V"。当 X 是名词 N 时，整个结构表达的意义是"说话时所处环境中 N 的性质使人感到不舒适"。

学界对"X 人"的性质有过不同意见。陈昌仪定性为"词组"，罗昕如（2006）、张燕娣等主张为"词"，导致这种界定困难的原因也可以从类型上得到解释。如前所述，词汇型与分析型之间构成的连续统，及物动词词汇型与述补分析型的界限较模糊。如：

（37）你去晒干衣服。

（38）渠塞了许只瓶子。

　　　渠塞得了许只瓶子。

及物动词词汇型在和表结果的"得"组合后，在形式上就与述补分析型致使结构趋同。

"X 人"的命题可以分化为"事件"（某物具有某性质）和"结果"（该性质使人感受或产生反应）。这两个命题的关系在汉语可以有多种策略。如上述的使用"使动词""使动词"虚化为介词是一种。还可以把小句主语提升为宾语，如：

（39）渠打伤了我。——渠打得我受了伤。两个命题是：渠打，我伤。

（40）老师骂哭了渠。——老师骂得渠哭了。两个命题是：老师骂，渠哭。

如果不出现事件 1 中的动作，就产生了"老师烦透了我"（使我烦透）这种价变现象。在这种方式基础上，如果要表达某事物的客观性质致使说话人产生某种相关的评价时，句子在形式上就表现为使用同一个表客观性质的形容词兼表评价意义。如：

水冰人感觉冰　　　——水人感觉冰　　　——水冰人

　　　　筷子有刺人感觉会被"挫"——筷子人感觉会"挫"——筷子
挫人

　　　　房间有烟人感觉烟熏人　　——房间人感觉烟　　——房间烟人

通过上述观察，"X 人"的语义特征可以总结为：

A. 原因事件主体的意图性低。结构中的主体 1 往往是无生命、无意图
的事件或事物。

B. 结果事件主体自控度低。这和该结构主要表达的是主体的生理或心
理直接反应有关。

C. 该结构表达的原因与结果的关系十分密切，是原因导致的直接结果，
或者是通过强调二者的"必然"来强调原因的特征。

### （二）基于"可别度"的解释

句法上的这种"压缩"可以用"可别度领先"（陆丙甫，2005a、
2005b）来解释。在"水冰死人"结构中，"人"由于是自知，其可别度等
级很高，有很强的前置倾向；同时"冰"所表达的动作及性质是表达的焦
点，因而有较强的后置倾向。这样形成效用相同的两种"力量"，一个积极
向后，一个积极向前，结果最终是结合越来越紧密。

## 四　结论

　　Haiman 和 Dixon 的研究对致使结构的编码规律，尤其是在解释词
汇——短语之间的中间形式时非常有利。但是其局限是对汉语中的具体落实
层面上。具体语言对多种动因规律的竞争性落实可以体现为不同的形式。汉
语致使结构的编码规律还受到音节数量、信息可别度等因素的影响。这有待
于我们进行深入的研究。

## 参考文献

陈昌仪　1991　《赣方言概要》，江西教育出版社。

何元建　王玲玲　2002　《论汉语使役句》，《汉语学习》第 4 期。

侯精一　1985　《长治方言志》，语文出版社。

胡　海　2002　《宜昌方言"X 人"结构的分析》，《三峡大学学报》

第 2 期。

胡双宝 1984 《文水话的自感动词结构"v + 人"》,《中国语文》第 4 期。

刘海章 1989 《湖北荆门话中的"V 人子"》,《语言研究》第 1 期。

刘瑞明 1999 《方言自感动词"V 人"式综述》,《汉字文化》第 3 期。

刘瑞明 1999 《方言自感动词"V 人"综述》,《汉字文化》第 3 期。

陆丙甫 2005a 《语序优势的认知解释(上):论可别度对语序的普遍影响》,《当代语言学》第 1 期。

陆丙甫 2005b 《语序优势的认知解释(下):论可别度对语序的普遍影响》,《当代语言学》第 2 期。

罗昕如 2006 《湘语中的"V 人"类自感词》,《湖南师范大学社会科学版》第 5 期。

牛顺心 2008 《从类型学参项看普通话中分析型致使结构的句法类型及其语义表现》,《语言研究》第 1 期。

宛新政 2005 《现代汉语致使句研究》,浙江大学电子音像出版社。

熊正辉 1995 《南昌方言词典》,江苏教育出版社。

熊正辉 1982 《南昌方言词汇(一)》,《方言》第 4 期。

熊正辉 1983 《南昌方言词汇(二)》,《方言》第 1 期。

张燕娣 2007 《南昌方言词汇》,中国社会科学出版社。

朱 琳 2011 《汉语使役现象的类型学和历时认知研究》,学林出版社。

Comrie, Bernard. 1989. *Language Universals and Linguistics Typology* (2$^{nd}$ *sedition*). Chicago: University of Chicago Press. 中译本:沈家煊:《语言共性和语言类型》,北京大学出版社 2010 年版。

Comrie, Bernard. 1974. *Causatives and Universal Grammar*, *Transaction of the Philogical Society*, *Volume* 73, *Issue l*.

Maura Velazquez-Castillo. 2001. *Guarani Causative Construction.*, *The Grammar of Causation and Interpersonal Manipulation*, Philadelphia: John Benjamins Publishing company.

(刘小川 南昌大学语言类型学研究所

万丽萍 南昌师范高等专科学校)

# 谓词性并列短语的否定表达研究

## 李占炳

**提要** 在现代汉语中，谓词性并列短语的否定表达常采用"Neg ANegB"（"AB"表示由并列项 A、B 组成的谓词性并列短语）模式。当"Neg"重读或添加其他成分，或者当"AB"接近典型的自然并列短语（natural conjunction）时，才能采用"Neg AB"模式，因为只有这样才能保证"Neg"能够对谓词性并列短语"AB"进行整体否定。

**关键词** 并列短语　否定表达　类型学

## 一　引言

关于谓词性并列短语的否定表达形式的特点，袁毓林（1999）认为是：通常不能通过在其前面加上"不、没有"等否定词来构成否定式，而是须分别在各并列项之前加上"不、没有"等否定词，如：

(1) 吃饭喝水　*不/没有吃饭喝水不/没有吃饭也不/没有吃饭喝水

(2) 愁吃愁喝　*不愁吃愁穿不愁吃（也）不愁穿

(3) 美丽健康　*不美丽健康不美丽（也）不健康　（转引自袁毓林，1999）

笔者统计分析了《围城》《许茂和他的女儿们》《大学生心理卫生与咨询》《活着》等约 80 万字语料中的并列短语的否定表达，发现仅有一例是通过在谓词性并列短语之前加上一个否定词来对该短语进行整体否定的：

（4）她孤独的一个人可以藏匿在心里温存，拖泥带水地牵上了交亲、叔父、兄弟之类。这女孩子就不伶俐洒脱，心里不便窝藏她了，她的可爱里也就挽和渣滓了。

因此，虽然不能说谓词性并列短语不能通过一个否定词来进行整体否定，但至少可以说这种否定编码方式运用于谓词性并列短语时所受到的限制很大。因为其他谓词性短语可自由地运用这种方式进行整体否定，甚至还排斥在各个成分之前加否定词，如：

（5）勇敢作战不勇敢作战　＊不勇敢不作战
（6）认真工作不认真工作　＊不认真不工作

学界关于并列短语以及否定范畴的研究成果都非常多，但将两者结合起来的专门研究只有袁毓林（1999）发表在《语言文字应用》关于并列结构的否定表达研究，该研究成果被孙德金（2006）主编的《对外汉语语法及语法教学研究》引用。可见并列结构的否定表达在对外汉语教学也是一个难题之一，可是自从袁文之后，学界只有邹哲承（2001）对这个问题的进行过讨论。因此，本文将在袁文与邹文的基础上，从类型学角度分析汉语中谓词性并列短语的否定表达形式，并挖掘出制约该形式的背后动因，同时对动因给予相应的功能解释，因为袁文指出的汉语现象，在其他语言中也存在着，因此在一定程度上可以是共性。既然是共性，说明不是偶然的，那就更需要也更值得解释。

## 二　谓词性并列短语的否定表达

### （一）NegANegB 模式的使用

假设需要对一个二项式并列短语"A（x）B"（A、B 表示并列项，x 表示并列标志）进行整体否定，那么逻辑上有以下 10 种编码模式：

a：当只有一个否定标志时，有 4 种逻辑组配模式：

NegAB；A-Neg B；A Neg-B；AB Neg

b：当有两个否定标志①时，有 6 种逻辑可能性②：

NegA NegB；ANeg BNeg；Neg A B Neg；A-Neg Neg-B

Neg NegAB；ABNegNeg

现代汉语通常将否定词分别前置于各并列项之前（即 NegANegB 模式）来整体否定谓词性并列短语，如：

（7）因为一些大学生常常意识不到人际交往的必然性，在交往活动中不接受、不理会他人的信息。

（8）＊因为一些大学生常常意识不到人际交往的必然性，在交往活动中不接受和理会他人的信息。

例 7 采取 MegA NegB 模式，句子成立；例 8 采用 NegAB 模式，句子不成立。之所以不成立，是由于 NegAB 会产生结构歧义。因为谓词性并列结构前项既可以是肯定式，也可以是否定式，如：

（9）不起床和哭哭闹闹都不顶事

袁毓林（1999）认为如果允许对并列结构进行一次性整体否定，那么这种偏正结构就跟前项是否定式的并列结构就分不清了。即仅从形式上无法区别出例（9）中的"不起床和哭哭闹闹"是表达"（不起床）和哭哭闹闹"还是"不起床和不哭哭闹闹"。凤凰网转载了《印度斯坦时报》关于李克强作为总理首访印度的情况，标题为"不神秘、热情洋溢的总理"③，该标题不但容易让读者产生误解，而且明显带有词词对译的生硬色彩。因为在现代汉语中，当需要表示（NegA）＋B 这个意义时，常采用"B＋NegA"，即将否定式并列项后，如：

（10）表现为过分的自我约束和自制，对人对事死板、不灵活。

（11）而孤独、不合群的人常常有更多的烦恼和难以排除的苦闷。

---

① 这两个否定标志形式可能相同，也可能不一样，为了研究的方便，均标记为 Neg。

② 应该不存在否定两个并列项使用三个否定词的情况，就如两项式并列短语中最多只能出现两个并列标志。（李占炳，2011）

③ 来源于 http：//news.ifeng.com/gundong/detail_ 2013_ 05/21/25556338_ 0.shtml。

英语也使用这种策略：

（12）This new product is of high quality and is not expensive either.
（这个新产品不但质量高，而且也不贵）

另外，英语中也有其他的规避措施，如否定词后的并列成分往往用 or 而不用 and 连接，例如：

（13）People who can not speak or hear can talk by using. （既不会说话，也听不见的人，可以用手势交谈。）

例（13）不会理解为"不会说话，但能听见的人，可以用手势交谈"。但是，否定词后的并列成分也有用 and 连接的，如：

（14）I don't care about her and the others. （我对她和其他人都不关心。）

（15）She had not hand fame or money before. Now they had come. She had not had adulation and affectionate propositions before. Now they had come. （她既无声望，又无金钱。现在两者都有了。过去没有人奉承她，没有人热情地替她出主意。现在两者都有了。）

值得注意的是，例（14）和例（15）中 and 所连接的都是名词性成分，用 and 不会产生任何歧义，即"Neg V NP1 and NP2"只能解读为"NegV（NP1 and NP2）"，不可能解读为"（Neg V NP1）and NP2"，因为"Neg V NP1"不可能与"NP2"构成由 and 连接的一个并列短语。但当否定词后由 and 连接的两个并列成分是谓词性成分时（Neg VP1 and VP2）则可能出出现两种情况：要么仅否定其中任意一个并列成分（（Neg VP1）and VP2)[①]；要么两个并列成分双双受到否定［Neg（VP1 and VP2)］，如：

（16）He doesn't have long hair and wear jeans. （他并非既蓄长发，

---

① （Neg + VP1）与 VP2 同样能构成一个由 and 连接的并列短语，因为两者都是谓词性的。

又穿工装裤。/他没蓄长发，也没穿工装裤。）

如果遇到 and 时如何确定究竟该属哪种情况，则要通过具体的语境，逻辑关系，语言在话语（discourse）范围内的功能等来判断，如：

（17）You cannot eat your cake and have it.（事无双全）

从逻辑上讲，对于你手头上的糕点，你不可能既吃掉它，又留着它，所以例（17）是双双否定。用 and 连接容易产生歧义现象，因此往往用 or 而不用 and 连接被双双否定的并列项。通过将合取类并列标志（and）改为析取类并列标志（or）就解决歧义问题不但符合经济原则，而且符合德摩根定律：

非（p 且 q）=（非 p）或（非 q）

非（p 或 q）=（非 p）且（非 q）

采用 Neg（A x B）模式否定 AB 时，当 x 为析取类并列标志（如"或""or"）则不会产生任何歧义；当 x 为合取类并列标志（"且"、"and"）时则会产生歧义。因为与"非（p 且 q）"等值的"（非 p）或（非 q）"是一个集合，包含三种情况：非 P 且 q、非 P 且非 q、p 且非 q。因此，当需要表达"非 P 且非 q"时，采用"非（p 且 q）"进行编码固然可以，但是这种模式逻辑上仍然有两种语义。换言之，"非（p 且 q）"所表达的意义仅仅是"非（p 或 q）"所表达的意义中的一种。但在汉语中不管是由合取类并列标志（和）还是由析取类并列标志（或）连接的谓词性并列短语一般情况下都不能自由地通过一个光杆否定词进行整体否定。

（18）＊不愁吃和愁穿／＊不愁吃或愁穿

邹哲承（2001）从节律因素分析了为什么 NegAB 模式不成立。从音节节律方面看，"不"是单音节，有很强的黏附性，往往附着在动词及其宾语或形容词的前面，构成的结构可归为黏合式。而两个动宾结构或两个双音节动词或双音节形容词构成的并列结构要比"不＋动（形）"松一些。从音节结构的松紧看，黏合式结构属于紧结构，两个谓词或谓词性结构的组合式相对松一些。而紧结构中只能包含紧结构，不能包含松结构；松结构中可以包含紧结构，也可以包含松结构。例如"吃饭喝水""美丽健康"相对松一些，如果接受一次性否定，就成了"不吃饭喝水""不美丽健康"。其结果是，紧结构中包含了松结构。这样，就违背了松紧音节组合规律。

因此，既然汉语对谓词性并列短语整体否定时不能够遵循经济性原则而采用单否定标志模式，那么，只能尽量向相似性原则靠拢，从而采用逻辑上的 6 种双否定模式（NegA NegB；ANeg BNeg；Neg A B Neg；A-Neg Neg-B；Neg NegAB；ABNegNeg）中的"NegA NegB"模式进行编码，如：

(19) 不愁吃不愁穿/不吃饭不喝水

但之所以不采用其他 5 种编码方式而采用"NegA NegB"模式，因为这符合语言有关否定标志的普遍规律。Dryer（2003）统计发现世界上大部分语言（76.5%）都采用 NegV 形式，即不管在 VO 语言还是在 OV 语言中，否定标志都倾向于出现在动词之前。

## （二）NegAB 模式的使用

当然，在一定的条件下，谓词性并列结构的否定也能采用 NegAB 模式。袁毓林（1999）发现表示假设的语言形式，或者是反问句，或者是前后否定词相互呼应的格式。否定词可以出现在并列结构之前。例如：

(20) 人不吃饭喝水就活不下去。
　　　不读书看报就不知道国际形势。
　　　不美丽健康能当服装模特吗？

另外，当谓词性并列短语是一个整体单位时，或者当否定词后面加上形式动词后，否定词同样可以出现在并列结构之前，如：

(21) 他们不调查研究就匆忙下结论。
　　　他们不调查和研究就匆忙下结论。

他们不作调查和研究就匆忙下结论。（例（20）（21）转引自袁毓林，1999）

袁毓林（1999）对汉语中"NegAB"模式合格的句法条件进行了非常准确的归纳，虽然这种归纳是解释的基础，但毕竟不能够等同于解释。陆丙甫（个人交流）认为这跟层次深浅有关。内嵌越深，越不需要都带否定标志，换言之，否定标志越不需要复现。这有一定的理据，因为内嵌越深的结构越紧密，而越紧密的结构越容易整合成一个整体单位，从而不需要在每个并列项之前都加上否定标志。但"人不吃饭喝水就活不下去"与"﹡他不吃饭喝水"中的"吃饭喝水"中的结构深浅是一样的，但明显前句中的"吃饭喝水"更为紧密。笔者拟从另外一个角度对这些条件给出统一的解释，即解释为什么在这些句法环境中，"NegAB"能够成立。

且先看以下两个例子：

（22）a 不美丽健康就肯定选不上。b 这个人不美丽也不健康。

从语感上来说，例（22a）中的"不"（记为不1）明显比（22b）中"不"（不2）的语气更重，从信息角度看，"不2"仅表否定，而"不1"不但可以表示否定，而且还有假设义。① "不1"的信息量大于"不2"，根据端木三（2007）的信息－重音原则（信息量大的词比其他词读得重），"不1"也应该比"不2"要读得重。Martin Haspelmath（2007）发现当附置词的语法化程度越高，那么越需要在并列结构中复现。如在法语中 à 表示方向意义时，不需要在并列结构中复现，而当表示与格意义时，则需在并列结构中复现。

（23）Je vais à Turin et Venise.

　　　I am going to Turin and Venice.

（24）J'ai emprunte ce livre à Jean et à Marie.

　　　I borrowed this book from Jean and Marie.

看来，假如一个语法成分与并列短语中所有并列项都有意义联系时，那么这个语法成分的语法化程度越高越需要在并列结构中复现，格标记是语法化程度非常高，因此需要复现，如：

---

① 朱德熙（1982：200—201）认为"不"还可以表示假设，例如：不下雨就打不着粮食。不把事情的详细经过讲清楚，人家就不知道谁是谁非。虽然构式语法理论都强调应该避免把构式义归结为构式中的某个成分，因此不能说"不1"具有假设义，但是至少"不1"是构成假设义的一个成分之一。

（25）Lezgian 语：

Ali-din-ni　Weli-Din buba

Ali-GEN-and　Weli-GEN father

（26）Kunuz Nubian 语：

It-todon-go：n　e：n-godon-go：n

Man-COM-and　woman-COM-and

With the man and with the woman（例（23）—（26）均转引自 Shopen，2007）

　　语法化程度越高，意义越虚，那么语气就越轻，辖域也就越小，从而其意无法传递到整个并列短语。可见，语气越重的"不"，辖域越大，因此，带有假设义的"不1"的辖域大于"不2"，从而使得"不1"可以对整个并列短语进行整体否定。利用这个结论，可以推知当并列项数量增多时，否定词的语气必须增重，才能保证"NegABC"的成立。即假如"不美丽健康漂亮"成立，那么其中的"不"一定比"不美丽健康"以及"不美丽也不健康"中的"不"语气更重。另外，当否定词加上形式动词（或其他成分）后，也会使其辖域扩大，这使得以下两例成立：

（27）他们不作调查和研究就匆忙下结论。

（28）继父母与继子女间，不得虐待或歧视。

　　在 Hakha lai 语中，当需要强调各个并列项时，需要在每个并列项后加一个标志，这个标志是伴随标志或者表"aslo"义的副词，如：

（29）？Aàrpii = heé？a-faà = leé = heè　（Haspelmath，2007）

Hen = COM　3SG. POSS-children = COLL-COM

Both the hen and the chicken.

（30）Làwthlawpaa = ni？　？aà-saa zón vok-saa zón ？a-zuár

Farmer = ERG　chicken-meat aslo pig-meat aslo

3SG. SUBJ-sell

Thw farmer sold both chicken and pork.

　　当需要强调的并列项是一个小句时，那么只能是副词，而不能是伴随标志。

> （31） Làwthlawpaa = ni?? aàr　zón　? a-tsook　vok　zón　? a-zuár
> Farmer = ERG　chicken　aslo　3SG. SUBJ-buy　pig aslo
> 3SG. SUBJ-sell
> The farmer　both bought a chicken and sold a pig.
>
> （32）　* Làwthlawpaa = ni?? aàr = heè　? a-tsook　vok = heè
> 　　? a-zuár

　　一般而言，小句在形式上比单个短语或词要长。因此，意义更实的副词比伴随标志更适合将其管辖。藏缅语的否定副词限制连动结构时有两种语序：一种是否定谓词位于整个连动结构前（NegV1V2）；一种是位于连动结构的中间（V1NegV2），如：

> （33） 拉祜语：ta⁵³　xe²¹ tshi³³　zɔ⁵³　ma⁵³　te³³ ga⁵³
> 　　　　事情这他不做肯（这事情他不肯做）。
> 　　　　纳西语：tʂhw³³　ni³³　xa³¹　mə³³ bw³³
> 　　　　今天买不想（今天不想买）（转自戴庆夏、邱月，2008）

　　以上两种形式的差异，反映了不同语言对连动结构的认知观点，采取NegV1V2 的语言把连动结构看成一个紧密的整体，而采取 V1NegV2 的语言把连动结构看成一个松散的结构。（戴庆夏、邱月，2008） Hakha lai 语和藏缅语的情况反映了被辖域单位的形式长度以及整体性都会影响统辖单位的使用，这同样适用于谓词性并列短语的否定表达。袁毓林（1999）认为"调查研究、贯彻执行"已经成为固定习用的成语，在功能上就跟单个的动词差不多了。因此能说"不调查研究"。再看另外一个例子：

> （34）"遵纪守法户"只是小学"文凭"，不违纪、不违法、不超
> 　　　生、不打架斗殴、按时交公粮交提留，一般就能评上。

　　"打架斗殴"本是一个谓词性并列短语，但在该例中作为一个整体单位，因为其与单个动词"违纪""违法""超生"相平行。因此能采用"NegAB"模式。但是在汉语中什么样的并列短语能看成一个整体尚未有一

个可操作性的标准。Wälchi（2003）把并列短语区别为自然并列短语（natural conjunction）和偶然并列短语（accidental conjunction）。自然并列短语一般只包括两个并列项，并且这两个并列项常习惯一起出现（爸爸和妈妈等），随着使用频率的提高，逐渐融合成一个概念单位（coordinative compound）。自然并列短语与偶然并列短语在形式上的一个区别是：前者常省略并列标志，而后者一般不省略并列标志①。正是因为不管语义还是线性距离，自然并列短语中并列项之间关系都比偶然并列短语中并列项之间关系要紧密。因此，在英语中，定冠词 the 不需要前置于自然并列短语中每个并列项之前，而需出现在偶然并列短语中并列项之前，如：

The house and garden；＊The 　house and stamp collection

在 Bulgaqrian 语中，虚拟标志（subjunctive particle）不需要出现在自然并列短语每个并列项之前，而在偶然性并列短语中则需出现在每个并列项之前。

（35）Ivan　veèe　mož-eše　　da cìt-e i　　da　　pluva

Ivan alrady　can-PAST　SJNCT read-3SG　and　SJNCT

swim/3SG

Ivan could alrady read and swim.（natural conjunction）

Ivan　veèe　mož-eše　　da cìt-e　　i piš-e

Ivan alrady　can-PAST　SJNCT read-3SG　and　write-3SG

Ivan could alrady read and write（accidental conjunction）（转引自 Haspelmath，2007）

王韫佳、初敏、贺琳（2006）通过语音实验发现例（36）和例（27）中并列短语的重音分配情况一样，例（5）与例（6）相同。例（36）中并列短语只有后项获得重音，而例（37）中的两个并列项都为重音（下划线部分）。

（36）但人们还是显得悠闲自在。

（37）两国关系前景美好而广阔。

---

① 当然，并非所有的语言中的自然联合短语与偶然联合短语都以并列标志的隐现为区别手段，因为有的语言中的偶然并列短语也并不一定强制出现并列标志。（Wälchi，2003）

"吃苦耐劳""悠闲自在"之所以不等重，是由于两个并列成分在节奏上已经紧缩为一个不可分割的整体，类似于成语，因此这个整体中并非每个音节都有必要被重读。而"美好而广阔"内部两个成分之间节奏关系比较松散（内部有间隔或者停顿），彼此之间具有一定的独立性，当整个短语在语义上需要被强调时，两个成分就同时被凸显出来。其实，"悠闲自在"可以归入自然并列短语，而"美好而广阔"可以归入偶然自然短语，自然并列短语中不需要所有并列项都重音，而偶然并列短语要求所有并列项都重音。因此，从重音情况来看，自然联合短语比偶然联合短语更容易被单个否定标志统辖。现代汉语中谓词性并列短语能否被单个否定标志整体否定（NegVP1VP2），也取决于该谓词性并列短语自然并列短语还是偶然性并列短语。越是典型的谓词性自然短语越可以采用"NegVP1VP2"模式，越是典型的谓词性偶然并列短语越不能采用"NegVP1VP2"模式。这可以用下图直观展示：

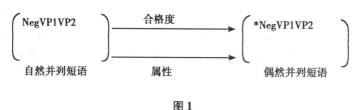

**图1**

越是靠近自然并列短语的谓词性并列短语采用"NegVP1VP2"模式的接受度越高，反之则越低。换言之，"不"否定典型的自然并列短语时不需复现，而否定典型的偶然并列短语时则需复现。

因此，在汉语中要使得""NegVP1VP2"合格度高，一是要采取一定的措施增强 Neg 的管辖能力（如加重语气、添加形式动词等）。二是尽量使VP1VP2 在语义上更为紧密以及在形式更短（如选择常隐去并列标志的、一般只有两项并项的自然并列短语）。这两种不同类型的措施异曲同工，一个是尽力扩大 Neg 的辖域，一个是尽力使 AB 缩紧成一个整体单位，但都是为了使"NegAB"合格度增加。

## 三　否定式并列标志

刘丹青（2008）指出句子的否定虽然针对的是句子的整个命题，但否定成分不管是副词还是形态成分，却常常只加到谓语动词上。比如"时"

"体""式"等范畴，尽管语义内容指向整个句子所表达的事件（如"时"）甚至整个命题（如"式"），但却只在谓语动词上表现出来。同样，当两个成分并列时，连词实际上是成分结构的核心（正如介词短语以介词为核心），形式语法将连词与其所连接的成分看做连词短语（ConjP），假如是并列连词就称为 &P，因此否定成分被吸收到作为核心的连词上也是很自然的。英语中存在 neithe…nor 这样的否定并列连词，其词形就说明这一对词是并列关联词 either…or 与否定词有关的要素 n 结合的产物，如：

（38）Neither you nor he is to blame.

"neithe…nor"之类的否定式关联并列标志的存在，语义上可以避免结构歧义，语用上可以突出各并列项。因此，不少语言中都存在类似的关联否定式并列标志，如：

German：weder…noch    Swedish：vaken…eller
Latin：ne-que…ne-que  Dutch：noch…noch    （Haspelmath，2007）

甚至有的语言中，不止一对否定式的关联并列标志，当然，这些不同的关联并列标志的分工各不同，如法语：

ne…ni A ni B 连接具有相同性质的表语/宾语/状语
ni A ni B 连接谓语相同的不同主语
ne A ni ne B 连接同一主语的不同谓语
ni A ne…，ni B ne…连接主语不同的两个否定句

有的语言不存在否定式关联并列标志，但存在否定式单并列标志，这种并列标志严格出现在"not A x B"中的 x 位置上，如 Irish 语中的 nà：

（39）Níl    mac   nà   iníon     aige
　　　Neg. is  son   nor  daughter  at. him
　　　He doesn't have a son nor a daughter.（Haspelmath，2007）

汉语中既不存在关联否定式并列标志，也不存在单否定式并列标志。这促使汉语更多地施力于扩大否定标志的辖域以及加大并列短语的整体性来整体否定并列短语，从而采用 NegAB 模式。或者遵循语言相似性原则，从而

采用 NegA NegB 模式。

# 四 结论

我们知道当 A、B 为谓词性成分时，"NegAB" 既可以理解为（NegA）B，也可以理解为 NegANegB，但是当 A、B 为体词性成分时，NegAB 不可能理解为（NegA）B，因为 "NegA" 与 "B" 不能构成并列结构。这促使对谓词性并列结构进行整体否定时，尽量避免采取 "NegAB" 这种编码方式，但由于这种模式符合经济原则，也符合否定标志前置的普遍规律，因此在一定的条件下也可以出现。如在英语中通过改变连接并列短语的并列标志（将 and 改为 or）；而在汉语中越是典型谓词性自然并列短语越能够采取 "NegAB" 模式，因为，典型谓词性自然并列短语常隐去并列标志，从而减短了整个并列短语的形式长度。另外，也可通过加重否定标志的语气这个策略，或者在 Neg 后加上某些特定的成分（形式动词等），增强否定标志的统辖能力。

由于并列短语的特殊性，即各个并列项之间在句法上是平等的，因此，对并列短语的否定需要采取一定的措施确保每个并列项都被否定了。而不同的语言对措施的选择不一。如果对经济原则更为偏重，那么可以通过选择特定的并列标志来达到目的；如果对相似原则更为偏重，那么会在每一个并列项前面添加否定标志。

因此，通过以上的研究，我们在研究或调查其他少数民族语言或方言中的并列结构的否定表达时，可以选择以下几个参项作为切入点：

1. 谓词性并列短语的否定与其他谓词性短语的否定表达模式是否相同？如果不同，那谓词性并列短语的否定表达采取何种形式编码？如果不止存在一种编码模式，那么这几种编码模式出现的句法条件分别是什么？

2. 是否存在专门用于否定状态下的并列标志（类似于 "neither…nor"）？

3. 如果采取 NegAB 模式，那么该语言是采用什么措施去避免将 Neg（AB）理解为（NegA）B？

4. 并列短语是自然并列短语还是偶然联合短语，是否会影响到否定表达模式的选择？

# 参考文献

长　弓　1988　《也谈否定词后并列成分的连词——兼与孙高升同志商榷》，《大学英语》第 1 期。

戴庆夏　邱　月　2008　《OV 型藏缅语连动结构的类型学特征》，《汉语学报》第 2 期。

端木三　2007　《重音、信息和语言的分类》，《语言科学》第 5 期。

刘丹青　2008　《语法调查研究手册》，上海教育出版社。

李占炳　2011　《并列标志的类型学考察》，南昌大学硕士论文。

李　瑛　1992　《"不"的否定意义》，《语言教学与研究》第 2 期。

王韫佳　初　敏　贺　琳　2006　《汉语焦点和语义重音分布的初步实验研究》，《世界汉语教学》第 2 期。

袁毓林　1999　《并列结构的否定表达研究》，《语言文字应用》第 3 期。

朱德熙　1982　《语法讲义》，商务印书馆。

邹哲承　2001　《联合结构的研究》，上海师范大学博士论文。

Martin　Haspelmath. 2004. Coordinating Constructions，*Typology Studies in language* 58.

Timothy Shopen. 2007. *Language Typology and Syntatic Description*：volume 2，Cambridge University Press.

Wälchi，Bernhard. 2005. *Co-compounds and Natural Coordination.* Oxford：Oxford University Press.

（李占炳　南昌大学语言类型学研究所）

# 作为汉语中显赫句法成分的状态补语

陆丙甫　　应学凤　　张国华

**提要**　从类型学的角度看，状态补语的原型虽然是焦点化的方式表达，但其功能已经远超出方式状语的范围，具有强大的能产性和扩展能力。它的语法化程度极高，就其凸显程度而言，可说是汉语句法成分中最容易识别的一个成分。因此，它不仅该看作现代汉语句法中一个独立的成分，而且该看作一个显赫范畴，不宜取消或合并到其他成分中。状态补语的性质特点，是汉语尾焦点凸显这一信息结构特点的又一个明显表现。

**关键词**　显赫范畴　状态补语　语言类型学

## "语言库藏类型学" 和 "显赫范畴"

语言库藏类型学（Linguistic Inventory Typology）是刘丹青（2011）创设的一个语言类型学分支或一种研究视角，它首先研究哪些语义、语用范畴更容易语法化而进入语言的库存手段。例如，有关指称的以下几个范畴中，最容易语法化的是有定，最不容易语法化的是类指。因此许多语言有专门表示有定的定冠词，但极少有语言会有专门表示类指的类指冠词。

（1）跨语言的入库能力等级：

**有定 > 无定 > 实指 > 类指**

根据上面这个等级，也可以推理出有不定冠词的语言必然有定冠词，但是反过来不一定。德国 Konstanz 大学共性档案库（The Universals Archive, Plank，2009）第 1167 条就指出：

（2）共性 1167 条：

> 如果一种语言有语法化的不定冠词，那么它很可能也有定冠词，反之则不必然。

其次，更重要的是，库藏类型学关注某个具体的库藏手段，即已经语法化的形式手段能用于哪些语义、语用范畴。这也就是对形式和语义、语用范畴之间双向互动的强调。

"显赫范畴"（mighty category）是用以观察语法形式对语义、语用范畴反作用的核心概念之一。同样的语法范畴，在不同语言中的使用情况会很不相同。一个范畴如果在某语言中既凸显（特征明显）又强势（使用广泛），就是该语言中的显赫范畴。刘丹青（2012）用动物界的"显赫器官"来比喻：鼻子的原型功能是呼吸及嗅觉器官。但是不同动物的鼻子的扩展功能是不同的，例如大象的鼻子，还是取水饮水、抓取树叶等食物甚至争斗斯打的基本工具。鼻子对于大象就是显赫器官。各种语言中的显赫范畴是不同的，如比较级在英语里是显赫范畴，英语中下面这些比较级的用法就是汉语的比较级所不具备的（参看刘丹青，2011）：no longer（不再），earlier ／ later than X（在 X 之前/之后），higher wage! shorter working time!（提高工资！缩短工时！）。这些表达在汉语中都不是由比较级所表达的。

刘丹青（2012）指出汉语的显赫范畴有话题、量词、连动结构、主次复句（相对于并列复句和主从复句）等。刘丹青（2010a）也指出，汉语的动词比英语的动词显赫，这表现在许多表达中，在英语中可以或必须用名词表示，则汉语中必须或可以用动词表示。再如，表示所嫁对象的选择错误，汉语落实在动词上，说"嫁错了男人"，英语则落实在名词上，说 to marry a wrong man。

库藏类型学和显赫范畴的提出，为语言比较研究提供了一个新的视角。本文在刘丹青列举的汉语显赫范畴之外，再补充一个，那就是汉语的状态补语。

# 一 "状态补语"作为汉语中最具特色的一个句法范畴

汉语的"补语"这一句法术语，为汉语及其某些周边语言的语法描写体系所特有。虽然一般外语学界或汉语生成语法学界也把传统英语语法的 complement 或较少用的 complementation 翻译为"补语"或"补足语"，但实际上所指大不相同（参看刘丹青，2005；吕叔湘，1979）。在生成语法中，则主要指宾语。而这两类成分都不是汉语语法中一般所说的补语。只有黎锦熙的"补足语"跟传统英语语法中的 complement 一致（参看刘丹青，2010b）。

　　为了避免误会以及其他一些原因，不少学者主张在汉语语法中取消"补语"这一术语，将所谓"补语"，特别是"走得很快"中的补语所属的这一类，跟其他句法成分加以归并。较早的有 Chao（1968）和 Li & Thompson（1981），认为"走得很快"中的补语实际上是主要谓语。近年来有金立鑫（2009、2011）和邵菁、金立鑫（2011）等，认为语义上描述主语和宾语的补语可分析为"次级谓词"（secondary predicate），而修饰动作行为的补语该看作"后置状语"。而吕叔湘（1979）、沈家煊（2010）则认为可以跟宾语合并为一个大"补语"（实际上就是把补语看作"大宾语"的一种，接近生成语法的 complement）。三种处理的本质都是取消通常意义的"补语"，但是归并的方向不同，在传统"六大成分"的框架内，大致上分三个方向：主要谓语、状语和宾语。

　　刘丹青（2005）的看法比较中立，认为先秦汉语中已经存在的所谓"补语"可以取消，而后来发展起来的补语就不一定了。刘文把现代汉语中的补语概括成 11 类：

　　1）结果补语：打死、喝醉、拉长、说明白、打扫干净

　　2）趋向补语：走来、躺下、开过去、提上去、爬起来、滚下去

　　3）可能补语：走得远、跳不高、吃不下、说得清楚、洗不干净、装不了、填不满

　　4）带"得"的副词性程度补语：好得很

　　5）带"得"的谓词性情状 – 状态补语：唱得很动听、走得很慢、恨得要命、累得慌

　　6）带"得"的谓词性结果补语：唱得哑了嗓子、累得倒在田里、漂亮得令人眩目

　　7）带"得"的小句补语：说得大家都笑了、重得两个人也抬不动

　　8）不带"得"的副词性程度补语：好极了（忙透了、累坏了）

　　9）动量补语：打了一记、说了五次、跑了两趟、输了三回

　　10）时量补语：飘了三天、聊了半个钟头、住了半年

　　11）介词结构补语：走在大路上、住在农村、关到监狱中、取自民间、来源于生活

刘文认为以上第1—9类补语，在先秦汉语中都不存在。他的结论是，"即使在现代汉语中存在暂时难以简单取消'补语'的理由，这些理由对古代汉语（主要指先秦汉语）来说也并不成立。在古代汉语中使用'补语'这个特设的概念，是有弊无利的做法"。刘文也指出，"现代汉语所说的'补语'类型，绝大部分在先秦汉语中尚不存在，光这一点，就使得古代汉语设立补语的必要性大打折扣"。但是他并没有否认现代汉语中使用"补语"这一术语的必要性。上述观点在刘丹青（2008：72—78）的文中有更明确的表述。

本文主要讨论刘文所列举的第5、6、7三类补语。这三类补语的界限不是很明显（刘勋宁，2006），可以合并成一大类，一般称为"状态补语"或"程度补语"。如徐枢（1985：155—166）的8类补语中，就把这三类合并为"状态补语"一大类。本文也采用这一术语。

事实上，状态补语也的确是最能表现汉语特点的补语，关于补语是否是一个独立成分的讨论，主要也是指状态补语。刘文所提其余9类中，第1—3小类都是"黏合结构"，即复合词的内部成分；第4、8小类如"好得很""好极了"等，能产性很小，可看作特殊的熟语性表达；第9小类即动量补语，如"打了一记、说了五次、跑了两趟、输了三回"和第10类时量补语，如"飘了三天、聊了半个钟头、住了半年"，在人类语言中普遍存在，从跨语言比较的对等性原则出发，完全没有必要独树一格地把它们称为"补语"；第11类，即介词结构补语，可以重新分析为"［走在］［大路上］"，并且后面的处所表达是体词性的，似可处理为"动宾"结构。

状态补语不宜看作主要谓语，除学界已经提到的种种理由之外（参看Huang，1988），这里再补充一条理由：它是一个可以无限递归的成分：

（3）骂得他哭得眼泪流得手帕都湿得……

陆丙甫（1983）曾指出，只有从属语才能无限递归，如定语里带定语的无限递归："……老师的老师的老师的老师"，宾语中带宾语的无限递归："张三知道李四认为王五主张……"。因此，既然状态补语可以无限递归，就不宜如Chao（1968）和Li & Thompson（1981）那样将之处理为主要谓语。处理成主要谓语的另一个困境是：它本身可以非常复杂，甚至是个复句，可以有自己内部的各种句子成分，而这些句子成分和主语的同类句法成分显然不属于一个层面和分析流程。这正如宾语也可以是个很复杂的句子，其内部的宾语、状语和主语的宾语、状语等不能混在同一个分析流程分析，而应该作为一个整体拿出去进行另一流程的切分一样。

至于归并进（后置）状语还是宾语，这个难以解决的两难处境，本身就启示了不如看作独立的一个句法成分。

## 二 状态补语作为显赫范畴的基本特征

刘丹青（2012）曾提出 5 条鉴别显赫范畴的特征，其中最重要的是以下第 1、2 两条。我们看看状态补语是否符合这些标准。

第一，语法化程度高，包含形式"凸显"这一点。状态补语必须带明显的引出标志"得"，必须出现在所属小句的句末，语法的形式特征相当明显，比起主语、宾语的形式特征都明确得多，甚至可以说是汉语中特征最明显、最容易识别的一个句法成分。关于主、宾语的定义和范围，汉语语法学界至今无法统一。主语跟话题和处所、时位（如定指的时间表达，如"这三天"等，相对不定指的"时量"，如"三天"等而言）有纠缠。宾语首先跟主要动词后的其他体词性成分之间划界不清，有些学者认为不定指的时量、动量（合起来是"事件量"，如"看了这本书三天/三次"中的"三天、三次"）也是宾语，有些学者认为不是，也有折中地处理为"准宾语"的。相对而言，自成一个范畴的状态补语，其范围相当明确。

第二，能用来表达与其原型范畴相关而又不同的语义语用范畴，即"强势"。它们在其他很多语言中通常编码为其他语法范畴。

例如，它的表达功能可以相当于英语中系动词后面的谓语部分：

（4）a. 他死得年轻。

　　 b. He died young.

（5）a. 他退休得早。

　　 b. He retired young.

（6）a. 他长得/出落得又高又英俊。

　　 b. He grew tall and handsome.

状态补语也可以表达其他一些语言中的被动句：

（7）a. 这些内容组织得很好。

　　b. These contents are organized very well.

或者可表达其他一些语言中的"中动句"：

　　(8) a. 这把刀切得很快。
　　　　b. This knife cuts fast.

特别值得注意的是，还可以表达其他很多语言中的"致使句 + 结果从句"这一复杂结构：

　　(9) a. 我气得他两手发抖。
　　　　b. I made him so angry that his two hands were shaking.

这是汉语编码简洁的重要表现之一。

以上两条标准实际上就反映了显赫范畴的定义"既凸显（特征明显）又强势（使用广泛）"。此外，刘丹青的 5 条标准还包括以下三条：

第三，显赫范畴必须是在该形式所表达的语义中占据原型地位或核心地位的范畴。

第四，能产性（类推性）强。

第五，显赫范畴意味着它们在心理层面是易被激活的、可及性高的范畴。

这最后三条，跟前面所谈两条定义性标准密切相关，都不难理解。例如第四条，和第二条"强势"相通；第五条，实际上是显赫范畴的认知基础，本身可以作为显赫范畴其他特征的认知解释。

除以上这些特征之外，我们还可以补充以下一些衡量显赫范畴的辅助标准。如对整个语法体系或者其他结构的影响程度（金立鑫，个人交流）。一般认为，汉语中很活跃和显赫的"把"字句，跟谓词性补语（不包含动量补语等）的使用有关，可算是补语对汉语整个语法体系重大影响的例子之一。

最后，显赫范畴通常跟显赫构式相关，而显赫构式能赋予构式中某些成分通常不具备的功能。如讨论英语构式语法的经典例句：

　　(10) Pat sneezed the napkin off the table.

这个句子中的 sneeze，在英语词典中均标注为不及物动词，但在这个构式中，却具有了通常不具备的及物动词的功能。

汉语的例子有：

（11）高（过）他三寸。

"高"为形容词，通常不能带宾语，但在这个构式中却带了一个宾语，并且这个宾语的存在取决于后面数量表达的存在。

（12）买/拿他一本书。

"买、拿"为二价动词，但是在这个构式中，增加了一个表示"所从来源"的论元。这表明汉语表示"索取"意义的双宾语句式也是比较显赫的。

状态补语在这方面也有明显表现，如可以增加动词的价数：

（13）这瓶酒醉得我晕头转向。

"醉"原为一价动词，但"醉得"可带一个宾语加一个状态补语。若把状态补语看作论元（构式的必要成分），则"醉"从一价变成了三价。

（14）这瓶酒喝得我晕头转向。

"喝"则从二价变成三价。

例（13）（14）表明显赫成分状态补语跟显赫的"动得 - 补"构式密切相关。

## 三　状态补语是汉语中"话题 - 自然焦点"
## 　　对比之凸显的集中表现

不少学者认为汉语句法形式更偏重于对语用功能的编码，即汉语语法反映了更多语用功能的规律。状态补语也是如此；虽然其核心和来源是焦点化的方式表达，但是高度语法化的结果，使其功能大大超越了方式表达，以至主要谓语动词之外的许多陈述性表达都可以编码为状态补语而达到焦点化的效果。为了更好说明这一点，以下3.1节先介绍一下汉语中句法成分具有更大语用基础的一般情况，3.2节再回到状态补语问题。

## （一）汉语的话题/主语和宾语的语用特征

类型学中一般认为原型主语是施事和话题的结合。但是汉语主语的特点是语用性比多数语言的主语更强。因此许多学者认为汉语的主语就是话题，如赵元任（1968）。

吕叔湘（1979）曾经举一个例子说明汉语主语的特点：主语是委员会（论元集合）中挑选出来的主席。主语是否施事并不重要，只要是论元就行。这个说法凸显了主语的话题性，与其说适用于主语，还不如说更适用于话题。

汉语主语的话题性超过一般语言的主语，表现之一是汉语主语很难容纳不定指成分，而多数语言对不定指成分充当主语则宽容得多。

汉语主语的话题性超过其他多数语言的主语这一点，还可以解释汉语中语义角度的"非典主语"（non-canonical subjects）特别多这一现象，如"<u>这个萝卜切丝</u>""<u>一锅饭吃五个人</u>"等。

不仅主语如此，如果说原型宾语是受事和（自然）焦点的结合（陆丙甫，1998），那么汉语宾语的焦点性强于多数语言的宾语。表现之一是"非典宾语"（non-canonical objects）特别多。如"吃馆子/大碗/父母/马屁""跑关系/博士点/项目/工程""写毛笔/红墨水/魏碑/大字"以及"考大学/100分/数学/学生"等。这些非受事之所以能充当宾语，就是因为具有较大焦点性。这从下面的比较可以看出：

（15）教大学/中学/这个学校 // ＊学校

（16）写毛笔/钢笔/圆珠笔/铅笔 // ＊笔

"教学校"和"写笔"之所以不说，是因为信息量太小而不足以看作焦点，既然多数老师都在学校里教书，"教学校"中的"学校"就是冗余信息。同样，"写"的默认工具当然是"笔"，"笔"作宾语也没有多少信息量可言。同样的例子还有，"吃食堂/饭店/＊厨房"（"吃餐厅"中的"餐厅"如果指家庭餐厅、吃饭间，也不合格；若指营业性餐厅，则合格）。"教红楼梦/相对论/＊教科书""洗热水/冷水//＊水""喝小杯/＊杯子/小碗/＊碗"等等。

　　针对上述基于信息量的分析，一个反例是：大量存在的双音节动宾结构"读书、写字"，其中宾语都是信息量很小的类指成分，也能成立。对这一反例可以根据它们都是"虚化"宾语而加以排除。"读书、写字"翻译成英语就是 read 和 write，其中的宾语不必出现。又如，"教书"中的"书"，比"教科书"信息量更小，但也已经虚化了，整个"教书"表示"从事教育"的意思。汉语这类虚化宾语，往往已经成为复合词的一部分，可看作是"离合词"中的宾语。宾语虚化的原因之一就是因"太典型"而无须提及；原因之二是往往出于节律的需要。看来，动宾结构的成立，是信息量限制和宾语典型性两个因素互动的结果。

　　邢福义（1991）指出可以说"听耳机"但不能说"＊听耳朵"，因为听总是用耳朵，没有提供新信息。邢文认为"写字"中的"字"是目标宾语，是"写"的结果，属于常规宾语。他的结论是，"如果不提供新信息，一个可以成立的动宾结构里的宾语肯定不是代体宾语"。这里所谓"代体宾语"也就是非常规宾语。提供了"新信息"，也就是具备了更多焦点性。

　　汉语存现句的特点也反映了汉语句法成分语用性更强这一总倾向。存现句在很多语言中，主要特点是作为存现物的主语后移到处所状语后，一般并不改变主语和状语的形态标志和句法身份，如日语例子：

　　（17）教室 – に –（は）　　　　たくさん – の学生 – が座ている
　　　　　教室 – 处所 – 话题许多 – 领格学生 – 主格坐着
　　　　　"教室里坐着许多学生。"

　　其中，处所和存现物分别用处所格（或加上话题标志）和主格，只是位置颠倒而已。

　　俄语里这个句子的最对等的翻译是：

　　（18）В　аᴄᴄе сидят Многие студенты.
　　　　　处所介词教室. 处所格坐着. 复数. 现在时许多. 多数. 主格学生. 多数. 主格

　　韩语里的对等翻译，情况和日语完全一样：

　　（19）교실에(는)　　　　많은학생들이앉아있다.

gyosil-e-neun manh-eun haksaeng-deul-ianj-a-issda.

教室－处所助词－话题许多－定语学生－多数－主格坐－持续态

　　但是在汉语中，一般把存现句中前面的处所成分分析为主语，可算是非典主语，同时把存现物分析为宾语，可算是非典宾语。这是一个汉语中无论主语还是宾语其语用性都更强的集中表现。

　　此外，汉语形容词后可以带"当事"宾语，如"白了头发、绿了江南、坏了良心、腐败了官场"。这些在其他很多语言中通常编码为主语的"当事"，之所以能在汉语中作宾语，就是因为它们跟存现句中表示出现和消失的主体一样，是经历了谓词所表达的变化，跟没有变化前的原状不同了。在存现句方面是位置的移动，在形容词谓语中是性质的变化。由于"变化"包含了新信息，因此可说这类宾语跟存现句的宾语一样，都反映了汉语宾语超过一般语言中宾语的焦点性。

　　以上分析表明，如果句法成分是兼顾语义、语用表达功能的编码形式，那么汉语的主语和宾语都比一般语言落实了更多的语用性。"话题—焦点"这一基本语序符合语用的信息流方向原理。因此，汉语比一般语言都更凸显语用功能。下面让我们看看状态补语的语用焦点性。

## （二）汉语状态补语的焦点性

　　刘丹青（1995）认为"状语和补语在句法方面性质一致。状语和补语的根本对立是语用对立。状语是谓核的附属信息，而补语通常是句子的自然焦点所在。"其实，在状语既可以前置又可以后置的语言中，后置状语也普遍带有更大的焦点性。这一点在英语中可以看得很清楚（Lu & Wu, 2009）。英语中方式状语虽然可以前置也可以后置，但是只有后置的才能回答问题而成为自然焦点、新信息。

（20）a. How did he answer the question?

　　　 b. He answered the question foolishly.

　　　 c. * He foolishlyanswered the question.

　　离开语境孤立看，b、c 两个句子都成立。但是作为问句 a 的回答，只能用状语后置的 b 句，因为只有后置状语才代表回答的新信息。换言之，前置方式状语不能单独回答问题，单独构成焦点新信息。当然"He foolishly answered the question"，可以回答"What did he do?"这样的问题，但此时的新信息是整个谓语部分。

此外，离开语境独自成立的 b、c 两个句子，解读也不同，前者的第一解读有"回答的结果错误"的意思，后者的第一解读则有"根本不应该回答"的意思。

英语许多句式中的后置状语还有一个特点，即往往能用形容词形式。如：

（21） a. He drives slow（ly）.
　　　　b. He slow∗（ly）drives.
　　　　c. He drives his car slow?（ly）
　　　　d. He drives his car slow∗（ly）into the garage.

a、b 之间的差别可以解释为后置状语在这类结构中，多少具有谓语的性质（参看陆丙甫、应学凤，2013），因此可以采用作谓语的形容词形式。换个角度也可以说，这里的动词有系动词的性质。c 是边缘性句子，其可接受性可以解释为句末的 slow 多少具有一些补足语性质，整个结构类似于致使结构 VOC 里的 C。d 则表明上面这个分析因为后面多了一个成分而不复成立。整个（21）显示，后置状语有较大可能感知、释解为谓语，有较大的、谓语通常具备的焦点性。

汉语的状态补语跟前置方式状语相比，也有这个特点，如下面（22）所示。

（22） a. 他回答得怎么样？
　　　　b. ∗他愚蠢地回答了。
　　　　c. 他回答得很愚蠢。
（23） a. 他怎么样/怎么回答的？
　　　　b. ∗他愚蠢地回答了。
　　　　c. 他回答"不想去"。

如果状语"愚蠢地"不作为自然焦点回答问题，"他愚蠢地回答了"是合格的，但是其中"愚蠢地"不能回答问题，所以不是自然焦点。（23）则显示汉语中，如果用前置的"怎么样"去提问，回答所指必须不是方式，而是具体的内容（并且也同样在句末）。注意，这里即使用疑问副词"怎么"去提问，回答仍然不能是前置的状语。方式比起内容，具有更多新信息的性质，因为内容是论元，是动词次范畴分类的标准，虽然具体内容无法预测，但这个成分的出现具有更大的可预测性。所回答的内容和方式，虽然都后置，但是"怎么样"提问内容时必须前置，而提问方式时必须后置。这也间接地反映了方式比内容有更多新信息的性质。此外，这跟方式表达通常是谓词而内容表达往往有体词性也有关，因为体词比谓词可别度高，有更大前置倾向。

不过，虽然英语中的方式状语前置时和后置时也有这样的语用差别，但是汉语的方式状语和状态补语的编码形式有明确区分，后者必须在动词后带个词缀"得"。这是其高度语法化的标志之一。

实际上，大部分状态补语，不能搬到前面作状语，刘丹青的第6、7小类补语都不能前置。而其中第5小类所举"唱得很动听、走得很慢、恨得要命、累得慌"中，只有"动听、很慢"可以前置而说成"很动听地唱、很慢地走"。

在形式上，状态补语也跟英语的后置方式状语大不相同。英语后置状语跟前置状语一样，形式上除重度的限制外，其他方面并无明确区分。但是汉语中，所谓后置方式状语必须用动词后缀"得"引出。这使它跟多数语言中的后置状语大不相同。而且正是因为这个标志，它被赋予了极大的能产性，可以表达一些非状语的其他成分。

有一点很有趣，英语的前置状语可以是最高级形式，但是汉语最高级意义的方式表达只能后置于动词而编码成状态补语：

总之，状态补语的原型虽然来自焦点化的方式状语，但因为高度焦点化，内容和形式都远远超出了方式状语的范围。

又，据郭中（2013），我国境内至少还有14种民族语言（阿眉斯语、布嫩语、排湾语、毛难语、拉珈语、京语、畲语、苗语、傣语、佤语、勉语、布努语、黎语、壮语）有类似汉语补语标志"得"那样的补语标志以及类似汉语状态补语这样的成分。这些语言都是状语主要前置的VO语言。如果这些语言中对应于"得"的语素不是受汉语影响而发生的，那么，就可进一步显示：状态补语的发展，某种程度上是对状语只能前置而拙于表达自然焦点这一限制的弥补。

自然焦点居于句末而凸显，也是汉语语用凸显这样特点的表现之一。这导致了汉语语序区别于绝大多数 VO 语言的一个重大特点：既非话题又非焦点的中性成分，主要是状语（排除语气性状语），通常都位于话题和动词的中间位置，而这又大大增加了话题和自然焦点的距离和对比（Lu & Wu，2009）。状态状语也是这一语序战略安排的具体表现。

可以附带注意的一个平行现象是，汉语中焦点性强的定语也通常居于句末而"谓语化"（陆丙甫，2004）。

# 四　余言

以上我们主要讨论了状态补语作为汉语中一个显赫范畴的一些理由。当然，这不是唯一的处理方法。如果取消补语，那么这些作为显赫范畴的特点还是存在，就要把所归并的成分看作显赫成分。例如，我们也可以把谓词短语充当的状态补语结构，如"他长得很高""他气得说不出话来"中的"X 得"看作系动词，后面的谓词短语看作系动词的宾语（参看陆丙甫、谢天蔚，2002）。并且把后面跟一个宾语和一个谓词短语的补语结构看作致使结构，如"他气得张三说不出话来"可以对照"他使（得）张三说不出话来"，把"气得"看作致使动词。这样的话，汉语中几乎任何动词都可以派生出一个系动词和一个致使动词，那么，就可以说汉语的系动词结构和致使结构是显赫范畴了。名称可以改变，但作为显赫范畴的特点不会因此消失。重要的是我们需要注意如何把"名词术语之争"提升为"实质性问题的讨论"，这就需要透过名词术语看到问题的功能本质。

同样，如果把状态补语看作"次级谓语"，那么，汉语的次级谓语是个显赫范畴。

陆丙甫（2004）曾说过：如果我们承认"客人"在"来了客人"中是宾语而在"客人来了"中是主语，那就没有理由把形式上区分更明显的前置和后置的方式表达看作同一类成分。前述状态补语作为显赫范畴的一系列特征，进一步支持了保留状态补语作为汉语中具有特色的一个句法成分的必要性。

最后回到汉语语法术语体系中的"补语"这一术语上来。英语传统语法中的 complement 主要指致使结构 VOC 中的 C 和系动词后的 complement。这两个成分正好是状态补语引申、扩展所及范围。因此，我们更有理由说，汉语的"状态补语"不仅是个独立的成分，而且是个显赫成分，显赫的表现之一就是覆盖了英语的补语并且超越了其范围，具有极大的类推力和能产性；而这一切和其明确的语法化标志是不可分割的。这一分析也表明汉语的状态补语不完全是个汉语及中国境内某些民族语言所特有的句法范畴，具有一定的跨语言性质。这一比较提升了状态补语的跨语言可比性：它不仅是汉语句法成分的显赫范畴，显赫度也远超过其他语言中的补语类成分。

# 参考文献

郭　中　2013　《OV/VO 语序与状语的位置关系》，《民族语文》第
　　　　　　　1 期。

金立鑫　2009　《解决汉语补语问题的一个可行性方案》，《中国语文》
　　　　　　　第 5 期。

金立鑫　2011　《从普通语言学和语言类型角度看汉语补语问题》，《世
　　　　　　　界汉语教学》第 4 期。

金立鑫　2013　《汉语普通话句法成分中的"通语"初探》，《东方语
　　　　　　　言学》第 13 辑，上海教育出版社。

刘丹青　1995　《语义优先还是语用优先：汉语语法学体系建设断想》，
　　　　　　　《语文研究》第 2 期。

刘丹青　2005　《从所谓"补语"谈古代汉语语法学体系的参照系》，
　　　　　　　《汉语史学报》第 5 期，上海教育出版社。

刘丹青　2010a　《汉语是一种动词型语言：试说动词型语言和名词型
　　　　　　　语言的类型差异》，《世界汉语教学》第 1 期。

刘丹青　2010b　《重温几个黎氏语法学术语》，《北京师范大学学报
　　　　　　　（社会科学版）》第 5 期。

刘丹青　2008　《语法研究调查手册》，上海教育出版社。

刘丹青　2011　《语言库藏类型学构想》，《当代语言学》第 4 期。

刘丹青　2012　《汉语的若干显赫范畴：语言库藏类型学视角》，《世界
　　　　　　　汉语教学》第 3 期。

刘勋宁　2006　《"得"的性质及其后所带成分》，《中国语の补语》
　　　　　　　（日本），东京：白帝社。

陆丙甫　1983　《无限递归的条件和有限切分》，《汉语学习》第 3 期。

陆丙甫　1998　《从语义、语用看语法形式的实质》，《中国语文》第

5 期。

陆丙甫 2004 《汉语语序的总体特点及其功能解释：从话题突出到焦点突出》，《中国语文》编辑部编《庆祝〈中国语文〉创刊 50 周年学术论文集》，商务印书馆。

陆丙甫 2010 《论"整体—部分、多量—少量"优势顺序的普遍性》，《外国语》第 4 期。

陆丙甫 谢天蔚 2002 *On broadening the scope of grammatical comparison between Chinese and English*，*Journal of the Chinese Language Teachers Association*（1）：111—130.

陆丙甫 应学凤 2013 《节律和形态里的前后不对称》，《中国语文》第 5 期。

吕叔湘 1979 《汉语语法分析问题》，商务印书馆。

邵 菁 金立鑫 2011 《补语和 complement》，《外语教学与研究》第 1 期。

沈家煊 2010 《如何解决补语问题》，《世界汉语教学》第 4 期。

邢福义 1991 《汉语里宾语代入现象之研究》，《世界汉语教学》第 2 期。

徐 枢 1985 《宾语和补语》，黑龙江人民出版社。

Chao，Y.-R. 1968. *A Grammar of Spoken Chinese*. Berkeley and Los Angles：University of California Press.

Huang，C.-T. James. 1998. '*Wo Pao de Kuai*' *and Chinese Phrase Structure*. Language 64：274—311.

Li，Charles N. & Thompson，Sandra A. 1981. *Mandarin Chinese*：*A Functional Reference Grammar*. Berkeley and Los Angeles：University of California Press.

Li，Yen-hui Audrey. 1998. *Argument Determiner and Number Phrases*. Linguistic Inquiry（29）：693—702.

Lu，Bingfu & Xiaozhou Wu. 2009. *The Placement of Chinese Adverbial Revisited*：*What Differentiates Chinese Word Order from other SVO Languages*，In Janet Xing ed. Studies of Chinese Linguistics：Functional Approaches. Hong Kong：Hong KongUniversity Press.

Plank，Frans. 2009. *Universals Archives*，URL：http：//typo. uni-konstanz. de/archive/.

Quirk, Randolph, Sidney Greenbaum, Geoffrey Leech and Jan Svartvik. 1985. *A Comprehensive Grammar of the English Language.* London: Pearson Longman.

（陆丙甫　南昌大学语言类型学研究所

应学凤　浙江外国语学院

张国华　中南财经政法大学外国语学院）

# "大+时间词+的"格式补议

高顺全　蒲丛丛

**提要**　文章认为，"大+时间词+的"格式经历了从"大+时间词"到"［大+时间词］+的"再到"大+时间词+的"的发展过程，能进入该格式的成员在类推使用中不断增多。早期的"大+时间词"是源自空间隐喻的时间表达方式，"大"在句法上是程度副词。"的"在句法上是状态形容词后缀，即"的$_2$"。

**关键词**　"大+时间词+的"格式　"大"　"的"　程度副词　的$_2$

## 零　引言

先看几个例子：

(1) a. 她大清早就说啦，今儿个是七月二十八！（《皇城根》）

　　b. 骂老寿星走路比老乌龟爬得还慢，叫他们大冷天站在野地里吹风。（《沙灶遗风》）

(2) a. 多一事不如少一事，大清早的别找不自在。（《赤橙黄绿青蓝紫》）

　　b. 廖莉莉不解地问："干吗呀，大冷天的！"（《大雪无痕》）

例（1）中划线的部分可以抽象为"大+时间词"，例（2）中划线的部分可以抽象为"大+时间词+的"。后者是汉语口语中的一种特殊格式，对外汉语教学或汉语国际教育中会涉及。作为汉语教师，要想真正把这个格式讲清楚，我们的本族语语言知识里应该具有下面几个问题的答案：第一，哪些时间词能进入这一格式？第二，该格式的意义和用法是什么？第三，格式中的"大"和"的"是什么词？第四，"大＋时间词＋的"格式是如何产生的，又经历了怎样的发展过程？

关于"大＋时间词＋的"格式，宋玉柱（1994），沈阳（1996），项开喜（1998），吴长安（2007），张慧芳（2007），于芹（2007），杨松柠（2009），陈永婳（2009），余光武等（2011），张静、崔山佳（2012）等学者都曾做过研究。上述前两个问题讨论得比较深入，本文主要谈后两个问题。

## 一 "大＋时间词＋的"格式的产生和发展

吴长安（2007）把"大……的"看成一个整体，余光武等（2011）认为"大 X 的"是一个构式，张静、崔山佳（2012）注意到"大＋时间词＋的"中"的"一般不能省略。从共时的角度看，情况确实如此。但从历时的角度看，"大＋时间词＋的"格式首先是"大＋时间词"短语加上"的"的结果。

"大＋时间词"组合的出现当不晚于元明时期，元曲和明代小说中都能发现不少例子，清代小说中用例更多。如：

（3）a. 大清早起，利市也不曾发，这两个老的就来教化酒吃。（《全元曲》）

b. 偏他会那等轻狂使势，大清早晨，刀蹬着汉子请太医看。（《金瓶梅》）

c. 七老八十，大热天也没这气力为你府县前走。（《型世言》）

d. 大正月不穿件好衣服，惹的人家笑话。（《金瓶梅》）

（4）a. 何苦来生这么大气，大清早起和我叫喊什么。（《红楼梦》）

b. 大清早上，水米不沾牙……就是办皇差也不能这般寡刺！（《儒林外史》）

c. 老婆赵氏出来说，"大清晨，出甚么阳神哩？"（《聊斋俚曲集·墙头记》）

d. 这们些路，大冷天，又叫你来看我。（《醒世姻缘传》）

在同一时期甚至更早，"清早起""热天""冷天""正月"等都可以作为独立的词使用，因此有理由把上面例子中的划线部分抽象为"大＋时间词"短语格式。

"大+时间词+的"格式直到清代才有用例。我们一共只发现 6 个①，全部列举如下：

> （5）a. <u>大清早起的</u>，也不嫌个丧气。这是怎么说呢？（《三侠五义》）
>
> b. <u>大清早起的</u>，总要发个利市。（同上）
>
> c. <u>大清早晨的</u>，甚么事情，你满门口儿这们嚷嚷啊。（《小额》）
>
> d. <u>大早晨的</u>，你便说这许多不祥之话。（《狐狸缘全传》）
>
> e. 你们真干的好事！<u>大白天的</u>把个房门关上，好看呢！（《二十年目睹之怪现状》）
>
> f. 好奴才！我已梳洗完毕，日头半天，<u>大晌午的</u>，你把头蓬的似筐呀大，抹得脸像鬼一般。（《醒世姻缘传》）

由于同一时期（甚至更早的时候）上面六个例子对应的"大+时间词"格式绝大部分已经存在，因此，可以认为"大+时间词+的"是"大+时间词"加上"的"之后形成的，其早期结构层次应该是"［大+时间词］+的"。

这 6 个用例出自于五部小说，除《醒世姻缘传》外全是晚清作品：《三侠五义》刊于 1879 年，其作者石玉昆为天津说唱艺人；《狐狸缘全传》刊于 1888 年；《二十年目睹之怪现状》刊于 1903 年，其作者吴趼人生长于北京；《小额》刊于 1908 年，语言为北京话。因此，可以认为，"［大+时间词］+的"格式初步形成于清代晚期，具有北方方言特色。② 它应该是"大+时间词"格式因为某种需要加上"的"的结果。也就是说，"大+时间词

---

① 另有两例，但不是严格意义的"大+时间词+的"：（1）这大九月里的，那里还有桂花呢？（《红楼梦》）；（2）今日大初一的，且迟这一日。（《醒世姻缘传》）

② 吴长安（2007）认为该格式的形成可以上推到清代中期，甚至也可以是明末清初。其主要依据当是《醒世姻缘传》中的"大晌午的"。我们对此持保留态度。理由有二：其一，"大晌午的"是个孤例，且"大晌午"这一说法在明清语料中仅见于《醒世姻缘传》；其二，早期"大+时间词+的"格式中的时间词三分之二都是"清早起"类词语。《红楼梦》和《儿女英雄传》中有 9 例"大清早起"（其中大部分都可以加上"的"），无一例"大清早起的"，说明该格式在《红楼梦》时代还没有产生，至少还没有通行。

+ 的"格式源自"大 + 时间词"格式。

现在的问题是，"大 + 时间词"为什么要加上"的"？要回答这个问题，需要先看看"大 + 时间词"短语什么时候可以加上"的"。

"大 + 时间词"可以像单纯的时间名词那样表示指称意义（动作发生的时间），在句法上主要充当状语。汉语时间词语作状语可以有两个位置：一是主语和动词短语之间，二是句首或者主语之前（包括主语省略）。前类"大 + 时间词"后面一般不能加"的"。例如：

> （6）a. 今日老的大清早出去，看看日中了，怎么还不回来？（《全元曲》）
>
> b. 将……大饭时进去，大晌午出来，人所共见的话说了。（《醒世姻缘传》）

（6a）中"大清早出去"不能说成"大清早的出去"，（6b）中的"大晌午出来"也不能说成"大晌午的出来"。

后类有时可加"的"，如前文所举例（3）各句。但也有不能加"的"的，例如：

> （7）a. 成老爹把卖主、中人都约了来，大清早坐在虞家厅上。（《儒林外史》）
>
> b. 大清早，赵镢头五亩"责任田"里的小麦已经割完，金光闪闪的麦个子，已经高高地垛在他窑洞门前的打麦场上。（《赵镢头的遗嘱》）

（7a）和（7b）的"大清早"后面都不能加"的"。

仔细观察一下可以发现，例（6）和例（7）有一个共同点，即句子都属于客观性描写或陈述，不涉及说话人的主观态度、情感或看法。此时"大 + 时间词"在语义上只是指称时间，充当事件发生的背景信息，这时"大 + 时间词"后面不能加"的"。

例（3）一类的句子则明显不同——"大 + 时间词"的后续部分都含有说话人的主观态度、情感或看法，换句话说，这类句子都属于主观性表达。此时"大 + 时间词"格式蕴含着说话人对这一时间适宜或不适宜做某事的主观看法，这样它就成了一个表述，具有述谓性，加"的"就是为了把它从原来的句法成分（状语）提升为相对独立的小句。这既是表达的需要，也是形式上的需要①。另一个原因是，"大＋时间词"本来表示指称意义，是名词性成分，但在特定的语境中由于表达的需要而成了谓词性成分，但它本身却仍可以理解为指称意义，加上"的"也是避免歧义的需要。

"［大＋时间词］＋的"在清代时用例还不多，当属于创新用法。但一种带有创新性质的句法结构一旦产生，就必然会被使用这一语言的社团成员模仿、类推和泛化使用。其外在表现就是越来越多的时间词进入这一格式，内在变化则是格式的意义不再像产生之初那样单一。

清代能进入"［大＋时间词］＋的"格式中的时间词很少，见到用例的只有"清早起""清早晨""早晨""白天"和"晌午"这5个（当然，未见到用例不等于实际上没有或不能说）。到了现代，除了这些时间词外，"星期天""早起""晚上""夏天"等时间词也开始进入这一格式。例如：

（8）a. 大星期天的，你一个人在这儿扫院子干吗？（《春华秋实》）
　　 b. 谁呀？大早起的就山喜鹊似的在这儿乱叫？（《方珍珠》）
　　 c. 秀珍女士，原谅我，大晚上的说这么可怕的事！（《赶集》）
　　 d. 大夏天的，上边晒得流油，下边踩着黑泥，旁边老沟冒着臭气……（《龙须沟》）

当代能进入这一格式的时间词就更多了。沈阳（1996）列举了32个——不仅如此，沈阳十多年前根据语感认为不能说的"大圣诞节的""大春天的""大秋天的"·"大上午的"和"大下午的"等，后来的研究者如吴长安（2007），于芹（2007），张静、崔山佳（2012）等都发现了实际用例。

不断类推使用的另外一个直接结果就是，"大……的"逐渐变成一个固定的框架，说话人所做的工作变成填空或替换。这样一来，有些时间词如"星期天""春天""秋天""上午""下午""暖和天""圣诞节"等本来不能进入"大＋时间词"结构，但却可以直接进入"大＋时间词＋的"结构。也就是说，早期的"大＋时间词＋的"是"［大＋时间词］"加上"的"的结果，后起的"大＋时间词＋的"则多是时间词直接进入"大……的"格式的结果。根据我们对北京大学语料库近现代部分的考察，"清早""早晨""白天""晌午""晚上""热天""冷天""初一""正月"等时间词属于前

---

① 至于为什么选择"的"，余光武等（2011）有很充分的论述。

者，它们都有相应的"大＋时间词"格式，由它们参与构成的"大＋时间词＋的"格式可以看作是"［大＋时间词］＋的"。其他的时间词则没有相应的"大＋时间词"格式（未见用例），它们应该是直接进入"大……的"格式的。"星期天"就是此类时间词的一个很好的例子：我们不说"大星期天"，但能说"大星期天的"，这说明"星期天"是直接进入"大……的"格式的。考虑到这一说法在老舍作品里已经出现，可以认为时间词直接进入"大……的"格式的年代应该不晚于现代。

但应该承认，直到今天，也并非所有的时间词都能进入到"大……的"格式。哪些时间词能进入该格式呢？宋玉柱（1994）认为应该具有特殊性或重要性，沈阳（1996）对此说持怀疑态度，陈永婵（2007）和于芹（2007）肯定特殊性的存在，不过有些是客观的（约定俗成的，具有全民性），有些则与个人认知心理和主观临时感受有关，需要语境激活。

我们觉得，早期能进入"大＋时间词＋的"格式中的时间词多具有全民约定俗成意义上的重要性或特殊性，随着不断地类推使用，时间词逐渐变得"小众"化甚至个性化。也就是说，能进入该格式的时间词的特殊性在典型性方面是不一致的，有些时间词如"清早""星期天"等可以看作是"大＋时间词＋的"格式中的典型成员，在这些时间"适宜/不适宜做某事"是约定俗成的，具有全民性；有些如"星期一"和"下午"等则是非典型成员，在这些时间"适宜或不适宜做某事"不具有全民性，只是较小的团体甚至是个人的主观感受。当然，是否是典型成员也与该时间词本身所指有关，如"热天/夏天""冷天/冬天"的特点就比"春天"和"秋天"突出，"大夏天的""大冬天的"的使用率也比"大春天的""大秋天的"要高。因此"夏天""冬天"可看作该格式的典型成员，而"春天""秋天"则是非典型成员——不仅使用率低，其可接受度也弱得多。

非时间词能否进入"大……的"格式呢？我们暂时持保留态度。

吴长安（2007）、余光武等（2011）都认为能进入该格式的成分不限于时间词，还可以有动词性成分、形容词性成分以及表职务的名词。其实能进入"大……的"格式的动词性成分主要有三个："过年""过节"和"放假"。但它们可以看作是动词性成分的转指用法，仍属时间词。能进入该格式的形容词性词语只有"老远"一个（吴长安，2007）。例如：

（9）大老远的，就别亲自来啦！

"大老远的"只是一个孤例，不能证明形容词性词语也能进入"大……的"格式。况且从历时的角度看，"老远（的）"在明清时代已有用例。"大老远的"始见于现代作品，考虑到这种清楚的历时先后关系，我们认为，"大老远的"是"老远的"中的"老远"加上"大"的结果（"大"、"老"是同义复合），不是"大老远"加上"的"的结果，也应该不是"老远"进入"大……的"格式的结果。

"大处长""大局长""大市长"之类的组合属于"大＋职衔名词"，该组合具有很强的指称性和称谓性（项开喜，1998），从理论上来说，它不大可能带上"的"变成述谓性成分。但吴长安（2007）认为下面的例子成立：

（10）大处长的，别和咱平头百姓一般见识呀！

我们在语感上认为"大处长的"之类很勉强或者不能说，百度后也没有发现实际的用例。当然，也许随着"大……的"格式的扩大使用，过度类推也是可能发生的。

再来看"大＋时间词＋的"格式意义的变化。早期该格式都表示说话人认为某一时间是否适宜做某事（或某种状态、发生某事在某一时间是否适宜），即表示说话人的评论或劝诫（余光武等，2011）。但请看：

（11）a. 大下午的，很无聊，就去翻了一下猪猪侠的自爆帖。
（bbs. houdao. com/r 6007046/ – 2012 – 5 – 4）
b. 大下午的，妹纸们都去嗨了，男人们却埋头干活。
（http：//www. douban. com/group/topic/28008524/）

上例"是否适宜"的评论意义并不明显。余光武等（2011）也发现有时"大 X 的"只是陈述 X 的一个特征或具体阐述，如"大夏天的，动动就出汗"。这说明，随着不断的类推使用，"大＋时间词＋的"格式原来的评议意义也在淡化。不过，即使在今天，表示评价意义仍然是"大＋时间词＋的"格式的核心功能。

## 二　"大＋时间词＋的"中"大"的词性

常见的工具书如《现代汉语词典》（第五版）、《现代汉语规范词典》、

《现代汉语八百词》等都明确把"大＋时间词＋的"结构中的"大"看作形容词。

学者们的看法则是众说纷纭。宋玉柱（1994）认为是区别词；项开喜（1998）认为是标记词；陈永婵（2009），张静、崔山佳（2012）认为是副词（起强调作用）；吴长安（2007）、余光武等（2011）认为"大……的"是一个完整格式或者构式（没说"大"到底是什么词）。

在诸位研究者中，吴长安（2007）的态度最为纠结。关于"大……的"格式中的"大"，他提出了好几种看法：形容词和副词"大"的综合；表强调的语气副词；有副词（当非语气副词，本文作者）的特点。但他最终选择了"大……的"是"大语气词"的说法，这很可能是偏重于共时（"大……的"已凝固成固定格式）的结果。

我们认为，从历时的角度看，"大＋时间词＋的"由"大＋时间词"发展而来，在从元明到晚清的数百年间，一直存在着大量的可以加上"的"的"大＋时间词"格式——这类格式现代汉语中依然存在（虽然不多），例如：

(12) 你快管管他们吧！大白天，也太不像话啦！（《危楼记事》）

从"大＋时间词"到"［大＋时间词］＋的"再到"大＋时间词＋的"，"大"的词性并没有发生根本性的变化，因此，可以认为，"大＋时间词"中"大"的词性，基本上就是"大＋时间词＋的"格式中的词性。

"大"修饰动词和形容词时是副词，修饰名词时一般是形容词。可是名词的情况比较复杂，包括普通名词、处所词、方位词和时间词等。"大"修饰普通名词一般具有客观性，"大N"往往有相对的"小N"，如"大树""小树"；但有时也可能有主观性，如"大处长""大局长""大教授"等称谓中的"大"是表示尊敬、扬升的，项开喜（1998）认为这类"大N"中的"N"具有"凸显性"，凸显性信息在话语结构中往往表现为有标记形式，"大"正是一个这样的标记词。可是，这类N的"凸显性"在话语中也可能遭到轻蔑和贬降——这类"大N"几乎都有相应的"小N"，如"他一个小处长/小局长，神气什么？"，即使位于高校职称序列顶端的教授，仍然可以说成"小教授"。如果把"大"看成标记词的话，那么"小"也有这样的标记功能。因此，这种"大N"中的"大"仍然可以看作形容词。"大＋时间词"没有对应的"小＋时间词"，一定程度上能够表明其中的"大"

不是形容词。

"大……的"格式选择"大"也许跟事物的凸显性没有直接的关系：不妨换一个思路看看。在汉语中，方位词及其参与构成的处所词可以受"很"修饰。例如：

(13) a. 阿尔山应该是<u>很北</u>了，零下三十度，真的很冷。

（http：//blog. sina. com. cn/s/blog_ 49a539c80100825o. html）

b. 百度排名早上<u>很前</u>，然后慢慢往下走，到了第二天又<u>很前</u>。

（www. im286. com/thread－4610378－1－1. html）

这类词也可以受"大"修饰，而且古来如此。例如：

(14) a. 泰山岩岩，鲁邦所詹。奄有龟蒙，遂荒<u>大东</u>，至于海邦。

（《诗经》）

b. 江水又东迳信陵县……而注于<u>大东</u>也。（《水经注》）

c. 呀，<u>大东</u>头踢毽子，不是他么？（《聊斋俚曲集》）

d. 本姑娘从<u>大西边</u>一直坐车到<u>大东边</u>，就没换过车。

（http：//tieba. baidu. com/p/1798292081）

"很北""很前"中的"很"是副词（程度副词），"大东""大东边"中的"大"也应该是副词。早期"（大＋时间词）＋的"时间词主要是"清早（起/晨）"，而"大清早起"中的"大"很可能也是副词——这在认知上是用表达空间的方式表达时间。空间可以划分为几个连续的、有方向性的区间，因此在描述方位时，人们也会借助程度副词表达，边界不清时就会用"很"。时间表达也可以采取这种隐喻的方式：如果把5点（钟）到8点（钟）划分为三个连续的时间区间（界限模糊）的话，那么在没有钟表的年代或社会，"早起→清早起→大清早起"就是非常自然的表达："大清早起"指称比"清早起"更早的时间。

"大＋时间词＋的"中的时间词都是表示时段的（沈阳，1996），这可能就是空间隐喻表达的要求。这样说有来自历时语言事实的支持：明清语料中有很多表示时间的"大＋方位词语"，例如：

（15）a. <u>大节下</u>，你也打起精神儿来。（《金瓶梅》）

    b. <u>大年下</u>，就是叫化子也讨人家个馍馍尝尝！（《醒世姻缘传》）

    c. <u>大正月里</u>，你师父也不放你们出来逛逛。（《红楼梦》）

    d. 麝月道："<u>大白日里</u>，还怕什么？还怕丢了你不成！"（同上）

上例中划线部分的后面也可以加上"的"，表达的同样是某一时间适宜或不适宜做某事。

"大 + 方所词"是"程度副词 + 名词"结构，早期借助于空间隐喻表达的"大 + 时间词"结构，如"大清早起"之类可能也是此类结构，其中的"大"具有程度意义，这样说有来自方言的依据。"大清早"是北方话，南方方言对应的说法大都是状态形容词形式，如"大清老早/老清老早"（上海）、"清早八早"（杭州）、"清晨八早"（长沙）和"清司蛮早"（南昌）等。

当然，说"大 + 时间词 + 的"中的"大"可能是程度副词，主要是就早期的"大 + 时间词"来说的。一方面，后期的时间词是直接进入"大……的"格式而不是先进入"大 + 时间词"格式；另一方面，随着"大……的"格式的凝固化，"大"也可能沾染格式的主观性，具有一定的语气性质，可以看作语气副词。但从来源上看，"大"和"的"不是一开始就作为一个框架存在的。"时间词 + 的"不可能具有述谓性或者说作为一个独立的小句存在。"大 + 时间词"之所以能够具有述谓性，正是因为"大"可以是程度副词，能赋予时间词以性状特点或者形容词性。

## 三   "大 + 时间词 + 的"中"的"的词性

再来说说"大 + 时间词 + 的"结构中的"的"。"大 + 时间词"一般充当状语，但带上"的"之后，它变成了一个相对独立的谓词性小句，这显然是"的"的作用。

吴长安（2007）、余光武等（2011）都认为这个"的"是语气词。徐阳春、钱书新（2005）认为这个"的"用于非偏正结构之后，其语用功能是凸显状态非比寻常。语气、语用功能是从句子或者表达角度说的，单从句法的角度看，"的"是什么词呢？

吴长安（2007）注意到，和"大……的"起相同、相近作用的格式还有"－家（家）的""死/挺＋形容词＋的"（如"死冷的，就别出去了"）等。后者容易理解，无须说明。前者的例子如：

> （16）a. <u>小姑娘家家</u>的，大呼小叫的像什么样子？（吴长安例）
>
> b. <u>老爷们家家</u>的，心眼儿还这么小！（同上）

吴长安（2007）认为上例中"－家家"和"死/挺＋形容词＋的"格式中的"死/挺"起的都是"大……的"格式中"大"的作用。我们换一个角度看，这三种格式中的"的"可能具有同一性。类似的格式还有：

> （17）a. 搞什么搞？<u>青天白日</u>的，跑到我们的公司来撒野。（池莉《来来往往》）
>
> b. 怎么啦？祥子！<u>三更半夜</u>的！（《骆驼祥子》）

上例中的划线部分可以称之为名词的并立式，其中"青天白日"可以换成"大白天"，"三更半夜"可以换成"大半夜"。也就是说，"$N_1 N_2$的"和"大……的"这两个格式在句法和语用方面非常相似，它们中的"的"可能也具有同一性。

朱德熙曾把"的"分为三个，用于状态形容词性词语后的"的"是"$的_2$"。"程度副词＋形容词"是状态形容词性（朱德熙，1982）的，它后面的也是"$的_2$"；并立式"$N_1 N_2$"也是状态形容词性的，其后的"的"也是"$的_2$"。

考虑到这些格式和"大……的"格式的相似性，我们认为，"大＋时间词＋的"中的"的"在句法上应该是状态形容词后缀，即"$的_2$"。

# 四　余论

本文的讨论表明，"大＋时间词＋的"格式是近代汉语"大＋时间词"短语后附"的"以后进一步发展的结果。早期"大＋时间词＋的"的结构层次应是"［大＋时间词］＋的"，其中的"的"在句法上是状态形容词后缀，即"$的_2$"。在不断地类推使用中，"大……的"逐渐演变成一个句法框架，"大"的作用是赋予时间词性状特点，"的"的作用则是把"大＋时间词"提升为一个独立的小句，具有表达功能。

最后谈点儿"接地气"的。在汉语国际教育中，最重要的当然是要把"大＋时间词＋的"格式的语用或表达功能告诉学生。但同时也应指出，并不是所有的时间词都能进入这一格式（举出一些典型的时间词）；这个"大"不是"大小"的"大"或者说不是形容词。至于"的"的性质，则无须多讲。

# 参考文献

陈永姯　2009　《浅析"大＋时间名词（的）"结构》，《齐齐哈尔师范高等专科学校学报》第2期。

沈　阳　1996　《关于"大＋时间名词（的）"》，《中国语文》第4期。

宋玉柱　1994　《"大"的区别词用法》，《中国语文》第6期。

吴长安　2007　《"大……的"说略》，《世界汉语教学》第2期。

项开喜　1998　《事物的突显性与标记词"大"》，《汉语学习》第1期。

徐阳春　钱书新　2005　《试论"的"字语用功能的同一性》，《世界汉语教学》第3期。

杨松柠　2009　《"大＋时间名词（的）"再议》，《汉字文化》第3期。

余光武　李平川　蔡　冰　2011　《试论"大X的"的语用功能与语法性质》，《外语研究》第6期。

于　芹　2007　《也论"大＋时间词（的）"》，《淮北煤炭师范学院学报》第6期。

张慧芳　2007　《也说"大＋时间名词（的）"》，《四川教育学院学报》第1期。

张　静　崔山佳　2012　《也谈"大＋时间名词（的）"结构》，《现代语文》第3期。

朱德熙　1982　《语法讲义》，商务印书馆。

（高顺全　复旦大学国际文化交流学院

蒲丛丛　复旦大学国际文化交流学院）

# 主语位置上"NP 的 VP"与前提陈述的联系

方绪军　李　翠

**提要**　"NP 的 VP"（"这本书的出版"之类）在主语位置上有专指和通指之分，专指时大多回指上文前提陈述所述的事件，也有些是回指存在于交际背景中的前提陈述所述的事件，通指时其前提陈述则存在于参与交际方的共同知识背景中。本文认为，主语位置上专指的"NP 的 VP"中 VP 具有引述性元语的性质；"NP 的 VP"中 VP 不是匀质的结构体，其动词性有强弱之分，动词性很强的 VP 构成的"NP 的 VP"具有一定的临时性；"NP 的 VP"在语篇中只是对其前提陈述所述事件的指称，它本身通常不显示其所指事件是否已经发生。

**关键词**　NP 的 VP　专指　通指　回指　前提　陈述　元语

## 一　引语

　　汉语语法学界对"NP 的 VP"（表示"这本书的出版"之类）结构已作了大量研究，特别是对"NP 的 VP"的句法性质、构成条件、NP 和 VP 的语义关系以及 VP 的语法性质等问题进行了持续和深入的探讨。

　　从语篇的层面来看，不少学者已注意并讨论过"NP 的 VP"的篇章回指功能（李大勤，1992；杨亦鸣、李大勤，1994；詹卫东，1998b；齐沪扬等，2004；徐阳春，2003；马国彦，2012）。大家比较一致的看法是，"NP 的 VP"在语篇中指称一个事件，这个事件是以 VP 中的动词为核心、NP 为论元或相关说明语加以陈述的。

　　本文主要关注主语位置上的"NP 的 VP"。实际上，该结构可以出现在句子的主语、动词宾语或介词宾语位置上。如：

(1) <u>这本书的出版</u>是证监会致力于证券市场建设的一个重要步骤。①

(2) 北京人民文学出版社非常关注<u>这本书的出版</u>，并把这本书作为急件处理。

(3) 他在发言中对<u>这本书的出版</u>表示赞赏和高兴，还作了一些具体的评论。

　　但考察语料中一些"NP 的 VP"的实例可以发现，"NP 的 VP"出现在这三个位置上的情况有所不同，并不是每一种"NP 的 VP"都均匀地出现在这三个位置上。"NP 的 VP"在不同位置上出现情况的差异已经引起学界的注意，但人们的意见并不一致。陈宁萍（1987：383）认为"NP 的 VP"结构"在宾语槽中出现的次数大大多于主语槽"。胡小敏（2011：79）也认为"不管什么语体，都是做宾语的'N 的 V'格式比做主语的要多"。而张伯江（1993：258）考察的结果却是"NP 的 VP"结构"大概是作主语的占一半左右，剩下的一半里多一半是作介词宾语的，少一半作动词的宾语"。看来，究竟"NP 的 VP"更倾向于出现在哪个位置上，还需要作更广泛的调查，以考察一些具体的"NP 的 VP"在不同位置上的出现情况。詹卫东（1998b）曾指出一些"NP 的 VP"的出现位置有一定的限制，如"他的率领"和"节日的问候"，前者通常用在"在……下"格式中，后者只能在"致以、表示"等后边作宾语。再拿"这本书的出版"来说，本文从北京大学 CCL 语料库中一共找到带有该短语的语句 52 例，其中，该短语出现在主语位置上的有 31 例，动词宾语位置上有 9 例，介词宾语位置上有 12 例。再扩大一点范围，考察"NP 的出版"（如"文学著作的出版""中文专刊的出版""回忆录的出版""这部文集的出版"等）的出现情况，它们也是大多出现在主语位置上。但再考察"NP 的帮助"（如"别人的帮助""邻居的帮助""社会各界的帮助""中国朋友的帮助"等）、"NP 的到来"（如"新年的到来""救援人员的到来""代表团的到来""客运高峰的到来"等），就会发现这类结构绝大多数出现在动词宾语或介词宾语的位置上。

　　主语、宾语（包括动词宾语和介词宾语）位置上的"NP 的 VP"的差异不仅表现在出现数量或规模上，而且表现在功能（包括句法功能和语用功能）上。就句法功能而言，主、宾语位置上出现"NP 的 VP"的语句对

---

① 本文用例未注明出处的均来自北京大学 CCL 语料库网络版。

句中谓语动词的要求就有所不同（詹卫东，1998b；齐沪扬等，2004）。据詹卫东（1998b：17），"NP 的 VP" 作主语时，句中的谓语动词通常是"允许由谓词性成分充任主语的"（如"会、能、可以、变成、显得"等），"NP 的 VP" 作宾语时，句中的谓语动词"只能是真谓宾动词、判断动词等"（如"看、听、同意、感谢、反抗"等）。① 就语用功能而言，主、宾语位置上的 "NP 的 VP" 至少在指称功能、表示新旧信息等方面存在差异。在指称功能方面，主语位置上的 "NP 的 VP" 通常是指称一个已知事件，这个已知事件很多时候是在前边的话语中有所陈述的，有时是参与交际方的共同的背景知识（杨亦鸣、李大勤，1994），而宾语位置上的 "NP 的 VP" 却不一定指称已知事件（王仁法、李东，2001）。由于该短语在主语位置上指称一个已知事件，因此它通常表示旧信息，而宾语位置上的 "NP 的 VP" 所指称的事件未必是已知的，因此它可能表示新信息。如：

(4) 政治人士指出，<u>克林顿选择在大选前出版回忆录</u>，目的是为民主党总统候选人约翰·克里造势。克林顿的发言人也坦承，<u>回忆录的出版</u>若能使人们记起克林顿领导下的美国所呈现的繁荣景象，对民主党将是好事。

(5) 杜尔说，马里与广东开展经贸合作有着广阔的前景。他邀请广东棉纺企业到马里开展业务，并表示，这种业务不仅表现在中国企业家去马里采购棉花这个方面，更希望马里的棉花种植业能够得到<u>中国企业的帮助</u>。

　　例（4）中的"回忆录的出版"显然是回指上文陈述的"克林顿出版回忆录"一事，因此表示旧信息。而例（5）中的"中国企业的帮助"并不回指上文陈述的某事，它的所指也未必存在于交际双方的共同知识背景里，因此属于新信息。鉴于 "NP 的 VP" 在主、宾语位置上构成和功能上的差异，分别考察不同位置上的 "NP 的 VP" 的特点，对于深化认识这种形式的性质和特点是很有必要的。

　　对于主语位置上 "NP 的 VP" 已经有过一些专门的讨论。范晓（1992）

---

① 当然，也应该看到有些谓语动词的主、宾语位置上都可以出现 "NP 的 VP"（如"是、受到、引起、造成、需要、得到"），有些动词甚至允许主、宾语位置上同时出现 "NP 的 VP"（如 "<u>这本书的出版</u>受到了<u>读者的欢迎</u>" "<u>他们的研究</u>得到了<u>有关部门的支持</u>"。）

在讨论 VP 作主语时也讨论了"NP 的 VP"作主语的情况，他立足句子和短语层面，认为"NP 的 VP"作主语与普通的 VP 作主语并没有本质的区别。杨亦鸣、李大勤（1994）则着眼于语篇，讨论了主语位置上"NP 的 VP"的指称特点以及该形式的构成，主张区分单位功能和成分功能以解决该短语本身的名词性与其核心的动词性相矛盾的问题（即所谓"向心结构难题"）。本文具体分析主语位置上的"NP 的 VP"（下文如无说明，"NP 的 VP"均指主语位置上的"NP 的 VP"）与语境（包括语篇）中前提陈述的联系，将专指的"NP 的 VP"中的 VP 对前提陈述中动词或动词短语的指称视为引述性元语，这种"NP 的 VP"表指称是 VP 元语化的结果，并认为"NP 的 VP"所指事件已然有否取决于其前提陈述所述事件是否已经发生。

## 二　"NP 的 VP"对前提陈述所述事件的指称

### （一）专指与通指

指称语可分为专指（specific）和通指（generic）（沈家煊，2009a）。"NP 的 VP"作为一种指称形式也有专指和通指之分。① 以上例（1）（4）中的"NP 的 VP"是专指，下边例（6）中的"NP 的 VP"属通指：

> （6）一部书的出版本是非常正常的事，但《废都》一书尚未脱稿就早已沸沸扬扬，媒体的介入更是闹得昏天黑地，像一张错版邮票。

### （二）回指与外指

从指称语与它的指称对象的关系方面看，"NP 的 VP"的指称可区分为回指和外指两种方式，回指是"NP 的 VP"指称的主要功能，外指时"其所指必须预先为交际双方所共知"（杨亦鸣、李大勤，1994：110）。回指的"NP 的 VP"通常是专指，而外指的有专指，也有通指。"NP 的 VP"无论

---

① 杨亦鸣、李大勤（1994）将"NP 的 VP"分为定指性的和通指性的两类。沈家煊（2009a）则把专指又分为定指和不定指。考虑"NP 的 VP"没有表示不定指的，所以我们采用"通指"和"专指"的提法。

是回指还是外指，它都指称一个以 VP 中的动词为核心、以 NP 为论元或说明语的陈述所述的事件，这个陈述是在语篇中使用"NP 的 VP"的前提。杨亦鸣、李大勤（1994）把这个前提称为"语用前提句"。考虑在一定语境条件下使用"NP 的 VP"的前提有时并不以具体的句子形式出现（特别是"NP 的 VP"外指时），为避免误解，本文将在主语位置上使用"NP 的 VP"的前提称为"NP 的 VP"的前提陈述。这个前提陈述实际上是一个命题，它可能以语句形式出现在语篇中，但也可能是潜在的陈述存在于语境（包括语篇）中或参与交际方的共同知识背景中。

（三）回指的"NP 的 VP"中 VP 与前提陈述中谓语动词或动词短语的联系

回指的"NP 的 VP"的前提陈述有些是以具体的陈述句出现在上文语境，有些则与上文语境中出现的相关语句中的词语形式有所不同或者由上文的相关内容推论得出。着眼于"NP 的 VP"中的 VP 与前提陈述中的谓语动词或动词短语的异同①，"NP 的 VP"中的 VP 对前提陈述中的谓语动词或动词短语的回指可分为拷贝式、替换式和推出式三种方式。

所谓拷贝式是指"NP 的 VP"中 VP 与前提陈述中的谓语动词或动词短语相同，"NP 的 VP"中的 VP 可以看作是对前提陈述中谓语动词或动词短语的直接引述。如：

（7）由中央党史研究室编撰的大型画册《执政为民执政兴国（1949—2004）》日前由中共党史出版社出版，近日将在中国各地新华书店发行。这本大型画册的出版，为配合中共十六届四中全会精神的学习提供了形象的教材。

（8）也就是从那一年的春天开始，中国出现了汹涌澎湃的"民工潮"。"民工潮"的出现，使何开荫敏感地意识到，种田已经入不敷出，农民的收入增加趋缓，……

（9）森林从拘留所出来以后，发现沙子仍然逍遥法外，他不禁有些失望。……同样，森林的出来也使沙子感到不那么愉快，他以为森林在里面应该待得更久一些。

---

① 暂不考虑"NP 的 VP"中的 NP 与前提陈述中某个同指的名词短语在形式上的异同。

以上几例中下划直线的"这本大型画册的出版""'民工潮'的出现"和"森林的出来"里的动词都是直接拷贝了前边下划曲线的含前提陈述的语句中的谓语动词。从句法形式上看,含前提陈述的语句中的谓语动词往往体现着动词的基本用法(如,作为谓语的核心、带宾语、受状语修饰、带补语、带体标记等),但"NP 的 VP"中的 VP 不常带宾语,带状语的功能也很受限制,不能带体标记。

有些"NP 的 VP"出现之前,语篇中没出现以 VP 中的动词为谓语动词的陈述形式,但出现了意义相关的陈述,该陈述的谓语动词与"NP 的 VP"中 VP 所含的动词所指相同,这种"NP 的 VP"中 VP 所含的动词可以视为对前提陈述中的谓语动词的替换。这种"NP 的 VP"中的动词与前提陈述中的动词通常词义相近,只是词语的形式不同,属于间接引述。如:

(10) 鼻腔被鼻中隔分成左右两半,内衬粘膜。……在鼻腔的外侧壁上有上、中、下三个鼻甲。鼻甲的存在使鼻腔粘膜与气体的接触面积增加。

(11) 他并不觉得总想过去的事有什么问题,也没有必要加以控制,来咨询是怕进一步影响学习……因此他的担心也就是很自然的了。

(12) 我只想也只能想我的母亲,到了国外,我的想念当中又增添了一个祖国母亲……我真的想家了,想故园,想故园里的朋友们,有时想得难以忍耐。

以上三例中下划直线的"NP 的 VP"显然与前文的陈述有关,它们分别指称前文下划曲线的语句所述的事件,其中的"存在""担心"和"想念"分别是对前文相关陈述中的近义的谓语动词"有""怕"和"想"的回指。这几例"NP 的 VP"中的 VP 用双音节动词替换前提陈述中的单音节谓语动词,应该说是与"NP 的 VP"中动词明显的双音节倾向有关,单音节动词进入"NP 的 VP"的很有限(详见下文 3.2 节)。在这种情况下用词义相近的双音节动词代替前提陈述中的单音节谓语动词来构成"NP 的 VP"就很自然。这应该是上述用例中的"NP 的 VP"中的动词与前提陈述中的单音节谓语动词"有""怕"和"想"词义相近,但却用了双音节的"存在""担心"和"想念"的一个重要原因。

还有些"NP 的 VP"中的动词与前提陈述中的谓语动词都是双音节的,

孤立地看，二者不是近义词，但在具体语境中，二者所指相同，这种"NP的VP"中VP对前提陈述中谓语动词的回指仍然可视为替换式。如：

> （13）从1981年到1982年，<u>美国管理学界连续推出了四部主要著作</u>：……<u>这四部专著的出版</u>，把人们引入了企业文化这一新阶段，标志着企业文化理论的诞生。

这例"NP的VP"中的动词是"出版"，而前提陈述中的谓语动词是"推出"，二者在语境中所指相同，即后边的"出版"所指的就是前文的"推出"，可视为间接引述，只是"出版"比"推出"更加具体、明确。其实这例中的"NP的VP"对前提陈述的指称也可以采用拷贝式，如（13'）所示：

> （13'）从1981年到1982年，<u>美国管理学界连续推出了四部主要著作</u>：……<u>这四部专著的推出</u>，把人们引入了企业文化这一新阶段，标志着企业文化理论的诞生。

这样，"NP的VP"中的VP就是直接引述前提陈述中的谓语动词了。语料中就有不少类似例（13'）的"推出"一词用于前提陈述和"NP的VP"的用例。下边例（14）中的"NP的VP"中VP对前提陈述中谓语动词的回指就是拷贝式：

> （14）今年9月1日，<u>华夏银行营业部在北京地区首家推出会计、出纳、储蓄三项限时承诺服务</u>。……<u>承诺服务的推出</u>，是向广大客户全方位展示华夏银行营业部经营管理水平和改革成果的机会，也是对工作人员的考验和挑战。

有些"NP的VP"中的动词在上文没有出现，上文也没有出现与其同指的动词，但根据上文的内容可以推出以"NP的VP"中的动词为核心的陈述，即"NP的VP"的前提陈述隐含于上文语境中，这种"NP的VP"中VP对前提陈述中谓语动词的回指可称为推出式。如：

> （15）<u>应邀出席《中国越剧大考》首发仪式的著名越剧表演艺术家</u>

袁雪芬称，<u>该著作的出版</u>，对于人们正确认识越剧这一中国第二大剧种的历史……具有举足轻重的意义。

（16）去年 11 月，<u>巴勒斯坦一伙武装分子枪杀了沙卡阿的兄弟</u>。沙卡阿提出嫌疑者的名单，但安全部队拒绝逮捕疑犯。沙卡阿声称，<u>亲人的死</u>并非他辞职的原因。

（17）<u>爪，是动物进化到一定的时候，才由皮肤的表皮角质层演变而来的</u>。<u>爪的出现</u>，对动物的生存和御敌都有一定作用。

从例（15）下划曲线的部分可以得知《中国越剧大考》一书举行了首发仪式，据此可以推出"这本书出版了"，这就是后边用"该著作的出版"的前提陈述。例（16）下划曲线部分说一伙武装分子枪杀了沙卡阿的兄弟，由此可知"沙卡阿的兄弟死了"，这是后边使用"亲人的死"的前提陈述。例（17）下划曲线部分是说明动物的爪是怎么产生的，也就是说"爪出现了"，有了这个前提陈述，后边使用"爪的出现"就很自然。从例（15）—（17）的情况看，"NP 的 VP"的前提陈述并不一定以具体的语句形式出现在上文，它们也可能是存在于上文语境中的一个隐含的陈述，这个隐含的陈述就是后边使用"NP 的 VP"的前提陈述，它可以用一个基本的陈述句表示出来。所以这种"NP 的 VP"中 VP 对前提陈述中谓语动词的指称也可以视为间接引述。

（四）外指的"NP 的 VP"与前提陈述的联系

与回指的"NP 的 VP"一样，外指的"NP 的 VP"同样要求有一个前提陈述与其相应，只是这个前提陈述是以潜在的形式存在于具体话语之外的语境中。这种语境大致可以分为交际背景和知识背景两类①。

言语交际活动总发生在一定的交际背景下，在具体的言语交际过程中，有些"NP 的 VP"所要求的前提陈述就存在于一定的交际背景下或交际场景中。比如，上级让老李负责调查一起事故的原因，过了一段时间，上级领导遇到老李，问：

（18）老李，<u>你们的调查</u>有些什么发现？（拟）

---

① 杨亦鸣、李大勤（1994）把这两种语境分别称为微观语境和宏观语境。

　　显然，这句问话中使用的"你们的调查"是以上级领导和老李共知的
"老李被指派负责调查一起事故的原因"这一交际背景为前提的，作为问话
背景的陈述"老李调查了事故原因"或"老李在调查事故原因"就是说话
人使用"NP 的 VP"的前提陈述，这个前提陈述可能存在于上级之前说过
的话语中或者可从有关话语中推出，因此其中的 VP 也可以看成是对前提陈
述中谓语动词的引述。如果"NP 的 VP"的前提陈述不存在，即老李压根
与"调查"一事无关，在这种情况下说例（18）这句话，句中的"你们的
调查"就无所依托，问话也因此变得莫名其妙。

　　值得注意的是，语篇中有些主语位置上的"NP 的 VP"看似后指（王
彩利，2010），但实际上它仍然是以基于交际情景的某个潜在的陈述为前提
的。如：

　　（19）他的表态颇使记者们感到鼓舞："你们要有重要问题欢迎直
　　　　　　接和我沟通，咱们可都得为改革的顺利进行、为股市的健康
　　　　　　发展出谋划策。"〔王彩利（2010）用例〕

　　例（19）中的"他的表态"所指的"他"说的话在语篇的叙述顺序上
是出现在后边了，从这个意义上说，它是后指的。但从交际情景来看，
"他"说话（即他的表态行为）是发生在"他的表态颇使记者们感到鼓舞"
所陈述的事件发生之前的，即记者们是听了他表态以后才感到鼓舞的，所以
按照事理的顺序，例（19）可以改为（19'）：

　　（19'）他对记者们表态说："你们要有重要问题欢迎直接和我沟
　　　　　　通，咱们可都得为改革的顺利进行、为股市的健康发展出
　　　　　　谋划策。"他的表态颇使记者们感到鼓舞。

　　不过，这样一改，例（19'）的"NP 的 VP"中 VP 对前边前提陈述中
动词的回指就是拷贝式了。

　　主语位置上的"NP 的 VP"除了大多表示专指以外，还有些表示通指，
如例（6）中的"一本书的出版"。再如：

　　（20）书的对象既是广大的群众，每一本书的出版都要考虑是不是
　　　　　　适应大众的需求。

（21）<u>任何一个民族的发展</u>，都不能没有一种民族精神作为动力，否则，不仅没有发展后劲，甚至民族形象也会扭曲。

（22）<u>一个人的成长</u>离不开社会的哺育和培养，当你成功时，首先应当想到的是如何回报社会，而不是向社会索取。

（23）在我国众多独生子女家庭里，<u>孩子的教育</u>被放在极其重要的位置，家教投资从学乐器到学英语，如今又转到了学电脑。

如以上几例所示，表示通指的 "NP 的 VP" 中的 NP 可带有 "每" "任何" "'一'+个体量词"，或者是光杆普通名词，它们表示一类人或事物中的每一个或任意一个。通指的 "NP 的 VP" 总是以一个以 VP 为核心、通指的 NP 为论元构成的陈述为前提的，这个前提陈述是参与交际的人所共知的，存在于人们的共同知识背景中。比如，围绕 "一本书" 通常要发生一系列动作行为，如 "编写" "编辑" "编排" "制作" "校对" "出版" "销售" "流传" 等，"一本书" 可以与这些动词构成一些陈述，如 "（某人）编写一本书" "（某出版社）出版一本书" "（某书店）销售一本书" "（社会上）流传一本书"，这些陈述已成为人们的共同知识，它们也成了人们使用通指的 "NP 的 VP" 前提陈述，因此，人们可以在上文不出现这些前提陈述的情况下使用 "一本书的出版" "一本书的编写" "一本书的销售"：

（6）<u>一部书的出版</u>本是非常正常的事，但《废都》一书尚未脱稿就早已沸沸扬扬，……

（24）<u>一本书的编写</u>需要经历一个漫长的过程，不是三两天就能完成的。（拟）

（25）<u>一本书的销售</u>火了，对作者和出版社都是好事。（拟）

但如果有人在没有上文相关陈述的情况下使用 "一本书的成长" "一本书的堕落" 之类，人们一定会感到不知所云。可是人们可以在没有上文相关陈述的情况下使用 "一个人的成长" "一个人的堕落" 之类，因为动词 "出生" "成长" "进步" "腐败" "堕落" 等与 "一个人" 可以构成一个个基本陈述，这些陈述已成了人们关于 "（一个）人" 的共同知识，所以人们在没有上文相关陈述的情况下可以使用由这些动词与 "（一个）人" 构成的 "（一个）人的 VP"。

# 三　专指的"NP 的 VP"中 VP 的元语性质

## （一）VP 为引述性元语

回指的"NP 的 VP"和前提陈述存在于特定交际背景中的外指的"NP 的 VP"属于专指，而前提陈述存在于参与交际方的共同知识背景中的外指的"NP 的 VP"属于通指。专指的"NP 的 VP"所指称的事件在上文语篇或特定的交际背景中有所陈述，这种"NP 的 VP"中的 VP 是对前提陈述中谓语动词或动词短语的直接引述或间接引述，而通指的"NP 的 VP"所指的事件则存在于参与交际方的共同知识背景中，与一个潜在的前提陈述相联系。

鉴于专指的"NP 的 VP"中 VP 对前提陈述中谓语动词或动词短语的引述的性质，本文认为，该结构中的 VP 具有引述性元语的性质，回指的"NP 的 VP"中 VP 的元语性质更加明显，该结构是利用汉语固有的领属结构、对前提陈述中的谓语动词或动词短语进行引述使之元语化的结果，VP 因此具有了指称功能，相应地，"NP 的 VP"也成了名词性结构。

关于人们在语言使用过程中涉及的种种元语现象，李子荣（2006）作了详细阐述。沈家煊（2009b：113）对语法结构中的"元语"作了简要的阐释：元语是指"用来指称或描述语言的语言"，一个词语如果以引述的形式出现，它就是元语，引述是相对陈述而言，引述语是最简单最典型的元语。从这个观点看，专指的"NP 的 VP"中的 VP 显然具有引述的性质，因此可以视为引述性元语。"NP 的 VP"回指前提陈述所述事件时，该结构中的 VP 有些是对上文出现的前提陈述中的动词或动词短语的直接引述，如例（4）（7）（8）（9）（14），有些是间接引述，如例（10）—（13）。专指的"NP 的 VP"中有些是外指的，它们的前提陈述存在于交际背景中，其中的 VP 可以看成是对潜在的前提陈述中的谓语动词或动词短语的间接引述。可见，主语位置上专指的"NP 的 VP"中的 VP 就是元语，其中回指的"NP 的 VP"中 VP 就是典型的引述性元语。实际语料中就有一些"NP 的 VP"中 VP 是加了引号的，这更直接显示了 VP 的引述性元语性质。如：

（26）贾岛的"推敲"不仅着眼于锤字炼句，在谋篇构思方面也是同样煞费苦心的。①

（27）《清嘉录》载："元夕，妇女相率宵行，以祛疾病，必历三桥
而止，谓之走三桥。"所祛之疾主要是无子。……北京人的
"走桥"有着明显的生殖崇拜意味……

下边例（28）中划线的部分虽不是"NP的VP"，但其中引述的VP
"不停息"却与上边两例中VP的引述性质相同：

（28）从《马氏文通》开始，我们向西方借鉴语言理论和研究方法
的努力也一直没有停息过。我想强调的一点是，还有一个同
时存在的"不停息"，那就是我们想摆脱印欧语的研究框架、
寻找汉语自身特点的努力也一直没有停息过。（沈家煊，
2011：1）

在一个以动词或动词短语作谓语的陈述中，谓语动词或动词短语是结构
和语义上的核心，当名词性结构"NP的＿＿＿"需要用来指称一个已知事
件时，陈述这个事件的语句中的谓语动词或动词短语很自然地被截取引述放
在"NP的＿＿＿"框架中，即前提陈述中的谓语动词或动词短语以元语的
形式充当了"NP的VP"中心语了。这样看来，"NP的VP"中的VP从其
自身形式上看它还是动词或动词短语，但在语用上它是从一个已知陈述中被
引述到"NP的＿＿＿"的框架中来的，是元语，因此具有指称性。可以
说，主语位置上专指的"NP的VP"的指称性是"NP的＿＿＿"框架的名
词性和VP被引述的综合结果。

陆丙甫（2006：308）把"这本书的不出版"中的"不出版"与"他
发的e开口度很大"和"他画的@很流利"中的"e"和"@"作类比，
认为它们在表指称的性质上是一样的。从被引述的角度看，它们确实有相似
性。可以设想，在一定的语境下，这两例中的"发"和"画"可以不用，
这两例就变为：

（29）他的e开口度很大。（说这句话的情景可以是：他和别人在发

---

① 这例出自网页 http://www.xigutang.com/tangshi300/xunyinzhebuyu.html（2014年2月24日
查询）。

"e"这个音)

（30）<u>他的</u>@很流利。（说这句话的情景可以是：他和别人在画符
　　　号"@"）

这两例中的"他的 e"和"他的@"显然是在一定的情景下将"e"和
"@"引述到"NP 的＿"框架中形成的。可见，任何一个语言单位或符号
"X"，只要被引述放在"NP 的＿"框架中构成"NP 的 X"（包括"NP 的
VP"），这个"NP 的 X"就具有指称性。如：

（31）<u>你的"了"</u>用得不对，这里应该用"过"。（拟）

很显然，这种"NP 的 X"中的"X"是基于语篇或一定的交际情境对
一些语言单位或符号的引述。人们不会把"你的'了'"之类看成是普通短
语，也大概不会争论"你的'了'"中的"了"是助词还是名词。

## （二）一些"NP 的 VP"的临时性

主语位置上的"NP 的 VP"并不是一种匀质的短语结构，其中有一些
具有一定的临时性。齐沪扬（2000：122）将"老师的称赞"、"姑娘的漂
亮"之类"NP 的 VP"归为非典型的偏正短语，以区别于"木头房子"、
"妹妹的老师"之类典型的偏正短语。杨亦鸣、李大勤（1994：117—118）
更是认为主语位置的"NP 的 VP"不是自足的短语，它们是语用造成的语
篇中的临时性短语。但是考虑"NP 的 VP"构成的复杂性，把主语位置上
的"NP 的 VP"一律视为临时短语，可能不太合适。比如，一些表通指的
"NP 的 VP"，像"图书的出版""孩子的出生""人类的交流""人的成长"
"历史的发展"等，这些短语出现在主语位置上时，与它们相应的前提陈述
可不出现，这些短语本身的使用也比较自由，称它们为"临时短语"就比
较勉强。不过我们也应该看到，在语篇中确实存在不少"NP 的 VP"让人
感到是临时组成的，它们的临时性突出表现在如下两方面：

1. 一些"NP 的 VP"高度依赖语境，依赖前提陈述。脱离了语境，它
们就很难理解，也很难站得住。单音节动词和否定式动词短语构成的"NP
的 VP"就是比较典型的临时短语。如：

（32）炀帝对于悦乐之事可说是什么都喜欢，他特别喜欢以奢侈的

行列至各地去旅行。除了数万的兵士以外，还有其他的官吏……一同前进，因此<u>他的来</u>本身就是一种麻烦。

（33）杜根，东汉安帝时郎中，因上书要求临朝听政的邓太后还政于皇帝，触怒太后，被害险些至死。谭嗣同相信康、梁等逃出后会有人接纳，自己则愿作忍死的杜根。<u>他们的去</u>，和<u>自己的留</u>，是肝胆相照的，犹如那巍巍的昆仑山一样。

（34）终于发现<u>我们的抢</u>成了假抢，<u>我们的逼</u>也没有了，围上去的人不伸腿，成了白围。

（35）作为外科医生，宋建平的<u>不收礼</u>是出了名的。他的<u>不收礼</u>与其说是出于道德，不如说是出于人格。

（36）<u>我的决不邀投稿者相见</u>，其实也并不完全因为谦虚，其中含着省事的分子也不少。

（37）在战争结束之际，他乘坐的飞机曾遭到攻击，一位没有经验的英国飞行员驾驶的战斗机误将他当做了敌人。<u>此人的没经验</u>险些送了他的命；而幸亏此人没经验，他才捡回一条命。

例（32）—（34）中的"他的来""他们的去""自己的留""我们的抢""我们的逼"对前提陈述的依赖性都很强，很难把它们看成普通短语。汉语语法学界讨论"NP 的 VP"的很多文献里举"他的来"为例，但陈宁萍（1987：382）却认为"他的来使大家很高兴"这种用例"似乎是为语法讨论专门造出来的句子"。陈文在对一定范围的语料进行考察后认为，能进入"NP 的 VP"的动词"都是双音节的，单音节的一例也没有"。但后来人们在更大的语料范围里找到了单音节动词进入该结构的实例。詹卫东（1998a：25）提到有"爱、哭、死、笑"等 4 个动词可进入该结构。此外，高航（2009：117）又提到了"逼、变、愁、饿、恨、骂、怕、骗、请、气、劝、疼、怨、走、醉"等可用于该结构，但这些词中还没包括例（32）—（34）中的"来、去、留、抢"等。可以相信，随着考察范围的扩大，我们会看到更多的 VP 为单音节动词的"NP 的 VP"。既然语料里有这些用例，我们就不好说这种句子"是为语法讨论专门造出来的"，但它们高度依赖语境、具有临时性却是事实。例（35）—（37）中的"宋建平（他）的不收礼""我的决不邀投稿者相见""此人的没经验"也高度依赖语境中否定的前提陈述，否则就很难理解。①

2. 一些"NP 的 VP"能产性差，仅凭语感难以预测或判断它们是否成立。这也与一些"NP 的 VP"高度依赖语境有关。不仅单音节动词能否进入该结构难以预测，就是一些双音节动词能否用在该结构中也不易作出准确判断。比如，詹卫东（1998a：26）认为"相信"和"信任""商量"和"讨论""谈论"和"议论"等几对近义词中，每一对中前一个（即"相信、商量、谈论"）都不能进入该结构，而后一个可以。但从北京大学 CCL 语料库的语料看，"相信、商量、谈论"都有进入该结构的用例：

（38）假定我看见了一个火山，并且相信"那不是爱特纳火山就是斯特朗柏里火山"，并且假定我的相信是正确的，证实我这句话的是那火山是爱特纳这件事实，或者那火山是斯特朗柏里这件事实。

（39）柳梅和许达伟的商量当然是没完没了，他们喝着黄酒，设想着将来要有怎么样的一座房子。

（40）他爱谈论社会问题，可是因为他有些文学思想，不能成为政治家，所以他的谈论最为有趣……

在实际语料中，由"相信、商量、谈论"等构成的"NP 的 VP"的用例可能不如由近义的"信任、讨论、议论"等构成的用例多，但毕竟还是有些实例。如果不考察真实语料，仅凭语感判断一些"NP 的 VP"尤其是那些由复杂的动词短语构成的"NP 的 VP"是否成立就很难保证不出偏差。比如，陈庆汉（2010：108）举了"我的学会了煮饭""柔石的近来要做大部的小说""她的欠别人钱""他的送生日礼物""我的跟家里商量买房"等用例，孤立地看，我们可能会感到它们很别扭或者可接受性比较低（贺阳，2006），但当它们出现在真实用例中，说它们是特定语境中依赖前提陈述的临时短语可能更妥当一些。

## 四　"NP 的 VP"中 VP 的动词性强弱

陈宁萍（1987：384）认为"NP 的 VP"这种结构在 20 世纪的汉语中

---

① 石定栩（2011：34）也表示有人认为"她的不见记者"这类结构很少有人用。

"刚出现时显得不够自然",但现在它已"开始进入汉语的'共同核心'"。这样看来,"NP 的 VP"就是汉语中的一种普通的短语结构。范晓(1992)、彭兰玉(2000)也不赞成将"NP 的 VP"视为语篇中的临时性短语。在他们几位看来,"NP 的 VP"就是汉语中的一种普通短语。但从上一小节的讨论中,我们又不能不看到一些"NP 的 VP"短语实例的"临时性"。这样,关于"NP 的 VP"就有普通短语和临时短语两种对立的意见。实际上,考察一下"NP 的 VP"实例中 VP 的动词性,就会发现该结构并不是一个匀质的结构体,人们关于"NP 的 VP"的两种意见各有其合理性:由动词性较弱的 VP 构成的"NP 的 VP"可视为普通短语,而由动词性很强的 VP 构成的形式就容易被视为临时短语。

陈宁萍(1987:382)认为框架"施事名词或动者名词 + 的 + 动词"(属"NP 的 VP"的一种形式)"具有把动词性最强的词分离出去的能力"。陈文用这个框架首先把单音节动词分离了出去,认为单音节动词一般不用于该框架。就动词性强弱而言,不少学者都认为单音节动词的动词性一般要强于双音节动词。但语料显示,有一些单音节动词也能够进入"NP 的 VP",如果包括单音节动词带宾语的形式,能够进入这种结构的就更多。从这个角度看,能进入该框架的动词或动词短语并不是匀质的,"NP 的 VP"中 VP 的动词性也有强弱之分。从动词和名词连续统的观念看,"NP 的 VP"中 VP 的动词性也可以看成由强到弱或由弱到强的连续统,这个连续统的一端是动词性较弱的双音节动词,如"教育、发展、研究、交流、进步、生存、成长、落后"等,它们往往可以构成通指性"NP 的 VP",另一端则是动词性很强的单音节动词,如"走、来、去、哭、笑、骂"等。有些"NP 的 VP"中 VP 是动宾短语或状中短语(包括带"不""没"的形式),它们也位于动词性较强的一端。基于这样的认识,由动词性较弱的一些双音节动词构成的"NP 的 VP"(如"孩子的教育、科技的发展、古典文学的研究、动物的生存、人类的交流、青年人的进步、人的成长、经济的落后"等)就可以视为普通短语,而由动词性很强的动词或动词短语(如单音节动词、状中短语、动宾短语等)构成的"NP 的 VP"(如"他的来、她的哭、我们的抢、这本书的迟迟不出版、此人的没经验、这项决议的终于生效"等)就可以视为在一定的语境条件下由语用驱动而形成的临时短语。作为普通短语的"NP 的 VP"特别是表通指的"NP 的 VP"并不一定要求在语篇中出现前提陈述,但临时短语"NP 的 VP"通常是回指性的,它要求在语篇或语境中出现前提陈述。

## 五 "NP 的 VP"所指事件的已然与未然

主语位置上的"NP 的 VP"指称一个已知的事件，这是没有疑问的。但它所指的事件是不是已经发生，就要具体分析了。詹卫东（1998b：19）认为"NP 的 VP"所指的"多数是已发生的事件"，该结构的"已然性程度很高"。吴怀成（2012：38）则认为"NP 的 VP"一般默认指已然事件，但可以通过在动词前加时间状语来改变默认值。如，"《鲁迅全集》的出版"在"《鲁迅全集》的出版令人鼓舞"中指已然事件，但"《鲁迅全集》的即将出版令人鼓舞"中加了"即将"，就变成了未然。确实，根据 VP 带有"终于""即将"等词语，可以看出"NP 的 VP"所指事件是已然还是未然的。但更多的"NP 的 VP"本身往往并不能显示其所指事件是否已经发生，它们所指事件已然或未然往往取决于其前提陈述所述事件已然与否。

回指的"NP 的 VP"所指的事件是已然或未然是由其前提陈述决定的，"NP 的 VP"本身（特别是 VP 为光杆动词时）往往不能显示其所指事件是否已然。如：

(41) 《龙凤呈祥》是中国第一次面向社会征集产生的第一首婚礼庆典主题曲。……这首庆典歌曲的推出，填补了中华婚礼文化音乐的空白。

(42) 中央电视台戏曲频道将推出一档《梨园擂台》栏目。《梨园擂台》的推出是央视戏曲频道全面改版举动之一。

(43) 存款保障计划既具成本效益，又能减低道德风险。这个计划的推出，并不表示预期香港银行体系的稳健程度或实力减弱。

以上三例都含有"NP 的推出"，但它们在三例中所指事件已然与否却各不相同。从例（41）"这首经典歌曲的推出"之前的语句可以看出其前提陈述为"《龙凤呈祥》这首曲子已经产生（推出）"，因此这例中的"NP 的推出"所指事件为已然。例（42）"《梨园擂台》的推出"前边的前提陈述含一个副词"将"，表明事件尚未发生，因此这例中的"NP 的推出"所指事件为未然。而从例（43）"这个计划的推出"之前的语句中看不出这个计划是否已经推出，它可能已经推出，也可能还在计划中，因此这例中"NP

的推出"所指事件是已然还是未然难以确定①。

有些语句在语义上表示 "NP 的 VP" 所指事件已经产生了某种作用、影响或后果，这种作用、影响或后果只有在某事已经发生的情况下才会产生，因此句中的 "NP 的 VP" 所指事件只能是表已然的。如：

(44) 可以说，钱著的出版扭转了一个学科的命运。

(45)《中国水系大词典》的出版，在水利行业内引起了强烈的震动。

(46) 分析人士普遍认为，沙龙单边行动计划的推出已经改变中东和平进程的轨道。

不过，这几例中 "NP 的 VP" 的前提陈述所述事件也应该是已然的，"NP 的 VP" 所在句子体现其所指事件表已然的情况只能是在其前提陈述所述事件为已然的条件下才会发生。

应当注意，"NP 的 VP" 作主语的句子本身表示已然与否的情况并不能决定 "NP 的 VP" 所指事件已然与否。如：

(47)《中国大资本家》一书的出版遇到了经费困难。

(48) "文革" 以后，浩然的《金光大道》第三、第四部的出版被搁置起来。

这两例本身都表示已然事件，但据此并不能得出 "《中国大资本家》一书的出版""浩然的《金光大道》第三、第四部的出版" 所指事件也表已然的结论。实际上，从句子本身看这两例中的 "NP 的 VP" 所指的事件是未然的。

也有些 "NP 的 VP" 作主语的句子本身所述事件是未然的，但 "NP 的 VP" 所指事件却是已然的。下边例（49）中，"这本书的出版" 所在的句子中谓语带副词 "将"，表示这个句子表未然事件，但从前边的语句看，《清代家具》这本书已经出版了，即 "这本书的出版" 所指的事件是已

---

① 不过，从这例所在的更大的语境范围里应该能找到关于这个计划是否已经推出的信息，这个信息就是 "这个计划的推出" 的前提陈述。一旦找到这个信息，"这个计划的推出" 所指事件已然与否就能确定。

然的。

> （49）最近出版的《清代家具》是第一部用彩色照片和完美的印刷
> 把精选过的清代家具公诸于世。<u>这本书的出版</u>，将会消除一
> 些人的偏见，并将提高对清代家具的评价。

　　由上述分析可见，回指的"NP 的 VP"本身不能显示其所指事件是否已经发生（除非 VP 带有表已然或未然的时间状语）。

　　基于一定交际背景的"NP 的 VP"所指事件是否已然同样取决于它的前提陈述所述事件是已然或未然的情况。如，前边例（18）领导问："你们的调查有些什么发现？"存在于交际背景中与"你们的调查"相应的前提陈述是"你们在调查"或"你们已经调查了"，因此这例中"你们的调查"所指事件是已然的。如果领导问："你们的调查什么时候开始？"这时，交际背景中与"你们的调查"相应的前提陈述则应是"你们将要调查"之类，相应地，"你们的调查"所指的事件就是未然的。可见，同样的"你们的调查"在不同的交际背景中，它所指的事件已然与否都取决于前提陈述，它本身不能决定它所指事件是否已经发生。

　　与通指的"NP 的 VP"相应的前提陈述是一个泛述性事件①，所指的事件无所谓已然或未然。如，"一本书的出版""一个人的成长""孩子的教育"在前文例（6）（22）（23）里，它们的前提陈述存在于人们的共同知识背景中，所述的是泛述性事件，前提陈述中不带有时体成分。就"一本书的出版"而言，可以说它的前提陈述是"人们出版一本书"之类，而不是"人们出版了一本书"（已然）或"人们将要出版一本书"（未然）之类。而"人们出版一本书"这一陈述既不表已然，也不表未然，是泛时性的②，所以通指的"NP 的 VP"所指的事件是泛时性的。

　　因此说，作主语的"NP 的 VP"无论是专指还是通指，它所指事件是已然还是未然都是由其前提陈述决定的，它本身不能决定它所指的事件是否已经发生，除非 VP 本身带有表达已然或未然的时间状语（如"即将""终于"等）。

---

① 詹卫东（1998b：19）提到有些"NP 的 VP"指泛述性事件（如"时代的变迁"）。

② 竟成（1996）称句子在时轴上"时界开放"的时间表达方式为泛时式，如"小王会游泳"。

# 六　结语

本文主要从三个方面讨论了主语位置上的"NP 的 VP"与前提陈述的联系。首先，立足语篇考察回指的"NP 的 VP"中 VP 与前提陈述中谓语动词或动词短语的联系，具体分为直接拷贝、近义替换和间接推出三种方式。由于专指的"NP 的 VP"中 VP 是对前提陈述的谓语动词或动词短语的引述，因此它们具有引述性元语的性质，加之这种引述性的 VP 又居于名词性框架"NP 的＿"中，它自然获得了指称性，"NP 的 VP"因此指称其前提陈述所述的事件。其次，本文认为"NP 的 VP"中 VP 的动词性有强有弱。VP 为单音节动词或动宾短语、状中短语等，其动词性较强，这种 VP 构成的"NP 的 VP"通常是回指性的，在语篇中对前提陈述的依赖性也较强。通指的"NP 的 VP"的前提陈述存在于参与交际方的共同知识背景中，其 X 中 VP 的动词性较弱。最后，"NP 的 VP"所指事件已然与否往往取决于它的前提陈述所述事件是否已经发生，"NP 的 VP"本身往往不能直接显示其所指事件是已然或是未然。从以上几方面看，主语位置上的"NP 的 VP"对语境中的前提陈述有着高度的依赖性。

实际上，专指的"NP 的 VP"中 VP 具有引述性元语的性质，这种现象在现代汉语中并不是孤立的。方梅（2011）讨论的北京话的两种行为指称方式"这（S）VP"和"S 这 VP"与专指的"NP 的 VP"就非常相像。方梅论及的这两种形式也高度依赖语境中的前提陈述，其中的 VP 也具有引述性元语的性质，而且这两种形式中的 VP 对先行语的指称方式与专指的"NP 的 VP"中 VP 对前提陈述中谓语动词或动词短语的指称方式也十分相似。不仅如此，以动词或动词短语形式直接作主语的，其中也有一些是基于前提陈述的，因此也具有引述性元语的性质。比如，朱德熙等（1961）所讨论的"去是有道理的"之类，这种句子用在语境中，它之前一般会出现或隐含着一个陈述"某人去了或要去某处"，这就是使用"去"作主语的句子的前提陈述，可见这句中作主语的"去"也具有引述性元语的性质。以沈家煊（2003）讨论的"行、知、言"三域的观点看，"去是有道理的"也可以视为言域用语，不妨理解为：有人说"去"，我说"'去'是有道理的"。这样看来，作主语的"去"就是引述性元语。

# 参考文献

陈宁萍　1987　《现代汉语名词类的扩大》，《中国语文》第 5 期，第
　　　　　　　379—389 页。

陈庆汉　2010　《"N 的 V"短语的语义结构》，《信阳师范学院学报
　　　　　　　（哲学社会科学版）》第 1 期，第 106—110 页。

范　晓　1992　《VP 主语句——兼论"N 的 V"作主语》，载中国语文
　　　　　　　杂志社编《语法研究和探索（六）》，语文出版社，第
　　　　　　　176—189 页。

方　梅　2011　《北京话的两种行为指称形式》，《方言》第 4 期，第
　　　　　　　368—377 页。

高　航　2009　《认知语法与汉语转类问题》，上海交通大学出版社。

贺　阳　2006　《现代汉语 DV 结构的兴起及发展与印欧语言的影响》，
　　　　　　　《中国人民大学学报》第 2 期，第 136—142 页。

胡小敏　2011　《汉语动词作主宾语现象的分语体考察》，《浙江师范大
　　　　　　　学学报（社会科学版）》第 6 期，第 75—81 页。

竟　成　1996　《汉语的成句过程和时间概念的表述》，《语文研究》
　　　　　　　第 1 期，第 1—5 页。

李子荣　2006　《作为方法论原则的元语言理论》，黑龙江人民出版社。

陆丙甫　2006　《不同学派的"核心"概念之比较》，《当代语言学》
　　　　　　　第 4 期，第 289—310 页。

马国彦　2012　《"N 的 V"短语的篇章功能：衔接与组块》，《毕节学
　　　　　　　院学报》第 2 期，第 1—10 页。

齐沪扬　2000　《现代汉语短语》，华东师范大学出版社。

齐沪扬等　2004　《与名词动词相关的短语研究》，北京语言大学出
　　　　　　　版社。

沈家煊　2003　《复句三域"行、知、言"》，《中国语文》第 3 期，第
　　　　　　　195—204 页。

沈家煊　2009a　《我看汉语的词类》，《语言科学》第 1 期，第 1—
　　　　　　　12 页。

沈家煊　2009b　《副词和连词的元语用法》，《对外汉语研究（第五
　　　　　　　期）》，商务印书馆，第 113—124 页。

沈家煊　2011　《语法六讲》，商务印书馆。

石定栩　2011　《名词和名词性成分》，北京大学出版社。

王彩利　2010　《"N 的 V"的构式研究》，上海外国语大学硕士学位论文。

王仁法　李　东　2001　《现代汉语中非预设性"NP 的 VP"宾语句》，《徐州师范大学学报（哲学社会科学版）》第 4 期，第 52—58 页。

吴怀成　2012　《现代汉语动词指称化的层级分布及其类型学思考》，上海师范大学博士学位论文。

徐阳春　2003　《关于虚词"的"及其相关问题研究》，复旦大学博士学位论文。

杨亦鸣　李大勤　1994　《试析主语槽中的"NP＋的＋VP"结构》，载《语法研究与语法应用》，北京语言学院出版社，第 109—123 页。

詹卫东　1998a　《"NP＋的＋VP"偏正结构》，《汉语学习》第 2 期，第 24—28 页。

詹卫东　1998b　《关于"NP＋的＋VP"偏正结构在组句谋篇中的特点》，《语文研究》第 1 期，第 16—23 页。

张伯江　1993　《"N 的 V"结构的构成》，《中国语文》第 4 期，第 252—259 页。

朱德熙　卢甲文　马　真　1961　《关于动词形容词"名物化"的问题》，《北京大学学报》第 4 期，第 51—64 页。

（方绪军　上海师范大学对外汉语学院
李　翠　上海师范大学对外汉语学院）

# 试析"A了NP"构式的语篇特点及对形容词"A"的要求

周　静　梁可湘

**提要**　"A了NP"构式已经是当代汉语中很常见的一种"非常态"表达，有其独立的构式意义，即形容主体在某种原因的致使下发生变化的过程状态。从语篇角度看，这一构式多用于后续、总结。"A"多为一价的、动态的、反向的。形容词进入构式后，通过直观描述、隐喻、借喻三种认知方式与补足语"NP"发生联系。这一构式也经济原则在"SVO"强势结构与"A了NP"的"变化＋主事"论元结构之间竞争与妥协的结果。

**关键词**　"A了NP"构式　语篇特点　一价形容词　动态形容词　反向形容

## 引言

"A了NP"构式是指"红了脸、白了头"等组合，"红"是结果，"脸"是主体，而导致"脸"变"红"的诱因则可能出现也可能不出现。这与"巩固国防、端正态度"不同。这一构式是表达状态呈现而非动作致使，一般是主体在因某种原因而产生了变化，如"红了脸"是指"脸呈现出红晕状态"，至于是什么导致出现这种状态则不是构式所要表达的重点，因此常常被忽略。所以"A了NP"构式对"A"的语义特征相应的要求，本文拟在前人研究的基础上进入相关讨论。

# 一　"A 了 NP"构式的语篇特点

## （一）致事、主事和变化三者缺一不可

"A 了 NP"构式要求致事、主事和变化三者缺一不可。其中 NP 是主事，"A"是变化结果，致事的隐现情况要复杂一些：单句中有时在句中出现，有时在句中隐含；复句中则大多在前一分句中现出；语篇中则有时在前景句中出现。这与"VP［A］NP（巩固国防）"有所不同。如：

（1）王奶奶拉着年轻队员黄信妹的手说："我在年轻的时候也参加过女子民兵连，那会儿打特务，保海岛，可以说，我也是女英雄呢！"王奶奶的脸上露出骄傲的神情，大家纷纷鼓起掌来，见大家鼓起掌，王奶奶反而又不好意思地红了脸，年迈的脸上倒有了几分少女般的娇羞……庭院里到处是欢声笑语，呈现着一张张老人们幸福开心的笑脸。（人民网，2013，下同）

（2）因此，不论对照检查材料写得多么诚恳、深刻，也不论在民主生活会上怎样红了脸、出过汗，检验各地区各单位活动成绩的标尺，还是在于整改落实的效果。

（3）创建一支强大的空军，歼灭残敌，巩固国防。

（4）电视台首先要端正态度，别把电视问政做成一档娱乐节目，而要做成"连续剧"，要勇于代替市民行使监督权，别让电视问政止步于出出汗，要把市民提出的每一个问题都持续跟进，彻底解决，把问政进行到底！

例（1）致事是"不好意思"，主体是"王奶奶的脸"，变化是"红了"。例（2）致事是"民主生活会上的'交流思想，开展的批评与自我批评'"，主事是"党员干部的脸"，变化是"红了"。例（3）致事是"创建一支强大的空军"，主事是"国防"，要求是"巩固"，这是预期而非实现。例（4）致事是"别把电视问政做成……，而且做成……，要勇于……，别让……，要把……，把……"，主事是"电视台的态度"，要求是"端正"是预期而非结果。

因此"A 了 NP"构式与"VP［A］NP"模式的最大区别在于已然与未

然。这直接导致二者的出现背景大不相同："A 了 NP"表结果，用于描述，单句中充当谓语，复句中用于后续分句，语篇中用于总结等。有人推测其来源是"受到当时表示状态变化实现的'形 + 却 + 宾'句式和同期韵文作品'动 + 了 + 宾'格式两方面的影响类推所致"（张国宪，1998）。

### （二）"A 了 NP"构式的语义特点

从论元角度看，"A 了 NP"是一个"（致事）+ 结果 + 了 + 主体"构式。致事隐含在上下文中的背景信息，这要么是一个事件，要么是能在百科知识或常识中找回，即有前景或背景，但发生变化的主体则是 NP 本身。因为构式有对论元角色的要求，动词（及形容词）也有对参与者角色的要求。如果不一致而构式义又体现了当下认知的真实必须加以选择，构式义就会迫使动词的参与者角色发生变化而与构式的论元角色相一致（刘大为，2010）。如：

(5) 禾苗刚抽穗，苗就蔫了，麦子正灌浆，叶就黄了，一年到头，家家户户没有不缺粮的。

(5') 禾苗刚抽穗就蔫了苗，麦子正灌浆就黄了叶，一年到头，家家户户没有不缺粮的。

(6) 最要命的是，山田缺水，禾苗刚抽穗就蔫了苗，麦子正灌浆就黄了叶，一年到头，家家户户没有不缺粮的。（北大语料库）

例（5）"苗蔫了""叶黄了"选择"NPA 了"构式，是对主体"苗"和"叶"状态的描述。例（5'）用"A 了 NP"构式，但因信息不完整，导致受信一方不明白究竟是什么原因导致"蔫了苗"和"黄了叶"因此可接受度不高。因为这一构式要求出现"诱因"与呈现的结果，故例（5'）只有结果而无致事出现，因此可接受度低。例（6）有致事"山田缺水"，使得变化"蔫"与主体"苗"；"黄"与主体"叶"的变化因果关系明确、论元语义线索清晰，因此可接受度高。

### （三）"A 了 NP"构式与汉语的"SVO"结构

在"A 了 NP"构式中，主事"NP"位于变化形容词之后位于宾语处，而致事又往往悬空，所以"A 了 NP"构式的陈述性强、指称性弱。这是一个信息不完整的构式，有要求原因出现的强烈倾向，那么 "A 了 NP" 前景句中必有致事变化的诱因，这多作为背景信息出现。先因后果的认知顺序对这一构式的影响巨大。比较有意思的是 "A 了 NP" 是凸显主事，但这又是变化实现后的凸显，因此致事在其中因 "SVO" 结构而需要强力呈现，特别是在复句中。如：

　　（7）他白了头发，因为60年过去了。

　　（8）60年过去了，他白了头发。

　　例（7）不可接受。例（8）可接受，这正是 "A 了 NP" 构式对致事的要求，只有出现致事才能构成汉语的强势结构 "S + V + O"。而 "A 了 NP" 正好可成为这一结构的后段 "A 了 [V] + VP [O]"。

　　这是汉语的凸显主事的 "A 了 NP" 构式与施事优先的 "SVO" 结构的竞争，最终导致致事升级占据施事位置而表达诱因。

　　不仅如此，引发的结果这一构式的致使因并没有在上文中明确地出现，但一定是作为人们的一种生活常识，即使没有出现，也一定是交际双方共知信息或是百科知识、常识。如：

　　（9）刚刚完婚的凌潇肃看上去心情还不错，但一被问及姚晨的话题，凌潇肃还是黑了脸。

　　例（9）"黑了脸" 是基于常识 "当人不高兴、不满、生气时就会表情冷漠，不屑一顾，具体表现是无表情、且拉长脸"，因此被问及前妻姚晨前夫就立刻 "黑脸"。这是百科知识无须说明。

## （四）不能与表因果关系的关联词连用

　　"A 了 NP" 构式义本身就包含了致果义，其诱因就是前景的形式主语或背景事件，所以上下文已经形成了因果关系。因此，"A 了 NP" 构式是不能够与表示因果关系的关联词，如 "因为……所以……；由于……所以……；……因此……"，连用的，但是却可以表致使义的动词如 "使、让、要" 等连用。例如：

　　（10）姑娘的几句话使他顿时红了脸。（√）

（10）姑娘的几句话，他顿时红了脸。（√）

（10'）因为姑娘的几句话，所以他顿时红了脸。（×）

这表明，这一构式的构式义为"致使结果"，用因果连词与构式义重复，因此当这一构式出现在复句中时，就不能再用因果连词。因为这违反语言的经济原则。

# 二　"A 了 NP"构式对"A"的要求

每个语法构式都拥有无可比拟的高能产性和实际使用中的高频度（刘大为，2010）。但是并非所有的形容词都可以进入到"A 了 NP"构式中，构式对形容词"A"有严格的要求。

## （一）A 是单价形容词

从配价的角度看，依据形容词与补足语的同现数量可以分为单价形容词、双价形容词和三价形容词（张国宪，2006）。能够进入"A 了 NP"构式的形容词"A"为单价形容词，即在句子中，形容词只要求有一个补足语与之同现。如"天黑了；脸红了；他很聪明"等。这可归纳出几种结构（张国宪，2006）

| 单价形容词 | 双价形容词 | 三价形容词 |
| --- | --- | --- |
| Ⅰ. a＋A | Ⅰ. a1＋对＋a2＋A | Ⅰ. a1＋A＋a2＋a3 |
| Ⅱ. A＋助词＋a（必须为名词性成分） | Ⅱ. a1＋A＋于＋a2 | Ⅱ. a1＋a2＋A＋a3（数量词） |
| Ⅲ. F＋A＋助词＋a（必须为名词性成分） | | |
| Ⅳ. F＋a＋A | | |

（A 为形容词，a 为补足语，F 为自由说明语）

这种对单价形容词、双价形容词和三价形容词的句法组配框架的分析，有一定的道理，因为只有在单价形容词的句法组配框架中才能找到"A 了 NP"构式的可能性，即"A＋助词＋a""F＋A＋助词＋a"两个框架。而在双价形容词与三价形容词的句法组配框架中，并没有"A 了 NP"构式存在的。如：

（11）a. 单价形容词：他脸红了。——他红了脸。（√）

　　　b. 双价形容词：他忠诚于党。——他忠诚了党。（×）——

　　　党忠诚了他。（×）

　　　c. 三价形容词：他高了我 10cm。——他高了我。（×）

这表明：单价形容词的适应性高于双价和三价形容词。

## （二）　A 是变化形容词

"A 了 NP"构式的形容词"A"为动态形容词，也即变化形容词。根据
［±静态］［±时间］的区别特征，可以将形容词分为静态形容词（包含性
质形容词和状态形容词）和动态形容词（包含变化形容词）。而静态形容词
的最大特征是它的静态性质，该情状的时间结构是均质的，缺乏内在的自然
起始点和终结点，适宜于表述恒定事件；变化形容词的最大特征是它的动态
性质，该情状的时间结构是异质的，可以有内在的自然起始点和终结点，有
些变化形容词还可以容纳续断，适宜于表述变化事件。性状形容词与变化形
容词的这种差异，可以用一个意象图式来表现：

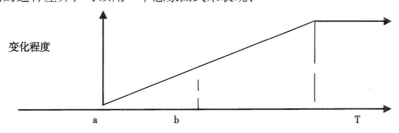

性状形容词就是形容 a 点之前的状态或 b 点之后的状态，都是静止的。
而具体到本文"A 了 NP"格式中的形状形容词"A"都是形容 b 点之后的
结果状态的。变化形容词则是形容从 a 点到 b 点的变化过程状态的，是动
态的。

由"A 了 NP"构式构成的句子属于变化情状句，旨在凸显主体由一种
状态变化到另外一种状态的过程。不管这种变化是瞬间性的，还是延续性
的，都在体现一种量的增加或减少。这说明"A 了 NP"构式本身具有［＋
动态性］的构式语义特征。语言的合作原则要求能够进入"A 了 NP"构式
的形容词"A"也必须具备［＋动态性］语义特征，而变化形容词恰好满
足了这一要求。并且变化形容词的［＋动态性］特性也使其常常可以与动

态助词"了"天衣无缝地结合在一起。

《形容词用法词典》中1066条形容词进行了鉴别,得到83个典型变化形容词,如"扁、残、肥、辣、红、晴、傻、绿"等等,和82个非典型变化形容词,如"暗淡、缓和、暖和"等(张国宪,2006)。这些变化形容词基本都可以进入到"A了NP"构式中,并且多数都能够在现代文学作品中找到语例。如:

> (12) 她也试了试,真灵,一个黑母鸡一下子就把嘴撑住,傻了眼了!(汪曾祺《受戒》)
> (13) 十字路口,那儿是小吴门,曾经受过伤害的。马路被加上新的弹坑。几只狗子,有的淌着血,有的残了腿,有的一身蒙着尘土,有的时作时歇地猖猖吠叫。(王西彦《十月十九日长沙》)
> (14) 千里的雷声万里的闪,毛主席来了晴了天。(《山丹丹开花红艳艳》歌词)
> (15) 暗淡了刀光剑影,远去了鼓角争鸣。(《历史的天空》歌词)
> (16) 中国坚持不懈地积极斡旋,先后促成并主办三方会谈和六方会谈,推动各方发表共同声明,缓和了半岛紧张局势,为维护东北亚的和平与稳定发挥着建设性作用。(国新办《中国的和平发展道路》白皮书)

### (三) 从形容词正向、反向的角度

"A了NP"构式中形容词"A"多为反向形容词,正向形容词的使用频率较少。就目前所统计的资料,在84个可以进入"A了NP"构式的单音节形容词中,有60个是反向形容词,都是表示事物由积极的一面向消极的一面发生变化和倾向的过程。如:

> (17) 矮了气势、暗了半边天、白了胡子、扁了一直轮子、瘪了胎、潮了两条裤腿、臭了一筐鸡蛋、刁了嘴、寒了心、黑了心肠、苦了几个孩子、聋了一只耳朵、乱了套等等。

"A了NP"的构式义是旨在表达主体在一种不可控的力量的致使下,

发生变化的过程,因此 "A 了 NP" 构式含有 [-可控] 的构式语义特征。一般来说,人们在表述自身无法控制局面的情况时,多倾向于表现其消极的发展态势,以表达对变化主体可怜、同情或者不满的感情色彩。因此,这种构式义要求进入构式的形容词 "A" 多为反向形容词,其在句子中含有 [-可控] [-积极] 的语义特征。

## 三　构式中形容词 "A" 与补足语 "NP" 的关系类型

总观 "A 了 NP" 构式中的名词性补足语成分 "NP",主要包含了:人、人体的某一部分、客观存在的事物和抽象的事物四种。如 "穷了山里人、红了脸、臭了一筐鸡蛋、矮了气势" 等。不管是哪一种,"NP" 在构式中都是形容词 "A" 所描写的主体对象。形容词 "A" 对主体 "NP" 的描述方式分可分为三类。

### (一) 直观描述类

直观描述类是指形容词 "A" 对变化主体 "NP" 进行真实地、直观地描述,而这种直观多来自于视觉、听觉、触觉或嗅觉。这一类的补足语 "NP" 多为人体的某一部位或客观实物。如:

(18) 肖俊当场严肃批评了这种浮夸作风,那位干部红了脸。(北大语料库)

(19) 一顿热辣的涮锅,辣了嘴,暖了心,从烫到涮,无辣不欢!(百度网页)

脸变红是平时常有的现象,肤色的变化也是实实在在可以被人们观察到的;嘴是人体的味觉灵敏的部位,其对于苦辣酸甜等味道的感知也是真实可靠的,因此,这一类的形容词 "A" 都是对变化主体 "NP" 真实属性的描写。

### (二) 隐喻类

隐喻类是指形容词 "A" 所描述的变化主体 "NP" 的状态并非真实的、客观存在的状态,而是人们通过本体隐喻的认知方式,将其隐喻成另外一个有形的实体,进行隐喻推理。这一类补足语 "NP" 多为抽象的事物。如:

（20）复杂的形势局面，使他顿时大了脑袋。（生活语言调查）

（21）我见了它们总招呼，并牢记着从小听到的教导：对狗不能矮了气势。（《杨绛干校六记四"小趋"记情》）

例（20）中所说的"脑袋"并非指人体的部位——头，而是指头脑、思维，是一种抽象的东西，而句子却把这种抽象的"脑袋"说成"大"，这是隐喻的认知方式，将无形的"脑袋"隐喻成有形的、具有空间感的实体或容器，而思维、思想就是容器内装载的实物，思考的事情越多、越烦乱，实物就越多，致使容器也被撑大。这两个认知模式极其相似，所以才有了"大了脑袋"的说法。同样，例（21）中也是将抽象的"气势"隐喻为有形的实体，可以看到它的高矮胖瘦。

（三）转喻类

转喻类是指形容词"A"所描述的情状，并非补足语"NP"本身的情状，而是借描述另外一个与之相近、相邻的事物间接地描述"NP"；或者是借描述人自身的感受来间接地描述客观事物"NP"。如：

（22）芦苇黄了沙洲。（《桂已八月》歌词）

（23）这个女人击垮了不可一世的朱猛，也让他手下一众弟兄寒了心，雄狮堂一夜间分崩离析。（古龙《英雄无泪》）

例（22）中"黄"并非沙洲这种事物所具有的情状，而是附着在沙洲上的芦苇的情状，这里借芦苇"黄"的典型特征来借喻沙洲的情状而已。例（23）中"寒了心"的"心"本身并没有寒或热的属性变化，"寒"是"一众兄弟"们的自身感受，这里运用了感知隐喻的方式，借自身的"寒"来描述"心"的"寒"。

"A了NP"构式中形容词"A"与补足语"NP"之间的关系，体现了人类的三种认知机制。

# 四 结语

现代汉语中，"A了NP"构式是一种常见的非常态表达，有着其独立的构式意义，即形容主体在某种原因的致使下，发生变化的过程状态。其构式义包含明显的［＋致果义］［＋动态性］［－可控性］。"A 了 NP" 构式除了自身具备三个非常突出的特性外，它对形容词 "A" 的要求也非常严格，一般情况下，形容词 "A" 多为一价形容词、变化形容词、反向形容词。补足语 "NP" 与形容词 "A" 之间通过直观描述、隐喻、转喻三种认知方式发生着联系。这一构式的产生与发展是与语言表达经济原则和汉语 SVO 强势结构竞争与妥协的结果。特别适合实现语篇的后续、总结与凸显主事焦点的一致性。

# 参考文献

吕叔湘（主编）　1980　《现代汉语八百词》，商务印书馆。

邵敬敏　1995　《动量词的语义分析及其与动词的选择关系》，《中国语文》第 2 期。

中国社会科学院语言所词典编辑室　2005　《现代汉语词典》（第 5 版），商务印书馆。

刘大为　2010　《从语法构式到修辞构式（下）》，《当代修辞学》第 4 期。

袁毓林　2002　《论元角色的层级关系和语义特征》，《世界汉语教学》第 3 期。

张国宪　2006　《现代汉语形容词功能与认知研究》，商务印书馆。

张国宪　1999　《延续性形容词的续断结及其体表现构》，《中国语文》第 6 期。

张建理等　2011　《构式语法对汉语 "形容词＋宾语" 结构的研讨》，《外国语》第 6 期。

（周　静　暨南大学华文学院华文教育系

梁可湘　暨南大学文学院中文系）

# 动词后短语"在＋处所"的语义特征及相关教学

## 刘学顺

**提要** 本文在 50 多年来学者们关于动词后短语"在＋处所"的语义研究的基础上总结了它的两个语义特征：第一，指动作的参与者或涉及者受动作影响而到达的处所；第二，指人或物以某种状态呈现的处所。在教学中，可作如下表述使学生根据这两个语义特征写规范语句：短语"在＋处所"表示第一种语义时，它必须放在动词后面；如果句中动词是光杆动词，这个短语表示的是第二种语义，它可以用在动词后。

**关键词** 在＋处所 语义教学

现代汉语中，动词后所见"在＋处所"这个短语既是理论语法需要研究的课题，也是教学语法亟待探索的问题。过去五十多年来，不断有语法学者分析这种语法现象。从王还（1957、1980）到张田田（2008），相关的理论语法研究不断深入，但还未形成共识。所以，动词后包含介词"在"的处所短语仍然是理论语法研究中的一个课题。

在北美的语法教学中，如何阐释用于动词后的这个处所短语也是一个有待厘清的问题。比如，美国柱形图公司的《普通话语法》强调"介词短语处在动词前面"。有些中文教材也给学生介词短语在汉语中都用在动词前的印象。在这种情况下，学生怎么能理解并正确运用动词后的短语"在＋处所"呢？它显然是教学语法亟须解决的一个问题。

50 多年来对这种处所短语的理论语法研究为理解它的语义特征提供了良好的基础，中文教师可依据这种处所短语的语义描述来归纳该处所短语的语义特征，并在教学中加以运用。本文拟在简要回顾前贤的研究以后对动词后所见"在＋处所"的语义特征进行综合、归纳，进而提出相应的教学语法性的描述。请方家雅正。

# 一　本文所论语句的界定

现代汉语的语句有不同的句类。不同句类的语句中，介词短语"在＋处所"和同一个动词的相对位置也不一样。现在以动词"坐"为例作简单说明。先看疑问句：

你在哪儿坐？／你坐在哪儿？

这两个句子都可能有两种意思：1. 问话者知道你还没有坐的位置而问你想坐在什么地方；2. 问话者不知道你刚才坐的地方而询问你刚才坐的地方。两个都是规范的语句。在这两个疑问句中，处所短语"在哪儿"分别用于动词"坐"的前、后面，两个语句的意思没有区别。再看陈述句：

我坐在椅子上。
＊我在椅子上坐。

在这一对语句中，前者是规范语句，后者却不是。笔者多次用谷歌（Google）搜索来验证"我在椅子上坐"是不是规范语句。例如，4 月 17 日搜索的结果是：谷歌用 0 点 22 秒查到了 20300000 条结果，可在第一页上没有一个相关例子，也就是说，处所短语"在椅子上"不直接用在光杆动词"坐"的前面；"我在椅子上坐"不是规范的现代汉语语句。

上面两对例句说明介词短语"在＋处所"在不同句类的语句中，它和同一动词的相对位置不完全相同。以前有关动词后"在＋处所"的研究所讨论的例句都是肯定陈述句。本文遵循这个传统，特别在此清楚说明。

# 二　相关研究的简要回顾

五十多年来，语法学者从不同角度对动词后的短语"在＋处所"进行了研究。我认为，相关的语义分析对关于该短语的教学很有用，因此，此节回顾仅限于它的语义研究。关于动词后"在＋处所"的语义特征，学界有两种观点。

## （一）第一种观点及其演变

王还（1957）提出了自己的观点；王还（1980：28）作了更清楚的表述："凡是说明动作在哪里进行，我们就把'在'及其宾语放在动词前；说明人或事物通过动作到达于某处所，就把'在'及其宾语放在动词后。"

戴浩一（1975：159—160）也论述了这一处所短语的功能，其中心论点是："The contrast in semantic function as shown in each pair of sentences discussed above suggests that the distribution of place adverbials in Chinese is governed by a semantic principle which can be stated to the effect that *while the function of a preverbal locative is to denote the location of the action itself, that of a postverbal locative is to denote the location of the participant 'affected' by the action.*" 范继淹（1982：78）引用戴浩一的观点时将斜体字部分翻译为："前置处所短语的功能指动作本身的处所，后置处所短语的功能指动作参与者受动作影响后所居的处所。"

显然，王还及戴浩一认为，从语义上说，动词后的"在＋处所"只是表示人或物受动作影响后的处所。他们的观点很快就受到了一些学者的批评。比如，陈重瑜（1978：77）就以"他死在厨房里"为例说明这一种观点的不妥："一个人要死在某个具体地方，他必须在死之前就先到那里。可知，在例句1b（译者注：即所引例句）中，动作完成之前或之后并不涉及处所的改变。"

继陈重瑜之后，范继淹（1982）又补充了一些例子，包括：

> 花瓣儿漂浮在水面上。（先落在水面而后漂浮）
> 你去吧，我留在家里。（已先在家里）
> 糖溶化在水里。（先放入水中而后溶化）
> 病人昏迷在手术台上。（先上手术台而后昏迷）
> 少先队员走在队伍的前头。（未走时已列队在前）
> 彝族分布在四川、云南、贵州和广西。（"分布"是结果）

陈重瑜与范继淹的例子和分析都很清楚，也都难以批驳。因此，到了2003年，虽然孟万春总体上同意王还及戴浩一所提第一种观点，但他对这种观点作了修正。孟万春（2003：123）的新表述是：动词后出现的"在＋处所"是指，"动作参与者通过动作V来到NP，NP是运动的终点或状态呈现的处所。"这是有关第一种观点的最新也最全面的说明。

### (二) 第二种观点

范继淹（1982：83）指出，出现在动词后的处所介词短语"在句法上属于 VP 的内层结构，是 VP 的补语。语义上，PP 确指动作到达的处所或状态呈现的处所"。

范文发表这第二种观点 20 年后，孟万春（2003）对这种观点的不周严之处进行了分析。他引用下面两个语句说明动词后的"在＋处所"不是指动作到达的处所：

> 球抽在网上了。
> 四岁的明明把毽子踢在房顶上了。

众所周知，球飞离球拍时，"抽球"这个动作就结束了，它一般是不会接触"网上"的；在另一个例句中，毽子离开小明明的脚的那一刻，"踢"这个动作就完成了，四岁的明明不会因为自己"踢"而到房顶上。因此，这两例中的处所的确不是指动作的终点。

其实，王还（1980）的论文中也有性质相同的例子：

> 箭射在靶子上。
> 信投在信筒里。
> 衣服扔在地上。

不难理解，在箭、信、衣服等离开手的那一刻，射、投、扔这三个动作就完成了，靶子上、信筒里、地上分别是箭、信和衣服受这些动作影响所到达的地方，而不是像范继淹说的那样是动作到达的地方。这些例子都说明，动词后由介词"在"构成的处所短语所指的位置的确是和动作有关的人或物的位置，而不是"动作的终点"。孟万春等对第二种观点的批评是中肯的。

## 三　动词后"在＋处所"的语义特征

50 多年过去了，关于动词后"在＋处所"的语义的两种观点已经不像当初那样针锋相对而变得很接近了。两种观点都认为，这个处所短语的语义有两个方面，不同的是如何准确表述两个语义特征。

关于第一种语义，最近的是孟万春（2003）的表述："动作参与者通过动作 V 来到 NP，NP 是运动的终点。"这一表述的美中不足有两处：1. "动作的参与者"所指不尽准确；2. "运动的终点"应该删除。下面分别加以简要说明。

"参与者"是对英语单词 participant 的译文。它在英语中指人（a person who is taking part in an activity or event）。在包含"动词＋在＋处所"的语句中，处所也可指物受动作影响到达的处所。上引孟文所用两例都可说明这个问题。就"球抽在网上"而论，做动作"抽"的显然是某个人，动作的参与者应该是他/她，但他/她却没因为"抽"而到"网上"；到"网上"的是"球"。"球"是动作"抽"的对象，被动作所涉及，不能被认为是参与者。就"四岁的明明把毽子踢在房顶上了"而言，动作的参与者是"明明"，"毽子"是动作踢的对象，不是动作的参与者。这两例的"球"和"毽子"就像"我吃饭"的"饭"那样。人们既然不会说"饭"是吃的参与者，当然也不能认为球和毽子是参与者。它们是动作的涉及者。

有没有动作的参与者通过动作 V 来到 NP 的例子呢？当然有。孟文就引用了数例，其中之一是"青蛙跳在荷叶上"。这个例子中，青蛙就是动作的参与者。动词"跳"后的处所短语"在荷叶上"指明青蛙受跳这个动作影响所到达的地方。

如上所示，动词后的短语"在＋处所"指动作的参与者或者动作涉及者受动作 V 的影响而到达的处所。因此，孟万春的表述中只用"动作参与者"是不确切的。

孟万春的表述还将这个处所定为"运动的终点"。这样做既不必要，也可能不准确。说它不必要是因为语句中常常提及动作而未提到运动，我们还是以"球抽在网上"为例。这句话中，只提到了动作"抽"，说"在网上"是动作涉及者"球"受动作抽的影响而到的处所，这已经十分清楚了；语句中未见什么运动，何必说"网上"是球运动的终点？

把此类语句中的处所限定为运动的终点有时也是不准确的，因为有的动作不涉及运动。例如，"看在眼里"，动作看的起点是眼，动作的终点还是眼，并不涉及运动。因此，把这种处所短语的处所定为运动终点是不准确的。所以，应该把"运动的终点"删掉。

范继淹对第一种语义的表述很简单："确指动作到达的处所。"本文上一节已经引用孟万春的分析说明了这样表述的不妥之处，这里不必重复。

基于以上分析，拟对动词后"在＋处所"的第一种语义作如下表述：它指动作的参与者或涉及者受动作影响而到达的处所。

关于这个处所短语的第二种语义，两种观点现在都表述为"状态呈现的处所。"这样的表述是表达了第二种语义的精髓，可好像有点简略。在它的前面还可以加上和状态有关的主体。我们认为，"人或物以某种状态呈现的处所"可以更完整地表述动词后"在＋处所"的第二种语义。

# 四　动词后"在 ＋ 处所"的语法教学

上一节把动词后"在＋处所"的语义特征归纳为：第一，指动作的参与者或涉及者受动作影响到达的处所，第二，人或物以某种状态呈现的处所。在课堂上，机械重复这两种语义描述并不能使学生完全正确地写出动词后使用这个处所短语的规范语句；教师应该对这两种语义作教学语法性的描述。

根据第一种语义，老师可以这样讲述：如果短语"在＋处所"表示动作的参与者或涉及者受动作影响而到达的处所，它必须放在动词的后面。这样的表述很明白，很直接，也正确无误，学生可据此创造相关的规范语句。掌握这样的规则后，学生会写出"他摔在地上"的规范句，而不把"他在地上摔"视为规范语句。课堂教学中还可使用下列常见例子。

> 刀砍在树上。
> 球踢在房顶上。
> 席子铺在地上。
> 衣服扔在床上。

关于第二种语义的语法教学比较复杂，这是因为"在＋处所"表示人或物以某种状态呈现的处所时，它和动词的相对位置有三种情况：1. 它必须放在动词后面，例句有"我留在家里"等等；2. 它用在动词前或动词后都行，比如："他住在北京"和"他在北京住"；3. 它只能放在动词前。例如："他在椅子上坐着。"情况 3 显然是应该避免的。怎么避免？

在现代汉语中，"他在椅子上坐着"和"他坐在椅子上"都是规范语句，意思也都是指状态"坐"呈现的处所。在这两个句子中，"在＋处所"

的位置都不能换，"他坐着在椅子上"和"他在椅子上坐"都不算规范语句。

比较"他在椅子上坐着"和"他坐在椅子上"两个句子可以发现它们的区别：前者的动词后跟有助词"着"，但后者的动词后却什么也没有，它是人们常说的光杆动词。因此，如果把语句中的动词限制为光杆动词，学生们可能就不会写出"他坐着在椅子上"这类不规范的语句，情况3应该可以避免。课堂教学中还可用下面常见例句来说明这种情况：

| 规范 | 不规范 | 规范 | 不规范 |
|------|--------|------|--------|
| 他站在门外 | 他在门外站 | 他在门外站着 | 他站着在门外 |
| 她藏在屋里 | 她在屋里藏 | 她在屋里藏着 | 她藏着在屋里 |
| 苹果吊在梁上 | 苹果在梁上吊 | 苹果在梁上吊着 | 苹果吊着在梁上 |
| 书放在桌上 | 书在桌上放 | 书在桌上放着 | 书放着在桌上 |
| 分布在京津 | 在京津分布 | 在京津分布着 | 分布着在京津 |

还要指出的是，把语句中的动词限制为光杆动词对情况1和情况2没有什么负面影响，因为在这两种情况下，动词本来就是光杆动词。例如："我留在家里"规范，但"我留着在家里"就不规范。同样，"他住在北京"是正确语句，但"他住着在北京"就不对。

基于以上考虑，对动词后"在+处所"的第二种语义可作如下教学性的描述：如果语句中的动词是光杆动词，那么，表示人或物以某种状态呈现处所的"在+处所"可以放在动词的后面。

# 五　余论

随着时代的推移，语言不断变化，语法自然也改变。两千多年来，汉语的介词短语的语序也历经变迁，张赪的《汉语介词词组词序的历史演变》是这方面的力作。作者依据文献资料考察了从先秦到元明的介词词组的词序变化：在西汉以前，处所介词词组位于动词后面占绝对优势；到了东汉，开始了介词词组出现在动词前面的趋势；发展到元明，介词词组的语序已经基本和现代汉语一致了。

在介词词组前移的运动中，也曾有过把表示人或物以某状态呈现处所的"在+处所"前置于光杆动词的试验；有的成功了，有的没有成功。动词

"坐" 属于没成功的一个例子。下面是《汉语介词词组词序的历史演变》中提及的几个句子：

东汉时期：

> 菩萨魔诃萨梦中在极高虚空中坐。(《道行盘若经》)

魏晋南北朝：

> 太傅时年七八岁，在史膝边坐。(《世说新语》)

唐朝：

> 于高处林中见行者在石上坐。(《祖堂集》)

明朝：

> 吃了茶，都在屋里坐。(《金瓶梅》)
> 见神灵在空中坐。(《诈妮子调风月》)

在 5 个例子中，即使动词 "坐" 是光杆动词，表示人或物以某状态呈现处所的 "在 + 处所" 还是出现在它的前面。它们说明，人们确曾试验把此类介词词组移至光杆动词 "坐" 的前面。现在可知，这种试验最终并没被社会广泛接受。因此，当 "在 + 处所" 指人或物以某状态呈现的处所而且和光杆动词 "坐" 一起使用时，它要放在 "坐" 的后边才规范。至于上面的试验为什么没被普遍接受，那是理论语法学家可以深入探究的学术问题。

本文综合归纳了语法学者对现代汉语中动词后 "在 + 处所" 的语义所作的研究，提出了相应的教学语法性的描述：如果 "在 + 处所" 表示动作参与者或涉及者受动作影响到达的处所，它必须放在动词的后面；假如句中动词是光杆动词，表示人或物以某状态呈现的处所的短语 "在 + 处所" 可以放在动词的后面。

# 参考文献

范继淹　1982　《论介词短语"在 + 处所"》，《语言研究》第 1 期。

孟万春　2003　《"在"字句语义内容分析》，《延安大学学报》第
　　　　　　　　2 期。

王　还　1957　《说"在"》，《中国语文》第 2 期。

王　还　1980　《再说说"在"》，《语言教学与研究》第 3 期。

张　赪　2002　《汉语介词词组词序的历史演变》，北京语言文化大学
　　　　　　　　出版社。

张田田　2008　《关于"在"字结构语序问题的分析》，《巢湖学院学
　　　　　　　　报》第 2 期。

Chen，Chung-yu. 1978. Aspectual Features of the Verb and the Relative Posi-
　　　tions of Locatives. *Journal of Chinese Linguistics* 6，76—103.

Tai，James H-Y. 1975. On Two Functions of Place Adverbials in Mandarin
　　　Chinese. *Journal of Chinese Linguistics* 2/3，154—179.

（刘学顺　加拿大不列颠哥伦比亚大学）

# 汉语方言中源于领属结构的立场范畴

叶婧婷　　陈振宇

**提要**　汉语各方言中以人称代词为所有者的直接组合结构都参与了从领属范畴向立场范畴的语法化过程，即"空间领属＞人际空间立场＞话题空间立场"。各方言从领属范畴到立场范畴这一语法化进程是不平衡的，存在复数格式、单数格式和"家"类格式的竞争关系。

**关键词**　领属范畴　立场范畴　方言　复数格式　"家"类格式

## 一　引言

现代汉语普通话及各方言的领属结构，大多有两种结构形式：直接组合结构和带有领属标记的结构。按照 William B. McGregor（2009：2），本文把领有者（possessor）记为"Pr"，被领有者（possessum）记为"Pm"，领属标记为"M"，则汉语中这两种结构分别为直接组合的结构（Pr + Pm）和有领属标记的结构（Pr + M + Pm）。

关于领属范畴，有许多学者都提出自己的见解。崔希亮（1992）认为，如果领属关系不可改变，"的"字就可以隐去。为了解释领属标记的问题，张敏（1998）提出"距离相似性"，徐阳春（2008）提出了"关系组配"原则，陈玉洁（2008）提出"私有化等级"。

陈振宇、叶婧婷（2012）对领属范畴提出了新的解释，认为形式上的领属结构，不但可以表示典型的、具有排他性和控制性的领属意义，而且可以用来表示不具有这两个属性的"空间领属关系"；在此基础上，它又侵入另一个语义语法范畴"立场"的领地，不但进一步抛弃了排他性和控制性，而且从真实空间的空间紧密相邻关系，隐喻为社会实体在人际空间中的社会紧密关系，表示 Pr 站在 Pm 之中或之旁；再进一步，又从人际空间换喻到话题空间，表示 Pr 对 Pm 的支持或认同，同时表明不同 Pr 之间的"负同盟"关系。从领属范畴到立场范畴的演化过程如下：典型领属关系 > 空间领属关系 > 人际空间立场 > 话题空间立场。

本文以西南官话为基准方言设计调查表，对各方言进行调查。调查结果主要体现在表1。汉语方言中，这一类源自领属结构的立场范畴，在形式大多不用领属标记，并各自在单复数格式和家类格式的选择上具有相应的特点。

## 二　调查工作

汉语诸方言在从领属向立场意义的演化进程中，并不是齐头并进的。有的方言，如西南官话中的方言发展得很快，很多已经发展到话题空间中的高级用法，12 个大片中我们调查了成都话（成渝片）、柳州话（桂柳片）、遵义话（黔北片）、（湖南）郴州话（湘南片），以及位于（江西）信丰的方言孤岛，都是如此。不过，在采用什么格式上有一定分歧，大部分是复数格式占优势，少数"家"类格式占优势（信丰），或同时用复数格式和"家"类格式（遵义）。

汉语大部分的方言已经有了发达的人际空间用法，只不过尚没有或仅是在特殊情况下才有话题空间用法。这包括以北京话为基础方言的普通话、除西南官话外的大部分北方方言（河北冀州、灵寿、盐山，河南开封、光山，及山东利津、安徽芜湖、陕西永寿）以及吴（苏州、常熟、绍兴、上海）、湘（长沙、新化、益阳）、粤（广州）、闽（莆仙、惠安）、赣（南昌、太和）客家（石城）等方言中的很多方言。

当然，其中也有一些方言在调查中发现有话题空间用法，如下面江淮官话和冀鲁官话的例子，但这种情况似乎不多：

　　（1）江西九江（干薇）：你们中国足球教练又下课了。
　　　　　河北盐山（刘林）：俺们/咱们/咱猪八戒肯定能赢。

我们为立场意义的发展设计了一个调查的框架，再将各方言的情况一一对照，从而描绘出汉语立场范畴演化的全貌。设计所依据的基础方言本文暂时选定为成都方言。调查结果如下：

**表1**　　　　　　　　关于各方言中领属结构表"立场"现象的调查

| | | 复数格式 | 单数格式 | "家"类格式 |
|---|---|---|---|---|
| *真实空间 | 非定指处所，如上面、前面、旁边、那儿、这儿 | a1、a2、a3、a4、a5、a6、b1、b2、b3、b4、b5、b6、b7、b8、b9、b10、b11、b12、b13、c1、c2、c3、c4、c5、c6、c7、c9、c10、c11 | a1、a2、a3、a4、a5、a6、b1、b2、b3、b4、b10、b11、b12、b13、c1、c2、c3、c4、c5、c6、c7、c8、c9、c10、c11 | a6、b1、b5、b13、c3、c5、c7、c8、c10 |
| 人际空间立场 | 定指处所，如国家、省市、区县、街道、楼幢等 | a1、a2、a3、a4、a5、a6、b1、b2、b3、b4、b5、b6、b7、b8、b9、b10、b11、b12、b13、c1、c2、c3、c4、c5、c6、c7、c9、c10、c11 | **a1、a4、a6、b1、b2、b3、b4、b5、b6、b8、b9、b10、b11、c1、c3、c4、c7、c9 | a6、b5、b9、c3、c8 |
| | 属关系，如爸爸、爷爷、儿（子）、老公、亲戚等 | a1、a2、a4、a5、a6、b1、b2、b3、b5、b6、b7、b8、b9、b11、b12、b13、c1、c2、c4、c6、c7、c9、c10、c11 | ***a1、a2、a4、a5、a6、b1、b2、b3、b6、b7、b8、b9、b10、b11、b12、b13、c1、c2、c3、c7、c9、c10、c11 | a3、a4、a5、a6、b4、b5、b9、b10、b13、c3、c4、c5、c7、c8、c10 |
| | 个体人名，往往是最亲密的亲属，如夫妻、亲子关系等 | a1、a2、a4、a5、a6、b1、b3、b5、b7、b8、b10、b11、c1、c2、c4、c5、c6、c9、c10 | b1、b4、b6、b9、c1、c11、 | a1、a3、a4、a5、a6、b1、b2、b3、b4、b5、b6、b7、b8、b9、b10、b11、b12、b13、c3、c4、c5、c6、c7、c8、c9、c10、c11 |
| | 指示代词，但也指最亲密的亲属，如夫妻、亲子关系等 | a1、a4、a5、a6、b1、b3、b7、b10、b12、c1、c2、c4、c6、c9 | a2、a6、b1、b3、b7、b8、b9、b10、b12、c1、c11、 | a1、a2、a3、a4、a5、a6、b1、b2、b3、b4、b5、b7、b8、b9、b10、b11、b12、b13、c1、c3、c4、c5、c6、c7、c8、c9、c10、c11 |
| | "家"类集体名词 | a1、a2、a3、a4、a5、a6、b1、b2、b3、b4、b5、b6、b7、b8、b9、b10、b11、b12、b13、c1、c2、c4、c5、c6、c7、c9、c10、c11 | a1、a2、a3、a4、a5、a6、b1、b2、b3、b4、b5、b6、b7、b8、b9、b10、b11、b13、c1、c2、c3、c4、c6、c7、c8、c9、c10、c11 | a3、a4、c5、c8 |
| | 社会关系，如老师、厂长、朋友等 | a1、a2、a3、a4、a5、a6、b1、b2、b3、b4、b5、b6、b7、b8、b9、b10、b11、b12、b13、c1、c2、c3、c4、c5、c6、c7、c9、c10、c11 | **a1、a2、a3、a4、a5、a6、b1、b2、b3、b4、b5、b6、b7、b8、b9、b11、b12、b13、c1、c2、c3、c4、c7、c8、c9、c10、c11（不少仅有师生关系的用法，如"你老师、我师兄"） | a3、a4、a6、b4、b7、b11、c3、c5、c8、c9、c10、c11 |

续表

| | | 复数格式 | 单数格式 | "家"类格式 |
|---|---|---|---|---|
| 人际空间立场 | 机构组织，如俱乐部、红星厂、村、交通局、公司等 | a1、a2、a3、a4、a5、a6、b1、b2、b3、b4、b5、b6、b7、b8、b9、b10、b11、b12、b13、c1、c2、c3、c4、c5、c6、c7、c9、c10、c11 | ＊＊_a1_、_a4_、_a6_、b1、_b2_、_b3_、_b4_、_b5_、_b6_、_b8_、b9、_b10_、b11、_c1_、_c2_、c3、_c4_、_c7_、_c8_、_c9_ | a4、a6、b7、b10、c3、c8 |
| 话题空间立场 | 属人或机构组织，如明星、足球队等 | a1、a2、a4、a5、a6、b1、b2、b4、b5、b7、b8、b9、b10、b11、b12、b13、c1、c3、c4、c5、c6、c7、c9、c10 | b1、b9、b11 | a3、a4、a6、b2、b7、b8、b9、b10、b11、c3、c4、c5、c7、c8、c10 |
| | 非属人的任一话题 | a1、a2、a4、a5、a6、b2、b7、b8、b9、b10、b12、c1、c4、c7、c9、c11 | | a4、a6、c8 |

1. 表中字母及数字：

西南官话：a1 四川成都、a2 广西柳州、a3 江西信丰、a4 贵州遵义、a5 湖南郴州、a6 云南昆明。

其他北方方言：b1 河南开封、b2 河南漯河、b3 河北灵寿、b4 河北盐山、b5 河北石家庄、b6 山东利津、b7 山东青岛、b8 山东济南、b9 山西长治、b10 辽宁锦州、b11 江苏扬州、b12 江苏徐州、b13 江苏盐城。

其他方言：c1 江苏苏州、c2 江苏常熟、c3 江苏丹阳、c4 上海、c5 浙江瑞安、c6 湖南冷水江、c7 湖南长沙、c8 湖南双峰、c9 江西九江、c10 江西信丰（客家）c11 江西会昌。

2. 表中有"＊"的真实空间，复数格式不能表单数意义，除此之外，其他各项在调查的各方言中都能表单数意义；表中有"＊＊"的三格，普遍反映虽然有少量用法，都一般是外来的、正式体所用的词语，或者是非能产的特殊用例；表中有"＊＊＊"的一格，有的方言反映的是少量的用法，但在不少方言中们是能产的普遍用法。

3. 表中用斜体和下划线标出的部分，表明该用法受到很大限制因而实际上十分少见。

4. 表中 b1 河南开封比较特殊，它的"俺、恁"等不分单、复数，所以只能在单数与复数格式中都加以标注。

可以看到，在空间领属关系中，复数与单数格式互不干扰，所以都很常见。但在人际空间中，复数格式明显优于单数格式，唯一的例外是当人称代词与"家"类名词搭配时。对大多数方言来说，复数格式与"家"类格式之间存在着共存与竞争的关系。

# 三 各方言对单、复数格式的选择

当 Pr 是复数人称代词，且表示典型领属和空间领属关系时，指多个人的 Pm，如"我的书包、我左边"不能说成"我们的书包、我们左边"，如果说"我们"则一般是实指多个人的书包和多个人的左边。在立场范畴中，人称代词实际上并不表示人称个体，而是表示由人称所代表的不同的空间立场，即你方、我方、他方，集团意义更容易表示这样的空间范围，所以复数比单数占优势；少数单数占优势的方言往往有着特殊的原因。

## (一) 普遍现象——复数格式

在许多方言中，如上海方言，当表示立场关系时，第一、第二、第三人称代词在指称上存在复数指称单数的现象，并且此类表达已是最普遍、最一般的标准表义形式，如：

(2) 上海（刘丹青）：
阿拉姆妈（你们妈妈）～ *我姆妈（即使说话人是独子）
伊拉老婆（他们老婆）～ *伊老婆侬师傅（你们师傅）～
*侬师傅
伊拉上级（他们上级）～ *伊上级

根据张玥（2011），当复数人称代词需要用来指称复数、表达复数语义时，反而需要在复数人称代词与名词之间加入提示领属关系的助词"个"来完成，如：

(3) 上海（张玥）：
阿拉爷 ［俉］老公伊拉老板——表单数，普遍用法
阿拉个爷 ［俉］个老公伊拉个老板——表复数，限定用法

在上海话中，单数人称代词指称单数的表达十分地少，通常只能在强调

型语境中适用，以达到特殊的语义语用效果，而且也必须在 Pr 和 Pm 之间加入提示领属关系的助词"个"来完成，用以明确支配和被支配的关系地位，表达独立、排他、专属等含义。

　　（4）我个爷侬个老公伊个老板

　　上海话及吴语中常见的几个复数标记，如"拉、笃、家"等，与现代汉语大多数方言中的复数标记有一点不同：前者一开始就不仅可用于人称代词之后，而且可用于指人专有名词之后，构成"小张拉"（意为"小张一帮人""小张一家人"）等名词性成分①；而后者则或者可用于人称代词之后，或者可用于普遍名词之后，如成都土话"们"一般只用于构成"你们、我们、他们"，而"些"仅用于普遍名词之后，如"朋友些、娃儿些"，当然也可以两个都用，如北京话"我们、朋友们"，但这些方言一般都不能用于指人专有名词之后。

　　吴语的这一特点，也导致了一种在其他地方少见的现象，即指人专有名词充当这类领属语时，也必须和其他指人名词一样，使用带复数－集体后缀的"拉"，这个"拉"也不能省略，如：

　　（5）上海（刘丹青）：
　　　　小张拉姆妈（小张的妈妈）＞＊小张姆妈（即使小张是独子）
　　　　李先生拉太太＞＊李先生太太
　　　　学生子拉家长（学生（们）的家长）＞＊学生子家长
　　　　工人拉亲眷（工人（们）的亲戚）＞＊工人亲眷
　　　　推销员拉老板（推销员（们）的老板）＞＊推销员老板②

　　在人际空间立场中，大多数方言都和上海话相似，至少在其中一些意义

─────────────

① 属于吴语类的复数标记还有江淮官话海安话的"侉"等（张亚军，2013）
② 刘认为，这个"拉"已开始获得某种领属标记的性质了，同样功能的还有绍兴话、闽南话等的复数形式；但由于尚未泛化到对一般事物的典型领有，所以尚未到专用于领属语的程度，本质上还是复数代词的扩展用法。我们认为，这一发展必须经过人际空间立场的语法化阶段作为桥梁，否则是不可能发生的。

上要求用复数格式，否则就不能成立，或只有特殊情况下才使用，如（另参看陈玉洁（2008）所提到的大量有同样限制的方言）：

　　（6）四川成都（陈振宇）：

　　　　我们成都——?? 我成都　我们十三中——?? 我十三中

　　　　我们老师——?? 我老师　我们胖娃儿——?? 我胖娃儿

　　　　浙江绍兴（盛益民等）：伢屋里（我们屋里）——＊我屋里

　　　　伢阿兴（我们阿兴）——＊我阿兴

　　　　伢阿二（我们老二）——＊我阿二

　　　　陕西永寿（唐正大）：他们爸爸——＊他爸爸

　　　　福建惠安（陈伟蓉）阮妈仔（我们妈妈）——＊我妈仔

　　　　恁老师（你们老师）——＊你老师

　　　　恁学堂（你们学校）——＊你学堂

　　根据武玉芳（2011），大同、山阴、应县、左云、右玉等晋北方言中，当领属对象是一般名词时，"我、你、他"都读舒声，后面一般要加结构助词"的"［tiə $ʔ^{32}$］；当领属对象是亲属名词时，"我、你、他"重叠为"我我"［vo$^{54}$ və$ʔ^{32}$］、"你你"［ni$^{54}$ niə$ʔ^{32}$］、"他他"［t$^{h}$a$^{31}$ t$^{h}$ə$ʔ^{32}$］（其中后字变读为入声韵），后面不加"的"。我们认为，从本质上讲，这里的重叠也表示复数。①

　　另外一些方言，对单、复数的选择则有自由度上的差异，如下例，复数格式"印侬、他侬"较自由，可加领属标记"阿"，也可不加，但单数则一定要加"阿"，这说明前者在人际空间中是无标记的，后者是有标记的：

　　（7）湖南益阳（夏俐萍）：印侬妈妈——印侬阿妈妈（我们妈妈）

　　　　他侬堂客——他侬阿堂客（他们妻子）

　　　　＊我妈妈——我阿妈妈（我妈妈）

　　　　＊他堂客——他阿堂客（他妻子）

　　不少方言中，在一些人际空间意义上，都有少数可以较自由地使用的单数"Pr＋Pm"格式，如下例，但我们的调查发现，这一用法在大多数方言

――――――――――

① 即使它已成为专用领格形式，也应该是从复数型直接组合领属格式变来的。

中都比较少，而且往往是一些较为正式的语体才用：

（8）我妈他妹妹我国我公司我方我厂

刘丹青（2013）也说，上海话作为超级大都市的方言，是吴语中受普通话影响极大的方言，因此，有些代词可以用单数形式，没有"拉"，如"我同事、侬上级、伊帮手"，但这仅是个别现象。

有些方言单数格式比较常见、自由，但仍受到比复数格式更大的限制，如山东利津话复数可用于第一、二、三人称，而单数一般仅用于第一人称：

（9）山东利津（刘承峰）：俺亲戚——他们舅

我哥——？

冀州话则领有者为第一、二人称时，只能用复数形式；领有者为第三人称时，若 PM 为亲属关系名词，只能用单数形式；若 PM 为其他关系名词，则根据领有者的实际数量选择用单数还是复数。例如：

（10）河北冀州（白鸽）：＊我妈 ～ 俺妈（我们妈）

＊你同学 ～ 恁同学（你们同学）

他爸爸/哥哥 ～ ＊他们爸爸/哥哥

他领导/同学儿 ～ 他们领导/同学儿

不过归根到底在冀州话中单数格式仍然是少数的，如以下情况都只能用复数形式，不能用单数：

（11）河北冀州（白鸽）：俺志强舅俺/咱/恁/＊他/？他们张华厂长/老师

A（看着 B 的小女儿，问 B）：恁她几岁来？（她几岁了？）

俺老大、恁老二还有他们老三都在一块儿呢。

（二）少数但不罕见的现象——单数格式

这些相反的情况可分为以下两类：

1. 由隐性复数格式造成的情况

"隐"是指它在历史上曾是复数，但今天已泛化为普通人称代词，如大多数北方方言中的"俺、您、恁"等，母语者几乎已经没有它是复数的感觉，这时有两种情况：

一是只用"俺、您、恁"等，但单、复数不分，如河南开封话（李双剑），或者说同一格式既算单数，又算复数。

二是"俺、您、恁"等代词实际上被用作单数，然后又为它们另加上一个复数标记"们"，形成"俺们、您们"的用法。

这种隐性复数格式在立场范畴中当然会呈现复杂的格局，如历史上的复数格式由于惯性保留在今天的方言中，但似乎是单数格式了，从而极大地增加了后者的数量，如下面的盐山话，其中亲属关系（包括亲属的人名）只用"俺、你、她"等，而其他则都是单、复数并用，这就是因为亲属关系常用，因此保留了更为古老的用法：

（12）河北盐山（刘林）：

　　　亲属：咱妈妈/俺妈妈、你爷爷、他妗儿妗儿（舅妈）、我儿/俺儿（拉近自己与儿子的距离）、她孙女儿、你爷们儿（老公之意）、俺亲戚

　　　人名：俺小宇（一定是指孩子）、俺胖小子、俺老大

　　　家：你们家、他们家——俺家、你家、他家

　　　社会：俺们/咱们/咱老师、他们局长、你们经理、他们同学——我学生、我（中性）/俺（言语上拉近与老师的关系）老师、他师傅、你师兄

　　　组织机构单位：俺们/咱们局、他们公司、俺们/咱们学校、你们交通局、他们商场——咱/俺局、咱/俺学校、咱/俺厂子

再如陈玉洁（2008）描述了中原官话中的一种现象，第一第二人称的领属定语分别用"俺"和"恁"，如：

（13）河南商水（陈玉洁）：今儿个俺同学上俺家来了。

　　　小明，恁老师来了你咋不吭气儿哩？

但这两个原本表复数的代词在商水方言的领属语以外的位置中，已经出现了单数化的倾向，在很多语境中指单数个人，因此，上例中的"俺同学、恁老师"是单数还是复数格式就令人犹豫了。苏晓青、万连增（2011：335）也发现，在江苏赣榆方言中，"我"只表单数，"俺"既可表单数，也可表复数；但在亲属、人物、单位名词前仍然多用"俺"，不用"我"，同样，这是单数格式还是复数格式，令人难以确定：

> （14）江苏赣榆（苏晓青、万连增）：俺答答<sub>父亲</sub>俺妈妈俺同学俺领
> 　　　导俺邻居俺单位俺学校俺对门儿

刘丹青（2013）认为，领属语位置的"俺""恁"开始接近领属语专用形式，即领属格代词了。只不过由于它们仅用于人际空间，未泛化到对一般事物的典型领属关系，所以尚不算真正的领格代词。

2. 由方言的特殊领属特性造成的格式

从历史上看，汉语的领属标记和复数标记都有一个语法化的过程，在汉语史上曾经存在不少直接组合的单数格式。在某些汉语方言中，仍保留这种"古老"的格式是完全可能的。

例如粤语，据单韵鸣（2013），广州话表示人际空间以单数格式为主，且一般要求后面不是单音节名词，如：

> （15）广东广州（单韵鸣）：佢爸爸我细佬佢朋友你手下

只有当确实涉及多人领属时才用复数格式，例如对上级，一般是多个人的上级，所以要用复数的"你哋"；对单位，有的单位，如"屋企、学校、单经、公司"，它们是家或工作学习的单位，既可用单数也可用复数，但行政区划则一定是多个人的，这时才不能用单数格式（这一点实际上是完全满足数的实际意义的限制的，故不算例外）：

> （16）广东广州（单韵鸣）：你哋阿头（你们领导）——*你阿头
> 　　　你/我/佢哋屋企、学校、单位、公司、国家、区、
> 　　　市、省——你/我/佢屋企、学校、单位、公司——
> 　　　*你/我/佢国家、区、市、省

与此不同，莆仙话对单、复数格式做了进一步的分工：单数格式不区分典型领属关系和人际空间关系，而复数格式则进一步语法化为对权力、礼貌以及相关的社会交际功能的隐喻，表示"亲密、尊敬、积极"等人际意义，如有以下对比：

（17）福建莆仙（吴建明）：

汝＋学堂/脚车/锤仔是旧兮（你学校/自行车/锤子是旧的）

恁/伊因＋学堂/＊脚车/＊锤子是新兮（你们/他们＋学校/＊自行车/＊锤子是新的）

因此在莆仙话中，复数格式仅比单数格式有微弱的优势，据吴统计，对第一人称而言，73%的比例用复数格式，对第二、三人称而言，单数和复数格式则大约各占一半。再看陈卓（2013）所调查的芜湖话，该方言虽然泛用定语标记"□〔ti⁰〕"、指示词等领属标记很发达，但依然同时存在着发达的直接组合方式，可用于财产、身体部位、抽象名词等大多数方言不可使用的领域，如可单说"他笔、小张胳膊、他长相、老师性格"，因此其性质仍需进一步考察。而且该方言的直接组合方式以单数格式为主，只有当被领属者是集体义名词以及共有财产时，才能用"他们"连接，如"小张他们学校"。可以说，芜湖话在复数方面没有像大多数方言那样突破数限制。

再如王芳（2013）所调查的河南光山话，Pm 为亲属称谓时，复数形式的 Pr 只能表示复数概念，不能表示单数概念；但是，单数形式的 Pr 却既可表示单数概念，也可表示复数概念，呈现出一种与大多数方言相反的扭曲关系。

上述各方言在地域上分布广泛，看不出其中的联系，所以我们初步认为，他们的单数格式很可能都是对古代汉语用法的继承，而不是后来新演化出来的。

（三）单音节复数人称代词

最后，有的方言的复数人称代词是单音节的，如绍兴话的"讶（我们）、倗（你们）"，这类方言大多在立场范畴上发展也较慢，少有话题空间用法。原因何在，尚待进一步研究，不过我们假定，这和焦点有关。以成都话为例，其立场范畴中越高的层次，似乎表示立场的人称代词越容易重读，我们猜想，可能是单音节复数人称代词，以及一些方言中的双音节复数人称代词，在语音上难以获得重音，即难以被强调，故发展受限。

但这一点并非绝对，苏州话的"倪"的用法就比较普遍，未受限制，如它也可表示话题空间立场。可见，韵律规律仅仅是倾向性的：

> （18）（史濛辉）：倪足球才是真个全球运动
> 　　　（周思佳）：倪刘翔

### （四）"家"类格式的特殊性

"家"类格式中的"家、里"等，是看成已经虚化的领属标记，还是仍然看成实义名词？学界在这一点上存在争议。此次调查发现两类现象：

1. 一类应看成实义名词，因为它除了表家庭外，一般没有其他用法。我们主张，把这一结构看成两层直接组合的领属结构，如：

> （19）贵州遵义（叶婧婷）：［［我们家］眼镜儿］
> 　　　湖南郴州（蔡淑美）：［［你哩屋上］公公］（爷爷）
> 　　　　　　　　　　　　　［［我哩屋上］细崽］（小儿子）
> 　　　湖南上宁乡话（邓开初）：［［我里］爷］（父亲）［［你里］
> 　　　　　　　　　　　　　　公咀］（祖父）
> 　　　安徽芜湖（陈卓）：［［我家］爸爸］　［［她家］小叔子］
> 　　　　　　　　　　　　［［我家］他（我丈夫）］

在这些汉语各方言中，属于"家"类的名词有"屋（如王芳（2013）所述光山话）、屋里、屋上、里（由"屋里"省略，如邓开初（2004）、戴耀晶（2013）所述）"等。这些"家"类格式都具有极大的能产性，但由于"家庭"这一具体意义尚未失去，所以它严格限制了 Pm 是与家庭有关的人（包括家里人或亲属，亲属以外的人或团体就很难被允准了），或是家庭所拥有的财产，这样它的进一步虚化自然就受到了阻碍。如上宁乡话（见邓开初（2004））"Pr + 里 + Pm"格式，Pm 必须是亲属关系，唯一的例外是"师傅"（在该方言中"师傅"也成了亲属）。再如：

> （20）河北盐山（刘林）：俺家姑太太（丈夫的姐姐或妹妹）、俺家
> 　　　　　　　　　　　小叔子、俺家婆婆、俺家公公、俺家舅爷（老公的

舅舅）、你家老的儿（你家的父母）、俺家老丈人、
你家丈母娘、你家小姨子、他家大舅子、俺家侄
儿、俺家外甥、俺家小子、俺家闺女、俺家孙子

在这一方言中，"家"类格式可用于长辈或平辈、晚辈，但用于长辈和
平辈时，往往是女性提到婆婆家的人或者男性提到丈人家的人时用，但儿子
女儿孙子孙女时则不分，不过如果是侄子侄女、外甥外甥女就是女性自己家
的人或婆家的人，男性称自己侄子或妻子侄子等则一般不用"家"。这说明
该方言对亲属关系有较为复杂的定义。[①] 在陕西永寿话中（见唐正大
(2012)），"家"类格式则被限于对配偶或晚辈的领有，不能用于长辈。

陈卓（2013）提到亲戚名词以外的其他用法，但这里的"我家家"指
我家的居住地；"我家他"指我的丈夫；方位词"边上"仍然指的是我的住
宅的旁边，不是指我本人的旁边；"椅子"也只是小张家屋子里的椅子，既
不是小张正在坐着的椅子，也不是小张办公室里的椅子，所以都不是例外：

(21) 安徽芜湖（陈卓）：小张家家搬的了
　　　 我家他我家／$u^{214}a°$边上小张家椅子

还有一种情况是在复数与"家"类格式之间进行分工，如张亚军
(2013) 所调查的海安话，下面各例一般都不能用单数格式，但复数格式用
于单位与社会关系，而"家"类格式用于家庭、亲属、亲属人名（指平辈
或下辈），双方不能相互替换。其中，师徒关系被算入亲属，而不是社会关
系；还有"我俫厂长"指"我们厂长"，而"$\eta ua^{213}$厂长"则是指"我家做
厂长的那一位"（一般指自己的丈夫或妻子）：

(22) 江苏海安（张亚军）：
　　　 复数格式：我俫单位、你俫如皋、他俫学堂
　　　　　　　　 我俫厂长、你俫村长、我俫秘书、你俫老师
　　　　　 "家"类：$ua^{213}／\eta ia^{213}／t^ha-a^{31}$（我家/你家/他家）
　　　　　　　　　一共五个人。

---

① 这一点是调查人刘林指出的。

ŋua²¹³哥哥 ŋua²¹³妈妈 n̠ia²¹³儿子 n̠ia²¹³姑娘（女儿）tʰa-a³¹舅舅

ŋua²¹³师傅 n̠ia²¹³徒弟

ŋua²¹³王林 n̠ia²¹³二小 tʰa-a³¹其根 ŋua²¹³厂长 ŋua²¹³李医师

在话题空间中，大多数方言都很少使用"家"类格式。在网上也很少，且往往也只能用来表示属人话题，如：

(23) 你 TMD 不是暴民，你是 V 粉你就一边待着去，你家赵薇什么不得了的很啊？（天涯社区·娱乐八卦）

但存在一些例外，如西南官话和客家方言有一部分存在发达的"家"类格式，如在信丰话中"家"类格式被用来表示属人话题，虽然只用于非常喜爱的对象的情况下；另外，人称代词单复数皆可，且都不表复数意义：

(24) 江西信丰（西南官话，谢燕丽）：我家湖人队、你们家刘德华、她们家琼瑶、我们家猪八戒

江西信丰（客家话，张倩）：看我们家古天乐几帅子（看我们家古天乐多帅）！

更大的例外是贵州遵义话（西南官话），其中"家"类格式十分发达，复数格式有的用法，它几乎都有（除"你们家上海"不大说以外）①：

(25) 贵州遵义（叶婧婷）：

亲属名词：我们妈、你们爷——我家妈、我家舅妈、我家哥哥

人名：你们眼镜、我们胖娃儿——我们家眼镜儿、他们家胖娃儿

指示代词：你们那个——你们家那个

社会关系名词：我们老师、他们老总、你们经理、我们保

---

① 在我们的调查中，贵州遵义话的这种现象在附近西南官话中较普遍。

姆、他们同学——我们家老师、我家保姆、他家同学。

组织、机构：他们公司、他们俱乐部——我们家公司、他家俱乐部（家类结构较少，如果使用，则表明这个公司或者俱乐部是"我们家"／"他家"的）

属人话题：你们刘德华、她们琼瑶、我们猪八戒——我们家刘德华、我家全兴队

非属人话题：我们足球、你们言情小说——我们家足球、你家武侠小说（仅在特定语境中使用）

2. 另一类"家"类格式，学界有研究者把它看成虚化的标记，因为除了表示家庭外，它还有其他用法。如盛益民（2013）说，北部吴语中的"家、里"等标记，有泛指处所、家庭（处所）、家庭关联标记（指家庭成员）、泛指关联标记（指一群人）、复数标记等多种用法，所以其表领属的"家"类格式"PR + 家/里 + PM"，作为直接组合，究竟是两层直接组合，还是一个实质上的复数格式，尚无定论。

这一情况尚需进一步研究，如刘丹青（2003：209）一文中所引"表11 -1"中的无锡话"里"，似乎仍是与家庭有关，如"来佗里"指"来他家里"，"小明里"指"小明家里"，而泛指的处所如"他那儿、小明那儿"则用"佗搭、小明搭"。这说明北部吴语的"里"并未都泛化。

## 四　结语

通过对汉语方言中直接组合的"Pr + Pm"结构的调查，我们发现在汉语各方言中都有不同程度的从领属范畴到立场范畴演化的证据。

在汉语方言中，复数格式、单数格式和"家"类格式这三种不带领属标记的领属格式不同程度地被用于立场范畴的表达。隐去领属标记，是为了凸显人际之间紧密的立场关系。各方言都体现了这些直接组合结构从领属范畴向立场范畴的语法化过程，即"空间领属 > 人际空间立场 > 话题空间立场"。对汉语大多数方言而言，从领属范畴到立场范畴这一语法化进程是不平衡的，有的方言（如西南官话）发展很快，已经发展到话题空间立场阶段；但大多数方言仍没有发展到话题空间立场阶段；在话题空间立场内部，

也有不平衡的现象，属人话题发展较快，非属人话题则比较少。

调查表明，汉语各方言中直接组合的复数领属格式更为常见，使用范围更广（但有一些重要的例外，如粤语单数格式占优势）；但其他两个格式也不能忽视，尤其是"家"类格式，在有的方言中其适用的普遍性并不比其他方言中的复数格式的功能差多少，并与有领属标记的格式形成明显的对立。

# 参考文献

白　鸽　2013　《冀州方言的领属范畴》，《语言研究集刊》第十辑，上海辞书出版社。

陈玉洁　2008　《人称代词复数形式单数化的类型意义》，《语言教学与研究》。

陈伟蓉　2013　《惠安闽南方言的领属结构》，《语言研究集刊》第十辑，上海辞书出版社。

陈振宇　2013　《四川成都方言中的领属结构》，《语言研究集刊》第十辑，上海辞书出版社。

陈振宇　叶婧婷　2012　《从"领属"到"立场"——汉语中以人称代词为所有者的直接组合结构》，"汉语方言类型研讨会"。

陈　卓　2013　《安徽芜湖话的定语领属范畴》，《语言研究集刊》第十辑，上海辞书出版社。

崔希亮　1992　《人称代词修饰名词时"的"字隐现问题》，《世界汉语教学》。

戴耀晶　2013　《江西太和方言的领属结构》，《语言研究集刊》第十辑，上海辞书出版社。

邓开初　2004　《上宁乡话中表领属关系的特殊结构助词》，《求索》。

廖秋忠　1991　《语言的范畴化：语言学理论中的典型评介》，《国外语言学》。

刘丹青　2003　《语序类型学与介词理论》，商务印书馆。

刘丹青　2011　《语言库藏类型学构想》，《当代语言学》。

刘丹青　2013　《汉语方言领属结构的语法库藏类型》，《语言研究集刊》第十辑，上海辞书出版社。

刘永生　2004　《从句子层面看领属性"N1/P + 的 + N2"结构中"的"字的隐现》，《修辞学习》。

吕叔湘　2003　《现代汉语八百词》（增订本），商务印书馆。

杉村博文　2001　《"我妹妹"和"我的妹妹"的位置》，《现代中国语研究》。

单韵鸣　2013　《广州话的领属结构》，《语言研究集刊》第十辑，上海辞书出版社。

盛益民　2013　《从处所后置词到人称代词复数标记——吴语复数标记来源的类型学考察》，《语言学论丛》，商务印书馆。

盛益民　陶　寰　金春华　2013　《吴语绍兴方言的定语领属》，《语言研究集刊》第十辑，上海辞书出版社。

苏晓青　万连增　2011　《赣榆方言研究》，中华书局。

唐正大　2012　《认同与拥有——陕西关中方言的亲属及社会关系领属的格式语义》，"汉语方言类型研讨会"。

王　芳　2013　《光山方言中的领属范畴》，《语言研究集刊》第十辑，上海辞书出版社。

武玉芳　2012　《晋北方言领属代词的重叠》，《中国语文》。

吴建明　2013　《莆仙话的人称领属结构》，《语言研究集刊》第十辑，上海辞书出版社。

吴早生　2011　《汉语领属结构的信息可及性研究》，中国社会科学出版社。

夏俐萍　2013　《益阳方言的领属结构》，《语言研究集刊》第十辑，上海辞书出版社。

徐阳春　2003　《"的"字隐现的制约因素》，《修辞学习》。

徐阳春　2008　《也谈人称代词做定语时"的"字的隐现》，《中国语文》。

岳跃振　宋成方　2003　《英汉领属关系类名词短语中的缺省问题》，《集美大学学报》（哲学社会科学版）。

张伯江　1994　《领属结构的语义构成》，《语言教学与研究》。

张　敏　1998　《认知语言学与汉语名词短语》，中国社会科学出版社。

张亚军　2013　《海安方言中人称代词充当定语的领属结构》，《语言研究集刊》第十辑，上海辞书出版社。

张　玥　2011　《论上海方言人称代词单复数指称混用现象——考察指

称混用下的语义场及领属关系》，《福建论坛》（社科教育版）。

Chappell，Hilary & William McGregor. Alienability. 1989. *Inalienability and nominal classification*，In Kira Hall，Michael Meacham & Richard Shapiro（eds.），*Proceedings of the Fifteenth Annual Meeting of the Berkeley Linguistics Society*，BerkeleyCA：Berkeley Lingusitics Society.

Haiman，John. 1983. Iconic and Economic Motivation，*Language*.

John W. Du Bois. 2007. The Stance Triangle，in Robert Englebretson（ed.）*Stancetaking in Discours*：*Subjectivity*，*Evaluation*［C］，Interaction. Amsterdam&Philadelphia：John Benjamins.

Maya Yuting Yeh & Shuanfan Huang. 2013. Hya'and Stance Marking in Atayasl，*Language and Linguistics*.

Michael，Herslund & Irene Baron. 2001. Dimensions of Possession，In *Dimensions of Possession*，edited by Irène Baron，Michael Herslund & Finn Sørensen Amsterdam/Philadelphia：John Benjamins Publishing Company.

Nicols，Johanna & Balthasar. 2005. Bickel. Possessive Classsification，In *The World Atlas of Language Structure*，Oxford University Press.

Robert Englebretson（ed.）. 2007. *Stancetaking in Discours*：*Subjectivity*，*Evaluation*，*Interaction*，Amsterdam & Philadelphia：John Benjamins.

William B. 2009. McGregor. Introduction，In *The Expression of Possession*，edited by William B. McGregor. Berlin/New York：Mouton de Gruyter.

Wu，Jianming.（吴建明）. 2010. *The Function of Pronominal Expressions in Puxian*（莆仙）*Dialect*，PhD thesis，Lancaster University。

（叶婧婷　复旦大学中国语言文学系
陈振宇　复旦大学中国语言文学系）

# 后　记

　　2013 年 5 月 11 日至 14 日，首届"汉语句式研究学术研讨会"在南昌大学召开。此次会议由南昌大学中文系、客赣方言与语言应用研究中心和语言类型学研究所共同主办。包括来自美国、日本、新加坡、加拿大等地学者在内的 80 余位学者参加了会议，共收到论文近 90 篇。

　　经过大会学术委员会审阅筛选，现将 32 篇论文辑录成《汉语句式问题探索》。本文集所收入的论文绝大多数在会议上宣读过，或在小范围内讨论过。诸位作者在收到录稿通知后对文稿进行了多次修改。

　　令人遗憾的是，由于多方面的种种原因，仍有部分会议论文未能收入论文集中，留下些许遗憾。

　　本论文集的编辑和审阅工作得到了范晓教授的悉心指导和中国社会科学出版社的大力支持和帮助，谨致谢意！

《汉语句式问题探索》编委会

2015 年 3 月